Introduction à la psychologie

Rod Plotnik
San Diego State University

Adaptation
Carole Dubuc, Collège Édouard-Montpetit
avec la collaboration de
Nathalie Talon, Collège Marie-Victorin

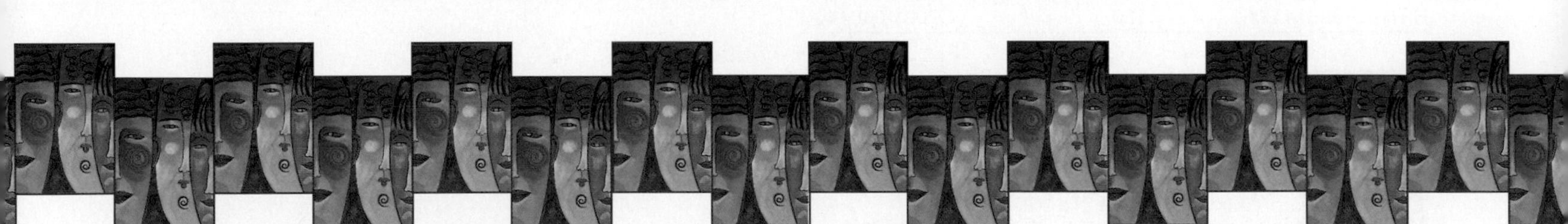

Consultation
Jean Fortier, Cégep de Trois-Rivières
Ginette Lebrun, Cégep de l'Abitibi-Témiscamingue
Denis Monaghan, Cégep de Sainte-Foy

Traduit de l'américain par
Marie-Claude Désorcy et Bernard Théorêt

Chenelière/McGraw-Hill
MONTRÉAL • TORONTO

Introduction à la psychologie
Rod Plotnik

Traduction de : *Introduction to Psychology, Fifth Edition*,
de Rod Plotnik © 1999 Wadsworth Publishing Company
A division of Thomson Learning

Éditeur : Michel Poulin
Coordination : Josée Beauchamp
Traduction : Marie-Claude Désorcy, Bernard Théorêt
Révision linguistique : Jean Bernard, Jean-Pierre Leroux
Correction d'épreuves : Pierre-Yves L'Heureux
Infographie : Claude Bergeron

Maquette intérieure : Rod Plotnik
Illustration de la couverture : Tana Powell, Conrad Represents
Illustrations : Phillip Dvorak, Bill Ogden/PC and F inc.

Données de catalogue avant publication (Canada)

Plotnik, Rod

Introduction à la psychologie
Traduction de la 5e éd. de : Introduction to Psychology.

Comprend des réf. bibliogr. et un index.
Pour les étudiants du niveau collégial.

ISBN 2-89461-499-3

1. Psychologie. I. Titre.

BF121.P62614 2001 150 C2001-940444-1

Chenelière/McGraw-Hill
7001, boul. Saint-Laurent
Montréal (Québec)
Canada H2S 3E3
Téléphone : (514) 273-1066
Télécopieur : (514) 276-0324
chene@dlcmcgrawhill.ca

ISBN 2-89461-499-3

Dépôt légal : 2e trimestre 2001
Bibliothèque nationale du Québec
Bibliothèque nationale du Canada

1 2 3 4 5 ITIB 05 04 03 02 01

Nous reconnaissons l'aide financière du gouvernement du Canada par l'entremise du Programme d'aide au développement de l'industrie de l'édition (PADIÉ) pour nos activités d'édition.

Avant-propos

Je me répète, au début de chaque année scolaire, que trois facteurs vont déterminer si mes cours seront des échecs ou des réussites : mes habiletés en tant qu'enseignant, les habiletés de mes étudiants et le manuel que j'ai choisi d'utiliser. Je n'ai de contrôle que sur deux de ces trois facteurs, soit mes propres habiletés et le choix du manuel.

Il m'aura fallu enseigner quelques années le cours d'Introduction à la psychologie pour découvrir à quel point le choix d'un manuel adapté aux besoins des étudiants joue un rôle important. Au début de ma carrière — comme bien des enseignants d'ailleurs —, je choisissais des ouvrages qui me plaisaient mais qui ne convenaient pas toujours à mes étudiants. Certains de ces manuels étaient trop longs, trop complexes ou si ennuyants que la plupart des étudiants ne les lisaient pas. Avec l'expérience, j'ai pris conscience que tous les manuels d'introduction à la psychologie contenaient à peu près la même matière ; par conséquent, l'important était d'en trouver un qui réussisse à soulever l'intérêt des étudiants.

À l'heure du multimédia, il devient de plus en plus difficile de motiver les étudiants à lire un manuel scolaire. De nos jours, nous sommes tous confrontés à l'intégration, voire l'interaction, du texte et de l'image. Je dois avouer que c'est une situation qui ne me préoccupait pas autant lorsque j'ai donné mon premier cours de psychologie, il y a plus de 30 ans.

Ainsi, quand j'ai entrepris de rédiger un manuel d'introduction à la psychologie, j'ai dû trouver une manière de présenter le contenu traditionnel de ce cours qui attirerait l'attention des étudiants, susciterait leur intérêt et les motiverait à lire l'ensemble du texte. Cette entreprise aurait facilement pu prendre des proportions gigantesques si je n'avais pas bénéficié d'un avantage important. En effet, pendant des années, j'ai supervisé un groupe de jeunes diplômés qui enseignaient le cours d'introduction à la psychologie à plus d'un millier d'étudiants par session. Ces jeunes gens m'ont fait part de commentaires très pertinents quant aux caractéristiques des manuels les plus appréciés. Mes rencontres hebdomadaires avec eux m'ont permis de cibler trois principes de base :

1. proposer des exemples intéressants et des situations réelles afin de rendre signifiants les concepts théoriques ;
2. appliquer les principes de la psychologie aux événements de la vie quotidienne ;
3. présenter le contenu théorique en intégrant de nombreuses illustrations au texte.

Ces principes de base m'ont guidé dans la préparation des différentes éditions de mon manuel. Grâce aux très nombreux commentaires et encouragements que des enseignants et des étudiants m'ont fait parvenir au fil des ans, j'ai pu l'améliorer à chaque édition. Le présent ouvrage est l'adaptation française de la cinquième édition de *Introduction to Psychology*. J'espère que vous l'apprécierez.

Bonne lecture !

Rod Plotnik

Quelques caractéristiques de ce manuel

Psychologie et science — Chapitre 2

Plusieurs controverses

Quel est le problème de Dusty?

Il était 5 h quand Dusty, sept ans, a commencé sa crise. Pendant une trentaine de minutes, comme mû par un «moteur interne», il n'a pas cessé de hurler et de donner des coups de pied partout. Ensuite, il est sorti de sa chambre pour prendre son déjeuner. Sa mère étant occupée dans la cuisine, il a pris une boîte de céréales et l'a lancée à travers la pièce, en éparpillant le contenu partout. Quand sa mère lui a demandé de nettoyer le dégât, il a pris le porte-poussière, mais a ramassé les céréales morceau par morceau. Ensuite, il a déroulé trois rouleaux de papier hygiénique partout dans la maison. Et il n'était que 7 h 30... Dusty n'avait pas encore pris sa pilule, car ce jour-là, il voyait son médecin à 16 h (adapté de *Time*, 18 juillet 1994).

Dusty a un problème qui perturbe ses comportements et qui a fait — et fait encore — l'objet de controverses. Le diagnostic? Syndrome de l'hyperactivité/déficit de l'attention. En langage de tous les jours: Dusty est hyperactif.

Le plus souvent, on ne diagnostique pas le *syndrome de l'hyperactivité/déficit de l'attention* à l'aide d'examens médicaux, mais en observant la fréquence d'apparition de certains comportements. On doit établir qu'un enfant présente au moins six comportements d'inattention (par exemple, à l'école, faire des fautes d'inattention, ne pas suivre les consignes et être facilement distrait) et six comportements d'hyperactivité (par exemple, bouger sans cesse, ne pas rester assis à sa place et parler sans arrêt) pour poser ce diagnostic. De plus, ces symptômes doivent être constatés dès la petite enfance, persister pendant au moins six mois et entraîner la mésadaptation de l'enfant dans son milieu.

L'une des controverses entourant l'hyperactivité concerne son diagnostic. Puisque celui-ci se fonde rarement sur des examens médicaux, comment peut-on réussir à distinguer un enfant hyperactif d'un enfant simplement turbulent et un peu plus extraverti que les autres (Barkley, 1997; Edwards, 1995; Rapport, 1994)?

Pour aider à contrôler l'hyperactivité, les médecins prescrivent souvent le Ritalin, un médicament qui est un stimulant assez puissant et dont les effets sont semblables à ceux d'un autre stimulant, l'amphétamine. Pour des raisons qu'on s'explique encore mal, ces stimulants calment l'activité des enfants, qu'ils soient hyperactifs ou non (Rapoport *et al.*, 1980). Le Ritalin, surtout à fortes doses, a des effets secondaires comme la perte de l'appétit et l'insomnie.

À ce sujet, trois questions sont régulièrement soulevées dans les journaux: le Ritalin n'est-il pas trop souvent prescrit? N'est-il pas prescrit pendant trop longtemps? Est-ce un traitement vraiment efficace? Certains se demandent aussi si les enfants hyperactifs devraient plutôt suivre une diète: des parents affirment en effet que les colorants artificiels, les édulcorants et le sucre, par exemple, aggravent les symptômes.

En traitant du problème de l'hyperactivité, nous reprendrons les quatre grands objectifs de la psychologie décrits au chapitre 1 (page 4).

Corne de rhinocéros et vitamine C

Croyances ou médecine?

Un aspect intéressant du traitement de certains symptômes à l'aide de médicaments est que, parfois, il n'y a aucune preuve médicale de l'efficacité du produit bien que les résultats de son utilisation semblent probants. Par exemple, dans plusieurs régions de l'Asie, on croit que la corne de rhinocéros réduite en poudre peut traiter des centaines de problèmes physiques et mentaux; de nombreux Occidentaux prennent des doses importantes de vitamine C parce qu'ils croient que cela peut prévenir le rhume ou en soulager les symptômes. Ces deux exemples soulèvent une question importante: dans quelle mesure nos pensées et nos croyances contribuent-elles au développement ou à la disparition de symptômes physiques? Nous aborderons donc les méthodes qu'emploient les chercheurs pour vérifier l'efficacité d'un traitement qui produit des effets sur le plan physiologique.

Dans ce chapitre...

Nous explorerons les stratégies de recherche utilisées pour répondre à des questions telles que: comment traite-t-on l'hyperactivité, et pourquoi les placebos sont-ils parfois efficaces? Plus précisément, nous étudierons les avantages et les désavantages de quatre stratégies de recherche: les enquêtes, les études de cas, la corrélation et l'expérimentation. Cette dernière stratégie de recherche est la seule qui permette d'établir des relations de cause à effet.

Psychologie et science 21

Introduction

Chaque chapitre commence par une ou plusieurs histoires qui soulèvent des problèmes importants. Cette présentation permet de bien situer le thème du chapitre et de démontrer en quoi la psychologie peut être utile dans l'appréciation de nos faits et gestes quotidiens. La mise en contexte se termine par un paragraphe intitulé *Dans ce chapitre,* qui cible de façon plus spécifique les concepts importants abordés dans le chapitre.

Définitions

Les définitions apparaissent en caractères bleus dans le texte. Lors de la révision d'un chapitre, la couleur permet de repérer facilement tous les termes importants et d'obtenir rapidement une explication succincte d'un concept.

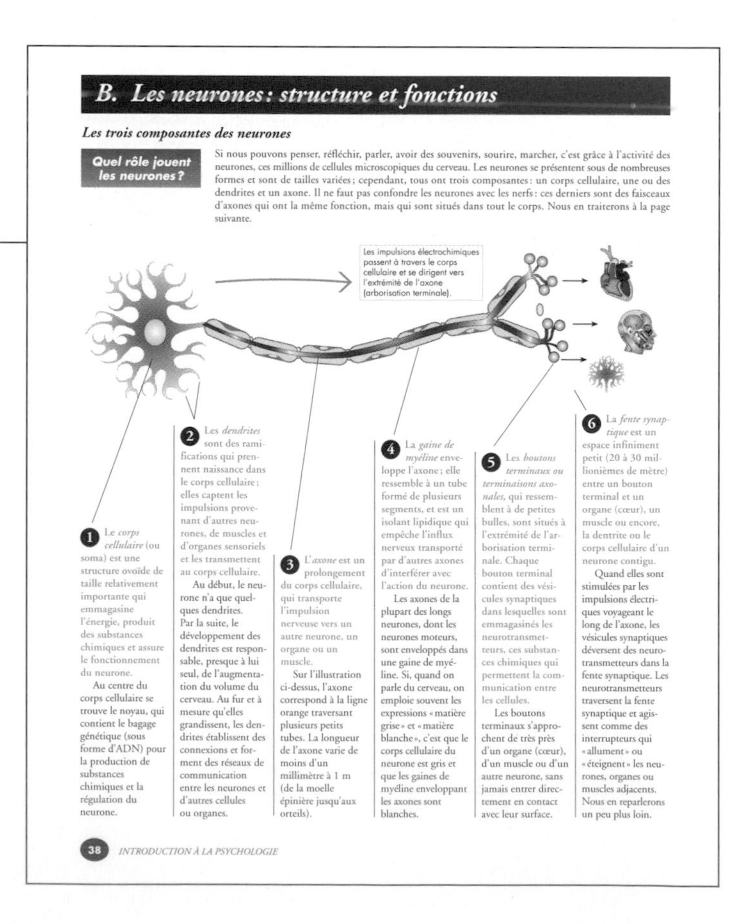

B. Les neurones: structure et fonctions

Les trois composantes des neurones

Quel rôle jouent les neurones?

Si nous pouvons penser, réfléchir, parler, avoir des souvenirs, sourire, marcher, c'est grâce à l'activité des neurones, ces millions de cellules microscopiques du cerveau. Les neurones se présentent sous de nombreuses formes et sont de tailles variées; cependant, tous ont trois composantes: un corps cellulaire, une ou des dendrites et un axone. Il ne faut pas confondre les neurones avec les nerfs: ces derniers sont des faisceaux d'axones qui ont la même fonction, mais qui sont situés dans tout le corps. Nous en traiterons à la page suivante.

1 Le *corps cellulaire* (ou soma) est une structure ovoïde de taille relativement importante qui emmagasine l'énergie, produit des substances chimiques et assure le fonctionnement du neurone.

Au centre du corps cellulaire se trouve le noyau, qui contient le bagage génétique (sous forme d'ADN) pour la production de substances chimiques et la régulation du neurone.

2 Les *dendrites* sont des ramifications qui prennent naissance dans le corps cellulaire; elles captent les impulsions provenant d'autres neurones, de muscles et d'organes sensoriels et les transmettent au corps cellulaire.

Au début, le neurone n'a que quelques dendrites. Par la suite, le développement des dendrites est responsable, presque à lui seul, de l'augmentation du volume du cerveau. Au fur et à mesure qu'elles grandissent, les dendrites établissent des connexions et forment des réseaux de communication entre les neurones et d'autres cellules ou organes.

3 L'*axone* est un prolongement du corps cellulaire, qui transporte l'impulsion nerveuse vers un autre neurone, un organe ou un muscle.

Sur l'illustration ci-dessus, l'axone correspond à la ligne orange traversant plusieurs petits tubes. La longueur de l'axone varie de moins d'un millimètre à 1 m (de la moelle épinière jusqu'aux orteils).

4 La *gaine de myéline* enveloppe l'axone; elle ressemble à un tube formé de plusieurs segments, et est un isolant lipidique qui empêche l'influx nerveux transporté par d'autres axones d'interférer avec l'action du neurone.

Les axones de la plupart des longs neurones, dont les neurones moteurs, sont enveloppés dans une gaine de myéline. Si, quand on parle du cerveau, on emploie souvent les expressions «matière grise» et «matière blanche», c'est que le corps cellulaire du neurone est gris et que les gaines de myéline enveloppant les axones sont blanches.

5 Les *boutons terminaux ou terminaisons axonales*, qui ressemblent à de petites bulles, sont situés à l'extrémité de l'arborisation terminale. Chaque bouton terminal contient des vésicules synaptiques dans lesquelles sont emmagasinés les neurotransmetteurs, ces substances chimiques qui permettent la communication entre les cellules.

Les boutons terminaux s'approchent de très près d'un organe (cœur), d'un muscle ou d'un autre neurone, sans jamais entrer directement en contact avec leur surface.

6 La *fente synaptique* est un espace infiniment petit (20 à 30 millionièmes de mètre) entre un bouton terminal et un organe (cœur), un muscle ou encore, la dentrite ou le corps cellulaire d'un neurone contigu.

Quand elles sont stimulées par les impulsions électriques voyageant le long de l'axone, les vésicules synaptiques déversent des neurotransmetteurs dans la fente synaptique. Les neurotransmetteurs traversent la fente synaptique et agissent comme des interrupteurs qui «allument» ou «éteignent» les neurones, organes ou muscles adjacents. Nous en reparlerons un peu plus loin.

38 INTRODUCTION À LA PSYCHOLOGIE

Le conditionnement opérant et le conditionnement classique : un parallèle

Quelles sont les différences ?

Les différences entre le conditionnement classique et le conditionnement opérant vous semblent-elles évidentes ? Certes, ces deux formes de conditionnement résultent en un apprentissage, mais à partir de méthodes et de principes différents. Nous reprendrons donc les exemples de Bart et du petit Albert pour réviser quelques différences fondamentales entre le conditionnement classique ou répondant et le conditionnement opérant ou instrumental.

Le conditionnement opérant

1 L'objectif L'objectif du conditionnement opérant est d'*augmenter ou diminuer la fréquence d'une réponse*, ce qui nécessite habituellement un façonnement. Dans le cas de Bart, l'objectif était de l'amener à tenir un ourson en peluche plus fréquemment.

2 Une réponse volontaire L'action de tenir un ourson en peluche est une réponse volontaire que Bart doit manifester avant d'obtenir un renforçateur.

3 Une réponse émise Bart émet volontairement une réponse, que Skinner appelle une réponse opérante (tenir un ourson en peluche). Skinner emploie le terme « émettre » afin d'indiquer que l'organisme agit, ou opère, sur son environnement. Dans la plupart des cas, c'est le façonnement qui fait en sorte que les êtres humains et les animaux émettent les réponses désirées.

4 Une réponse déterminée par la conséquence L'émission de la réponse désirée chez Bart est *déterminée* par la conséquence de cette réponse. Ainsi, l'ours reçoit une pomme chaque fois qu'il tient l'ourson en peluche. Le fait de recevoir une pomme est agréable (un renforçateur) et augmente les probabilités de répétition de la réponse.

Le renforçateur doit suivre *immédiatement* la réponse désirée. Bart reçoit le renforçateur (la pomme) tout de suite après avoir pris l'ourson en peluche. Si l'on présente le renforçateur trop tard, on risque d'obtenir une réponse indésirable ou superstitieuse.

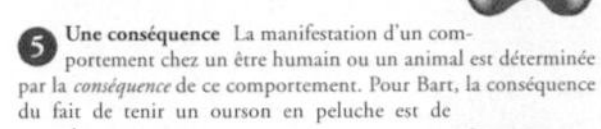

5 Une conséquence La manifestation d'un comportement chez un être humain ou un animal est déterminée par la *conséquence* de ce comportement. Pour Bart, la conséquence du fait de tenir un ourson en peluche est de recevoir une pomme.

Dans le conditionnement opérant, un être humain ou un animal apprend que la manifestation d'un certain comportement est suivie par une conséquence (un renforcement ou une punition), laquelle augmente ou diminue les probabilités de répétition du comportement en question.

Le conditionnement classique

1 L'objectif L'objectif du conditionnement classique est de créer une nouvelle réponse à la suite d'un *stimulus neutre*. Dans le cas d'Albert, la nouvelle réponse consiste à sursauter et à pleurer à la vue d'un rat blanc (le stimulus neutre).

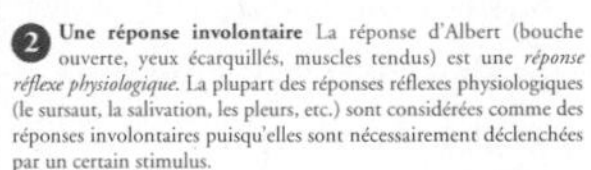

2 Une réponse involontaire La réponse d'Albert (bouche ouverte, yeux écarquillés, muscles tendus) est une *réponse réflexe physiologique*. La plupart des réponses réflexes physiologiques (le sursaut, la salivation, les pleurs, etc.) sont considérées comme des réponses involontaires puisqu'elles sont nécessairement déclenchées par un certain stimulus.

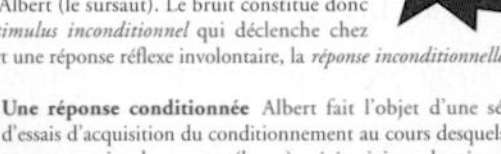

3 Une réponse provoquée Un bruit fort et soudain provoque un réflexe involontaire chez Albert (le sursaut). Le bruit constitue donc un *stimulus inconditionnel* qui déclenche chez Albert une réponse réflexe involontaire, la *réponse inconditionnelle.*

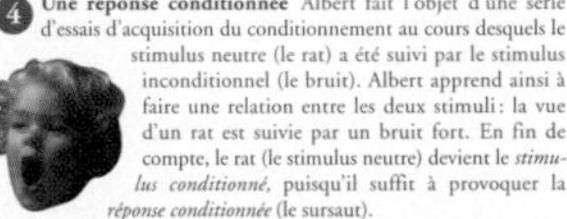

4 Une réponse conditionnée Albert fait l'objet d'une série d'essais d'acquisition du conditionnement au cours desquels le stimulus neutre (le rat) a été suivi par le stimulus inconditionnel (le bruit). Albert apprend ainsi à faire une relation entre les deux stimuli : la vue d'un rat est suivie par un bruit fort. En fin de compte, le rat (le stimulus neutre) devient le *stimulus conditionné*, puisqu'il suffit à provoquer la *réponse conditionnée* (le sursaut).

Il est préférable de présenter le stimulus neutre juste avant le stimulus inconditionnel. L'inverse est appelé conditionnement rétroactif et, habituellement, ne produit aucun effet.

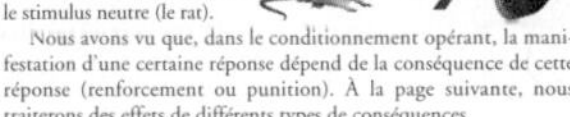

5 Une attente créée Selon la théorie de la contingence, un être humain ou un animal apprend à anticiper une relation ou à créer une attente relativement au stimulus neutre et au stimulus inconditionnel. Autrement dit, le petit Albert apprend à attendre le stimulus inconditionnel (le bruit) après avoir vu le stimulus neutre (le rat).

Nous avons vu que, dans le conditionnement opérant, la manifestation d'une certaine réponse dépend de la conséquence de cette réponse (renforcement ou punition). À la page suivante, nous traiterons des effets de différents types de conséquences.

Chapitre 6 *L'apprentissage* 131

Intégration du texte et des illustrations

Le présent manuel regorge de photos, d'illustrations et de graphiques. Non seulement ces éléments visuels rendent-ils la présentation du contenu plus dynamique, mais ils aident en outre à mieux assimiler les notions présentées et à les mémoriser plus facilement.

Diversité culturelle

Chaque chapitre comporte une rubrique *Diversité culturelle,* qui compare les faits et gestes d'individus de différentes cultures. Ces rubriques permettent d'apprécier et de mieux comprendre les différentes cultures du monde.

H. Diversité culturelle : l'oral ou l'écrit ?

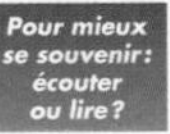

Pour mieux se souvenir : écouter ou lire ?

En Amérique du Nord, une grande partie des 12 premières années d'études est consacrée à l'apprentissage de la lecture et de l'écriture. La culture nord-américaine considère que ces habiletés sont essentielles au développement personnel et à la réussite professionnelle. Les écoles des sociétés industrielles souhaitent que, grâce à l'enseignement de la lecture et de l'écriture, les gens puissent encoder une énorme quantité d'informations dans leur mémoire à long terme.

Par contre, dans les zones rurales des pays d'Afrique, ces 11 ou 12 premières années d'études mettent l'accent sur la langue parlée plutôt que sur l'écrit. Dans des pays peu industrialisés comme le Ghana, les écoles, les manuels scolaires et les bibliothèques sont plus rares. Ainsi, on dit de ces cultures qu'elles ont une *tradition orale*, ce qui signifie que ces peuples ont l'habitude de communiquer par la parole et le récit, et d'encoder les informations après les avoir entendues plutôt qu'après les avoir lues.

À cause de ces différences culturelles, on pourrait s'attendre à ce que les Africains, avec leur tradition orale, encodent et se rappellent mieux les informations entendues. On pourrait aussi s'attendre à ce que les Américains, avec leur *tradition écrite*, encodent et se rappellent mieux les informations lues. Voyons si l'on peut vérifier cette hypothèse.

Le souvenir des récits oraux

La guerre des fantômes

Une nuit, deux jeunes hommes d'Égulac ont descendu la rivière pour aller chasser le phoque ; quand ils sont arrivés à destination, tout était calme mais brumeux. Puis, ils ont entendu des cris de guerre et se sont dit : « Il y a peut-être une guerre. » Ils sont allés se réfugier sur la berge derrière un tronc. Plusieurs canots s'approchaient et l'un d'eux s'est arrêté tout près. L'un des cinq hommes à bord leur a alors dit : « Nous remontons la rivière pour aller faire la guerre. Nous aimerions vous emmener avec nous. » L'un des jeunes hommes a répondu : « Nous n'avons pas de flèches.

— Il y en a dans le canot, a dit un guerrier.

— Je ne veux pas y aller. Je pourrais être tué. Mes parents ne savent pas où je suis parti. »

Et, se tournant vers son camarade, il a ajouté : « Tu peux les suivre. »

Ainsi, l'un des jeunes hommes est parti avec les guerriers tandis que l'autre est retourné chez lui.

Les guerriers ont remonté la rivière jusqu'à une ville, de l'autre côté de Kalama. Les gens de cette ville se sont rendus à la rivière et ils ont commencé à se battre. Plusieurs ont été tués.

Qui se souvient le mieux de cette histoire ?

Vous venez de lire, à gauche, une partie de l'histoire de *La guerre des fantômes* qu'on a lue, en anglais, à des étudiants d'un collège de Winneba, au Ghana, et à des étudiants de l'université de New York, aux États-Unis. Les deux groupes ont entendu l'histoire deux fois et on leur a demandé de ne pas prendre de notes. On ne leur a pas dit qu'ils passeraient un test sur le contenu de l'histoire.

Même si l'anglais n'était pas la langue maternelle des étudiants ghanéens, ils l'avaient apprise et n'utilisaient que cette langue au collège. Seize jours après leur avoir lu *La guerre des fantômes*, on a demandé aux deux groupes d'écrire tout ce dont ils se souvenaient. Les chercheurs ont attribué des scores pour la quantité d'informations retenues et retranscrites et la précision en comptant les thèmes ou les idées ainsi que les mots. Ce récit a souvent été utilisé dans les recherches sur la mémoire parce qu'on peut le diviser en 21 thèmes ou idées et qu'il se prête facilement à l'attribution de scores. Parmi les thèmes que le récit comporte, mentionnons ceux-ci : deux jeunes hommes sont partis à la chasse au phoque ; ils ont entendu des cris de guerre.

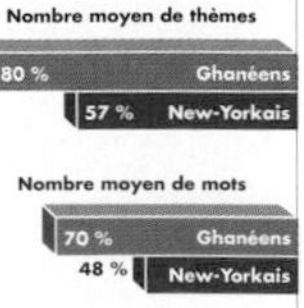

Comme le montre le graphique ci-contre, les étudiants ghanéens se souvenaient d'un plus grand nombre de thèmes et de mots que les étudiants américains. La performance des étudiants ghanéens était d'autant plus remarquable qu'ils devaient écrire en anglais, leur langue seconde, les thèmes dont ils se souvenaient.

Les résultats obtenus confirment que si les Ghanéens se souvenaient d'un plus grand nombre d'informations entendues, c'était en raison de leur longue tradition orale, qui implique l'encodage d'informations orales plutôt qu'écrites (Ross et Millsom, 1970). Cette étude souligne que l'importance apportée par une culture à la façon de présenter ou d'enseigner les informations influence la façon d'encoder ces informations et la facilité avec laquelle celles-ci peuvent être récupérées.

156 *INTRODUCTION À LA PSYCHOLOGIE*

Quelques caractéristiques de ce manuel

E. Faire des corrélations... pour prédire

Le type d'information

Jusqu'ici, nous avons traité des avantages et des limites de différentes stratégies de recherche telles l'enquête et l'étude de cas. Voyons maintenant une procédure statistique permettant d'évaluer la force de la relation existant entre deux variables.

Le syndrome de l'hyperactivité/déficit de l'attention est-il d'origine génétique ? Pour tenter de répondre à ce genre de question, des chercheurs ont étudié le cas des jumeaux identiques, puisque ceux-ci partagent le même bagage génétique. Or, dans 70 % des cas, quand l'un des jumeaux identiques souffre d'hyperactivité, l'autre en souffre aussi (Eaves *et al.*, 1993) ; cette relation étroite entre l'hyperactivité et le degré de ressemblance entre les jumeaux suggère donc que l'hyperactivité a une base génétique. Ce type de relation entre deux variables est ce qu'on appelle une corrélation.

Une *corrélation* établit le degré de covariance entre deux ou plusieurs phénomènes (ou variables).

Un *coefficient de corrélation* est un nombre qui gradue l'importance de la covariance entre deux variables : plus ce nombre se rapproche de –1,00 ou de +1,00, plus la corrélation est forte.

Les coefficients de corrélation

Qu'indiquent ces nombres ?

Revenons d'abord sur deux choses importantes. Premièrement, une corrélation n'existe que s'il y a une relation entre deux ou plusieurs phénomènes. Par exemple, l'on sait qu'il y a deux ou trois fois plus de garçons hyperactifs que de filles hyperactives : il y a donc une corrélation entre le sexe d'un enfant et la fréquence d'apparition de ce syndrome. Deuxièmement, la force d'une corrélation est indiquée à l'aide d'un nombre appelé coefficient de corrélation, pouvant aller de +1,00 à –1,00. À quoi correspondent ces valeurs ? C'est ce que le tableau ci-contre explique.

+1,00

Si l'on observait chez 20 paires de jumeaux identiques que, dans chaque cas, les deux jumeaux souffrent d'hyperactivité au même degré, le coefficient de corrélation serait positif et parfait, c'est-à-dire égal à +1.

Un **coefficient de corrélation positif parfait** (+1,00) indique qu'une augmentation d'une variable s'accompagne toujours d'une augmentation égale de l'autre variable.

Un coefficient de +1,00 indique donc que, dans une paire de jumeaux, si l'un d'eux est hyperactif, l'autre le sera également.

+0,5

Si l'on observait que, parmi 20 paires de jumeaux identiques, les deux jumeaux souffrent d'hyperactivité mais pas toujours au même degré, le coefficient de corrélation serait positif et pourrait varier de +0,01 à +0,99.

Un **coefficient de corrélation positif** indique que, lorsqu'une variable augmente, l'autre tendra à augmenter, mais pas dans tous les cas.

De +0,01 à +0,99, l'augmentation de la valeur du coefficient de corrélation indique que la covariance des deux phénomènes ou variables est de plus en plus grande.

0,00

Si l'on observait que, parmi 20 paires de jumeaux identiques, dans certains cas les deux sont hyperactifs alors que dans d'autres cas un seul présente des symptômes, on ne pourrait pas établir de relation de covariance entre les deux phénomènes : le coefficient de relation serait nul (0,00).

Une **corrélation nulle** indique qu'il n'y a aucune relation entre la fréquence d'apparition de deux variables.

–0,5

Si l'on observait que, dans quelques paires de jumeaux identiques, un jumeau montre une augmentation du nombre de comportements hyperactifs pendant que l'autre montre une diminution équivalente, le coefficient de corrélation serait négatif et pourrait varier de –0,01 à –0,99.

Un **coefficient de corrélation négatif** indique que, lorsqu'une variable augmente, l'autre tendra à diminuer, mais pas dans tous les cas.

Quand le coefficient augmente, en valeur absolue, de –0,01 à –0,99, il indique que la relation de covariance entre l'augmentation de la fréquence d'une variable et la diminution de la fréquence de l'autre est de plus en plus forte.

–1,00

Si l'on observait que, parmi 20 paires de jumeaux identiques, chaque fois que l'un des jumeaux présente plusieurs symptômes de l'hyperactivité, l'autre montre toujours une activité très réduite, le coefficient de corrélation serait négatif et parfait, c'est-à-dire égal à –1,00.

Un **coefficient de corrélation négatif parfait** (–1,00) indique qu'une augmentation d'une variable s'accompagne toujours d'une diminution égale, en valeur absolue, de l'autre variable.

Un coefficient de –1,00 indique donc que, si l'un des jumeaux d'une paire de jumeaux identiques montre un haut niveau d'hyperactivité, l'activité de l'autre sera toujours réduite.

INTRODUCTION À LA PSYCHOLOGIE

Explications claires et accessibles

Le style simple du texte et la mise en pages vivante et schématique rendent cet exposé scientifique de haut niveau très accessible. Les notions les plus complexes sont également abordées de façon actuelle et bien documentée.

Sujet de recherche

Plusieurs chapitres proposent une rubrique *Sujet de recherche*, qui traite d'une question d'intérêt scientifique. Par le biais d'un résumé de l'état de la recherche sur cette question, le lecteur se familiarise avec les méthodes de travail propres au milieu de la psychologie.

D. Sujet de recherche : les préférences circadiennes

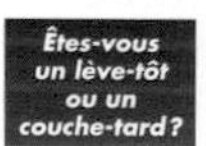

Certains étudiants, les couche-tard, détestent les cours du matin ; d'autres, les lève-tôt, ne se soucient pas de l'heure des cours. Des chercheurs ont pu cerner plus précisément ces différences en bâtissant puis en utilisant un outil de recherche : le questionnaire.

Un *questionnaire* est un outil de recherche qui permet d'obtenir de l'information en demandant à des sujets de lire une série de questions et d'exprimer leurs préférences pour certaines réponses.

On a demandé à des sujets à quelle heure ils aimaient se coucher, se lever, faire des activités physiques ou mentales, et s'ils étaient en forme le matin et le soir. Le graphique ci-contre présente les résultats.

Résultats du questionnaire matin/soir

Couche-tard 45

Lève-tôt 74

Les *personnes matinales* (résultat supérieur à 74) préfèrent se lever et se coucher tôt et faire des activités le matin. Les *couche-tard* (résultat inférieur à 45) préfèrent se lever et se coucher tard et faire des activités à partir de l'après-midi. Les personnes dont le résultat se situe entre 45 et 74 n'ont pas exprimé de préférence marquée pour le matin ou le soir (Tankova *et al.*, 1994 ; Guthrie *et al.*, 1995).

On ne décide pas de devenir matinal ou couche-tard ; ces préférences sont génétiques, contrôlées par les rythmes circadiens. Une des raisons expliquant une préférence pour le matin ou le soir se trouve dans les changements de la température du corps, laquelle augmente et diminue pendant la journée.

La température du corps

Le cycle veille-sommeil, contrôlé par le noyau suprachiasmatique de l'hypothalamus, est un des rythmes circadiens du corps les plus connus. Un autre rythme circadien, probablement aussi contrôlé par le noyau suprachiasmatique, est relié à la température du corps, qui baisse quand on s'endort et qui augmente après le réveil (Boivin *et al.*, 1997). Le graphique de droite montre les variations que subit la température du corps pendant une période de 24 heures commençant à 6 heures.

Le lever La température du corps est plus basse le matin et augmente à mesure que l'on devient plus actif. La température d'un lève-tôt augmente beaucoup plus rapidement le matin que celle d'un couche-tard (Tankova *et al.*, 1994).

Le coucher La température du corps d'une personne matinale atteint son maximum plus tôt dans la soirée que celle d'un couche-tard, qui atteint son maximum de 1 à 3 heures plus tard. Des chercheurs ont émis l'hypothèse que le noyau suprachiasmatique contrôle la hausse et la baisse de la température du corps qui, elle, détermine si l'on est matinal ou couche-tard.

En plus, les comportements des matinaux et des couche-tard présentent des différences intéressantes.

Température du corps (°C)

38,2°

La température d'un lève-tôt augmente plus rapidement.

La température d'un lève-tôt atteint son maximum plus tôt dans la journée.

La température d'un couche-tard augmente de 1 à 3 heures plus tard.

La température d'un couche-tard atteint son maximum de 1 à 3 heures plus tard dans la journée.

6 heures — Midi — 18 heures — Minuit

Les différences de comportements

Adan (1992) a découvert que la plupart des travailleurs de nuit et des travailleurs dont les quarts varient sont des couche-tard. Les matinaux ont tendance à prendre un déjeuner copieux alors que les couche-tard sont portés à manger peu ou pas du tout le matin.

D'autres chercheurs ont constaté que les étudiants matinaux suivaient, lorsqu'ils le pouvaient, plus de cours le matin, avaient un meilleur rendement et étudiaient davantage le matin que les couche-tard (Guthrie *et al.*, 1995). Ainsi, pour obtenir de meilleures notes, il faudrait privilégier les cours à des heures qui conviennent à son rythme circadien.

Enfin, il ne semble pas y avoir de différences entre les rythmes circadiens des deux sexes ; toutefois, après 50 ans, on a tendance à devenir plus matinal sur les plans physiologique et du comportement (Tankova *et al.*, 1994).

Même s'il existe des différences entre les lève-tôt et les couche-tard, les structures cérébrales qui leur permettent de s'endormir ou de s'éveiller sont identiques. Nous étudierons à la page suivante ce qui provoque le sommeil et pourquoi nous passons autant de temps à dormir.

Chapitre 5 *Les états de conscience*

Table des matières

Chapitre 1 : À la découverte de la psychologie 2

Chapitre 2 : Psychologie et science 20

Chapitre 3 : Le cerveau et le système nerveux 34

Chapitre 4 : Les sensations et les perceptions 64

Chapitre 5 : Les états de conscience 92

Chapitre 6 : L'apprentissage 118

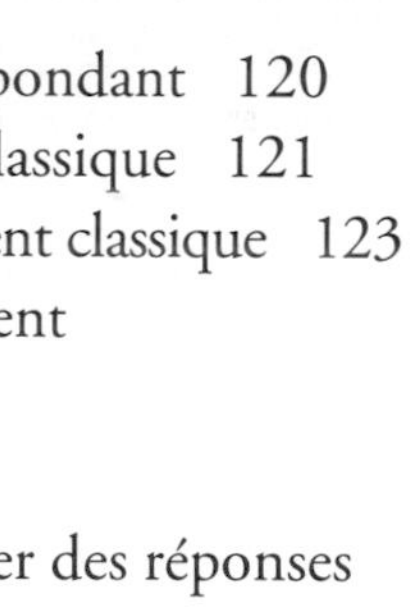

Chapitre 7 : La mémoire 144

Chapitre 8 : L'intelligence 168

STRESS

DANS CE CHAPITRE…

Grandir dans un monde étrange

Pourquoi ce comportement bizarre?

À l'âge de trois ans, Donna Williams mangeait de la laitue parce qu'elle aimait les lapins, et de la gelée de couleur parce qu'elle aimait bien regarder des objets de verre coloré.

On lui disait de se faire des amis, mais elle en avait déjà: une paire d'yeux verts baptisés Willie qui se cachaient sous son lit, et des petits points transparents en forme de volutes qui flottaient autour d'elle.

Quand les gens parlaient, elle n'entendait que des sons bizarres. Puis elle a compris que les sons formaient des mots. Même si elle ne connaissait pas le sens des mots, elle aimait les sons qu'elle entendait quand elle prononçait ces mots à voix haute. Comme elle n'utilisait pas le langage comme les autres enfants, ses parents ont d'abord pensé qu'elle était sourde. Ce n'est qu'à l'adolescence que Donna a finalement compris que les mots avaient un sens.

Quand elle était trop stimulée par ce qui se passait autour d'elle, Donna figeait sur place, le regard fixe: c'est ce qu'elle a appelé plus tard un état «d'anesthésie involontaire».

Elle a dû changer plusieurs fois d'école en raison de ses comportements étranges (refus de participer aux activités ou d'assister aux cours qu'elle n'aimait pas, etc.).

Si on lui faisait une accolade, elle ressentait une sorte de brûlure intérieure et manquait de s'évanouir. Plus tard, elle a réussi à tolérer que quelqu'un la serre dans ses bras, mais sans jamais pouvoir l'apprécier (Williams, 1992).

Donna Williams présentait tous les symptômes de l'autisme, un problème relativement rare qui affecte un enfant sur 1 000 et deux à quatre fois plus de garçons que de filles (Bristol *et al.*, 1996).

L'*autisme* se manifeste par un développement anormal ou limité des interactions sociales et se traduit par des attitudes comme se cacher pour éviter les gens, fuir le regard des autres ou refuser de se faire toucher. L'autisme entraîne aussi des problèmes de communication et d'acquisition du langage. Les autistes ont par ailleurs peu d'intérêts, et passent beaucoup de temps à répéter certains gestes. Les symptômes de l'autisme apparaissent pendant les trois premières années de la vie d'un enfant (American Psychiatric Association, 1994).

Paradoxalement, de 1 à 2 % des autistes ont une habileté particulière, voire extraordinaire. Ces individus, qu'on appelle idiots savants, peuvent réaliser des dessins complexes, jouer une pièce de musique après ne l'avoir entendue qu'une seule fois, ou encore faire des calculs aussi rapidement qu'une calculatrice.

Mme Williams est un bon exemple de ce type d'autistes: à 25 ans, en quatre semaines, elle a écrit un livre de 500 pages dans lequel elle raconte sa vie (Williams, 1992). Elle en a par la suite écrit un second (Williams, 1994).

À la lecture des expériences de Mme Williams que nous décrirons, vous verrez comment les psychologues essaient de trouver des réponses aux problèmes soulevés par des comportements complexes, et à d'innombrables questions que nous aborderons dans cet ouvrage, comme... quelque chose que vous connaissez sans doute: l'anxiété liée à un examen.

L'anxiété liée à un examen

Des réactions étranges pendant un examen?

Vous ressentez sans doute, plus ou moins fortement, de l'anxiété quand vous avez à subir un examen.

L'*anxiété liée à un examen* relève de composantes psychologiques, émotionnelles et cognitives rattachées au stress vécu lors d'un examen. Elle peut réduire la capacité de réfléchir, de raisonner et de planifier.

Pour certains, cette anxiété est une expérience désagréable, mais elle ne nuit pas nécessairement à leur réussite. Pour d'autres, elle affecte considérablement les résultats qu'ils obtiennent. Nous analyserons les composantes de cette anxiété et nous verrons comment il est possible de l'atténuer.

Dans ce chapitre...

Nous étudierons les objectifs de la psychologie, les principales perspectives utilisées par les psychologues, les racines historiques de la psychologie et les carrières possibles dans ce vaste domaine. Commençons par la manière dont les psychologues étudient des problèmes complexes comme l'autisme.

A. Définition et objectifs

Définir la psychologie

Qu'étudient les psychologues ?

Pour bien des gens, la psychologie se consacre à aider les individus ayant des troubles mentaux. La psychologie est en fait un domaine beaucoup plus vaste.

La *psychologie* est l'étude systématique et scientifique d'un large éventail de comportements et de processus mentaux.

La définition actuelle de la psychologie est le résultat des travaux et des débats des pionniers de cette science, qui était au départ définie de manière beaucoup plus restreinte. Chaque élément de cette définition doit être pris dans un sens très large. Les *comportements* sont des actions observables ou des réactions humaines et animales, comme manger, parler, rire, courir, lire ou dormir. Les *processus mentaux* ne sont pas directement observables, mais précèdent ou suivent les comportements. La pensée, l'imagination et le rêve en sont des exemples.

De façon générale, quatre objectifs guident les psychologues quand ils étudient un comportement ou un processus mental.

Les objectifs de la psychologie

Des comportements inhabituels ?

Mme Williams (photo ci-dessous) est consciente d'avoir des comportements différents de ceux de la majorité des gens : par exemple, elle n'aime pas qu'on la touche. En tant que psychologue, si vous aviez à étudier ce cas, vous poursuivriez au moins l'un des quatre objectifs suivants : décrire, expliquer, prédire ou contrôler ces comportements.

Décrire Enfant, Mme Williams percevait les mots uniquement comme une suite de sons. Quand des gens ou des choses l'agaçaient, elle jouait sans arrêt avec ses doigts pour créer des mouvements qui retenaient toute son attention et l'aidaient à échapper à ce monde qu'elle ne comprenait pas.

La psychologie a pour but de décrire les différents comportements des organismes.

En décrivant par exemple les comportements et les processus mentaux des enfants autistes, comme la difficulté d'apprendre à parler ou la nécessité de répéter inlassablement certains gestes, les psychologues commencent à comprendre ces comportements. Ensuite, ils tentent de les expliquer.

Expliquer La mère de Donna croyait que sa fille était sous l'emprise des esprits du mal. Mme Williams croit, pour sa part, que son autisme est peut-être dû à un déséquilibre métabolique.

La psychologie a pour but d'expliquer les causes du comportement.

Les études portant sur l'autisme ont élucidé plusieurs questions que se posaient les psychologues et ont fait évoluer les connaissances sur ce problème complexe. Dans les années 1950, les psychologues affirmaient que les enfants étaient autistes parce que leurs parents étaient froids et les rejetaient (Frith, 1993). Depuis, les chercheurs ont découvert que l'autisme est causé par des problèmes génétiques et biologiques liés à un développement intra-utérin anormal du cerveau (Cook *et al.*, 1997 ; Waterhouse *et al.*, 1996). La description et l'explication d'un comportement aident les psychologues à atteindre le troisième objectif : prédire ce comportement.

Prédire L'un des plus grands problèmes de Mme Williams est d'être parfois tellement submergée de stimuli visuels qu'elle fige sur place. Elle essaie donc de prévoir de telles situations en estimant le nombre de nouveaux stimuli auxquels elle devra s'ajuster dans une situation donnée.

La psychologie a pour but de prédire comment les organismes se comporteront dans certaines situations.

Une fois que les psychologues ont décrit et expliqué que les enfants autistes sont facilement envahis par divers stimuli et ont de la difficulté à se concentrer, par exemple, ils sont en mesure de prédire que ceux-ci auront des difficultés d'apprentissage dans un environnement scolaire régulier qui comporte de nombreuses activités (Happé et Frith, 1996). Si les psychologues peuvent prédire le comportement, ils peuvent donc souvent le contrôler.

Contrôler Mme Williams sait que si elle a peur de rencontrer des gens, c'est que les contacts avec les autres entraînent une énorme surcharge sensorielle qui la paralyse. Elle évite donc de rencontrer plus d'une personne à la fois.

Selon certains psychologues, la psychologie a pour but de contrôler le comportement.

Cet objectif comporte un aspect positif et un aspect négatif. Si les psychologues peuvent aider des gens comme Mme Williams à contrôler des comportements indésirables (Howlin, 1997), on peut imaginer que le comportement des gens pourrait être contrôlé sans que ceux-ci le sachent ou y consentent. Au chapitre 2, nous verrons que les psychologues se sont donné un code de déontologie pour éviter les abus potentiels.

De nombreux comportements, comme l'autisme, sont extrêmement complexes. Pour atteindre leurs quatre objectifs, les psychologues utilisent donc plusieurs perspectives. Nous les présenterons ici brièvement.

B. Les perspectives contemporaines

Plus de perspectives, plus de réponses

Comment les psychologues analysent-ils un problème ?

C'est le travail des psychologues d'analyser des comportements problématiques comme ceux de Mme Williams. Par exemple, pourquoi celle-ci croyait-elle que les objets étaient vivants ? « Mon lit était mon ami ; mon manteau me protégeait [...] ; les objets avaient leur propre voix et disaient vroum, ping ou autre chose. Je disais à mes souliers où ils devaient aller pour qu'ils m'y conduisent. » (Blakely, 1994, p. 14, traduction libre)

Pourquoi, enfant, Mme Williams ne pouvait-elle pas saisir que les mots avaient un sens ? Pourquoi a-t-elle créé ses propres signes — lever deux doigts ou serrer ses orteils pour indiquer aux autres de ne pas l'approcher, par exemple ? Pourquoi ne pouvait-elle pas s'empêcher de fixer les bulles de savon dans le lavabo ? Pour tenter de répondre à ce genre de questions, les psychologues utilisent une combinaison de différentes perspectives.

Ces *perspectives* portent les noms suivants : psychobiologique, cognitive, behaviorale, psychanalytique, humaniste et socioculturelle. Chaque perspective se concentre sur des éléments différents ou utilise une approche différente. Chacune peut utiliser des stratégies et des techniques de recherche différentes.

En utilisant l'une ou plusieurs de ces perspectives, les psychologues peuvent considérer un problème, l'autisme par exemple, sous divers angles et ainsi mieux arriver à décrire, à expliquer, à prédire et à contrôler les comportements qui y sont reliés. Nous allons résumer ci-dessous en quoi ces perspectives consistent et, à partir de deux exemples, les problèmes des personnes autistes et l'anxiété liée aux examens, nous verrons dans les pages suivantes les particularités de chaque perspective de façon plus précise.

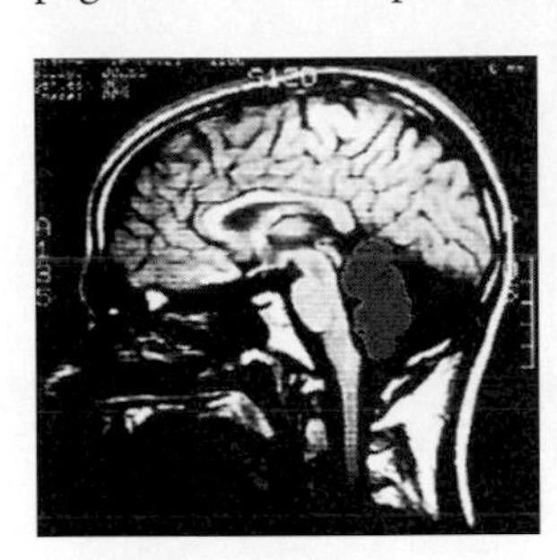

1 Jusqu'à l'adolescence, Mme Williams ne saisissait pas que les mots avaient un sens : était-ce dû à un problème lié au développement de son cerveau ?

La *perspective psychobiologique* aura pour but de déterminer comment les gènes, les hormones et le système nerveux, en interaction avec l'environnement, peuvent influencer l'apprentissage, la personnalité, la mémoire, la motivation, les émotions et les techniques de résolution de problèmes.

2 Comment Mme Williams a-t-elle créé son propre langage en utilisant des gestes à la place des mots ?

La *perspective cognitive* s'intéresse à la façon dont nous traitons, emmagasinons et utilisons l'information, et étudie comment cette information influence nos comportements, nos perceptions, nos apprentissages, nos souvenirs, nos croyances et nos émotions.

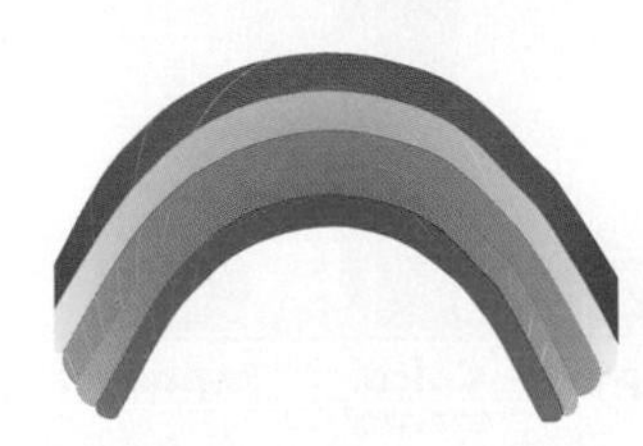

3 Pourquoi Mme Williams a-t-elle décidé ne jamais laisser de traces de savon dans le lavabo ?

La *perspective behaviorale* étudie comment les organismes apprennent de nouveaux comportements ou modifient leurs comportements, selon que ce qui se produit à la suite de ces comportements est perçu comme gratifiant ou punitif.

4 Pourquoi, quand elle était petite, Mme Williams croyait-elle que certains objets lui parlaient ?

La *perspective psychanalytique* met l'accent sur l'influence que les peurs, les motivations et les désirs inconscients ont sur les pensées, les comportements et le développement de traits de caractère et de problèmes psychologiques.

5 Comment Mme Williams a-t-elle été capable de surmonter ses problèmes de langage et d'écrire deux livres ?

Selon la *perspective humaniste,* chaque individu a la possibilité de créer en grande partie son avenir, de développer ses capacités et de s'accomplir.

6 Pourquoi la mère de Mme Williams pensait-elle que l'autisme était le fait d'esprits du mal ?

La *perspective socioculturelle* étudie l'influence des ressemblances et des différences culturelles et ethniques sur le fonctionnement psychologique et social des individus.

B. Les perspectives contemporaines

La perspective psychobiologique

Des cerveaux différents ?

L'autisme affecte grandement la vie de Mme Williams. « Tout ce que je ressens forme un tout : alors je ne peux pas identifier ce que je ressens. Parfois, je suis incapable de ressentir quoi que ce soit. » (D. Williams, 1994, p. 237, traduction libre) Devant des comportements de ce type, les chercheurs peuvent d'abord se demander si le problème se situe au niveau du cerveau. Les chercheurs qui soulèvent ce genre de question s'inscrivent dans la perspective psychobiologique.

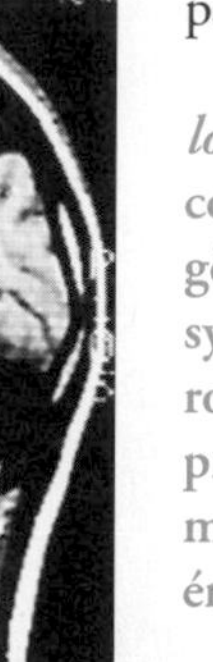

La *perspective psychobiologique* permet de découvrir comment les interactions des gènes, des hormones et du système nerveux avec l'environnement influencent l'apprentissage, la personnalité, la mémoire, la motivation, les émotions, etc.

On appelle psychobiologistes les chercheurs qui utilisent cette perspective ; ceux-ci emploient plusieurs méthodes, dont des photos numérisées de cerveaux d'êtres vivants. La photo ci-dessus, par exemple, montre le cerveau d'un enfant autiste. Les psychobiologistes ont découvert que 75 % des enfants autistes ont un cervelet anormalement petit, et que 10 % ont un cervelet anormalement gros (Courchesne *et al.,* 1974). Comme le cervelet joue un rôle important pour la coordination des mouvements, l'attention, les sensations et la planification (Courchesne *et al.,*1996 ; Happé et Frith, 1996), on peut en conclure qu'un enfant qui a un cervelet anormal sera handicapé au plan des sensations, de l'apprentissage, du mouvement et de l'attention : c'est ce qu'on observe effectivement chez les enfants autistes.

Depuis dix ans, les psychobiologistes ont montré que des facteurs génétiques sont à la source d'un grand nombre de comportements humains. Les gènes sont en quelque sorte un alphabet chimique permettant de donner des directives lors du développement du cerveau et du corps, et lors de la production de substances chimiques qui affecteront notre santé mentale, nos apprentissages, nos émotions et nos traits de personnalité (Miles et Carey, 1997 ; Saudino et Plomin, 1997). On sait maintenant que les enfants autistes ont tous le même défaut génétique qui affecte la régularisation de la sérotonine, un neurotransmetteur qui joue un rôle important dans le fonctionnement du cerveau (Cook *et al.,* 1997). Cette découverte est un exemple de l'apport de la perspective psychobiologique.

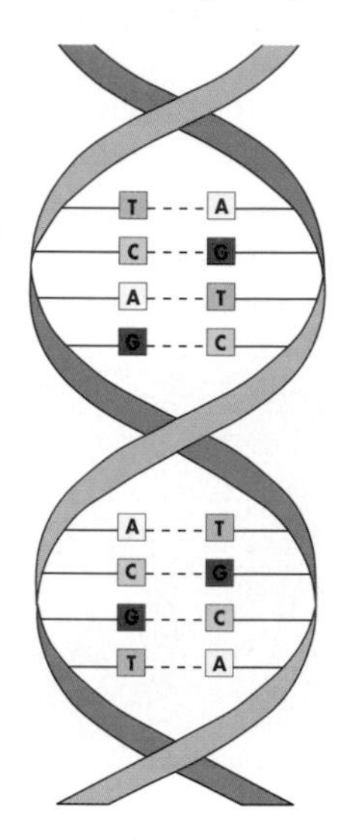

À l'aide de méthodes sophistiquées, les psychobiologistes étudient l'un des plus anciens casse-tête de la psychologie : l'interaction de la pensée, du cerveau et du corps. Un exemple : vous êtes anxieux avant, pendant, voire après un examen... que se passe-t-il ?

L'anxiété liée à un examen

Pourquoi mes mains sont-elles moites ?

Vous avez probablement déjà éprouvé la composante émotionnelle de ce type d'anxiété qui est constituée de plusieurs réactions physiologiques, comme l'accélération cardiaque, la sécheresse de la bouche et la moiteur des paumes. L'une des caractéristiques intéressantes de la transpiration des paumes est qu'elle est causée par le stress, indépendamment des changements de température (Koeler et Troester, 1991) ; c'est d'ailleurs l'une des mesures utilisées au cours des tests faits par un détecteur de mensonges.

Pendant un examen — ou même seulement à la pensée d'en subir un —, sous l'effet du stress, la composante émotionnelle de l'anxiété peut affecter votre façon de traiter l'information qui vous est présentée, ce qui augmente le risque de faire des erreurs (Kleijn *et al.,*1994).

Le graphique ci-contre illustre clairement que le stress peut déclencher la transpiration des paumes ; la sudation permet donc de mesurer le niveau d'anxiété durant un examen. Dans une expérience, les sujets observés devaient faire différents calculs, comme compter mentalement de 2007 à 0 en soustrayant chaque fois 7 unités du chiffre précédent. Les résultats ont démontré que, pendant les calculs, la transpiration était beaucoup plus importante. Si une tâche aussi simple peut causer l'augmentation de la transpiration des paumes, signe d'une excitation physiologique et émotionnelle, imaginez ce qui se produit au cours d'un examen !

On peut diminuer l'intensité de l'anxiété en faisant de l'exercice, par exemple. Des chercheurs l'ont observé chez des étudiants qui participaient à un programme visant à réduire l'anxiété (Register *et al.,* 1991 ; Sapp, 1994). Nous présenterons plusieurs méthodes de réduction du stress au chapitre 11.

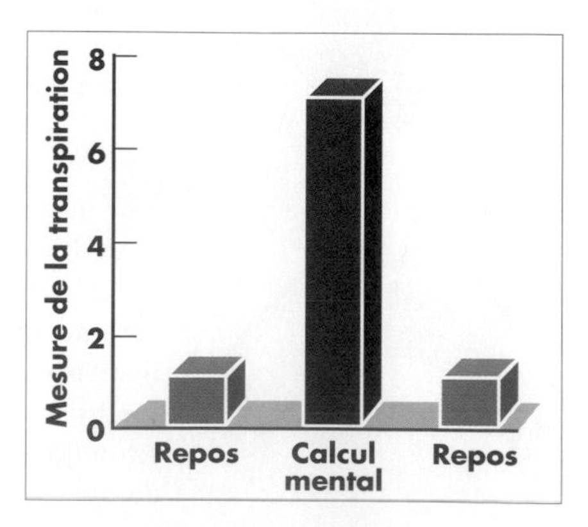

La perspective cognitive

Mme Williams est-elle un cas particulier?

C'est souvent avec beaucoup de difficulté que les autistes développent leurs habiletés langagières; pourtant, Mme Williams parle et écrit. Le niveau d'habiletés cognitives développé par les autistes est en fait très varié (Koegel *et al.,* 1994). On distingue trois types d'autistes.

Le premier groupe est formé d'individus dont le niveau intellectuel est anormalement faible (QI inférieur à 50 — le QI moyen étant de 100). Ces individus ne développent aucune habileté langagière, souffrent de plusieurs handicaps et ont besoin de soins spéciaux.

Le deuxième groupe comprend les autistes qui possèdent des habiletés étonnantes (le film *Rain Man* en donne un exemple). On les qualifie d'idiots savants. Ils peuvent, par exemple, mémoriser facilement une quantité phénoménale de données (Welling, 1994).

Les individus du troisième groupe ont un QI de plus de 70, font un usage à peu près normal du langage mais ne réussissent pas bien en classe et ont des habiletés sociales restreintes. Ces individus, qu'on appelle autistes à fonctionnement élevé, sont les plus nombreux (Minshew *et al.,* 1995).

Mme Williams, qui a écrit deux livres (Williams, 1992, 1994) et appris le français et l'allemand, est une autiste à fonctionnement élevé (Blakely, 1994). Pour comprendre pourquoi les autistes développent des habiletés langagières et sociales différentes, les psychologues utilisent la perspective cognitive.

La *perspective cognitive* étudie comment nous traitons, emmagasinons et utilisons l'information, et comment cette information influence notre vie: par exemple, nos perceptions, nos apprentissages, nos souvenirs, nos croyances.

«J'entends les mots que disent les autres, mais le fait d'être autiste m'empêche de les comprendre. Je suis également incapable parfois de prononcer les mots que je voudrais utiliser, ou encore j'utilise des mots qui me font dire des choses idiotes que je ne veux pas dire», écrit par exemple Mme Williams (D. Williams, 1994, p. 237, traduction libre).

Alors que les psychobiologistes s'intéressent aux liens entre le fonctionnement du cerveau et les handicaps liés à l'autisme, les psychologues cognitifs étudient, eux, les problèmes cognitifs et sociaux qui accompagnent l'autisme. Par exemple, comment se fait-il que Mme Williams ait pu écrire deux livres mais qu'elle soit incapable d'établir un contact visuel avec les autres? Pourquoi, quand un changement survient dans son environnement, est-ce difficile pour elle d'y faire face et se met-elle alors à jouer avec ses doigts ou à produire des sons bizarres?

Selon les psychologues cognitifs, un problème fondamental lié à l'autisme concernerait le traitement de l'information: il s'agit de la difficulté d'imiter les autres et donc d'apprendre de nouveaux comportements (Happé et Frith, 1996).

Ces psychologues s'intéressent en outre à divers aspects du comportement: l'apprentissage et la mémoire, les interactions sociales, le développement des stéréotypes et la formation des attitudes. Depuis quelques années, la perspective cognitive a permis d'améliorer notre compréhension du comportement humain (Andreasen, 1997; Wickelgren, 1997).

L'anxiété liée à un examen

Et si l'on s'inquiétait trop?

Selon les psychologues cognitifs, les étudiants qui souffrent d'anxiété liée à un examen ressentent non seulement la composante émotionnelle de ce phénomène (excitation physiologique), mais aussi la composante cognitive: l'inquiétude excessive — habituellement la peur de ne pas réussir l'examen.

Si vos résultats vous préoccupent trop, cela influencera votre capacité de lire correctement et de comprendre ce qu'on vous demande pour déterminer les concepts importants à analyser (Everson *et al.,* 1994). Par conséquent, vous risquez de répondre incorrectement aux questions. Fait intéressant (voir le graphique ci-contre): les filles ressentiraient plus d'anxiété que les garçons durant un examen (Everson *et al.,* 1991); à moins que les garçons soient aussi anxieux que les filles, mais qu'ils refusent de l'admettre ou d'en parler...

D'autres études ont démontré que cette composante cognitive peut par ailleurs améliorer les résultats obtenus à un examen. Les étudiants qui réagissent à l'anxiété de façon passive — qui se plaignent au lieu d'étudier — ont de moins bons résultats, l'anxiété les empêchant parfois de bien comprendre ce qu'on leur demande, ce qui augmente le risque d'erreurs (Calvo et Carreiras, 1993). Ceux qui réagissent en se préparant mieux risquent moins de faire des erreurs et obtiennent par conséquent de meilleures notes (Endler *et al.,* 1994). L'effet de la composante cognitive dépend donc de la façon dont les étudiants «canalisent» leur anxiété.

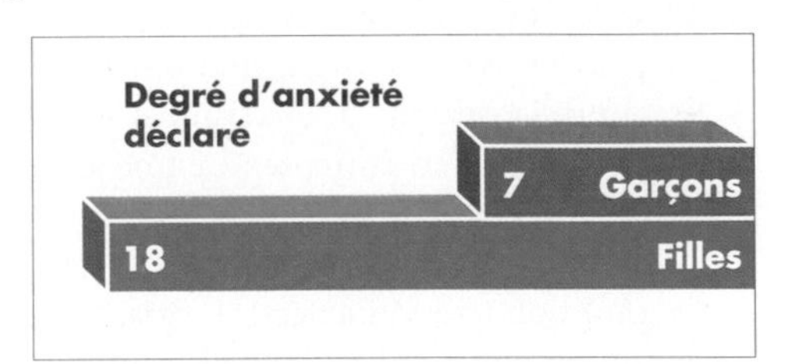

B. Les perspectives contemporaines

La perspective behaviorale

Pourquoi un tel « règlement » ?

Quand Mme Williams laisse des traces de mousse de savon dans le lavabo, elle peut voir les couleurs de l'arc-en-ciel dans les bulles ; ce « spectacle » risque de l'absorber au point qu'elle ne pourra plus s'en détacher. « Pas de traces de savon dans le lavabo » est donc une mesure de prévention que Mme Williams s'est donnée pour éviter de déclencher un comportement typique lié à l'autisme, la paralysie temporaire. Elle et son mari, qui est aussi autiste, ont ainsi établi plusieurs règles préventives, par exemple « ne pas disposer les fruits de façon symétrique dans le bol à fruits » ou « ne pas s'attarder à lire les grands titres des journaux dans les kiosques à journaux » (Blakely, 1994, p. 43). Cette façon de faire, qui illustre bien en quoi consiste la perspective behaviorale, permet au couple de contrôler certains comportements répétitifs et stéréotypés.

La *perspective behaviorale* analyse la façon dont les organismes apprennent de nouveaux comportements ou modifient des comportements existants, selon que ce qui se produit à la suite de ces comportements est perçu comme étant gratifiant ou comme étant frustrant.

Les règles établies chez Mme Williams sont un exemple d'un principe behavioral de base : des renforcements ou des punitions permettent d'augmenter, d'éviter, de modifier ou de contrôler l'émission de certains comportements. Les psychologues utilisent les principes de l'approche behaviorale, par exemple pour aider des individus à gagner de l'assurance, à être moins déprimés ou pour apprendre aux jeunes enfants à utiliser les toilettes. C'est en se servant des mêmes principes qu'on entraîne des animaux à actionner des leviers (rats, pigeons) ou à utiliser des symboles pour communiquer (singes), par exemple.

L'importance de l'approche behaviorale en psychologie est due entre autres aux travaux de B. F. Skinner (1989). Skinner fait ressortir l'importance de l'étude des comportements observables et le rôle des conséquences (renforcements et punitions) dans l'émission des comportements, ainsi que la non-pertinence des processus mentaux. Son approche, qu'on qualifie souvent de behaviorisme strict, a encore aujourd'hui une grande influence (voir chapitre 6).

Cependant, certains behavioristes, comme Albert Bandura (1989b), en désaccord avec le behaviorisme strict, ont formulé une théorie qui tient compte des processus mentaux et cognitifs en même temps que des comportements observables. Selon la *théorie de l'apprentissage social* de Bandura, par exemple, nos comportements sont influencés non seulement par l'environnement et par les conséquences, mais aussi par les processus d'observation, d'imitation et de pensée. Au chapitre 6, nous montrerons que les idées de Bandura expliquent comment les enfants développent la peur des insectes, par exemple.

Les behavioristes ont développé plusieurs techniques dans le but de modifier les comportements : dans le cas de l'anxiété liée à un examen, ils proposent entre autres des exercices de relaxation (pour la composante émotionnelle), et l'utilisation d'un système de règles autogérées (pour la composante cognitive).

L'anxiété liée à un examen

Comment « canaliser » l'inquiétude ?

Nous avons vu comment la composante cognitive de l'anxiété liée à un examen — une inquiétude excessive — peut avoir une influence positive sur les résultats obtenus si cette inquiétude entraîne comme réaction une meilleure préparation à un examen. Un ensemble de règles basées sur les principes behavioraux et soumises à l'autoévaluation de l'étudiant favorisent cette attitude positive (Kondo,1997).

Long *et al.* (1994) ont découvert que l'utilisation de règles s'appuyant sur l'autoévaluation permet d'augmenter le temps consacré à l'étude et d'obtenir ainsi de meilleures notes. Ces règles sont les suivantes : 1. Choisir un endroit réservé à l'étude ; 2. Se récompenser quand on étudie ; 3. Noter le temps consacré à étudier ; 4. Établir des priorités ; 5. Déterminer un moment pour chaque tâche ; 6. Terminer une tâche avant d'en entreprendre une autre. Notez que ces consignes sont liées au principe behavioral de base : nos comportements peuvent être influencés par notre environnement, dans la mesure où l'événement est suivi d'un renforcement ou d'une punition (conséquences). Le graphique ci-contre montre que 53 % des élèves d'un groupe ayant utilisé des règles autogérées s'appuyant sur l'autoévaluation ont réussi leur premier semestre, comparativement à 7 % des élèves d'un groupe n'utilisant pas ces techniques.

Dans les chapitres suivants, nous donnerons plusieurs exemples de la façon dont les principes behavioraux peuvent être utilisés pour modifier différents types de comportement et de pensée.

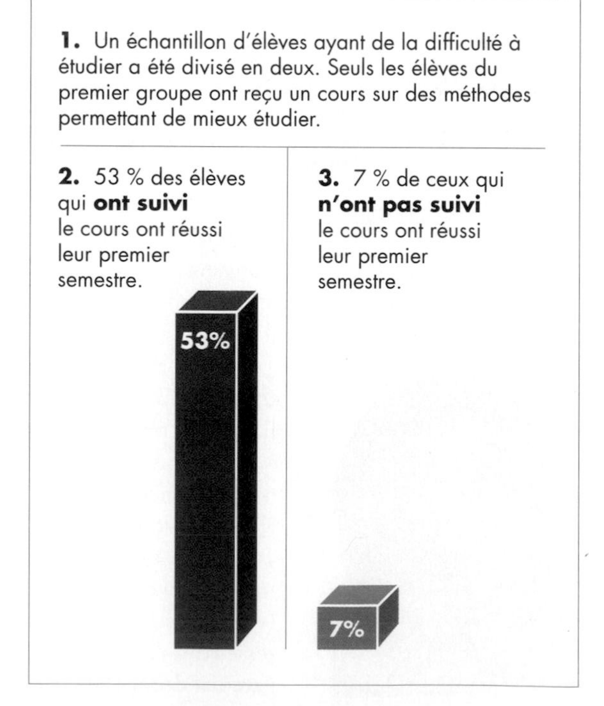

La perspective psychanalytique

Comment s'est passée l'enfance de Mme Williams ?

La mère de Mme Williams était alcoolique et croyait que sa fille était possédée par des démons ; son père était souvent absent. Les parents se disputaient constamment. Un jour, après s'être coupée au visage avec un morceau de verre, Donna est allée voir son père : puisqu'il était alors évident qu'elle souffrait, elle espérait que son père l'écouterait et remarquerait enfin ses difficultés à communiquer et qu'il la comprendrait. Ce genre d'expériences personnelles négatives vécues durant l'enfance sont très importantes selon les tenants de la perspective psychanalytique.

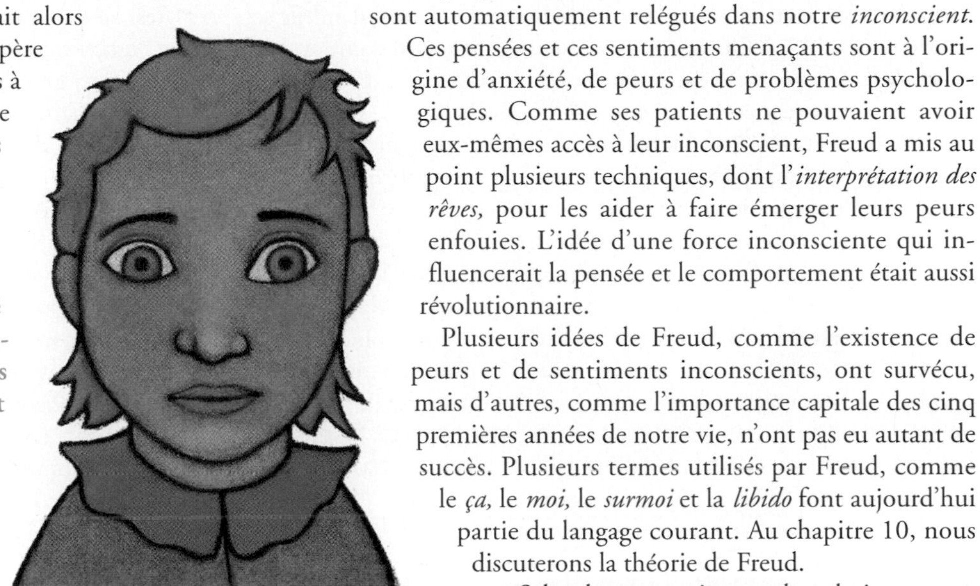

Selon la *perspective psychanalytique,* les expériences que nous vivons durant l'enfance affectent le développement de la personnalité et sont à l'origine de problèmes psychologiques. De plus, les peurs, les motivations et les désirs inconscients influencent les pensées et les comportements.

Sigmund Freud (1856-1939), en se basant sur ce qu'il avait observé alors qu'il traitait des patients souffrant de problèmes psychologiques, a élaboré plusieurs théories révolutionnaires sur la pensée et le développement de la personnalité : par exemple, il propose que les cinq premières années de la vie sont déterminantes. Selon la perspective psychanalytique, la petite enfance de Mme Williams — élevée par une mère antipathique et un père absent — aurait donc profondément marqué le développement de sa personnalité.

Freud a aussi avancé que les pensées et les sentiments qui sont source de peur ou de culpabilité, qui menacent notre estime de soi, ou encore qui proviennent de conflits sexuels non résolus, sont automatiquement relégués dans notre *inconscient.* Ces pensées et ces sentiments menaçants sont à l'origine d'anxiété, de peurs et de problèmes psychologiques. Comme ses patients ne pouvaient avoir eux-mêmes accès à leur inconscient, Freud a mis au point plusieurs techniques, dont l'*interprétation des rêves,* pour les aider à faire émerger leurs peurs enfouies. L'idée d'une force inconsciente qui influencerait la pensée et le comportement était aussi révolutionnaire.

Plusieurs idées de Freud, comme l'existence de peurs et de sentiments inconscients, ont survécu, mais d'autres, comme l'importance capitale des cinq premières années de notre vie, n'ont pas eu autant de succès. Plusieurs termes utilisés par Freud, comme le *ça,* le *moi,* le *surmoi* et la *libido* font aujourd'hui partie du langage courant. Au chapitre 10, nous discuterons la théorie de Freud.

Selon la perspective psychanalytique, pour comprendre l'anxiété liée à un examen, il faut donc mettre au jour les forces inconscientes qui sont à l'origine de ce phénomène.

L'anxiété liée à un examen

L'anxiété est-elle liée à la procrastination ?

Nous avons mentionné deux composantes de l'anxiété liée à un examen, les réactions physiologiques et l'inquiétude excessive, qui peuvent nuire aux résultats obtenus. Des recherches ont aussi montré que les élèves qui ressentent un degré élevé d'anxiété ont plus souvent tendance à tout remettre à plus tard que ceux qui sont moins anxieux (Milgram *et al.,* 1992a).

La *procrastination* est la tendance à toujours remettre à plus tard l'accomplissement d'une tâche, au point où cela accroît l'inquiétude et le malaise chez la personne anxieuse.

Des chercheurs estiment que de 30 à 70 % des étudiants attendent délibérément avant de se préparer en vue d'un examen (Sénécal *et al.,* 1995). Parmi les excuses les plus courantes données pour justifier la procrastination, on note la paresse, le manque de discipline ou de motivation, et la difficulté à planifier son temps (Sénécal *et al.,* 1995). Selon la perspective psychanalytique, il faut cependant aller au-delà des raisons évidentes, pour tenter de trouver la source profonde du problème.

Des psychologues ont donc étudié des étudiants qui remettent toujours leur travail au lendemain en les soumettant à des tests de personnalité. Les résultats obtenus indiquent que les étudiants qui pratiquent régulièrement la procrastination auraient une faible estime d'eux-mêmes, dépendraient trop des autres ou auraient une telle peur de l'échec que cela les empêcherait de commencer un travail (Ferrari, 1994).

D'autres recherches ont porté sur les expériences vécues durant l'enfance et qui peuvent mener à ce comportement. Par exemple, le fait d'avoir des parents qui attachent trop d'importance au succès, qui fixent des objectifs irréalistes ou qui font de la réussite une condition de l'amour prodigué à leurs enfants peut amener des enfants à devenir très anxieux quand ils ne réussissent pas et donc, par la suite, à être tentés de remettre à plus tard les tâches à accomplir (Ferrari *et al.,* 1997).

Des traits de personnalité aussi fortement enracinés ne disparaissent pas à moins qu'une personne ne fasse un effort délibéré pour y remédier.

B. Les perspectives contemporaines

La perspective humaniste

Vivre pleinement sa vie ?

Si Mme Williams a écrit deux livres, c'est, selon elle, pour se sortir de cette prison qu'est l'autisme, un monde où, par exemple, elle fige sur place ou au contraire elle ne peut s'arrêter de bouger, ne supporte pas qu'on la touche, est incapable d'aller dans des endroits publics et n'arrive pas à regarder les autres dans les yeux (Williams, 1992). Quand ils se sont connus, Mme Williams et son mari se sont rendu compte qu'à cause de l'autisme ils étaient incapables de ressentir de l'attrait sexuel et qu'ils se sentaient en fait asexués (Williams, 1994).

Les efforts de Mme Williams pour se libérer de l'autisme, pour établir des relations personnelles satisfaisantes et développer ses capacités, illustrent bien la perspective humaniste.

Selon la *perspective humaniste,* chaque individu a la possibilité de créer en grande partie son avenir, de développer les capacités qu'il possède et de s'accomplir.

C'est ce que Mme Williams écrit en d'autres mots : « L'autisme a tenté de m'exclure de la vie, de me priver d'amitié, de tendresse, de partage, de m'empêcher de m'intéresser à des choses ou de me servir de mon intelligence... de m'enterrer vivante... [...] JE PEUX ME BATTRE CONTRE L'AUTISME... JE LE CONTRÔLERAI... IL NE ME CONTRÔLERA PAS. » (Williams, 1994, p. 238, traduction libre)

Selon la perspective humaniste, même s'il faut parfois lutter pour développer pleinement nos capacités, nous avons la possibilité de devenir ce que nous sommes capables d'être. Cette perspective met l'accent sur l'aspect positif de la nature humaine, sur la créativité des individus et sur la volonté qu'ont les êtres humains d'établir des liens positifs entre eux. Cette conception de la nature humaine est ce qui distingue le plus la perspective humaniste des perspectives behaviorale et psychanalytique (DeCavalho, 1990).

C'est au début des années 1960, avec la publication du *Journal of Humanistic Psychology,* que la perspective humaniste a officiellement vu le jour, en grande partie grâce à Abraham Maslow, qui affirmait alors qu'il s'agirait de la nouvelle façon de concevoir la liberté, les capacités et le développement de l'individu.

La perspective humaniste a influencé la manière de travailler de plusieurs psychothérapeutes. Cependant, à cause de l'importance accordée au concept de liberté et devant l'absence d'une méthode expérimentale rigoureuse, plusieurs behavioristes considèrent cette perspective comme une philosophie plutôt que comme une approche scientifique du comportement humain.

L'anxiété liée à un examen

Pourquoi de mauvaises notes ?

Des études ont été menées dans le but de savoir comment des élèves expliquent les notes — bonnes ou mauvaises — qu'ils obtiennent. À la suite d'un examen de lecture et de mathématiques, les chercheurs ont interrogé des étudiants. Ceux qui avaient obtenu de bons résultats ont prétendu que c'était grâce à leurs efforts et à leurs habiletés ; tandis que ceux qui avaient obtenu de mauvaises notes ont affirmé que c'était surtout parce que la tâche était trop difficile et qu'ils n'avaient pas les connaissances nécessaires (Bell *et al.,* 1994). Les chercheurs ont donc conclu que les enseignants devraient trouver des moyens de stimuler les étudiants qui réussissent moins bien et leur offrir un soutien approprié pour qu'ils ne se découragent pas, et qu'ils développent plutôt leurs capacités et leurs habiletés à l'école. Cela est un bon exemple de l'application de la perspective humaniste.

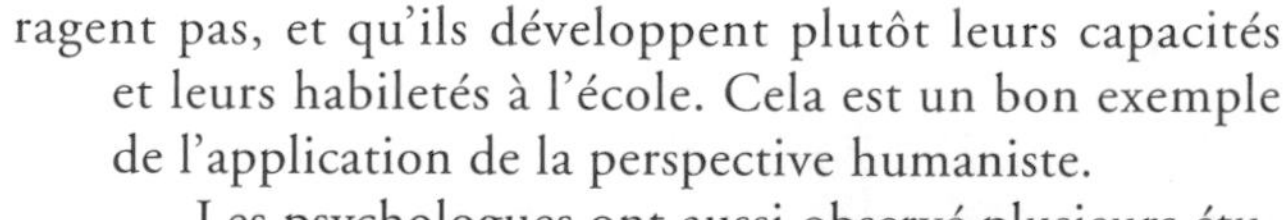

Les psychologues ont aussi observé plusieurs étudiants ayant des résultats scolaires variés en vue d'établir le profil de l'« étudiant qui réussit ». Les résultats ont démontré que ceux qui obtenaient de bonnes notes avaient des caractéristiques semblables : ils se sentent capables de satisfaire aux exigences des programmes et de rester calmes en situation d'examen ; ils organisent très bien leurs temps d'étude et de repos ; ils se préparent en vue des examens et ne pratiquent pas la procrastination (Kleijn *et al.,* 1994). Les tenants de la perspective humaniste ajouteraient que, puisque ceux qui réussissent ont trouvé des moyens qui leur permettent d'obtenir de bons résultats, tout étudiant devrait donc tenter de trouver ce qui lui permettra de développer son plein potentiel.

La perspective socioculturelle

Et si vous « changiez de culture » ?

Bérénice, sa sœur et sa mère ont quitté Haïti, immigré aux États-Unis et se sont installées à New York. Au début, la vie était difficile. Bérénice détestait aller à l'école : elle devait apprendre une nouvelle langue, l'anglais, et souffrait des railleries constantes des autres élèves. Mais, encouragée par sa mère, elle s'est concentrée sur ses études. Ses efforts ont porté fruit et elle a obtenu de bonnes notes. Petit à petit, ses camarades ont reconnu ses capacités.

Après deux ans, Bérénice parlait anglais et réussissait bien tous ses cours. Finalement, elle a été acceptée au prestigieux Massachusetts Institute of Technology (adapté de *Newsweek,* 9 août 1993).

Les difficultés et les succès de Bérénice illustrent bien les préoccupations auxquelles s'attache la perspective socioculturelle, l'une des plus récentes en psychologie.

La *perspective socioculturelle* étudie l'influence des similarités et des différences culturelles et ethniques sur le fonctionnement psychologique et social des individus.

Au début des années 1990, 3,7 millions d'immigrants sont entrés aux États-Unis : 34 % venaient du Mexique, 30 % d'Asie, 13 % d'Europe, 11 % d'Amérique du Sud et d'Amérique centrale et 2 % d'Afrique (statistiques du U.S. Immigration and Naturalization Service). Quatre groupes — les Afro-Américains et les Américains d'origine autochtone, asiatique et latino-américaine — forment actuellement environ le tiers de tous les citoyens américains de moins de 17 ans. Les psychologues de la perspective socioculturelle analysent les attitudes, les valeurs, les croyances, les normes sociales et les rôles des divers groupes ethniques ainsi que les moyens de réduire l'intolérance et la discrimination aux États-Unis (Hall, 1997 ; Mays *et al.,* 1996 ; Triandis, 1996). En plus d'étudier les conséquences de l'arrivée massive d'immigrants et la façon dont ils s'intègrent à leur nouvelle communauté, ces psychologues étudient les facteurs cognitifs et émotionnels liés aux différentes cultures (Rogoff et Chavajay, 1995).

L'anxiété liée à un examen

Est-ce la même chose pour tous ?

Plusieurs études sur l'anxiété ont démontré que les élèves d'origine mexicaine, chilienne et africaine des centres urbains américains ressentent à un niveau plus élevé que les étudiants américains blancs l'anxiété liée à un examen (Guida et Ludlow, 1989). Les chercheurs concluent que, dans le cas des enfants noirs des centres urbains, cela résulterait d'un environnement particulier et de problèmes éducatifs, et que, chez les élèves d'origine mexicaine et chilienne, la cause serait un accès moins facile à l'éducation que pour les élèves américains blancs.

D'autres chercheurs ont aussi découvert que les étudiants évaluent leurs succès en fonction de leurs valeurs culturelles. Par exemple, les étudiants du Chili admirent les individus qui réussissent, que leur succès soit dû au travail ou à une habileté naturelle. Par contre, les étudiants des États-Unis admirent beaucoup plus ceux qui ont du succès s'ils pensent qu'ils réussissent parce qu'ils travaillent beaucoup plutôt que parce qu'ils ont une facilité naturelle (Betancourt et Lopez, 1993). Ces études démontrent que, lorsqu'on s'inscrit dans la perspective socioculturelle, une même question peut engendrer des résultats différents et intéressants (Gergen *et al.,* 1996).

Plusieurs perspectives, plusieurs réponses

Des six approches que nous avons présentées, la perspective socioculturelle est la plus récente. Elle date du début des années 1970 avec la publication du *Journal of Cross-Cultural Psychology,* et elle se répand de plus en plus (Fowers et Richardson, 1996 ; Gergen *et al.,* 1996). Aussi, nous présenterons dans chaque chapitre une étude faite selon cette perspective.

Si la psychologie moderne utilise plusieurs perspectives pour étudier les mêmes comportements, c'est que chacune permet d'obtenir des résultats qui se complètent. En combinant les renseignements ainsi obtenus, les psychologues ont plus de chance d'atteindre leurs quatre objectifs : décrire, expliquer, prédire et contrôler le comportement.

Nous avons d'abord abordé les perspectives contemporaines pour que vous puissiez les comparer à celles utilisées à la fin du XIXe et au début du XXe siècles. Cela vous permettra de mesurer l'évolution qu'a subie la psychologie au cours des 100 dernières années.

C. Les bâtisseurs

Comment est née la psychologie ?

Fin des années 1800, début des années 1900 : l'espérance de vie est d'environ 50 ans ; l'éclairage électrique, la radio et l'aviation apparaissent... C'est à cette époque que la psychologie se sépare de la philosophie et devient un domaine d'étude distinct. Tout en développant de nouvelles connaissances, les pionniers de cette jeune science qu'est la psychologie débattaient âprement afin de la définir, d'en établir les objectifs et d'en cerner les différentes perspectives. Parmi tous ces pionniers, Wilhelm Wundt est considéré aujourd'hui comme le père de la psychologie.

Le structuralisme : les éléments de la pensée

Qui a créé le premier laboratoire ?

Wilhelm Wundt (1832-1920)

C'est bien humblement que le premier laboratoire de psychologie a été créé en 1879, à Leipzig, en Allemagne, par Wilhelm Wundt. En fait, ce laboratoire était installé dans un vieil immeuble et ne contenait qu'un équipement rudimentaire. Wundt demandait par exemple à ses sujets de laisser tomber des balles d'une plateforme ou d'écouter un métronome, et de dire ce qu'ils ressentaient. Wundt et ses disciples analysaient ces sensations, qu'ils croyaient être la clé de l'analyse de la structure de la pensée. C'est pour cela qu'on appelle ces psychologues les structuralistes, et leur perspective le structuralisme.

Le *structuralisme* était l'étude des éléments de base, principalement les sensations et les perceptions, qui constituent l'expérience mentale consciente.

De la même manière qu'on réunit les pièces d'un casse-tête pour former une image, les structuralistes tentaient d'assembler les centaines de sensations qui forment l'ensemble d'une expérience consciente. La contribution la plus importante de Wundt a sans doute été sa méthode d'analyse, l'introspection.

L'*introspection* était une méthode d'exploration ou d'identification des processus mentaux conscients. Elle consistait à demander aux sujets d'observer et de décrire leurs propres sensations et perceptions.

Par exemple, après avoir écouté les battements d'un métronome, on demandait aux sujets de dire si ce qu'ils ressentaient était agréable ou désagréable, excitant ou relaxant. L'introspection a été très critiquée ; on l'accusait de ne pas être scientifique parce qu'elle ne reposait que sur des réactions personnelles qui pouvaient être biaisées, plutôt que sur des mesures objectives. Cette perspective n'a donc pas eu beaucoup d'influence sur la psychologie moderne. Aujourd'hui, la perspective cognitive, qui découle du structuralisme, analyse aussi les processus mentaux, mais à l'aide de méthodes différentes — scientifiques —, et elle s'intéresse à des domaines beaucoup plus vastes que ceux qu'étudiait Wundt.

À l'époque, les critiques faites à l'endroit du structuralisme ont donné naissance à une nouvelle approche, le fonctionnalisme.

Le fonctionnalisme : les fonctions de la pensée

Qui a écrit le premier manuel ?

William James (1842-1910)

Pendant 12 ans, William James a travaillé à la rédaction d'un livre, *Les principes de la psychologie*. Publié en 1890, cet ouvrage abordait presque tous les sujets traités aujourd'hui dans les manuels de psychologie : l'apprentissage, les sensations, la mémoire, le raisonnement, l'attention, les sentiments, la conscience, ainsi qu'une théorie révolutionnaire des émotions.

Pourquoi a-t-on peur quand, à la vue d'un ours, on tente de fuir en courant ? Vous répondrez probablement que l'ours est une créature terrifiante, donc que c'est à cause de la peur qu'on se met à courir. James affirmait plutôt que le fait de courir entraîne certaines réactions physiologiques, interprétées par le cerveau comme étant de la peur ; autrement dit, James soutenait que c'est l'analyse par le cerveau des changements physiologiques qui est à la source des émotions — c'est donc le fait de courir qui produit la peur. Nous analyserons cette théorie au chapitre 9.

Alors que, selon Wundt, les activités mentales étaient en quelque sorte un assemblage de certains éléments de base, James considérait que celles-ci s'étaient développées et avaient évolué au cours des siècles pour s'adapter aux changements et ainsi permettre, par exemple, la survie de l'espèce. James s'intéressait aux buts, aux usages et aux fonctions de la pensée, d'où le nom de fonctionnalisme.

Le *fonctionnalisme* s'intéressait aux fonctions plutôt qu'à la structure de la conscience, et étudiait comment nos pensées s'adaptent à un environnement en évolution.

Si le fonctionnalisme, en tant que perspective, n'a pas survécu, plusieurs idées de James, par exemple sur les émotions, l'attention et la mémoire, ont été intégrées à des champs d'études contemporaines (Hunt, 1993). De plus, James a introduit des manières d'appliquer certains principes de la psychologie à l'enseignement, ce qui a beaucoup influencé la psychologie de l'éducation.

À peu près à la même époque, d'autres scientifiques étaient aussi en désaccord avec les idées de Wundt : les psychologues gestaltistes.

La perspective gestaltiste : les sensations versus les perceptions

Qui a dit : « Wundt a tort » ?

Max Wertheimer (1883-1943)

Quand vous voyez un panneau de signalisation routière comme celui qui est illustré ci-dessous, vous pensez que les flèches lumineuses bougent vraiment, indiquant ainsi le sens à suivre. Ce mouvement n'est cependant qu'une illusion : les ampoules sont fixes, elles ne font que s'allumer et s'éteindre.

Ce type d'illusion a été étudié pour la première fois en 1912 par trois psychologues, Max Wertheimer, Wolfgang Köhler et Kurt Koffka. En faisant clignoter brièvement une ampoule puis, peu de temps après, une autre placée à côté, ils se sont rendu compte que, même si les deux ampoules étaient fixes, la lumière semblait se déplacer de l'une à l'autre. Ils ont appelé cela le *phénomène phi,* connu aujourd'hui sous le nom de *mouvement apparent.*

Wertheimer et ses collègues affirmaient que les structuralistes ne pouvaient expliquer la perception du mouvement apparent, puisque, selon leur théorie, ce mouvement ne pouvait être que la somme de deux sensations provoquées par la lumière venant des deux ampoules fixes. Or, les expériences perceptives, selon Wertheimer, ne pouvaient être que le produit de l'analyse d'un tout — en allemand *Gestalt.*

La *perspective gestaltiste* a mis en évidence que la perception est plus que la somme de ses parties et elle s'est penchée sur la façon dont des sensations sont organisées afin de constituer une expérience perceptive significative.

En d'autres termes, l'expérience perceptive du mouvement dans le cas du panneau de signalisation, par exemple, dépasse le simple fait — réel — que des ampoules fixes clignotent de manière séquentielle.

Aujourd'hui, plusieurs principes de la perspective gestaltiste sont encore utilisés pour expliquer comment nous percevons notre environnement. Nous en parlerons au chapitre 4.

Le behaviorisme : des comportements observables

Mission... possible ?

John B. Watson (1878-1958)

« Donnez-moi une douzaine d'enfants en bonne santé que j'élèverai dans un environnement particulier, et je vous garantis que je les forme pour devenir, à ma convenance, médecin, avocat, artiste ou autres. » (Watson, 1924, traduction libre)

Ces paroles sont tirées du fameux article de John B. Watson publié en 1913 et intitulé *Psychology as a Behaviorist Views It* dans lequel il rejetait la théorie de Wundt sur les éléments mentaux et les processus conscients. Il rejetait également la technique de l'introspection, parce que les résultats qu'elle permettait d'obtenir ne pouvaient être validés par d'autres études, une condition essentielle de la méthode scientifique. Watson affirmait plutôt que la psychologie devait être une science objective et expérimentale ayant pour objectif l'analyse, la prédiction et le contrôle des comportements observables. Voilà qui clarifie le sens de la citation ci-dessus.

La *perspective behaviorale* met l'accent sur l'analyse objective et scientifique des comportements observables.

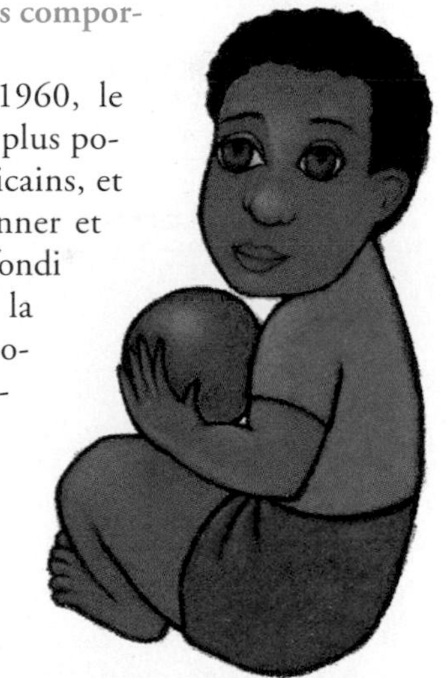

Des années 1920 aux années 1960, le behaviorisme a été la perspective la plus populaire chez les psychologues américains, et ce, grâce aux travaux de B. F. Skinner et d'autres behavioristes qui ont approfondi les idées de Watson pour en faire la perspective behaviorale contemporaine, que nous verrons au chapitre 6. Cependant, depuis 1970 et plus particulièrement au cours des années 1990, la situation s'est modifiée : la perspective cognitive a pris de plus en plus d'importance (Friman, 1993).

Des perspectives qui restent... ou qui disparaissent

Des perspectives à l'épreuve du temps ?

La survie de ces écoles de pensée — structuralisme, fonctionnalisme, gestaltisme et behaviorisme — dépendait de leur capacité de résister aux critiques formulées par les scientifiques. Ainsi, l'analyse critique du structuralisme a permis aux perspectives fonctionnaliste et gestaltiste de voir le jour, alors que la critique de ces trois mêmes approches a donné naissance à la perspective behaviorale. Par ailleurs, la perspective psychanalytique de Freud (voir page 9), qui mettait en lumière l'influence des processus inconscients, contestait l'approche behaviorale stricte de Watson et s'est développée parallèlement aux perspectives fonctionnaliste et gestaltiste. Les désaccords entre les tenants des diverses perspectives ont entraîné des discussions parfois acerbes entre les premiers bâtisseurs de la psychologie, mais cela compte pour beaucoup dans le fait que la psychologie est devenue la discipline scientifique qu'elle est aujourd'hui.

En plus de privilégier des perspectives différentes, les psychologues peuvent également opter pour des spécialités différentes. Avant de procéder à la description de ces spécialités, jetons un coup d'œil sur un exemple d'application de la perspective socioculturelle : le choix d'un partenaire de vie.

D. Diversité culturelle : le choix d'un partenaire de vie

Évaluer les influences culturelles

9000 personnes en accord ?

Si l'on vous demandait de faire la liste de ce que vous trouvez le plus important chez une ou un partenaire, croyez-vous que votre culture influencerait vos choix ? Pour répondre à cette question, les chercheurs ont interrogé plus de 9 000 jeunes adultes dans la vingtaine (hommes et femmes), et vivant dans 37 pays (Buss, 1994; Buss *et al.*, 1996). On a remis à ces sujets une liste de 32 traits de personnalité; ils devaient les classer, en commençant par ce qui les séduirait le plus. Les 9 000 personnes, de cultures diverses, ont fait un classement très semblable !

Les préférences

Que recherche-t-on le plus ? La liste de gauche énumère les traits considérés les plus désirables selon les diverses cultures. Une corrélation positive de +0,87 (voir le chapitre 2, page 26) entre les listes des hommes et celles des femmes indique clairement que les choix se ressemblent, peu importe l'origine culturelle.

Les préférences, par ordre d'importance (en moyenne)

1. **Gentillesse et compréhension**
2. **Intelligence**
3. **Personnalité stimulante**
4. **En santé**
5. **Stabilité émotive et maturité**
6. **Fiabilité**
7. **Tempérament agréable**

La liste de droite montre cependant des différences intéressantes selon le sexe. Ainsi, les hommes attachent presque toujours plus d'importance à l'aspect physique, alors que les femmes s'attardent davantage au revenu potentiel de leur partenaire.

Quelle importance accorde-t-on à la virginité ? Dans deux cultures sur trois, les hommes valorisent plus que les femmes l'absence de relations sexuelles avant le mariage pour leur partenaire féminine. Il n'y a pas une seule culture où les femmes, plus que les hommes, valorisent la virginité de leur partenaire (Buss, 1994).

En Chine, par exemple, épouser une fille qui n'est plus vierge est hors de question (Buss, 1994) ; en Inde, à Taiwan et en Iran, on accorde aussi beaucoup d'importance à la virginité de la femme. Par contre, aux Pays-Bas, en Suède et en Norvège, on ne lui en accorde que très peu. L'importance donnée à la virginité des femmes diffère donc beaucoup, et cela indique que les différences culturelles peuvent influencer — rendre plus ou moins séduisants — certains traits ou comportements de partenaires potentiels.

Les différences

8. **Belle apparence (classé plus haut dans l'échelle des hommes)**
9. **Bon avenir financier (classé plus haut dans l'échelle des femmes)**
10. **Virginité (classé plus haut dans l'échelle des hommes)**

Pourquoi se marie-t-on ?

Se marier par amour ? Selon les pays, l'amour est une raison plus ou moins importante de se marier (voir le tableau ci-contre). Si le mariage d'amour est très valorisé aux États-Unis et en Occident, il l'est beaucoup moins dans certains pays du Moyen-Orient, d'Asie et d'Afrique.

Comment les femmes décident-elles ? Certains anthropologues affirment que les femmes, parce qu'elles consacrent plus de temps à élever les enfants, choisissent leur partenaire selon des critères beaucoup plus précis que ceux des hommes, qui investissent moins de temps auprès des enfants. Les femmes mettraient donc plus de soin dans le choix d'un conjoint ? C'est ce que démontre l'étude de Buss (1994), puisque les femmes de presque toutes les cultures ont des standards plus élevés pour bon nombre de traits de caractère ou attitudes.

Comment les hommes décident-ils ? Dans toutes les cultures, les hommes préfèrent généralement se marier avec une femme plus jeune et attrayante physiquement. Dans certaines sociétés, où les hommes achètent leur épouse, les femmes jeunes coûtent d'ailleurs plus cher... Par ailleurs, dans maintes cultures, la raison la plus invoquée par les hommes pour justifier un divorce est l'infertilité ou l'impossibilité d'avoir des enfants (Buss,1996).

Donc, si ce que cherchent les gens chez un partenaire éventuel se ressemble dans toutes les cultures, les raisons pour lesquelles on se marie varient, elles, beaucoup.

E. *Les carrières en psychologie*

Psychologues et psychiatres

Qu'est-ce qu'un psychologue ?

Même si des diplômes supérieurs de psychologie sont décernés dans une douzaine de domaines différents, plusieurs pensent que les psychologues sont uniquement des conseillers et des thérapeutes. Pour obtenir un diplôme supérieur de psychologie, il faut terminer le cégep et étudier trois ans pour obtenir un baccalauréat, et quatre ou cinq ans pour obtenir un doctorat. Certaines carrières ou organisations exigent un baccalauréat alors que d'autres exigent un doctorat.

Faisons d'abord la distinction entre ce qu'est un psychologue, un psychologue clinicien et un psychiatre.

Un *psychologue* est habituellement une personne qui a étudié quatre ou cinq ans à l'université et a obtenu un doctorat en psychologie.

Un *psychologue clinicien* détient un doctorat, s'est spécialisé dans un domaine clinique et a passé une année supplémentaire de stage supervisé de thérapie pour prendre de l'expérience dans le diagnostic et le traitement de comportements anormaux.

Les psychologues cliniciens n'évaluent pas les causes physiques ou neurologiques de problèmes mentaux et ne prescrivent pas de médicaments.

Un *psychiatre* est un docteur en médecine qui a passé plusieurs années de stages cliniques. Il peut poser un diagnostic établissant les causes physiques ou neurologiques de comportements anormaux, et traite ces comportements, souvent en prescrivant des médicaments.

Si vous décidez de devenir psychologues, vous aurez à décider quel type de carrière vous choisirez.

Des tâches variées

Que fait un psychologue ?

La profession de psychologue a gagné en popularité au cours des dernières années. L'Ordre des psychologues du Québec a d'ailleurs augmenté son effectif de 1 700 membres en 10 ans, passant de quelque 4 900, en 1990, à 6 600, en l'an 2000. Parmi eux, 73 % sont titulaires d'une maîtrise, alors que 27 % détiennent un doctorat. Voici les principaux domaines dans lesquels les psychologues peuvent travailler.

53,5 % des psychologues au Québec — ce qui constitue la majeure partie d'entre eux — travaillent en pratique privée, dans le milieu hospitalier ou dans les CLSC. Au moyen de thérapies individuelles ou de groupe, ils traitent des cas variés (dépendance à la drogue ou à l'alcool, deuil non résolu, phobie, faible estime de soi, maladie chronique ou dégénérative, problème lié au stress, au divorce ou à la perte d'emploi, victime d'acte criminel, etc.). Ces psychologues procèdent également à des évaluations permettant le diagnostic de divers problèmes (hyperactivité, autisme, etc.). Dans le cadre de leur travail, ils peuvent en outre utiliser de nombreux tests d'aptitudes ou des tests projectifs.

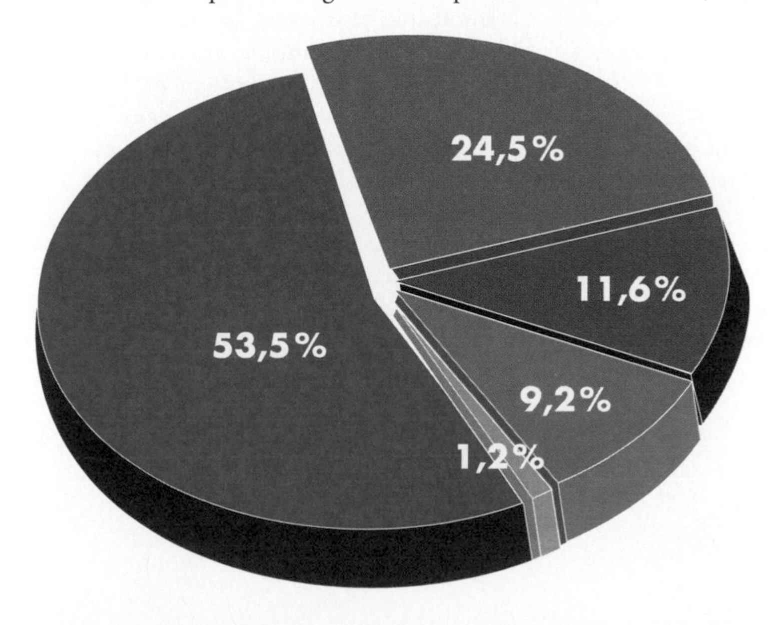

24,5 % des psychologues œuvrent en milieu scolaire, tant au primaire, au secondaire qu'au collégial et à l'universitaire. Ce pourcentage comprend à la fois les psychologues qui enseignent et ceux dont le travail consiste à intervenir auprès des jeunes en difficulté. Leurs interventions varient en fonction du milieu dans lequel ils évoluent (groupes de rencontre, suivi de problèmes de comportement, etc.).

11,6 % des psychologues au Québec trouvent un emploi dans les entreprises privées ou dans la fonction publique ; on les appelle psychologues en industriel/organisationnel. Leur rôle consiste à participer à la sélection de personnel, à tenter d'accroître la productivité en milieu de travail ou encore à améliorer les relations entre les différents membres du personnel (aussi bien employeur qu'employé).

9,2 % des psychologues travaillent, pour leur part, dans les centres jeunesse, les centres de réadaptation et les maisons d'hébergement. Leur clientèle se compose principalement de jeunes délinquants ou de femmes victimes de violence. Ajoutons qu'aucunes précisions ne sont données sur les autres titulaires d'un diplôme en psychologie, qui représentent **1,2 %** des diplômés.

F. Les domaines de recherche

Quel domaine choisir ?

Au cours d'études supérieures en psychologie (maîtrise ou doctorat), les étudiants choisissent une spécialisation. Chacune nécessite l'acquisition d'une telle quantité de connaissances qu'il est difficile d'en maîtriser plusieurs. Voici brièvement en quoi consistent certains de ces domaines.

Psychologie sociale et de la personnalité

- **Quelle est l'importance des « premières impressions » ?**
- **Comment développe-t-on certains traits de personnalité ?**
- **D'où viennent les stéréotypes ?**
- **Qu'est-ce qui cause l'agressivité ?**

Ces questions concernent deux domaines de la psychologie qui se recoupent parfois, la psychologie sociale et la psychologie de la personnalité.

La *psychologie sociale* s'intéresse aux interactions sociales, aux stéréotypes, aux préjugés, aux attitudes, aux comportements de groupe et aux agressions.

La *psychologie de la personnalité* étudie le développement de la personnalité, les changements dans la personnalité, l'évaluation et les comportements anormaux.

Plusieurs psychologues sociaux ou de la personnalité travaillent dans des milieux scolaires, mais certains sont par exemple conseillers en ressources humaines pour des entreprises ou des organismes.

Psychologie du développement

- **À quel moment un nourrisson reconnaît-il ses parents ?**
- **Que se passe-t-il à la puberté ?**
- **Quand un enfant sait-il s'il est un garçon ou une fille ?**
- **Quels sont les changements qui se produisent à l'âge adulte ?**

Ce type de questions relève du domaine de la psychologie du développement.

La *psychologie du développement* étudie comment se développent les êtres humains au cours de leur vie, du point de vue moral, social, émotionnel et cognitif.

Certains psychologues du développement s'intéressent plus particulièrement à la petite enfance et à l'enfance, alors que d'autres étudient les changements qui surviennent pendant l'adolescence ou l'âge adulte. On retrouve ces psychologues dans les milieux scolaires, mais aussi dans des centres de soins pour les personnes âgées, par exemple.

Psychobiologie

- **Comment la maladie d'Alzheimer affecte-t-elle les cellules du cerveau ?**
- **Existe-t-il des prédispositions aux désordres mentaux ?**
- **Le café améliore-t-il la mémoire ?**
- **L'intelligence et la personnalité sont-ils affaire de gènes ?**

Les psychobiologistes étudient, par exemple, les bases biologiques de l'apprentissage et de la mémoire, les causes du sommeil et de l'éveil, certains phénomènes comme la faim, la soif et le désir sexuel, les effets du stress sur l'organisme, et l'influence des drogues sur le comportement.

La *psychobiologie* s'intéresse aux changements physiques et chimiques causés par le stress, l'apprentissage et les émotions, ainsi qu'à la façon dont nos gènes et notre système nerveux interagissent avec l'environnement et influencent le comportement.

Les psychobiologistes travaillent dans des universités, des hôpitaux et des laboratoires de recherche privés.

Psychologie expérimentale

- **Pourquoi peut-on entraîner un animal à presser un levier pour obtenir de la nourriture?**
- **Pourquoi a-t-on peur des serpents?**
- **Qu'est-ce que l'aversion gustative?**
- **Est-ce que les principes de l'apprentissage peuvent être utilisés pour traiter les phobies?**

Voilà des questions que se posent les psychologues expérimentaux.

La *psychologie expérimentale* analyse les domaines des sensations, de la perception, de l'apprentissage, de la performance humaine, de la motivation et des émotions.

Les psychologues expérimentaux font la plupart de leurs recherches (sur des humains ou des animaux) dans des laboratoires subventionnés par des universités, des organismes gouvernementaux ou des entreprises.

Psychologie cognitive

- **Qu'y avait-il d'unique dans les processus mentaux d'Einstein?**
- **Peut-on apprendre quelque chose et ne pas s'en souvenir?**
- **Que sont les souvenirs refoulés?**
- **Perd-on la mémoire en vieillissant?**

Ces questions sont du ressort de la psychologie cognitive.

La *psychologie cognitive* étudie l'enregistrement, le traitement et la récupération de l'information, et la façon dont les processus cognitifs influencent le comportement.

La mémoire, la pensée, le langage, la créativité et la prise de décisions sont des phénomènes qui intéressent les tenants de la perspective cognitive. L'intelligence artificielle — la reproduction de la pensée et de l'intelligence humaines à l'aide d'ordinateurs — est également un champ de recherche de cette spécialisation.

Psychométrie

- **Que démontrent les tests de QI?**
- **Quelle carrière choisir selon ses habiletés?**
- **Comment les tests peuvent-ils déceler un trouble du comportement?**
- **Que démontrent les tests d'aptitudes?**

Ces questions relèvent de la psychométrie: comment construire, administrer et interpréter des tests.

La *psychométrie* mesure les habiletés, les capacités, l'intelligence, la personnalité et les comportements anormaux des gens.

Pour atteindre leurs objectifs, les psychologues qui travaillent dans ce domaine doivent construire une grande variété de tests qu'ils doivent sans cesse mettre à jour (par exemple, pour utiliser une terminologie adaptée à la clientèle). Ces tests sont utilisés, entre autres, pour évaluer des habiletés ou des capacités dans une situation donnée (un programme scolaire ou un emploi, par exemple).

Où? Comment? Pourquoi?

Si vous décidez de poursuivre des études en psychologie, vous aurez plusieurs décisions à prendre. Quelle spécialisation? Baccalauréat, maîtrise ou doctorat? Quel milieu de travail? Cabinet privé, clinique, entreprise ou école? Une fois ces décisions prises, vous êtes sur la voie d'une carrière très intéressante.

Nous allons maintenant aborder certaines découvertes dans divers domaines de recherche... qui pourraient vous permettre de mieux travailler et d'obtenir de meilleurs résultats scolaires.

G. Application : l'étude

Étudier plus efficacement

Comment mieux étudier ?

Une recherche américaine a révélé que 57 % des étudiants de première année du niveau collégial disent qu'ils ont des façons d'étudier peu satisfaisantes, et que 54 % affirment qu'ils ont de la difficulté à bien gérer leur temps (Thombs, 1995). Nous aborderons ici différentes manières de faire face à ces deux problèmes.

On entend très souvent des étudiants dire, après un examen : « J'ai lu le livre, j'ai relu mes notes trois fois et je n'ai eu qu'un C. » Cette plainte fait ressortir une erreur que font beaucoup d'étudiants : comme ils ont lu leurs notes plusieurs fois, ils ont *l'impression de connaître la matière à étudier*. Pourtant, des chercheurs ont découvert qu'il y a peu de relation entre l'évaluation que font les étudiants de leur maîtrise de la matière et le résultat qu'ils obtiennent à un examen (Cull et Zechmeister, 1994 ; Mazzoni et Cornoldi, 1993).

Si plusieurs étudiants évaluent mal leur maîtrise de la matière à étudier, c'est qu'ils basent leur jugement sur leur *connaissance générale des notions étudiées* plutôt que sur les *détails* dont ils devraient se souvenir (Glenberg *et al.*, 1987). Par exemple, vous avez maintenant une idée générale des six perspectives contemporaines en psychologie. Mais, dans un examen, on vous demandera des choses précises : des noms, la définition exacte de certains termes... Saurez-vous répondre ? L'une des meilleures manières de vous assurer d'être bien préparé est de vous poser vous-même des questions et de tenter d'y répondre.

De nombreux étudiants *gèrent mal leur temps* et sous-estiment le temps à consacrer à l'étude. Par exemple, Buchler *et al.* (1994) ont découvert que 50 % des étudiants prévoient presque toujours qu'ils termineront une tâche plus vite qu'ils ne le feront en réalité, et que plusieurs n'allouent pas assez de temps pour étudier des sujets plus difficiles. D'autres recherches ont d'ailleurs démontré que les étudiants qui prévoient des périodes d'étude plus longues quand la matière à étudier est plus difficile augmentent leurs chances de se souvenir de ce qu'ils ont étudié (Nelson, 1993).

> *À NOTER...*
> ***Pour évaluer si vous êtes bien préparé en vue d'un examen, posez-vous des questions précises sur la matière à étudier et essayez d'y répondre.***

Se fixer des objectifs

Quel type d'objectifs se fixer ?

Pour bien gérer son temps, il est souhaitable de se fixer des objectifs. Selon vous, lequel des trois types d'objectifs présentés ci-dessous pourrait vous permettre d'étudier plus efficacement et d'obtenir de meilleures notes ?

1 Établir un *nombre d'heures* d'étude fixe, par exemple 10 heures par semaine, et noter chaque semaine le temps que vous consacrez effectivement à l'étude.

2 Se donner un *objectif général*, par exemple « étudier beaucoup » ou « respecter l'horaire que je me fixe », et ne pas perdre de vue cet objectif.

3 Viser un *résultat précis*, par exemple « répondre correctement à au moins 80 % des questions que je me pose pour vérifier si j'ai bien étudié ».

Pour déterminer lequel des trois objectifs donne les meilleurs résultats, Morgan (1985) a constitué trois groupes d'étudiants qui se sont chacun dotés d'un type d'objectifs différent parmi les trois mentionnés ci-dessus. Ce chercheur a constaté que les étudiants qui avaient visé un résultat précis ont mieux réussi l'examen final que les autres. La clé pour mieux gérer votre temps est donc de vous fixer des objectifs de rendement plutôt que des objectifs de durée (Barling *et al.*, 1996). Vous pouvez aussi augmenter graduellement vos objectifs : par exemple, une fois l'objectif de 80 % de bonnes réponses atteint, vous pourriez passer à 85 %, puis à 90 % et ainsi de suite.

> *À NOTER...*
> ***Pour étudier de façon plus efficace, fixez-vous des résultats à atteindre, et notez vos progrès.***

Se récompenser

Et si vous atteignez un objectif?

Pour bien travailler, il faut être motivé... et le rester! Un moyen d'y arriver est de vous récompenser, de vous faire plaisir quand vous atteignez un objectif que vous vous étiez fixé: s'offrir une petite douceur, aller au cinéma, passer du temps avec des amis, etc. N'hésitez pas à vous répéter alors: «Je travaille vraiment bien» ou «Je vais obtenir une bonne note à l'examen». S'offrir une récompense est un moyen efficace d'améliorer ses résultats scolaires (Hayes *et al.*, 1986).

> À NOTER...
> ***Quand vous aurez atteint un objectif, offrez-vous une récompense: il vous sera ainsi plus facile de rester motivé.***

Prendre des notes

Comment éviter les erreurs?

Un autre moyen d'obtenir plus de succès est de bien prendre ses notes de cours. À ce propos, les étudiants commettent généralement deux types d'erreurs. La première est de tenter de noter tout ce que dit l'enseignant, ce qui est évidemment impossible et donne des notes confuses dans lesquelles il manque des mots. La seconde est de noter systématiquement les concepts importants sans vraiment les comprendre, et espérer s'en tirer en les apprenant par cœur. Voici quelques suggestions pour vous aider à mieux prendre vos notes.

1. Notez *dans vos propres mots* l'information à retenir. Vous comprendrez ainsi mieux ce que vous devez apprendre et vous aurez plus de chances de vous en souvenir.

2. Ciblez les grandes lignes de la matière et formulez des sous-titres. Il est plus facile d'étudier et de se rappeler des *notes bien organisées.*

3. *Faites des liens* entre ce que vous voyez pour la première fois et ce que vous connaissez déjà. Ces liens vous aideront à mieux assimiler les nouvelles connaissances.

4. Un peu comme ce que nous vous avons suggéré à la page précédente («Comment mieux étudier?»), *posez-vous des questions* quand vous notez quelque chose ou que vous relisez vos notes: Quelle est l'idée principale?, Qu'est-ce qui serait un bon exemple?, En quoi est-ce relié à ce que nous avons vu plus tôt? En notant les réponses dans vos propres mots, vous vous souviendrez plus facilement de la matière sur laquelle on vous interrogera à un examen (King, 1992).

> À NOTER...
> ***Organisez vos notes, relisez-les et posez-vous des questions auxquelles vous tenterez de répondre dans vos propres mots.***

Ne pas remettre à demain...

1, 2, 3, prêt... partez?

Certains étudiants trouvent tellement difficile de lire des textes, d'étudier ou de faire des travaux qu'ils n'arrivent pas à se décider à commencer. Si vous avez ce genre de problèmes, voici trois conseils qui peuvent vous aider (Peterson, 1997; Zane, 1996).

1. *Cessez de penser à l'objectif final, à la tâche dans son ensemble.* Lire 30 pages ou se préparer à deux examens importants peut effectivement paraître décourageant.

2. Fixez-vous *plusieurs objectifs partiels* qui sont moins décourageants et plus faciles à atteindre qu'un seul grand objectif. Attaquez-vous à un de ces objectifs à la fois... vous finirez par tous les atteindre.

3. Faites-vous un *horaire réaliste* correspondant à chacun de vos objectifs. En plus du travail à faire, indiquez le moment et l'endroit où vous étudierez. Prévoyez des récompenses que vous vous accorderez quand vous aurez atteint chaque objectif.

Ces méthodes ont été éprouvées: les utiliser augmentera vos chances de succès (Presley *et al.*, 1997; Tice et Baumeister, 1997).

> À NOTER...
> ***L'une des façons les plus efficaces d'atteindre un objectif important est de se fixer une série d'objectifs partiels et de travailler à les atteindre un à la fois.***

Des excuses loufoques (et peu efficaces) pour éviter un examen...

- «J'étais absent à l'examen à cause des funérailles de mon oncle et je ne pourrai pas être à la reprise demain parce que je viens d'apprendre que ma tante a une tumeur au cerveau.»
- «Je ne peux pas me présenter à l'examen parce que ma chatte est en train d'accoucher et que je dois m'en occuper.»
- «Je ne peux pas me présenter à l'examen lundi parce que ma mère se marie dimanche et que je serai trop ivre pour conduire et revenir à l'école.»
- «Je n'ai pas pu me présenter à l'examen parce que je devais assister aux funérailles du chien de ma petite amie.»
- «Je ne peux pas me présenter à l'examen vendredi parce que ma mère doit subir une vasectomie.» (Bernstein, 1993, p. 4)

DANS CE CHAPITRE...

Plusieurs controverses

Quel est le problème de Dusty?

Il était 5 h quand Dusty, sept ans, a commencé sa crise. Pendant une trentaine de minutes, comme mû par un « moteur interne », il n'a pas cessé de hurler et de donner des coups de pied partout. Ensuite, il est sorti de sa chambre pour prendre son déjeuner. Sa mère étant occupée dans la cuisine, il a pris une boîte de céréales et l'a lancée à travers la pièce, en éparpillant le contenu partout. Quand sa mère lui a demandé de nettoyer le dégât, il a pris le porte-poussière, mais a ramassé les céréales morceau par morceau. Ensuite, il a déroulé trois rouleaux de papier hygiénique partout dans la maison. Et il n'était que 7 h 30... Dusty n'avait pas encore pris sa pilule, car ce jour-là, il voyait son médecin à 16 h (adapté de *Time*, 18 juillet 1994).

Dusty a un problème qui perturbe ses comportements et qui a fait — et fait encore — l'objet de controverses. Le diagnostic? Syndrome de l'hyperactivité/déficit de l'attention. En langage de tous les jours: Dusty est hyperactif.

Le plus souvent, on ne diagnostique pas le *syndrome de l'hyperactivité/déficit de l'attention* à l'aide d'examens médicaux, mais en observant la fréquence d'apparition de certains comportements. On doit établir qu'un enfant présente au moins six comportements d'inattention (par exemple, à l'école, faire des fautes d'inattention, ne pas suivre les consignes et être facilement distrait) et six comportements d'hyperactivité (par exemple, bouger sans cesse, ne pas rester assis à sa place et parler sans arrêt) pour poser ce diagnostic. De plus, ces symptômes doivent être constatés dès la petite enfance, persister pendant au moins six mois et entraîner la mésadaptation de l'enfant dans son milieu.

L'une des controverses entourant l'hyperactivité concerne son diagnostic. Puisque celui-ci se fonde rarement sur des examens médicaux, comment peut-on réussir à distinguer un enfant hyperactif d'un enfant simplement turbulent et un peu plus extraverti que les autres (Barkley, 1997; Edwards, 1995; Rapport, 1994)?

Pour aider à contrôler l'hyperactivité, les médecins prescrivent souvent le Ritalin, un médicament qui est un stimulant assez puissant et dont les effets sont semblables à ceux d'un autre stimulant, l'amphétamine. Pour des raisons qu'on s'explique encore mal, ces stimulants calment l'activité des enfants, qu'ils soient hyperactifs ou non (Rapoport *et al.*, 1980). Le Ritalin, surtout à fortes doses, a des effets secondaires comme la perte de l'appétit et l'insomnie.

À ce sujet, trois questions sont régulièrement soulevées dans les journaux: le Ritalin n'est-il pas trop souvent prescrit? N'est-il pas prescrit pendant trop longtemps? Est-ce un traitement vraiment efficace? Certains se demandent aussi si les enfants hyperactifs devraient plutôt suivre une diète: des parents affirment en effet que les colorants artificiels, les édulcorants et le sucre, par exemple, aggravent les symptômes.

En traitant du problème de l'hyperactivité, nous reprendrons les quatre grands objectifs de la psychologie décrits au chapitre 1 (page 4).

Corne de rhinocéros et vitamine C

Croyances ou médecine?

Un aspect intéressant du traitement de certains symptômes à l'aide de médicaments est que, parfois, il n'y a aucune preuve médicale de l'efficacité du produit bien que les résultats de son utilisation semblent probants. Par exemple, dans plusieurs régions de l'Asie, on croit que la corne de rhinocéros réduite en poudre peut traiter des centaines de problèmes physiques et mentaux; de nombreux Occidentaux prennent des doses importantes de vitamine C parce qu'ils croient que cela peut prévenir le rhume ou en soulager les symptômes. Ces deux exemples soulèvent une question importante: dans quelle mesure nos pensées et nos croyances contribuent-elles au développement ou à la disparition de symptômes physiques? Nous aborderons donc les méthodes qu'emploient les chercheurs pour vérifier l'efficacité d'un traitement qui produit des effets sur le plan physiologique.

Dans ce chapitre...

Nous explorerons les stratégies de recherche utilisées pour répondre à des questions telles que: comment traite-t-on l'hyperactivité, et pourquoi les placebos sont-ils parfois efficaces? Plus précisément, nous étudierons les avantages et les désavantages de quatre stratégies de recherche: les enquêtes, les études de cas, la corrélation et l'expérimentation. Cette dernière stratégie de recherche est la seule qui permette d'établir des relations de cause à effet.

A. Différentes stratégies de recherche

Comment comprendre l'hyperactivité ?

Il y a 50 ans, l'hyperactivité était un problème relativement peu fréquent ; aujourd'hui, c'est pourtant le trouble comportemental le plus souvent diagnostiqué chez les enfants. L'hyperactivité a été connue sous divers noms (dommage mineur au cerveau, syndrome du déficit de l'attention) ; de nos jours, on parle de syndrome de l'hyperactivité et du déficit de l'attention. Le diagnostic de l'hyperactivité n'est pas simple à faire, puisqu'il est basé sur la fréquence de l'émission de comportements et rarement sur des tests médicaux. Les causes de l'hyperactivité seraient nombreuses : on parle de divers facteurs génétiques, hormonaux, neurologiques et diététiques. Le traitement le plus courant est la prescription d'un stimulant : le Ritalin.

Les parents sont au cœur de la controverse entourant le traitement de l'hyperactivité : si l'existence de ce trouble du comportement et l'efficacité du Ritalin ne sont pas remis en doute, certains croient que de nombreux diagnostics d'hyperactivité sont posés trop rapidement et peuvent donc être inexacts, et que si le Ritalin peut réduire les symptômes chez certains enfants, l'amélioration de leurs résultats scolaires n'est pas assurée (Buitelaar *et al.,* 1996 ; Rapport *et al.,* 1994).

Pour tenter de répondre à de telles questions, les scientifiques utilisent principalement quatre stratégies de recherche : l'enquête, l'étude de cas, la corrélation et l'expérimentation. Selon l'objectif qu'ils poursuivent et l'étape à laquelle ils sont rendus dans leur recherche, les chercheurs utilisent l'une ou plusieurs de ces quatre stratégies. Nous étudierons à la page suivante les avantages et les limites de chacune. Pour le moment, définissons-les.

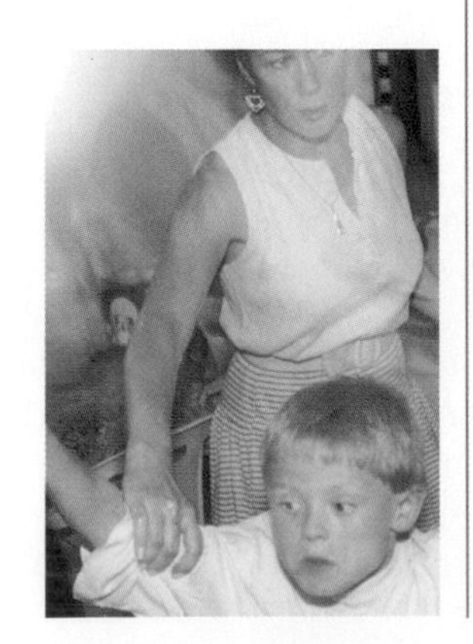

L'enquête

Combien d'enfants souffrent d'hyperactivité ? Les garçons en souffrent-ils plus souvent que les filles ? Quel est le traitement le plus courant ? Combien d'hyperactifs présentent encore des symptômes à l'âge adulte ? Pour établir de telles données, les chercheurs font des enquêtes.

Une *enquête* est un moyen d'obtenir des renseignements sur un sujet donné. Elle consiste à demander à un grand échantillon de personnes de répondre aux mêmes questions, soit de vive voix (face à face ou par téléphone), soit par écrit (questionnaire envoyé par la poste).

Les enquêtes permettent d'obtenir beaucoup d'information sur un certain nombre d'éléments auprès d'une grande quantité de personnes. Quand on les interprète, il faut cependant être prudent : elles peuvent comporter des erreurs ou être biaisées si, par exemple, les réponses ne sont qu'approximatives ou pas tout à fait franches.

L'étude de cas

Comment un enfant hyperactif, comme Dusty, fonctionne-t-il en famille et à l'école ? Comment réagit-il aux différentes situations de la vie quotidienne ? Pour répondre à ce genre de questions, les chercheurs ont recours à l'étude de cas. Ce type de recherche approfondie permet de recueillir des renseignements détaillés (sentiments, comportements, expériences, problèmes, etc.) sur un individu. Bien qu'elle permette de collecter une foule de précisions, l'étude de cas ne permet pas toujours de parvenir à une généralisation des conclusions. Par exemple, après avoir observé les comportements de Dusty, les chercheurs pourraient émettre l'hypothèse qu'un enfant hyperactif est plus agité lorsqu'il manque de sommeil. Toutefois, ces chercheurs devraient vérifier leur hypothèse au moyen d'une étude corrélationnelle avant de pouvoir conclure que cette affirmation est valide pour tous les enfants souffrant d'hyperactivité.

La corrélation

La mère de Dusty affirme que son enfant est plus agité dans la journée si un événement (un rhume, par exemple) l'a empêché de bien dormir la nuit précédente. Un chercheur pourrait décider de vérifier s'il existe effectivement un lien significatif entre le manque de sommeil et une augmentation de l'activité chez l'enfant hyperactif. C'est avec la méthode corrélationnelle que ce chercheur pourra calculer dans quelle mesure ces deux facteurs sont liés. Il se peut alors qu'il observe effectivement que plus la nuit de l'enfant hyperactif est courte, plus son niveau d'activité augmente le lendemain. La corrélation permet d'établir des liens de covariance. Toutefois, pour pouvoir établir des liens de cause à effet, il faut recourir à la méthode expérimentale.

L'expérimentation

Dans les années 1970, à partir de résultats d'études de cas, des chercheurs ont émis l'hypothèse que le sucre, les édulcorants et certains produits chimiques pouvaient causer l'hyperactivité (Feingold, 1975). Pour vérifier de telles hypothèses, qui portent sur des relations de cause à effet, les chercheurs doivent procéder à des expérimentations.

L'*expérimentation* est la stratégie utilisée pour établir s'il y a ou non une relation de cause à effet entre les phénomènes à l'étude. Pour qu'une expérimentation soit concluante, elle doit respecter certaines règles, dans le but de réduire, d'une part, le risque que les résultats soient biaisés ou erronés et, d'autre part, de contrôler l'effet du hasard.

L'expérimentation est la seule stratégie de recherche qui permette d'établir des relations de cause à effet entre les variables à l'étude. Cependant, il faut se rappeler que l'information ainsi obtenue peut parfois ne pas se généraliser à d'autres situations si les conditions varient.

B. Faire une enquête... pour décrire

Le type d'information

Que révèlent les enquêtes ?

Presque chaque jour, les médias rapportent les conclusions d'enquêtes ou de sondages. Cependant, leur validité dépend de la façon dont ils ont été menés (est-ce que ce qui a été mesuré est bien ce que l'on voulait mesurer ?). Voyons cela de plus près à l'aide d'exemples.

Vous lavez-vous les mains ? Même si 94 % des gens interrogés au cours d'un sondage par téléphone ont répondu qu'ils se lavaient les mains après être allés aux toilettes, l'observation directe de 6 333 personnes de cinq grandes villes américaines (Manning, 1996) a révélé que seulement 68 % des gens le font, les femmes (74 %) plus souvent que les hommes (61 %).

Quelle est votre plus grande inquiétude ? Un sondage auprès de 251 323 étudiants a révélé que 66 % d'entre eux s'inquiétaient surtout de ne pas avoir assez d'argent pour finir leurs études ; 30 % étaient d'abord préoccupés par l'étendue de leurs tâches ; et, 15 % des femmes et 13 % des hommes étaient principalement soucieux de leur tabagisme (Weiss, 1997).

Combien d'enfants hyperactifs ? Des enquêtes ont révélé qu'on diagnostique l'hyperactivité chez 3 à 5 % des enfants d'âge scolaire et que plusieurs prennent du Ritalin (Barkley, 1994, 1997) ; que 20 à 50 % des enfants hyperactifs présentent les mêmes symptômes à l'âge adulte (Biederman *et al.,* 1996) ; et que le pourcentage d'enfants hyperactifs est à peu près le même en Chine qu'aux États-Unis, mais que la France et l'Angleterre comptent 10 fois moins d'enfants évalués hyperactifs que les États-Unis (Leung *et al.,* 1996).

Ces exemples montrent que les enquêtes fournissent une grande quantité d'informations utiles, mais qu'on peut parfois questionner l'exactitude des résultats (exemple sur l'hygiène des mains).

Les limites de l'enquête

Comment les questions sont-elles formulées ? Les résultats obtenus peuvent être très différents selon la façon dont les questions sont formulées. Voici un exemple.

Question : « Selon vous, l'**industrie** contribue-t-elle plus à la pollution de l'air que la **circulation**, ou moins ? »
La **circulation** y contribue davantage : 24 %
L'**industrie** y contribue davantage : **57 %**

Question : « Selon vous, la **circulation** contribue-t-elle plus à la pollution de l'air que l'**industrie**, ou moins ? »
La **circulation** y contribue davantage : 45 %
L'**industrie** y contribue davantage : **32 %**

La formulation d'une question (ici, l'ordre dans lequel sont placés les éléments de réponse possibles) peut influencer énormément le choix du participant, et même donner des résultats opposés (*U.S. News and World Report,* 4 décembre 1995, traduction libre).

Qui pose les questions ? Le sexe et l'origine ethnique des interviewers peuvent également influencer la façon dont les gens répondent aux questions : c'est le cas dans l'exemple suivant.

Question : « Êtes-vous d'accord avec l'affirmation suivante : *Les problèmes des Noirs sont dus aux Noirs eux-mêmes.* ? »
Quand l'intervieweur était blanc, 62 % des Blancs interviewés ont répondu oui.
Quand l'intervieweur était noir, 46 % des Blancs interviewés ont répondu non.

Cet exemple démontre que, quand on leur pose des questions sur des sujets délicats ou émotifs, les gens tiennent compte de plusieurs facteurs dont, possiblement, l'origine ethnique de l'intervieweur et ont tendance à donner des réponses socialement acceptables plutôt que des réponses honnêtes ; il s'agit là du phénomène de *désirabilité sociale* (*U.S. News and World Report,* 4 décembre 1995, traduction libre).

Les résultats peuvent donc être biaisés d'une part à cause de la formulation des questions, et, d'autre part, à cause des réponses données (masquer la vérité, donner des réponses socialement acceptables ou se sentir obligé de répondre d'une certaine façon à cause du caractère tendancieux de la question). Une enquête peut aussi donner des résultats inexacts si, par exemple, l'échantillon de personnes interviewées n'est pas représentatif de la population ciblée par la recherche (Semin et De Poot, 1997). Malgré cela, les enquêtes peuvent être très utiles.

L'utilité de l'enquête

Si l'on tient compte des risques d'erreurs, les enquêtes ou les sondages peuvent être un instrument de recherche efficace pour recueillir rapidement de l'information sur les croyances, attitudes, comportements et expériences de vastes échantillons de personnes de divers groupes ethniques, socioéconomiques et culturels, et permettre de comparer leurs réponses.

Par exemple, des sondages ont permis d'établir que l'hyperactivité nuit à la réussite scolaire et réduit les probabilités de poursuivre des études supérieures (Biederman *et al.,* 1996). Alors, puisque les sondages révèlent que les enfants hyperactifs ont d'importantes difficultés à l'école, les psychologues ont conçu des outils techniques pour résoudre ce problème : méthodes d'organisation du travail ; mesure de l'atteinte des objectifs avec rétroaction continue ; programmes destinés aux enseignants et aux familles et visant à aider les enfants hyperactifs à contrôler leur comportement (DuPaul et Eckert, 1997). Une autre utilité des enquêtes est donc de permettre de concevoir et d'évaluer des traitements.

C. Faire des études de cas... pour décrire

Le type d'information

Qu'est-ce qu'une étude de cas?

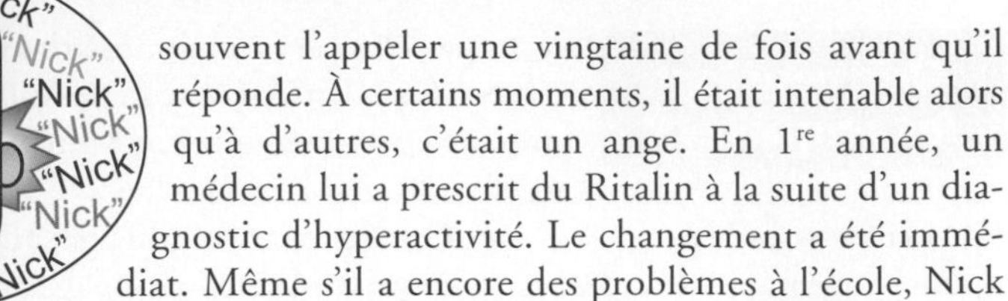

Pour répondre à des questions précises concernant un individu, les chercheurs font une étude de cas.

Une *étude de cas* est une analyse en profondeur des pensées, des sentiments, des croyances et des comportements d'une personne.

Prenons le cas de Nick, un garçon de 11 ans. Depuis l'âge de 3 ans, Nick avait de la difficulté à se concentrer et à accomplir les tâches qu'on lui demandait de faire. Comme il était distrait, il fallait souvent l'appeler une vingtaine de fois avant qu'il réponde. À certains moments, il était intenable alors qu'à d'autres, c'était un ange. En 1re année, un médecin lui a prescrit du Ritalin à la suite d'un diagnostic d'hyperactivité. Le changement a été immédiat. Même s'il a encore des problèmes à l'école, Nick arrive à se concentrer plus facilement et peut réaliser un projet du début à la fin (Leavy, 1996).

Parfois, les études de cas aident à trouver des réponses, mais elles peuvent aussi fournir des données inexactes.

Les témoignages

Des parents qui se trompent?

Les observations tirées d'une étude de cas peuvent être mal interprétées si l'observateur a des idées préconçues sur ce qu'il recherche. Par exemple, au début des années 1970, on disait aux parents que les additifs (colorants alimentaires, agents de conservation) pouvaient causer une augmentation des symptômes de l'hyperactivité chez les enfants (Feingold, 1975). Des parents ont alors rapporté qu'en effet, ces substances provoquaient une recrudescence de l'agitation et de l'irritabilité de leurs enfants hyperactifs (Feingold, 1975). Ces affirmations sont un exemple d'une facette de l'étude de cas appelée témoignage.

Un *témoignage* est l'affirmation d'un point de vue particulier basé sur des observations détaillées et l'expérience personnelle.

Par la suite, des chercheurs ont trouvé que, généralement, des quantités normales d'additifs ne provoquaient pas de comportements hyperactifs (Kinsbourne, 1994). Puis, d'autres chercheurs ont recueilli des témoignages de parents d'enfants hyperactifs, selon lesquels manger des aliments contenant de l'aspartame, un édulcorant de synthèse, accentuait les symptômes de manière notable.

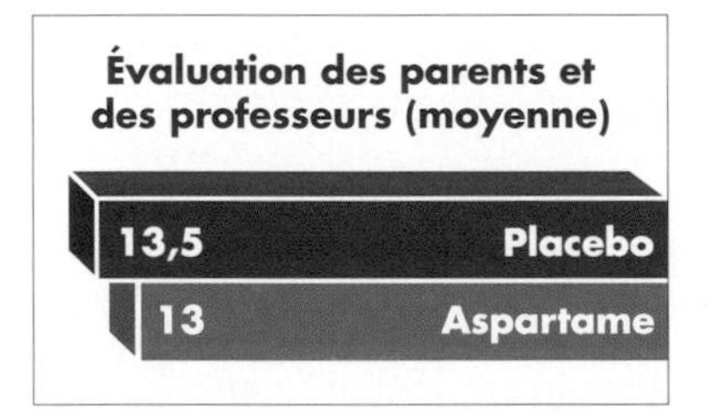

Pour vérifier l'exactitude de ces témoignages, les chercheurs ont demandé à des enseignants et à des parents d'évaluer les comportements d'enfants hyperactifs à qui l'on donnait une capsule contenant soit 10 fois plus d'aspartame qu'ils n'en consommaient quotidiennement, soit un placebo. Seuls les chercheurs savaient si la capsule contenait de l'aspartame ou le placebo (procédé de simple aveugle). Comme le montre le graphique ci-contre, on n'a observé aucune différence significative entre les effets de l'aspartame et ceux du placebo sur le nombre de comportements hyperactifs des enfants (Shaywitz *et al.,* 1994). Deux problèmes rendent les témoignages particulièrement sujets à l'erreur, même quand ils sont faits par des parents ou des amis...

Erreurs et biais

Des témoignages de bonne foi ou erronés?

Les croyances personnelles Si des parents qui cherchent à comprendre les difficultés de leurs enfants entendent dire que les édulcorants de synthèse peuvent entraîner des problèmes physiques ou psychologiques, ils peuvent être tentés de conclure que ces substances sont effectivement la cause des problèmes de leurs enfants. Ils négligeront alors peut-être d'autres éléments (la frustration, la colère ou des changements dans l'environnement immédiat) et ne prêteront attention qu'à l'effet supposé des édulcorants. Quand nous croyons fermement en quelque chose, cette croyance peut influencer notre perception et donc nous amener à formuler des conclusions erronées.

Autoréalisation des prophéties Si des parents croient que les édulcorants causent des problèmes, il arrive qu'ils adoptent une attitude plus stricte, par exemple, provoquant ainsi l'apparition du problème. Ce phénomène s'appelle l'autoréalisation des prophéties.

L'*autoréalisation des prophéties* survient lorsqu'une personne a des attentes élevées relativement à un événement. Cette personne augmente les chances que se produise l'événement puisqu'elle agit — en général inconsciemment — pour qu'il se produise.

Autrement dit, si l'on croit fermement que quelque chose va arriver, il se peut que, sans s'en rendre compte, on fasse tout ce qu'il faut pour qu'elle arrive (Madon *et al.,* 1997). Cette attitude entraîne le maintien ferme des croyances biaisées, comme c'est le cas dans le témoignage ci-dessus.

Si l'on est conscient des dangers que nous venons d'expliquer, le témoignage peut fournir des éléments d'information qui deviendront des pistes de réponses ou le point de départ d'études plus approfondies. Voyons maintenant un exemple pour lequel les témoignages sont une source d'information pertinente : l'usage de placebos à travers le monde.

D. *Diversité culturelle : l'usage de placebos*

Guérir parce qu'on y croit ?

Si vous prenez un médicament, lisez le dépliant qui l'accompagne et où sont expliqués les effets du médicament ainsi que ses effets secondaires et, parfois, son efficacité comparée à celle d'un placebo.

Un *placebo* est un traitement ou un médicament dont l'efficacité ne repose pas sur les effets physiologiques prévus, mais sur les attentes de la personne qui le reçoit. On appelle *effet placebo* une modification de l'état d'un malade attribuable aux effets prévus plutôt que réels d'un traitement et conformes aux attentes du malade.

Par exemple, dans un dépliant sur un médicament contre la migraine, on pouvait lire ces résultats d'une étude : après l'injection du médicament, 82 % des gens avaient affirmé que la douleur avait diminué, et 81 % disaient avoir eu moins de nausées (Imitrex, renseignements sur le produit, 1994). Par ailleurs, 39 % des individus qui avaient reçu un placebo plutôt que le médicament avaient aussi vu leur douleur réduite, et 63 % avaient eu moins de nausées. Les sujets ignoraient s'ils avaient reçu le médicament ou un placebo (procédé de simple aveugle).

Des chercheurs croient que les effets des placebos sont dus au fait qu'ils réduisent la tension et l'angoisse, et que les gens qui les reçoivent pensent et agissent comme si on leur avait administré un médicament ayant un effet assuré (Dodes, 1997 ; Montgomery et Kirsch, 1996). Le phénomène de l'autoréalisation des prophéties est d'autant plus grand et les placebos sont d'autant plus efficaces qu'ils sont administrés par des professionnels en qui l'on a confiance. Au Québec, les médecins n'ont cependant pas le droit de prescrire un placebo dans le cadre d'un traitement. Ils ne peuvent utiliser un placebo que dans un contexte de recherche, en ayant averti les participants qu'ils recevront soit un placebo, soit un traitement expérimental.

La preuve la plus évidente de l'efficacité des placebos nous vient sans doute des témoignages d'une multitude de gens qui affirment que des vitamines ou encore certaines substances d'origine animale ou végétale guérissent différents symptômes.

La corne de rhinocéros

Des millions de personnes, en Chine, en Thaïlande, en Corée du Sud et à Taiwan sont convaincues que la corne de rhinocéros réduite en poudre est un aphrodisiaque, et qu'elle permet aussi de soigner plusieurs maux, de la migraine aux saignements de nez, en passant par la typhoïde. La corne de rhinocéros n'est pourtant composée en grande partie que de poils compacts (kératine) qui n'ont aucune vertu médicinale éprouvée (*Sierra*, novembre/décembre 1989). Une corne de rhinocéros, qui pèse entre 2 et 4 kg, se vend de 25 000 à 50 000 $US sur le marché noir ! Conséquence : au début du XXe siècle, il y avait environ un million de rhinocéros dans le monde ; en 1994, il n'en restait plus que 10 000 environ (Berger et Cunningham, 1994).

La vésicule biliaire d'ours

Dans certaines régions d'Asie, une pilule faite à partir de vésicules biliaires d'ours est très populaire pour soigner toutes sortes de problèmes physiques.

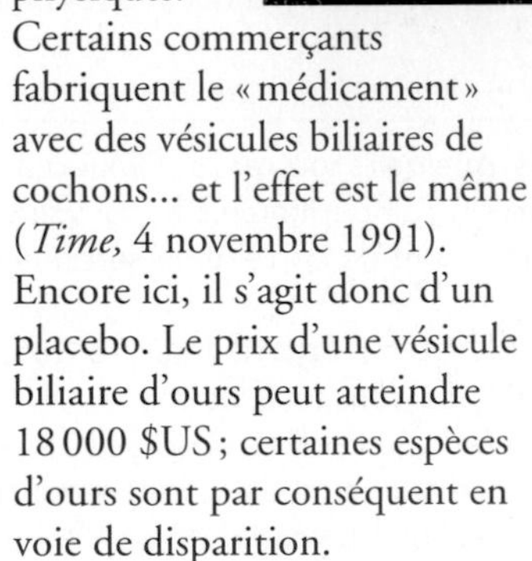

Certains commerçants fabriquent le « médicament » avec des vésicules biliaires de cochons... et l'effet est le même (*Time*, 4 novembre 1991). Encore ici, il s'agit donc d'un placebo. Le prix d'une vésicule biliaire d'ours peut atteindre 18 000 $US ; certaines espèces d'ours sont par conséquent en voie de disparition.

Les os de tigres

En Asie, au milieu des années 1990, les tigres étaient 20 fois moins nombreux qu'au début du siècle. La raison ? L'utilisation d'os de tigres pour soigner les ulcères, la malaria, la dysenterie, les brûlures, pour prémunir les bébés naissants contre les infections et pour éloigner les démons (Friend, 1997). À Taiwan, la soupe de pénis de tigre, vendue 330 $US, est aussi censée stimuler la libido (Nagarahole, 1994).

La vitamine C

En Amérique du Nord, les gens dépensent des millions de dollars chaque année en vitamine C parce qu'ils croient qu'une dose importante de cette vitamine est efficace contre le rhume. Des chercheurs ont pourtant découvert que prendre plus de 400 milligrammes de vitamine C n'a aucun effet sur les symptômes du rhume, et que des doses plus massives peuvent au contraire être dangereuses (Brody, 1994). On a également démontré qu'une forte dose de vitamine C (jusqu'à 1000 milligrammes) pendant toute l'année ne prévient pas le rhume et ne peut qu'en atténuer la gravité (Barrett, 1995).

D'où vient cette popularité ?

L'une des raisons pour laquelle toutes ces substances sont utilisées dans le monde entier, c'est que leurs effets font l'objet de témoignages. Les gens se fient aux témoignages parce qu'ils sont basés sur des expériences vécues par des amis ou des parents, et qu'ils semblent donc dignes de foi.

E. Faire des corrélations... pour prédire

Le type d'information

Qu'est-ce qu'une corrélation ?

Jusqu'ici, nous avons traité des avantages et des limites de différentes stratégies de recherche telles l'enquête et l'étude de cas. Voyons maintenant une procédure statistique permettant d'évaluer la force de la relation existant entre deux variables.

Le syndrome de l'hyperactivité/déficit de l'attention est-il d'origine génétique ? Pour tenter de répondre à ce genre de question, des chercheurs ont étudié le cas des jumeaux identiques, puisque ceux-ci partagent le même bagage génétique. Or, dans 70 % des cas, quand l'un des jumeaux identiques souffre d'hyperactivité, l'autre en souffre aussi (Eaves *et al.*, 1993) ; cette relation étroite entre l'hyperactivité et le degré de ressemblance entre les jumeaux suggère donc que l'hyperactivité a une base génétique. Ce type de relation entre deux variables est ce qu'on appelle une corrélation.

Une *corrélation* établit le degré de covariance entre deux ou plusieurs phénomènes (ou variables).

Un *coefficient de corrélation* est un nombre qui gradue l'importance de la covariance entre deux variables : plus ce nombre se rapproche de −1,00 ou de +1,00, plus la corrélation est forte.

Les coefficients de corrélation

Qu'indiquent ces nombres ?

Revenons d'abord sur deux choses importantes. Premièrement, une corrélation n'existe que s'il y a une relation entre deux ou plusieurs phénomènes. Par exemple, l'on sait qu'il y a deux ou trois fois plus de garçons hyperactifs que de filles hyperactives : il y a donc une corrélation entre le sexe d'un enfant et la fréquence d'apparition de ce syndrome. Deuxièmement, la force d'une corrélation est indiquée à l'aide d'un nombre appelé coefficient de corrélation, pouvant aller de +1,00 à −1,00. À quoi correspondent ces valeurs ? C'est ce que le tableau ci-contre explique.

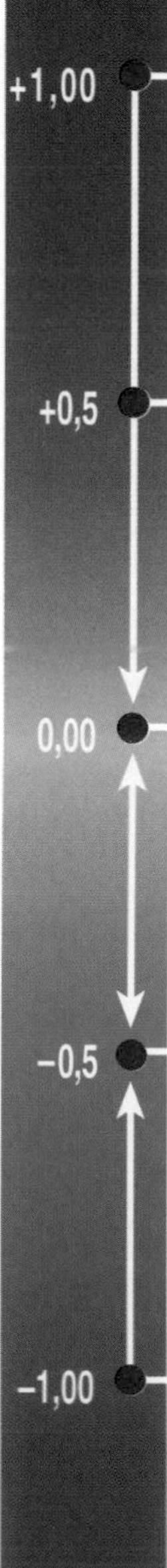

Si l'on observait chez 20 paires de jumeaux identiques que, dans chaque cas, les deux jumeaux souffrent d'hyperactivité au même degré, le coefficient de corrélation serait positif et parfait, c'est-à-dire égal à +1.

Un **coefficient de corrélation positif parfait** (+1,00) indique qu'une augmentation d'une variable s'accompagne toujours d'une augmentation égale de l'autre variable.

Un coefficient de +1,00 indique donc que, dans une paire de jumeaux, si l'un d'eux est hyperactif, l'autre le sera également.

Si l'on observait que, parmi 20 paires de jumeaux identiques, les deux jumeaux souffrent d'hyperactivité mais pas toujours au même degré, le coefficient de corrélation serait positif et pourrait varier de +0,01 à +0,99.

Un **coefficient de corrélation positif** indique que, lorsqu'une variable augmente, l'autre tendra à augmenter, mais pas dans tous les cas.

De +0,01 à +0,99, l'augmentation de la valeur du coefficient de corrélation indique que la covariance des deux phénomènes ou variables est de plus en plus grande.

Si l'on observait que, parmi 20 paires de jumeaux identiques, dans certains cas les deux sont hyperactifs alors que dans d'autres cas un seul présente des symptômes, on ne pourrait pas établir de relation de covariance entre les deux phénomènes : le coefficient de relation serait nul (0,00).

Une **corrélation nulle** indique qu'il n'y a aucune relation entre la fréquence d'apparition de deux variables.

Si l'on observait que, dans quelques paires de jumeaux identiques, un jumeau montre une augmentation du nombre de comportements hyperactifs pendant que l'autre montre une diminution équivalente, le coefficient de corrélation serait négatif et pourrait varier de −0,01 à −0,99.

Un **coefficient de corrélation négatif** indique que, lorsqu'une variable augmente, l'autre tendra à diminuer, mais pas dans tous les cas.

Quand le coefficient augmente, en valeur absolue, de −0,01 à −0,99, il indique que la relation de covariance entre l'augmentation de la fréquence d'une variable et la diminution de la fréquence de l'autre est de plus en plus forte.

Si l'on observait que, parmi 20 paires de jumeaux identiques, chaque fois que l'un des jumeaux présente plusieurs symptômes de l'hyperactivité, l'autre montre toujours une activité très réduite, le coefficient de corrélation serait négatif et parfait, c'est-à-dire égal à −1,00.

Un **coefficient de corrélation négatif parfait** (−1,00) indique qu'une augmentation d'une variable s'accompagne toujours d'une diminution égale, en valeur absolue, de l'autre variable.

Un coefficient de −1,00 indique donc que, si l'un des jumeaux d'une paire de jumeaux identiques montre un haut niveau d'hyperactivité, l'activité de l'autre sera toujours réduite.

Corrélations : avantages et limites

De quel type de relation s'agit-il ?

Les découvertes intéressantes font souvent « la une » des médias : les gens minces vivent plus longtemps ; les personnes obèses gagnent moins d'argent ; le port de l'uniforme à l'école réduit le nombre d'actes de violence. Mais, avant de conclure, par exemple, que c'est parce qu'elles sont minces que certaines personnes vivent plus longtemps, il faut vérifier la stratégie de recherche utilisée. Si, au cours d'une recherche, des chercheurs ont établi une relation entre le poids et la durée de vie, on peut effectivement parler de corrélation ; cependant, rien ne dit que la minceur est la *cause* d'une plus grande longévité. Voilà l'une des limites de l'utilisation des corrélations : elles n'établissent pas de relation de causalité entre les variables étudiées.

Prédire et non expliquer

Certaines commissions scolaires discutent de la possibilité de rendre obligatoire le port de l'uniforme à l'école, parce que des études ont établi un lien entre le port de l'uniforme et la diminution des problèmes comportementaux chez les élèves. Le graphique ci-contre montre la corrélation entre le port de l'uniforme et la diminution du port d'armes, des batailles, des agressions et du vandalisme (le port obligatoire de l'uniforme étant relié à la diminution des problèmes, il s'agit donc d'une corrélation négative). Même si la corrélation entre le port de l'uniforme et la diminution des actes de violence est impressionnante, elle ne prouve aucunement que l'un est la *cause* de l'autre.

Voici un autre exemple illustrant ce point. Depuis 26 ans, on observe une corrélation importante (coefficient de +0,88) entre deux événements qui se produisent chaque année aux États-Unis : selon l'équipe de football (association américaine ou association nationale) qui remporte le Super Bowl, on enregistre une hausse ou une baisse du marché boursier. Même si le coefficient de corrélation est très élevé, cela n'indique rien de plus qu'il y a un lien circonstanciel entre les deux événements : une victoire au Super Bowl ne peut pas entraîner de fluctuations à la Bourse.

Si les corrélations n'indiquent pas de relation de cause à effet, elles ont quand même deux grands avantages : elles peuvent fournir des pistes pour trouver la cause possible de certains phénomènes, et aider à prédire des comportements. Prenons le cas du tabagisme et du cancer du poumon.

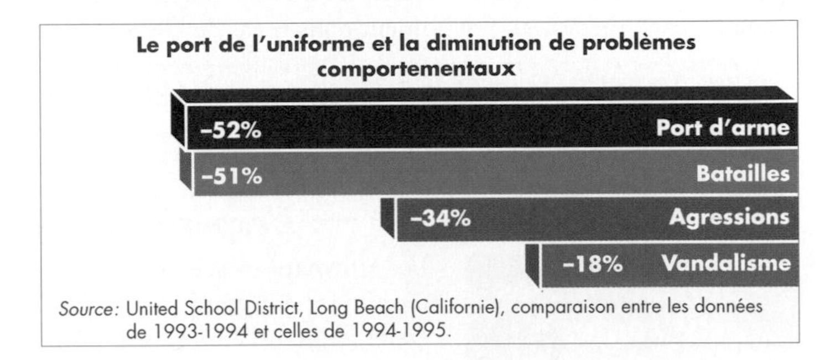

Source : United School District, Long Beach (Californie), comparaison entre les données de 1993-1994 et celles de 1994-1995.

Corrélations comme indices

Même après avoir obtenu une corrélation positive entre le fait de fumer et le cancer du poumon (voir le graphique ci-contre), on ne savait pas si la cigarette était la *cause* du cancer. C'était cependant une piste : une composante de la fumée de cigarette pouvait peut-être provoquer le cancer du poumon. Lors d'une expérimentation, des chercheurs ont constaté l'apparition d'excroissances cancéreuses sur la peau d'animaux sur laquelle du goudron, une composante de la cigarette, avait été appliqué pendant un certain temps. Le goudron causait donc le cancer. Plus récemment, Sozzi et son équipe (1996) ont découvert que le benzopyrène, une substance contenue dans la fumée de cigarette, entrave l'action d'un gène qui normalement supprime les tumeurs, favorisant ainsi l'apparition d'un cancer.

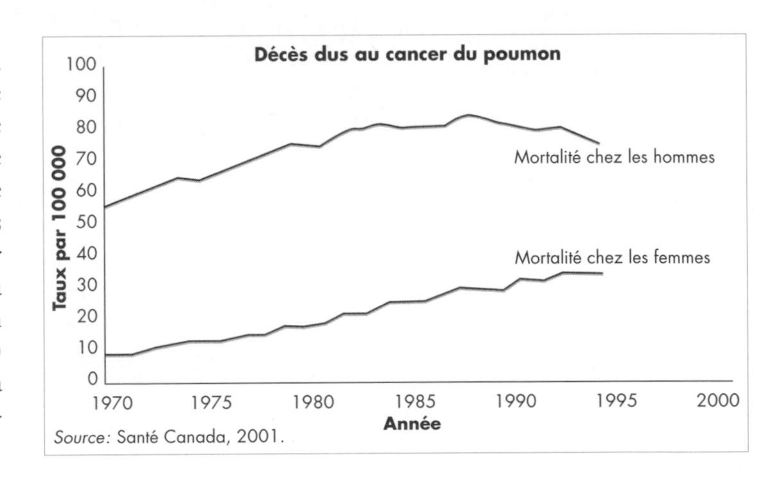

Source : Santé Canada, 2001.

Corrélations et prédictions

On a établi qu'il existe une corrélation (coefficient de +0,60 à +0,70) entre le QI et les résultats scolaires (Anastasi et Urbina, 1977). On pourrait donc affirmer qu'avoir un QI élevé assure la réussite scolaire. Cependant, de telles prédictions sont relatives, parce que réussir à l'école ne dépend pas uniquement des habiletés, mais aussi de nombreux autres facteurs (motivation, personnalité...), que nous aborderons aux chapitres 9 et 10.

Nous verrons maintenant d'autres stratégies de recherche qu'utilisent les scientifiques pour recueillir l'information dont ils ont besoin.

F. Faire une expérimentation... pour expliquer

Les avantages de l'expérimentation

Comment réduire les erreurs et les biais?

Nous avons jusqu'ici décrit quelques avantages et limites liés à l'utilisation de certains outils de recherche, de même que l'utilisation d'autres stratégies de recherche (enquête, étude de cas). Pour réduire le risque d'erreurs ou de biais dus à différents facteurs (comme les préjugés des chercheurs ou des sujets) et établir un lien de cause à effet entre des phénomènes, les scientifiques utilisent l'expérimentation. Cette stratégie est également utilisée pour mesurer l'efficacité de certains traitements (diètes, médicaments, thérapies), notamment dans le cas de l'hyperactivité.

L'*expérimentation* est une stratégie utilisée pour établir s'il y a ou non une relation de cause à effet entre des phénomènes. Pour

qu'une expérimentation soit concluante, elle doit être faite en suivant certaines règles, dans le but de réduire, d'une part, le risque que les résultats soient biaisés ou erronés et, d'autre part, le rôle du hasard.

L'expérimentation, qui utilise une démarche scientifique, est la seule stratégie de recherche qui permette d'établir des relations de cause à effet. Dans le monde scientifique, plusieurs découvertes découlent de l'utilisation de cette stratégie de recherche.

L'expérimentation : sept règles à suivre

Pourquoi toutes ces règles?

Les affirmations selon lesquelles des diètes sans sucre, sans colorant artificiel et sans additif permettent de réduire les symptômes de l'hyperactivité ont toutes été démenties, parce que ces « découvertes » n'avaient pas été le résultat d'études véritablement scientifiques (Kinsbourne, 1994).

1 Poser une question Toute expérience commence par une ou plusieurs questions précises, qui sont par la suite opérationnalisées sous forme d'hypothèses. Or, les chercheurs élaborent des hypothèses basées sur leurs propres observations ou sur les résultats d'autres recherches.

Une *hypothèse* est une explication plausible d'un phénomène, formulée dans des termes précis et concrets (opérationnels) en vue d'éviter toute confusion ou erreur d'interprétation.

Hypothèse
Le traitement au Ritalin diminue l'émission des comportements inadéquats des enfants hyperactifs à l'école.

Ainsi, la question de départ « Le Ritalin est-il un traitement efficace pour traiter l'hyperactivité? » devient une hypothèse opérationnelle : « Le traitement au Ritalin diminue l'émission des comportements inadéquats des enfants hyperactifs à l'école ».

2 Déterminer l'impact et les effets Une fois l'hypothèse formulée, les chercheurs déterminent le type de traitement à administrer aux sujets : c'est la variable indépendante.

La *variable indépendante* est une condition que le chercheur manipule de façon à en observer les effets.

Ritalin
Variable indépendante
Type de médicament pris

Un chercheur peut donc décider d'administrer une seule ou plusieurs doses d'un médicament. Ici, le traitement consistait en trois doses différentes de Ritalin et un placebo, créant ainsi quatre conditions expérimentales ou quatre niveaux à la variable indépendante.

Ensuite, les chercheurs établissent le ou les comportements des sujets qui seront utilisés pour mesurer les effets du traitement : c'est la variable dépendante.

La *variable dépendante* est la mesure de l'effet de la variable indépendante ou du traitement sur le sujet participant à l'expérience.

Variable dépendante
Nombre de comportements inadéquats émis par les enfants hyperactifs à l'école

La variable dépendante peut comporter divers éléments allant des comportements observables à la mesure de réactions physiologiques du corps ou du cerveau. Ici, la variable dépendante consistera en une série de comportements gênants pour la classe qui seront dénombrés par l'enseignant.

3 Choisir les sujets Une fois que les chercheurs ont défini les variables indépendante et dépendante, ils choisissent les sujets qui participeront à l'expérience. Les sujets qui forment l'échantillon utilisé sont choisis au hasard, mais représentent toutes les caractéristiques de la population cible.

La *sélection au hasard* implique que, dans une population cible, chaque individu a une chance égale d'être choisi comme sujet dans l'expérience.

Sélection au hasard

Il existe plusieurs façons de sélectionner des sujets au hasard : par exemple, choisir, sur une liste d'enfants hyperactifs, le 10ᵉ, le 20ᵉ, le 30ᵉ, et ainsi de suite.

Si cette sélection doit être faite au hasard, c'est pour éviter qu'un chercheur, consciemment ou non, ne choisisse ceux qui, selon ses attentes, ses opinions ou ses préjugés, représentent pour lui les « meilleurs » sujets, ce qui pourrait biaiser les résultats.

4 Former les groupes Une fois les sujets choisis, les chercheurs forment différents groupes — expérimental ou contrôle ; c'est encore le hasard qui détermine le groupe dont fera partie chaque sujet.

Le *groupe expérimental* est formé des sujets qui reçoivent le traitement.

Le *groupe contrôle* est formé des sujets qui sont soumis aux mêmes procédures que les sujets du groupe expérimental, mais qui ne reçoivent pas le traitement.

Dans cette recherche, les enfants du groupe expérimental recevront du Ritalin, et ceux du groupe contrôle recevront une pilule semblable, mais qui est un placebo.

Placebo
Groupe contrôle

Comme pour le choix des sujets, on forme les groupes au hasard par la technique de l'assignation aléatoire, où chaque sujet est affecté à un groupe expérimental ou contrôle. Cette technique a l'avantage de donner des chances égales aux caractéristiques des sujets (traits de personnalité, intelligence, classe sociale, sexe et autres) d'être distribuées à travers les groupes et de réduire l'erreur causée par les biais.

5 Manipuler la variable indépendante C'est l'étape où commence l'expérimentation en tant que telle : l'administration du traitement. Alors que les sujets du ou des groupes expérimentaux reçoivent un traitement donné ou des niveaux d'un traitement, ceux du groupe contrôle ne reçoivent aucun traitement. Dans certains cas, ils peuvent recevoir un placebo. Par exemple, dans cette recherche, on administre du Ritalin aux sujets des groupes expérimentaux, alors que le groupe contrôle reçoit une pilule identique en apparence mais ne contenant aucun ingrédient actif : un placebo. Afin de ne pas biaiser les résultats, les sujets et l'expérimentateur ne savent pas à quel groupe ils sont assignés : c'est le procédé de double aveugle.

Lorsqu'on utilise le procédé de *double aveugle*, ni les sujets ni les expérimentateurs ne savent qui reçoit le traitement et qui reçoit le placebo.

Surtout dans le cas de recherches sur des médicaments, le procédé de double aveugle est essentiel si l'on veut éviter que les résultats soient biaisés, d'une part par l'autoréalisation des prophéties ou l'effet placebo chez les sujets, et d'autre part par les attentes ou les biais de l'expérimentateur.

6 Mesurer les variations En observant les réactions des sujets de tous les groupes, les chercheurs peuvent mesurer l'effet de la variable indépendante sur la variable dépendante (ici, l'effet du Ritalin ou du placebo sur les comportements inappropriés des enfants hyperactifs en classe).

Les comportements à observer qui avaient été ciblés (quitter son pupitre, avoir des comportements destructifs, déranger les autres, jurer, agacer les autres et ne pas suivre les directives) ont été dénombrés par tranches de 30 minutes. Le graphique ci-dessous indique qu'on a observé une moyenne de 9,8 comportements inadéquats par tranches de 30 minutes chez les sujets qui ont reçu le placebo, contre 4,8 chez les sujets qui ont reçu le Ritalin (Pelham *et al.*, 1985). Ces observations confirmeraient donc l'hypothèse de recherche selon laquelle l'administration de Ritalin chez les enfants hyperactifs ferait diminuer l'émission de comportements inadéquats en classe. Cependant, pour s'en assurer, les chercheurs doivent pousser plus loin l'analyse de leurs résultats.

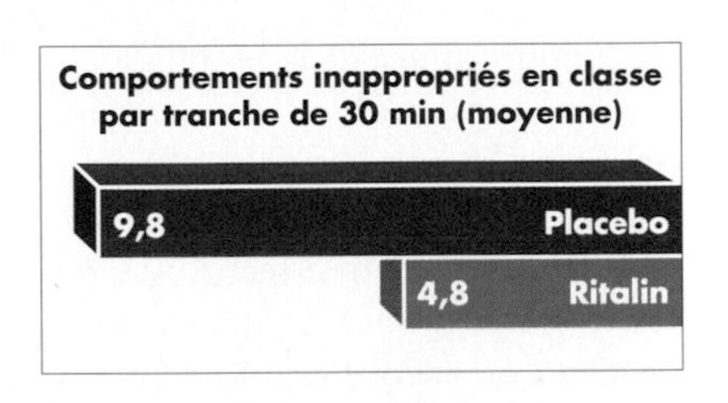

7 Analyser les résultats Même si les chiffres semblent indiquer une diminution importante du nombre de comportements inadéquats, passant d'une moyenne de 9,8 pour le groupe contrôle à 4,8 pour le groupe expérimental, les chercheurs doivent analyser la signification de ces différences en utilisant des outils statistiques.

À l'étape de l'analyse des résultats, on utilise la *statistique* pour déterminer si les changements observés relativement à la variable dépendante (ici, les comportements) sont causés par la variable indépendante (ici, le Ritalin), ou s'ils sont dus à une erreur ou au hasard.

En utilisant des outils statistiques, les chercheurs ont comparé les effets du Ritalin et ceux du placebo, et ont conclu que le Ritalin a réduit de manière significative les comportements inadéquats des sujets. Ici, « de manière significative » veut dire qu'on peut être certain à 95 % que la diminution du nombre de comportements inappropriés est due au Ritalin et non pas à une erreur ou au hasard (Pelham *et al.*, 1985). L'hypothèse de départ est donc confirmée.

Conclusion

Une expérience, une découverte ?

L'exemple que nous venons de voir illustre qu'une expérience menée en suivant les sept étapes de l'expérimentation peut donner lieu à des résultats beaucoup plus poussés — relations de cause à effet — que les autres stratégies de recherche que nous avons vues précédemment. Malgré cela, toute nouvelle découverte, quelle que soit son importance, est habituellement examinée avec scepticisme jusqu'à ce que d'autres chercheurs répètent l'expérience et obtiennent les mêmes résultats.

G. Entreprendre une recherche

Le choix d'une méthode de recherche

Quelle est la meilleure méthode?

Vous vous posez souvent des questions sur le comportement des gens: « Pourquoi a-t-elle dit cela? », « Pourquoi a-t-il réagi ainsi? ». Les psychologues — c'est leur travail — sont constamment confrontés à des questions comme « Y a-t-il une relation entre le temps que les étudiants consacrent à l'étude et les résultats scolaires qu'ils obtiennent? » ou « Les médicaments aident-ils les enfants hyperactifs à mieux réussir à l'école? ». Une fois la question posée, les psychologues doivent déterminer la meilleure façon de conduire leur recherche en vue de trouver une réponse.

Entrevues et questionnaires

Quel pourcentage de la population est homosexuel? Voilà une question qui convient bien à ces deux outils de recherche que sont l'entrevue et le questionnaire. Dans ces deux techniques, les sujets fournissent de l'information aux chercheurs par autoévaluation.

L'*entrevue* est une technique qui permet au chercheur de rencontrer seul à seul un sujet, qui doit répondre à des questions ouvertes ou encore très structurées. Cette méthode est utile pour obtenir des renseignements précis concernant des attitudes ou des comportements.

Par contre, avec cet outil de recherche, il faut tenir compte du phénomène de la désirabilité sociale pour évaluer l'information recueillie; en effet, les réponses du sujet peuvent être biaisées si celui-ci cherche à plaire à l'interviewer, ou encore s'il veut cacher de l'information qui ne lui semble pas socialement acceptable pour donner une meilleure image de lui-même.

Le *questionnaire* est un outil de recherche très populaire auprès des chercheurs. Généralement distribué auprès d'un grand nombre de personnes qui devront y répondre par écrit sous le couvert de l'anonymat, il permet d'obtenir des renseignements assez fiables sur les comportements, les attitudes, les croyances, les valeurs ou les opinions des sujets.

Il faut quand même demeurer vigilant dans l'analyse des résultats obtenus par un questionnaire; certains sujets peuvent chercher à attirer l'attention sur eux en fournissant des réponses exceptionnelles qui ne reflètent pas réellement leur réalité.

Que le chercheur utilise l'entrevue ou le questionnaire, il devra être attentif à la formulation des questions, à l'échantillonnage des sujets et à l'utilisation de questions ouvertes ou fermées. Les résultats obtenus peuvent largement dépendre de ces détails. La réponse concernant le pourcentage de la population qui est homosexuel a varié de 2,3 % à 10 % et 22 % selon les recherches (Billy *et al.*,1993; Kinsey *et al.*, 1948; Janus et Janus, 1993), ce qui illustre bien l'importance de bien définir au préalable ce que le chercheur veut vérifier au moyen de son questionnaire.

Observation et tests standardisés

Dans certains cas, le chercheur recueille l'information dont il a besoin en observant lui-même le sujet ou en lui administrant un test standardisé.

Comment se comportent les enfants hyperactifs à l'école? L'enfant qui fréquente une garderie est-il capable de coopération avec les autres enfants? Voilà des questions qui pourraient trouver réponse par l'observation.

L'*observation* est une méthode utilisée surtout lorsque le thème de la recherche est peu connu, peu documenté ou lorsqu'il serait difficile de reproduire spontanément le phénomène en laboratoire. Pour cette méthode, le chercheur n'intervient pas auprès des individus ou des groupes qu'il étudie. Il se tient à l'écart ou se mêle discrètement au groupe pour ne pas attirer l'attention des sujets observés.

Dans les deux exemples cités ci-dessus, le chercheur s'installera directement dans la classe ou dans la garderie pour relever minutieusement les comportements ayant trait à son hypothèse de travail. Cet outil de recherche est précieux quand il s'agit de recueillir de nombreux renseignements sur un sujet; en outre, cela peut devenir le point de départ d'autres recherches portant sur le même sujet. Cependant, les faits sont recueillis sans qu'aucun contrôle ne soit exercé, ce qui peut limiter le chercheur puisque plusieurs facteurs peuvent interférer avec les données recueillies. Le test standardisé ne présente pas cette lacune.

Le pourcentage de jeunes dépressifs est-il à la hausse de nos jours? C'est une question que les psychologues peuvent se poser face à des taux de suicides alarmants. Ce genre de questionnement peut trouver réponse grâce à l'utilisation de tests standardisés, tel que le test du MMPI (Minnesota Multiphasic Personality Inventory), un des tests psychologiques les plus utilisés de nos jours dans les milieux cliniques.

Un *test standardisé* est un outil de recherche permettant d'obtenir de l'information sur des sujets et permettant leur comparaison avec des milliers d'autres individus ayant passé le même test.

Lorsqu'un échantillonnage représentatif d'individus dépressifs répond à un test standardisé et que les résultats obtenus font ressortir un profil de personnalité, le chercheur peut déduire que les gens présentant ce même profil détiendront également ce même trait dépressif.

Décider quel outil de recherche ou quelle combinaison d'outils le chercheur devrait utiliser relève essentiellement du type de question que ce dernier se pose. De même, il est vrai que la question de recherche influence le choix du milieu de recherche.

Le choix du milieu de la recherche

Quels types de problèmes ont les enfants hyperactifs ?

Pour étudier les différents types de problèmes auxquels font face les enfants hyperactifs, les psychologues observent ces enfants dans plusieurs milieux : à la maison, en classe, au terrain de jeu, etc. Ils font également des recherches en laboratoire et à l'hôpital ou en clinique. Bref, les psychologues travaillent soit dans le milieu du sujet (milieu naturel) soit dans leur propre milieu (laboratoire).

Le milieu naturel : l'environnement du sujet

Les parents et les professeurs ont souvent besoin de savoir si les problèmes des enfants hyperactifs sont les mêmes à l'école et à la maison. Les psychologues répondent à cette question en observant les enfants hyperactifs dans leurs milieux naturels, à la maison ou à l'école.

Un *milieu naturel* est l'environnement relativement normal dans lequel évolue le sujet et où se rendent les chercheurs dans le but de recueillir de l'information sur les comportements des individus sans essayer de changer ou de contrôler la situation.

Par exemple, l'observation d'enfants hyperactifs en milieu scolaire indique qu'ils ont de la difficulté à rester assis à leur pupitre, ne sont pas attentifs aux explications de leur enseignant, ne terminent pas leur travail, se disputent avec les autres enfants et se mettent en colère quand ils ne peuvent faire ce qu'ils veulent. Par ailleurs, les parents affirment que les enfants hyperactifs ne répondent pas quand on les appelle, piquent des colères quand ils sont frustrés et sont par moments très agités (Hancock, 1996 ; Henker et Whalen, 1989). En se basant sur ces observations en milieu naturel, les psychologues ont dressé une liste des symptômes de base de l'hyperactivité (Barkley, 1997). Parallèlement, les psychologues étudient aussi la façon dont les gens qui ne présentent aucun problème comportemental agissent dans divers milieux : à l'école, au travail, dans les bars, les arénas, etc.

L'un des problèmes que posent les recherches faites en milieu naturel est que les observations qu'on y fait peuvent être biaisées ; les croyances et les valeurs des chercheurs peuvent les mener à mal interpréter certains comportements. Cependant, l'observation en milieu naturel est très utile, puisqu'elle permet l'étude du comportement dans le contexte du sujet, ce qui est parfois difficile ou impossible à reproduire en laboratoire.

L'étude de cas est souvent utilisée en psychologie clinique pour comprendre le développement de la personnalité ou les problèmes psychologiques ; en psychologie du développement, l'étude de cas permet d'examiner le comportement d'une personne pendant toute sa vie. Les études de cas se font souvent en milieu naturel. Cependant, l'information ainsi obtenue concerne un seul individu et peut ne pas s'appliquer à d'autres personnes. Par contre, les descriptions précises des comportements et les détails sur la personnalité de l'individu qu'offre l'étude de cas en milieu naturel ne pourraient être compilés autrement.

S'ils ne travaillaient qu'en milieu naturel, les chercheurs auraient de la difficulté à établir des relations de causalité entre différents phénomènes, par exemple, parce que de nombreux facteurs extérieurs peuvent biaiser leurs observations. C'est pourquoi ils travaillent aussi en laboratoire.

Le laboratoire : l'environnement du chercheur

Le cerveau des enfants hyperactifs est-il différent de celui des autres enfants ? On traite habituellement ce genre de questions dans des environnements particulièrement bien contrôlés, un laboratoire par exemple.

Le *laboratoire* est un milieu qui permet de faire des recherches dans un environnement contrôlé en éliminant plusieurs facteurs qui pourraient interférer avec les résultats.

C'est en laboratoire, par exemple, que des chercheurs ont fait et comparé des photos de cerveaux de garçons souffrant ou non d'hyperactivité (voir aussi le chapitre 3 à ce sujet). Cela leur a permis de constater que la région du cerveau appelée corps calleux (en bleu sur l'illustration), qui relie les deux hémisphères du cerveau, était significativement plus petite chez les garçons hyperactifs. La communication entre les deux hémisphères serait ainsi plus difficile, ce qui perturberait le comportement de certains enfants hyperactifs (Giedd *et al.*, 1994, 1995).

De nombreux facteurs psychologiques et biologiques qui influencent la motivation, les émotions, l'apprentissage, la mémoire, le sommeil, l'intelligence, etc. sont aussi étudiés en laboratoire. L'un des avantages d'un milieu ainsi contrôlé est la réduction de l'erreur par le contrôle de facteurs qui pourraient biaiser les résultats obtenus. Paradoxalement, cet environnement de recherche offre des avantages limités dans la mesure où il peut devenir artificiel et influencer les résultats au point de ne pouvoir les généraliser à des situations de la vie courante.

Les chercheurs travaillent souvent à la fois en milieu naturel et en laboratoire pour parvenir à une meilleure compréhension de certains problèmes de comportement comme l'hyperactivité. C'est ainsi qu'ils ont pu répondre à la question « Le Ritalin est-il un traitement efficace pour traiter l'hyperactivité ? », que nous avons abordée à la page 28.

H. Application : un code de déontologie

Être ou ne pas être sujet dans une recherche

Ça se passe comment ?

Quand vous entendez ou lisez que des chercheurs ont fait une découverte — un nouveau médicament, le rôle d'un gène —, vous posez-vous des questions sur les gens (ou les animaux) qui ont participé, en tant que sujets, aux expériences qui ont conduit à cette découverte ?

Si l'on vous demandait d'être sujet d'expérience, vous voudriez sûrement qu'on vous garantisse, par exemple, que cette expérience ne présente aucun danger, tant sur le plan psychologique que physique, ou qu'on n'usera pas de tromperie excessive et qu'on ne vous ridiculisera pas.

Par ailleurs, on entend souvent parler d'expériences faites sur des animaux ; or, ce type de recherche suscite la controverse. Se servir d'animaux pour faire avancer la science, est-ce acceptable ?

Ce sont ces questions que nous aborderons ci-dessous.

Un code de déontologie

Si vous envisagez de participer sous peu à une expérience en psychologie, vous vous demandez sûrement quelles sont les garanties qu'on respectera vos droits et que vos résultats demeureront confidentiels.

L'Ordre des psychologues du Québec s'est doté d'un code de déontologie très strict quant aux consignes et procédures relatives à l'utilisation de sujets, humain ou animal, dans le cadre d'une expérimentation. Ce code de déontologie énonce les responsabilités des psychologues et les droits des sujets qui participent à une recherche.

En plus d'appliquer ce code de déontologie, les chercheurs universitaires doivent soumettre aux comités de recherche de leur département tous les détails de leurs programmes de recherche, surtout s'ils comportent des facteurs susceptibles de causer des dommages psychologiques ou physiologiques aux sujets. Ces comités de recherche vérifient avec soin les expériences proposées pour y déceler tout élément qui risque de causer des dommages (Rosenthal, 1994).

Les expériences ne sont approuvées que si l'on a éliminé tout risque, ou prévu des procédures pour contrer les dommages potentiels. Généralement, on évite ce genre de risque en décrivant aux sujets l'expérience dans ses moindres détails une fois qu'elle est terminée.

Le *compte rendu* consiste à expliquer les objectifs d'une expérience et les méthodes qui ont été utilisées, à demander aux sujets leurs impressions après avoir participé à l'expérience et à les aider à clarifier les doutes qu'ils ont éprouvés ou à vaincre la culpabilité qu'ils ont peut-être ressentie durant l'expérience.

Les chercheurs répondent alors à toutes les questions et discutent de tout problème que les sujets peuvent soulever. L'objectif est de s'assurer que les sujets ont été traités équitablement et avec respect, et que leur participation à l'expérience n'entraîne pas de séquelles sur le plan psychologique et physique, ni ne les laisse aux prises avec des inquiétudes à ce propos (Gurman, 1994).

Le rôle de la tromperie

Quand les psychologues recrutent des sujets pour leurs expériences, ils donnent habituellement des titres assez vagues à leurs recherches (« Effets de l'alcool sur la mémoire », par exemple) afin d'éviter de créer chez les sujets des attentes, des idées préconçues qui pourraient influencer leur comportement. En effet, les résultats d'une recherche peuvent être faussés par de nombreux facteurs, comme la manière dont les sujets croient qu'ils doivent se comporter, une façon d'agir visant à confirmer l'autoréalisation des prophéties ou par des efforts pour bien paraître ou pour plaire à l'expérimentateur.

L'un des moyens qu'utilisent les chercheurs pour éviter ce genre de situation est d'avoir recours à la tromperie, c'est-à-dire de ne pas révéler aux sujets l'objectif véritable de l'expérience (par exemple en leur donnant des directives qui ne leur permettront pas de le deviner). Cependant, avant d'utiliser ce genre de démarches, les chercheurs doivent d'abord satisfaire aux exigences du code de déontologie de l'Ordre des psychologues du Québec, et être en mesure de justifier leur pertinence par rapport à l'importance de la recherche (sa valeur scientifique, son rôle éducatif, ses applications). Ils doivent aussi s'engager à expliquer clairement aux sujets, lors du compte rendu qui se déroule le plus rapidement possible après la recherche, leurs véritables motifs (Fischer et Fryberg, 1994).

Une façon encore plus sûre d'éviter que les résultats d'une recherche soient faussés par des facteurs liés aux attentes ou aux préjugés des participants est que ni les expérimentateurs ni les sujets ne sachent qui reçoit véritablement le traitement à l'étude : c'est, nous l'avons vu plus haut, le procédé de double aveugle.

Les règles d'éthique liées à l'utilisation d'animaux comme sujets

Combien d'animaux sont utilisés ?

On estime que 20 à 30 millions d'animaux sont utilisés chaque année en recherche biomédicale : psychologie, biologie, médecine et pharmacologie (Herzog, 1993). Cela semble énorme et soulève bien des débats.

En psychologie, 90 % des animaux utilisés pour la recherche sont des souris ou des rats, et 10 % sont des chats, des chiens, des singes et des oiseaux (Mesirow, 1984). Voyons les facteurs qui peuvent justifier l'utilisation d'animaux, et les conditions dans lesquelles ces recherches sont faites.

Ces animaux sont-ils maltraités ?

Vous avez peut-être entendu des histoires troublantes sur la façon dont on traite les animaux de laboratoire. Le fait est que, sur les millions d'animaux utilisés pour la recherche, seuls quelques cas d'animaux maltraités ont été confirmés : les scientifiques savent qu'il est nécessaire de bien traiter ces animaux s'ils veulent réaliser avec succès leurs expériences. Interdire l'utilisation des animaux de laboratoire à cause d'abus isolés serait aussi aberrant qu'abolir toute pratique médicale à cause de quelques cas d'erreurs médicales. Les chercheurs tentent plutôt d'arriver à un équilibre entre les droits des animaux et l'avancement de la science.

L'utilisation d'animaux est-elle nécessaire ?

« Je fais de la chirurgie expérimentale. Cela m'oblige à réfléchir et, tous les deux mois environ, je me demande si je veux continuer à travailler sur des animaux. La réponse est chaque fois positive, parce que je sais qu'il n'y a pas d'autres moyens de faire progresser la médecine, et que la recherche fondamentale conduit à des découvertes inattendues, importantes pour les humains », écrivait il y a quelques années Adrian Morrison, directeur américain du National Institute of Mental Health's Program for Animal Research Issues (1993).

Selon Frederick King, ancien président de l'American Psychological Association's Committee on Animal Research and Experimentation, la recherche sur les animaux a entraîné d'importants progrès médicaux, une meilleure compréhension de certaines maladies humaines et la découverte de traitements efficaces (King *et al.*, 1988).

En psychologie, la recherche et l'expérimentation sur les animaux ont permis, entre autres, de mieux comprendre l'influence du stress sur la santé psychologique et physique, les mécanismes de l'apprentissage et de la mémoire et les effets de la privation sensorielle sur le développement (Domjan et Purdy, 1995).

Comment s'assure-t-on qu'il n'y a pas d'abus ?

De nombreux gouvernements et universités garantissent que des soins appropriés sont donnés aux animaux de laboratoire. Par exemple, le département américain de l'Agriculture inspecte périodiquement toutes les installations où se font des recherches sur les animaux, et étudie les procédures expérimentales qui pourraient être sources de douleur chez les sujets. Les universités emploient des vétérinaires qui vérifient régulièrement la façon dont on traite les animaux de laboratoire. Enfin, dans les universités, des comités spécialisés évaluent les projets de recherche impliquant l'expérimentation sur des animaux avant de décider si cela est justifié.

Concilier recherche et respect des animaux ?

L'une des grandes questions à propos de l'utilisation d'animaux en recherche biomédicale est : comment concilier droits des animaux et besoins de la recherche ? En se basant sur les bénéfices passés, présents et à venir de ce type de recherche, de nombreux experts des communautés scientifiques et médicales affirment que les recherches utilisant de façon responsable des animaux sont justifiées et nécessaires, et que de plus en plus de règles assurent que ces animaux sont bien traités (Cork *et al.*, 1997 ; Domjan et Purdy, 1995 ; Herzog, 1993).

« Si nous arrêtons la recherche sur les animaux, qui arrêtera les vrais tueurs ? Sans la recherche sur les animaux, nous n'aurions pu mettre fin à la polio, à la variole, à la rubéole et à la diphtérie. Certains veulent faire cesser la recherche sur les animaux. Manifestement, ils ne souffrent pas d'un cancer, de maladies cardiaques ou du sida. » (traduction libre)

DANS CE CHAPITRE...

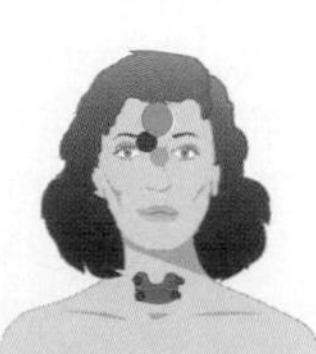

Le cerveau et le système nerveux

Ne plus savoir qui l'on est

Qu'est-il arrivé à Ina?

Ina a 71 ans. Ses enfants avaient toujours considéré qu'elle était solide comme le rocher de Gibraltar. Elle pouvait préparer les repas, poser du papier peint et même réparer la plomberie tout en veillant sur ses six enfants. Bonne nageuse, elle rêvait aussi de jouer au basket-ball. Son mari disait qu'elle était la plus belle femme au monde. Mais tout cela, c'était avant qu'elle commence à avoir des comportements bizarres. N'était-ce qu'un signe de vieillissement?

Comment expliquer qu'elle oublie de plus en plus de choses, refuse de se coucher, porte les mêmes vêtements jour après jour — ce qu'elle n'avait jamais fait —, ou qu'elle s'embrouille même dans les tâches ménagères? Elle avait toujours été en excellente santé. Avait-elle subi une attaque d'apoplexie, faisait-elle une dépression?

Après consultation d'un neurologue, le diagnostic est tombé: Ina souffrait de la maladie d'Alzheimer.

Dans 10 % des cas, la *maladie d'Alzheimer* commence après 50 ans; dans 90 % des cas, après 65 ans. Au début, les malades ont des problèmes liés à la mémoire (oublier des choses, se répéter, se perdre, être légèrement confus). Ils présentent aussi des déficits cognitifs (problèmes de langage, difficultés à reconnaître des objets et incapacité à planifier et à organiser des tâches). Pendant 5 à 10 ans, les symptômes s'accentuent (sur le plan de la mémoire: les malades ne reconnaissent plus leurs proches; sur le plan de la personnalité: ils manifestent des comportements infantiles). Le cerveau subit de graves lésions (surtout l'hippocampe, relié à la mémoire). Comme on n'a pas encore découvert de traitement, la maladie entraîne finalement la mort (American Psychiatric Association, 1994).

Au Canada, 316 500 personnes âgées de plus de 65 ans souffrent de la maladie d'Alzheimer et de démences connexes, ce qui correspond à une personne sur treize. De ce nombre, les deux tiers sont des femmes. Puisque l'espérance de vie ne cesse d'augmenter, on estime que plus de 750 000 Canadiens seront atteints de la maladie d'Alzheimer et de démences connexes d'ici 2031 (Société d'Alzheimer du Canada, septembre 2000).

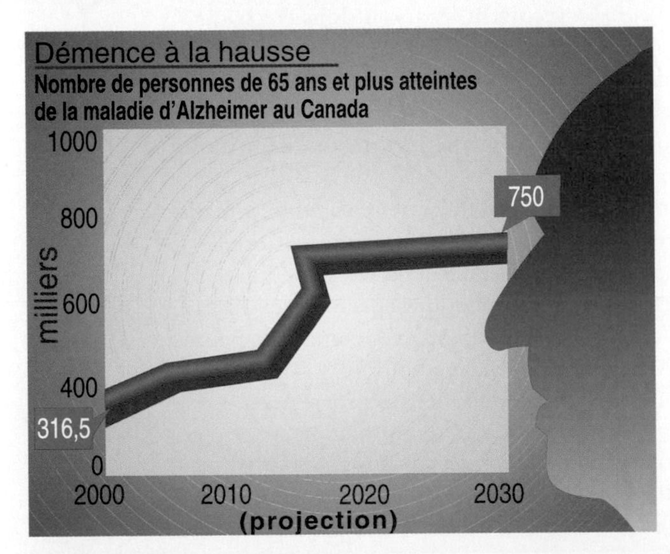

Pendant les mois qui ont suivi le diagnostic, la maladie d'Ina s'est aggravée. Il lui est maintenant difficile d'accomplir de simples tâches quotidiennes. Le lendemain d'une réunion de famille, elle oublie déjà où la fête a eu lieu. Parfois, elle reconnaît ses enfants; parfois, elle prétend qu'il s'agit de ses cousins; de même, elle confond sa petite-fille avec sa fille. On doit la surveiller presque constamment pour éviter qu'elle se blesse ou qu'elle s'égare. (Adapté de *Newsweek,* 18 décembre 1989, traduction libre.)

Pour Ina, le pire reste pourtant à venir. Elle devra être alitée, perdra complètement la mémoire et ne saura même plus qui elle est. Tout ce qui faisait d'elle une personne humaine attachante aura disparu, et elle mourra.

Le diagnostic et les causes

On diagnostique la maladie d'Alzheimer à l'aide d'un ensemble de symptômes comportementaux et en s'assurant que d'autres problèmes physiques ne sont pas en cause. Actuellement, la seule façon de poser un diagnostic absolument positif de la maladie d'Alzheimer est l'examen du cerveau après la mort (Alexander *et al.,* 1997).

Des chercheurs ont étudié plusieurs causes possibles de la maladie: virus, toxines (aluminium) et facteurs génétiques. Pour l'instant, l'hypothèse la plus souvent retenue est celle des facteurs génétiques qui interagissent différemment selon les gens (Lendon *et al.,* 1997; Weiner, 1997). Ainsi, certains gènes défectueux entraîneraient la surproduction d'une substance gluante susceptible de détruire les cellules du cerveau (Selkoe, 1997). D'autres gènes — aussi défectueux — interféreraient avec le noyau des cellules, si bien que, privées d'énergie, elles mourraient (Barinaga, 1997). Les chercheurs essaient de cibler ces gènes et de déterminer comment ils interagissent.

Dans ce chapitre...

La maladie d'Alzheimer détruit, petit à petit, tout le réseau d'information que constitue la mémoire et tout ce qui caractérise la personnalité d'un individu: la structure même du cerveau est atteinte. Deux groupes de cellules composent ce réseau: les cellules gliales et les neurones. Nous verrons comment les neurones jouent un rôle essentiel dans la transmission de l'information. Nous verrons également comment les cellules du cerveau interagissent avec des substances chimiques pour déclencher ou arrêter le transfert d'information.

A. Le cerveau humain

Le cerveau : un mystère ?

Le cas d'Ina et tout ce que nous avons dit de la maladie d'Alzheimer nous amènent à soulever quatre questions essentielles : comment le cerveau se développe-t-il ? de quoi est-il constitué ? peut-il se régénérer ? le cerveau et la pensée sont-ils une seule et même chose ? C'est ce que nous verrons maintenant.

Le développement du cerveau

D'où vient le cerveau ?

Ce sont les données contenues dans les gènes qui font qu'une partie de l'embryon devient un cerveau.

Les *gènes* sont des substances chimiques organisées en chaînes, à la manière des barreaux d'une échelle torsadée (figure ci-contre). L'être humain vient au monde avec quelque 100 000 gènes qui contiennent le matériel génétique qui forme le bagage héréditaire. C'est ce matériel génétique qui veille au développement de millions de structures complexes qui deviennent le cerveau et le corps.

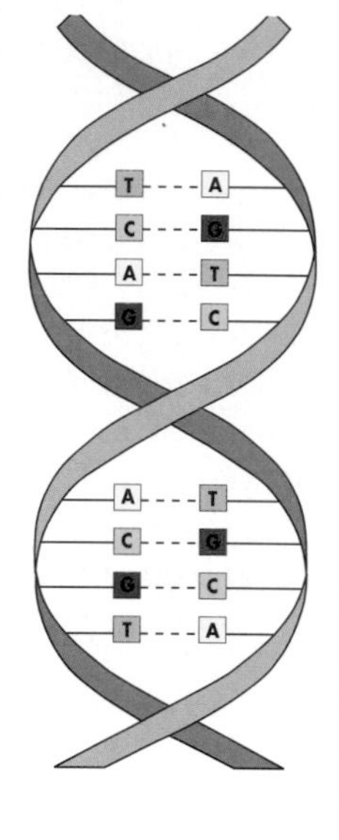

Ces 100 000 gènes tiennent tous dans un œuf fertilisé, soit une cellule de la dimension d'un grain de sable. Nous reparlerons plus tard des gènes et des informations chimiques qu'ils contiennent.

Aux premiers stades de son développement, le cerveau ne ressemble pas du tout à ce qu'il deviendra par la suite. En effet, l'illustration ci-dessous fait davantage penser à un animal bizarre qu'à ce qu'il est : un embryon humain de six semaines, très agrandi. L'illustration suivante présente un cerveau adulte.

Embryon de six semaines

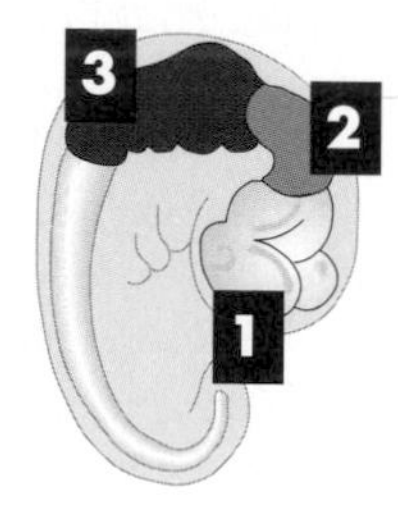

Les sections 1 à 3, en se complexifiant, constitueront les trois parties principales du cerveau à l'âge adulte, tel qu'illustré ci-dessous.

Cerveau à l'âge adulte (vue latérale)

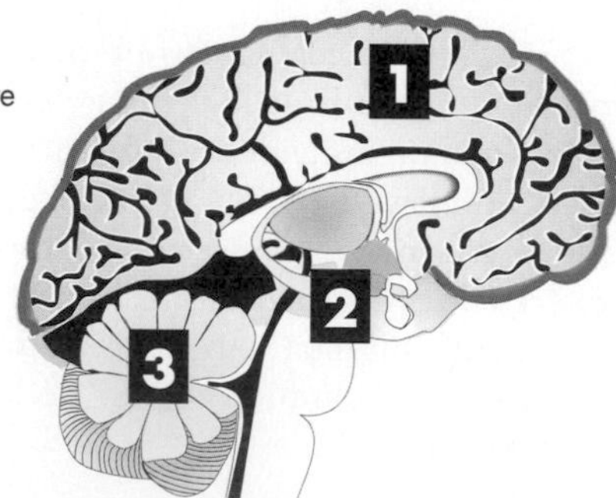

Le cerveau d'un être humain adulte pèse environ 1 350 g, et compte approximativement un billion de cellules (Ficshbach, 1992).

La structure du cerveau

Que contient le cerveau ?

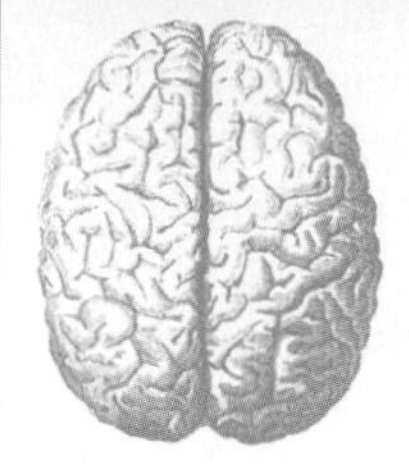

L'illustration ci-contre montre une vue supérieure du cerveau. D'un blanc rosé, il est relativement petit, a la forme d'un melon et une consistance gélatineuse assez ferme. Le cerveau se nourrit principalement de glucose et comporte un billion de cellules provenant de deux catégories : les cellules gliales et les neurones.

Les cellules gliales sont les plus nombreuses : 900 milliards environ.

Comme le montre l'illustration ci-dessous, les cellules gliales ont une forme étoilée (astrocytes) et se développent pendant toute notre vie.

Les *cellules gliales* forment la structure qui veille au développement des neurones et qui les enveloppe une fois qu'ils sont parvenus à maturité (elles s'enroulent autour du neurone pour former l'isolant qui le protégera des autres impulsions électriques). De plus, elles libèrent des substances chimiques qui activent la croissance et le fonctionnement des neurones (Travis,1994).

C'est la surproduction de ce type de cellules qui cause le cancer du cerveau.

En général, la maladie d'Alzheimer ne détruit pas les cellules gliales ; cette maladie s'attaque plutôt aux neurones, le second type de cellules du cerveau.

Le cerveau humain contient environ 100 milliards de neurones (illustration ci-contre).

Les *neurones* reçoivent les impulsions électriques à une extrémité et les transmettent par l'autre extrémité.

Selon leurs longueurs (quelques millimètres à plus d'un mètre), les neurones reçoivent et transmettent des impulsions électriques à des vitesses allant jusqu'à 320 km/h.

Les neurones forment un vaste réseau d'information qui permet de recevoir de l'information sensorielle, de contrôler le mouvement des muscles, de régulariser le système digestif, de sécréter des hormones et d'activer des processus mentaux complexes comme la pensée, l'imagination, le rêve et la mémoire.

La maladie d'Alzheimer détruit progressivement les neurones : le réseau d'information qu'ils tissent dans le cerveau cesse alors graduellement de fonctionner, ce qui entraîne des pertes de mémoire et cause des problèmes cognitifs.

La régénération du cerveau

Le cerveau se régénère-t-il?

Pour étudier cette question, Nottebohm (1989) a observé... le chant des canaris! Les canaris mâles adultes utilisent un chant particulier pour attirer les femelles durant la saison de la reproduction, au printemps. Une fois cette période terminée, ils perdent la capacité d'émettre ce chant. Pourtant, l'année suivante, quand revient le printemps, les canaris « réapprennent » le chant en question : on observe alors que le volume de deux régions du cerveau reliées à cette habileté augmente d'au moins 50 %. Cette augmentation significative est due à la formation de nouveaux neurones (Doupe, 1996).

Les points rouges montrent deux régions du cerveau du canari adulte qui peuvent grossir de plus de 50 % à cause de l'augmentation du nombre de neurones.

Si le nombre de neurones du cerveau d'un canari adulte peut s'accroître, est-ce aussi le cas chez les primates (les humains et les singes, entre autres)? Une recherche portant sur la croissance neuronale dans le cerveau des singes (dont la structure est semblable à celle du cerveau humain) a donné les résultats suivants : à la naissance, le nombre de neurones du cerveau des singes correspond à peu près à celui d'un cerveau adulte, et il ne semble pas que ce nombre puisse augmenter (Rakic,1985). Par ailleurs, Schneider (1995) a découvert que les neurones ne se régénèrent pas après avoir subi des lésions, parce que la programmation génétique qui contrôle la croissance du neurone s'éteint quand le neurone a atteint sa maturité. On comprend alors pourquoi la maladie d'Alzheimer est aussi dévastatrice : puisque les neurones endommagés par la maladie ne peuvent se régénérer ou être remplacés, les symptômes s'aggravent jusqu'à ce que le cerveau soit presque entièrement détruit et que mort s'ensuive.

Presque tous les neurones du cerveau d'un primate adulte existent à la naissance. À l'âge adulte, seule une très petite partie d'un neurone peut se régénérer.

Cependant, les neurones possèdent une certaine capacité, très limitée, de « guérir ». Par exemple, on a constaté qu'à la suite d'une blessure accidentelle au cerveau, de courts prolongements peuvent apparaître chez des neurones sains, afin d'établir de nouvelles connexions avec les neurones dont les extensions ont été endommagées (Barinaga, 1992b). C'est ce qui explique que des gens ayant subi des lésions cérébrales recouvrent parfois certaines fonctions.

Le cerveau versus la pensée

Est-ce une seule et même chose?

Le dilemme du corps et de l'esprit est une question éternelle.

Poser le *dilemme corps-esprit*, c'est tenter de savoir si des processus mentaux complexes, comme la réflexion, l'imagination, l'apprentissage, peuvent êtres produits par le cerveau.

Depuis des siècles, les philosophes et les scientifiques ont donné diverses réponses à cette question. Pour certains, la pensée et le cerveau sont deux entités différentes, pour d'autres, ils forment un tout (Crick et Koch, 1997).

Selon Francis Crick (1994), généticien et prix Nobel, la pensée *est* le cerveau : « Nous, nos joies et nos peines, nos souvenirs et nos espoirs, notre identité personnelle et notre liberté de décision ne sont rien d'autre que le produit de l'activité d'un vaste ensemble de cellules nerveuses et des molécules qui leur sont associées. » Si plusieurs scientifiques partagent cette opinion, d'autres croient que l'activité mentale ne peut pas être réduite au simple fonctionnement neurophysiologique du cerveau (Cole, 1997).

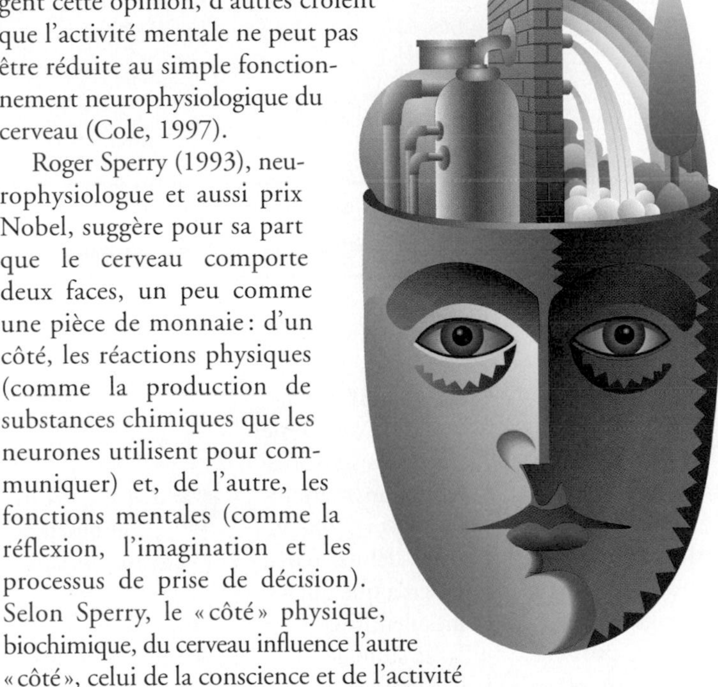

Roger Sperry (1993), neurophysiologue et aussi prix Nobel, suggère pour sa part que le cerveau comporte deux faces, un peu comme une pièce de monnaie : d'un côté, les réactions physiques (comme la production de substances chimiques que les neurones utilisent pour communiquer) et, de l'autre, les fonctions mentales (comme la réflexion, l'imagination et les processus de prise de décision). Selon Sperry, le « côté » physique, biochimique, du cerveau influence l'autre « côté », celui de la conscience et de l'activité mentale, qui, à son tour, a un impact sur la quantité ou le type de substances chimiques produites par le cerveau. Cette idée d'une interaction intense et continue entre les deux « côtés » du cerveau est soutenue par plusieurs autres chercheurs.

Cette théorie pourrait expliquer, par exemple, que des malades puissent être soulagés et même guéris à la suite de l'absorption d'un placebo (Dodes, 1997). On sait aussi que nos pensées et nos émotions peuvent nous rendre véritablement malades physiquement et causer, par exemple, des maux de tête, nausées, réduction de l'afflux sanguin au cœur (Gullette *et al.,* 1997). Dans le cas de la maladie d'Alzheimer, on observe que la dégénérescence du cerveau s'accompagne de la perte des fonctions cognitives et mnémoniques. Il ne s'agit donc plus vraiment d'établir que la pensée et le cerveau sont intimement reliés, mais plutôt de comprendre comment ce lien s'établit (Benson, 1997).

B. Les neurones : structure et fonctions

Les trois composantes des neurones

Quel rôle jouent les neurones ?

Si nous pouvons penser, réfléchir, parler, avoir des souvenirs, sourire, marcher, c'est grâce à l'activité des neurones, ces millions de cellules microscopiques du cerveau. Les neurones se présentent sous de nombreuses formes et sont de tailles variées ; cependant, tous ont trois composantes : un corps cellulaire, une ou des dendrites et un axone. Il ne faut pas confondre les neurones avec les nerfs : ces derniers sont des faisceaux d'axones qui ont la même fonction, mais qui sont situés dans tout le corps. Nous en traiterons à la page suivante.

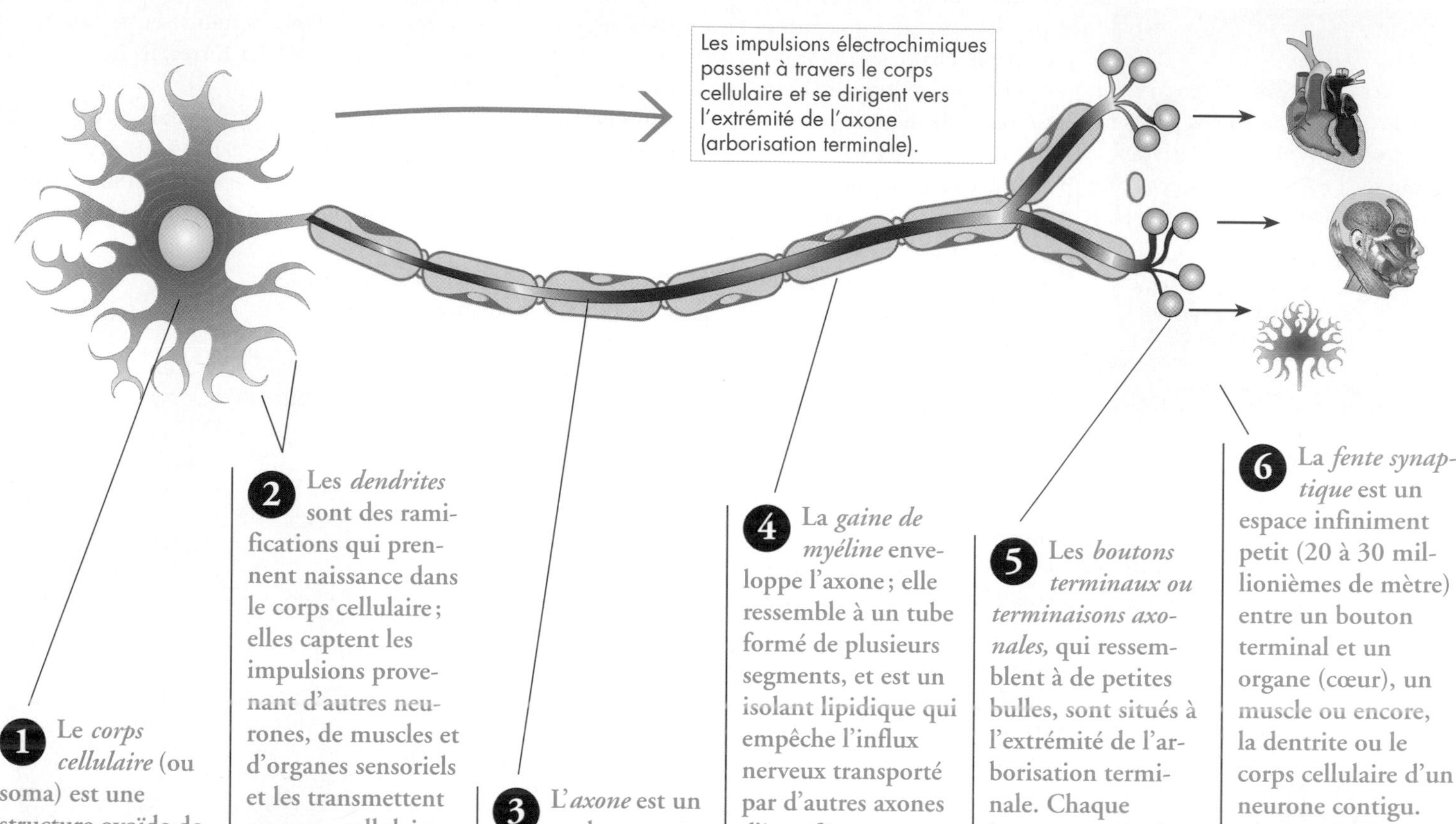

1 Le *corps cellulaire* (ou soma) est une structure ovoïde de taille relativement importante qui emmagasine l'énergie, produit des substances chimiques et assure le fonctionnement du neurone.

Au centre du corps cellulaire se trouve le noyau, qui contient le bagage génétique (sous forme d'ADN) pour la production de substances chimiques et la régulation du neurone.

2 Les *dendrites* sont des ramifications qui prennent naissance dans le corps cellulaire ; elles captent les impulsions provenant d'autres neurones, de muscles et d'organes sensoriels et les transmettent au corps cellulaire.

Au début, le neurone n'a que quelques dendrites. Par la suite, le développement des dendrites est responsable, presque à lui seul, de l'augmentation du volume du cerveau. Au fur et à mesure qu'elles grandissent, les dendrites établissent des connexions et forment des réseaux de communication entre les neurones et d'autres cellules ou organes.

3 L'*axone* est un prolongement du corps cellulaire, qui transporte l'impulsion nerveuse vers un autre neurone, un organe ou un muscle.

Sur l'illustration ci-dessus, l'axone correspond à la ligne orange traversant plusieurs petits tubes. La longueur de l'axone varie de moins d'un millimètre à 1 m (de la moelle épinière jusqu'aux orteils).

4 La *gaine de myéline* enveloppe l'axone ; elle ressemble à un tube formé de plusieurs segments, et est un isolant lipidique qui empêche l'influx nerveux transporté par d'autres axones d'interférer avec l'action du neurone.

Les axones de la plupart des longs neurones, dont les neurones moteurs, sont enveloppés dans une gaine de myéline. Si, quand on parle du cerveau, on emploie souvent les expressions « matière grise » et « matière blanche », c'est que le corps cellulaire du neurone est gris et que les gaines de myéline enveloppant les axones sont blanches.

5 Les *boutons terminaux ou terminaisons axonales,* qui ressemblent à de petites bulles, sont situés à l'extrémité de l'arborisation terminale. Chaque bouton terminal contient des vésicules synaptiques dans lesquelles sont emmagasinés les neurotransmetteurs, ces substances chimiques qui permettent la communication entre les cellules.

Les boutons terminaux s'approchent de très près d'un organe (cœur), d'un muscle ou d'un autre neurone, sans jamais entrer directement en contact avec leur surface.

6 La *fente synaptique* est un espace infiniment petit (20 à 30 millionièmes de mètre) entre un bouton terminal et un organe (cœur), un muscle ou encore, la dentrite ou le corps cellulaire d'un neurone contigu.

Quand elles sont stimulées par les impulsions électriques voyageant le long de l'axone, les vésicules synaptiques déversent des neurotransmetteurs dans la fente synaptique. Les neurotransmetteurs traversent la fente synaptique et agissent comme des interrupteurs qui « allument » ou « éteignent » les neurones, organes ou muscles adjacents. Nous en reparlerons un peu plus loin.

C. Neurones versus nerfs

Des bras de nouveau fonctionnels

Perdre et... retrouver ses bras ?

À l'âge de 18 ans, John Thomas a subi un grave accident : une machine agricole lui a arraché les deux bras. Comme il était seul, il a dû marcher jusqu'à la maison, ouvrir la porte d'un coup de pied et téléphoner pour obtenir de l'aide en tenant un crayon entre ses dents. Puis, il a attendu les secours dans la baignoire pour éviter que son sang ne se répande partout. Une fois l'ambulance arrivée, il a eu la présence d'esprit de demander aux ambulanciers d'aller chercher ses bras, encore coincés dans la machine agricole.

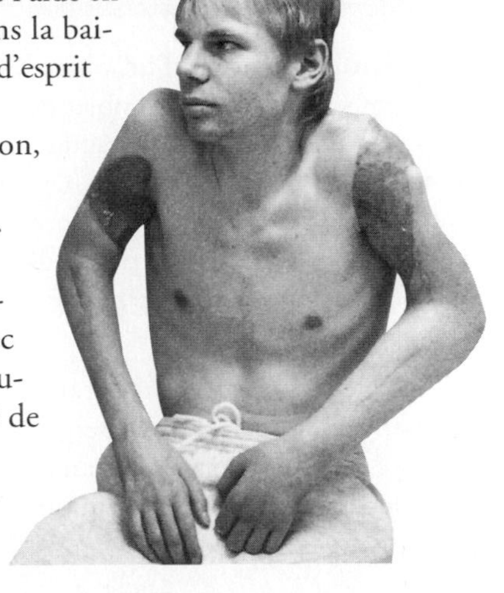

Arrivé à l'hôpital, il avait déjà perdu la moitié de son sang. Après plusieurs heures en salle d'opération, les médecins ont cependant réussi à lui sauver la vie et même à lui greffer ses deux bras.

Trois mois plus tard, M. Thomas pouvait lever les bras, mais était incapable de bouger les avant-bras. Après un an et demi et des centaines d'heures de réadaptation physique, il réussissait à plier les coudes, mais ne pouvait ni tourner les bras ni desserrer les doigts. Ce n'est qu'à la suite de 15 autres interventions chirurgicales qu'il a pu lever les bras au-dessus de la tête, serrer les poings et agripper des objets avec ses mains. Les chirurgiens croient qu'il pourra, un jour, faire d'autres mouvements et que ses bras retrouveront leur sensibilité tactile, mais seulement après deux à cinq ans de réadaptation physique (adapté de *USA Today*, 12 janvier 1995, traduction libre).

John Thomas a donc peu à peu retrouvé l'usage de ses bras depuis son accident ; par contre, la maladie d'Alzheimer, dont Ina est atteinte, ne laisse aucune chance à ses victimes. Ces deux exemples illustrent la différence entre le système nerveux périphérique et le système nerveux central.

Le système nerveux périphérique (SNP)

Comment peut-on greffer des bras ?

Si M. Thomas a pu retrouver une certaine mobilité des bras une fois qu'on les lui a greffés, c'est parce qu'on a « rebranché » ses bras au système nerveux périphérique.

Le *système nerveux périphérique* est formé de nerfs, répartis dans tout le corps, sauf dans le cerveau et la moelle épinière.

Les *nerfs* (en rouge sur l'illustration) sont des faisceaux d'axones qui ont la même fonction que les neurones et qui sont issus de la moelle épinière et maintenus par du tissu conjonctif. Les nerfs transportent l'information qui provient des sens, des muscles et des organes vers la moelle épinière, et l'information qui provient de la moelle épinière vers les sens, les muscles et les organes. Les nerfs du système nerveux périphérique, s'ils sont sectionnés ou endommagés, peuvent repousser, se régénérer (se rattacher).

Puisque les nerfs peuvent repousser, il est possible de greffer certains membres. Cependant, le degré de mobilité et de sensibilité d'un membre greffé dépend de plusieurs facteurs comme l'étendue des dommages causés aux nerfs, l'âge du patient (plus il est jeune, meilleure sera la récupération) et l'efficacité de la physiothérapie.

Le système nerveux central (SNC)

Et les neurones ?

Les neurones constituent la base du système nerveux central.

Le *système nerveux central* est constitué de neurones situés dans le cerveau et dans la moelle épinière (en bleu sur l'illustration). Les neurones du système nerveux central ont une capacité très limitée de repousser ou de se régénérer s'ils sont endommagés ou malades.

Normalement, les neurones ne repoussent pas : c'est pourquoi le cerveau des personnes atteintes de la maladie d'Alzheimer rétrécit littéralement au fur et à mesure de la progression de la maladie. Les neurones, normalement, ne se rattachent pas : les gens dont la moelle épinière a été endommagée subissent donc, selon l'importance des lésions, des pertes plus ou moins importantes de sensibilité et de motricité. Dans le cas de lésions graves, il arrive qu'il n'y ait plus aucune sensibilité ni motricité à partir du cou (quadriplégie) ou à partir de la taille (paraplégie). Encore aujourd'hui, les neurones ne se régénèrent pas ; cependant, des recherches récentes portent sur des techniques permettant de stimuler les neurones du système nerveux central en vue de les faire repousser s'ils ont été endommagés.

La régénération des neurones

Ces recherches constituent un domaine très intéressant. Ainsi, Olson *et al.* (1997) ont découvert que si l'on enveloppe les axones dans des gaines constituées de nerfs périphériques qui « guident » leur croissance, ou qu'on y injecte des substances chimiques qui stimulent leur croissance, les neurones peuvent se régénérer et former de nouvelles connexions. On travaille également sur le remplacement de neurones endommagés par la transplantation de neurones de fœtus, une technique prometteuse dans le traitement de maladies fatales du cerveau comme la maladie d'Alzheimer (Winkler *et al.*, 1995). Ces découvertes offrent beaucoup d'espoir aux individus ayant subi des lésions au cerveau ou à la moelle épinière.

Maintenant que nous avons décrit la structure des neurones, nous verrons l'une de ses fonctions : transmettre de l'information à travers le corps.

D. La transmission de l'information

Le potentiel d'action

Avez-vous déjà marché sur une punaise?

1 Sentir la pointe d'un objet Quand vous marchez sur un objet pointu, vous ressentez la douleur presque immédiatement, parce que les neurones transmettent l'information au cerveau à près de 320 km/h. Ressentir la douleur implique une série d'événements électrochimiques comme:

a) Certains stimuli produisent un changement dans notre énergie physique. Par exemple, la punaise produit une pression mécanique sur la plante du pied.

b) Les récepteurs sensoriels de la peau captent cette pression et la transforment en impulsions électriques (nous traiterons de différents types de récepteurs sensoriels au chapitre 4).

c) Ces impulsions électriques traversent l'axone du neurone et l'information est transmise à la moelle épinière et au cerveau.

d) Finalement, le cerveau décode ces impulsions nerveuses et «signale» qu'il y a une douleur au pied.

2 La membrane de l'axone: des portes chimiques Pour comprendre comment les axones transmettent les impulsions électriques (étape c), faisons l'analogie avec une pile électrique. Les axones possèdent une enveloppe protectrice semblable à celle qui entoure une pile. Les axones sont en quelque sorte de longs tubes remplis, mais aussi entourés, de fluide. La mince membrane qui enveloppe le tube isole le fluide interne du fluide externe, mais elle possède aussi des ouvertures qui permettent leur communication.

La *membrane d'un axone* est munie de «portes» (en rouge sur l'illustration) qui s'ouvrent pour permettre à des particules électriquement chargées d'entrer, ou se ferment pour les en empêcher.

Axone

Portes

L'énergie que fournit une pile est produite par des réactions entre les substances chimiques qu'elle contient; c'est également ainsi qu'un axone peut propager de l'information sous forme d'impulsions électriques.

3 Les ions: des particules chargées électriquement Le fluide que contient l'axone et celui qui l'entoure contiennent des ions.

Les *ions* sont des particules chimiques qui portent une charge électrique (positive ou négative). Les ions de charges opposées s'attirent, tandis que ceux de même charge se repoussent.

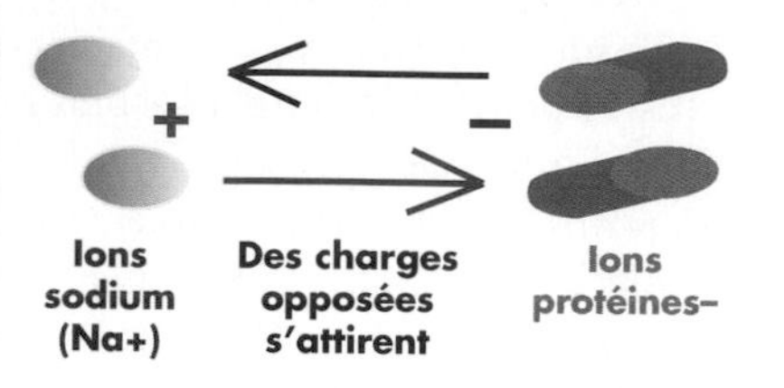

Le fluide contenu dans l'axone et celui qui l'entoure contiennent plusieurs ions différents: sodium, potassium, chlorure, protéines.

Par exemple, les ions sodium (Na+), de charge positive, et les ions protéines (protéines–), de charge négative, s'attirent. Comme la membrane de l'axone sépare les ions Na+ et les ions protéines–, on obtient une pile vivante (voir l'illustration de la section 4, à la page suivante).

La suite: l'influx nerveux

En un coup ou en plusieurs?

6 Transmettre de l'information On imagine souvent qu'un seul potentiel d'action est activé dans l'axone, un peu comme un projectile qui, une fois tiré, atteint une cible. En fait, plusieurs potentiels d'actions sont activés, segment par segment, tout au long de l'axone vers son extrémité. Ce mouvement s'appelle l'influx nerveux.

L'*influx nerveux* consiste en une série de potentiels d'action distincts qui se déplacent de segment en segment le long d'un axone pour en atteindre l'extrémité.

Ce mouvement de l'influx nerveux jusqu'à l'extrémité d'un axone obéit à la loi naturelle du tout ou rien.

7 La loi du tout ou rien C'est la loi du tout ou rien qui explique qu'un influx nerveux se propage le long d'un axone.

La *loi du tout ou rien* stipule que, si un stimulus provoque un potentiel d'action au début d'un axone, celui-ci se propagera de segment en segment à une vitesse constante jusqu'à l'extrémité de l'axone.

C'est ce que montre l'illustration ci-contre.

8 L'influx nerveux L'illustration, qui se poursuit à la page suivante, montre que l'influx nerveux consiste en une succession de six potentiels d'action, du début à la fin de l'axone.

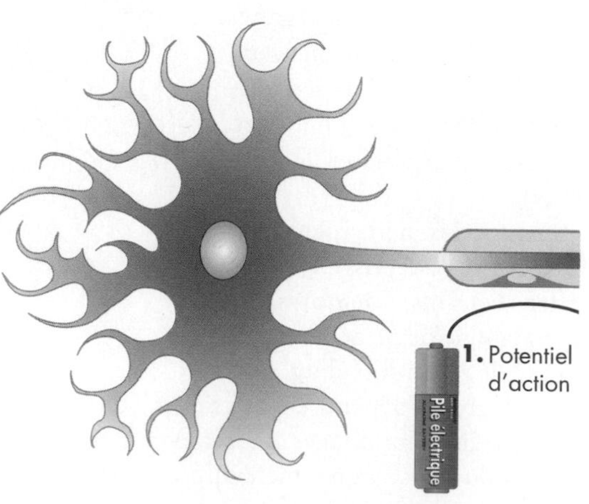

4 L'état de repos : une pile chargée La membrane de l'axone agit comme une frontière qui empêche les ions Na+ (à l'extérieur) et les ions protéines– (à l'intérieur) de réagir ensemble. Cette séparation produit un effet semblable à celui d'une pile chimique miniature qui n'a pas déchargé (au repos).

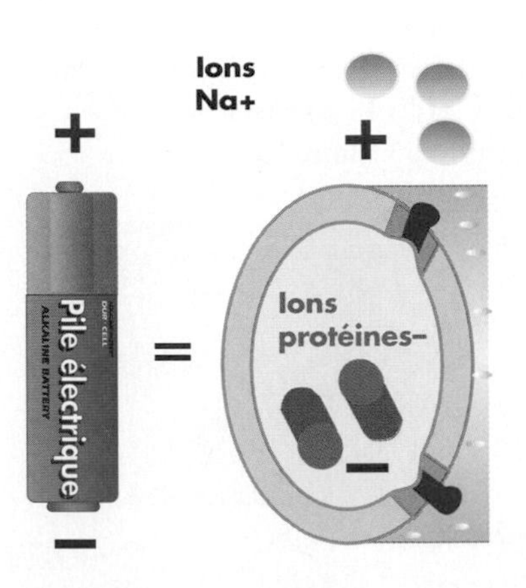

On parle d'*état de repos* pour indiquer qu'un axone possède une charge, ou un potentiel, comme une pile électrique. Cette charge est le résultat de la présence d'ions positifs et d'ions négatifs, isolés les uns des autres par la membrane de l'axone.

À cause de plusieurs facteurs, la membrane d'un axone au repos possède une charge. Nous ne parlerons ici que de l'un de ces facteurs : la pompe à sodium.

La *pompe à sodium* est un système de transport qui permet l'expulsion immédiate des ions Na+ qui ont pénétré à l'intérieur d'un axone et leur renvoi à l'extérieur, par les portes chimiques. La pompe à sodium permet ainsi de garder l'axone chargé.

À l'état de repos, l'axone ressemble à une pile qui a une pleine charge. Voyons maintenant ce qui se passe quand cet état de repos est perturbé.

5 Le potentiel d'action : transmettre l'information Si un stimulus (revenons à notre punaise !) est assez important pour exciter un neurone, deux choses se passent dans l'axone : l'arrêt de la pompe à sodium provoque l'ouverture des portes chimiques ; puis des milliers d'ions Na+ se précipitent alors à l'intérieur de l'axone, attirés par les ions protéines–. C'est ce mouvement soudain et rapide qu'on appelle potentiel d'action.

Le *potentiel d'action* est un très faible courant électrique, généré par l'entrée d'un très grand nombre d'ions Na+ dans l'axone. L'augmentation du nombre d'ions Na+ à l'intérieur de l'axone en renverse la charge : celle-ci devient positive à l'intérieur et négative à l'extérieur.

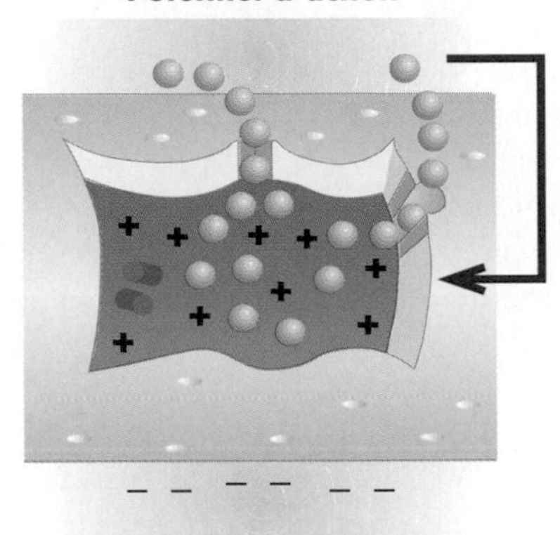

5a Tout comme quand on connecte les deux pôles d'une pile, le courant circule ; le courant circule aussi quand les ions Na+ pénètrent massivement dans l'axone.

5b Pendant un potentiel d'action, l'intérieur de l'axone devient positif et l'extérieur négatif ; immédiatement après, la pompe à sodium redémarre, et l'axone revient à l'état de repos (négatif à l'intérieur, et positif à l'extérieur).

Une fois un potentiel d'action déclenché au début d'un axone, celui-ci se propage à une vitesse fulgurante jusqu'à l'autre extrémité : c'est la transmission de l'influx nerveux.

8a Selon la loi du tout ou rien, quand l'influx nerveux est activé, il se rend jusqu'au bout de l'axone. Autrement dit, quand le potentiel d'action 1 est déclenché, il est suivi par les potentiels d'action 2, 3, 4, 5 et 6. Après chaque potentiel d'action, la membrane de l'axone revient rapidement à l'état de repos.

8b La gaine de myéline qui recouvre l'axone est interrompue à intervalles réguliers. À ces endroits (nœuds de Ranvier), l'axone n'est donc pas recouvert ; c'est là que les portes s'ouvrent et que le potentiel d'action se produit.

Interruptions dans la gaine de myéline (nœuds de Ranvier)

2. Potentiel d'action
3. Potentiel d'action
4. Potentiel d'action
5. Potentiel d'action
6. Potentiel d'action

Pile électrique

9 Les terminaisons axonales et les neurotransmetteurs Quand l'influx nerveux atteint le bout de l'axone, le tout dernier potentiel d'action (6) agit sur les boutons terminaux en déclenchant la libération des neurotransmetteurs contenus dans leurs vésicules synaptiques. Une fois libérés, les neurotransmetteurs traversent la fente synaptique et, selon leur type, excitent ou inhibent le fonctionnement d'organes (cœur), de muscles ou de neurones voisins.

Les neurotransmetteurs sont donc d'une importance vitale pour que s'établisse la communication avec les organes, les muscles et les autres neurones.

E. Les neurotransmetteurs

Les neurotransmetteurs excitateurs et inhibiteurs

Pourquoi le cœur s'affole-t-il ?

Vous avez sans aucun doute déjà senti votre rythme cardiaque s'accélérer, quand vous aviez peur, par exemple. Les neurotransmetteurs jouent un rôle important dans cette réaction.

Un *neurotransmetteur* est un messager chimique qui achemine de l'information entre les nerfs et les organes du corps, comme les muscles et le cœur.

Tout ce que l'on fait — penser, parler, prendre une décision, se mettre en colère, etc. — implique l'action de neurotransmetteurs. Imaginons par exemple que vous voyez un voleur s'enfuir avec votre voiture toute neuve : vous êtes en colère et votre cœur se met à battre rapidement. Pourquoi la colère fait-elle augmenter votre rythme cardiaque, qui passe de 60 à 70 battements minute, le rythme normal, à plus de 180 ?

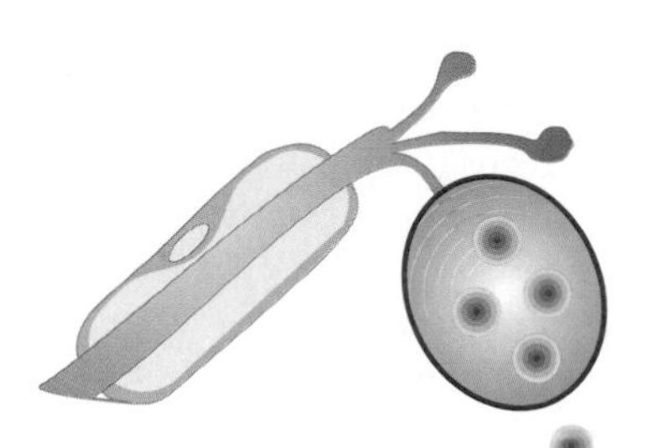

1 L'illustration ci-contre montre trois des branches de l'arborisation terminale d'un axone. L'un des boutons terminaux est agrandi et l'on voit ses vésicules synaptiques : les quatre cercles rouges représentent les neurotransmetteurs.

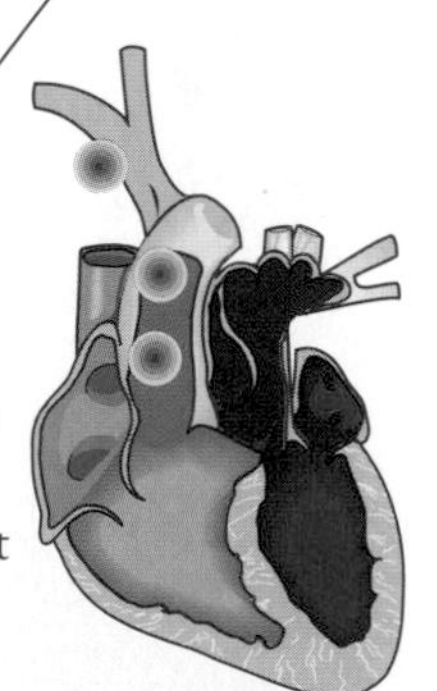

2 Quand le potentiel d'action atteint le bouton terminal, il provoque une minuscule explosion, et les neurotransmetteurs sont expulsés ; après avoir traversé la fente synaptique, ils atteignent ici le muscle du cœur tout proche. Les neurotransmetteurs, sorte de clés chimiques capables de manœuvrer certaines serrures chimiques à la surface d'un organe, sont de deux types, excitateurs ou inhibiteurs, pouvant ainsi provoquer des effets contraires.

3 Des émotions fortes provoquent l'expulsion de *neurotransmetteurs excitateurs,* qui font battre le cœur plus rapidement (illustration de gauche). Dans certains cas, les neurotransmetteurs peuvent faire doubler et même tripler le rythme cardiaque. Pour que le calme revienne, des *neurotransmetteurs inhibiteurs* sont expulsés et bloquent l'entrée des serrures chimiques du cœur afin d'en ralentir les battements (illustration de droite).

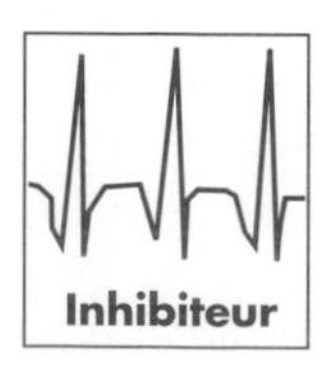

Les neurotransmetteurs du cerveau

Comment le cerveau travaille-t-il ?

Écrire un texte à l'ordinateur exige l'utilisation, par le cerveau, de millions de neurones qui communiquent entre eux grâce aux neurotransmetteurs. Il en est de même pour toute activité.

Les *neurotransmetteurs* sont des substances chimiques produites par les neurones et utilisées pour établir la communication entre ceux-ci pendant une activité physique ou mentale.

Comment des milliards de neurones, utilisant différents neurotransmetteurs pour nous permettre de manger, de dormir, de penser et de rêver, arrivent-ils à faire leur travail sans qu'il n'y ait d'erreurs ? La réponse est que ces clés chimiques que sont les neurotransmetteurs ne peuvent ouvrir que certaines serrures chimiques bien précises.

1 L'illustration ci-contre montre encore une fois trois des branches de l'arborisation terminale d'un axone. L'un des boutons terminaux est agrandi et l'on voit ses vésicules synaptiques : les quatre cercles verts représentent les neurotransmetteurs.

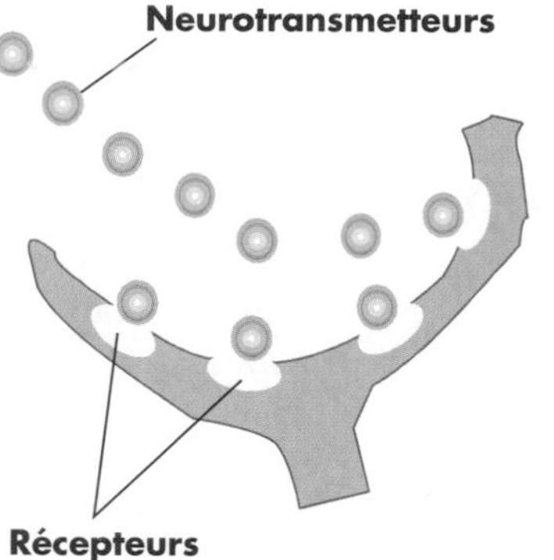

2 Le potentiel d'action provoque l'éjection des neurotransmetteurs qui, après avoir traversé la fente synaptique, atteignent ici la surface d'une dendrite. La surface d'une dendrite est agrandie (illustration de droite) pour montrer ses *sites récepteurs* (ovales jaunes), qui sont des aires précises fonctionnant comme des serrures chimiques.

3 Il existe plusieurs neurotransmetteurs différents, inhibiteurs ou excitateurs, et chacun est « adapté » à un type de récepteur donné. Des milliards de neurones utilisent donc ce système de clés pour communiquer, ce qui nous permet de réaliser une multitude d'activités. Certains neurotransmetteurs sont excitateurs, c'est-à-dire qu'ils ouvrent les serrures chimiques des sites récepteurs et activent le neurone, muscle ou organe ; d'autres sont inhibiteurs, ils ferment les serrures chimiques et empêchent le neurone, muscle ou organe de s'activer.

Puisque les neurones communiquent à l'aide de neurotransmetteurs, toute substance qui en imite l'action ou qui interfère avec ceux-ci a nécessairement une influence sur le fonctionnement du cerveau et, par conséquent, sur notre manière de ressentir les choses, de penser et de nous comporter. C'est le cas de l'alcool, par exemple.

L'alcool

Comment agit l'alcool?

La consommation de boissons alcoolisées augmente habituellement l'alcoolémie, c'est-à-dire le taux d'alcool dans le sang. À faibles ou à moyennes doses (alcoolémie de 0,01 à 0,06), l'alcool rend plus chaleureux, fait disparaître les inhibitions, réduit le contrôle de soi et altère le jugement; après trois ou quatre verres, l'alcoolémie d'une personne de taille moyenne variera entre 0,08 et 0,1, ce qui, dans toutes les provinces canadiennes, est considéré comme la définition légale de l'ivresse.

L'*alcool* est un psychotrope de type calmant, c'est-à-dire qui ralentit l'activité du système nerveux central. Il fait partie de la catégorie des dépresseurs.

Même si l'alcool est connu depuis 3 000 ans, ce n'est que récemment qu'on a établi avec précision ses effets sur le cerveau, parce que ceux-ci sont nombreux. Nous en étudierons ici l'un des principaux.

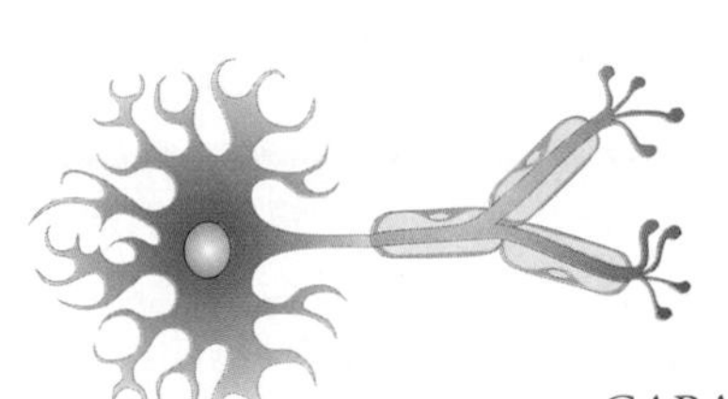

Le GABA L'alcool bloque certains sites récepteurs neuronaux et en stimule d'autres. Par exemple, certains neurones (illustration de gauche) sont appelés neurones GABA, parce qu'ils sont excités par un seul neurotransmetteur — le GABA (acide gamma-aminobutyrique) — que produit le cerveau (Tsai *et al.,* 1995).

Or, les molécules d'alcool ressemblent tellement à celles de ce neurotransmetteur qu'elles peuvent également exciter les neurones GABA. Cette excitation a pour effet de ralentir l'activité neurale : l'anxiété et la tension diminuent, des inhibitions disparaissent, et le contrôle de soi s'affaiblit. Si l'alcool est si populaire, d'ailleurs, c'est principalement parce qu'il réduit l'anxiété et la tension (Stritzke *et al.,* 1996).

C'est donc, entre autres, en «imitant» le neurotransmetteur GABA que l'alcool peut influer sur le fonctionnement du cerveau. D'autres drogues ont aussi des effets sur certains neurotransmetteurs du cerveau, dont plusieurs ont été découverts récemment.

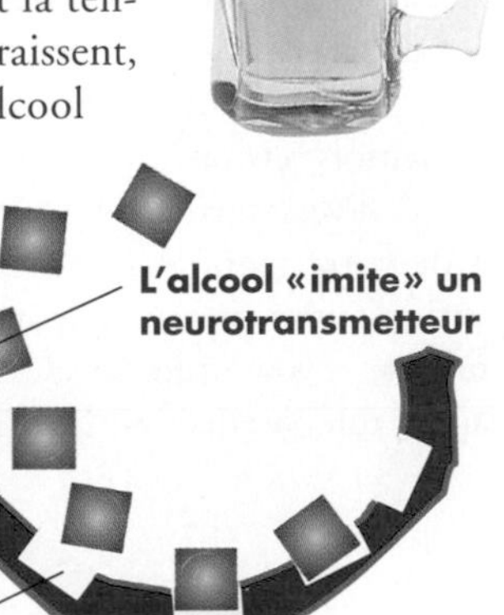

Des découvertes récentes

Des «nouveaux» neurotransmetteurs?

Plusieurs neurotransmetteurs sont bien connus : l'acétylcholine, le GABA, la noradrénaline, l'adrénaline, la dopamine et la sérotonine. Les chercheurs travaillent continuellement à en identifier de nouveaux.

Les endorphines Dans les années 1970, on a découvert que le corps produit son propre analgésique, très semblable d'ailleurs à la morphine : l'endorphine. Ce neurotransmetteur est sécrété pour calmer la douleur quand le corps subit un stress important, notamment dans le cas d'un accident (Hughes *et al.,* 1975). Nous étudierons les endorphines au chapitre 4.

L'anandamide Ce neurotransmetteur étonnant a été découvert au début des années 1990. Sa composition chimique est semblable à celle du THC (tétrahydrocannabinol), l'élément actif de la marijuana (Fackelmann, 1993). La figure ci-contre montre une coupe horizontale du cerveau d'un rat auquel on a administré une version radioactive de l'anandamide : les régions les plus affectées par l'anandamide (en jaune) jouent un rôle dans la coordination motrice, dans la mémoire et dans les émotions (Herkenham, 1996). Des travaux permettent de croire que l'anandamide nous aide à gérer le stress et la douleur (Fackelmann, 1993).

L'oxyde nitrique Au milieu des années 1990, les chercheurs ont découvert qu'un gaz, l'oxyde nitrique, agit comme neurotransmetteur et est peut-être impliqué dans le contrôle des émotions. Par exemple, on a modifié des souris génétiquement de façon à ce qu'elles présentent une carence en oxyde nitrique; on a ensuite observé qu'elles avaient six fois plus tendance à provoquer une bataille que les souris normales (Nelson *et al.,* 1995). On peut par conséquent émettre l'hypothèse que l'oxyde nitrique contribue à la réduction de l'agressivité chez la souris, et peut-être donc aussi chez l'être humain.

Jusqu'à maintenant, environ une douzaine de substances chimiques ayant toutes les caractéristiques des neurotransmetteurs ont été découvertes. De plus, on a répertorié une cinquantaine de substances qui, même si elles n'ont pas toutes les caractéristiques d'un neurotransmetteur, peuvent affecter le fonctionnement des neurones (Bear *et al.,* 1996).

Vous connaissez maintenant la structure et les fonctions des neurones, ainsi que l'importance des neurotransmetteurs. À l'aide de ces connaissances, nous expliquerons maintenant une réaction que vous connaissez bien : pourquoi retirons-nous instantanément notre main quand nous touchons un objet brûlant?

F. Les réflexes

Définition

Des gestes automatiques ?

Si vous touchez par mégarde une ampoule très chaude, vous retirez rapidement et automatiquement votre main : c'est un réflexe.

Un *réflexe* est une réaction non apprise et involontaire à un stimulus. Les connexions neurales qui permettent les réflexes sont prédéfinies par notre bagage génétique.

Quand un médecin vous frappe légèrement sur le genou et que votre pied se lève, par exemple, c'est un réflexe appelé réflexe patellaire ; il est contrôlé par la moelle épinière. Le réflexe pupillaire est celui qui entraîne le rétrécissement de la pupille quand une lumière vive frappe votre œil. Ces réflexes, et tous les autres, sont déjà programmés à notre naissance, et ils se produisent en suivant un trajet comportant deux ou trois étapes, selon le nombre de connexions impliquées (arc réflexe qui court-circuite le cerveau).

Les étapes

Si les réflexes se produisent si rapidement, c'est parce qu'ils sont programmés et ne font appel qu'à un nombre réduit de connexions neurales. Reprenons notre exemple : vous touchez une ampoule allumée.

1. **Les récepteurs sensoriels** La peau des doigts possède des récepteurs sensoriels, dont certains sont sensibles à la chaleur. Ce sont eux qui déclenchent des réactions en chaîne dans les neurones et qui provoquent le réflexe.

2. **Les neurones afférents** À partir des récepteurs sensoriels de votre peau, de longs axones (les flèches rouges) transmettent l'information (« douleur ! ») à la moelle épinière, sous forme de signaux électriques. Ce sont les axones de neurones afférents. Ces axones peuvent mesurer jusqu'à 1 m, et couvrir, par exemple, un trajet allant du bout des doigts jusqu'à la moelle épinière.

Les *neurones afférents* (ou *sensoriels*) transmettent à la moelle épinière l'information reçue par les sens.

3. **Les interneurones** Quand le signal « douleur ! » atteint la moelle épinière, il est transmis à un deuxième neurone, un interneurone.

Un *interneurone* est un neurone relativement court dont le principal rôle est d'établir la connexion avec d'autres neurones.

4. **Les neurones efférents** Dans la moelle épinière, l'interneurone transmet l'information à un troisième neurone, un neurone efférent (les flèches bleues).

Les *neurones efférents* (ou *moteurs*) transmettent aux organes et aux muscles de tout le corps l'information qui vient de la moelle épinière, pour provoquer une réaction.

Dans notre exemple, un neurone efférent envoie, le long de son axone (qui peut aussi mesurer jusqu'à 1 m), des impulsions électriques qui vont de la moelle épinière jusqu'aux muscles de la main. Ces impulsions électriques contiennent un signal « mouvement ! » et déclenchent automatiquement le retrait rapide de la main.

De plus, un interneurone envoie un signal à d'autres neurones qui le transmettent à leur tour rapidement à diverses parties du cerveau ; celles-ci décodent les impulsions électriques provenant de votre main et les interprètent : « chaud ! douloureux ! ». Du cerveau peuvent alors partir d'autres signaux qui atteindront des neurones efférents et qui feront bouger vos muscles faciaux et vos cordes vocales : vous ferez probablement une grimace de douleur, et vous laisserez échapper une interjection traduisant votre souffrance, mais sans doute après avoir déjà retiré votre main.

L'utilité des réflexes

Retirer la main qui entre en contact avec un objet brûlant, tourner la tête en direction de l'endroit d'où provient un bruit soudain et fort, ou vomir après avoir mangé des aliments avariés, c'est une question de survie, un mécanisme de protection contre les blessures ou la douleur. Des réflexes sont également à la source de fonctions vitales comme les battements du cœur, la respiration et la pression sanguine.

Les réflexes ont évolué depuis des millénaires : un réflexe primitif qui n'est presque plus utile aujourd'hui, par exemple, est la piloérection (le fait que nos poils se dressent sur nos bras quand il fait froid). La piloérection servait jadis à conserver la chaleur du corps en faisant bouffir les poils, créant ainsi une meilleure protection isolante ; aujourd'hui, ce sont les vêtements qui font ce travail.

G. Diversité culturelle : plantes, drogues et neurotransmetteurs

Des drogues très anciennes ?

Depuis très longtemps à travers le monde, on utilise certaines plantes pour l'effet qu'elles produisent. Nous étudierons ici trois de ces drogues très anciennes : la cocaïne, le curare et la mescaline, toutes trois extraites de plantes qu'on retrouve à différents endroits dans le monde. Que contiennent-elles ? Quel est leur effet sur le système nerveux ?

La cocaïne : le blocage du recaptage

Depuis près de 3 500 ans, les Indiens sud-américains mâchent des feuilles de coca, une plante que l'on retrouve partout en Amérique du Sud. Ils ont habituellement sur eux un sac de feuilles de coca séchées et, pendant la journée, ils mâchent de petites quantités de feuilles pour soulager la fatigue et la faim. Voyons comment la cocaïne, une substance contenue dans les feuilles de coca, affecte les neurotransmetteurs.

La cocaïne bloque le recaptage

L'illustration ci-contre montre un bouton terminal dont les vésicules synaptiques contiennent un neurotransmetteur, la dopamine. Une fois relâchée, la dopamine atteint les sites récepteurs des dendrites de neurones avoisinants qui s'activent. Normalement, la dopamine réintègre après un certain temps le bouton terminal duquel elle a été éjectée, grâce à un processus appelé le recaptage.

Le *recaptage* est un processus grâce auquel certains neurotransmetteurs, comme la dopamine, sont retirés de la fente synaptique pour réintégrer le bouton terminal qui les a éjectés.

Sans ce processus, la dopamine présente dans la fente synaptique activerait sans arrêt les neurones avoisinants. La cocaïne, cependant, bloque le recaptage non seulement de la dopamine, mais aussi de la noradrénaline, un autre neurotransmetteur (Marieb, 1993). La dopamine et la noradrénaline restant présentes plus longtemps dans la fente synaptique, les neurones sont sans cesse stimulés, et cela crée une excitation physiologique et une sensation d'euphorie (ce que recherchent les consommateurs de cocaïne). Les Indiens sud-américains, bien avant les scientifiques, avaient découvert cet effet de la coca qui leur permettait de supporter la faim et la fatigue pendant de longues heures de travail ardu.

Le curare : le blocage des sites récepteurs

Les Indiens du Pérou et de l'Équateur, quand ils vont à la chasse, enduisent l'extrémité de leurs petites flèches de la sève d'une vigne tropicale qui contient une drogue paralysante, le curare. Ils tirent ces fléchettes empoisonnées à l'aide d'une sarbacane.

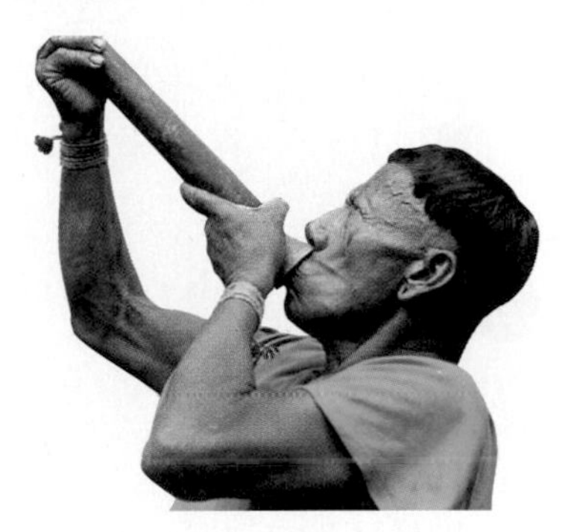

Le *curare* est une drogue qui pénètre le système sanguin, atteint les muscles et bloque leurs sites récepteurs. L'effet de l'acétylcholine, le neurotransmetteur qui active normalement les muscles, est donc bloqué, et les muscles sont paralysés.

Quand un animal est atteint par une flèche enduite de curare, les muscles de ses membres, puis ceux qui permettent la respiration, sont paralysés, et il meurt.

L'ingrédient actif du curare (chlorure de tubocurarine) est aujourd'hui utilisé quand il est nécessaire d'insensibiliser certains muscles, par exemple quand on insère un tube dans la gorge d'un patient pour faciliter la respiration. Le curare atteint difficilement le cerveau, puisque le sang, avant d'arriver au cerveau, est « filtré » par un système appelé barrière hémoencéphalique, qui empêche certaines substances nuisibles — mais pas toutes — contenues dans le sang de se rendre jusqu'au cerveau.

La mescaline : l'imitation d'un neurotransmetteur

Plante de la famille des cactacées, le peyotl (photo ci-dessous) est gris vert et de la taille d'une balle de golf. Il pousse au Mexique et dans le sud-ouest des États-Unis. C'est de cette plante qu'est extraite la mescaline.

La *mescaline* est une drogue qui provoque une activation physiologique et des hallucinations visuelles. Parce que la mescaline agit comme une clé chimique et qu'elle ouvre les mêmes sites récepteurs que la noradrénaline, elle en reproduit l'effet.

En 1965, les membres de la Native American Church, aux États-Unis et au Canada, ont obtenu, devant la Cour suprême des États-Unis, un jugement les autorisant à utiliser le peyotl pendant leurs services religieux. Pour favoriser la méditation, ils consomment de 4 à 12 boutons de peyotl, ce qui les fait halluciner et les rend euphoriques, mais cause parfois des nausées et des vomissements.

Vous avez maintenant un aperçu du fonctionnement des cellules du cerveau et des mécanismes de transmission de l'information dans le système nerveux. Nous verrons maintenant plus en détail les parties du cerveau et du système nerveux de même que leurs fonctions respectives.

H. Les gènes et l'évolution

Le bagage génétique

Pourquoi sommes-nous tous si différents ?

Dès la fécondation d'un ovule par un spermatozoïde, des informations chimiques complexes façonnent plusieurs des caractéristiques de l'être humain à naître. Tous les êtres humains sont différents, parce que leur bagage génétique est unique. Si l'on écrivait les informations génétiques qu'il contient, on obtiendrait un livre d'un million de pages pour un seul individu !

1 La fécondation Chez l'être humain, la vie commence quand un spermatozoïde (cellule reproductrice mâle), qui comprend 23 chromosomes, pénètre un ovule (cellule reproductrice femelle), qui comprend également 23 chromosomes. L'œuf ainsi fécondé forme une nouvelle cellule qu'on appelle zygote.

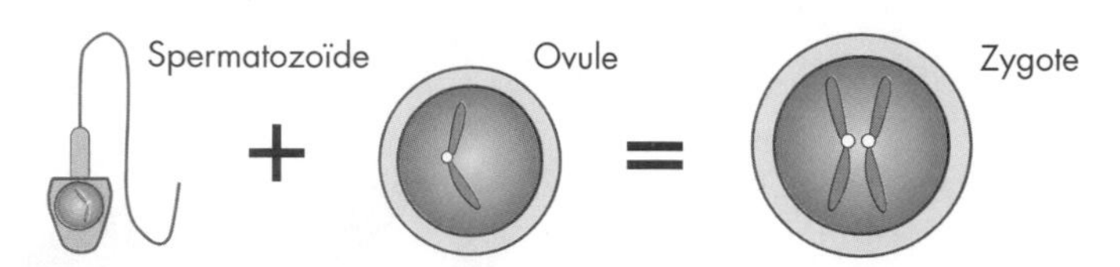

2 Le zygote De la taille d'un grain de sable, c'est la plus grosse cellule du corps humain.

Un *zygote* est une cellule résultant de la fécondation d'un ovule par un spermatozoïde. Un zygote comporte 46 chromosomes répartis en 23 paires.

L'illustration ci-dessus ne montre qu'une seule des 23 paires de chromosomes.

3 Les chromosomes Éléments essentiels du noyau cellulaire, les chromosomes contiennent le bagage génétique d'un individu.

Un *chromosome* a la forme d'un long fil mince, et il contient une substance chimique responsable de l'hérédité, l'ADN (acide désoxyribonucléique). Toutes les cellules du corps humain (sauf le spermatozoïde et l'ovule) contiennent 46 chromosomes (23 paires).

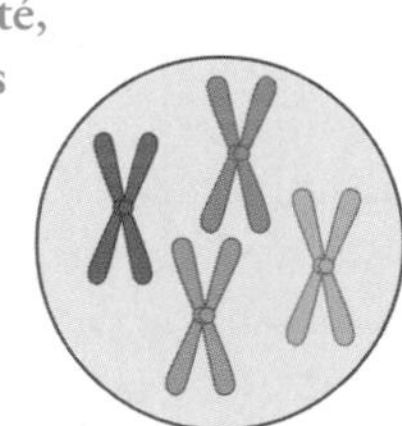

Dans l'illustration ci-contre, la cellule ne comporte que quatre paires de chromosomes.

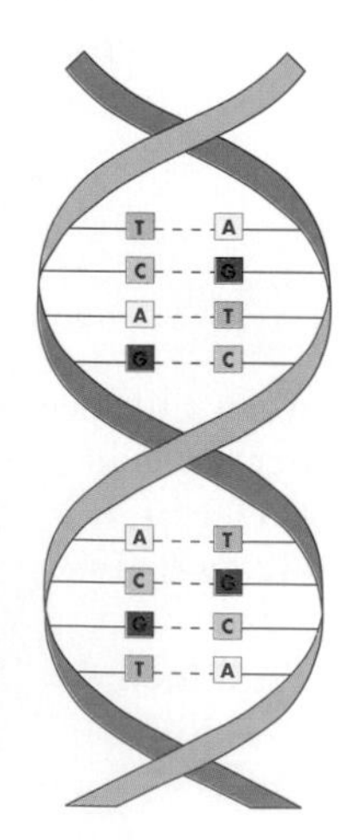

4 L'alphabet chimique Chaque chromosome est constitué de longs brins d'ADN. Un brin d'ADN ressemble à une échelle torsadée et enroulée plusieurs fois sur elle-même.

Chaque « boucle » formée par les brins d'ADN est composée de quatre substances chimiques (adénine, thymine, cytosine et guanine). L'ordre dans lequel ces substances sont combinées pour former une « boucle » en particulier constitue un alphabet chimique microscopique. C'est à l'aide de cet alphabet qu'est écrit le « manuel d'instructions » qui assure le bon assemblage de milliards de pièces pour produire le résultat attendu, un corps humain.

5 Les gènes et les protéines Un chromosome comporte différents segments, chacun contenant des informations particulières. Sur le chromosome illustré ci-contre, les anneaux verts représentent ces segments, chacun précisant l'emplacement d'un gène spécifique.

Un *gène* est un segment précis d'un long brin d'ADN. Le gène renferme les informations nécessaires à la production des protéines. Les protéines forment le matériel biochimique dont est constituée la plus grande partie du corps humain et de toute matière vivante.

Ainsi, un ou plusieurs gènes déterminent différents caractères : par exemple, la couleur des yeux, la forme des lobes d'oreilles ou la tendance à l'obésité (Gura, 1997). On dénombre plus de 100 000 gènes chez l'humain. Quand des chercheurs découvrent un nouveau gène, cela signifie qu'ils ont établi l'endroit exact où ce gène se situe sur un chromosome.

6 Le syndrome du X fragile Si une erreur se glisse dans le « mode d'emploi » que constitue le bagage génétique d'un individu, un problème peut surgir. Le syndrome du X fragile est l'une des maladies génétiques les plus courantes.

Le *syndrome du X fragile* est dû à une défectuosité du chromosome X (l'illustration montre un resserrement de l'anneau chromosomique). Cela peut donner lieu à des malformations physiques et un retard mental allant de moyen à profond.

Les enfants souffrant du syndrome du X fragile ont, par exemple, une tête et des oreilles plus grandes que la normale.

Durant la dernière décennie, plusieurs recherches ont fait ressortir le rôle essentiel que jouent les gènes dans le développement de caractéristiques physiques, de traits de personnalité, de troubles mentaux et de diverses habiletés cognitives (Goldman, 1996 ; Slutske *et al.*, 1997).

Certains changements sont survenus dans le bagage génétique de l'être humain, au cours de millions d'années, et sont responsables de transformations importantes dans le développement du cerveau. C'est ce que nous aborderons maintenant.

L'évolution du cerveau humain

Qu'appelle-t-on « évolution » ?

En 1859, Charles Darwin, fondateur de la théorie de l'évolution biologique, a sidéré le monde occidental en proposant une conception révolutionnaire de l'origine des espèces, dans son livre *De l'origine des espèces au moyen de la sélection naturelle* (Darwin, 1859).

Selon la *théorie de l'évolution,* plusieurs espèces différentes sont issues d'un ancêtre commun, et les espèces qui ont survécu sont celles qui se sont le mieux adaptées aux transformations de leur environnement.

Australopithecus afarensis **Homo erectus** **Homo sapiens**

Plusieurs découvertes scientifiques réalisées depuis la publication cet ouvrage de Darwin ont fourni de solides arguments en faveur de cette théorie : d'une part, par l'examen des données fournies par des fossiles et, d'autre part, par la comparaison des espèces entre elles de façon à faire ressortir les ressemblances et les différences du point de vue génétique (Gore, 1997). La théorie de l'évolution entre évidemment en conflit avec certaines croyances religieuses, qui font remonter l'origine de l'homme à la création d'Adam et Ève (Genèse, I—IV). Nous ne comparerons pas ici ces deux conceptions. Nous étudierons plutôt l'évolution du cerveau... de Lucy jusqu'à nous.

Le premier cerveau humain...

Des trois crânes illustrés ci-dessus, le plus petit appartiendrait à l'un de nos plus anciens ancêtres, qui vivait il y a environ trois millions d'années. Quand ce squelette fossilisé a été découvert en Éthiopie, en 1974, l'équipe d'archéologues de Donald Johanson l'a spontanément prénommé Lucy, en l'honneur de la chanson *Lucy in the Sky with Diamonds,* en vogue à l'époque. Lucy est scientifiquement connue sous le nom de *Australopithecus afarensis.* Le cerveau de Lucy pesait environ 500 g, le poids du cerveau d'un chimpanzé, et à peu près le tiers du poids de notre cerveau. Le volume du cerveau et le squelette de Lucy font penser aux grands singes plutôt qu'aux humains. Lucy avait des bras longs et puissants et des jambes courtes. Elle était probablement herbivore.

En se basant sur le volume relativement petit du cerveau de Lucy, les anthropologues ont conclu que les australopithèques ne fabriquaient pas d'outils, ne maîtrisaient pas le langage et ne connaissaient pas le feu : ils formeraient donc le type d'humains le plus primitif (Kurten, 1993 ; Gore, 1997). La « lignée » de Lucy s'est éteinte il y a un million d'années. Les anthropologues pensent qu'une autre branche, issue des australopithèques, a donné naissance au genre appelé *homo,* l'espèce zoologique formée par l'homme au sein des primates. Au cours de ce long processus évolutif qui a mené jusqu'à nous, le cerveau a triplé de volume.

Un cerveau deux fois plus gros

Le crâne du centre, qui est presque deux fois plus gros que celui de Lucy, appartient à une espèce appelée *Homo erectus* (« homme debout », en latin). *L'Homo erectus* vivait il y a environ 1 500 000 ans, et l'on pense qu'il fait partie du genre qui a donné naissance au genre humain tel qu'on le connaît aujourd'hui.

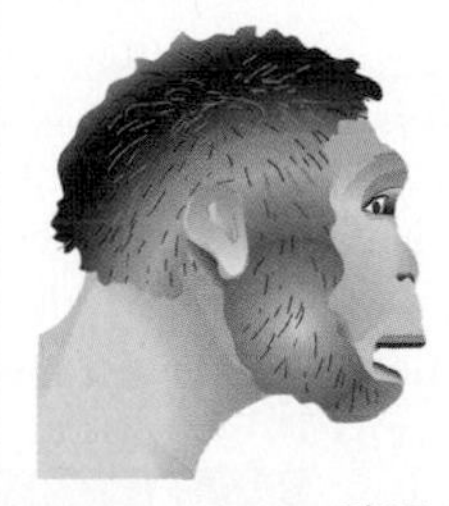

L'*Homo erectus* avait un squelette assez solide pour qu'il puisse se tenir et marcher debout et était à peu près aussi grand qu'un humain contemporain. Il était probablement carnivore.

Un cerveau d'environ 1 000 g — deux fois plus gros que celui de Lucy — lui a permis de développer de nouvelles habiletés : il possédait par exemple une grande variété d'outils en pierre, dont la fabrication exigeait un travail relativement complexe. Est-ce la fabrication d'outils plus perfectionnés ou le développement du langage qui a amené le cerveau de l'*Homo erectus* à se développer ? On ne peut encore donner de réponse définitive à cette question (Lewin, 1993 ; Gore, 1997).

Un cerveau encore plus développé

Le plus gros des trois crânes est celui d'un humain moderne, l'*Homo sapiens* (du latin *sapiens,* « qui raisonne »). Notre espèce existe depuis 400 000 ans et évolue encore aujourd'hui. L'*Homo sapiens* a un cerveau d'environ 1 350 g. Cette augmentation marquée a entraîné quatre changements majeurs : alors que ses prédécesseurs vivaient de la chasse et de la cueillette, l'*Homo sapiens,* désormais omnivore, a inventé l'agriculture ; il est devenu sédentaire ; il a développé un langage ; il a commencé à dessiner des représentations d'animaux et d'humains. Selon Kurten (1993) l'évolution du cerveau humain (et son augmentation de volume) serait principalement attribuable à deux facteurs : d'une part, des modifications génétiques (ou mutations), c'est-à-dire des changements accidentels dans le bagage génétique ; d'autre part, la sélection naturelle, concept selon lequel seuls ceux qui sont le mieux adaptés à leur environnement survivent.

I. L'observation d'un cerveau vivant

De nouvelles techniques d'investigation du cerveau

Voir le cerveau sans ouvrir la boîte crânienne ?

Notre cerveau, complexe et fragile, est bien protégé par cette boîte osseuse qu'est notre crâne. Alors, comment voir et étudier le cerveau d'êtres vivants en pleine action ? Depuis quelques années, on a mis au point d'étonnantes techniques pour l'observer sans devoir ouvrir la boîte crânienne. Ces techniques ne comportent aucun danger pour des cellules extrêmement fragiles (et irremplaçables !) comme les neurones. Nous verrons ici deux de ces techniques d'imagerie médicale, soit la RMN et la TEP.

La résonance magnétique nucléaire (RMN)

À quoi sert-elle ?

Prenons un exemple : en bonne santé, Jean vaque à ses occupations habituelles. Tout à coup, il ressent une vive douleur à la tête ; inquiet, il pense à appeler son médecin. Il regarde sa montre pour savoir si la clinique médicale est ouverte. Il voit bien les chiffres, mais il se rend compte qu'il est incapable de lire l'heure.

Que s'est-il passé ? Il consulte un neurologue et il apprend qu'un vaisseau sanguin a probablement éclaté dans son cerveau et que le sang s'est répandu dans certaines régions voisines. Pour localiser l'endroit où le vaisseau a éclaté et évaluer l'étendue de la région affectée, le neurologue lui prescrit un test qui implique l'utilisation de la technique de la RMN.

La *résonance magnétique nucléaire* (RMN) est un procédé d'exploration fondé sur les propriétés magnétiques des noyaux anatomiques et qui utilise des ondes radio non dommageables circulant à travers le cerveau. L'image produite sur ordinateur est construite à partir de la mesure des ondes émises par les atomes d'hydrogène (noyaux des cellules) quand ils sont activés par des ondes radio dans un champ magnétique. On utilise la RMN pour observer le cerveau, mais aussi d'autres parties du corps.

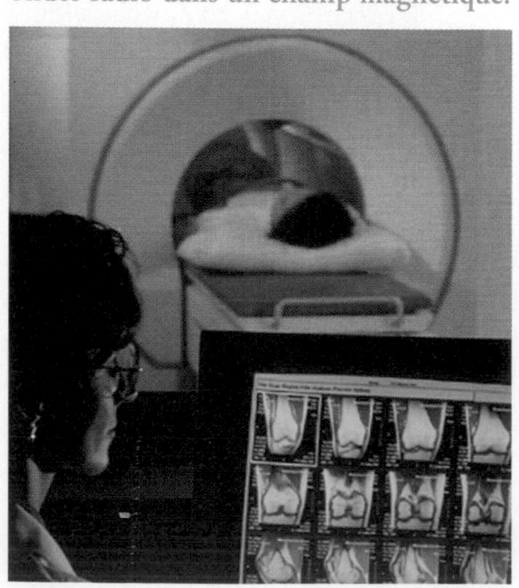

Durant un examen au moyen de la RMN (photo de gauche), le patient est étendu sur le dos et sa tête est placée au centre d'un appareil qui produit un bruit sourd en émettant des ondes radio. Pendant que ces ondes radio traversent le cerveau, un ordinateur mesure leur interaction avec les cellules, et la traduit en une image détaillée du cerveau. Réfléchies sur les composantes du cerveau, ces ondes sont analysées par ordinateur ; le résultat est une image très détaillée du cerveau (photo de droite).

Des lésions au cerveau Pendant la RMN, des « tranches » du cerveau apparaissent sur l'écran d'un ordinateur et permettent de visualiser le problème. Sur la photo de gauche, la petite région encerclée de rouge indique des cellules mortes. Reprenons l'exemple de Jean : en analysant ce type d'image du cerveau de Jean, le neurologue verrait que les neurones endommagés sont situés dans une région qui est spécialisée dans le traitement de l'information visuelle. C'est ce qui explique que Jean n'ait pas été capable de « décoder » l'heure en regardant les aiguilles de sa montre (mais qu'il ait été capable de réfléchir, de se rendre au téléphone et de parler). En décrivant à voix haute la position des aiguilles, il aurait donc pu, au moment de l'accident cérébrovasculaire, savoir quelle heure il était, puisque les régions de l'ouïe et celle de la parole n'avaient pas été endommagées.

L'avantage de la RMN est que les ondes radio utilisées n'affectent pas les cellules et que cette technique produit des images très détaillées des régions analysées. On utilise surtout ce procédé pour détecter des tumeurs et des lésions, ainsi que pour faire avancer la recherche sur le cerveau.

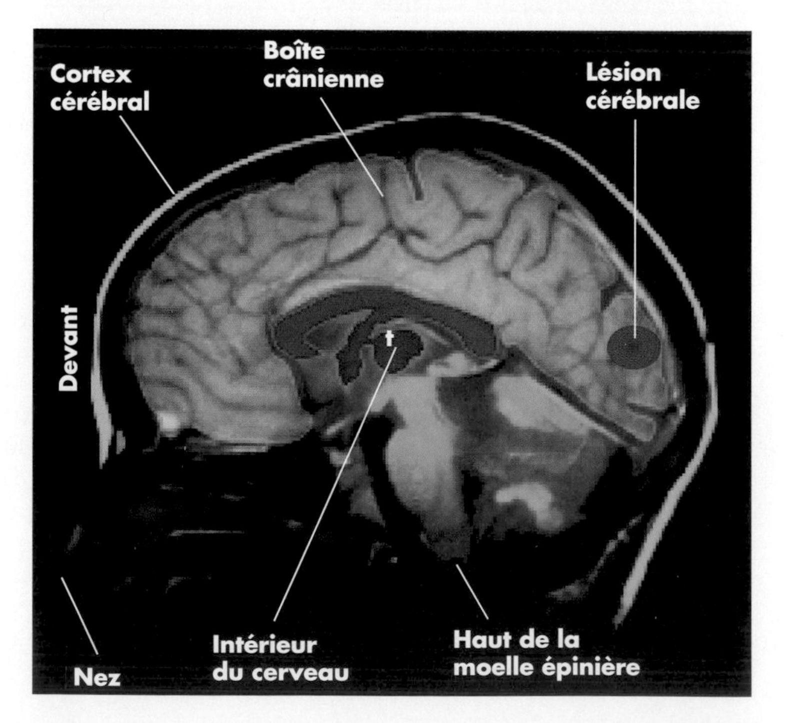

La tomographie par émission de positons (TEP)

Que nous apprend cette technique d'imagerie médicale?

L'un des progrès les plus passionnants de la psychobiologie est dû à la mise au point relativement récente d'une technique qui, littéralement, éclaire nos pensées: la TEP.

La *tomographie par émission de positons (TEP),* est une technique qui consiste à injecter du glucose radioactif qui émet des particules positivement chargées, appelées positons, dans le sang et à mesurer ensuite les rayons gamma produits par la réaction des positons avec d'autres cellules. La quantité de rayons gamma émise dans une région du cerveau est proportionnelle à la quantité de glucose qui y est utilisée et, donc, à l'activité neuronale qui s'y déroule. Un ordinateur traduisant les différents degrés dans la production de rayons gamma en diverses couleurs, on peut observer dans quelle région les neurones sont plus ou moins actifs: le rouge et le jaune indiquent un degré élevé d'activité, le bleu et le vert une activité minimale.

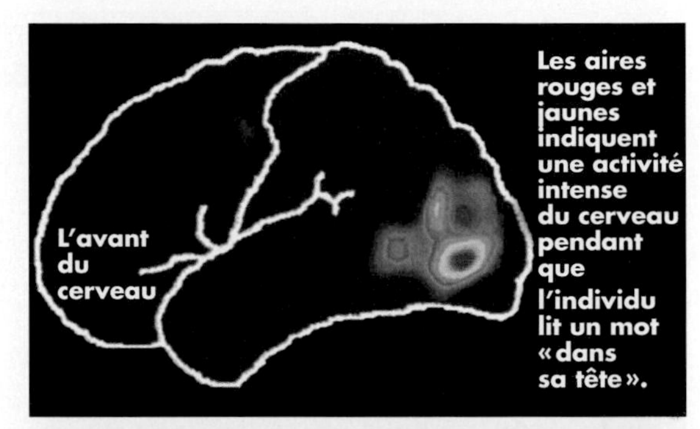

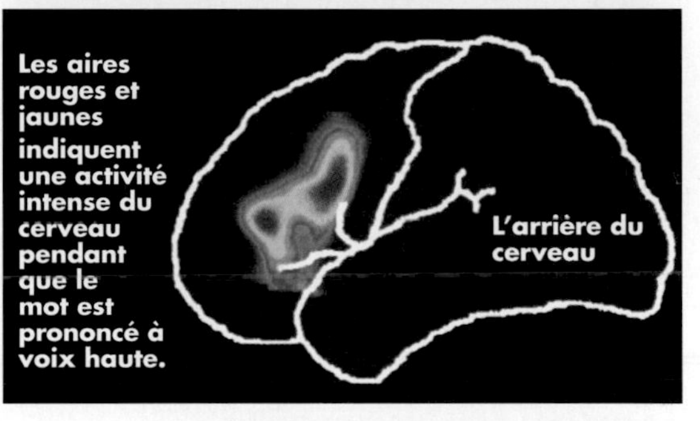

Les exemples qui suivent illustrent ce principe.

Lire «dans sa tête» La TEP (photo du haut, ci-contre) montre que, si on lit un mot dans sa tête seulement et sans le prononcer à voix haute, c'est à l'arrière du cerveau qu'on observe l'activité neuronale la plus intense.

Prononcer un mot à voix haute Par contre, la photo du bas (ci-contre) indique que, quand des sujets prononcent un mot plutôt que de seulement «y penser», c'est une région située vers l'avant du cerveau qui est très active (Raichle, 1994).

Une carte du cerveau En utilisant la TEP, on peut donc établir une carte du cerveau sur laquelle seront indiquées les diverses régions responsables de la réalisation de tâches complexes, comme penser et parler. Martin *et al.* (1996) ont d'ailleurs tracé une carte intéressante montrant les régions où l'activité cérébrale est intense au cours d'une tâche qui semble au départ banale: nommer des animaux et des objets.

Penser à des choses précises

Peut-on «voir» des pensées?

En utilisant la TEP, une étude a ciblé les régions du cerveau impliquées quand nous pensons à des outils ou à des animaux.

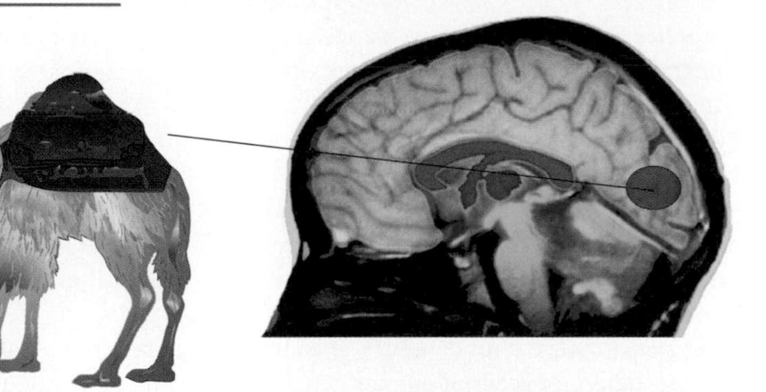

Des animaux L'illustration ci-contre indique que, chez des sujets qui identifient, en pensée, un chameau, c'est l'aire située à l'arrière du cerveau qui montre la plus grande activité (cette région joue un rôle dans le traitement de l'information visuelle). On pense que cette région permet la reconnaissance des diverses tailles, formes et couleurs, nécessaire pour distinguer, par exemple, un cheval d'un chameau.

Des outils L'illustration du bas montrant l'activité cérébrale de sujets qui pensent à des pinces se déroule à l'avant du cerveau. Martin *et al.* (1996) croient que cette région est impliquée dans notre connaissance du mode d'utilisation d'outils.

Ces chercheurs ont donc conclu que le cerveau possède deux systèmes différents reliés à la perception d'objets: l'un pour penser à nommer des animaux, y inclus la reconnaissance des tailles, formes et couleurs différentes; l'autre pour connaître le nom d'outils, ce qui implique aussi de penser à la façon dont nous les utilisons.

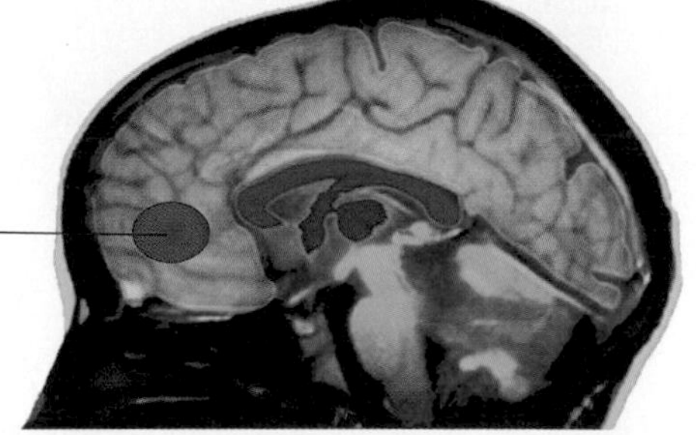

Voilà donc un exemple des possibilités qu'offre ce domaine relativement nouveau qu'on appelle la neuroscience cognitive et qui cherche à suivre le tracé des processus cognitifs à travers les diverses régions du cerveau impliquées, chacune leur tour (Barinaga, 1997; Wickelgren, 1997; Seidenberg, 1997). Nous présenterons, dans cet ouvrage, d'autres types d'utilisation des RMN et TEP.

J. L'organisation du système nerveux

Les subdivisions du système nerveux

Plusieurs systèmes nerveux ?

Un cerveau… un système nerveux ? La réalité est plus complexe : l'être humain possède en fait deux grands systèmes nerveux, et l'un d'eux est subdivisé en quatre parties. C'est de cette organisation générale qu'il est question ici.

Les principales divisions du système nerveux

Le système nerveux central (SNC)

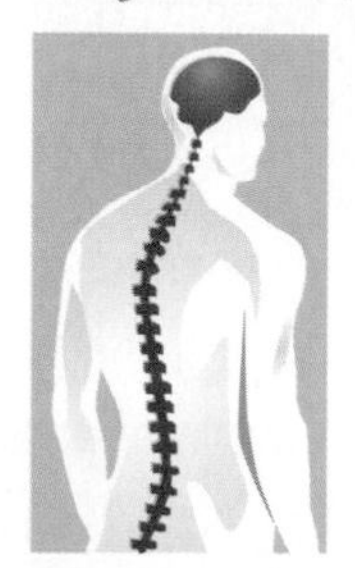

Le système nerveux central a la charge de plusieurs fonctions cognitives complexes (penser, parler, lire, etc.) et d'autres fonctions importantes (bouger, voir, entendre, etc.).

Le *système nerveux central (SNC)* est composé du cerveau et de la moelle épinière. La moelle épinière est un prolongement du cerveau qui descend jusqu'aux dernières vertèbres lombaires supérieures ; elle est constituée de neurones et de masses d'axones et de dendrites qui acheminent l'information dans les deux sens entre le cerveau et le reste du corps.

Le système nerveux périphérique (SNP)

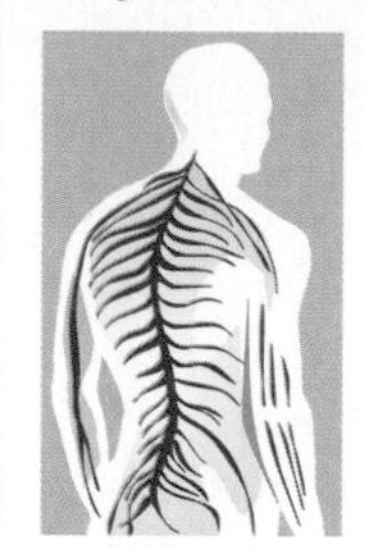

Le système nerveux périphérique est responsable de la motricité (bouger un muscle), de l'évaluation des sensations par le cerveau et de plusieurs autres réponses du corps.

Le *système nerveux périphérique (SNP)* est constitué de tous les nerfs qui partent de la moelle épinière et qui transmettent l'information, dans les deux sens, entre celle-ci et les muscles, les glandes et les organes sensoriels.

Le système nerveux périphérique comprend les systèmes nerveux somatique et autonome.

Les subdivisions du SNP

Le système nerveux somatique

Le *système nerveux somatique* est formé d'un réseau de nerfs branchés à des récepteurs sensoriels, ainsi qu'à certains muscles (motricité volontaire) comme ceux des membres, du dos ou du cou. Les nerfs du système nerveux somatique comportent habituellement deux types de neurones. Les neurones afférents (ou sensoriels) transportent l'information venant des récepteurs sensoriels (logés dans les sens), des muscles et des organes jusqu'à la moelle épinière et au cerveau. Les neurones efférents (ou moteurs) transmettent l'information du cerveau et de la moelle épinière aux muscles et aux glandes.

La performance d'un danseur qui contrôle et coordonne ses mouvements dans l'espace tout en maintenant son équilibre est réalisable grâce à son talent et à beaucoup de travail… mais aussi, plus prosaïquement, parce que son système nerveux somatique transporte des impulsions électriques entre son cerveau et diverses parties de son corps.

Le système nerveux autonome (SNA)

Le *système nerveux autonome (SNA)* régit le rythme cardiaque, la respiration, la pression sanguine, la digestion, la sécrétion d'hormones et d'autres fonctions vitales. Le système nerveux autonome fonctionne normalement sans effort conscient de notre part, mais certaines fonctions, comme la respiration, peuvent aussi être contrôlées de façon volontaire.

Les subdivisions du SNA

Le système nerveux sympathique

Le *système nerveux sympathique* entre en action en réponse à certains stimuli psychologiques ou de l'environnement (physique) ; il accroît l'activation physiologique et prépare le corps à réagir.

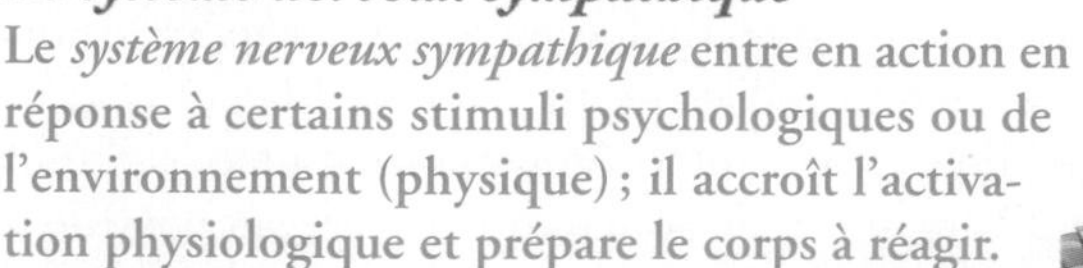

Par exemple, vous apercevez tout à coup un serpent venimeux prêt à attaquer ; grâce à l'action du système nerveux sympathique, l'activation physiologique de votre corps s'intensifiera pour que vous puissiez réagir rapidement : vous vous défendrez… ou vous vous enfuirez !

Le système nerveux parasympathique

Le *système nerveux parasympathique* permet au corps de se réapproprier ses réserves d'énergie et de se détendre. Il joue aussi un rôle dans la digestion.

Le système nerveux autonome, partie prenante du SNP

Respirer : une fonction automatique ?

La respiration, le rythme cardiaque, la sécrétion d'hormones, la température du corps : autant de fonctions vitales qui, pourtant, ne nous demandent en général aucun effort. Pourquoi ? Parce qu'elles sont contrôlées par le système nerveux autonome, qui, lui, dépend de l'hypothalamus, ce « centre de contrôle principal », dont nous reparlerons à la page 53.

Le système nerveux autonome « se charge » donc de nombreuses réactions physiologiques ; il est divisé en deux : le système nerveux sympathique et le système nerveux parasympathique. Nous verrons ici son fonctionnement plus en détail.

Le système nerveux sympathique

Reprenons l'exemple donné à la page précédente : au cours d'une promenade, vous apercevez tout à coup un serpent dangereux. L'analyse de la situation (danger !) se fait au sein du cortex cérébral, qui envoie alors un signal à l'hypothalamus ; ce dernier alerte ensuite la branche sympathique du système nerveux autonome (Jansen *et al.*, 1995).

La *branche sympathique* entre en action à la suite de certains stimuli physiques (la vue d'un animal dangereux, par exemple) ou psychologiques (l'appréhension devant un discours à faire devant 300 personnes, par exemple) ; elle accroît l'activation physiologique et prépare le corps à réagir.

Toutes les réactions physiologiques indiquées sur la liste ci-contre dans la colonne « Sympathique » (accélération du rythme cardiaque, hausse de la pression artérielle, dilatation des pupilles, etc.) sont autant de signes d'une grande activation physiologique, qui prépare l'organisme à attaquer ou à fuir le facteur de stress.

La *réponse d'attaque ou de fuite*, un état d'activation physiologique intense déclenché par la branche sympathique, aide le corps à réagir et à survivre dans des situations perçues comme étant menaçantes.

Vous avez sûrement déjà expérimenté cet état : votre cœur bat la chamade, votre bouche s'assèche, etc. Au chapitre 11, nous étudierons le rôle important de la réponse d'attaque ou de fuite dans différentes situations.

Sympathique		Parasympathique
Dilatation des pupilles, assèchement, acuité visuelle accrue	*Yeux*	Contraction des pupilles ; humidification, acuité visuelle diminuée
Assèchement	*Bouche*	Salivation
Chair de poule	*Peau*	Pas de chair de poule
Transpiration	*Paumes*	Assèchement
Ouverture	*Poumons*	Constriction
Accélération du rythme	*Cœur*	Décélération du rythme
Dilatation	*Vaisseaux sanguins*	Contraction
Augmentation de l'activité	*Glandes surrénales*	Ralentissement de l'activité
Diminution de la motilité	*Digestion*	Augmentation de la motilité
Orgasme	*Fonctions sexuelles*	Excitation

Le système nerveux parasympathique

Comment revient-on à « la normale » après avoir vécu un état d'activation physiologique intense ? Ce processus est aussi déclenché par l'hypothalamus, qui active la branche parasympathique.

La *branche parasympathique* permet au corps de se détendre progressivement. Elle joue aussi un rôle dans la digestion.

Le tableau indique, dans la colonne « Parasympathique », que la branche parasympathique fait entre autres décroître le rythme cardiaque et baisser la pression artérielle, ce qui permet au corps de retrouver un état plus calme.

Nous parlerons, au chapitre 11, de techniques de relaxation (réaction de relaxation, méditation, rétroaction biologique) qui visent à accroître l'activité de la branche parasympathique, et donc à diminuer le stress.

L'homéostasie

Les étudiants, par exemple, ont souvent des problèmes de stress, quand ils doivent concilier cours, travaux à remettre, examens à préparer, etc. Or, il est potentiellement dangereux pour l'organisme de rester trop longtemps dans un tel état de tension ; le système nerveux autonome a pour fonction de contrôler le degré d'activation pour que le corps puisse fonctionner, en toutes circonstances, de façon optimale.

L'*homéostasie* est l'état d'équilibre atteint grâce au travail des branches sympathique et parasympathique du système nerveux autonome pour contrôler le degré d'activation de l'organisme et ainsi en assurer un fonctionnement optimal.

Cet équilibre peut par exemple être rompu à cause du stress lié aux examens de fin de session ou parce qu'on vit une relation amoureuse difficile. L'organisme est alors maintenu dans un état de tension presque constante, entraînant une activation physiologique intense et continue. Conséquences ? Toutes sortes de problèmes physiques : maux de tête ou d'estomac, muscles tendus, fatigue que le sommeil n'arrive pas à dissiper, etc. Ces symptômes physiques, que l'on nomme psychosomatiques, se traduisent en de vraies douleurs. Nous discuterons de ces problèmes au chapitre 11. Voyons maintenant les différentes parties du cerveau.

J. L'organisation du système nerveux

Le système nerveux central (SNC) : les parties du cerveau

Quelles sont-elles ?

Nous l'avons déjà mentionné, un cerveau humain peut facilement tenir dans une main, pèse environ 1 350 g et a une consistance gélatineuse assez ferme (ci-contre, un cerveau vu du dessus). Le cerveau est entouré d'une triple membrane, les méninges, et protégé par la boîte crânienne. Voyons d'abord les quatre principales parties du cerveau : le cortex cérébral, les régions sous-corticales, le tronc cérébral et le cervelet.

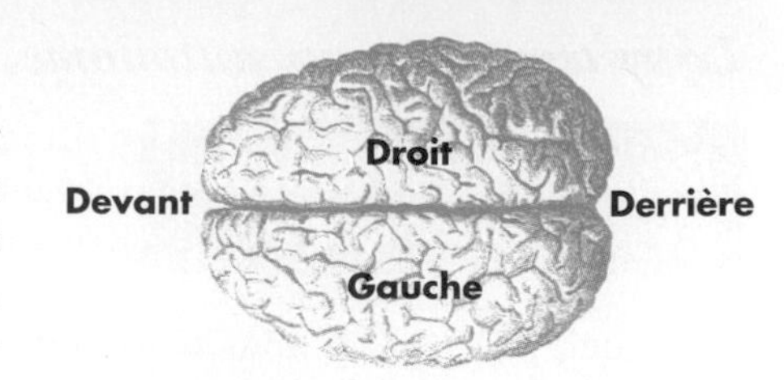

❶ Le cortex cérébral

Ce que l'on voit du cerveau illustré ci-dessus correspond au cortex cérébral.

Le *cortex cérébral* est la surface plissée du cerveau. En raison de sa couleur grisâtre, on l'appelle souvent «matière grise». Il s'agit d'une région du cerveau où l'on trouve une grande concentration de neurones non myélinisés. Le cortex est partagé en deux hémisphères (droit et gauche) reliés par une large bande de fibres — le corps calleux, dont le rôle est essentiel dans la communication entre les deux hémisphères. Très développé chez l'être humain, le cortex cérébral est responsable de très nombreuses fonctions, entre autres l'apprentissage et la mémoire, la parole et le langage, les réactions émotionnelles, la perception des sensations, la motricité volontaire, la planification et la prise de décisions.

❷ Les régions sous-corticales

Les *régions sous-corticales* se trouvent sous le cortex cérébral. Elles comprennent le thalamus, l'hypothalamus et le système limbique, qui comprend l'amygdale et l'hippocampe.

On dit du *système limbique* qu'il est le «cerveau émotionnel», puisqu'il est impliqué dans la libido, l'agressivité, la faim et la stabilité émotionnelle. Le système limbique (par le biais du thalamus et de l'hypothalamus) s'occupe également de la régulation de la température du corps et joue un rôle dans le sommeil et l'éveil. Les noyaux gris centraux font aussi partie des régions sous-corticales. Situés près du thalamus, ils permettent la maîtrise des mouvements du corps et de la coordination des membres. Ils sont également responsables de la production de dopamine.

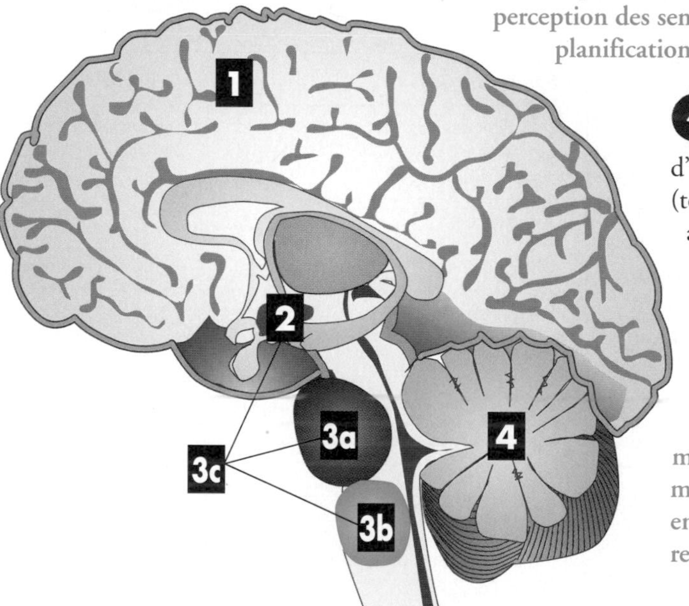

❹ Le cervelet

On vous soupçonne d'être en état d'ébriété, on vous fait passer un test (toucher rapidement le bout de votre nez avec votre doigt), et vous échouez : quelque chose ne tourne plus rond dans votre cervelet...

Situé à l'arrière du cerveau et sous celui-ci, le *cervelet* synchronise les mouvements (il ne provoque toutefois pas le déclenchement des mouvements volontaires : c'est l'aire motrice, située dans le lobe frontal, qui en est responsable). Il est également responsable de l'équilibre.

❸ Le tronc cérébral

La structure et les fonctions du tronc cérébral, que l'on trouve également dans l'encéphale d'animaux très primitifs comme l'alligator, n'ont pas évolué depuis des millions d'années. Le tronc cérébral comporte trois parties : le pont (protubérance annulaire), le bulbe rachidien et le système d'activation réticulaire.

3a Le pont ou protubérance annulaire

Le *pont* (comme son nom l'indique) fait le lien entre le bulbe rachidien et le cortex cérébral ; il produit aussi des substances chimiques ayant notamment un effet sur le sommeil (Cirelli *et al.*, 1996).

3b Le bulbe rachidien

Le *bulbe rachidien*, situé au sommet de la moelle épinière, est constitué de cellules qui contrôlent les réflexes vitaux comme la respiration, le rythme cardiaque et la pression sanguine.

Une consommation excessive (*overdose*) d'héroïne ou d'autres drogues dépressives peut affecter le bulbe rachidien, et donc causer la mort par arrêt respiratoire.

3c Le système d'activation réticulaire

Le *système d'activation réticulaire (SAR)* est un ensemble diffus de cellules qui traversent le tronc cérébral et les régions sous-corticales. Il est associé aux fonctions du sommeil, de l'attention et de l'éveil. Certains dépresseurs, comme l'alcool, agiraient sur ces fonctions en ralentissant l'activité du SAR. Chez une personne endormie, le SAR filtrerait les stimuli ambiants de façon à permettre à certains d'entre eux, et non à d'autres, de la réveiller.

K. Les régions sous-corticales

Leurs composantes et leurs fonctions

Un « cerveau primitif » ?

Nous avons vu que le cortex a un rôle à jouer dans de nombreuses fonctions (la pensée, la parole, des fonctions sensorielles et motrices, etc.). Mais quand nous sommes heureux, tristes ou en colère, quand nous avons faim, soif ou peur, une autre partie du cerveau, les régions sous-corticales, situées sous le cortex, sont mises à contribution.

Les *régions sous-corticales* sont un ensemble de composantes interconnectées qui constituent le noyau du cerveau antérieur. Les régions sous-corticales exercent une action sur de nombreux comportements motivationnels (liés à la faim, à la soif, à la sexualité, etc.), et jouent un rôle dans plusieurs réactions émotives (la peur, la colère, l'agressivité, etc.), ainsi que dans le stockage des souvenirs.

On dit souvent des régions sous-corticales qu'elles sont notre cerveau primitif ou animal : c'est qu'on les retrouve dans le cerveau d'animaux primitifs, tel l'alligator. Les régions sous-corticales de l'alligator, qui forment l'essentiel de son cortex cérébral, lui permettent de sentir ses proies, de défendre son territoire, de chasser, de se battre, et de se reproduire. Chez l'être humain, les régions sous-corticales ne représentent qu'une petite partie du cerveau antérieur, mais jouent un rôle semblable.

Nous verrons ici les composantes et les fonctions les plus importantes des régions sous-corticales. L'illustration ci-dessous, une coupe de l'hémisphère droit du cerveau, montre les régions sous-corticales. Celles-ci sont « enveloppées » par le cortex cérébral, ce qui contribue à contrôler son activité.

1 L'hypothalamus

L'hypothalamus joue un rôle essentiel dans de nombreuses réponses émotives.

L'*hypothalamus* régit plusieurs besoins primaires (se nourrir, l'activité sexuelle, etc.) et réactions émotives (par exemple, la réaction dans une situation de danger), ainsi que la sécrétion d'hormones à la puberté.

Comme nous l'avons vu précédemment, l'hypothalamus joue également un rôle important dans le fonctionnement du système nerveux autonome.

2 Le thalamus

Le thalamus, tel un ordinateur miniature, recueille et traite l'information sensorielle.

Situé au centre du cortex cérébral, le *thalamus* joue un rôle essentiel dans la réception et le traitement initial de l'information sensorielle ; il transmet ensuite cette information à certaines aires du cortex, dont l'aire somatosensorielle, l'aire auditive primaire et l'aire visuelle primaire.

Une lésion au thalamus qui, par exemple, affecte le traitement de l'information auditive peut entraîner des difficultés d'apprentissage de la lecture, un des symptômes de la dyslexie (Begley, 1994).

3 Le système limbique

Le *système limbique* est un ensemble de structures qui interviennent dans la mémoire et dans de nombreuses émotions.

3a L'amygdale

L'*amygdale,* située directement sous l'hypothalamus, contribue à la formation, à la reconnaissance et au souvenir des expériences émotionnelles et des expressions faciales.

On a par exemple découvert que les personnes dont l'amygdale fonctionnait mal reconnaissaient difficilement des expressions faciales, et que des animaux dont l'amygdale avait été enlevée n'apprenaient pas à craindre certains dangers (LaBar et LeDoux, 1996 ; Scott *et al.,* 1997).

3b L'hippocampe

En forme de courbe dans le lobe temporal, l'*hippocampe* contribue à stocker, en permanence, des souvenirs éphémères dans différentes parties du cerveau.

On pourrait comparer l'hippocampe à la fonction « enregistrer » d'un ordinateur : un problème lié à l'hippocampe rend difficile le rappel de faits récents, puisque ceux-ci n'ont pu être conservés de manière permanente (Risold et Swanson, 1996 ; Squire et Zola-Morgan, 1991).

Ce qui, entre autres, nous différencie des animaux, c'est que notre cortex, la partie plus évoluée du cerveau, contrôle les fonctions motivationnelles et émotionnelles des régions sous-corticales. Le cortex cérébral a un rôle beaucoup plus important que les autres parties du cerveau que nous avons décrites jusqu'ici ; nous l'étudierons maintenant en détail.

L. Le cortex cérébral et les quatre lobes du cerveau

Le cortex cérébral

Comment ranger 10^{12} cellules ?

Si l'on vous demandait d'« emballer » un billion de cellules (100 milliards de neurones et 900 milliards de cellules gliales) et qu'on insistait pour que le résultat obtenu ne soit pas plus gros qu'un petit melon, que feriez-vous ? Vous demanderiez d'abord... la taille des cellules ; elles sont microscopiques, cela faciliterait donc votre tâche. Mais si l'on ne vous le précisait pas, il vous faudrait deviner que le « melon » obtenu doit avoir une surface extrêmement plissée. Voici pourquoi.

Le cortex cérébral

La photo ci-dessous montre un cerveau humain adulte ; on voit bien son aspect « plissé » caractéristique : c'est le cortex cérébral (d'un mot latin signifiant « couvercle »).

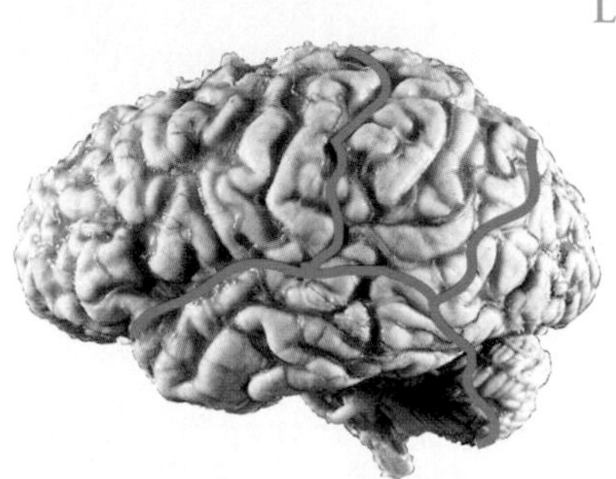

Le *cortex cérébral* est une mince couche de cellules qui couvre la majeure partie des régions sous-corticales. Presque tous les neurones sont situés dans le cortex, dont les nombreux replis représentent au total une très grande surface.

Imaginez que vous ayez à faire entrer une feuille de papier de 120 cm² dans une petite boîte d'allumettes (donc peu épaisse) dont le dessus mesure 18 cm². Vous y arriveriez en froissant suffisamment le papier. Et si la feuille était couverte de milliards de neurones ? Oubliez alors la boîte d'allumettes !... mais vous réussiriez, toujours en la froissant, à la faire entrer dans notre petit crâne de la taille d'un melon.

Chaque hémisphère du cortex cérébral peut être divisé en quatre zones, les lobes, délimitées sur l'illustration de droite par des lignes vertes.

Les lobes

Il n'est pas évident, simplement en observant le cortex cérébral, qu'il soit organisé en quatre zones qui se partagent les centaines de fonctions du cerveau.

Chaque hémisphère du cortex cérébral est divisé en quatre *lobes*, qui ont chacun des fonctions différentes : le lobe frontal (personnalité, émotions et comportements moteurs), le lobe pariétal (perceptions et expériences sensorielles), le lobe occipital (traitement de l'information visuelle) et le lobe temporal (ouïe et parole).

En fait, ce qui nous distingue clairement des autres animaux, c'est ce cortex sophistiqué qui nous permet de lire, de réfléchir, de parler... Il arrive parfois (illustration de gauche ci-dessous) que des bébés naissent avec un cortex cérébral presque inexistant : que se passe-t-il alors ? Attardons-nous à ce type de cas rares, qui nous aidera à mieux comprendre l'importance du cortex cérébral.

Naître sans cortex

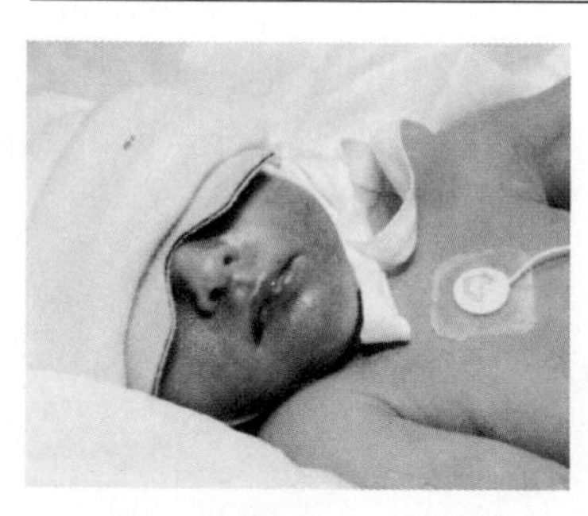

Cette anomalie exceptionnelle, l'anencéphalie, est due à une erreur génétique (Chen *et al.*, 1996).

L'*anencéphalie* est l'absence presque totale de cortex cérébral à la naissance. S'il y a présence de tissu cérébral ou nerveux, il est très souvent endommagé, à cause de l'absence de cette partie supérieure du crâne. L'anencéphalie entraîne la mort au bout de quelques jours ; le bébé anencéphale ayant survécu le plus longtemps, jusqu'à maintenant, a vécu deux mois.

L'illustration de droite montre un crâne sans cortex cérébral. Si un bébé anencéphale peut vivre quelques semaines, c'est qu'il naît avec certaines parties du tronc cérébral (comme la protubérance annulaire et le bulbe rachidien). Des réflexes vitaux comme la respiration, le rythme cardiaque et la pression sanguine peuvent donc maintenir un bébé en vie pendant un certain temps.

L'anencéphalie est mortelle parce qu'elle est toujours accompagnée d'autres malformations, cardiaques par exemple (Stumph *et al.*, 1990).

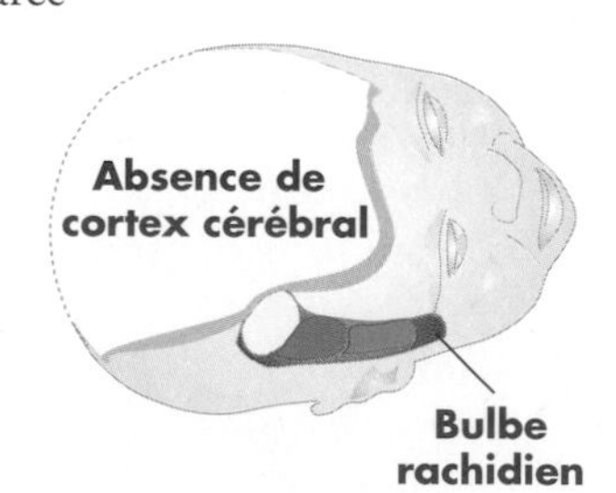

Sans cortex cérébral, il y a donc une vie physiologique, mais aucune possibilité de développer les habiletés inhérentes à l'être humain.

Nous étudierons donc, tour à tour, chacun des quatre lobes du cerveau, dont les fonctions nous permettent de nous démarquer des autres créatures vivantes.

Le lobe frontal

Quel est son rôle ?

Le lobe frontal est le plus gros des quatre lobes du cortex cérébral.

Le *lobe frontal,* à l'avant du cerveau, a de nombreuses fonctions : il est la source des mouvements volontaires ; il est le siège de l'interprétation et de l'émission de comportements émotifs et des comportements normaux dans les situations sociales ; il veille au maintien d'une personnalité saine, à l'attention portée à son environnement, à la prise de décision et à la réalisation de plans.

Si la résonance magnétique nucléaire (RMN) a beaucoup contribué à approfondir notre connaissance du cerveau, dès le milieu du XIXe siècle, on avait déjà découvert certaines pistes : l'une de ces découvertes a été faite à la suite d'un accident assez inhabituel, survenu en 1848.

Un accident grave

Le 13 septembre 1848, dans le Vermont, des cheminots s'apprêtent à dynamiter un rocher. Le contremaître, Phineas Gage, remplit de poudre un trou cylindrique creusé dans le roc, puis y introduit une tige de métal pour tasser la poudre. En frottant sur la roche, la tige produisit une étincelle qui mit le feu à la poudre. La tige (1 m de long, plus de 2,5 cm de diamètre, et pesant 6 kilos) a violemment été expulsée sous la force de l'explosion et a traversé le crâne de M. Gage, entrant dans sa joue gauche pour ressortir par le dessus de la tête et atterrir 50 m plus loin.

Par miracle, cet homme a survécu à l'accident, mais sa personnalité s'est transformée : il est devenu un homme impatient, qui jurait à tout propos et auquel on ne pouvait plus se fier.

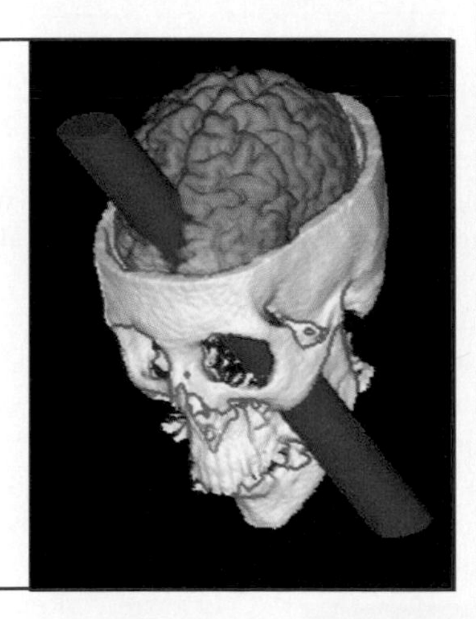

Cette reproduction représente la tige de métal de plus de 2 cm de diamètre qui a traversé la partie avant du lobe frontal de Phineas Gage, en 1848.

Récemment, on a étudié le crâne de Phineas Gage pour déterminer l'emplacement exact et l'étendue des lésions qu'il avait subies au cerveau. Le dommage subi s'apparente en quelque sorte à une lobotomie rudimentaire qui a entraîné des problèmes dans le traitement des émotions et la prise de décisions (Damasio *et al.,* 1994).

À compter de 1930, des milliers de lobotomies ont été effectuées pour traiter divers problèmes mentaux et comportementaux.

La lobotomie frontale

En 1936, un neurologue portugais, Egas Moniz, a réalisé un nouveau type d'intervention chirurgicale, la lobotomie frontale, pour traiter des patients qui avaient des problèmes émotionnels graves.

La *lobotomie frontale* est une intervention chirurgicale qui consiste à séparer environ un tiers de la partie avant du lobe frontal du reste du cortex (illustration ci-contre).

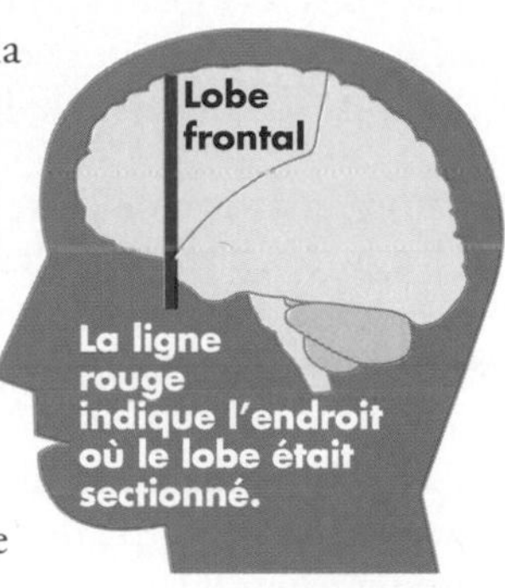

Selon les premiers rapports de Moniz, la lobotomie frontale réduisait de 35 % les problèmes émotionnels chez les patients très agités ; cependant, Moniz ne s'est pas penché sur les effets à long terme de l'intervention (Weinberger *et al.,* 1995). Dans les années 1940 et 1950, sur la base des succès de Moniz, on a fait environ 18 000 lobotomies frontales sur des patients internés dans des hôpitaux psychiatriques et présentant le même genre de problèmes.

Les conséquences des lobotomies

Au début, les résultats immédiats observés chez les patients lobotomisés semblaient positifs ; cependant, des études à long terme, menées de façon plus scientifique, ont produit des résultats plus mitigés. Si certains patients devenaient moins violents, pour d'autres il n'y avait aucune amélioration, et il y avait même chez certains une aggravation marquée des problèmes (Swayze, 1995). Par ailleurs, ceux dont les comportements s'amélioraient éprouvaient d'autres types de problèmes : difficultés à planifier et à réaliser des projets, à s'adapter aux nouvelles exigences sociales ou à avoir des réactions émotives appropriées dans diverses situations sociales (Valenstein, 1986).

Au début des années 1950, deux facteurs ont mis fin à l'utilisation des lobotomies frontales dans le traitement des problèmes socio-émotifs. D'abord, des recherches à long terme ont révélé que le fait de pratiquer une lobotomie n'augmentait pas les chances de traiter le problème. Ensuite, la découverte de médicaments antipsychotiques a permis de traiter ce type de problèmes avec plus de succès (Swayze, 1995).

L'utilisation de la lobotomie frontale comme traitement et les conséquences que cette pratique a entraînées ont fait ressortir deux éléments : premièrement, le danger d'appliquer un traitement avant d'avoir des preuves de son efficacité à long terme et, deuxièmement, le fait que le lobe frontal a plusieurs fonctions autres que celles reliées aux émotions.

L. Le cortex cérébral et les quatre lobes du cerveau

Le lobe frontal (suite)

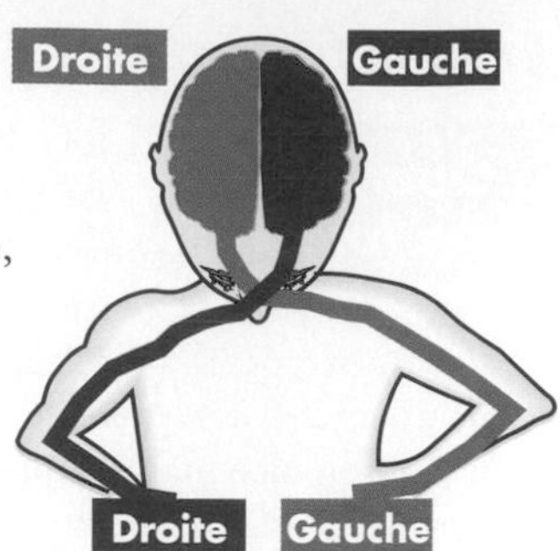

La gauche à droite, la droite à gauche ?

Des mouvements volontaires aux processus cognitifs, les fonctions du lobe frontal sont très nombreuses. Nous nous concentrerons d'abord sur les mouvements volontaires, qui présentent la particularité d'être, pour certains, contrôlés par l'hémisphère droit du cerveau (en bleu) : les mouvements de la main gauche et de tout le côté gauche du corps ; alors que d'autres sont contrôlés par l'hémisphère gauche (en rouge) : les mouvements de la main droite et de tout le côté droit du corps. C'est l'aire motrice située dans la partie postérieure du lobe frontal qui contrôle tous les mouvements volontaires du corps.

1 L'aire motrice

L'*aire motrice* est une bande du cortex cérébral située le long de la partie postérieure des lobes frontaux et qui descend de chaque côté de ceux-ci. L'aire motrice est la source de l'influx nerveux qui déclenche tous les mouvements volontaires. L'aire motrice située dans l'hémisphère droit contrôle tous les muscles du côté gauche du corps, et l'aire motrice située dans l'hémisphère gauche contrôle les muscles du côté droit du corps.

2 L'organisation de l'aire motrice

L'illustration ci-contre montre une section agrandie de l'aire motrice du lobe frontal de l'hémisphère droit.

La taille des parties du corps dessinées autour du cortex varie et cette variation indique la grandeur de la section de l'aire motrice qui est destinée au contrôle des mouvements de cette partie du corps. Plus la région de l'aire motrice liée à une partie du corps est grande, plus la gamme et la complexité des mouvements possibles de cette partie du corps sont importantes (comparez, par exemple, la taille du genou et celle de la main : les mouvements du genou sont beaucoup moins complexes que ceux de la main). On appelle homunculus moteur ce type de dessin qui utilise la dimension relative des parties du corps pour indiquer une plus ou moins grande complexité des mouvements possibles.

Par ailleurs, comme chaque partie du corps correspond à une région spécifique dans l'aire motrice, si une région bien définie de l'aire motrice subit des dommages, cela peut entraîner la paralysie de la partie du corps correspondante, sans toutefois que d'autres parties du corps ne soient touchées.

3 Les autres fonctions du lobe frontal

C'est en étudiant des cas de personnes ayant subi des dommages au lobe frontal qu'on a découvert que des lésions dans cette région du cortex entraînent des changements dans la personnalité et des variations de l'émotivité. Les gens qui subissent de telles lésions ont aussi des problèmes de concentration et de mémoire, et de la difficulté à s'organiser pour accomplir certaines tâches (décider quoi faire et comment le faire). De plus, il leur est difficile de faire certains gestes dans un ordre donné — les différentes étapes à suivre pour utiliser un ordinateur, par exemple ; et, même s'ils sont capables de voir leurs erreurs, ils sont incapables, par la suite, de les éviter (Bechara *et al.*, 1997 ; Rao *et al.*, 1997 ; Wheeler *et al.*, 1997).

Les chercheurs ont également pu établir le rôle du lobe frontal dans plusieurs fonctions cognitives en faisant subir une tomographie par émission de positons (TEP) à des sujets pendant qu'ils accomplissaient diverses tâches. Ainsi, on obtient une image comme celle que vous voyez ci-dessous (où la zone d'activité maximale se situe dans le lobe frontal) quand on demande à un sujet, à qui l'on montre un mot (« marteau »), de penser au verbe que lui suggère ce mot (« cogner », par exemple). Le lobe frontal joue donc un rôle dans notre processus de pensée (Fiez et Petersen, 1993).

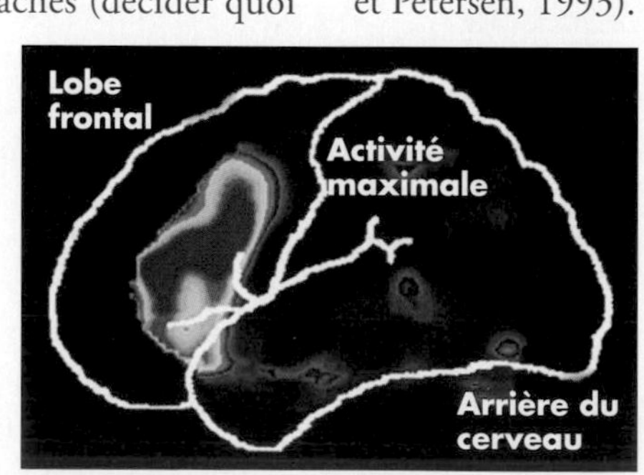

D'autres études, où l'on demandait aux sujets de trouver une forme particulière cachée parmi plusieurs autres, ont également permis d'observer une activité cérébrale intense dans le lobe frontal ; celui-ci a donc des fonctions liées à la recherche d'information et à l'attention (Posner et Dehaene, 1994).

On dit souvent des lobes frontaux qu'ils possèdent en quelque sorte un « pouvoir exécutif », puisqu'ils sont responsables de fonctions liées à la prise de décision, ainsi qu'à l'organisation, à la planification et à la réalisation de nombreux comportements (West, 1996).

Le lobe pariétal

Comment sait-on où sont nos pieds?

À chaque instant, le cerveau doit recevoir certaines informations: avec quoi la peau est-elle en contact? que font les mains et les pieds? par exemple. C'est là qu'entre en jeu le lobe pariétal.

Le *lobe pariétal* est situé immédiatement derrière le lobe frontal. Entre autres fonctions, le lobe pariétal est responsable du traitement d'une partie de l'information sensorielle (le toucher, la localisation des membres, la sensibilité à la température et à la douleur), ainsi que de certaines fonctions cognitives, comme la reconnaissance des objets au toucher et la perception des objets dans l'espace.

❶ L'aire somatosensorielle

L'*aire somatosensorielle* est une bande du cortex cérébral située sur la bordure avant et sur le côté du lobe pariétal. Elle traite l'information sensorielle provenant du toucher et concernant la température et la douleur, ainsi que l'information sur la position de chacun des membres. L'aire somatosensorielle située dans le lobe pariétal de l'hémisphère droit du cerveau reçoit l'information qui provient du côté gauche du corps et vice-versa.

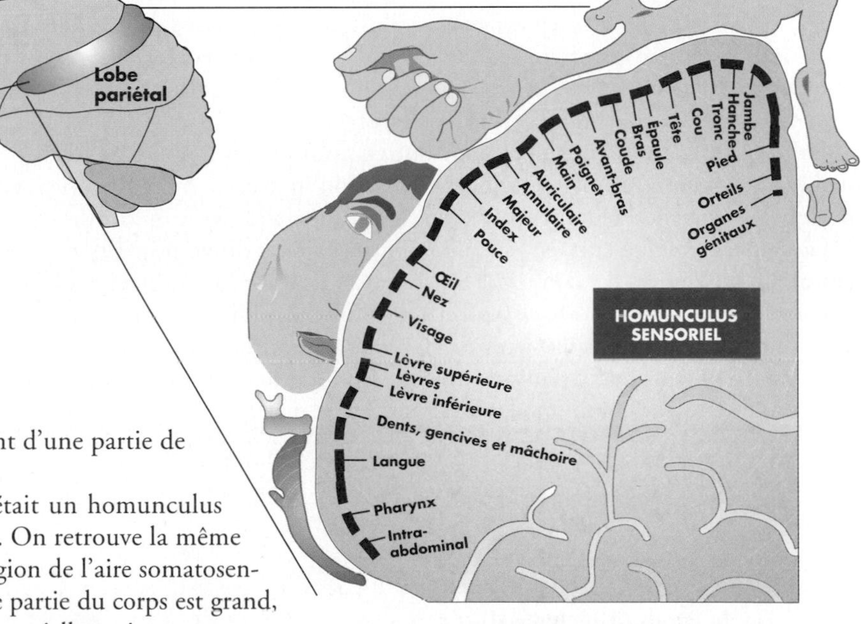

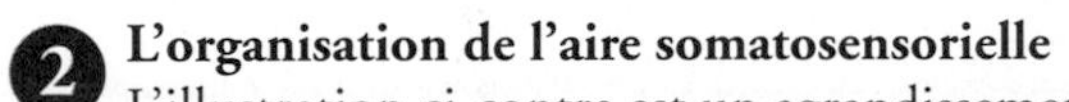

❷ L'organisation de l'aire somatosensorielle

L'illustration ci-contre est un agrandissement d'une partie de l'aire somatosensorielle de l'hémisphère gauche.

Nous avons vu, à la page précédente, ce qu'était un homunculus moteur; nous avons ici un homunculus sensoriel. On retrouve la même relation entre la taille des parties du corps et la région de l'aire somatosensorielle qui en est responsable. Plus le dessin d'une partie du corps est grand, plus la région correspondante dans l'aire somatosensorielle est importante; par conséquent, plus cette partie du corps est sensible à une stimulation externe. C'est ce qui explique que, par exemple, les lèvres sont plus sensibles que les coudes.

Ici aussi, chaque partie du corps est reliée à une région spécifique de l'aire somatosensorielle. Si une partie de l'aire somatosensorielle est endommagée, il peut en résulter un manque de sensibilité de la partie du corps en question, mais sans que les autres parties du corps soient touchées.

❸ Les autres fonctions du lobe pariétal

Quand vous mettez une main dans votre poche, vous distinguez facilement une clé d'une pièce de monnaie, par exemple. Cela semble banal, mais si le lobe pariétal ne traitait pas des données comme la forme, la texture et la dimension des objets que vous touchez, vous ne pourriez pas les reconnaître. C'est pourquoi des gens ayant subi des lésions au cortex cérébral de l'un des lobes pariétaux ne peuvent identifier un objet courant seulement en le touchant (Bear *et al.*, 1996).

On a découvert que certains rôles du lobe pariétal sont reliés à des fonctions cognitives grâce à la tomographie par émission de positons. Des chercheurs ont, par exemple, demandé à des sujets de tenter de se souvenir de lettres qu'on leur montrait, en les répétant plusieurs fois dans leur tête. Or, l'image produite (voir ci-dessous) au moyen de cette technique révèle que c'est au niveau du lobe pariétal qu'on observe l'activité la plus intense; le lobe pariétal a donc une fonction qui est reliée à la mémoire (Paulesu *et al.*, 1993). D'autres recherches, faites avec des joueurs d'échecs, ont permis d'établir que le lobe pariétal joue également un rôle dans la perception et l'analyse des positions des pièces sur l'échiquier; autrement dit, la place qu'occupent des objets dans l'espace (Nichelli *et al.*, 1994).

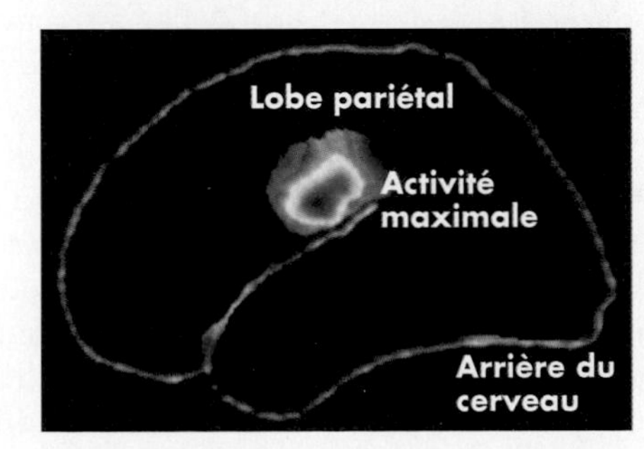

L. Le cortex cérébral et les quatre lobes du cerveau

Le lobe temporal

Quelqu'un a dit mon nom?

Si l'on prononce votre nom, vous n'entendez pas qu'une série de sons sans signification : vous savez que c'est de vous qu'il s'agit. C'est grâce au traitement de l'information auditive par le lobe temporal que l'information sonore devient intelligible.

Le *lobe temporal* est situé sous le lobe pariétal ; on y retrouve l'aire auditive primaire et l'aire d'association auditive, ainsi que l'un des centres de la parole.

Le processus qui nous permet d'entendre et de reconnaître notre nom comporte deux étapes dans lesquelles deux aires du lobe temporal interviennent : d'abord l'aire auditive primaire, ensuite l'aire d'association auditive.

1 L'aire auditive primaire et l'aire d'association auditive

Quand nous entendons notre nom, les sons sont d'abord traités dans l'aire auditive primaire ; les lobes temporaux gauche et droit possèdent chacun une aire auditive primaire.

L'*aire auditive primaire* (en rouge sur l'illustration) est située dans le haut de la partie antérieure de chaque lobe temporal. Elle reçoit les signaux des récepteurs sensoriels logés dans l'ouïe et les transforme en sensations auditives sans signification (correspondant au son des voyelles et des consonnes, par exemple).

L'aire auditive primaire ne fait donc que transformer les impulsions électriques reçues par les oreilles en sensations primaires : sons et bruits. Pour que ces sons isolés deviennent des mots ou de la musique, ils doivent être traités par l'aire d'association auditive.

La deuxième étape survient au moment où l'aire auditive primaire envoie les impulsions à l'aire d'association auditive. Il y a une aire d'association auditive dans chacun des lobes temporaux.

L'*aire d'association auditive* (en bleu sur l'illustration) est située sous l'aire auditive primaire. Elle transforme les sensations auditives primaires en informations auditives reconnaissables.

Ce n'est donc qu'une fois l'information auditive traitée par l'aire d'association auditive que nous pouvons reconnaître notre nom ou d'autres mots, de la musique, des bruits ayant un sens, etc. Autrement dit, on n'entend pas vraiment avec nos oreilles, mais avec notre cerveau !

Le lobe temporal comporte aussi des régions responsables de la parole et de la compréhension du langage parlé et écrit.

2 L'aire de Broca (lobe frontal)

Comme reconnaître un mot, dire une phrase est un processus qui se déroule en deux étapes. La première étape — la combinaison de mots — fait entrer en jeu une aire située dans le lobe frontal : l'aire de Broca.

L'*aire de Broca*, généralement située dans la partie inférieure du lobe frontal gauche, nous permet de combiner des sons pour former des mots, et d'assembler des mots pour former des phrases.

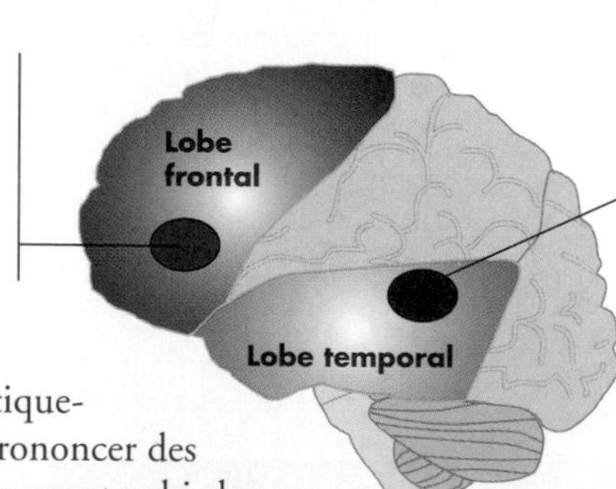

Si l'on peut apprendre à parler « tout naturellement » durant les premières années de notre vie, c'est que l'aire de Broca est « génétiquement programmée » pour nous permettre de prononcer des mots et de former des phrases. Les personnes ayant subi des lésions dans cette région du cortex cérébral (*aphasie de Broca*) ont de la difficulté à combiner des mots pour en faire des phrases cohérentes mais comprennent très bien ce qui est dit ou lu. Par exemple, si l'on demandait à une personne souffrant de l'aphasie de Broca : « Qu'allez-vous faire à l'hôpital ? », la réponse pourrait ressembler à : « Moi suis... euh..., tra... euh... app... rapp... rendre... arler... euh... li... rire... cri... écrire ; moi... aire... ès... po. » (« Je suis en thérapie pour réapprendre à parler, à lire et à écrire et je fais des progrès. »)

3 L'aire de Wernicke (lobe temporal)

Former des mots à l'aide de sons puis faire des phrases avec des mots est la première étape. La seconde, comprendre le sens de ce que l'on dit et entend, fait intervenir l'aire de Wernicke.

L'*aire de Wernicke* se trouve généralement au sommet du lobe temporal gauche près de sa jonction avec le lobe pariétal. Elle assure la cohérence dans ce que l'on veut exprimer et permet la compréhension du langage parlé et écrit.

Une personne qui aurait subi des lésions dans cette région du cortex (*aphasie de Wernicke*), en plus d'éprouver de la difficulté à assembler des mots pour former des phrases cohérentes, aurait de la difficulté à comprendre ce qu'on lui dit ou ce qu'elle lit. Par exemple, si on dit « Réal a été tué par le frère de ma belle-sœur », et qu'on demande par la suite « Qui est mort ? », la personne souffrant d'aphasie de Wernicke sera incapable de répondre : elle pourrait aussi bien répondre mon frère que ma belle-sœur.

Les aires de Broca et de Wernicke de presque tous les droitiers (95 %) et de la grande majorité des gauchers (70 %) sont situés dans l'hémisphère gauche ; dans les autres cas, elles sont toutes les deux dans l'hémisphère droit.

Le lobe occipital

Voit-on mieux que les chiens?

Les chiens (et beaucoup d'autres animaux) ne distinguent pas très bien les couleurs; c'est l'odorat, bien plus que la vue, qui les guident. Par contre, les primates (singes, grands singes et êtres humains) ont un odorat relativement peu développé et utilisent surtout la vue pour capter l'information de leur environnement. C'est le lobe occipital qui est responsable du traitement de l'information visuelle.

Le *lobe occipital,* situé à l'arrière du cerveau, traite l'information visuelle, ce qui nous permet de distinguer les couleurs ainsi que de percevoir et de reconnaître des objets, des animaux et des personnes.

Voir et reconnaître ce qui nous entoure semble assez évident; pourtant, c'est le résultat d'un processus complexe qui se déroule en deux étapes. Nous n'en ferons ici qu'un survol, et nous en reparlerons au chapitre 4.

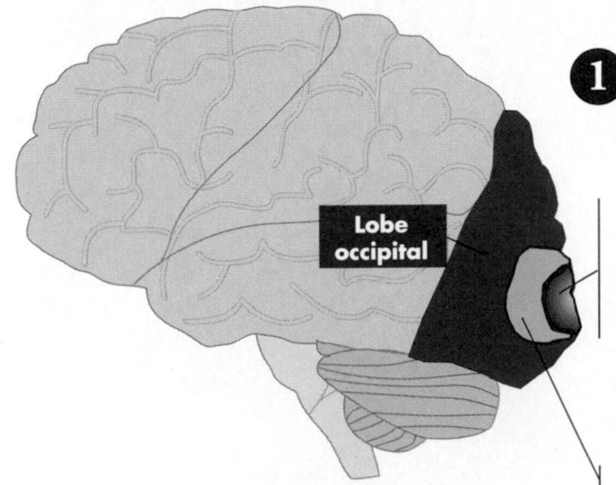

1 La vue

Quand vous vous regardez dans un miroir et que vous reconnaissez votre visage, deux aires différentes du lobe occipital entrent en jeu (Maldonado *et al.,* 1997). La première est l'aire visuelle primaire.

L'*aire visuelle primaire,* située dans la partie postérieure du lobe occipital, reçoit des signaux en provenance des récepteurs sensoriels logés dans l'œil et les transforme en sensations visuelles sans signification (correspondant à de la lumière, à des lignes, à des couleurs ou à des textures, par exemple).

À ce stade-ci du traitement de l'information visuelle, on ne peut pas dire que vous «voyez» votre visage. La transformation de sensations visuelles primaires a lieu dans l'aire d'association visuelle (Miyashita, 1995).

L'*aire d'association visuelle,* située tout près de l'aire visuelle primaire, transforme les sensations primaires (lumière, lignes, couleurs, textures) en perceptions visuelles significatives. Une lésion à l'aire d'association visuelle entraînera donc des problèmes dans le traitement de l'information visuelle.

2 L'agnosie visuelle

L'agnosie visuelle survient quand l'aire d'association visuelle est endommagée.

Une personne atteinte d'*agnosie visuelle* peut voir et même décrire certaines parties d'objets ou de personnes, mais est incapable de reconnaître ces objets ou ces personnes.

Prenons un exemple.

Une personne atteinte peut percevoir les parties d'un objet mais, parce que l'aire d'association visuelle est endommagée, elle ne peut combiner ces parties pour en faire un tout significatif (Maratsos et Matheny, 1994).

On a demandé à une personne atteinte d'agnosie visuelle de dessiner un cheval en suivant ce modèle.

La personne a dessiné séparément chaque partie du cheval, mais n'a pu les combiner pour en faire une image cohérente.

Il arrive aussi que la personne atteinte ne voit que «la moitié du monde»; on parle alors du syndrome de négligence.

3 Le syndrome de négligence

Le syndrome de négligence est un problème étrange que vivent les personnes dont les aires d'association des lobes pariétal et occipital (droits habituellement) sont endommagées.

Le *syndrome de négligence* est l'impossibilité pour une personne de voir ce qui se trouve du côté opposé à la région qui a subi des lésions cérébrales; par exemple, la personne ne reconnaîtra qu'une de ses jambes et pourra affirmer que l'autre n'est pas la sienne.

À la suite d'une crise cardiaque ou à cause d'autres types de lésions dans les aires d'associations des lobes occipital ou pariétal de l'hémisphère droit, les personnes atteintes se comportent parfois comme si le côté gauche des objets et de leur propre corps n'existait pas. C'est un exemple du rôle essentiel des aires d'associations dans la vie de tous les jours (Springer et Deutsch, 1997).

On a demandé à une personne atteinte du syndrome de négligence (lésions cérébrales dans l'hémisphère droit) de dessiner cette horloge.

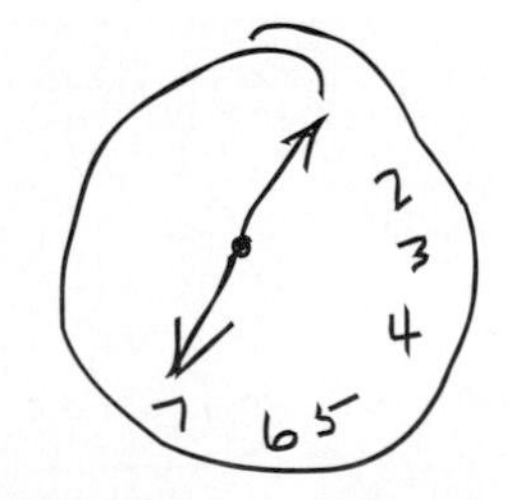

La personne n'a dessiné que le côté droit de l'horloge parce qu'elle ne voyait pas ou ne reconnaissait pas les objets situés à sa gauche.

M. Application : le cerveau divisé

Définition

Qu'est-ce que le cerveau divisé ?

Depuis l'âge de six ans, Victoria est épileptique. Pendant ses crises, elle est prise de convulsions, ne contrôle plus ses mouvements, mais ne ressent aucune douleur ; une fois la crise passée elle ne se souvient de rien. Des médicaments anticonvulsifs lui ont été prescrits afin de prévenir les crises.

La déconnexion hémisphérique Pour Victoria, sans qu'on sache pourquoi, les anticonvulsifs n'ont plus eu d'effet à partir de l'âge de 18 ans : les crises ont repris avec plus d'intensité. Finalement, à 27 ans, devant une situation devenue insupportable, elle a décidé que la meilleure manière de réduire le nombre de crises était de subir une intervention chirurgicale, malgré les risques importants d'avoir de sérieux effets secondaires. Cette opération qui consiste à sectionner les connexions principales entre les hémisphères gauche et droit s'appelle la déconnexion hémisphérique (Sidtis *et al.*, 1981).

Beaucoup d'épileptiques choisissent de subir ce type d'intervention chirurgicale quand ils constatent que la médication n'arrive plus à prévenir les crises.

La *déconnexion hémisphérique* consiste à sectionner une large bande de fibres, le corps calleux, qui unit les hémisphères cérébraux gauche et droit (illustration ci-dessous). Le corps calleux comprend 200 millions de fibres nerveuses qui permettent aux hémisphères du cerveau de communiquer entre eux.

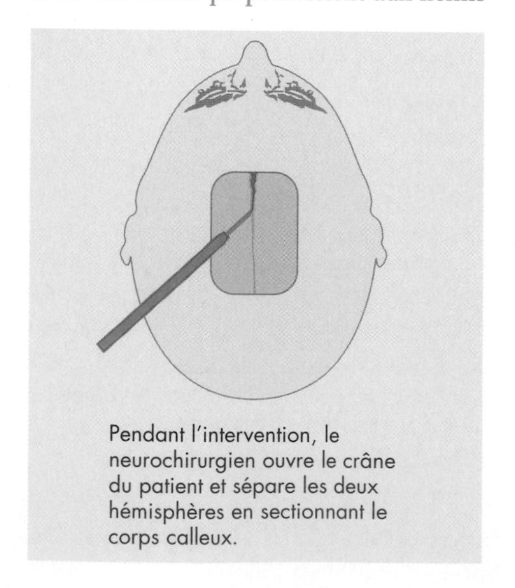

Pendant l'intervention, le neurochirurgien ouvre le crâne du patient et sépare les deux hémisphères en sectionnant le corps calleux.

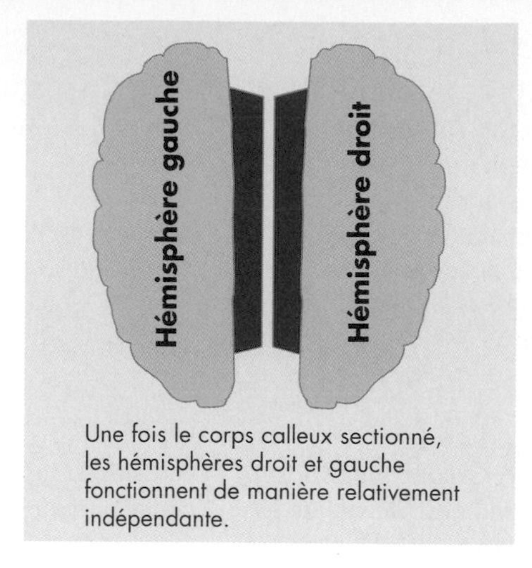

Une fois le corps calleux sectionné, les hémisphères droit et gauche fonctionnent de manière relativement indépendante.

La déconnexion hémisphérique fait donc en sorte que les deux hémisphères fonctionnent désormais de façon indépendante l'un de l'autre. Chez de nombreux patients, le sectionnement du corps calleux empêche les crises de passer d'un hémisphère à l'autre et réduit donc leur fréquence (Gazzaniga, 1996).

Une découverte majeure En 1961, le chercheur Michael S. Gazzaniga et ses collègues ont fait passer des tests au premier patient ayant subi une déconnexion hémisphérique ; dans la documentation médicale, ce patient est connu sous le nom de W. J. L'un des tests consistait à faire apparaître des couleurs, des lettres et des photos d'objets sur le côté droit seulement d'un écran divisé, et ce, très rapidement, de manière à ce que les stimuli n'atteignent que l'hémisphère gauche de W. J. ; celui-ci n'avait alors aucune difficulté à reconnaître et à nommer ce qu'il voyait. Ensuite, ils ont répété l'expérience, mais de façon à ce que les stimuli n'atteignent que l'hémisphère droit ; tel un aveugle, W. J. ne pouvait plus nommer ce qu'il voyait (Gazzaniga *et al.*, 1962). Cette découverte de Gazzaniga a été fondamentale. Était-il vrai que l'hémisphère gauche de W.J. pouvait « parler » mais pas le droit ?

Le cas de Victoria Pour établir le rôle de chaque hémisphère, Gazzaniga et son équipe se sont également penchés sur le cas de Victoria, qui a aussi subi une déconnexion hémisphérique. Ils ont demandé à Victoria de fixer le point noir entre les deux parties du mot HE•ART (cœur en français) et qui apparaissait sur un écran. Les hémisphères de Victoria étant séparés, les lettres, à gauche (HE) et à droite (ART) du point noir, n'ont été traitées que par un seul hémisphère, celui du côté opposé (tel qu'illustré ci-dessous) : l'hémisphère gauche a traité ART, et l'hémisphère droit HE.

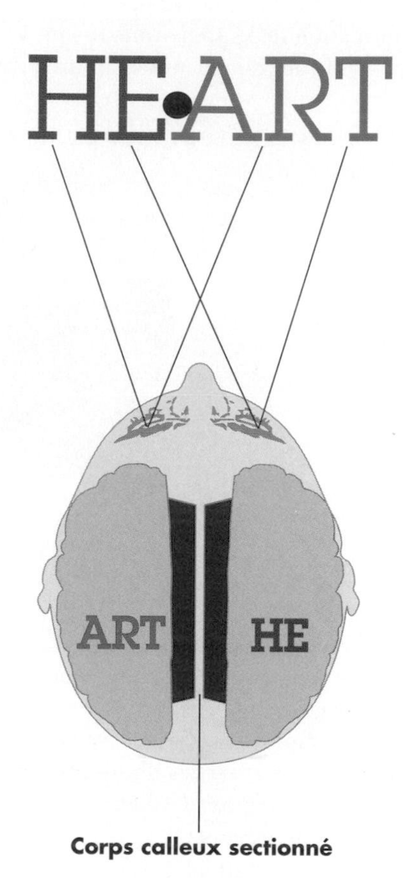

Corps calleux sectionné

Quand on a demandé à Victoria ce qu'elle avait vu, elle a répondu ART (puisque ces lettres ont été traitées par l'hémisphère gauche, qui régit la capacité de parler). Même si son hémisphère droit a vu HE, il ne pouvait pas nommer ce qu'il avait vu parce qu'il est muet. Victoria était cependant capable de montrer, avec sa main gauche (puisque son hémisphère droit contrôle le côté gauche de son corps), la photo d'un homme (HE signifie « il » en anglais), indiquant que l'hémisphère droit avait compris la question et avait vu les lettres HE. Une telle expérience montre clairement les effets de la déconnexion hémisphérique ; pourtant, dans la vie de tous les jours, ces effets ne sont pas aussi marqués.

Après une déconnexion hémisphérique

Le comportement change-t-il?

Victoria raconte que, peu après son opération, quand elle choisissait des vêtements dans son placard, parfois sa main droite prenait un chemisier... et sa main gauche le remettait en place; de tels « conflits » entre les deux hémisphères sont cependant assez rares et disparaissent assez rapidement. Quatre mois après l'opération, Victoria parlait, lisait et écrivait aussi bien qu'avant l'opération; les activités quotidiennes (manger, s'habiller, marcher, etc.) et tenir une conversation ne posaient aucun problème. Généralement, le centre de la parole est dans l'hémisphère gauche, et l'hémisphère droit est muet (pour un faible pourcentage de gauchers, le centre de la parole est dans l'hémisphère droit); un seul hémisphère étant responsable de la parole, les personnes ayant subi une déconnexion hémisphérique n'ont donc pas de problème d'élocution.

Les hémisphères: leurs spécialisations

Avant les études faites sur des sujets qui avaient subi une déconnexion hémisphérique, on savait peu de choses du fonctionnement spécifique de chaque hémisphère. C'est donc par hasard, grâce à un traitement expérimental de l'épilepsie, qu'on a découvert les fonctions dont chaque hémisphère est responsable, en tout ou en partie. Voici un aperçu de ces spécialisations.

L'hémisphère gauche

Les habiletés verbales Parler, comprendre le langage parlé, lire, écrire.

Les habiletés mathématiques Additionner, soustraire, multiplier, diviser, etc. Avec l'hémisphère droit, on peut généralement faire des additions et des soustractions simples, mais pas de problèmes mathématiques complexes (Sperry, 1974).

Les habiletés analytiques Traiter de l'information en analysant chacun des éléments d'un tout. Par exemple, reconnaître le visage de quelqu'un après analyse de ses parties: nez, yeux, lèvres, etc. (Levy et Trevarthen, 1976).

L'hémisphère droit

Les habiletés verbales Lire, écrire, comprendre le langage parlé, mais uniquement dans le cas de mots ou de phrases simples (Gazzaniga, 1983).

Les habiletés spatiales Résoudre des problèmes qui font appel à l'orientation dans l'espace (par exemple reproduire des figures géométriques à l'aide de blocs). Puisque chacun des hémisphères contrôle le côté opposé du corps, on peut penser que c'est la main gauche (contrôlée par l'hémisphère droit) qui serait la plus habile pour effectuer ce genre de tâches.

L'activité holistique Traiter de l'information en combinant divers éléments pour en faire un tout significatif. L'hémisphère droit permet, par exemple, de reconnaître un visage plus rapidement que ne le fait l'hémisphère gauche (analytique) (Levy *et al.*, 1972). Il permet aussi d'exprimer des émotions à l'aide d'expressions faciales et de reconnaître ces expressions (Springer et Deutsch, 1997).

Puisque chacun des hémisphères possède des spécialisations différentes, comment leur fonctionnement commun s'organise-t-il?

Comment notre cerveau est-il organisé? Selon Michael Gazzaniga (1994, 1996), spécialiste en neurologie cognitive, chaque hémisphère possède des programmes différents qui peuvent fonctionner simultanément pour régir certaines fonctions: ressentir, penser, apprendre, toucher, parler, etc. Quand on voit quelqu'un sourire, par exemple, des dizaines de programmes interviennent pour que l'on reçoive et interprète l'information, puis qu'on y réagisse.

Il semble donc que ce soit parce que ces programmes sont reliés les uns aux autres que nous pouvons effectuer des tâches cognitives complexes (Hoptman et Davidson, 1994).

Hémisphère gauche ou droit dominant? On dit souvent que les gens dont l'hémisphère droit est dominant sont créatifs et intuitifs et ont plus d'habiletés en arts, alors que ceux dont l'hémisphère gauche est dominant sont plus forts dans le domaine du rationnel, de la logique.

Selon Jerre Levy (1985), qui a consacré sa carrière à l'étude de l'interaction entre les hémisphères, ces distinctions sont simplistes. Elle croit que, même si chaque hémisphère est spécialisé dans le traitement d'un certain type d'informations, nous utilisons constamment nos deux hémisphères. Quand on lit un roman, par exemple, on utilise probablement des programmes de l'hémisphère gauche qui permettent de comprendre le langage écrit; en même temps, on utilise des programmes de l'hémisphère droit pour suivre la trame de l'histoire et ressentir des émotions, et (s'il y a lieu) apprécier l'humour et interpréter les images. Si les hémisphères travaillent parfois de façon indépendante, ils partagent la plupart de l'information qu'ils traitent, et celle-ci passe de l'un à l'autre, par le corps calleux (Hellige, 1993; Grabowska et Nowicka, 1996).

Un cerveau plus « performant » à force d'être utilisé? Nous avons environ 100 milliards de neurones: c'est un ordinateur très puissant! Plus on utilise un ordinateur, plus on en maîtrise les différentes fonctions, ce qui permet de travailler mieux et plus vite; de la même façon — c'est une hypothèse qui semble de plus en plus probable — plus il est utilisé, plus le cerveau travaille vite et bien. Par exemple, la longueur des dendrites serait l'une des mesures de la quantité d'informations reçues et traitées par le cerveau; Jacobs (1993) a donc mesuré la longueur des dendrites de 20 adultes décédés. Le chercheur a constaté qu'il y avait un écart de 40 % entre les plus courtes et les plus longues: les plus longues se trouvaient chez des individus ayant fait des études universitaires, et les plus courtes chez ceux qui avaient abandonné les études au niveau secondaire.

N. Le système endocrinien

Définition

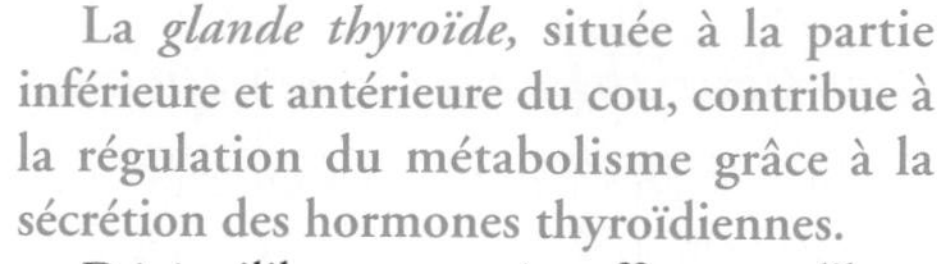

Deux systèmes majeurs assurent la circulation de l'information nécessaire au fonctionnement des muscles, des glandes et des organes. Nous avons déjà parlé du système nerveux, qui le fait au moyen des neurones, des nerfs et des neurotransmetteurs. L'autre système est le système endocrinien.

Le *système endocrinien* est constitué de nombreuses glandes situées dans tout le corps. Ces glandes sécrètent des substances chimiques, les hormones, qui exercent une action sur les organes, les muscles et les autres glandes.

L'illustration ci-dessous montre l'emplacement de certaines glandes.

Le « centre de contrôle »

Situé sous le thalamus qui se trouve au centre du cerveau, l'*hypothalamus* contrôle de plusieurs façons la majeure partie du système endocrinien par son effet sur la glande pituitaire. On qualifie souvent l'hypothalamus de « centre de contrôle » du système endocrinien.

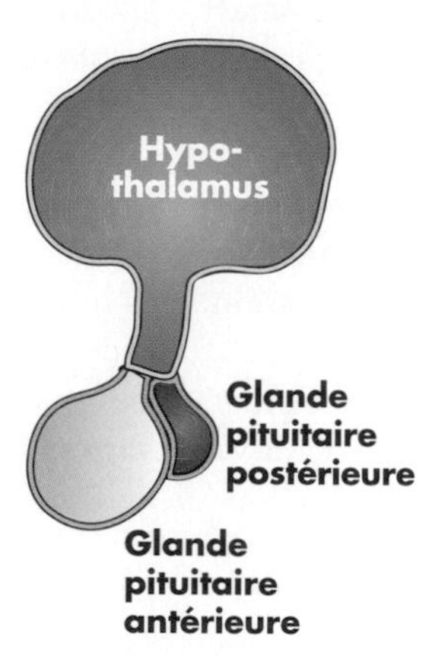

Les autres glandes

La *glande pituitaire (hypophyse),* est une composante clé du système endocrinien. Elle est située sous l'hypothalamus, auquel elle est reliée par la tige pituitaire (illustration ci-contre). La glande pituitaire est divisée en deux parties.

La *glande pituitaire postérieure* (à l'arrière) assure l'équilibre de l'eau et du sel dans l'organisme.

Déséquilibre: une sécrétion insuffisante d'hormones provoque une forme assez rare de diabète.

La *glande pituitaire antérieure* (à l'avant) sécrète l'hormone de croissance, stimulant ainsi la croissance de l'organisme, ainsi que des hormones qui ont un effet sur le cortex surrénal, le pancréas, la thyroïde et les gonades.

Déséquilibre: une sécrétion insuffisante d'hormones de croissance cause le nanisme; une sécrétion trop importante, le gigantisme. D'autres problèmes peuvent être reliés à la glande pituitaire, qui sécrète également des hormones ayant un effet sur d'autres glandes.

Le *pancréas* contrôle le taux de glucose du sang en sécrétant l'insuline.

Déséquilibre: l'insuffisance d'insuline entraîne la forme la plus courante de diabète; trop d'insuline cause l'hypoglycémie (taux de glucose du sang insuffisant).

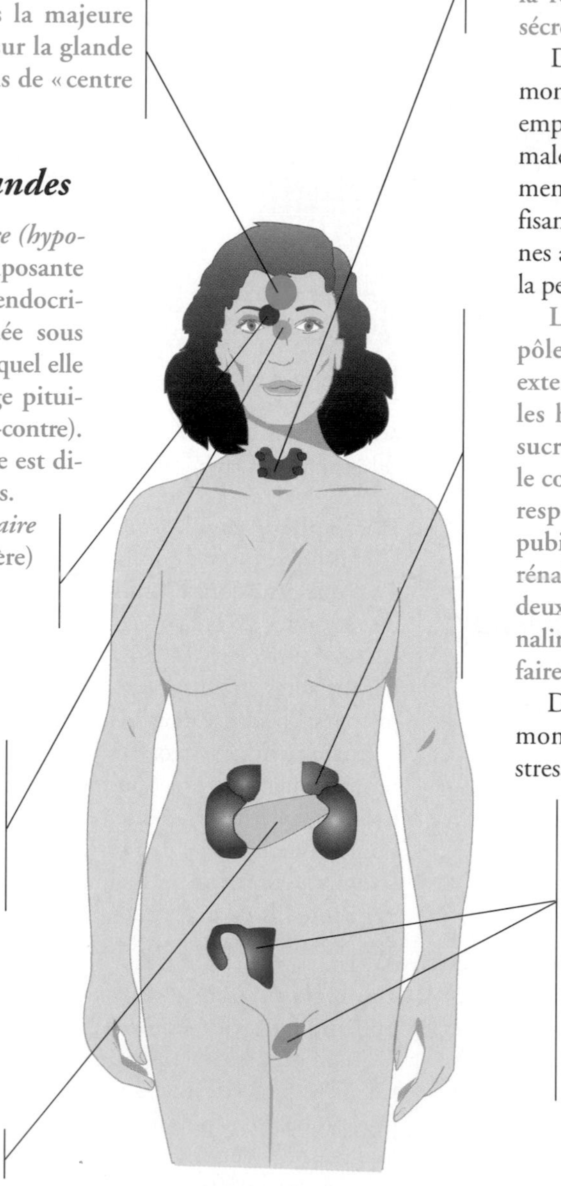

La *glande thyroïde,* située à la partie inférieure et antérieure du cou, contribue à la régulation du métabolisme grâce à la sécrétion des hormones thyroïdiennes.

Déséquilibre: une insuffisance d'hormones thyroïdiennes, pendant la croissance, empêche le corps d'atteindre une taille normale, et peut causer le crétinisme (retard mental). Chez l'adulte, une sécrétion insuffisante affecte la motivation. Trop d'hormones accélèrent le métabolisme, et entraînent la perte de poids et la nervosité.

Les *glandes surrénales* sont situées sur le pôle supérieur des reins. Leur partie externe (glandes corticosurrénales) sécrète les hormones qui assurent l'équilibre du sucre et du sel dans l'organisme et aident le corps à résister au stress; elles sont aussi responsables de la croissance des poils pubiens. La partie interne des glandes surrénales (glandes médullosurrénales) sécrète deux hormones, l'adrénaline et la noradrénaline, dont l'effet permet à l'organisme de faire face au stress et aux urgences.

Déséquilibre: une insuffisance d'hormones empêche l'organisme de réagir au stress.

Les *gonades:* les ovaires, chez les femmes, produisent des hormones qui assurent le développement sexuel, l'ovulation et la croissance des organes sexuels; les testicules, chez les hommes, produisent des hormones qui assurent le développement sexuel, la production de sperme et la croissance des organes sexuels.

Déséquilibre: l'insuffisance d'hormones sexuelles pendant la puberté affecte le développement des caractères sexuels secondaires (chez les hommes: les poils de la figure et du corps, et la musculature; chez les femmes: les seins).

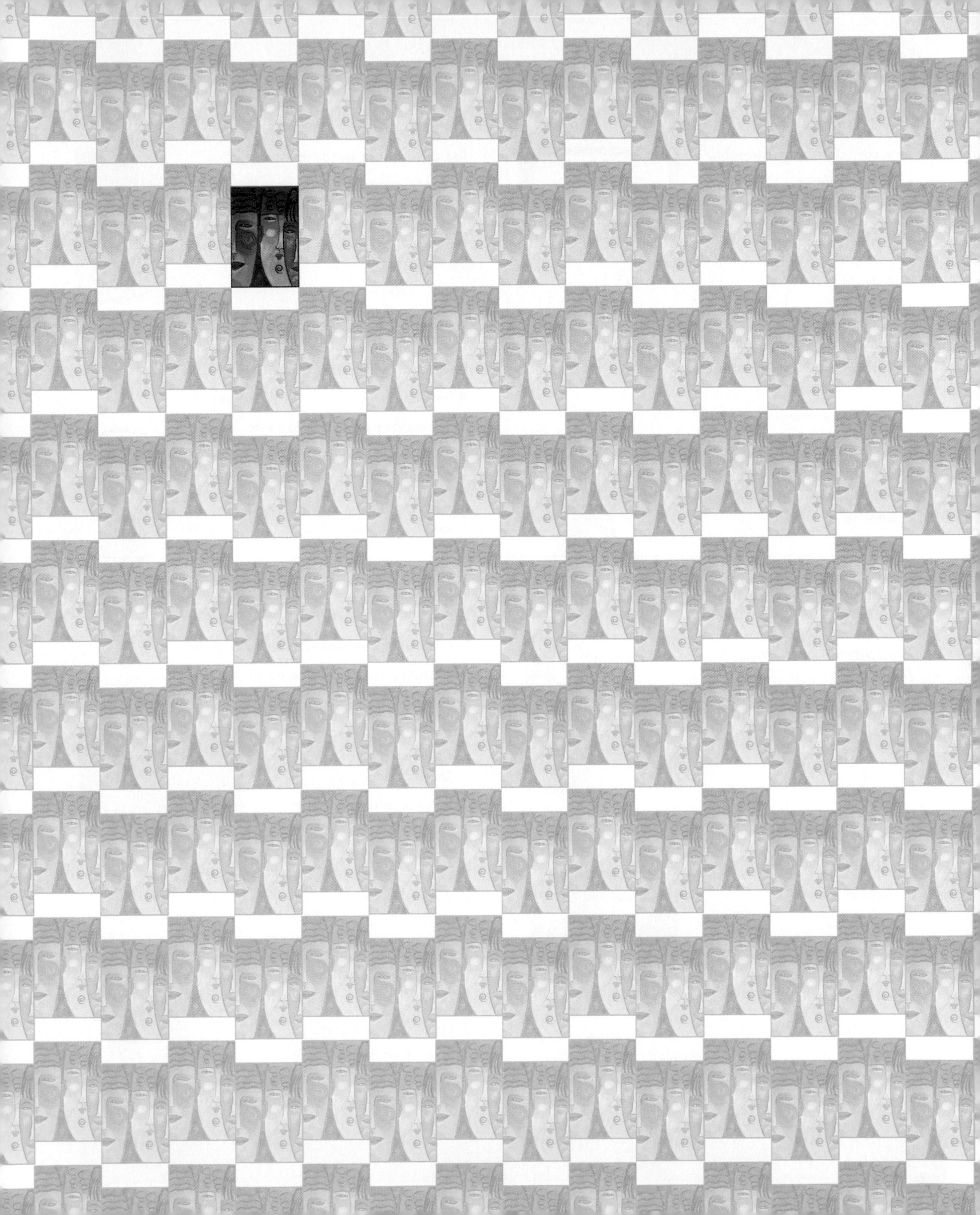

DANS CE CHAPITRE…

Les sensations et les perceptions — Chapitre 4

Les messages subliminaux

Comment améliorer l'estime de soi ?

« Trois jours dans la vie de Maria et de sa fille Gabrielle »... Trois événements, n'ayant à première vue rien d'exceptionnel, nous permettront de présenter le contenu de ce chapitre.

Mardi, le nouveau patron de Maria a injustement critiqué sa façon de travailler. Sur le coup, cela l'a rendue anxieuse et lui a fait perdre toute confiance en elle. À l'heure du dîner, elle est allée dans une librairie, où elle a vu une cassette audio intitulée *Améliorer l'estime de soi*. Sur l'emballage, on pouvait lire : « Vous n'entendrez qu'une musique relaxante, mais votre inconscient recevra et traitera des messages subliminaux qui vous redonneront confiance en vous. Après quelques semaines d'essai seulement : satisfaction garantie ou argent remis ! » Maria avait déjà entendu parler de cassettes de messages subliminaux : une amie avait maigri de 10 kilos de cette façon. La vendeuse à qui Maria a posé quelques questions lui a également affirmé qu'un de ses amis était plus motivé à étudier depuis qu'il avait utilisé ce genre de cassettes. « Bon ! C'est garanti ! Je n'ai rien à perdre. Je l'achète ! » a conclu Maria en souriant. Une fois la cassette dans son sac à main, elle avait déjà un peu plus confiance en elle.

Une simple tache blanche

Un diagnostic fiable à 100 % ?

Cette semaine, Maria a passé son examen médical annuel, qui comporte une mammographie. Chaque fois, les années précédentes, le médecin lui avait simplement dit, après avoir vu la radiographie, que les résultats de sa mammographie étaient négatifs. Cette fois-ci, le médecin lui a montré une petite tache blanche sur l'image. « Je crains que ce ne soit une tumeur cancéreuse », a-t-il dit, avec beaucoup de précautions. Maria, sous le choc, lui a demandé s'il en était certain. « Écoutez, on ne peut pas en être absolument sûrs avant d'avoir fait une biopsie. Tout ce que je peux dire, c'est qu'il est fort possible que cette petite tache soit effectivement une tumeur cancéreuse », a-t-il répondu. Maria a donc pris un rendez-vous pour subir une biopsie. On ne connaît pas la suite de l'histoire, mais ce qu'on peut affirmer sans aucun doute possible, c'est que Maria se souviendra toute sa vie de ce rendez-vous chez le médecin et de cette petite tache blanche sur sa mammographie.

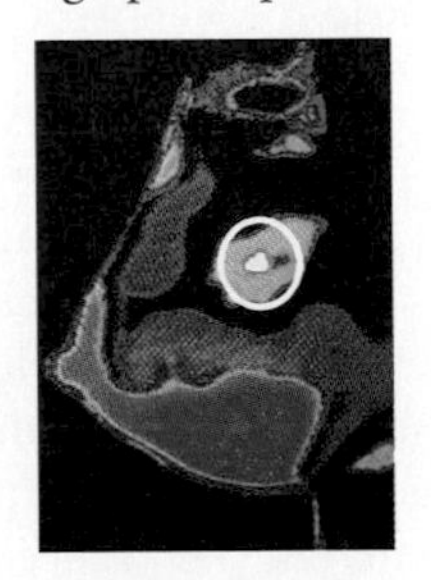

Un beau chien... qui mord

Il est gentil... et devient méchant ?

Samedi, Maria a amené sa fille au terrain de jeux. Gabrielle a sept ans, elle adore les chiens et rêve d'en avoir un. En arrivant au parc, elle a vu un gros chien, assis près de son maître. En s'écriant « Maman, regarde le beau chien ! », elle a couru vers lui pour le caresser. Le chien, surpris par l'arrivée et le geste de Gabrielle, a réagi et l'a mordue à la main. Maria s'est précipitée au-devant de sa fille, l'a prise dans ses bras pour la consoler, et a examiné les petites blessures. Gabrielle a alors regardé le chien et a dit, en pleurant : « Tu es un méchant chien. Je te déteste. » Devant la réaction de sa fille, Maria s'est demandé si c'était une bonne idée de lui acheter, tel que prévu, un petit chien pour son anniversaire...

La perception

Qu'ont en commun ces trois événements ?

À première vue... rien ! Pourtant, ces événements soulèvent trois questions fondamentales sur notre perception des choses.

La première est reliée à la cassette de messages subliminaux : existe-t-il des stimuli que nous percevons sans en être conscients, et ces stimuli peuvent-ils influencer nos comportements (Kihlstrom, 1996 ; Shevrin *et al.*, 1996) ?

La deuxième question est suggérée par la mammographie de Maria : dans quelle mesure un phénomène doit-il être important ou inhabituel pour que nos sens soient en mesure de le percevoir ? Cette question est d'une importance cruciale, dans le cas d'un diagnostic médical, par exemple (Begley, 1997 ; Taubes, 1997).

Finalement, l'aventure de Gabrielle au terrain de jeux soulève la troisième question : dans quelle mesure les expériences vécues sont-elles influencées ou biaisées par notre milieu culturel, nos apprentissages, nos expériences personnelles et émotionnelles (NAMHC, 1996) ? Pour comprendre comment « fonctionne » notre perception du monde, nous devrons répondre à ces trois grandes questions.

Dans ce chapitre...

Nous aborderons la différence entre la sensation et la perception, comment les sensations se combinent pour devenir des perceptions, comment des objets peuvent subir d'importantes modifications sans qu'on le remarque, comment des illusions « trompent » nos sens, et comment les expériences culturelles modifient les perceptions. Mais d'abord, nous examinerons nos différents sens.

A. Les seuils de sensation

Être conscient d'un stimulus

Y a-t-il ou non quelque chose?

Imaginer qu'on devient soudainement sourd ou aveugle est une bonne façon de prendre conscience du flot constant d'information livré par les sens. La sensation nous indique la présence de stimuli alors que la perception nous renseigne sur la nature des gens et des choses qui nous entourent. Cependant, certains phénomènes nous «échappent», parce qu'ils produisent une stimulation trop faible pour être captée par l'un de nos sens.

Le *seuil de la sensation* est le niveau au-dessus duquel un stimulus est détecté et au-dessous duquel il ne l'est pas. Le seuil détermine le moment initial de la prise de conscience d'un stimulus.

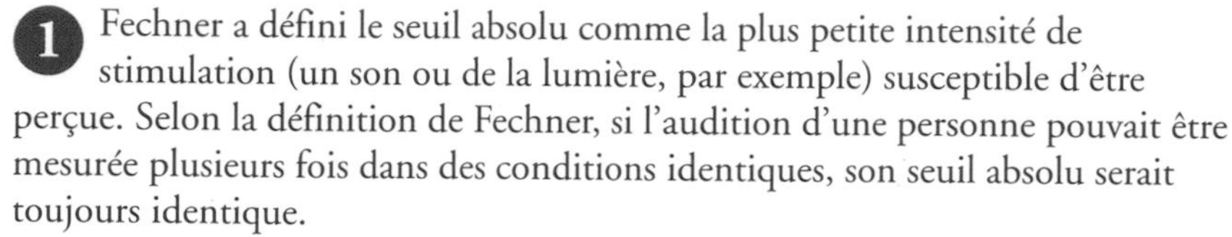

Reprenons l'exemple de la cassette achetée par Maria. Maria n'entendra pas les messages subliminaux de la cassette, parce que ceux-ci n'atteignent pas son seuil absolu d'audition. Pour comprendre comment on détermine le seuil absolu, imaginons qu'on écoute une cassette, sur laquelle les messages subliminaux augmentent progressivement d'intensité et qu'on nous demande d'arrêter la cassette dès qu'on en entend un. Cela se produira quand le son atteindra une certaine valeur absolue d'intensité (niveau sonore). C'est Gustav Fechner (1860) qui a émis le premier l'hypothèse de l'existence d'un seuil absolu.

1 Fechner a défini le seuil absolu comme la plus petite intensité de stimulation (un son ou de la lumière, par exemple) susceptible d'être perçue. Selon la définition de Fechner, si l'audition d'une personne pouvait être mesurée plusieurs fois dans des conditions identiques, son seuil absolu serait toujours identique.

En mesurant les seuils à l'aide de plusieurs méthodes différentes, Fechner a découvert qu'en fait le seuil d'une personne donnée ne peut être qualifié d'absolu, puisqu'il varie selon que cette personne est plus ou moins alerte, par exemple, et selon les conditions dans lesquelles le test est administré. On a donc redéfini le seuil en tenant compte des variations possibles.

2 La figure ci-dessous illustre cette définition de seuil absolu.

Le *seuil absolu* est le niveau d'intensité d'un stimulus qu'une personne a 50 % des chances de détecter.

Ainsi, le seuil absolu d'audition de Maria est le point, sur le graphique, où elle a 50 % des chances d'entendre un message.

Une fois le seuil absolu défini, nous pouvons maintenant parler de messages subliminaux.

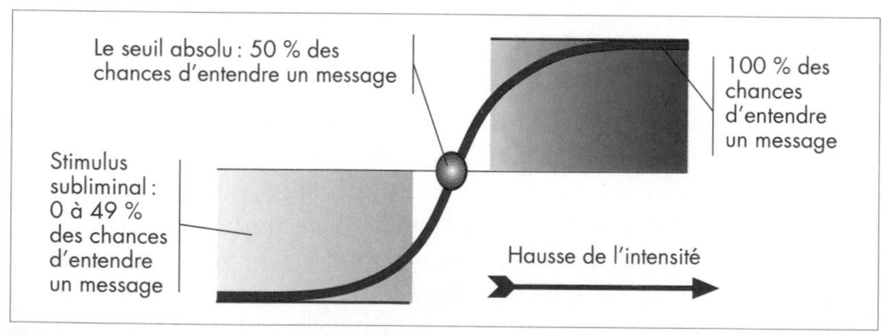

3 Un *stimulus subliminal* est un stimulus dont l'intensité est telle qu'une personne a moins de 50 % des chances de le détecter.

Les messages subliminaux d'une cassette comme celle de Maria, par exemple, peuvent donc être de niveaux d'intensité variés, et être entendus ou non, suivant qui écoute et dans quelles conditions (Maria pourrait entendre des messages d'une intensité correspondant à un niveau de 49 %, par exemple).

On pourrait alors se demander si les messages subliminaux peuvent ou non influencer le comportement. Nous en parlerons à la page 88.

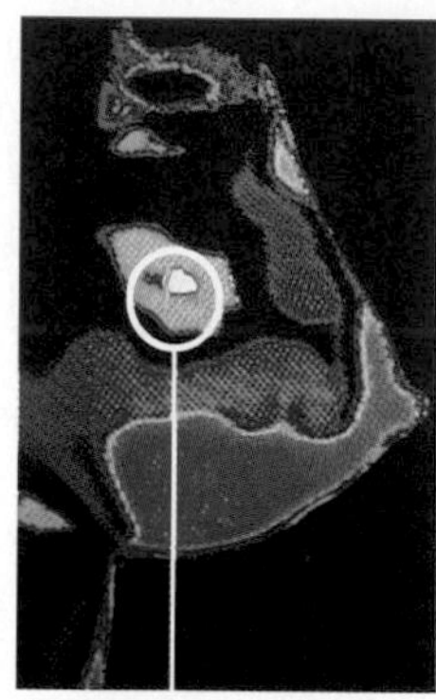

Cette tache représente une tumeur possible.

4 Si ce concept de seuil absolu semble très abstrait, il a pourtant des répercussions très concrètes : la détection du cancer du sein en est un exemple.

Le cancer du sein est le cancer le plus souvent diagnostiqué au Canada, et est responsable d'environ 30 % des nouveaux cas de cancer chaque année (Santé Canada, 1999).

Quand un médecin examine une mammographie (rayons X), c'est une tache blanche (sur fond noir) qui lui indique l'existence d'une tumeur (photo ci-dessus). Mais chez 40 % des femmes, il y a tellement de tissu conjonctif (qu'on voit aussi en blanc sur une radio) que les petites taches blanches passent inaperçues. En conséquence, environ 25 % des tumeurs ne sont pas détectées par les médecins sur les mammographies (Hager, 1997).

On a cependant découvert que si l'on fait deux mammographies et que deux médecins différents les étudient, le nombre de tumeurs cancéreuses diagnostiquées et la précision des diagnostics augmentent de manière significative (Thurfjell, 1994). De plus, de nouvelles techniques (rayons X numériques et tomographie par émission de positons) sont sans cesse perfectionnées en vue de rendre la détection des cancers plus facile. En abaissant le seuil de détection des tumeurs cancéreuses, on pourra ainsi sauver davantage de vies.

Les seuils de sensation sont aussi reliés à une autre question : comment pouvons-nous savoir que l'intensité d'un stimulus a augmenté ou baissé? C'est ce que nous verrons maintenant.

La loi de Weber

C'est encore trop fort?

Votre voisin écoute de la musique pendant que vous travaillez; vous lui demandez alors de baisser le volume. Il s'empresse de le faire, mais vous entendez toujours la musique aussi fort: comment cela est-il possible? Les travaux de E. H. Weber ont permis de comprendre ce phénomène.

Weber (1834) a élaboré le concept de la différence juste perceptible (DJP).

La *différence juste perceptible (DJP)* est la différence minimale d'intensité entre deux stimuli qu'une personne puisse détecter.

Weber a par exemple demandé à des sujets de comparer des stimuli d'intensités variées (le poids de certains objets) et de dire à quel moment ils percevaient une différence entre les deux. Les sujets pouvaient facilement distinguer deux stimuli de très faible intensité, comme un poids de 20 grammes et un autre de 30; cependant, ils n'arrivaient pas à faire la différence entre un poids de 20 kilos et un autre de 21. Dans le cas de stimuli de grande intensité (ici, des poids plus lourds), la différence d'intensité entre deux stimuli devait donc être beaucoup plus marquée pour qu'elle soit perçue par les sujets.

Ces observations de Weber ont jeté les bases de ce qui est aujourd'hui connu comme la loi de Weber (illustrée ci-contre).

Selon la *loi de Weber*, l'augmentation de l'intensité d'un stimulus nécessaire à l'apparition d'une différence juste perceptible s'accroît proportionnellement à l'intensité du stimulus de départ.

La loi de Weber permet donc d'expliquer que si votre voisin écoute de la musique très fort, il faut qu'il baisse de beaucoup le volume (généralement, plus qu'il ne le désirerait...) pour que vous soyez en mesure de percevoir un changement de volume.

Nous verrons ci-dessous une autre application concrète de cette loi.

L'explication de la loi de Weber

Dans le cas de stimuli de faibles intensités, de petites différences entre deux stimuli sont susceptibles de constituer une différence juste perceptible; si les stimuli sont d'intensités élevées, les différences entre deux stimuli doivent être plus grandes pour constituer une différence juste perceptible.

Stimulus: plus léger ⟶ plus lourd

1 La différence juste perceptible
Les marches, qui sont de la même hauteur, illustrent la capacité de détecter une « unité sensorielle » d'une différence juste perceptible entre deux poids.

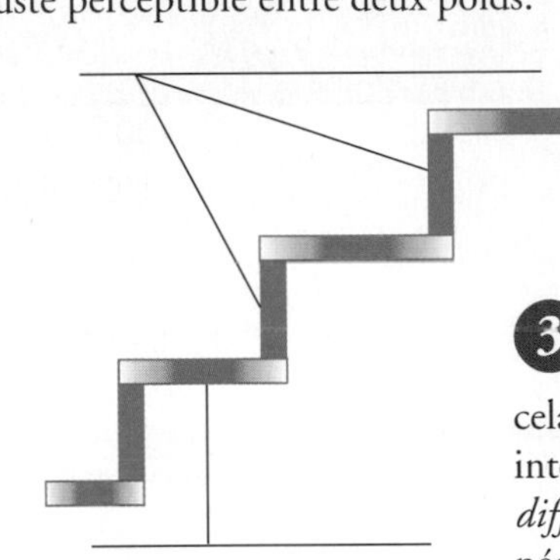

2 Intensités plus faibles
Marche peu profonde: cela indique que, à de faibles intensités, une *petite différence* de poids seulement est nécessaire pour constituer une différence juste perceptible.

3 Intensités plus élevées
Marche plus profonde: cela indique que, à des intensités élevées, une *grande différence* de poids est nécessaire pour constituer une différence juste perceptible.

Différence juste perceptible et... assouplisseurs

Quelle serviette est la plus douce?

Chaque année, les entreprises dépensent des milliards de dollars en publicité pour s'assurer que les consommateurs voient bien la différence entre, par exemple, les nouveaux modèles de voitures et ceux de l'année précédente, entre un nouveau produit (« Amélioré! ») et ceux qui existaient déjà sur le marché, entre la « dernière mode » et les vêtements « dépassés », etc.

Les consommateurs dépensent pour leur part des millions de dollars en assouplisseurs de tissu qu'on ajoute à la lessive: grâce à ces produits, les vêtements seraient plus doux... Des chercheurs ont étudié cette question. Ils ont demandé à des sujets d'évaluer la « douceur », sur une échelle de 1 (rêche) à 30 (douce) de serviettes lavées avec ou sans assouplisseur. Les sujets ont donné une note moyenne de 5 aux serviettes

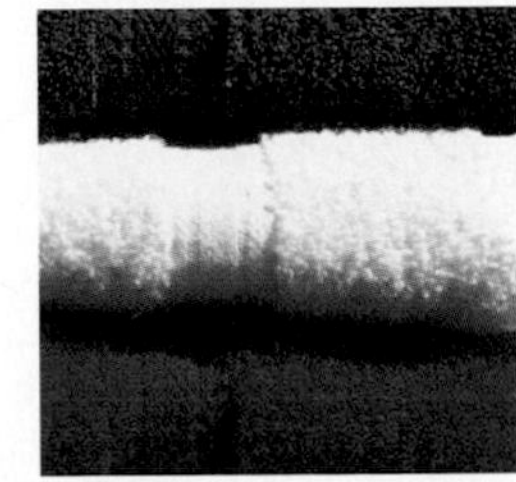

lavées plusieurs fois sans assouplisseur et une note moyenne de 18 aux serviettes lavées le même nombre de fois avec assouplisseur. Les chercheurs ont conclu que, puisque les sujets pouvaient détecter facilement la différence juste perceptible de la douceur, les assouplisseurs avaient donc un réel effet (Ali et Begum, 1994). Maintenant, voyons comment fonctionnent les divers sens pour capter l'information.

B. La vue

Le stimulus

Pourquoi ne voit-on pas les ondes radio ?

Chaque organe des sens a une forme et une structure différente ; il ne peut recevoir qu'un certain type de stimulus. Par exemple, on ne voit pas les ondes radio parce que le sens de la vue n'est pas adapté à cette longueur d'onde. Par contre, les ondes lumineuses du Soleil — qui sont aussi une forme d'énergie électromagnétique mais de longueur différente — sont visibles en partie (c'est ce qu'on appelle la lumière ou le spectre visible) et peuvent être détectées par les récepteurs sensoriels de l'œil humain. On voit ci-dessous la longueur de plusieurs ondes : les rayons X sont très courts alors que les ondes radio AM sont très longues.

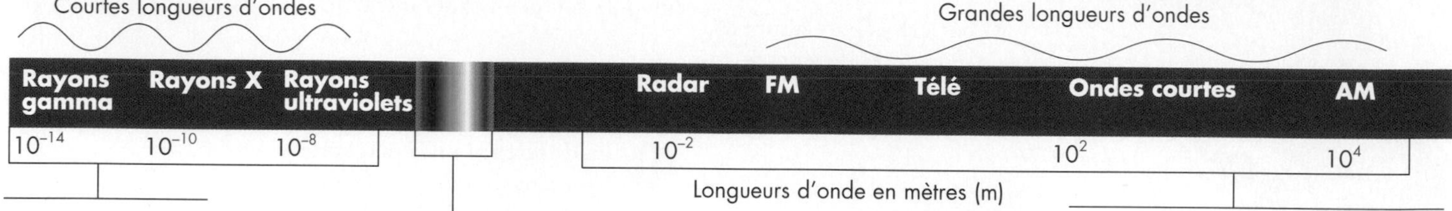

Violet Bleu Vert Jaune Rouge

400 500 600 700

Longueurs d'onde en nanomètres (nm)

Invisibles : trop courtes Les ondes ayant les longueurs les plus courtes — les rayons gamma, les rayons X et les rayons ultraviolets — sont situées à gauche du spectre électromagnétique. Pour l'œil humain, ces ondes sont invisibles : elles sont trop courtes pour stimuler nos récepteurs. Certains oiseaux (comme les colibris) et certains insectes peuvent cependant voir les rayons ultraviolets, ce qui les aide à trouver leur nourriture.

Visibles Une petite gamme d'ondes, près du centre du spectre électromagnétique, constitue le spectre visible ou la lumière.

Le *spectre visible* ou la *lumière* est un segment du spectre électromagnétique constitué d'ondes que nous pouvons voir parce que, vu leurs longueurs, elles peuvent stimuler les récepteurs sensoriels de l'œil.

Les yeux captent les ondes lumineuses du spectre visible qui sont reflétées par les gens, les animaux et les objets de notre environnement.

Invisibles : trop longues Les ondes les plus longues, comme celles de la radio et de la télévision, sont situées à droite du spectre électromagnétique. Elles sont invisibles pour l'œil humain parce qu'elles sont trop longues pour stimuler les récepteurs de l'œil : imaginez comme nous serions distraits si nous pouvions les voir !

Le stimulus La vision est donc stimulée le plus efficacement par l'énergie (ondes lumineuses) du spectre visible. Une fois réfléchies sur la rétine de l'œil, les ondes lumineuses sont concentrées et transformées en impulsions électriques. Pour comprendre ce processus, examinons l'œil lui-même.

Sa structure et ses fonctions

Une girafe la tête en bas ?

Quand on voit une girafe, deux processus différents entrent en jeu. D'abord, les yeux concentrent et focalisent les ondes lumineuses dans un endroit précis, au fond de l'œil ; ensuite, la rétine absorbe et transforme les ondes lumineuses en influx nerveux, c'est la transduction, c'est-à-dire la transformation de l'énergie physique en impulsions électrochimiques (voir page 70). Voici, en huit étapes, le chemin que parcourent les ondes lumineuses, d'une girafe jusqu'au fond de vos yeux.

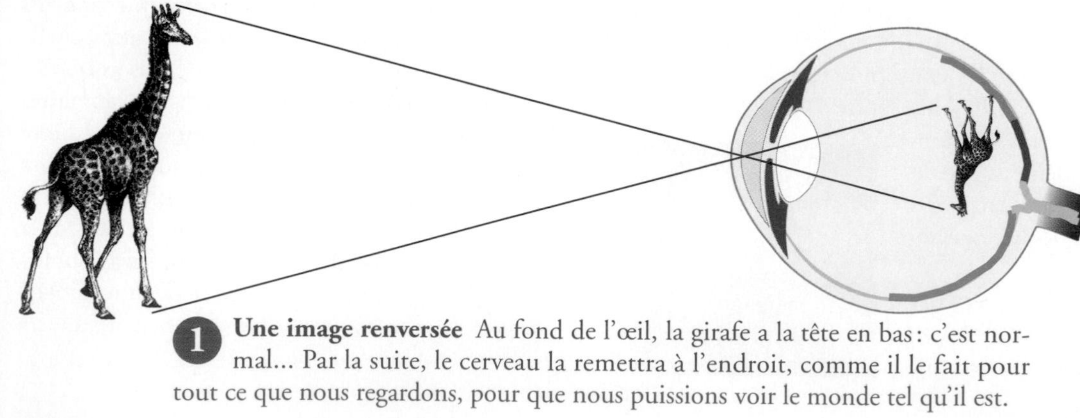

1 Une image renversée Au fond de l'œil, la girafe a la tête en bas : c'est normal... Par la suite, le cerveau la remettra à l'endroit, comme il le fait pour tout ce que nous regardons, pour que nous puissions voir le monde tel qu'il est.

2 Les ondes lumineuses Les ondes lumineuses réfléchies par un stimulus tel une girafe de 5 mètres forment un faisceau très large. On ne pourrait pas voir quelque chose de si énorme si les yeux ne réduisaient pas ce faisceau en un faisceau étroit et focalisé.
Deux parties de l'œil, la cornée et le cristallin, font la mise au point, comme le fait un appareil photo.

3 **La cornée** Le large faisceau de lumière réfléchi par la girafe traverse d'abord la cornée.

La *cornée* est la membrane bombée, transparente et rigide qui recouvre le devant de l'œil. Quand les ondes lumineuses traversent la cornée, celle-ci se modifie et les focalise (les concentre) en un faisceau plus étroit (la lumière est alors réfractée).

4 **La pupille** La pupille intervient ensuite.

La *pupille* est un orifice rond, à l'avant de l'œil, qui permet aux ondes lumineuses de pénétrer à l'intérieur de l'œil.

La pupille forme une ouverture plus ou moins grande, grâce à l'iris.

5 **L'iris** L'iris encercle la pupille.

L'*iris* est un muscle circulaire qui entoure la pupille et contrôle la quantité de lumière qui pénètre dans l'œil. Si la lumière est faible, l'iris se détend : la pupille se dilate et laisse ainsi pénétrer davantage de lumière. Si la lumière est forte, l'iris se contracte : la pupille se referme et réduit ainsi la quantité de lumière qui pénètre dans l'œil. C'est l'iris qui contient les pigments qui donnent aux yeux leur couleur caractéristique.

Regardez vos yeux dans un miroir à la lumière vive : vous verrez que vos pupilles — les points noirs au centre de vos yeux — sont alors très petites.

6 **Le cristallin** Les ondes lumineuses atteignent ensuite le cristallin.

Le *cristallin* est une lentille transparente et ovale qui s'ajuste en modifiant son épaisseur de manière à focaliser les ondes lumineuses en un faisceau encore plus étroit, ce qui permet d'ajuster et de clarifier l'image qui va se former sur la rétine. Le cristallin est contrôlé par des muscles qui en modifient la courbure pour permettre la focalisation appropriée du faisceau lumineux.

Pour voir un objet éloigné, les muscles attachés au cristallin allongent celui-ci pour que sa surface soit moins bombée, puisque le faisceau lumineux nécessite une focalisation moins importante (le faisceau est au départ assez étroit). Pour voir un objet rapproché, le contraire se produit : les muscles se détendent et la surface du cristallin se courbe davantage (parce que le faisceau est au départ plus large). C'est cette courbure plus au moins bombée du cristallin qui permet aux ondes lumineuses d'être focalisées en un faisceau très étroit qui doit être projeté au fond de l'œil, en un point très précis, la rétine.

7 **La rétine** C'est au moment où la lumière atteint la rétine que la transduction s'effectue.

La *rétine,* située au fond du globe oculaire, est un film mince qui contient des cellules très sensibles à la lumière, les photorécepteurs, qui amorcent le processus de transduction en absorbant les ondes lumineuses.

Nous examinerons cette étape plus en détail à la page suivante. Pour certaines personnes, les ondes lumineuses ne peuvent être focalisées de façon précise sur la rétine en raison d'un problème de courbure de l'œil. Voyons l'influence qu'a la forme du globe oculaire sur la vision.

8 **Le globe oculaire** La myopie et l'hypermétropie, deux problèmes courants, sont dues à un défaut de la forme du globe oculaire.

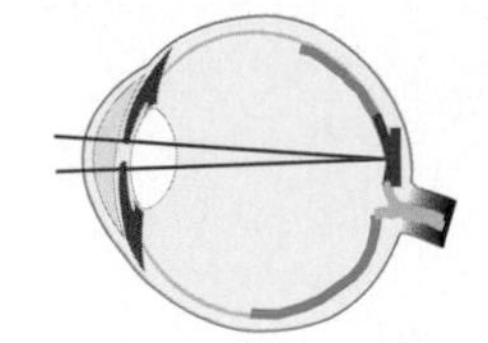

8a **Vue normale** Si les ondes lumineuses réfléchies par une foule, par exemple, sont focalisées pour atteindre de façon précise l'arrière de la rétine, les visages des gens, qu'ils soient plus ou moins éloignés, seront clairs et précis.

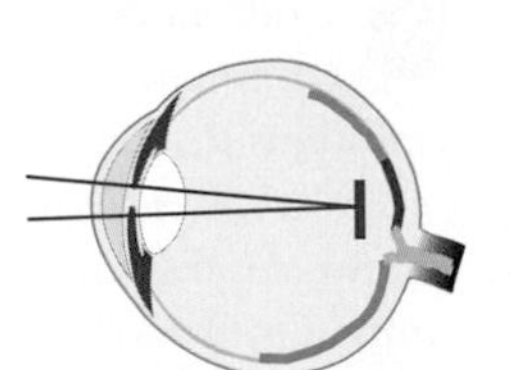

8b **La myopie** Certaines personnes ont un globe oculaire trop allongé : elles sont myopes.

La *myopie* est due à la forme trop allongée du globe oculaire ; la focalisation se produisant un peu en avant de la rétine, la vision d'objets rapprochés est claire, alors que celle d'objets éloignés est floue.

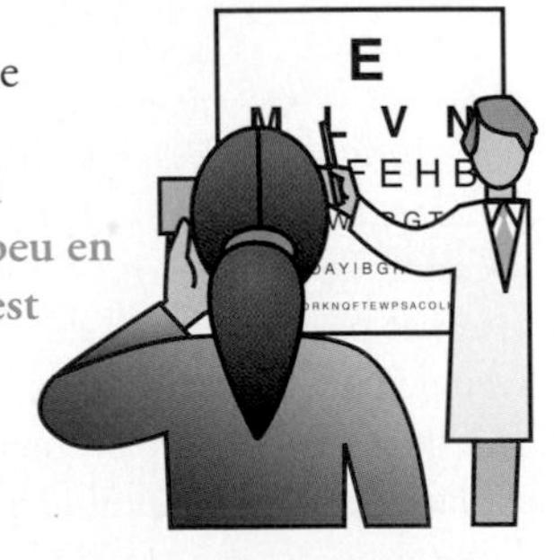

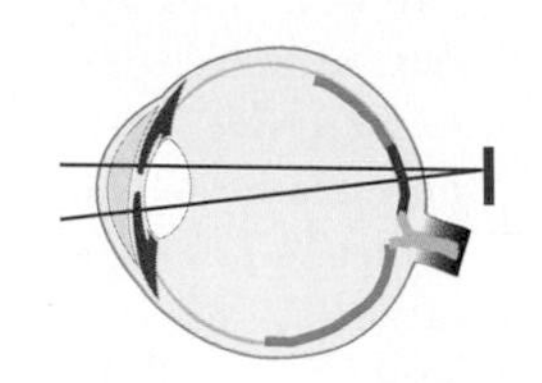

8c **L'hypermétropie** Certaines personnes ont un globe oculaire trop court : elles sont hypermétropes.

L'*hypermétropie* est due à la forme trop courte du globe oculaire ; la focalisation se produisant légèrement à l'arrière de la rétine, la vision d'objets éloignés est claire, alors que celle d'objets rapprochés est floue.

On peut généralement corriger la myopie ou l'hypermétropie à l'aide de lunettes ou de lentilles cornéennes, ou encore grâce à la kératectomie photoréfractaire, un traitement au laser qui modifie la forme de la cornée (Olmos, 1997 ; Stone, 1997).

B. La vue

La rétine : une caméra numérique miniaturisée

Ondes lumineuses... puis influx nerveux ?

Certaines caméras numériques miniaturisées peuvent enregistrer des images étonnamment détaillées ; elles sont pourtant bien primitives comparées à la rétine dont les cellules peuvent transformer les ondes lumineuses en influx nerveux et transmettre au cerveau une information détaillée sur toutes sortes de formes, d'ombres, de dimensions, de textures et de couleurs. La rétine est en quelque sorte une caméra vidéo combinée avec un ordinateur. Et... ses piles ne se déchargent jamais au cours de la transduction, ce processus de transformation des ondes lumineuses en influx nerveux.

1 Revenons à notre girafe : elle reflète des ondes lumineuses qui pénètrent dans les yeux, sont réfractées, focalisées et projetées sur la rétine, au fond du globe oculaire.

La *rétine* comprend deux types de photorécepteurs qui amorcent le processus de transduction : les bâtonnets sont principalement situés en périphérie de la rétine ; les cônes se retrouvent principalement au centre de la rétine dans une aire appelée fovéa.

Nous avons agrandi ci-dessous une section de la rétine pour montrer ses trois couches ; voici le rôle de chacune.

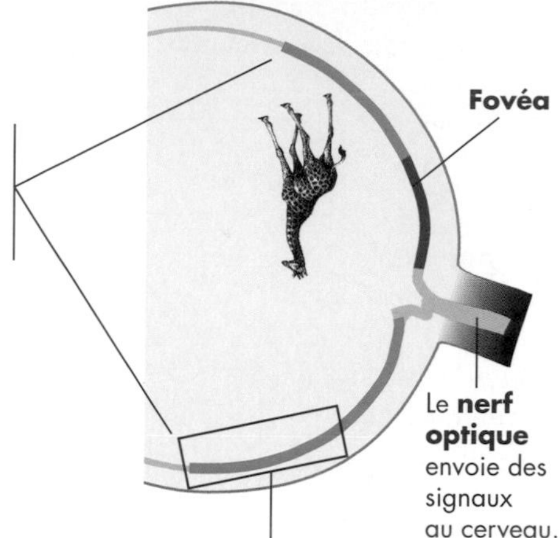

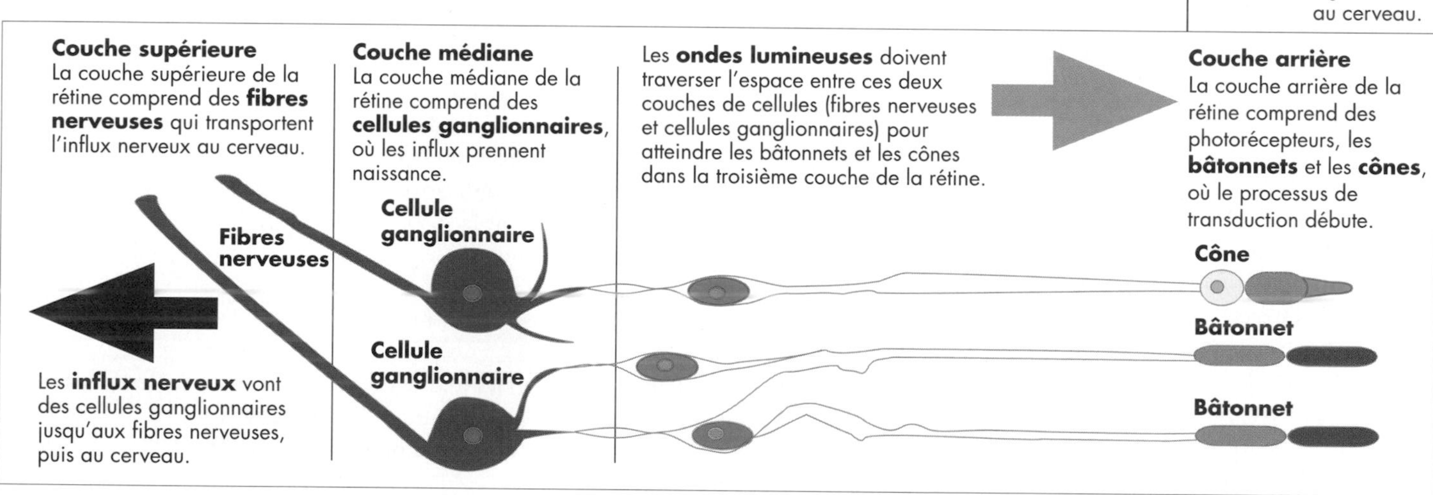

2 L'œil comporte environ 60 millions de bâtonnets, presque tous en périphérie de la rétine.

Les *bâtonnets* sont des photorécepteurs qui ne contiennent qu'une substance chimique, la rhodopsine, qui est stimulée par une petite quantité de lumière. Les bâtonnets sont extrêmement sensibles et nous permettent donc de voir même si la lumière est très faible, mais seulement en noir et blanc et en teintes de gris.

3 La fovéa de la rétine comprend environ 3 millions de cônes.

Les *cônes* sont des photorécepteurs contenant des substances chimiques, les opsines, qui, stimulées par la lumière vive, nous permettent de voir les couleurs. Les cônes sont rattachés individuellement aux cellules voisines par un fil ; c'est ce système de relais individuels qui nous permet de voir les petits détails.

4 Le processus de *transduction* s'effectue quand les substances chimiques contenues dans les bâtonnets et les cônes se divisent après avoir absorbé les ondes lumineuses. Cette réaction chimique produit un courant électrique très faible, mais suffisamment puissant pour déclencher les *influx nerveux* dans les *cellules ganglionnaires* voisines.

5 Les *influx nerveux*, générés dans les cellules ganglionnaires, en sortent par le *nerf optique*, à l'arrière de l'œil. Là où le nerf optique quitte l'œil, il n'y a pas de récepteurs : c'est la *tache aveugle*. Nous ne sommes pas conscients de l'existence de la tache aveugle parce que nos yeux bougent constamment. En effet, grâce au mouvement incessant du globe oculaire, cette insensibilité à la stimulation visuelle d'une zone précise sur la rétine de chaque œil (tache aveugle) est compensée par l'information parvenant constamment aux zones voisines sur la rétine de l'œil et par l'information parvenant à l'autre œil.

En réalité, l'œil ne « voit » pas : il n'est que l'instrument très sophistiqué de la transformation des ondes lumineuses en influx nerveux. Pour qu'on « voie », les influx doivent atteindre les aires visuelles du cerveau, ce que nous expliquerons à la page suivante.

De l'œil au cerveau

Ondes lumineuses... puis images claires ?

Quand on pense à la vue, on pense tout de suite aux yeux : pourtant, la vue « se passe » dans le cerveau, non dans les yeux. Nous avons suivi jusqu'ici le trajet des ondes lumineuses, du moment où elles pénètrent dans l'œil jusqu'au moment où elles en sortent, transformées en influx nerveux, par le nerf optique. Nous verrons maintenant le reste du chemin à parcourir pour se rendre au lobe occipital, où se forment véritablement les images que nous voyons.

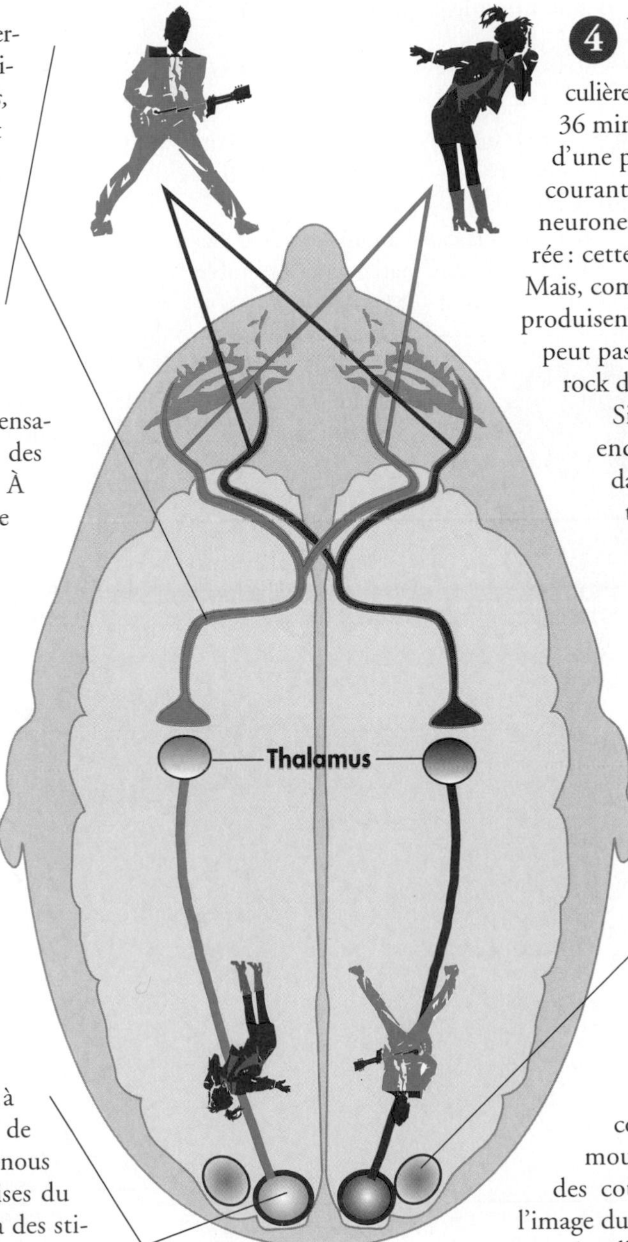

1 Le nerf optique Les influx nerveux empruntent le nerf optique. Celui-ci est relié au *thalamus,* où s'effectue un premier traitement de l'information. Du thalamus, les influx nerveux sont envoyés à l'arrière du lobe occipital, dans les hémisphères gauche et droit.

2 Le cortex visuel primaire Le cortex visuel primaire transforme les influx nerveux en sensations visuelles primaires comme des textures, des lignes et des couleurs. À cette étape, on n'est conscient que de sensations disjointes et non pas encore d'une image claire, comme celle du guitariste.

On croit qu'environ le quart de tout le cortex cérébral est voué au traitement de l'information visuelle, ce qui est beaucoup plus que pour l'analyse de toute autre sensation (Van Essen, 1997). Par ailleurs, le cortex visuel comprend plusieurs types de cellules qui répondent à différentes sensations visuelles.

3 Des cellules spécialisées Les travaux qui ont permis à David Hubel et à Torsten Wiesel de remporter le prix Nobel en 1979 nous ont appris que des cellules précises du *cortex visuel primaire* réagissent à des stimuli visuels spécifiques. Certaines réagissent, par exemple, à des lignes d'une épaisseur donnée, d'autres à des lignes formant un certain angle, et d'autres encore à des lignes qui bougent dans une direction particulière. Ces cellules spécialisées transforment les différents stimuli de l'environnement en sensations visuelles simples : ombres, lignes, textures, angles, etc.

Thalamus

4 Voir... sans yeux Récemment, certaines expériences faites sur la vue se sont révélées particulièrement intéressantes. On a par exemple implanté 36 minuscules fils d'or dans le cortex visuel primaire d'une personne aveugle. Quand on envoie un faible courant électrique à travers ces fils pour stimuler les neurones, le sujet « voit » des éclairs de lumière colorée : cette personne voit donc sans l'aide de ses yeux ! Mais, comme les neurones du cortex visuel primaire ne produisent que des sensations visuelles simples, elle ne peut pas « voir » d'image complexe (les deux vedettes rock de l'illustration, par exemple).

Si le cortex visuel n'est que partiellement endommagé, on aura plusieurs taches aveugles dans le champ visuel, comme si l'on regardait à travers des lunettes sur les verres desquels on aurait peint de petits points noirs. Cependant, le mouvement du globe oculaire ne pourra compenser ici. Des lésions à l'ensemble du cortex visuel primaire des deux hémisphères entraînent une cécité presque totale, à l'exception, peut-être, de la capacité de distinguer le jour et la nuit.

5 Les aires d'association visuelles Le cortex visuel primaire envoie des sensations visuelles primaires, sous forme d'influx nerveux, aux aires d'association visuelles, qui les transforment en perceptions, en faisant des *associations* (Van Essen *et al.,* 1992). Revenons de nouveau à nos vedettes rock : les aires d'association reçoivent des influx nerveux correspondant à des textures, à des lignes, à des mouvements, à des orientations dans l'espace et à des couleurs, et elles les combinent pour former l'image du guitariste ou de la chanteuse. Les aires d'association visuelles se retrouvent dans les deux hémisphères ; donc, dans les deux lobes occipitaux.

Si les aires d'association visuelles ne sont qu'en partie endommagées, on parle alors d'*agnosie visuelle*: la difficulté d'assembler des sensations visuelles simples en images plus complexes (Zeki, 1993). Une personne atteinte d'agnosie visuelle peut, par exemple, voir des parties d'un objet, mais aura de la difficulté à les assembler et à reconnaître l'objet lui-même (voir chapitre 3, page 59).

C. L'ouïe

L'oreille externe, moyenne et interne

Les Rolling Stones ou un chien qui jappe?

On croit très souvent qu'on entend avec nos oreilles: que ce sont elles qui nous permettent de différencier, par exemple, la musique des Rolling Stones... d'un chien qui jappe. Rien n'est plus faux. Comme nous l'avons dit à propos de la vue, c'est dans le cerveau que nous « entendons »: la musique et le jappement ne produisent que des ondes sonores, des stimuli qui activent les récepteurs sensoriels de l'ouïe. Les oreilles reçoivent ces ondes, mais c'est le cerveau qui se charge du processus de l'audition et qui rend possible la distinction entre une chanson des Stones et le jappement d'un chien.

1 L'oreille externe
La forme particulière des oreilles et leur position de chaque côté de la tête permettent de capter les ondes sonores.

L'*oreille externe* comprend trois parties: le pavillon, le canal auditif et une membrane, le tympan.

Le *pavillon* est la partie extérieure, apparente, de l'oreille. Le pavillon capte les ondes sonores et les oriente vers le canal auditif.

1a Le *canal auditif* est un long tube dans lequel les ondes sonores sont canalisées pour parvenir au tympan.

Il arrive que le canal auditif soit bouché par du cérumen, une matière qui ressemble à de la cire et qui nuit à la progression des ondes sonores. Dans certains cas, un bouchon de cérumen se forme et, pour éviter qu'il endommage le tympan, il faut le faire enlever par un médecin.

1b Le *tympan* est une membrane mince et tendue qui vibre sous l'action des ondes sonores qui l'atteignent. Le tympan transmet ces vibrations à un petit os, auquel il est attaché.

Le tympan est la frontière entre l'oreille externe et l'oreille moyenne.

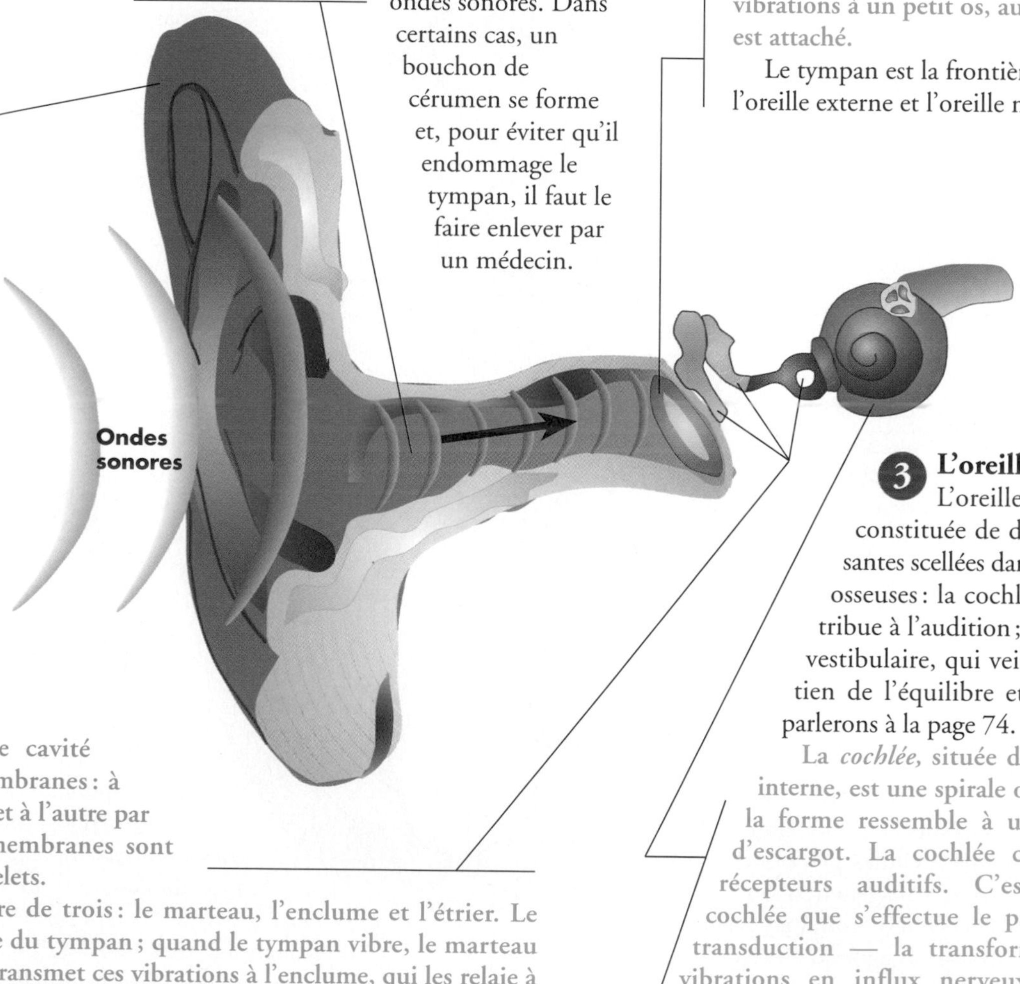

2 L'oreille moyenne
L'oreille moyenne fonctionne comme un amplificateur: elle capte et amplifie les vibrations.

L'*oreille moyenne* est une cavité osseuse, scellée par deux membranes: à une extrémité par le tympan, et à l'autre par la fenêtre ovale. Ces deux membranes sont reliées par de petits os, les osselets.

Les *osselets* sont au nombre de trois: le marteau, l'enclume et l'étrier. Le marteau est attaché à l'arrière du tympan; quand le tympan vibre, le marteau vibre donc aussi. Le marteau transmet ces vibrations à l'enclume, qui les relaie à l'étrier. L'étrier est attaché à l'autre membrane, la fenêtre ovale. Les osselets agissent comme des leviers qui amplifient les vibrations, reçues finalement par la fenêtre ovale.

L'étape suivante concerne l'oreille interne.

3 L'oreille interne
L'oreille interne est constituée de deux composantes scellées dans des cavités osseuses: la cochlée, qui contribue à l'audition; et l'appareil vestibulaire, qui veille au maintien de l'équilibre et dont nous parlerons à la page 74.

La *cochlée,* située dans l'oreille interne, est une spirale osseuse dont la forme ressemble à une coquille d'escargot. La cochlée contient les récepteurs auditifs. C'est dans la cochlée que s'effectue le processus de transduction — la transformation des vibrations en influx nerveux qui sont envoyés au cerveau pour être traités et transformés en information auditive.

On peut voir une coupe transversale de la cochlée à la page suivante.

3a Si vous prenez deux pailles, que vous les tenez parallèlement et que vous les enroulez autour d'un de vos doigts, vous obtenez quelque chose qui ressemble à la cochlée : deux longs tubes, séparés par des membranes qui se rejoignent et forment une spirale. À l'une de ses extrémités, la cochlée est scellée par une membrane, la fenêtre ovale. Quand les osselets font vibrer la fenêtre ovale, celle-ci transmet ces vibrations au liquide que contient la cochlée, et où sont situés les récepteurs auditifs, les cellules ciliées.

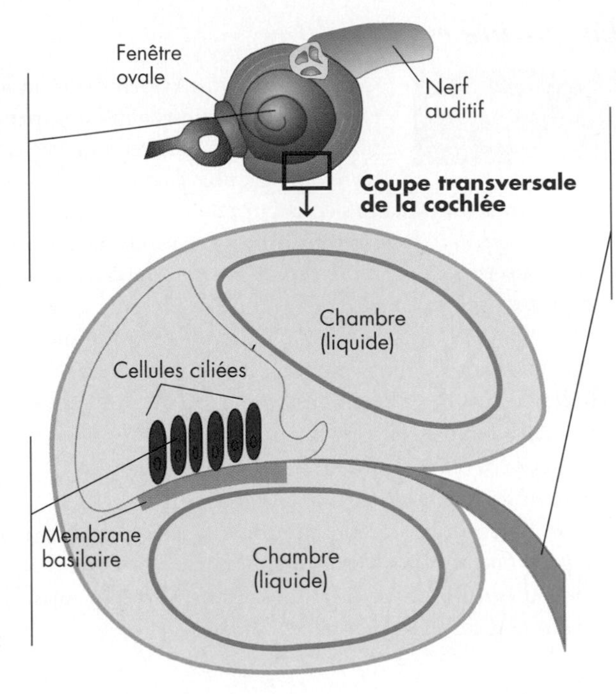

3b Les *cellules ciliées* (en forme de « cils ») prennent leurs racines dans la membrane inférieure de la cochlée, la *membrane basilaire*. Les vibrations de la fenêtre ovale provoquent des vagues dans le liquide que contient la cochlée, lesquelles déplacent la membrane basilaire, qui fait fléchir les cellules ciliées. Ce fléchissement génère un très faible courant électrique qui, s'il est assez fort, déclenche un influx nerveux (transduction).

3c Le *nerf auditif* est formé de fibres nerveuses qui acheminent les influx nerveux jusqu'au cortex auditif du cerveau pour qu'ils y soient traités.

À cette étape-ci, le processus de transduction est terminé.

Le cerveau

Harmonie ou cacophonie ?

Une fois effectuée la transformation de l'énergie physique (les ondes sonores) en influx nerveux, on n'« entend » pas encore. Les différentes aires auditives dans les lobes temporaux du cerveau doivent traiter les influx nerveux pour qu'on puisse entendre et reconnaître des sons.

4 Les centres auditifs du cerveau

Le cortex auditif primaire et l'aire d'association auditive permettent au cerveau de décoder les influx nerveux et de discerner les sons.

4a Le *cortex auditif primaire,* situé sur la bordure supérieure de chaque lobe temporal, reçoit les influx nerveux et les transforme en sensations auditives : par exemple, le son des voyelles et des consonnes, plus ou moins aigu et plus ou moins fort.

Le cortex auditif primaire envoie ensuite les influx aux aires d'association auditive.

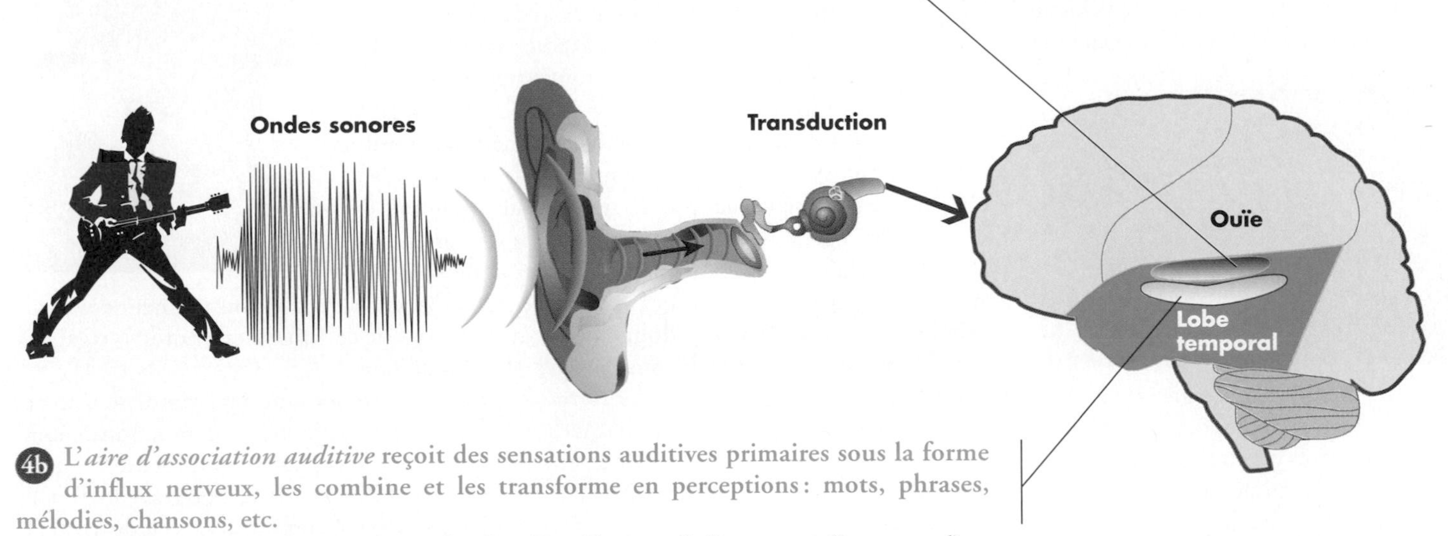

4b L'*aire d'association auditive* reçoit des sensations auditives primaires sous la forme d'influx nerveux, les combine et les transforme en perceptions : mots, phrases, mélodies, chansons, etc.

Tout ce processus (de l'entrée des ondes dans l'oreille, jusqu'à l'instant où l'on entend) se déroule dans un laps de temps très court.

D. L'appareil vestibulaire : le sens de l'équilibre

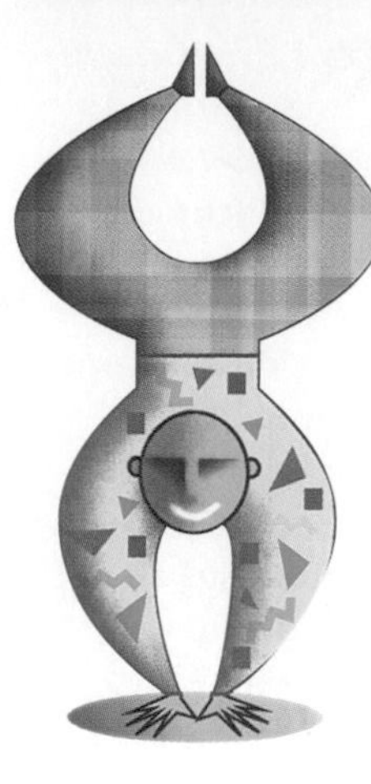

La posture et l'équilibre

Où avais-je la tête ?

Cette expression a évidemment un sens figuré : nous savons toujours où « se trouve » notre tête, et il est rare que nous oubliions, par exemple, de la baisser pour entrer dans une voiture ou que nous ne sachions pas reconnaître que nous avons la tête en bas plutôt que les deux pieds sur terre... Pourquoi n'a-t-on pas besoin de réfléchir à la façon dont est placée notre tête ? Parce que l'appareil vestibulaire s'en occupe.

L'*appareil vestibulaire,* situé au-dessus de la cochlée, dans l'oreille interne, comprend trois canaux semi-circulaires ressemblant à des arches, placés à des angles différents (illustration ci-contre). Chaque canal semi-circulaire est rempli d'un liquide qui bouge au moindre mouvement de tête, et possède des senseurs (cellules ciliées) qui ploient en réponse au mouvement du liquide. C'est grâce à l'appareil vestibulaire que nous connaissons la position de notre tête, et que nous pouvons garder la tête droite et maintenir notre équilibre.

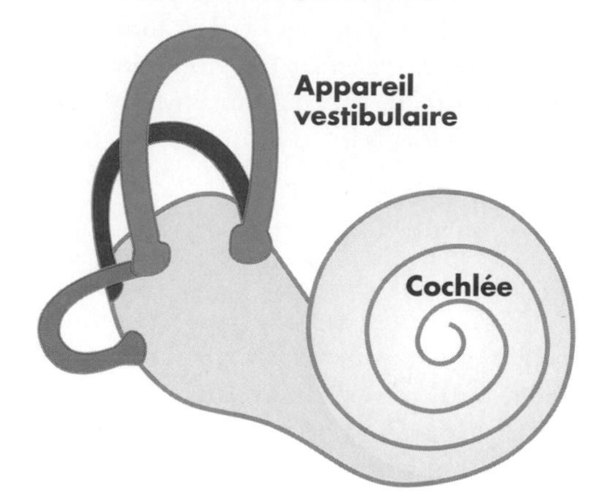

Une infection de l'oreille interne qui affecte l'appareil vestibulaire peut entraîner des étourdissements, des nausées et des problèmes d'équilibre. Le mal des transports est aussi relié au fonctionnement de l'appareil vestibulaire.

Le mal des transports

Des malaises en voiture ?

Si vous-mêmes n'en avez pas fait l'expérience, vous connaissez sûrement quelqu'un pour qui une balade en voiture est une véritable torture ; sueurs froides, nausées, étourdissements : c'est le mal des transports. En Amérique du Nord, 25 % des gens en éprouvent des symptômes qualifiés de moyens à graves ; environ 55 % ne ressentent que de faibles symptômes, et 20 % seulement n'en sont pas affectés. Selon Gannon (1995), le mal des transports apparaîtrait quand l'information reçue par l'appareil vestibulaire n'est pas conforme à celle des autres sens.

Le *mal des transports* — inconfort, nausées et étourdissements dans un véhicule en mouvement — serait le résultat d'une discordance entre l'information reçue par l'appareil vestibulaire (qui « décode » plusieurs mouvements de la tête, puisque le véhicule bouge) et celle recueillie par la vue (les objets au loin semblent relativement stables).

Ce sont les enfants de 2 ans à 12 ans qui sont le plus susceptibles d'avoir le mal des transports. Les recherches démontrent que des facteurs génétiques, plutôt que reliés à la personne, détermineraient la sensibilité au mal des transports (Stern et Koch, 1996).

Plusieurs médicaments peuvent en calmer les symptômes (Attias *et al.*, 1987) ; une thérapie comportementale (apprendre à relaxer en pensant à des choses positives ou en regardant des images relaxantes dès l'apparition des symptômes) peut aussi réduire les symptômes : sur 53 sujets qui ne pouvaient plus prendre l'avion à cause d'un mal chronique des transports, 49 ont surmonté leur problème grâce à ce traitement (Jones *et al.*, 1985).

Des problèmes plus graves sont également reliés à un appareil vestibulaire déficient.

La maladie de Menière et le vertige

Pourquoi Van Gogh s'est-il coupé l'oreille ?

Les recherches de Milstein (1993) permettent de croire que le peintre hollandais Vincent Van Gogh souffrait, entre autres, de la maladie de Menière : c'est ce qui expliquerait que, en proie au délire, il s'est coupé l'oreille gauche et a dû être interné.

La *maladie de Menière* est le résultat du mauvais fonctionnement des canaux semi-circulaires de l'appareil vestibulaire. Les symptômes qui l'accompagnent sont des étourdissements et des nausées, des vomissements, des bourdonnements insupportables dans les oreilles et des étourdissements.

Selon Milstein (1993), environ 7 millions d'Américains souffrent de la maladie de Menière, et celle-ci serait causée par une infection virale de l'oreille interne. Certains de ceux qui en sont atteints affirment entendre constamment des bourdonnements aussi forts que le bruit des chutes Niagara et vomir jusqu'à 30 fois par jour.

Le *vertige,* dont les symptômes sont des étourdissements et des nausées, est aussi causé par le mauvais fonctionnement des canaux semi-circulaires de l'appareil vestibulaire.

On a par exemple recensé des cas de vertige grave mais pour une courte durée (une semaine) chez des gens s'étant frappé la tête après être tombés, le choc ayant endommagé temporairement l'appareil vestibulaire. On ne connaît pas encore de traitement de la maladie de Menière ni du vertige.

E. Le toucher

Définition

Doux ou rugueux ?

Comment « sait »-on qu'un chat est plus agréable au toucher qu'une surface de béton, par exemple ?

La pression, la température (le chaud et le froid) et la douleur sont des renseignements recueillis grâce au *toucher*. Les récepteurs du toucher, placés sous la couche superficielle de la peau (l'épiderme), ont pour fonction de transformer les changements de pression et de température qu'ils subissent en influx nerveux ; ces derniers seront envoyés au cerveau pour y être traités.

Les récepteurs

Quand on observe la surface de la peau, on ne voit qu'une membrane relativement lisse couverte de poils par endroits. Certains récepteurs du toucher sont reliés aux follicules pileux ; d'autres, un peu différents, se trouvent là où la peau n'a aucun poil (la paume des mains, par exemple).

1 La peau La peau (le plus grand organe sensoriel) est composée de trois couches. L'*épiderme* (la partie superficielle) est une fine couche de cellules mortes qui ne comporte aucun récepteur ; les premiers récepteurs sont placés directement sous l'épiderme. Dans le *derme* (la couche médiane) et dans l'*hypoderme* (la partie la plus profonde, qui contient les lobules graisseux), on trouve divers types de récepteurs qui ont des formes et des fonctions différentes. Les récepteurs pileux sont parmi les récepteurs les plus importants du derme.

2 Les récepteurs pileux Les *récepteurs pileux* sont situés dans le derme ; il s'agit de terminaisons nerveuses enroulées autour des follicules pileux, qui réagissent quand les poils se plient sous une pression quelconque. Cependant, si une même pression s'exerce sur les poils pendant un certain temps, les récepteurs cessent de réagir : c'est un exemple d'*adaptation sensorielle.* Le matin, quand vous mettez votre montre, par exemple, celle-ci exerce une pression sur les poils de votre poignet, activant ainsi les récepteurs pileux : vous ressentez alors effectivement le contact de la montre, une pression sur votre poignet. Après un certain temps, même si vous portez toujours votre montre, vous ne la sentez plus : les récepteurs pileux ont cessé de réagir. Certains types de récepteurs (comme les récepteurs pileux) s'adaptent rapidement ; d'autres le font plus lentement. Ce phénomène d'adaptation prévient la suractivité du sens du toucher.

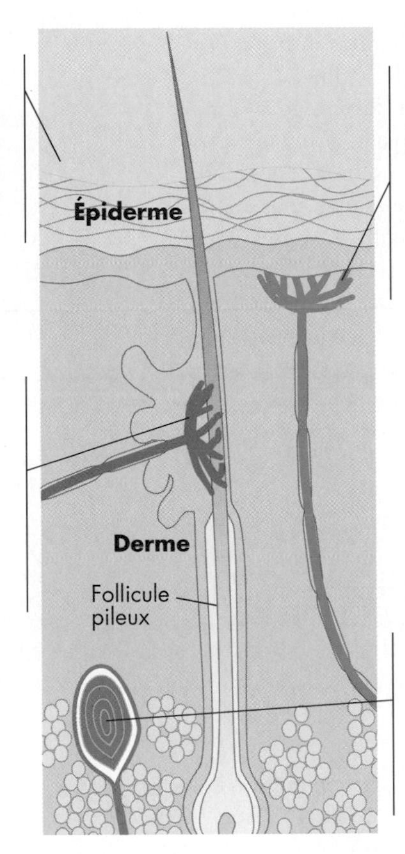

3 Les terminaisons nerveuses libres Les *terminaisons nerveuses libres* sont appelées ainsi parce que rien ne les entoure ni ne les protège ; en forme de fils, elles sont situées légèrement sous l'épiderme. Elles transmettent l'information sensorielle concernant à la fois la température et la douleur : comment cela est-il possible ? Certains chercheurs ont étudié la question et croient que différents types d'activité nerveuse peuvent correspondre à des stimulations sensorielles différentes — un déclenchement lent pour la température et un autre, plus rapide, pour la douleur (Ferster et Spruston, 1995).

4 Le corpuscule de Pacini Le *corpuscule de Pacini,* dans l'hypoderme, est fait de couches superposées comme des pelures d'oignon. Il s'agit du plus grand et du plus sensible des différents types de récepteurs du toucher : il réagit aux vibrations et il s'adapte très rapidement.

Le cerveau

Froid aux pieds, froid aux mains ?

Cortex somesthésique
Lobe pariétal

Quand une pression ou un changement de température (chaud ou froid) stimule les récepteurs de la peau, ceux-ci transforment l'énergie en influx nerveux (processus de transduction). Ces influx nerveux passent par la moelle épinière pour atteindre le cortex somesthésique.

Le *cortex somesthésique,* dans le lobe pariétal, transforme les influx nerveux en sensations tactiles, de température (chaud ou froid) ou de douleur. Comme les différentes parties du corps sont reliées à des aires spécifiques du cortex somesthésique (voir page 57), on a conscience de l'endroit où les récepteurs du toucher ont été stimulés.

Le sens de la douleur est différent du toucher et de la température parce que divers stimuli peuvent le provoquer. Il est activé par la surstimulation de récepteurs sensoriels : les récepteurs du chaud qui sont suractivités quand on touche une surface brûlante ; les récepteurs de la pression qui sont suractivés lorsqu'on se pique le bout du doigt. Si on a mal, c'est parce que le sens de la douleur ne s'adapte pas, contrairement aux autres sens. Il est aussi différent des autres sens cutanés parce qu'il peut être supprimé par des facteurs psychologiques.

F. Les sens chimiques

Le goût

Salé ou sucré ?

Si vous ne pensez que rarement aux milliers de substances chimiques qui se trouvent dans votre bouche et que vous avalez chaque jour, vous savez qu'un aliment a bon goût... ou mauvais goût, et que, si vous vous brûlez la langue avec une boisson chaude, par exemple, votre capacité de goûter peut être réduite pendant quelques jours.

On dit du *goût* qu'il est un sens chimique, parce que les substances qui le stimulent sont chimiques. Des récepteurs situés sur la langue, les bourgeons du goût ou bourgeons gustatifs, distinguent quatre saveurs différentes : le sucré, le salé, l'acide et l'amer. Ce sont les bourgeons du goût qui effectuent le processus de transduction.

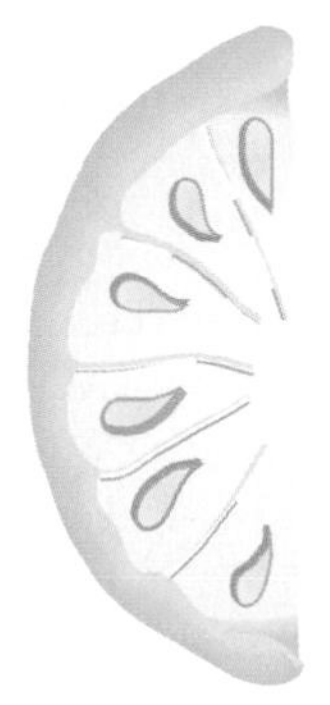

1 Les quatre régions primaires du goût

Dès que la langue entre en contact avec une tranche de citron, par exemple, on goûte sa saveur acide, l'une des quatre saveurs primaires. L'illustration ci-contre montre que les bourgeons du goût de régions précises, sur la langue, réagissent davantage à l'une ou à l'autre des quatre saveurs primaires ; les régions superposées réagissent à des combinaisons de saveurs, sucrée-salée, par exemple.

Certaines personnes ont une préférence marquée pour le sucré ou pour le salé ; cette préférence est héréditaire (Harris *et al.*, 1990 ; J. Williams, 1994). Comme la plupart des animaux, les humains évitent les substances qui ont une saveur amère, probablement parce que c'est la saveur de beaucoup de poisons ; mais, si vous aimez le café très fort ou le chocolat très noir, vous savez qu'on peut apprendre à aimer les substances amères.

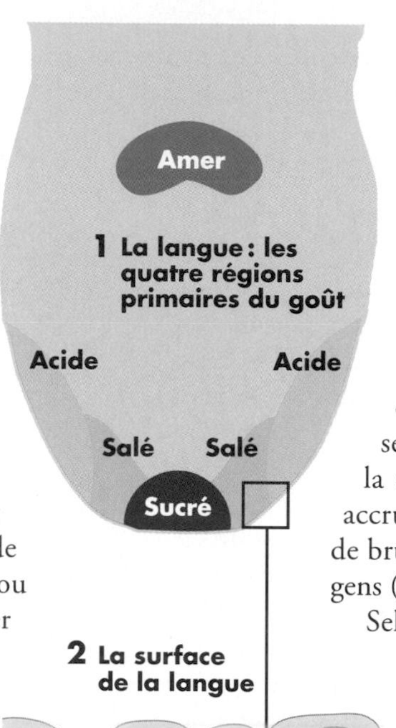

2 La surface de la langue

Quand on mange une tranche de citron, les substances chimiques qu'elle contient (et qui sont les stimuli du goût) se divisent en molécules ; ces molécules se mêlent à la salive et pénètrent dans les pores des papilles gustatives de la langue : c'est là qu'elles stimulent les bourgeons du goût.

3 Les bourgeons du goût

Dans les replis, à la surface de la langue, on trouve des centaines de bourgeons du goût, qui ont une forme qui rappelle celle d'un bulbe ou d'un oignon.

Les *bourgeons du goût* ou *bourgeons gustatifs* sont les récepteurs du goût. Les substances chimiques qui forment les aliments, une fois dissoutes dans la salive, stimulent les bourgeons. Ceux-ci produisent des influx nerveux qui, envoyés au cortex (lobes pariétaux), y sont traités et transformés en sensations gustatives.

Les bourgeons du goût sont remplacés environ tous les dix jours, parce qu'ils « travaillent » dans un environnement relativement toxique et sont continuellement exposés à la chaleur, au froid, aux épices, aux bactéries et à la salive. Chez l'être humain, la langue peut comporter de 500 à 10 000 bourgeons du goût ; ce nombre, chez un individu donné, reste constant pendant toute la vie (Fackelmann, 1997).

4 On n'a pas tous la même langue...

Dans certains cas, très rares, on peut naître sans bourgeons du goût : chez les individus qui souffrent de cette malformation génétique, le goût est donc inexistant (Bartoshuk et Beauchamp, 1994). Par ailleurs, environ 25 % des êtres humains ont un goût très développé, parce qu'ils ont deux à trois fois plus de bourgeons gustatifs que la normale ; chez ces individus, le sucré est... plus sucré et la sensibilité à certaines substances comme la capsaicine (contenue dans le piment) est accrue, ce qui entraîne chez eux une sensation de brûlure plus intense que chez la majorité des gens (Drewnowski, 1997).

Selon Bartoshuk (1997), la grande acuité du goût est un phénomène héréditaire, qui serait apparu au cours de l'évolution. Autrefois, rois et empereurs avaient recours à des gens au goût très développé pour tester des aliments afin de prévenir un empoisonnement ; aujourd'hui, des goûteurs travaillent pour des entreprises alimentaires et évaluent, par exemple, le goût de nouveaux produits.

La capacité de goûter, cependant, dépend largement de l'odorat.

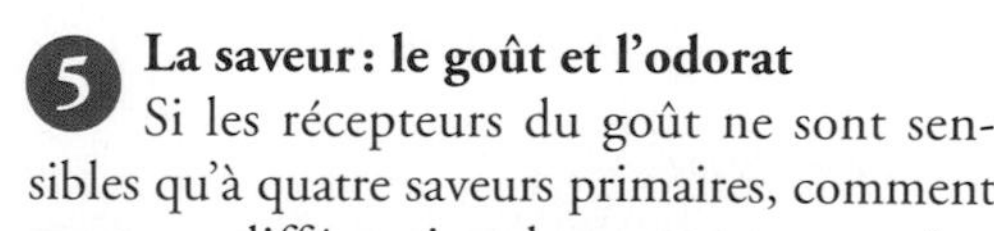

5 La saveur : le goût et l'odorat

Si les récepteurs du goût ne sont sensibles qu'à quatre saveurs primaires, comment peut-on différencier deux saveurs sucrées, comme un gâteau au chocolat et de la crème glacée à la vanille, ou deux saveurs acides, comme le jus de citron et le vinaigre ? Une grande partie des sensations que nous attribuons au goût sont, en fait, reliées à l'odorat.

La *saveur* perçue est le résultat d'une combinaison de sensations gustatives et olfactives.

Quand on a la grippe, par exemple, et qu'on souffre de congestion nasale, l'odorat s'en trouve affaibli : c'est ce qui explique que ce qu'on mange alors est très souvent insipide.

L'odorat

Comment reconnaît-on les odeurs?

Nous avons dit que la langue pouvait comporter jusqu'à 10 000 bourgeons du goût, mais ce chiffre est faible comparé aux 6 millions de cellules réceptrices du nez (Silver, 1997). C'est pour cette raison que l'odorat (ou l'olfaction) est 10 000 fois plus sensible que le goût (Reyneri, 1984).

On dit de l'*odorat* qu'il est un sens chimique, parce que ses stimuli sont des substances chimiques transportées par l'air. Ce sont les récepteurs du nez, les cellules olfactives, qui effectuent le processus de transduction.

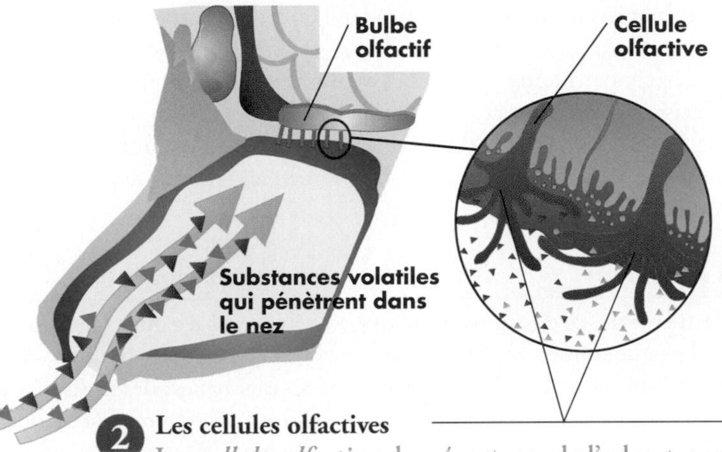

1 Le stimulus
Tous ont, à un moment donné, senti l'odeur caractéristique de la mouffette, qui se défend en éjectant un liquide nauséabond; les molécules qui forment ce liquide sont volatiles: transportées par l'air, elles pénètrent donc dans le nez quand on respire. On qualifie de volatile une substance dont les molécules sont transportées dans l'air à une température normale: le parfum est un bon exemple de produit volatil.

2 Les cellules olfactives
Les *cellules olfactives,* les récepteurs de l'odorat, sont situées dans deux sections de la paroi nasale d'environ 2,5 cm^2, complètement au sommet des fosses nasales. Elles sont couvertes de mucus, un liquide épais, dans lequel les molécules se dissolvent. Quand les molécules se dissolvent dans le mucus, elles stimulent les cellules olfactives qui sont au fond, ce qui déclenche alors des influx nerveux qui sont envoyés au cerveau.

Quand on respire, une petite partie de l'air inhalé atteint le sommet des fosses nasales où sont les récepteurs olfactifs. L'odorat peut être partiellement ou totalement perdu de diverses façons: un virus ou une inflammation peut détruire les récepteurs olfactifs du nez, ou un coup sur la tête peut endommager le système olfactif, qui transporte les influx au cerveau (Bartoshuk et Beauchamp, 1994).

Encore une fois, pour qu'on « sente », les influx nerveux doivent (comme dans le cas des autres sens) être traités par le cerveau.

3 Les sensations et les odeurs
Les influx nerveux produits par les cellules olfactives atteignent d'abord le bulbe olfactif (en vert, ci-contre). De là, ils sont relayés au cortex olfactif primaire (ou cortex piriforme) situé à la base du cerveau, qui les transforme en sensations olfactives (Firestein *et al.,* 1996).

Nous pouvons ainsi reconnaître jusqu'à 10 000 odeurs différentes; cependant, nous cessons vite de sentir une odeur familière, un parfum par exemple, parce que les cellules olfactives s'y « adaptent » (Kurahashi et Menini, 1997).

Gagner sa vie avec son nez?

Mme Sophia Grojsman exerce un métier plutôt rare: elle est maître parfumeuse (dans ce milieu, on dit un « nez »). Elle a créé quelques-uns des parfums les plus connus (Calvin Klein, Estée Lauder). Son salaire est élevé, parce que rien ne peut remplacer la formidable capacité de son odorat, qui lui permet de choisir, de se rappeler et de mélanger des fragrances qui séduisent et captivent. L'informatique n'a pas encore réussi à remplacer l'odorat humain, parce que les scientifiques ne font que commencer à comprendre les caractéristiques moléculaires (poids, forme) qui déterminent les odeurs que l'être humain peut reconnaître (Shipley et Ennis, 1996).

4 Les fonctions de l'odorat
L'une des fonctions de l'odorat est d'intensifier le goût des aliments. Quand on se bouche le nez, on ne peut pas, par exemple, faire la différence entre un bonbon à la réglisse et un autre à l'orange. L'odorat nous aide également à détecter un aliment potentiellement dangereux: l'odeur de la nourriture avariée joue ce rôle de manière très efficace. Une troisième fonction est de nous rappeler des souvenirs très vifs souvent associés à de fortes émotions: l'odeur de certains mets, un bon fumet de tourtière, par exemple, qui rappelle des fêtes de famille (Miltner *et al.*, 1994; Silver, 1997). Finalement, pour de nombreux animaux, l'odorat est un moyen de trouver de la nourriture, de reconnaître des semblables et de délimiter un territoire.

G. La sensation vs la perception

Les différences fondamentales

Réussir sa vie ?

Pour une bonne part, notre bonheur et notre succès dans la vie dépendent de notre capacité à nous adapter de manière appropriée aux changements qui surviennent dans notre environnement (NAMHC, 1996). Pour réagir et s'adapter à ces modifications, il faut premièrement recueillir des millions de sensations non signifiantes en elles-même et les transformer en perceptions qui peuvent nous être utiles. Cependant, le processus de transformation des sensations en perceptions est effectué par le cerveau et se fait automatiquement avec une telle rapidité, et de manière si peu consciente, qu'il n'est pas étonnant qu'on croie que la sensation produite par un stimulus (une image, un bruit, etc.) correspond exactement à ce qu'on perçoit. De plus, ce processus de transformation des sensations en perceptions est influencé par notre état du moment — si l'on est bien éveillé, fatigué, inquiet, nerveux, ou encore sous l'effet d'une drogue quelconque. L'alcool, par exemple — nous l'avons expliqué au chapitre précédent —, altère le jugement et diminue le contrôle de soi : nos perceptions deviennent moins rationnelles et moins inhibées, ce qui peut entraîner un comportement agressif, des décisions inappropriées, des problèmes avec les gens autour de nous (Carey et Correia, 1997 ; Ito *et al.,* 1996 ; Stritzke, 1996). Ressentir et percevoir, c'est comme le jour et la nuit.

Faites-en l'expérience : regardez rapidement la figure en noir et blanc, à gauche, puis détournez votre regard et dites ce que vous avez vu.

Les sensations

À première vue, ce dessin n'est qu'un ensemble de lignes, d'espaces, de taches que, pour simplifier, nous appellerons sensations visuelles. En réalité, nous n'avons que très peu souvent l'occasion de faire l'expérience de sensations « à l'état brut », puisqu'elles sont immédiatement transformées en perceptions.

Une *sensation* est la première prise de conscience d'un stimulus externe. Un stimulus externe excite des récepteurs sensoriels qui, à leur tour, produisent des impulsions électriques qui sont transformées par le cerveau en petits fragments d'information insensée.

Vous pouvez avoir une idée de ce à quoi « ressemble » une sensation visuelle en vous couvrant un œil avec la moitié d'une balle de ping-pong. En regardant à travers cette balle presque opaque, vous verrez des ombres, des taches de couleur et des formes, mais rien de signifiant.

La photo ci-dessous est une autre illustration de ce phénomène. De prime abord, vous ne voyez que des formes, des textures et des taches de couleur (ce que nous appellerons sensations visuelles). Si l'on vous dit que cette photo est une échographie de l'abdomen d'une femme enceinte, vous pouvez alors transformer ces sensations en une image signifiante — une perception : le fœtus est couché sur le dos ; ce que vous voyez à gauche, c'est son ventre, et à droite, c'est sa tête. On voit son bras droit et sa main, au-dessus de sa tête ; on peut même distinguer les cinq doigts... et voir qu'il suce son pouce !

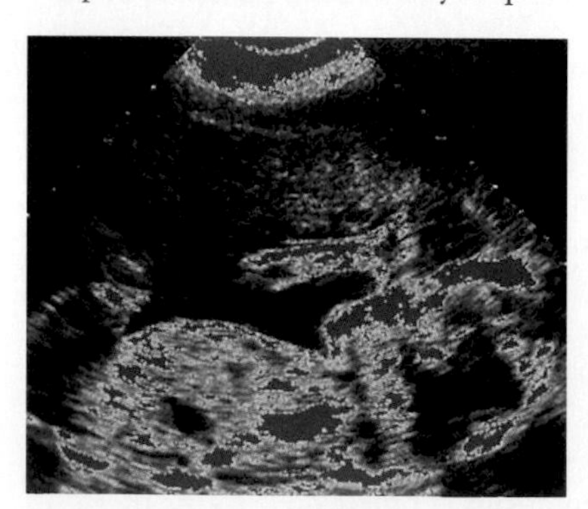

Il serait évidemment impossible de vivre si l'on ne pouvait « se fier » qu'à des sensations, d'où l'importance cruciale du processus par lequel elles sont transformées en perceptions.

Les perceptions

Quand vous regardez l'illustration ci-contre, votre cerveau traite plusieurs milliers de sensations visuelles : des traits, des courbes, des textures, des ombres et des couleurs. Instantanément, et sans que vous ne vous en rendiez compte, il combine ces milliers de sensations en perception : vous voyez une face de tigre orangée sur un fond vert.

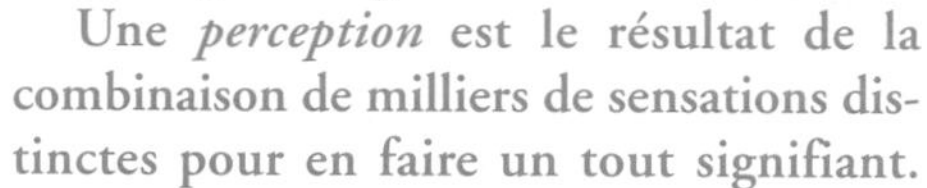

Une *perception* est le résultat de la combinaison de milliers de sensations distinctes pour en faire un tout signifiant.

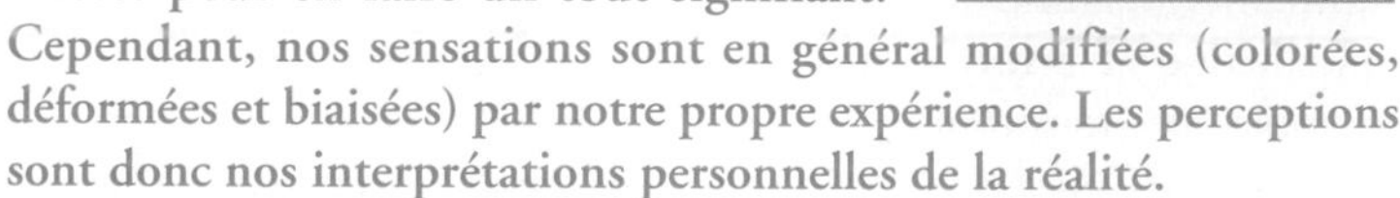

Cependant, nos sensations sont en général modifiées (colorées, déformées et biaisées) par notre propre expérience. Les perceptions sont donc nos interprétations personnelles de la réalité.

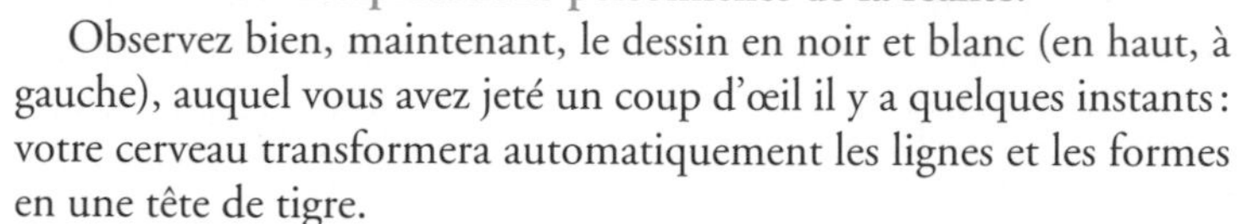

Observez bien, maintenant, le dessin en noir et blanc (en haut, à gauche), auquel vous avez jeté un coup d'œil il y a quelques instants : votre cerveau transformera automatiquement les lignes et les formes en une tête de tigre.

Cette petite expérience donne une idée de ce qu'est le phénomène de la perception : les perceptions ne sont pas des copies exactes de la réalité, elles sont « filtrées » par notre expérience (le simple fait d'avoir vu le tigre orange permet ensuite de le reconnaître dans le dessin en noir et blanc). Des chercheurs ont par exemple demandé à 20 étudiants qui aiment la musique rock et à 20 autres qui ne l'aiment pas, d'écouter un échantillon de 10 secondes de musique rock. On a ensuite demandé à chaque sujet de régler le volume de son appareil au même niveau d'intensité que celui de l'appareil de référence. Résultat : les amateurs de rock mettaient chaque fois le volume à un niveau plus élevé que le niveau de référence, alors que les autres le mettaient à un niveau plus faible (Fucci *et al.,* 1993). Cette recherche démontre que notre expérience (ici, le fait d'apprécier ou non la musique rock) influence nos perceptions, la plupart du temps sans que nous en soyons conscients.

Autrement dit, tous les individus ne perçoivent pas le monde de la même manière.

La transformation des sensations en perceptions

Le « bon chien » devient un « méchant chien » ?

Comme nous l'avons expliqué, nos perceptions sont en quelque sorte des interprétations de la réalité, modifiées ou colorées par nos expériences personnelles, nos souvenirs, nos émotions, nos motivations... Reprenons l'histoire de Gabrielle, dont nous avons parlé

au début du chapitre. Nous pouvons conclure, de cet incident (avec le « bon » chien qui l'a mordue), que la prochaine fois qu'elle verra un chien, elle n'en aura plus la même perception : elle verra un animal « méchant » (à tout le moins potentiellement). Pour comprendre comment cela est possible, nous avons divisé le processus perceptuel — en fait très complexe — en cinq étapes simples.

1 Le stimulus Normalement, nous ne sommes pas conscients des étapes qui précèdent la perception comme telle. Le point de départ est un stimulus : une variation d'énergie dans notre environnement : ondes lumineuses, ondes sonores, pression mécanique, substances chimiques... Un stimulus excite des récepteurs sensoriels logés dans les yeux, les oreilles, la peau, le nez ou la bouche. Dans notre exemple, les stimuli sont des ondes lumineuses réfléchies par le corps du chien.

2 La transduction Dans les yeux de Gabrielle, les ondes lumineuses sont focalisées sur la rétine, qui contient des photorécepteurs sensibles à la lumière et qui effectuent la transduction. Les impulsions électriques sont ensuite transformées en influx nerveux qui se rendent au cerveau. Tous les organes des sens, comme les yeux, ne produisent pas de sensations : ils ne font que transformer l'énergie en impulsions électriques.

3 Le cerveau À partir des organes des sens, les impulsions sont acheminées à différentes régions du cerveau : de l'oreille, elles se rendent au lobe temporal ; du toucher, au lobe pariétal ; des yeux, au lobe occipital, par exemple. Quand les impulsions atteignent l'aire corticale responsable de leur traitement (ici, le cortex visuel primaire, dans le lobe occipital), les impulsions sont d'abord transformées en sensations. À ce stade, Gabrielle ne pouvait pas interpréter ces sensations.

Lobe occipital

4 Les sensations Chaque aire corticale responsable du traitement de l'information provenant des différents sens transforme les impulsions reçues en sensations : ici, en petits fragments d'information insensée comme des formes, des couleurs et des textures (illustration ci-contre). Ces « sensations » sont alors envoyées dans les aires d'association appropriées du cortex où, de petits fragments d'information isolés et sans sens, elles deviennent un tout qui acquiert un sens : une perception.

Les impulsions venant des yeux de Gabrielle sont donc transformées en sensations par le cortex visuel primaire, et en perceptions par les aires d'association visuelles... mais l'histoire ne s'arrête pas là !

5 Les perceptions individuelles Nos expériences personnelles, émotions et souvenirs forment un tout unique, et sont automatiquement ajoutés, par d'autres régions du cerveau, à nos perceptions. Le résultat est donc que nos perceptions sont des copies modifiées, déformées et biaisées de la réalité (Niedenthal et Setterlund, 1994). Désormais, quand Gabrielle verra un chien, plusieurs milliers de sensations seront combinées pour « créer » un animal connu, un chien ; mais, à cela, d'autres aires du cerveau « ajouteront » l'émotion qu'elle a ressentie quand elle a été mordue. Quand deux personnes (ou la même personne dans des situations différentes — comme Gabrielle avant et après l'incident du parc) regardent le même chien, celui-ci peut donc être perçu très différemment : beau ou laid, gentil ou méchant, etc. C'est ce qui se passe pour toutes nos perceptions.

Le processus qui consiste à assembler puis à organiser les sensations en perceptions a suscité beaucoup d'intérêt chez les premiers psychologues, dont les opinions divergeaient parfois sur le sujet. La section suivante traite de deux points de vue diamétralement opposés.

H. L'organisation perceptive

Structuralistes contre gestaltistes

Pourquoi un grand débat?

Au début du XXe siècle, deux groupes de psychologues ont débattu, de façon passionnée, la question suivante: comment les perceptions se forment-elles? Selon les structuralistes, c'était l'addition de milliers de sensations qui permettait la formation d'une perception. Tout aussi convaincus de leur théorie, les gestaltistes affirmaient que, plutôt que de s'additionner les unes aux autres, les perceptions se combinaient suivant un ensemble de règles innées pour donner une perception. Qui avait raison?

Les structuralistes

Sur l'illustration ci-contre, vous voyez une fontaine, des arbustes et des palmiers au-dessus desquels se trouve un grand dôme de verre. Croyez-vous que votre cerveau a combiné plusieurs milliers de sensations particulières pour produire cette perception complexe? Oui? Alors vous adhérez à la théorie des structuralistes.

Les *structuralistes* affirmaient qu'une perception complexe était formée de milliers d'éléments de base. Par conséquent, ils affirmaient également qu'on pouvait suivre le processus en sens inverse: décomposer les perceptions en éléments de plus en plus simples.

Des chercheurs ont passé des centaines d'heures à analyser des perceptions pour les décomposer en leurs éléments de base. Ils croyaient qu'ainsi ils arriveraient à comprendre comment ces éléments s'additionnaient pour former les perceptions — un peu comme on additionne les chiffres d'une colonne pour arriver à une somme.

Selon les structuralistes, la perception de l'illustration ci-dessus serait donc le résultat de l'addition de centaines d'éléments (briques, feuilles, branches, tuiles, briques, morceaux de verre et d'acier, diverses couleurs...): un type d'explication rejeté avec vigueur par les psychologues gestaltistes.

Les gestaltistes

Pour les gestaltistes, les perceptions étaient beaucoup trop complexes pour n'être qu'une somme de sensations.

Les *gestaltistes* affirmaient que le cerveau fonctionnait suivant un ensemble de règles précisant comment certains éléments distincts s'organisent pour produire un tout signifiant: une perception.

Les psychologues gestaltistes soutenaient donc que les perceptions n'étaient pas une somme de sensations. Selon leur théorie, les perceptions étaient plutôt le produit du travail du cerveau, de la capacité de celui-ci à organiser les sensations selon un ensemble de règles — un peu comme ce qui se produit quand le cerveau assemble et organise des mots pour en faire des phrases ayant un sens.

Pour les psychologues gestaltistes, la perception de l'illustration ci-contre n'est pas un assemblage de tuiles, de bouts de verre ou de métal, de feuillage donnant l'image que nous voyons, mais plutôt la combinaison de ces éléments, et ce, d'une façon particulière. «Le tout est plus que la somme de ses parties», voilà ce qui résume leur point de vue: les perceptions sont plus que de simples sensations additionnées les unes aux autres. Les gestaltistes sont même allés un peu plus loin: ils ont établi une liste de ces principes organisationnels.

À l'évidence, il existe des principes...

Qui a remporté le débat?

Les gestaltistes avaient raison, et ce, pour deux raisons. La première se trouve dans nos propres expériences perceptuelles. La belle scène ci-dessus constitue ce qu'on appelle un trompe-l'œil: ce qui apparaît en trois dimensions est en fait peint sur un mur (donc en deux dimensions). Il semble impossible qu'une expérience perceptuelle aussi complexe — et, en plus, en trois dimensions — ne soit que la somme de divers éléments (briques, verre, etc.) Cette illustration d'un réalisme saisissant est en quelque sorte une démonstration du fait que «le tout est plus que la somme de ses parties».

La deuxième raison réside dans une série d'études extrêmement détaillées. Des chercheurs ont, par exemple, demandé à des sujets de décrire ce qu'ils percevaient à la suite de divers stimuli. L'analyse des résultats a démontré que la formation de perceptions impliquait davantage que l'addition d'éléments isolés (Rock et Palmer, 1990). Le cerveau «travaille» effectivement en respectant un ensemble de principes qui permettent aux perceptions de se former. Ce sont ces principes organisationnels que nous expliquerons à la page suivante.

Les principes organisationnels

Il est difficile de croire que l'illustration de la page précédente est une photo de ce qui a été peint sur un mur. L'une des raisons pour lesquelles on « voit » cette illustration en trois dimensions, c'est que celle-ci a été faite suivant plusieurs principes gestaltistes de l'organisation perceptuelle.

Les *principes organisationnels,* établis par les psychologues gestaltistes, indiquent comment notre cerveau combine et organise différents éléments pour en faire une perception signifiante.

Enfants, nous apprenons ces règles petit à petit et, dès l'âge de deux ans, nous commençons à les utiliser (Spelke *et al.,* 1993). C'est ainsi qu'on transforme des milliers de stimuli en perceptions, en particulier les publicités et tout ce qui est imprimé (NAMHC, 1996).

La figure et le fond

L'un des principes les plus élémentaires de l'organisation perceptive est qu'on « détache » un objet du fond sur lequel il est présenté (l'arrière-plan). Par exemple, si vous regardez rapidement l'illustration de gauche, vous voyez un objet noir sur un fond blanc.

Selon le *principe de la figure-fond,* quand le cerveau organise différents stimuli, on a tendance à distinguer automatiquement une figure d'une surface ; la figure, plus détaillée, se détache du fond, qui l'est moins.

Cette capacité de détacher la figure du fond qui en est le support serait une réaction innée : des personnes qui étaient aveugles très jeunes et qui ont recouvré la vue à l'âge adulte, par exemple, font cette distinction avec très peu ou sans entraînement particulier (Senden, 1960). Le principe figure-fond est l'un des premiers que le cerveau utilise pour organiser l'information en une perception (Peterson et Gibson, 1994).

Cette illustration est intéressante parce que, si vous la regardez plus longuement, plutôt qu'un vase ou un piédestal noir, vous verrez deux visages blancs de profil : la figure et le fond sont inversés. La plupart des images que nous percevons habituellement ne présentent pas cette caractéristique, parce que leurs formes sont mieux définies (Driver et Baylis, 1996).

La similarité

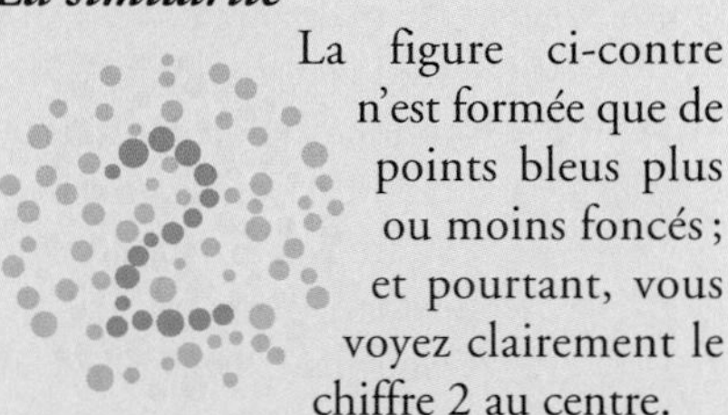

La figure ci-contre n'est formée que de points bleus plus ou moins foncés ; et pourtant, vous voyez clairement le chiffre 2 au centre.

Selon le *principe de la similarité,* quand le cerveau organise différents stimuli, on regroupe les éléments qui se ressemblent.

On voit le chiffre 2 parce qu'on assemble les points plus foncés qui le composent, au lieu de ne voir qu'un ensemble de points disposés au hasard.

La clôture

Même si les lignes du dessin ci-contre ne sont pas continues, vous pouvez facilement voir un chat ou un chien.

Selon le *principe de la clôture,* quand le cerveau organise différents stimuli, on a tendance à ajouter les éléments manquants d'une figure pour ainsi la voir au complet.

C'est ce principe qui explique pourquoi on peut lire une affiche sur laquelle il manque quelques lettres ; c'est aussi ce qui explique qu'on peut assembler les pièces d'un casse-tête pour former une image donnée.

La proximité

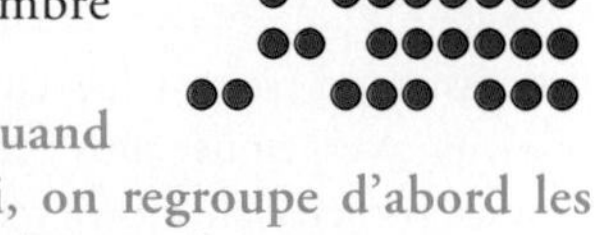

Chaque ligne horizontale du dessin ci-contre est formée de huit points. Pourtant, vous avez probablement l'impression que les lignes ne contiennent pas toutes le même nombre de points.

Selon le *principe de la proximité,* quand le cerveau organise différents stimuli, on regroupe d'abord les objets qui sont physiquement plus près les uns des autres.

Par exemple, on voit au premier coup d'œil que la première ligne est formée de trois groupes (Kubovy et Wagemans, 1995).

La simplicité

Regardez la figure A : selon vous, est-elle faite des pièces de la figure B, C ou D ? Vous croyez probablement que la figure A est faite des pièces de la figure B — un ovale et un carré qui se chevauchent.

Selon le *principe de la simplicité,* quand le cerveau organise différents stimuli, il le fait de la façon la plus simple possible.

En fait, la figure A est formée des pièces de la figure C ou de la figure D. Mais nous avons toujours tendance à percevoir des figures complexes comme étant un assemblage de plusieurs figures plus simples (Shimaya, 1997).

La continuité

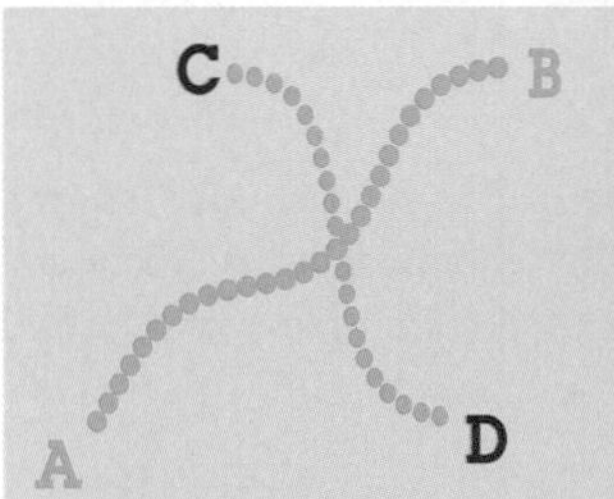

Observez la figure ci-contre en tentant de suivre le chemin que vos yeux parcourent. Chez la majorité des gens, les yeux « regardent » de gauche à droite et suivant une ligne continue : ici, un chemin qui va de A à B ou de C à D.

Selon le *principe de la continuité,* quand le cerveau organise différents stimuli, on a tendance à préférer les chemins simples et continus quand on interprète une succession de points ou de lignes.

Il serait étonnant, par exemple, que vous voyiez ici une ligne qui commence en A et bifurque ensuite abruptement vers C ou D.

I. La constance perceptive

Grandeur, forme, clarté et couleur : des constances

Des automobiles miniatures ?

La perception soulève des questions intéressantes. Quand une personne ou un animal bougent, leur forme change ; pourtant, on sait qu'il s'agit toujours de la même personne ou du même animal. Quand on voit une automobile s'éloigner, même si son image sur la rétine rapetisse graduellement, on sait qu'elle n'est pas subitement devenue miniature. Pourquoi en est-il ainsi ? C'est ce qu'on appelle le phénomène de la constance perceptive.

La *constance perceptive* est le fait qu'on perçoive les grandeurs, les formes, la clarté et les couleurs comme invariables, en dépit des changements constants de leurs caractéristiques physiques sur la rétine de l'œil.

Nous verrons quatre types de constance perceptive — la grandeur, la forme, la clarté et la couleur.

La constance de grandeur

Imaginez la complexité d'un monde où l'on croirait qu'une personne, un animal ou une chose rapetissent réellement quand ils s'éloignent ! C'est le principe de la constance de la grandeur qui nous évite de « se débattre » contre une trop grande variété de stimuli.

La *constance de grandeur* est la tendance à percevoir comme invariable la grandeur des objets, en dépit du fait que la dimension de leurs images rétiniennes change continuellement.

Quand une automobile s'éloigne, même si elle projette sur notre rétine une image de plus en plus petite (à gauche), on sait que sa taille n'a pas changé. C'est le même processus qui est en jeu quand une automobile vient vers nous : plus elle approche, plus l'image projetée sur notre rétine est grande (à droite), mais l'on sait que sa grandeur réelle reste la même.

Tout cela semble évident ; cependant Gregory (1974) rapporte le cas d'un individu, aveugle de naissance, et ayant recouvré la vue à l'âge adulte ; quand, pour la première fois, il a vu, d'une fenêtre d'un quatrième étage, des gens sur le trottoir, il a été surpris de voir des personnes si petites. N'ayant pas appris la constance de grandeur, il ne savait donc pas que ces « petites créatures » étaient des personnes de taille normale.

La constance de forme

Placez un livre sur une table, puis éloignez-vous en un peu : l'image que le livre projette sur votre rétine a désormais la forme d'un trapèze (sa largeur, du côté le plus éloigné, semble plus petite que celle du côté le plus près de vous) ; vous savez pourtant que le livre a une forme rectangulaire.

La *constance de forme* est la tendance à percevoir comme invariable la forme des objets, en dépit du fait que, quand vous les voyez sous des angles différents, l'image rétinienne de leurs formes change continuellement.

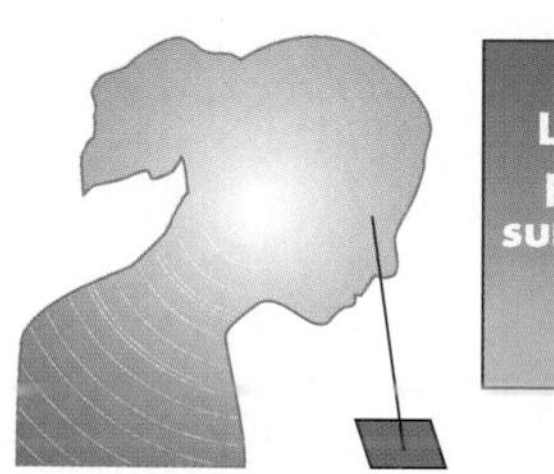

La figure ci-dessus montre que, quand on regarde, du dessus, un objet rectangulaire, celui-ci projette une forme rectangulaire sur la rétine.

Cependant, si on l'éloigne, l'image devient trapézoïdale, alors que l'objet est toujours rectangulaire et qu'on sait qu'il en est ainsi.

La constance de clarté et de couleur

Quand on regarde des vêtements dans un placard mal éclairé, ils semblent tous ternes et vaguement grisâtres. À cause de la constance de clarté et de couleur, on sait pourtant que telle chemise est rouge ou que tel pantalon est bleu.

La *constance de clarté* est la tendance à percevoir que la luminosité de la couleur reste identique sous un éclairage différent.

La *constance de couleur* est la tendance à percevoir que la couleur reste identique sous un éclairage différent.

Observez les deux photos ci-dessous. Sur la première, en plein soleil, le chandail de la jeune fille est jaune vif. Sur la deuxième, à l'ombre, il est moins vif, mais vous savez qu'il est toujours jaune.

Sous un éclairage faible, on a l'impression que les objets sont grisâtres parce notre capacité de distinguer les couleurs est réduite vu la moins grande intensité de la lumière qui atteint la rétine.

Ces quelques exemples vous ont sans aucun doute montré l'importance cruciale du phénomène de la constance perceptive ; en fait, sans elle, le monde dans lequel nous vivons serait un chaos perpétuel !

Ce que nous verrons maintenant est la réponse à une question tout aussi intéressante : comment le cerveau peut-il transposer en trois dimensions ce que nos yeux ne voient qu'en deux dimensions ?

J. La perception de la profondeur

Les indices binoculaires de profondeur

Comment peut-on voir en trois dimensions ?

Au cinéma, la plupart des films sont présentés « en deux dimensions », celles de l'écran. Mais peut-être avez-vous déjà vu un film « en trois dimensions » : des objets ou des animaux semblent alors sortir de l'écran de façon si réaliste qu'on est porté à essayer de se protéger ! Ces films sont plus rares, parce qu'ils sont très coûteux à produire et qu'ils exigent que les spectateurs portent des lunettes spéciales. Mais avez-vous déjà pensé que vos yeux vous offrent, tout naturellement et gratuitement, une vue du monde en trois dimensions ? Ce qui est fascinant, c'est que ce qu'on voit en trois dimensions est pourtant projeté en deux dimensions sur la rétine. Ce sont les yeux et le cerveau qui « ajoutent » la troisième dimension : la profondeur.

La *perception de la profondeur* est la capacité des yeux et du cerveau d'ajouter une troisième dimension, la profondeur, même si les images projetées sur la rétine n'en ont que deux, la hauteur et la largeur.

L'illustration ci-contre est un dessin, donc en deux dimensions ; pourtant, elle semble être en relief, parce que le dessinateur a créé au moyen de lignes et de couleurs l'impression de profondeur.

La perception de la profondeur est indispensable : sans elle, comment pourrait-on localiser des objets dans l'espace et se déplacer parmi eux ? Les indices relatifs à la perception de la profondeur sont de deux types principaux : binoculaire et monoculaire.

Les *indices binoculaires de la profondeur* dépendent du mouvement des deux yeux.

Nous étudierons deux indices binoculaires : la convergence et la disparité rétinienne.

La convergence

Quand un optométriste nous fait subir un examen de la vue, il nous demande de suivre le bout de son doigt, d'abord placé à une certaine distance, puis qu'il approche ensuite jusqu'à ce qu'il touche notre nez : c'est ce qu'on appelle le test de convergence.

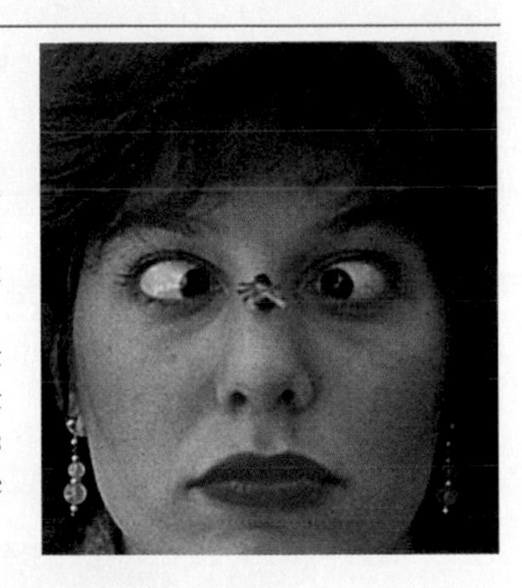

La *convergence* est un indice binoculaire de la perception de la profondeur basé sur les signaux qu'envoient les muscles qui font bouger les yeux. Pour faire la mise au point sur un objet rapproché ou qui se rapproche de nous, les muscles tournent les yeux vers le nez. Le cerveau utilise les signaux envoyés par les muscles pour déterminer la distance à laquelle l'objet se trouve.

Si vous placez un doigt devant vous et que vous l'approchez lentement de votre nez, vous savez qu'il est de plus en plus près notamment parce que les muscles qui font tourner vos yeux vers l'intérieur envoient des signaux correspondant à la convergence. Plus les yeux sont tournés (c'est-à-dire convergent) vers l'intérieur, plus vous savez que l'objet est près. La photo de droite montre quelqu'un qui regarde une mouche sur son nez : c'est le maximum de convergence possible.

La disparité rétinienne

Un autre indice binoculaire de la perception de la profondeur, la disparité rétinienne, est lié à la position de nos yeux, ce qui entraîne une différence entre les images projetées sur les deux rétines par un même objet.

La *disparité rétinienne* est un indice binoculaire de la perception de la profondeur qui dépend de la distance entre les deux yeux. Chaque œil reçoit une image légèrement différente de ce qu'on voit ; la différence entre l'image qui se forme dans l'œil droit et celle qui se forme dans l'œil gauche correspond à la disparité rétinienne. Une disparité rétinienne importante est interprétée par le cerveau comme le signe qu'un objet est rapproché, et une légère disparité rétinienne comme le signe qu'un objet est éloigné.

On voit, à gauche, comment fonctionne la disparité rétinienne : la différence entre l'image qui est « envoyée » au cerveau par l'œil gauche (1) et celle qui est « envoyée » par l'œil droit (2) produit la disparité rétinienne (3).

Les lunettes qu'on doit porter dans les cinémas 3D ont habituellement des verres de couleurs différentes — un rouge et un vert. Le cerveau reçoit donc deux images différentes de ce qui est présenté à l'écran : l'une à travers un filtre rouge, et l'autre à travers un filtre vert. Le cerveau combine ces deux images, et c'est ce résultat qui donne l'impression de profondeur.

Alors, comment se fait-il que les personnes qui n'ont l'usage que d'un œil perçoivent quand même la profondeur ? C'est ce que nous expliquerons à la page suivante.

1. L'œil gauche reçoit une image légèrement différente de la mouche.

2. L'œil droit reçoit une image légèrement différente de la mouche.

3. Le cerveau combine les deux images un peu différentes, ce qui nous permet de percevoir la profondeur.

J. La perception de la profondeur

Les indices monoculaires de profondeur

Un cyclope pilote d'avion ?

Dans la mythologie grecque, les cyclopes sont des géants n'ayant qu'un œil, au milieu du front. Quel rapport y a-t-il avec l'aviation ? Une personne n'ayant l'usage que d'un œil ne peut utiliser ni la convergence ni la disparité rétinienne comme indices de perception de la profondeur ; or, pour faire atterrir un avion, il est « utile » de percevoir la profondeur... Est-ce possible avec un seul œil ?

Oui, grâce aux indices monoculaires de profondeur.

Les *indices monoculaires de profondeur* sont produits par les signaux qui ne parviennent qu'à un seul œil. La plupart sont reliés à la façon dont les êtres ou les choses sont disposés dans l'espace.

Voici sept indices monoculaires courants.

1 La perspective linéaire

Sur une longue route droite, les lignes parallèles, de chaque côté, semblent se rejoindre en un point, à l'horizon. Cette convergence est un indice de distance ; on l'appelle perspective linéaire.

La *perspective linéaire* est un indice monoculaire de profondeur fondé sur le fait que des lignes parallèles semblent converger en un point très éloigné.

2 La grandeur relative

Vous savez que les coureurs, ci-dessus, sont tous à peu près de la même taille. Pourtant, sur la photo, l'image du coureur de gauche est beaucoup plus petite que celle du coureur qui passe le fil d'arrivée. La dimension relative des êtres ou des choses est un indice de distance.

La *grandeur relative* est un indice monoculaire de profondeur fondé sur le fait que, de deux êtres ou choses ayant approximativement la même taille et situés à des endroits différents, le plus gros des deux paraîtra plus proche, et le plus petit paraîtra plus éloigné.

3 L'interposition

Les poissons, sur la photo ci-dessus, sont tous de la même grosseur. Comment sait-on lequel est devant et lequel est derrière ? C'est l'indice de profondeur du recouvrement, appelé interposition, qui nous renseigne.

L'*interposition* ou le *recouvrement* est un indice monoculaire de la perception de la profondeur qui entre en jeu quand des êtres ou des choses se couvrent partiellement l'un l'autre : celui qui recouvre partiellement l'autre semble plus proche, et celui qui est recouvert paraît plus éloigné.

4 La lumière et l'ombre

Sur la photo ci-dessus, les empreintes de pas bien éclairées nous paraissent plus proches, alors que celles qui le sont moins semblent plus éloignées. Le côté ensoleillé de la dune paraît également plus proche que celui qui est dans l'ombre. L'ombre et la lumière sont donc des indices de profondeur.

La *lumière* et l'*ombre* produisent des indices monoculaires de perception de la profondeur : les objets éclairés paraissent plus près que ceux qui le sont moins.

5 Le gradient de texture

Les craquelures bien nettes, à l'avant-plan, nous semblent plus proches ; celles qui sont de moins en moins définies paraissent de plus en plus éloignées. Ces changements marqués des détails d'une surface sont des indices de profondeur créés par des gradients de texture.

Le *gradient de texture* est un indice monoculaire de profondeur ; les surfaces dont les textures sont bien définies sont perçues comme plus rapprochées, et celles dont les textures sont plus floues paraissent plus éloignées.

6 La perspective atmosphérique

Un indice de profondeur que vous n'avez peut-être jamais remarqué est créé par les changements de l'atmosphère. Ici, l'acrobate et l'arête de la falaise paraissent beaucoup plus près que les montagnes et le paysage enveloppés de brouillard.

La *perspective atmosphérique* est un indice monoculaire de profondeur qui est créé par la présence de poussière, de smog, de nuages et de vapeur d'eau. Nous percevons les objets plus clairs comme plus proches et ceux qui sont brumeux comme plus éloignés.

7 La parallaxe de mouvement

Sur cette photo prise d'un train en mouvement, notez que les objets flous qui semblent bouger — poteaux de téléphone, rails, herbe jaunie — paraissent beaucoup plus près, alors que ceux qui semblent immobiles — l'arbre et l'immeuble — semblent beaucoup plus éloignés. Ces indices de profondeur sont produits par la manière dont nous percevons le mouvement.

La *parallaxe de mouvement* est un indice monoculaire de profondeur basé sur la vitesse. Nous percevons les êtres et les choses qui nous paraissent bouger très vite comme plus près de nous que ceux qui bougent plus lentement ou semblent immobiles.

Les personnes qui n'ont l'usage que d'un œil (y compris notre cyclope pilote d'avion) peuvent donc se repérer dans l'espace grâce à tous ces indices monoculaires qui leur permettent de percevoir la profondeur.

Nous aborderons maintenant une question qui vous intrigue sûrement : pourquoi voit-on parfois des choses qui ne sont pas là ?

K. Les illusions

Les perceptions et les illusions

Qu'est-ce qu'une illusion ?

Nous percevons tous, la plupart du temps, une image assez semblable d'une réalité donnée, et qui correspond de façon assez précise à cette réalité. Nous avons tous un système sensoriel et un cerveau qui reçoivent et traitent l'information sensorielle de façon similaire ; on a vu, cependant, que certaines lésions au cerveau peuvent entraîner une déformation des perceptions (voir page 59). Par ailleurs, la correspondance entre nos perceptions de la réalité et la réalité elle-même est aussi due au fait que nos expériences quotidiennes nous fournissent des repères, utilisables dans d'autres circonstances, sur la grandeur, la forme et la couleur des choses, par exemple. Cependant, nous avons également vu que nos perceptions peuvent être déformées à la suite d'expériences émotives marquantes (voir page 79). Ce que nous allons étudier ici est un autre type de déformation des perceptions : quand des indices perceptifs nous amènent à percevoir des choses invraisemblables. Ce sont les illusions.

Une *illusion* est une expérience au cours de laquelle nous percevons la réalité de façon étrange et déformée : une réalité qui ne peut pas exister et qui, effectivement, n'existe pas. On peut créer une illusion en manipulant les indices perceptifs pour que le cerveau ne puisse pas les interpréter correctement : ce qu'on perçoit alors de l'espace, de la grandeur ou de la profondeur ne correspond pas à la réalité.

Si l'on regarde la partie de droite du diapason ci-contre, on voit qu'il a, comme tout diapason, deux branches ; cependant, si l'on regarde l'extrémité à gauche, il semble en avoir trois.

Une *figure impossible* est une expérience perceptive où un dessin semble défier les lois de la géométrie.

Ce sont les dessins qu'on a vus dans les livres qui influencent notre perception et rendent ce diapason impossible à comprendre (et très difficile à dessiner pour la plupart des gens). Ainsi, les objets tridimensionnels y sont représentés en deux dimensions. L'illusion créée par le diapason vient du fait que son extrémité gauche semble comporter trois branches alors que l'extrémité droite d'où elles partent ne comporte pas la base de la branche centrale (quand on pose le doigt sur la branche du centre, l'effet est plus saisissant).

Si ce dessin produit une illusion, c'est parce qu'il a été réalisé de manière à embrouiller notre perception.

L'« illusion de la lune »

Un phénomène intrigue les gens depuis la nuit des temps : la taille « variable » de la lune. La photo de gauche montre que, quand la pleine lune est près de l'horizon, elle semble beaucoup plus grosse que quand elle est plus haut dans le ciel (photo de droite). Ce qui est intéressant, c'est qu'on voit deux images de dimensions très différentes, alors que, dans les deux cas, l'image de la lune projetée sur la rétine est, elle, de la même taille.

Depuis 50 ans, on a proposé plusieurs explications de phénomène ; aucune, pourtant, ne fait l'unanimité. Certains croient que plusieurs indices de perception contribuent à produire cette illusion. La lune, à l'horizon, paraît plus grosse parce qu'elle semble plus éloignée (indices de distance), et à cause du contraste avec la façon dont on la voit quand elle est plus haut dans le ciel (indices de dimension). Quand la lune est plus haute, la perspective atmosphérique la ferait aussi paraître plus petite à cause des nuages ou du brouillard environnant (Plug et Ross, 1994). D'autres chercheurs proposent plutôt que l'illusion est due, en partie, au fait que nous nous sommes habitués, au fil du temps, à voir la lune « rétrécir » quand elle « monte » dans le ciel (Reed, 1996).

La chambre de Ames

L'enfant, sur la photo de gauche, est-il réellement deux fois plus grand (et plus gros) que l'adulte ? Bien évidemment, non. Alors, d'où vient cette illusion ?

La *chambre de Ames,* du nom de son concepteur, Albert Ames, démontre que notre perception de la grandeur est déformée par des changements introduits dans les indices de profondeur.

Si l'enfant semble deux fois plus grand que l'adulte, c'est que la pièce possède une forme particulière, et que la photo a été prise d'une façon bien précise. Observez le dessin de droite. Si l'on regarde la pièce par le trou qui est indiqué, elle est rectangulaire, et correspond ainsi à ce qu'on s'attend à voir. Mais si on la regarde du dessus, elle prend alors une forme inhabituelle : le coin de gauche est deux fois plus loin du trou que le coin de droite. L'adulte est donc, en réalité, deux fois plus loin de l'observateur que l'enfant. Comme on sait qu'une pièce normale est rectangulaire, les indices de distance, qui ne donnent pas ici une information exacte sur les distances réelles, influencent notre perception des dimensions (la grandeur relative des deux personnes).

L'illusion de Ponzo

Sur la figure ci-dessus, le trait noir du haut semble beaucoup plus long que celui du bas. Mesurez les deux traits, et vous découvrirez qu'ils sont pourtant identiques : c'est l'*illusion de Ponzo.* Vu leur position sur la voie ferrée, vous comprenez que le trait du haut est plus loin que celui du bas ; or, l'expérience nous a appris que, pour que deux objets qui ne sont pas situés à la même distance de nous semblent avoir la même dimension, il faut que le plus éloigné soit, dans les faits, plus grand que l'autre. Voilà pourquoi le trait du haut paraît plus long que celui du bas.

L'illusion de Müller-Lyer

Ces figures illustrent l'*illusion de Müller-Lyer.* Le trait rouge vertical de la photo A semble plus court que celui de la photo B ; en réalité, ils sont pourtant de la même longueur. Comment est-ce possible ? Nous savons, par expérience, que, si l'angle formé par deux murs d'une pièce semble pointer vers nous, ce coin est plus près de nous que le coin représenté par un angle qui semble pointer dans le sens opposé à nous. Si, sur la photo A, les deux coins (au sol et au plafond) sont plus proches, on percevra donc la ligne qui les relie, plus proche elle aussi, comme étant plus courte que la ligne la photo B, qui est plus éloignée.

Quelles leçons tirer de ce qu'on sait des illusions ?

Les illusions nous apprennent que, pour percevoir le monde, nous ne nous basons que sur une série d'indices de grandeur, de forme et de profondeur. Si ces indices perceptifs sont, pour une quelconque raison, faussés, notre processus de perception, habituellement fiable, peut être biaisé. Les illusions mettent aussi en lumière que, dans une situation donnée, nous avons recours à notre expérience pour interpréter l'information que nous donnent les indices de perception, et que cela peut également entraîner des erreurs. Il arrive que des entreprises tentent de profiter de ces « failles » possibles dans le processus de perception ; il est donc important d'en être conscients. Nous en parlerons à la section suivante.

L. Sujet de recherche : la perception subliminale

Acheter du maïs soufflé sans le « vouloir » ?

À la fin des années 1950, aux États-Unis, une étude a révélé que les spectateurs, au cinéma, achetaient 50 % plus de maïs soufflé et 18 % plus de Coca-Cola quand les messages publicitaires « Mangez du maïs soufflé ! » et « Buvez Coca-Cola ! » étaient projetés de manière subliminale (pendant 1/3 000e de seconde) durant le film (McConnell *et al.,* 1958). Le Congrès américain, inquiet que les consommateurs puissent être influencés à leur insu, a alors failli interdire toute forme de publicité subliminale ; un projet de loi présenté en ce sens n'a finalement pas été adopté, puisqu'on a démontré par la suite que la publicité subliminale était inefficace (Pratkanis, 1992). L'histoire se répète cependant et certaines publicités prétendent encore aujourd'hui que des cassettes audio comportant des messages subliminaux peuvent contribuer à la modification de certains comportements (Hannon, 1995).

Modifier des comportements

Reprenons l'exemple de la cassette audio de Maria, dont nous avons déjà parlé (voir page 65). Est-ce une façon réellement efficace de transformer son comportement (dans ce cas, améliorer sa confiance en soi), sans effort ?

Des chercheurs ont effectué une expérience utilisant la procédure de double aveugle afin de répondre à cette question.

Méthodologie Pendant plusieurs semaines, les sujets ont écouté deux cassettes différentes intitulées *Améliorer l'estime de soi* et *Améliorez votre mémoire,* puis on a mesuré les effets produits.

Procédure de double aveugle On voulait vérifier si les cassettes permettaient aux sujets d'améliorer leur confiance en eux-mêmes et leur mémoire, et, dans le cas d'une réponse positive, établir si cet effet était réellement dû aux messages subliminaux, ou si ce n'était qu'un effet placebo (voir page 25). L'expérimentateur n'a donc pas révélé aux sujets ni aux assistants de recherche (les interviewers) le type de message subliminal que contenaient les cassettes ; par exemple, on avait placé sur certaines cassettes « Améliorez votre mémoire » des messages destinés à améliorer l'estime de soi et sur certaines cassettes « Améliorer l'estime de soi », des messages destinés à améliorer la mémoire.

Résultats Environ 50 % des sujets ont affirmé avoir noté une amélioration soit de leur estime de soi, soit de leur mémoire, *en accord avec ce que le titre de la cassette promettait.* Par exemple, un sujet à qui l'on avait remis une cassette « Améliorer l'estime de soi » contenant un message visant à améliorer la mémoire a affirmé avoir une meilleure confiance en lui-même à la fin de l'expérience.

À la suite de l'étude, on a conclu que les messages subliminaux des cassettes n'ont pas réellement eu d'effet sur les comportements qu'ils étaient censés influencer, les résultats observés étant dus au fait que les sujets *croyaient* à l'efficacité des cassettes (autoréalisation des prophéties) (Greenwald, 1991).

Influencer les perceptions

Quand vous êtes de bonne humeur, remarquez-vous, sans peut-être vous en rendre compte, qu'il y a plus de gens souriants autour de vous ? Des chercheurs ont fait une étude sur ce phénomène : « Les sujets heureux perçoivent-ils les "mots joyeux" plus vite que "les mots tristes", et vice versa ? » (Niedenthal et Setterlund, 1994)

Méthodologie On a d'abord fait écouter aux sujets différentes pièces musicales connues, pour les mettre dans une ambiance soit de « joie », soit de « tristesse ».

On projetait ensuite sur un écran des séries de mots (par exemple : « joie, habitude, mal, code, comédie, pleur »), que les sujets devaient classer dans l'une des trois catégories : joyeux (joie, comédie), triste (mal, pleur) ou neutre (habitude, code). Voici un échantillon représentatif des données recueillies.

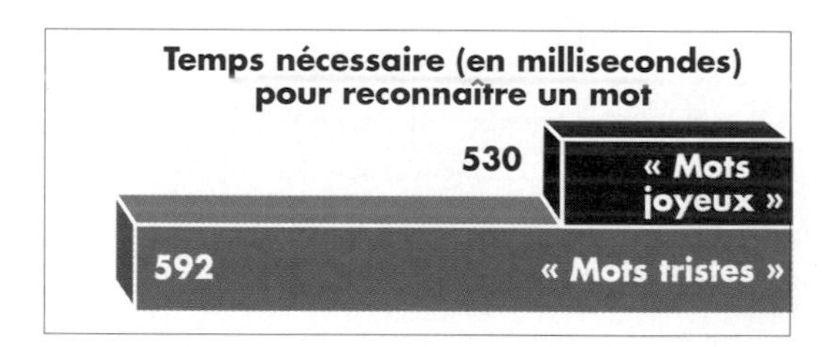

Résultats Comme on le voit sur le graphique, les chercheurs ont observé que les sujets « de bonne humeur » percevaient de façon significative les « mots joyeux » plus rapidement que ne le faisaient les sujets « tristes » (on a également observé l'inverse).

On a donc conclu que, sans que nous en soyons conscients, un état émotif donné peut influencer notre manière de percevoir les choses ; d'autres études ont confirmé ces résultats (Niedenthal, 1992 ; Niedenthal et Setterlund, 1994). Cela pourrait expliquer un phénomène observé dans la vie courante : très souvent, quand nous sommes de bonne humeur, nous avons inconsciemment tendance à être plus sensibles à ce qui nous rend « joyeux » qu'à ce qui pourrait nous rendre « moins joyeux » ou « tristes ».

M. Application : la réalité virtuelle

La réalité virtuelle

Une opération... virtuelle ?

Un phénomène est en train de bouleverser nos vies : la réalité virtuelle.

La réalité *virtuelle* est une expérience perceptuelle au cours de laquelle on peut agir dans un environnement créé ou simulé par ordinateur.

On connaît les jeux virtuels. Le ou les participants se servent d'une manette, ou portent des gants ou un casque spéciaux reliés à un puissant programme informatique : à l'aide de ces instruments, ils ont l'impression de se déplacer et d'intervenir dans un espace en trois dimensions créé par ordinateur.

Une autre application de la réalité virtuelle, dans le domaine médical, est en train de voir le jour. Un chirurgien pourra opérer des patients virtuels créés par ordinateur ; ces simulateurs permettront aux chirurgiens de perfectionner leurs techniques et leurs habiletés. De tels programmes informatiques rendront également possibles des interventions chirurgicales à distance, le chirurgien opérant à partir d'un ordinateur avec des membres robotisés (Taubes, 1994) : la photo ci-contre montre un bras robot qui exécute les mêmes gestes que le chirurgien qui, lui, travaille avec une manette devant un écran qui lui fournit des images tridimensionnelles de l'intérieur d'un œil du patient — ici, un mannequin (Cowley *et al.*, 1995).

On crée ainsi, actuellement, des appareils à l'aide desquels il sera possible de faire des interventions chirurgicales sur des tissus microscopiques, ou dans des régions du cerveau jusqu'ici très difficiles à atteindre par des moyens conventionnels (Rose *et al.*, 1996 ; Rosenfeld, 1996).

En psychologie, la réalité virtuelle trouve également des applications. Par exemple, des gens qui ont la phobie des araignées, des avions ou des hauteurs peuvent être exposés à des stimuli (araignées, cabine d'un avion, etc.) dans un environnement tridimensionnel simulé de toutes pièces. Les thérapeutes qui utilisent ce genre de thérapie obtiennent d'excellents résultats (Carlin *et al.*, 1997).

Les premières impressions

Qui sont-ils ?

On a découvert que les caractéristiques du visage ont une influence importante sur les premières impressions et sur l'idée qu'on se fait des gens. Une personne attrayante, par exemple, est perçue comme étant plus intéressante, sociable, intelligente, ouverte et gentille (Eagly *et al.*, 1991). Nos premières impressions sont également influencées par des stéréotypes ethniques — positifs et négatifs — basés sur des caractéristiques physiques comme la couleur de la peau ou le style de coiffure. Les coiffeurs d'Hollywood savent bien, entre autres, que le fait d'avoir ou non une chevelure abondante, et que la couleur et le style de la coiffure d'un acteur ou d'une actrice peuvent radicalement changer leur apparence, ce qui, par le fait même, influence la perception que nous avons du personnage qu'ils interprètent. Regardez les trois photos de gauche, ci-dessus : qui sont ces trois personnes très connues ? Il s'agit, de gauche à droite, de : l'actrice Marilyn Monroe, l'animateur de radio Howard Stern et de l'actrice Julia Roberts.

La couleur de la peau influence également beaucoup nos impressions et nos perceptions. Cette fois-ci, regardez les deux photos de droite : de qui s'agit-il ? Vous avez probablement reconnu l'acteur américain Arnold Schwarzenegger et la reine d'Angleterre. Ces deux photos colorées par ordinateur ont été publiées dans un magazine américain, à l'appui d'un article qui traitait de l'importance qu'on accorde, dans l'opinion qu'on se fait des gens d'après leur apparence, aux caractéristiques physiques reliées à l'origine ethnique. Après avoir vu la reine Élisabeth « dans » la peau d'une Indienne et Arnold Schwarzenegger en Afro-Américain, vous pouvez évaluer vous-même votre réaction...

Les éléments en jeu dans la formation d'une impression reposent sur une caractéristique fondamentale des perceptions : celles-ci, influencées par nos expériences personnelles, sont des interprétations plutôt que des répliques exactes de la réalité.

N. Diversité culturelle : goûts et dégoûts

Manger des vers ?

Nous avons vu, au cours de ce chapitre, comment les sens transforment l'énergie physique en influx nerveux, qui, à leur tour, traités par le cerveau, deviennent des sensations, puis des perceptions. Nos perceptions sont influencées par des facteurs psychologiques (apprentissage, émotions, motivations) : nous ne percevons donc jamais le monde de la même manière qu'une autre personne. Si l'on offrait au cours d'un repas des yeux de poisson, par exemple, bien des gens, ici, réagiraient avec dégoût : l'expression du visage qui exprime le dégoût (ci-dessus) est semblable dans toutes les cultures.

Partout dans le monde, l'expression faciale qui exprime le *dégoût* (ou l'aversion, la répugnance) se fait de l'une ou de plusieurs de ces façons : on ferme les yeux, on pince les narines, on courbe les lèvres vers le bas et, quelquefois, on sort la langue. L'expression de dégoût indique le plus souvent le rejet d'aliment (Haidt *et al.*, 1994).

Les enfants commencent à exprimer le dégoût de cette façon entre deux et quatre ans, au moment où ils apprennent, selon leur culture, quels aliments sont considérés comme bons ou répugnants (Farb et Armelagos, 1980).

Nous avons tous une préférence innée pour les saveurs sucrées et salées, et nous cherchons à éviter les saveurs amères, mais pour presque tout le reste, le goût est le résultat d'un apprentissage.

L'environnement culturel influence donc beaucoup la perception de ce qu'est un mets dégoûtant ou un mets délicieux. Voici trois exemples : en lisant, notez vos réactions...

Des vers bien dodus

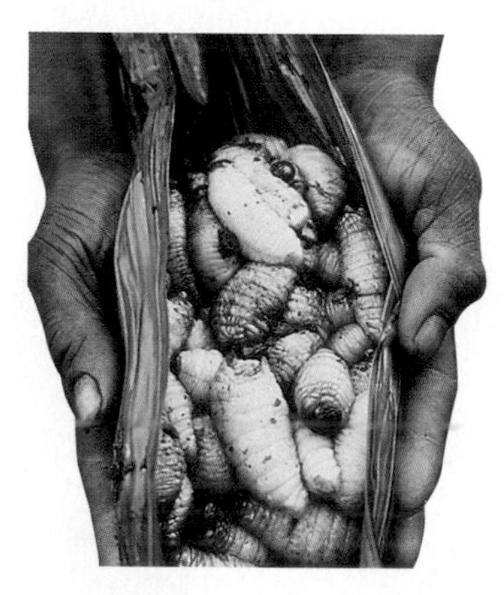

Pour la plupart des Occidentaux, manger des vers est impensable. Pourtant, chez les Asmats, en Nouvelle-Guinée, des larves de 5 cm, blanches et dodues, constituent un plat exquis. Les aborigènes ramassent des douzaines de ces larves et les mettent dans des feuilles de bambou pour les faire griller. Par exemple, on avait offert à un photographe américain en reportage dans ce coin du globe d'en manger, mais ses goûts occidentaux l'ont empêché de les avaler (Kirk, 1972).

Les yeux de poisson et le gras de baleine

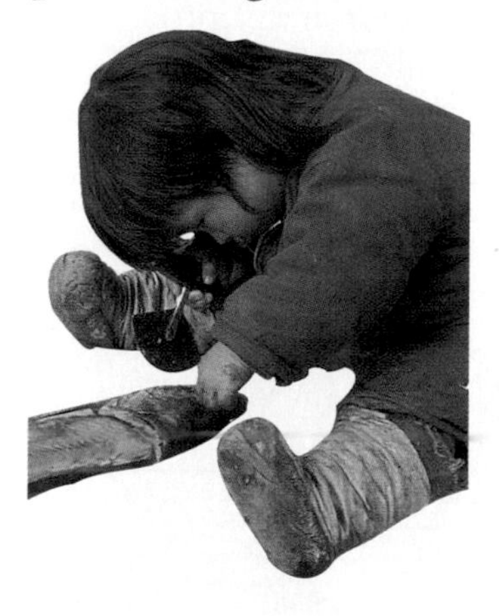

Même si beaucoup d'Occidentaux mangent aujourd'hui des sushis, un mets japonais à base de poisson cru, plusieurs hésiteraient avant de manger des yeux de poissons crus. Pour certains enfants inuits, par contre, les yeux de poissons crus sont considérés comme des bonbons. Sur la photo ci-dessus, une petite fille extrait un œil d'un poisson dont on a déjà enlevé les filets, pour se régaler.

Les Inuits chassent aussi le narval, une espèce de baleine, qui leur fournit beaucoup de protéines. Pour eux, la couche de gras sous la peau (*mukluk*), est, crue ou séchée, un délice.

Le sang

Plusieurs tribus d'Afrique boivent du sang frais, parfois mélangé à du lait, pour compléter leur diète. Ils obtiennent ce sang en perçant la veine jugulaire des vaches avec une pointe de flèche. Une vache peut être ainsi saignée plusieurs fois, sans que sa santé en soit affectée. Cette boisson est riche en protéines et en fer.

Qu'est-ce qui a bon goût ?

Si l'on vous lançait un défi, accepteriez-vous de manger des larves, comme les Asmats de Nouvelle-Guinée ? Faudrait-il que l'enjeu soit très élevé ? Pour la plupart des Occidentaux, la réaction courante à l'idée de manger des vers ou des yeux de poisson, ou de boire du sang mélangé avec du lait, en est une de dégoût et non de plaisir. Pourquoi ? Des facteurs psychologiques et les valeurs culturelles influencent la perception d'un mets : pour les uns, c'est un régal, alors que pour d'autres, c'est rien de moins que dégoûtant.

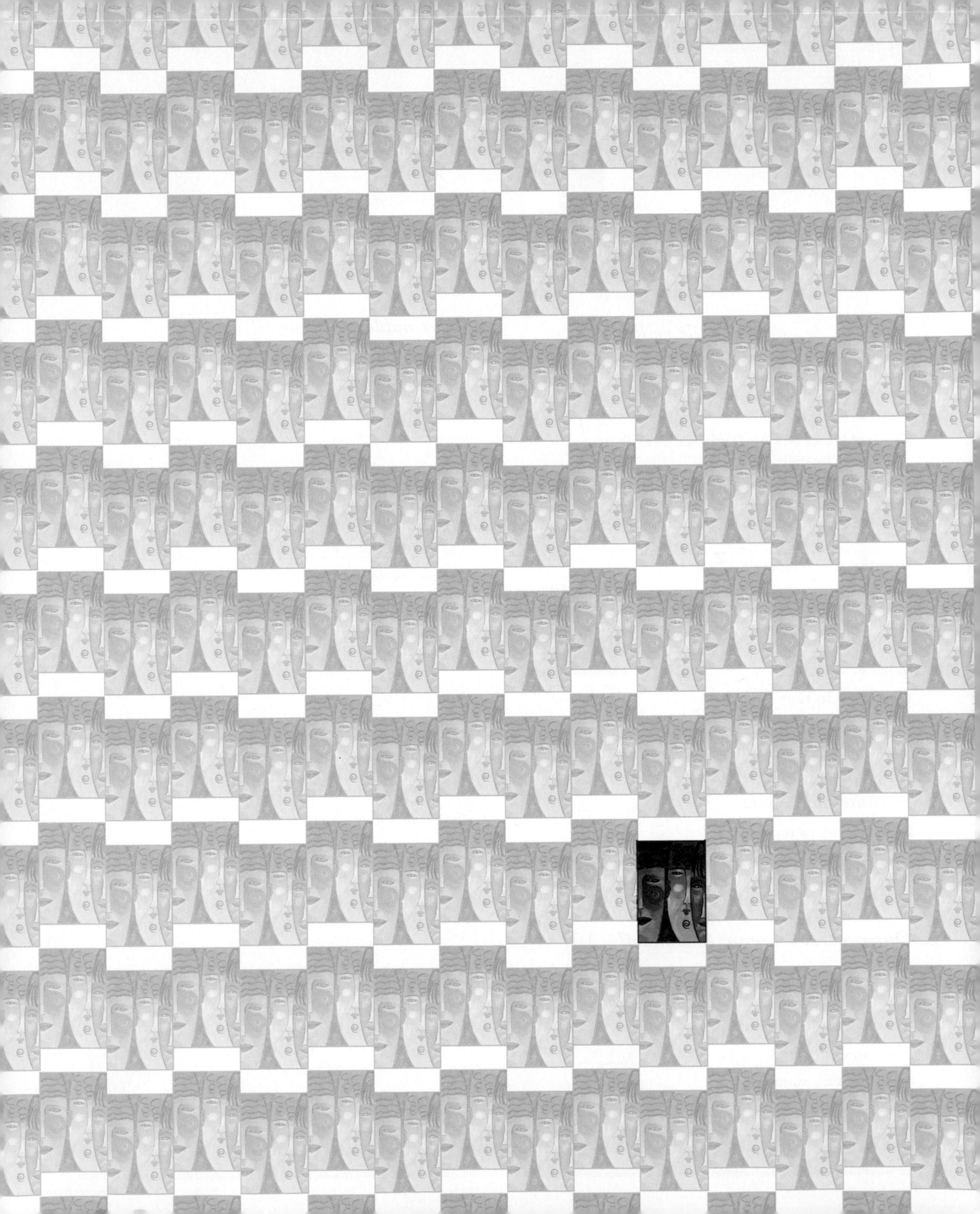

DANS CE CHAPITRE…

Les états de conscience

La vie dans une galerie souterraine

Répondriez-vous à cette annonce ?

L'annonce disait : « Recherchons personne robuste qui vivra seule pendant quatre mois dans une galerie souterraine. Cette personne sera nourrie, logée et rémunérée. Elle devra prendre quotidiennement diverses mesures physiologiques. »

Stefania a été choisie parmi 20 personnes à cause de sa force de caractère, de sa motivation et de sa résistance physique. Elle est donc descendue 10 mètres sous terre, avec ses livres, dans un module en plexiglas de 6 mètres sur 4. Elle était privée de la lumière du jour, de la radio, de la télévision et de tout ce qui pouvait lui fournir des indices sur le temps écoulé.

Pendant le premier mois, elle avait des problèmes de concentration, paraissait déprimée, se fâchait quand les chercheurs lui demandaient de prendre sa température, son pouls et sa tension artérielle. Elle faisait des rêves bizarres ; ainsi, son écran d'ordinateur était devenu un téléviseur qui lui parlait. Après quelques mois, elle supportait mieux l'isolement, prenait quotidiennement ses mesures physiologiques et inscrivait les résultats dans un ordinateur, son seul lien avec le monde extérieur.

Stefania ne distinguait plus le jour de la nuit ; le temps semblait ralentir. Quand elle a quitté la galerie (photo ci-dessous), une fois les 130 jours écoulés, elle croyait n'y être restée que 60 jours. Son séjour sous terre, un record féminin (celui des hommes est de 210 jours), a permis aux chercheurs d'examiner ses comportements de veille et de sommeil alors qu'il n'y avait ni lumière ni indices temporels (adapté de *Newsweek,* 5 juin 1989).

Le séjour de Stefania sous terre était un exercice portant sur le rythme circadien lorsque aucun indice n'est disponible sur le temps qui passe. Dans cette étude de cas, les chercheurs ont noté les comportements et les réactions physiologiques de Stefania alors qu'elle vivait dans un environnement à peu près normal. Ils ont découvert que la durée « naturelle » d'une journée n'était pas de 24 heures et que, pendant l'un des stades du sommeil, les yeux de Stefania bougeaient, sous ses paupières fermées, comme si elle regardait une partie de ping-pong. Cette dernière observation est bien connue ; des chercheurs s'en sont rendu compte tout à fait par hasard.

Des découvertes fortuites

Pourquoi les yeux bougent-ils ?

Au début des recherches sur le sommeil, les psychologues qui enregistraient les changements survenus pendant le sommeil des sujets ont remarqué qu'à un certain moment les yeux commençaient à bouger. La photo ci-dessous montre ce mouvement des yeux sous

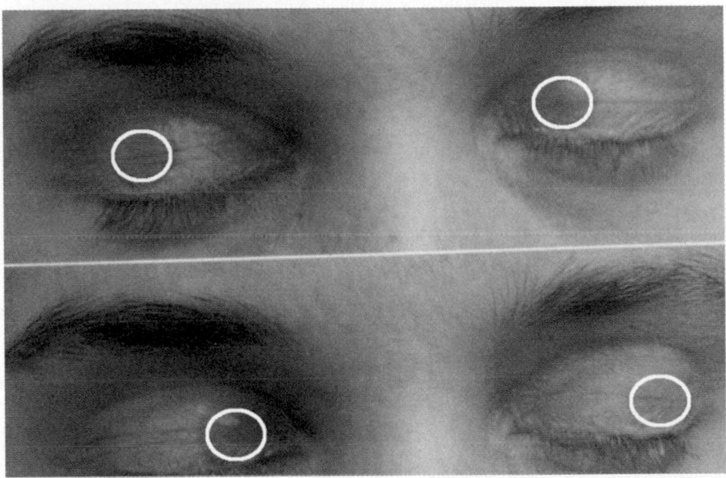

les paupières. Plus intéressant encore, quand on réveillait les sujets pendant ce stade, ils disaient qu'ils étaient en train de rêver. Ces observations fortuites des mouvements rapides des yeux et de leur association avec les rêves ont fourni à Dement et à Kleitman (1957) une méthode fiable pour étudier les rêves en laboratoire.

C'est ainsi que les chercheurs étudient l'éveil, le sommeil et le rêve dans divers milieux, incluant des galeries souterraines et des laboratoires du sommeil, et comment une découverte fortuite les a aidés.

Dans ce chapitre...

Ce chapitre porte essentiellement sur le réveil, le sommeil et le rêve. Nous parlerons notamment de ce qui se produit dans le cerveau et le corps pendant qu'on dort, du nombre d'heures de sommeil dont on a besoin, des problèmes de sommeil courants et de leurs traitements. Nous répondrons aussi à une question que les étudiants posent souvent : que signifient les rêves ? Ces domaines font partie d'un phénomène beaucoup plus vaste qu'on appelle la conscience. C'est ce que nous verrons d'abord.

A. Le continuum de la conscience

Les états de conscience

Sommes-nous conscients ?

Une caractéristique intéressante de la conscience est qu'elle constitue une observation qu'une personne fait d'elle-même (Nelson, 1996). Par exemple, comment sait-on qu'on est conscient en ce moment ?

La *conscience* réfère aux différents niveaux de perception de ses propres pensées et émotions. Elle englobe aussi les images fabriquées dans son esprit, à la suite du déroulement d'une pensée ou de l'expérience d'émotions uniques.

On est conscient quand on sait que l'on pense et que l'on existe (Chalmers, 1998). Peut-être vous croyez-vous conscient quand vous êtes éveillé et inconscient quand vous dormez ? La conscience est en fait un état continu.

Le *continuum de la conscience* inclut divers états allant d'un niveau de conscience intense et profond à un niveau de conscience minimal où l'on est tout à fait inconscient et sans réaction.

L'acte contrôlé

Au tennis, pour réussir un service, il faut concentrer toute son attention sur la balle ; voilà un exemple d'acte contrôlé.

L'*acte contrôlé* est une activité qui exige un haut niveau de conscience, c'est-à-dire une vigilance et une concentration complètes pour réaliser un objectif. L'attention nécessaire à l'acte contrôlé entrave souvent le déroulement des activités en cours.

Lors d'un acte contrôlé, on atteint le niveau de conscience le plus élevé, par exemple quand on sert au tennis ou quand on passe un examen. Rappelez-vous que l'acte contrôlé interfère avec les autres activités. Par exemple, quand on utilise un téléphone cellulaire en conduisant, les risques d'accident augmentent de 25 % (Redelmeier et Tibshirani, 1997). Plusieurs pays ont pour cette raison interdit l'usage du téléphone cellulaire au volant.

L'acte automatique

Cette femme, qui se concentre sur la lecture d'un rapport, mange son beigne presque automatiquement : il s'agit d'un acte automatique.

L'*acte automatique* est une activité qui ne requiert qu'un faible niveau de conscience et une attention minimale, et ne dérange pas les autres activités.

Manger en regardant la télévision et conduire sur une route familière en écoutant de la musique sont des exemples d'actes automatiques.

Même si on a l'impression d'être moins concentré pendant qu'on exécute une acte automatique, on est conscient, à un certain niveau, de ce qui se produit. Si l'on conduit machinalement, on évite quand même les autres autos et on peut habituellement prendre des décisions rapides en cas d'urgence.

Le rêve éveillé

Plusieurs d'entre nous s'abandonnent à cette forme plaisante du rêve qu'on appelle le rêve éveillé.

Le *rêve éveillé* est une activité pendant laquelle on fantasme ou on rêve tout en étant éveillé ; il n'exige qu'un niveau de conscience minimal et a souvent lieu pendant l'exécution d'actes automatiques.

Certains rêves éveillés commencent au moment où l'on est dans un état relativement conscient, avant de passer à un état situé entre le sommeil et l'éveil. On a ordinairement des rêves éveillés lors d'activités qui nécessitent peu d'attention, ou encore répétitives ou ennuyeuses.

Les rêves éveillés sont généralement banals, comme le fait de songer à se faire couper les cheveux ou de planifier un rendez-vous amical. Ils servent à nous rappeler les événements que l'on juge importants. Quoi qu'on en pense, les rêves éveillés sont aussi fréquents, imagés et réalistes chez l'homme que chez la femme (Klinger, 1987).

L'état altéré de conscience

Il y a 3 000 ans, les Égyptiens fabriquaient de l'alcool pour atteindre des états altérés de conscience (Samuel, 1996).

L'*état altéré de conscience* est atteint par divers procédés comme la méditation, l'usage de substances psychotropes, l'hypnose ou la privation de sommeil. Il s'agit d'un état différent de la conscience vigile normale.

Cette femme recourt à la méditation pour se concentrer sur une seule image ou une seule pensée, libérer son esprit de contraintes extérieures et atteindre un état altéré de conscience.

Le neuropsychologue John Lilly (1972) a effectué plusieurs expériences sur lui-même en prenant du LSD (quand cette drogue était légale). Il a raconté que le LSD provoquait des états altérés bizarres, voire inquiétants. Ainsi, ayant quitté son corps, il le voyait de haut et craignait de ne pouvoir le réintégrer sans danger.

Peu importe la manière dont ils sont produits, les états altérés créent une perception très différente de notre environnement intérieur (pensées, raisonnements, etc.) et extérieur habituel.

Le sommeil et les rêves

On entre aussi dans un état altéré de conscience chaque fois qu'on s'endort.

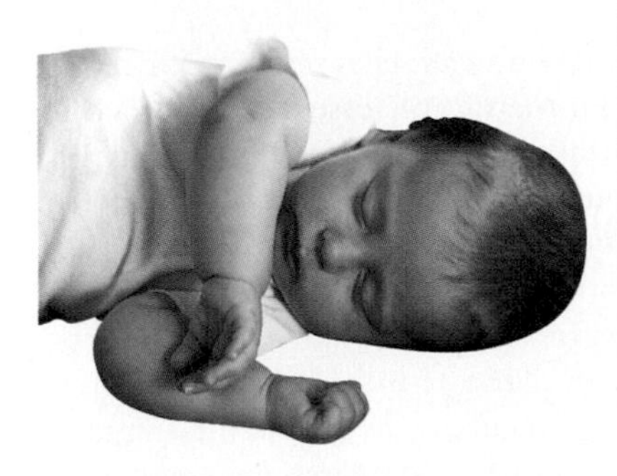

Le *sommeil* comprend cinq stades qui impliquent différents niveaux de conscience, de vigilance et d'activation physiologique ainsi que différents niveaux dans la capacité de réagir à notre environnement. Le sommeil le plus profond est près de l'inconscience.

À cause du faible niveau de conscience, on a l'impression que les huit heures de sommeil se déroulent sans interruption. Le sommeil comprend pourtant cinq stades au cours desquels varient l'éveil et la conscience (Kohyama *et al.,* 1997; Maquet, 1997). Dans l'un de ces stades, il y a le rêve.

Le *rêve* est un état de conscience particulier pendant lequel on dort tout en expérimentant une variété étonnante d'images visuelles, auditives et tactiles; ces images, souvent en couleurs, peuvent être bizarrement reliées entre elles. Les personnes aveugles de naissance n'ont que des rêves auditifs et tactiles.

Pendant le premier stade du sommeil, on est souvent conscient des stimuli provenant de l'environnement. Cependant, quand on passe au stade le plus profond, il arrive que l'on parle, rit ou que l'on soit somnambule, mais on n'est pas conscient et l'on ne se souvient pas de ces comportements.

L'inconscient

Nous avons mentionné au chapitre 1 qu'une des idées révolutionnaires de Sigmund Freud est l'idée de l'inconscient.

Selon la théorie de Freud, lorsqu'on est confronté à des pensées ou des désirs menaçants, particulièrement s'ils sont d'ordre agressif ou sexuel, nous nous défendons en les reléguant aux oubliettes de l'inconscient d'où ils ne peuvent ressurgir facilement.

Freud croyait que l'on peut devenir conscient de ses pensées inconscientes uniquement grâce à la méthode des associations libres ou à l'interprétation des rêves, qui seront expliquées au chapitre 10.

Pour leur part, les psychologues cognitifs parlent d'un inconscient cognitif différent de l'inconscient de Freud (Bonebakker *et al.,* 1996; Greenwald *et al.,* 1996; Kihlstrom, 1993).

L'*inconscient cognitif* regroupe des processus mentaux et émotionnels dont nous ne sommes pas conscient mais qui influencent et biaisent nos sentiments conscients, nos pensées et nos comportements.

Selon ce concept, on ne peut décrire les mouvements moteurs complexes de nos pieds lorsqu'on descend un escalier parce que ces souvenirs font partie de l'inconscient cognitif, qui est inaccessible à la pensée consciente. D'après Kihlstrom, l'inconscient cognitif, qui met l'accent sur l'influence de nombreux types de souvenirs moteurs et émotionnels, est très différent de l'inconscient selon Freud, qui traite de l'influence des souvenirs menaçants.

L'inconscience

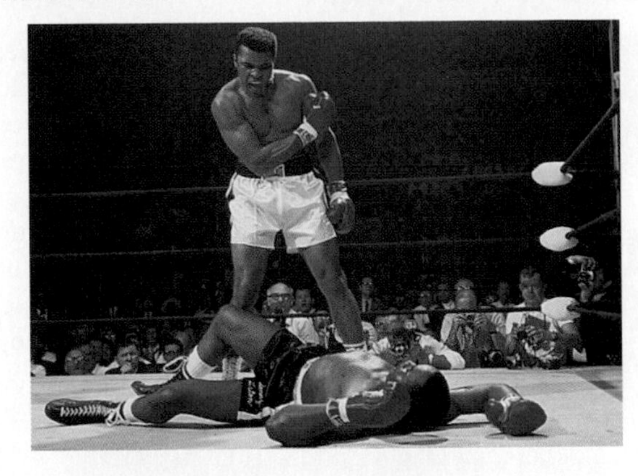

L'inconscient, tel que défini par Freud, et l'inconscient cognitif sont actifs quand on est conscient de son environnement. Toutefois, être ou tomber inconscient est complètement différent.

L'*inconscience* peut être causée par une maladie, un traumatisme ou anesthésie générale; elle se manifeste par une absence de conscience et de réaction à son environnement.

L'objectif d'un boxeur est de mettre K.-O. son adversaire en lui donnant un coup rapide sur la tête pour provoquer un état d'inconscience temporaire.
Un traumatisme au cerveau peut aussi entraîner des niveaux différents d'inconscience et divers types de coma. Dans certains types de coma, alors qu'une personne semble dormir, n'être absolument pas consciente et n'avoir aucune réaction, on dit de cette personne qu'elle est dans un état végétatif. Les personnes dans un état végétatif sont inconscientes et, dans certains cas, mortes cérébralement, ce qui signifie qu'elles ne reprendront jamais conscience.

Plusieurs types de conscience On sait que la conscience ne peut être réduite à un seul état; elle constitue plutôt un continuum d'états qui vont de l'inconscience du coma à l'état de vigilance de l'acte contrôlé pendant un examen final.
Les neuropsychologues tentent en ce moment d'expliquer comment l'interaction de minuscules cellules du cerveau permet la conscience et l'élaboration des pensées — ce qu'on appelle communément l'esprit (Chalmers, 1995).

Freud voyait dans l'inconscient un abri psychologique qui protège une personne contre des pensées menaçantes. Suivant le concept d'inconscient cognitif, on peut percevoir des stimuli, comme des mots, sans en être conscient, et ces stimuli influencent nos pensées, nos souvenirs et nos émotions. Des recherches récentes et fiables ont démontré l'existence de l'inconscient cognitif (Greenwald *et al.,* 1996)

L'état d'éveil est un signe évident du fait d'être conscient. Ce sera notre prochain sujet.

B. Les états de sommeil et de veille

L'horloge biologique

Combien de temps dure une journée?

Au début de ce chapitre, nous avons souligné que des chercheurs sur le sommeil avaient étudié l'horloge biologique de Stefania alors qu'elle vivait dans la galerie souterraine, illustrée ci-dessous.

L'*horloge biologique* est un appareil interne de mesure du temps qui est génétiquement programmé pour régulariser, à différents moments, diverses réponses physiologiques.

L'horloge biologique générale peut par ailleurs être divisée en plus petites horloges: elles peuvent être réglées sur quelques heures (sécrétion d'urine), sur un jour (baisse et hausse de la température du corps) ou sur plusieurs jours (sécrétion d'hormones pendant les 28 jours du cycle menstruel). Nous allons plus particulièrement nous attarder sur celles qui se rapportent au rythme circadien (*circa* signifie «environ» et *diem,* «jour»).

Le *rythme circadien* réfère à l'horloge biologique programmée génétiquement pour régulariser certaines fonctions physiologiques (pression artérielle, température corporelle, glycémie, croissance cellulaire) à l'intérieur d'une période de 24 à 25 heures.

Le rythme circadien le plus familier est celui qui régularise le cycle veille-sommeil. Comme la société industrielle a fixé la durée d'une journée à 24 heures, on a tendance à croire que le rythme circadien du cycle veille-sommeil est de 24 heures. Cependant, quand Moore et son équipe (1997) ont supprimé tous les indices de l'écoulement du temps (lumière naturelle, montre, radio, télévision) dans des galeries souterraines, la durée d'une journée est passée de 24 heures à environ 25 heures pour les sujets qui y vivaient. Ce qui revient à dire que l'on doit réduire son rythme circadien veille-sommeil d'environ une heure chaque jour. Avant d'expliquer comment on effectue cet ajustement, situons l'horloge biologique miniature que nous avons dans notre cerveau.

La synchronisation interne et l'horloge veille-sommeil

Où se trouvent nos horloges?

Certaines personnes décident de faire une sieste d'une heure et se réveillent aisément une heure plus tard. Les animaux et les humains mesurent bien le temps grâce à une horloge que Gibbon (1996) a découverte dans le cerveau et qu'il appelle l'horloge des intervalles de temps.

L'*horloge des intervalles de temps,* qui peut être activée comme un chronomètre, enregistre le passage des secondes, des minutes et des heures, et nous aide à mesurer la durée de nos activités. Cette horloge est située dans les *noyaux gris centraux* (voir page 52).

Au cours d'expériences menées avec des rats, Meck (1996) s'est rendu compte que la destruction de leur horloge des intervalles de temps les empêchait de déterminer les intervalles nécessaires pour obtenir de la nourriture. On croit que, comme les animaux, les humains possèdent une minuterie qui tient compte des intervalles de temps écoulés et qu'ils peuvent la déclencher ou l'arrêter. La «programmation» d'une sieste d'une heure est un processus très différent de l'horloge circadienne, génétiquement réglée, qui régit les périodes d'éveil et de sommeil. L'horloge veille-sommeil a récemment été localisée dans le noyau suprachiasmatique.

Le *noyau suprachiasmatique* fait partie d'un groupe de cellules qui forment l'hypothalamus, région située au centre du cerveau. Il constitue une horloge biologique sophistiquée qui régularise plusieurs rythmes circadiens, dont le rythme veille-sommeil. Puisque ce noyau reçoit ses informations directement des yeux, les cellules suprachiasmatiques réagissent fortement aux variations de lumière.

La recherche de l'emplacement de l'horloge circadienne a amené des chercheurs à étudier les hamsters. En effet, une espèce de hamsters a une horloge circadienne réglée génétiquement sur un rythme de 22 heures, alors qu'une autre espèce de hamsters a une horloge de 24 heures. Une habile chirurgie a permis de remplacer le noyau suprachiasmatique qui règle le rythme circadien à 22 heures chez un hamster par le noyau suprachiasmatique qui règle le rythme circadien à 24 heures, issu d'un autre hamster. Ce faisant, ils ont pu régler le rythme circadien des hamsters sur un cycle veille-sommeil de 22 ou de 24 heures, ce qui indiquait clairement que ce noyau était bel et bien l'horloge circadienne (Ralph *et al.,* 1990). Par ailleurs, d'autres chercheurs ont isolé récemment le gène qui produit l'horloge circadienne du noyau suprachiasmatique (Kay, 1997; King *et al.,* 1997).

Puisque la lumière régit les rythmes circadiens de sommeil et d'éveil, l'absence de lumière devrait altérer les rythmes circadiens des personnes aveugles et provoquer des problèmes de sommeil. Or, il semble que plusieurs personnes aveugles ont effectivement des problèmes de sommeil (Czeisler *et al.*, 1995). Un faible pourcentage de personnes complètement aveugles n'ont aucun problème de sommeil parce que le chemin que suit la lumière lorsqu'elle pénètre l'œil pour se rendre jusqu'au noyau suprachiasmatique est intact (Moore, 1997). Ce chemin, par lequel ne passent que les ondes lumineuses, n'implique pas le mécanisme de la vision comme tel.

Se promener avec une horloge biologique bien réglée dans la tête peut créer plusieurs problèmes physiologiques et comportementaux que nous étudierons maintenant.

Les problèmes liés aux rythmes circadiens et leurs traitements

Que se passe-t-il si les rythmes sont modifiés ?

Le problème est le suivant : dans le monde industriel, un jour compte exactement 24 heures, alors que pour l'horloge circadienne veille-sommeil, réglée génétiquement, il dure environ 25 heures. Il faut donc ajuster quotidiennement l'horloge veille-sommeil pour combler cette différence d'une heure. L'ajustement se fait grâce à la lumière du matin qui voyage des yeux au noyau suprachiasmatique. Cependant, s'il est nécessaire d'ajuster l'horloge de plusieurs heures, cela peut causer des accidents de travail et de la circulation, des problèmes de décalage horaire et de sommeil.

Les accidents

Le fait de rester éveillé quand l'horloge veille-sommeil sonne l'heure du sommeil a pour effet de réduire le rendement dans des activités impliquant les habiletés

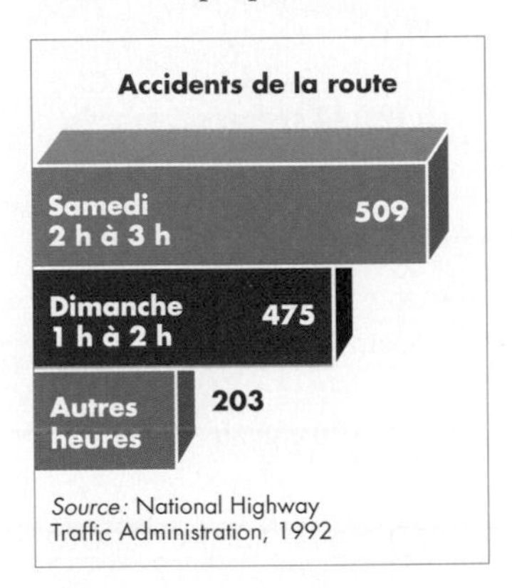

cognitives et motrices. Le graphique ci-dessus démontre que les accidents de la circulation sont plus nombreux aux petites heures du matin essentiellement parce que le corps et le cerveau sont au ralenti. Les employés qui travaillent la nuit (de une heure à huit heures environ) subissent aussi un plus grand nombre d'accidents, atteignant leur rythme le plus lent, ou « période mortelle », vers cinq heures, moment où il est très difficile de demeurer vigilant (Luna *et al.*, 1997).

La raison pour laquelle les travailleurs de nuit et les personnes qui conduisent la nuit ont davantage d'accidents est que leur horloge veille-sommeil a préparé leur corps au sommeil : ils se sentent endormis, moins vigilants et souvent de mauvaise humeur (Boivin *et al.*, 1997).

Les rythmes circadiens causent également des problèmes aux voyageurs.

Le décalage horaire

Quand on prend un avion de Vancouver à Montréal, on traverse trois fuseaux horaires ; on vit donc une différence de trois heures. On risque d'éprouver le décalage horaire le lendemain.

Le *décalage horaire* est un état que vivent les voyageurs quand leur rythme circadien n'est plus synchronisé avec l'heure réelle de l'endroit où ils se trouvent. Quand on ressent le décalage horaire, on est fatigué, désorienté, on manque de concentration et les habiletés cognitives sont réduites. Habituellement, il faut une journée par heure de décalage pour que l'horloge circadienne s'ajuste.

Les chercheurs ont trouvé des moyens de réajuster les horloges biologiques des voyageurs et des travailleurs de nuit.

Réajuster les rythmes

Charles Czeisler (1994) a eu besoin de 10 années pour convaincre ses collègues que la lumière artificielle peut être utilisée pour réajuster les rythmes circadiens. Puis, d'autres chercheurs ont utilisé ses recherches et les leurs afin de concevoir une thérapie par la lumière (Nowak, 1994).

La *thérapie par la lumière* consiste dans l'utilisation d'une lumière artificielle intense pour réajuster les rythmes circadiens et combattre ainsi l'insomnie et la somnolence qui affligent les travailleurs de nuit et les personnes qui vivent le décalage horaire. Cette technique aide aussi les gens qui ont des problèmes de sommeil dus à une désynchronisation du corps et de l'environnement externe.

Des études rapportent que lorsque des personnes sont exposées à une lumière artificielle vive puis qu'elles commencent à travailler la nuit, elles voient leur vigilance, leur rendement et leur satisfaction au travail s'améliorer (Czeisler *et al.*, 1995). L'exposition, à certains moments, à une lumière intense (environ 20 fois plus brillante que la normale) permet de réajuster le rythme circadien du noyau suprachiasmatique des travailleurs et de mieux le synchroniser avec leurs horaires de travail. Cette nouvelle thérapie est prometteuse pour régler le problème du réajustement des horloges veille-sommeil (Skerrett, 1994).

Une hormone, dont on ignorait la fonction jusqu'ici, intervient également dans l'ajustement de l'horloge veille-sommeil.

La mélatonine

Récemment, Brzezinski (1997) a découvert le rôle de la mélatonine.

La *mélatonine* est une hormone sécrétée par la glande pinéale, un ensemble de cellules de forme ovale situé au centre du cerveau. La sécrétion de la mélatonine augmente avec l'obscurité et décroît avec la luminosité. Le noyau suprachiasmatique contrôle la sécrétion de la mélatonine qui joue un rôle dans la régularisation des rythmes circadiens et favorise le sommeil.

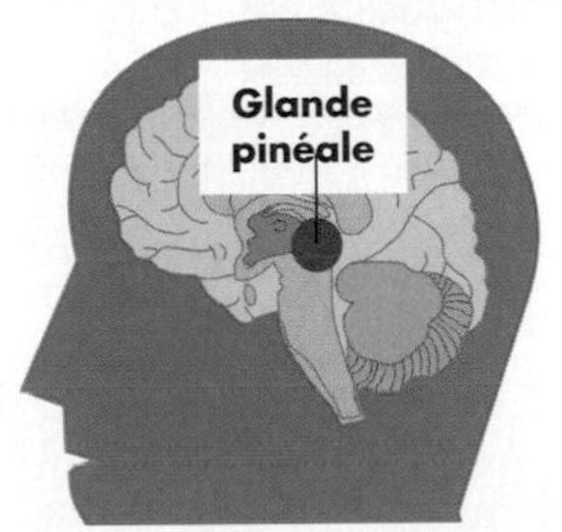

Arendt et Deacon (1997) ont trouvé que la mélatonine réduit généralement l'effet du décalage horaire, mais le dosage et la posologie idéale n'ont pas encore été déterminés. La mélatonine synthétique a aussi permis à des sujets de s'endormir beaucoup plus tôt et de rester endormis beaucoup plus longtemps ; elle peut donc contribuer au traitement de patients qui ont des troubles du sommeil. Cependant, ses effets pour améliorer le sort des travailleurs de nuit ne sont pas prouvés (Hughes et Badia, 1997 ; Jan *et al.*, 1994). Récemment, les récepteurs cérébraux de la mélatonine ont été identifiés, ce qui devrait permettre de mieux comprendre son fonctionnement (Repport, 1997).

C. Le monde du sommeil

Les stades du sommeil

Le cerveau dort-il ?

Il faut d'abord savoir, au sujet du sommeil, que le cerveau ne dort jamais ; il est actif toute la nuit. Pour capter l'activité du cerveau pendant le sommeil, les chercheurs attachent des douzaines d'électrodes au cuir chevelu et au corps, et enregistrent l'activité électrique.

Les *stades du sommeil* réfèrent à des changements marqués de l'activité électrique du cerveau. Ces changements sont accompagnés de réactions physiologiques spécifiques à chacun des stades.

Comme le montre le graphique ci-contre, la fréquence (vitesse) et l'amplitude (hauteur) des ondes cérébrales sont mesurées par un appareil complexe, l'électroencéphalographe (EEG). Nous étudierons maintenant les stades du sommeil, repérables grâce aux tracés de l'EEG.

Avant de s'endormir, on passe brièvement par un état de détente et de somnolence (état hypnagogique comparable à un état altéré de conscience) caractérisé par un tracé d'ondes alpha : c'est le stade alpha.

Le *stade alpha* est un état de détente et de somnolence durant lequel on a généralement les yeux fermés. Les ondes alpha sont de faible amplitude mais de fréquence élevée (8 à 12 cycles par seconde).

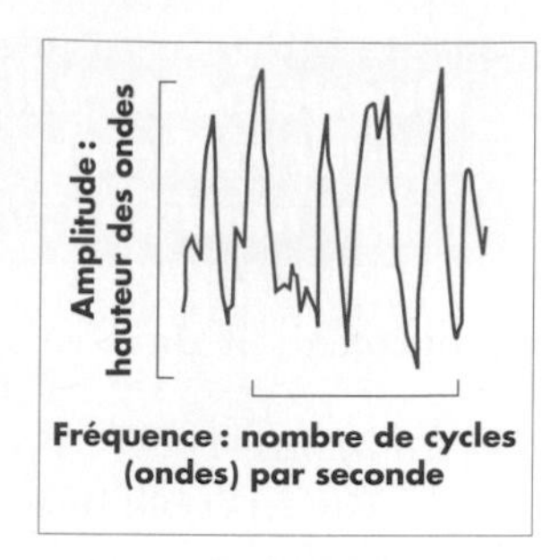

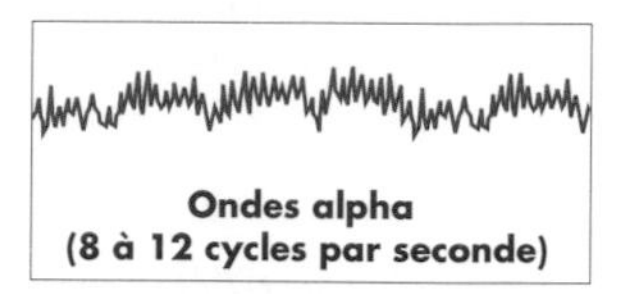

Le sommeil non MOR

Que se passe-t-il pendant le sommeil ?

Il faut également savoir que le sommeil est divisé en deux catégories, le sommeil non MOR et le sommeil MOR. Nous verrons d'abord le sommeil non MOR.

Le *sommeil non MOR* (Mouvements Oculaires Rapides) occupe environ 80 % du temps de sommeil. Il comprend quatre stades ; à chaque stade correspond un tracé d'ondes cérébrales spécifiques et des réactions physiologiques particulières.

On commence à dormir au stade 1, puis l'on passe aux stades 2, 3 et 4 (Hirshkowitz *et al.*, 1997).

Le stade 1

C'est pendant ce stade que le sommeil est le plus léger.

Le *stade 1 du sommeil* est une transition, durant de une à sept minutes, entre l'état d'éveil et le sommeil. On réagit alors de moins en moins aux stimuli externes ; les pensées et les images dérivent. Ce stade est caractérisé par des ondes thêta ayant une amplitude et une fréquence (trois à sept cycles par seconde) plus faibles que les ondes alpha.

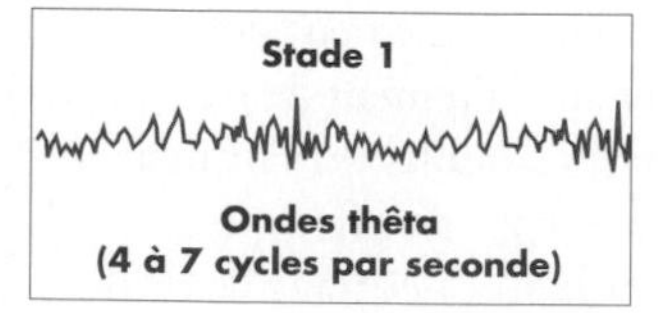

Même si le stade 1 est vu comme un stade du sommeil, certaines personnes que l'on a réveillées à ce stade disent ne pas avoir l'impression d'avoir dormi.

On entre ensuite dans le stade 2 du sommeil.

Le stade 2

Le stade 2 est le premier stade que les chercheurs qualifient de sommeil véritable.

Le *stade 2 du sommeil* est le début du sommeil, puisque les sujets qu'on réveille pendant ce stade disent qu'ils étaient endormis. Les tracés de l'EEG montrent des volées d'ondes rapides et de forte amplitude appelées *fuseaux du sommeil.*

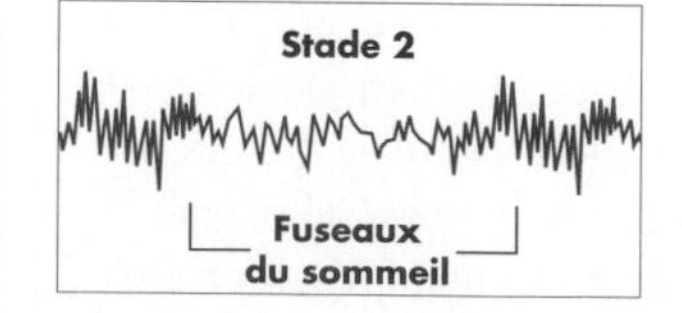

Pendant le stade 2, le tonus musculaire, le rythme cardiaque, la respiration et la température du corps décroissent tranquillement, et il devient plus difficile de se réveiller.

Les stades 3 et 4

Environ 30 à 45 minutes après avoir sombré dans le sommeil, on entre dans le stade 3, caractérisé par la présence de 20 % à 50 % d'ondes delta. Lorsque 50 % du tracé de l'EEG montre des ondes delta, on arrive au stade 4.

Le *stade 4 du sommeil,* aussi appelé *sommeil à ondes lentes* ou *sommeil delta,* comprend des ondes delta de forte amplitude mais très lentes ou à basse fréquence (moins de quatre cycles par seconde). Il est souvent considéré comme le stade où le sommeil est le plus profond parce que c'est celui duquel on se réveille le plus difficilement. Le rythme cardiaque, la respiration, la température et l'afflux sanguin au cerveau décroissent et l'on constate une augmentation de la sécrétion de l'hormone de croissance qui contrôle le rythme métabolique, la croissance physique et le développement du cerveau.

Stade 4

Ondes delta
(moins de 4 cycles par seconde)

Pendant les stades 3 et 4, le tonus musculaire, le rythme cardiaque, la respiration et la température décroissent encore, et il devient très difficile de se réveiller.

Après avoir passé de quelques minutes à une heure au stade 4, on revient au stade 3, puis au stade 2 pour atteindre un nouveau stade, celui du sommeil MOR, qui est associé au rêve.

Le sommeil MOR ou paradoxal

Nous avons vu l'une des deux catégories de sommeil, le sommeil non MOR, et nous étudierons maintenant la seconde, le sommeil MOR.

Le *sommeil MOR ou paradoxal* occupe les 20 % restants du temps de sommeil. On parle de mouvements oculaires rapides étant donné que les yeux bougent rapidement sous les paupières fermées. Les ondes cérébrales enregistrées durant le sommeil MOR sont de faible amplitude mais ont une fréquence élevée. Pendant cette période, le corps est stimulé, mais les muscles volontaires sont paralysés. Le sommeil MOR est associé au rêve.

Sommeil MOR

(14 à 25 cycles par seconde)

On atteint le sommeil MOR 5 ou 6 fois par nuit, chaque période durant de 15 à 45 minutes. Entre deux périodes de sommeil MOR, il y a un intervalle de 30 à 90 minutes où l'on revient au stade du sommeil non MOR.

Les caractéristiques du sommeil MOR

Au début des années 1950, la découverte du sommeil MOR a stupéfait les chercheurs : même si l'on est endormi pendant cette période, le corps et le cerveau sont très stimulés (Aserinsky et Kleitman, 1953). Le rythme cardiaque et la pression artérielle peuvent être deux fois plus élevés que pendant le sommeil non MOR (Somers *et al.*, 1993). Le sommeil MOR est aussi appelé *sommeil paradoxal* parce qu'on est à la fois endormi et très stimulé. (Un paradoxe est une proposition susceptible d'engendrer une contradiction.)

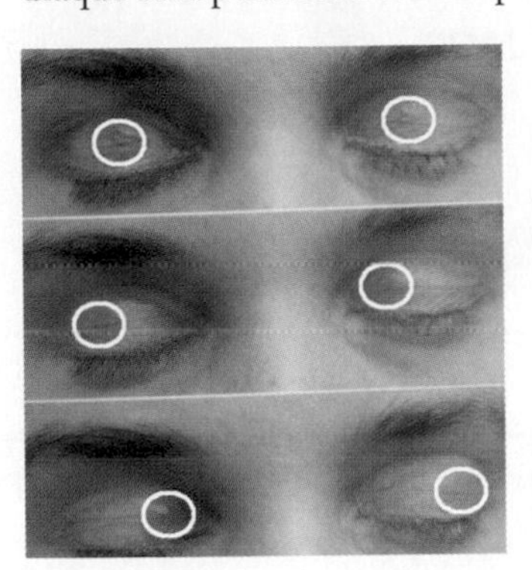

Dans le sommeil MOR, les ondes cérébrales enregistrées sont analogues à celles d'une personne éveillée et vigilante. L'analyse des ondes cérébrales ne permet pas à elle seule de déterminer si une personne est dans une période MOR ou si elle est éveillée. Seul l'enregistrement des mouvements oculaires rapides indique qu'il s'agit du sommeil MOR.

Même si plusieurs fonctions physiologiques sont accrues, la tension musculaire du cou et des membres se relâche ; on est paralysé. Cependant, les fonctions vitales comme le cœur, les poumons et les autres organes continuent à fonctionner. Pressman et Orr (1997) croient que c'est grâce à l'évolution humaine que les muscles des membres sont immobilisés pendant le sommeil MOR ; ainsi, lors de rêves violents, on ne peut courir ou se débattre, ni donc se blesser. Mais il en va autrement pour les personnes qui ont des problèmes comportementaux causés par le sommeil MOR.

Lors de *problèmes comportementaux causés par le sommeil MOR,* dont souffrent surtout les personnes âgées, les muscles volontaires ne sont pas paralysés et les dormeurs actent leurs rêves.

Ces troubles sont provoqués notamment par des lésions neurologiques (Plazzi *et al.,* 1997 ; Rothenberg, 1997).

Le sommeil MOR et le rêve

On a découvert que 80 % à 90 % des sujets réveillés pendant la période MOR faisaient des rêves complexes, impressionnants et assez longs. Par contre, environ 10 % seulement des sujets réveillés pendant la période non MOR faisaient aussi ce type de rêves (Hirshkowitz *et al.*, 1997).

À la fin des années 1950, de nombreux psychologues croyaient que le fait d'empêcher les personnes d'entrer dans le sommeil MOR, et donc de rêver, entraînerait des problèmes de personnalité et de comportement. Dans plusieurs expériences, on a donc réveillé les sujets au moment où leurs réactions physiologiques indiquaient le début de cette période. Ceux-ci n'ont éprouvé aucun effet comportemental ou physiologique négatif à long terme (Walsh et Lindblom, 1997). Toutefois, la privation de sommeil MOR crée un phénomène étonnant : le rebond de sommeil MOR.

Le *rebond de sommeil MOR* consiste en une augmentation du pourcentage de temps passé en sommeil MOR la ou les nuits qui suivent une privation de cette phase du sommeil.

L'existence du rebond de sommeil MOR laisse croire à la nécessité de ce sommeil, sans toutefois préciser l'ampleur de ce besoin.

Plus loin dans ce chapitre, nous étudierons le contenu et la signification des rêves.

Veille et vigilance

Peu de temps après le réveil, on entre dans un état de veille et de vigilance. Cet état est caractérisé par l'apparition sur l'EEG d'ondes bêta, caractéristiques d'une augmentation de l'activité cérébrale (graphique ci-contre). Ces ondes, de faible amplitude mais de fréquence élevée, ressemblent aux ondes observées pendant le sommeil MOR.

Veille et vigilance

Ondes bêta
(14 à 25 cycles par seconde)

Le niveau de vigilance varie selon que l'on est une personne matinale ou un oiseau de nuit.

Même si vous avez une bonne idée des différents stades du sommeil, vous serez étonné d'apprendre que l'on passe de l'un à l'autre comme si l'on était dans des montagnes russes.

C. Le monde du sommeil

Les cycles du sommeil

Le sommeil: une balade en montagnes russes?

Peut-être a-t-on l'impression que, pendant une nuit de huit heures, on ne fait que dormir en se retournant et en rêvant occasionnellement. Mais loin d'être un état continu, le sommeil constitue une série de stades répétés, comme les hauts et les bas de montagnes russes. Nous décrirons les cycles du sommeil de Georges, un étudiant qui se couche vers 23 heures et se lève à 7 heures. Sur l'illustration ci-dessous, le sommeil non MOR est indiqué par la bande bleue et le sommeil MOR, par les traits rouges. Les chiffres de 1 à 4 correspondent aux stades du sommeil non MOR.

Les chercheurs ont noté chez de nombreux sujets des changements se produisant dans les ondes cérébrales, dans le niveau de stimulation physiologique et dans les rêves au cours de leur sommeil. Voici les cycles qu'un individu, appelons-le Georges, franchit pendant une balade typique à travers les stades d'une nuit de sommeil.

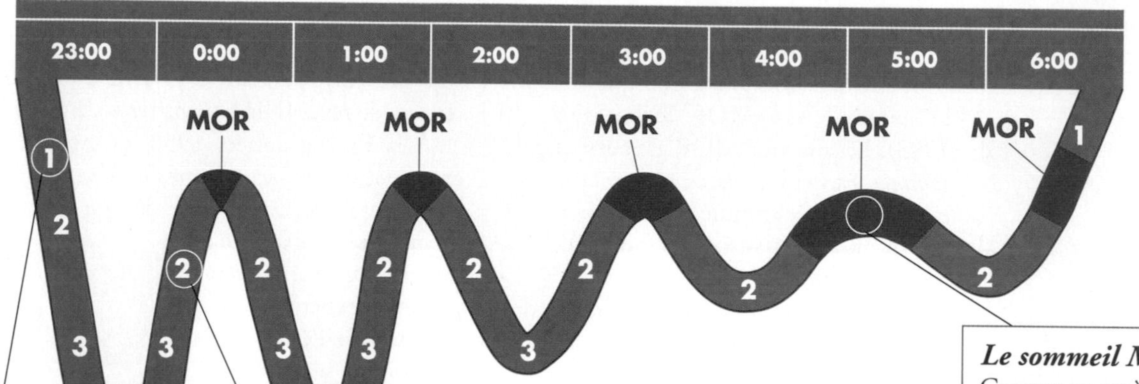

Le stade 1

Somnolent, Georges entre dans le stade 1 du sommeil non MOR, qui est la transition entre la veille et le sommeil.

À mesure que le sommeil progresse, il passe au stade 2, où commence véritablement le sommeil. Il aura des pensées fragmentées; s'il se réveille, il pourra croire qu'il rêvait.

Georges traverse ensuite le stade 3 du sommeil non MOR et, quand 50 % du tracé de l'EEG présente des ondes lentes ou delta, il atteint le stade 4. Il serait alors difficile de le réveiller. Après avoir passé jusqu'à une heure au stade 4, il revient au stade 3, puis au stade 2.

Le stade 2

Une fois atteint le stade 2, Georges ne se réveille pas; il entre plutôt dans le sommeil MOR, où il restera de 20 à 40 minutes. S'il se réveille, il dira probablement qu'il rêvait. Il expérimente un niveau élevé de stimulation physiologique, mais le contrôle volontaire de ses membres ne se fait pas: il est presque paralysé. S'il fait des cauchemars pendant le sommeil MOR, il ne bougera pas; Georges ne pourra donc pas se blesser.

Après la période MOR, il rebrousse chemin et repasse par les stades 2, 3 et 4 du sommeil non MOR.

Le stade 4

C'est pendant le stade 4 que Georges dort le plus profondément et qu'il est susceptible d'être somnambule, de parler ou encore de s'éveiller juste assez longtemps pour éteindre le réveil, replacer les couvertures ou aller à la salle de bains. Toutefois, il ne se souviendra de rien de ce qu'il aura pu faire pendant le stade 4. Après un certain temps, il reviendra de nouveau aux stades 3 et 2, puis à sa deuxième période MOR de la nuit.

Quelquefois, les enfants se réveillent terrifiés pendant le stade 4. Ils ne se rappelleront cependant pas, le lendemain, ces terreurs nocturnes.

Le sommeil MOR

Georges en est à sa quatrième période MOR de la nuit. Il en connaîtra encore une ou deux autres; ces périodes deviendront de plus en plus longues jusqu'au matin. S'il veut se souvenir de ses rêves, il devra le faire dès qu'il se réveille, puisque sa dernière période MOR aura probablement eu lieu quelques minutes auparavant.

Quand le réveil sonne, à 7 heures, Georges quitte le stade du sommeil dans lequel il se trouve; petit à petit, il se réveille et devient vigilant. S'il a du mal à se mettre en train, c'est peut-être parce qu'il était au stade 4, celui duquel il est le plus difficile de se réveiller.

Pendant notre sommeil, nous suivons à peu près les mêmes cycles que Georges. Cependant, certains aiment profiter de la matinée et d'autres pas; nous verrons pourquoi.

D. Sujet de recherche : les préférences circadiennes

Êtes-vous un lève-tôt ou un couche-tard ?

Certains étudiants, les couche-tard, détestent les cours du matin ; d'autres, les lève-tôt, ne se soucient pas de l'heure des cours. Des chercheurs ont pu cerner plus précisément ces différences en bâtissant puis en utilisant un outil de recherche : le questionnaire.

Un *questionnaire* est un outil de recherche qui permet d'obtenir de l'information en demandant à des sujets de lire une série de questions et d'exprimer leurs préférences pour certaines réponses.

On a demandé à des sujets à quelle heure ils aimaient se coucher, se lever, faire des activités physiques ou mentales, et s'ils étaient en forme le matin et le soir. Le graphique ci-contre présente les résultats.

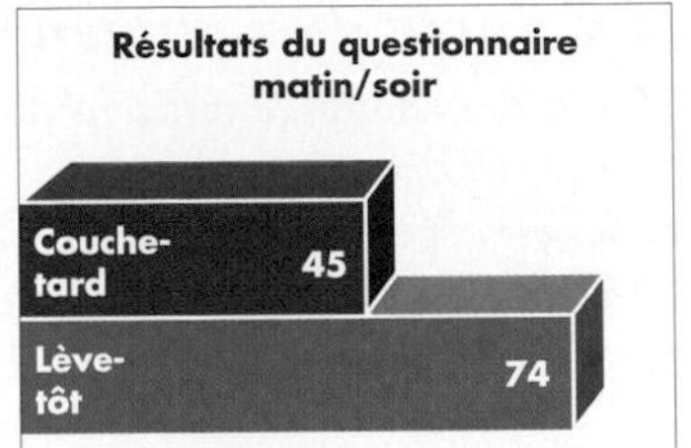

Les *personnes matinales* (résultat supérieur à 74) préfèrent se lever et se coucher tôt et faire des activités le matin. Les *couche-tard* (résultat inférieur à 45) préfèrent se lever et se coucher tard et faire des activités à partir de l'après-midi. Les personnes dont le résultat se situe entre 45 et 74 n'ont pas exprimé de préférence marquée pour le matin ou le soir (Tankova *et al.*, 1994 ; Guthrie *et al.*, 1995).

On ne décide pas de devenir matinal ou couche-tard ; ces préférences sont génétiques, contrôlées par les rythmes circadiens. Une des raisons expliquant une préférence pour le matin ou le soir se trouve dans les changements de la température du corps, laquelle augmente et diminue pendant la journée.

La température du corps

Le cycle veille-sommeil, contrôlé par le noyau suprachiasmatique de l'hypothalamus, est un des rythmes circadiens du corps les plus connus. Un autre rythme circadien, probablement aussi contrôlé par le noyau suprachiasmatique, est relié à la température du corps, qui baisse quand on s'endort et qui augmente après le réveil (Boivin *et al.*, 1997). Le graphique de droite montre les variations que subit la température du corps pendant une période de 24 heures commençant à 6 heures.

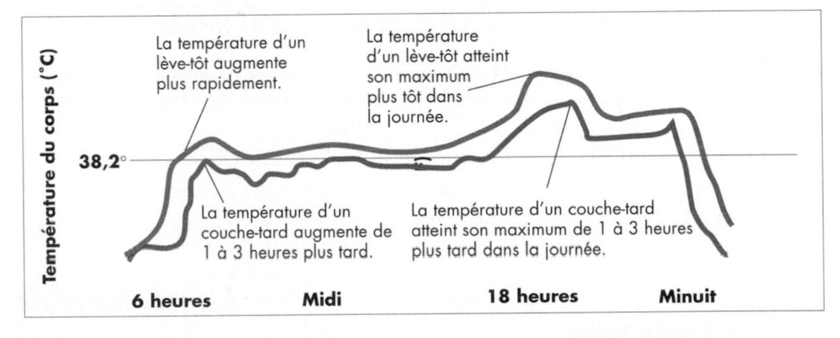

Le lever La température du corps est plus basse le matin et augmente à mesure que l'on devient plus actif. La température d'un lève-tôt augmente beaucoup plus rapidement le matin que celle d'un couche-tard (Tankova *et al.*, 1994).

Le coucher La température du corps d'une personne matinale atteint son maximum plus tôt dans la soirée que celle d'un couche-tard, qui atteint son maximum de 1 à 3 heures plus tard. Des chercheurs ont émis l'hypothèse que le noyau suprachiasmatique contrôle la hausse et la baisse de la température du corps qui, elle, détermine si l'on est matinal ou couche-tard.

En plus, les comportements des matinaux et des couche-tard présentent des différences intéressantes.

Les différences de comportements

Adan (1992) a découvert que la plupart des travailleurs de nuit et des travailleurs dont les quarts varient sont des couche-tard. Les matinaux ont tendance à prendre un déjeuner copieux alors que les couche-tard sont portés à manger peu ou pas du tout le matin.

D'autres chercheurs ont constaté que les étudiants matinaux suivaient, lorsqu'ils le pouvaient, plus de cours le matin, avaient un meilleur rendement et étudiaient davantage le matin que les couche-tard (Guthrie *et al.*, 1995). Ainsi, pour obtenir de meilleures notes, il faudrait privilégier les cours à des heures qui conviennent à son rythme circadien.

Enfin, il ne semble pas y avoir de différences entre les rythmes circadiens des deux sexes ; toutefois, après 50 ans, on a tendance à devenir plus matinal sur les plans physiologique et du comportement (Tankova *et al.*, 1994).

Même s'il existe des différences entre les lève-tôt et les couche-tard, les structures cérébrales qui leur permettent de s'endormir ou de s'éveiller sont identiques. Nous étudierons à la page suivante ce qui provoque le sommeil et pourquoi nous passons autant de temps à dormir.

E. Questions concernant le sommeil

Quatre questions clés

À l'âge de 25 ans, on s'est endormi 9 000 fois et l'on a dormi près de 72 000 heures ! Les étudiants posent souvent les quatre questions suivantes concernant le sommeil : De combien d'heures de sommeil a-t-on besoin ? Pourquoi dort-on ? Que se passe-t-il si l'on ne dort pas ? Qu'est-ce qui provoque le sommeil ? Voici les réponses à ces questions.

La durée du sommeil

De combien d'heures de sommeil a-t-on besoin ?

Selon un sondage, 58 % des adultes américains dorment de 7 à 8 heures, 38 % dorment de 5 à 6 heures et 4 %, de 9 à 10 heures (*Time,* 19 avril 1993). Comme l'illustrent les figures ci-dessous, la durée du sommeil chez les bébés est cependant très différente.

De la naissance à la vieillesse, la durée du sommeil change ainsi que la durée du sommeil MOR et le type de troubles du sommeil.

La petite enfance et l'enfance

De la petite enfance à l'adolescence, la durée du sommeil et le pourcentage d'heures passées dans la période MOR décroissent. Un nouveau-né dort environ 17 heures par jour, passant 50 % de ce temps dans le sommeil MOR, tandis qu'un enfant de 4 ans dort quelque 10 heures, passant 25 % à 30 % de ce temps dans la période MOR.

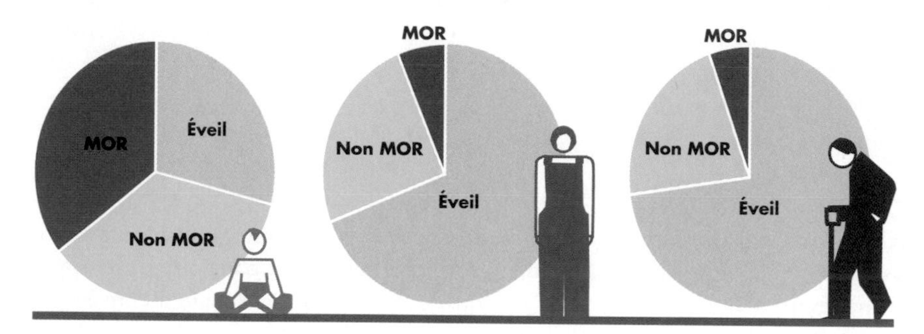

L'adolescence et l'âge adulte

De la puberté au début de la vieillesse, la durée du sommeil reste la même, environ 7,5 heures par jour ; de même que la proportion de sommeil MOR, soit 20 % ou moins. Allen et Mirabile (1997) rapportent que les adolescents ont besoin de plus de sommeil (environ 10 heures) et que leurs horloges circadiennes les incitent à se coucher et à se lever tard. Vers l'âge de 20 ans, le cycle veille-sommeil devient celui de l'adulte.

La vieillesse

Jusqu'à l'âge de 60 ans, la durée du sommeil décroît pour atteindre 6,5 heures, mais le pourcentage de sommeil MOR change peu (20 %). Environ 30 % des personnes de plus de 60 ans ont du mal à s'endormir et 65 %, à rester endormies, notamment parce qu'elles font la sieste pendant la journée (Bliwise, 1997).

La nécessité de dormir

Pourquoi dort-on ?

Certaines études utilisant des animaux démontrent l'importance du sommeil. Les rats peuvent notamment vivre environ 16 jours sans manger et 17 jours sans dormir (Rechtschaffen, 1997). Comme nous le verrons à la page suivante, un humain a pu tenir le coup 11 jours sans sommeil lors d'une expérience volontaire (Johnson *et al.,* 1965). La théorie de la restauration et la théorie évolutive expliquent pourquoi l'on dort pendant le tiers de la journée.

Selon la *théorie de la restauration,* les activités quotidiennes épuisent certaines ressources essentielles du cerveau et du corps, lesquels se réapprovisionnent pendant le sommeil.

Plusieurs découvertes appuient cette théorie. Premièrement, pendant le stade 4 du sommeil, il y a une augmentation importante de la sécrétion de l'hormone de croissance, qui contrôle plusieurs fonctions métaboliques, de la croissance physique et du développement du cerveau (Shapiro, 1981). Deuxièmement, pendant le sommeil, la production de cellules immunitaires s'accroît (Born *et al.,* 1997). Troisièmement, les personnes dont l'horaire est légèrement modifié disent que leur humeur est moins bonne (Boivin *et al.,* 1997). Le cerveau aurait besoin de sommeil pour se développer, restaurer le système immunitaire et permettre à la bonne humeur de se maintenir.

Selon la *théorie évolutive,* le sommeil s'est transformé afin que les humains et les animaux ne s'exposent plus aux dangers des prédateurs nocturnes (Webb, 1983).

Ainsi, des prédateurs comme les lions dorment longtemps et n'importe où, tandis que les proies dorment beaucoup moins et choisissent des endroits protégés. Le rythme circadien des animaux qui n'ont pas une bonne vision nocturne, dont l'homme, a évolué de façon qu'ils dorment la nuit et évitent ainsi de devenir des proies faciles (Hirshkowitz *et al.,* 1997).

Ces deux théories ne sont pas vraiment contradictoires, mais elles attirent l'attention sur différentes raisons pour lesquelles on a besoin de dormir.

Vivre sans sommeil

Que se passe-t-il si l'on ne dort pas ?

L'étude d'humains ou d'animaux privés de sommeil permet de démontrer l'importance de celui-ci. Le record de privation de sommeil est détenu par un jeune adulte qui n'a pas dormi pendant 264 heures (Johnson *et al.*, 1965). Le onzième jour sans sommeil, il a gagné une partie de machine à boules contre le chercheur ; il était donc bien réveillé et encore vigilant. Voici ce qui se passe quand on manque de sommeil.

Les répercussions sur le corps

La privation de sommeil, même pendant 264 heures, a peu de répercussions sur le rythme cardiaque, la pression artérielle ou la sécrétion d'hormones. Il semble que la plupart des fonctions physiologiques contrôlées par le système nerveux autonome ne soient pas non plus perturbées (Walsh et Lindblom, 1997).

Le manque de sommeil perturbe cependant le système immunitaire, qui protège le corps contre les virus, les infections et autres agents toxiques. Lors d'une étude, des volontaires masculins ont accepté de ne dormir que 3 à 4 heures plutôt que leurs 8 heures habituelles. Après seulement une nuit, une réduction du nombre de cellules qui attaquent les corps étrangers (cellules T) indiquait que leur système immunitaire fonctionnait moins bien (Irwin *et al.*, 1994). Ainsi, la privation de sommeil pourrait accroître chez la plupart des gens la vulnérabilité à des infections virales ou bactériennes (Everson, 1977).

Les répercussions sur le système nerveux

La privation de sommeil interfère dans l'exécution de tâches exigeant de la vigilance et de la concentration, comme celles d'un contrôleur aérien qui doit suivre les avions sur des écrans radar (Deaconson *et al.*,1988). Les personnes manquant de sommeil éprouvent un désir intense de dormir, ce qui peut nuire à l'attention en classe ou au volant d'une auto. Les participants à une course de chiens de traîneaux ne dorment que 2 heures par nuit pendant les 12 jours que dure la course ; ils voient en hallucinations des lits ainsi que des douches (Balzat, 1997). La privation de sommeil cause aussi des problèmes comme l'irritabilité et la tristesse (Boivin *et al.*, 1997) ; elle risque par ailleurs de nuire au rendement et de causer des sautes d'humeur.

Les causes du sommeil

Y a-t-il un interrupteur central ?

On s'endort généralement de 5 à 30 minutes après s'être couché et l'on dort en moyenne pendant 8 heures. Mais s'endormir est un processus complexe. Récemment, on a découvert la localisation de l'interrupteur du sommeil.

L'interrupteur du sommeil

L'interrupteur du sommeil serait situé dans le noyau ventrolatéral préoptique (Sherin *et al.*, 1996).

Le *noyau ventrolatéral préoptique (NVP)* est un noyau ou groupe de cellules de l'hypothalamus qui agit comme interrupteur du sommeil. Quand le circuit est ouvert, il sécrète un neurotransmetteur (le GABA) dont le rôle est de fermer les aires qui maintiennent le cerveau éveillé. Quand le circuit est fermé, certaines aires cérébrales s'activent à nouveau, et l'on se réveille.

Le système d'activation réticulaire

Pour que le lobe pariétal reçoive et traite l'information venant des sens, il doit être stimulé par le système d'activation réticulaire.

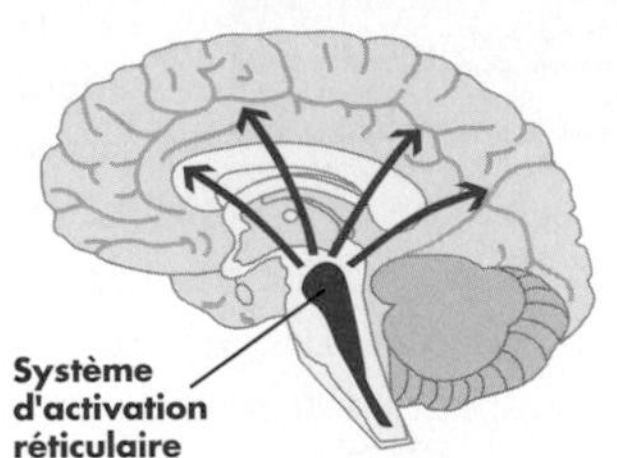

Le *système d'activation réticulaire,* une colonne de cellules qui s'étend tout le long du tronc cérébral, stimule le lobe pariétal, le met en état d'alerte et le prépare à recevoir de l'information en provenance des sens.

Le système d'activation réticulaire permet au lobe pariétal de rester vigilant et produit un état de veille normal (Munk *et al.*, 1996). Quand on stimule le système d'activation réticulaire chez des animaux endormis, ils se réveillent ; quand, chez les humains ou les animaux, il subit des dommages importants, ils tombent dans le coma.

Le processus conduisant au sommeil

L'interrupteur du sommeil et le système d'activation réticulaire ne sont que deux des facteurs qui contrôlent le sommeil. Voici le cycle probable que l'on suit en s'endormant (Pressman et Orr, 1997).

Premièrement, l'heure à laquelle on se couche et on s'endort est contrôlée par les rythmes circadiens, programmés par le noyau suprachiasmatique de l'hypothalamus.

Deuxièmement, lorsque le circuit de l'interrupteur du sommeil situé dans le noyau ventrolatéral préoptique de l'hypothalamus est ouvert, le NVP éteint les aires qui, comme le système d'activation réticulaire, stimulent le cerveau.

Troisièmement, des substances chimiques et des neurotransmetteurs, dont certains sont fabriqués dans le pont, contrôlent le début et la fin des périodes de sommeil non MOR et MOR (Cravatt *et al.*, 1995 ; Porkka-Heiskanen *et al.*, 1997).

Quatrièmement, le rythme circadien qui contrôle la température du corps est relié au sommeil puisque l'on s'endort quand notre température baisse et que l'on se réveille quand elle augmente.

Le processus qui permet de s'endormir et de se réveiller implique donc une interaction complexe entre les rythmes circadiens, certaines aires du cerveau, les substances chimiques provoquant le sommeil et la température du corps.

F. Le monde des rêves

Les théories de l'interprétation des rêves

Que signifient les rêves ?

Bien des gens affirment qu'ils ne rêvent pas ; pourtant, les recherches démontrent que tout le monde rêve, même si l'on ne se souvient pas de ses rêves le matin. Dans des laboratoires du sommeil, de 80 % à 100 % des personnes que l'on réveille pendant une période de sommeil MOR disent qu'elles rêvaient et qu'elles ont vu des images impressionnantes, colorées et même bizarres. Par contre, celles que l'on réveille pendant un sommeil non MOR disent quelquefois qu'elles rêvaient, mais ces rêves consistaient en des pensées ennuyeuses et répétitives (Gardner, 1996 ; Van de Castle, 1994).

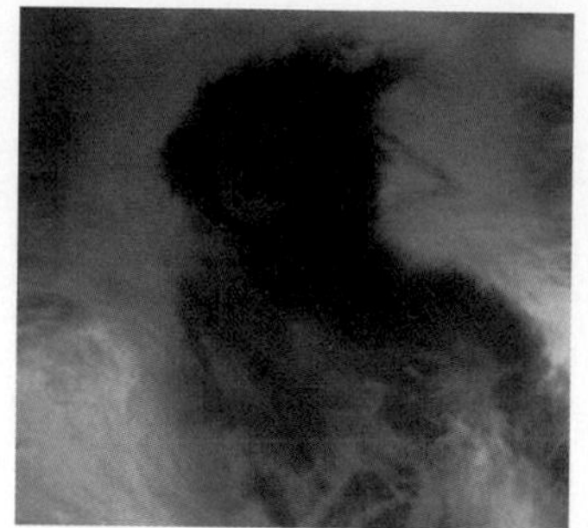

Comprendre la signification des rêves est une activité à la fois populaire et savante qui occupe plus de 400 psychologues, anthropologues, physiologues, artistes et autres « travailleurs du rêve » qui se rencontrent chaque année au congrès de l'Association for the Study of Dreams. Prenons un rêve et voyons comment certains auteurs l'interpréteraient.

« Je suis assis seul dans un ascenseur. Une jeune fille inconnue entre. Je lui dis : "Viens t'asseoir avec moi." Elle s'assoit et je me penche pour l'embrasser, mais elle refuse. Je lui demande pourquoi. Elle répond quelque chose à propos de son acné. "Ça n'a pas d'importance", dis-je. Elle rit, puis nous nous embrassons. Des adultes montent dans l'ascenseur, qui est alors secoué au point où j'ai peur qu'il ne s'écrase ou ne reste bloqué » (adapté de Cohen, 1979).

Il existe plusieurs façons d'interpréter les rêves. Par exemple, certains diront que le rêve du jeune homme exprime sa crainte des relations sexuelles ; d'autres feront ressortir sa peur d'être dans un endroit petit et fermé ; d'autres encore prétendront que ce rêve est un fouillis d'images dénuées de sens. Nous étudierons trois théories psychologiques contemporaines de l'interprétation des rêves ainsi qu'une autre, vieille de 3 000 ans, qui nous vient des Inuits.

Commençons par la théorie la plus controversée, celle de Sigmund Freud.

Les pensées et désirs inconscients

Dans la préface de son célèbre livre *Le rêve et son interprétation,* Freud (1900) écrit : « Ce livre contient, selon ce que j'en juge encore maintenant, la découverte la plus valable de toutes celles que j'ai eu la chance de faire. Une telle vision n'arrive qu'une seule fois au cours d'une vie. » Avant 1900, les psychologues croyaient que les rêves n'étaient qu'une série d'images étranges et absurdes (Gardner, 1995). La théorie de Freud a remis en question ce point de vue ; les rêves sont, a-t-il dit, « la voie royale » qui mène aux pensées et aux désirs inconscients.

Selon la *théorie des rêves de Freud,* l'individu a un censeur interne qui le protège en l'empêchant de réaliser des désirs menaçants et inconscients, surtout ceux dans lesquels interviennent la violence et le sexe. Ainsi, le censeur transforme les désirs secrets angoissants et empreints de culpabilité en des symboles inoffensifs qui surgissent dans les rêves, mais qui ne troublent ni le sommeil ni les pensées conscientes.

Freud lie certains symboles à la sexualité : les symboles sexuels mâles sont de longs objets (bâtons, parapluies, arbres, couteaux, crayons, etc.) ; les symboles sexuels femelles sont des objets creux (cavernes, bouteilles, chaussures, tiroirs, trous de serrures, etc.). Il estime que la tâche du thérapeute est d'interpréter ces symboles pour aider le patient à découvrir des désirs, besoins ou peurs infantiles qui sont à la fois inconscients et angoissants.

Les thérapeutes modernes interprètent les rêves d'une manière différente.

Le prolongement de la vie courante

Plusieurs thérapeutes croient que les rêves ne sont que le prolongement de la vie courante (Hill *et al.,* 1997).

La théorie suivant laquelle *les rêves sont le prolongement de la vie courante* stipule que les rêves reflètent les mêmes peurs, émotions et problèmes que ceux vécus à l'état d'éveil.

Cette théorie a été élaborée par des thérapeutes qui essayaient d'aider leurs patients à résoudre des problèmes. Rosalind Cartwright (1988), directrice d'une clinique d'urgence de troubles de sommeil, précise : « Le problème le plus fréquent du thérapeute est que le matériel concernant les rêves des patients est rare et incomplet. Les gens ne se souviennent pas clairement de leurs rêves. Le thérapeute doit restituer un roman de 500 pages alors qu'il n'a à sa disposition que la dernière page. Cependant, les rêves recueillis dans un laboratoire du sommeil pendant une nuit se lisent comme les chapitres d'un livre. Ils illustrent les préoccupations du patient et les émotions qui les entourent » (p. 36, traduction libre).

Cartwright (1993) a découvert que les gens ayant vécu des situations traumatisantes font des cauchemars qui recréent ces situations. En outre, les personnes déprimées se sentent plus mal au réveil qu'au moment où elles se sont couchées la veille et font des rêves qui les perturbent. Elle croit aussi que les personnes dépressives et celles qui ont des problèmes conjugaux font face à leurs problèmes en les actant dans leurs rêves.

Cartwright conclut que les rêves sont importants parce qu'ils sont une source d'information différente, qu'ils se produisent régulièrement et qu'ils ne peuvent être facilement supprimés. Elle reconnaît cependant que les thérapeutes ne comprennent pas toujours les rêves de leurs patients.

L'aspect neurobiologique

Plusieurs théories sur le rêve sont de nature psychologique et mettent l'accent sur l'inconscient (Freud), ou encore insistent sur l'importance des activités quotidiennes (Cartwright). La théorie proposée par Crick et Mitchison (1983) met plutôt l'accent sur l'aspect neurobiologique. Ces chercheurs affirment que le cortex est constitué de réseaux de neurones dont les interconnexions sont nombreuses. Dans ces réseaux, chaque cellule nerveuse a donc la possibilité de communiquer avec les cellules voisines. Selon Crick et Mitchison, les souvenirs seraient inscrits dans ces réseaux sous forme de codes, les neurones et les synapses représentant des aspects différents d'un souvenir. Ces réseaux auraient la forme d'une toile d'araignée. Lorsqu'un point de cette toile se trouve à être activé par un stimulus quelconque (bruit ou sensation corporelle), c'est toute la toile qui sera stimulée. Un excès de souvenirs dans un réseau provoque une surcharge de renseignements. Pour faire face à cette surabondance, le cerveau aurait besoin d'un mécanisme permettant de désencombrer les réseaux neuronaux au niveau cortical. Crick et Mitchison suggèrent que ce mécanisme soit le sommeil MOR. L'aspect souvent incohérent et bizarre des rêves ne serait que la résultante de la décharge nerveuse produite de façon aléatoire dans ces réseaux. Le rêve ne serait donc que le nettoyage quotidien et systématique des réseaux neuronaux, dont le cerveau a besoin pour fonctionner efficacement. Crick et Mitchison soutiennent par ailleurs qu'il n'est pas souhaitable d'essayer de se souvenir de tous ses rêves puisqu'un tel effort pourrait contribuer à retenir des configurations de pensée que le système tente d'effacer.

Maintenant que l'on connaît les différentes théories sur la signification des rêves, voyons de quoi rêvent les gens.

L'accès au monde spirituel

Les Inuits ont vécu isolés pendant des millénaires sur la côte arctique de l'Amérique du Nord. Comme plusieurs autres peuples autochtones, ils croient que les rêves sont des portes qui permettent de pénétrer le monde spirituel (Foulks, 1992). Les *Inuits* croient que les rêves les font entrer dans un monde où se manifestent les âmes des animaux, des êtres supranaturels et des parents décédés. Les forces spirituelles aident alors les vivants à comprendre des événements actuels ou futurs.

Malgré les différences culturelles, il existe de nombreux parallèles entre la théorie des rêves des Inuits et les théories de Freud et des thérapeutes occidentaux. En effet, dans tous les cas, on juge que des forces, des désirs et des préoccupations passées peuvent être dévoilés aux rêveurs sous une forme symbolique. De plus, les chamanes inuits, que l'on croyait investis de pouvoirs spirituels, agissent comme des psychanalystes freudiens ou des thérapeutes occidentaux, qui interprètent quelquefois les symboles présents dans les rêves pour en révéler la signification. Cependant, les objectifs du rêve divergent : Freud soutient que les rêves sont un moyen d'atteindre l'inconscient ; les thérapeutes modernes affirment qu'ils traduisent les problèmes courants ; alors que les Inuits prétendent que les rêves permettent d'accéder au monde spirituel.

Les rêves typiques

De quoi rêvent les gens ?

On sait que des animaux comme la chauve-souris, la baleine, le chien et le chat ont un sommeil MOR, mais on ignore s'ils rêvent. Quant aux humains, on sait qu'ils rêvent parce qu'ils peuvent en témoigner. Ainsi, l'on a recueilli d'innombrables descriptions de rêves auprès de personnes qui ont été réveillées pendant le sommeil MOR et auprès d'autres auxquelles on a demandé de noter leurs rêves quotidiens. Van de Castle (1994), qui a compilé ces descriptions, a dégagé les caractéristiques suivantes des rêves typiques :

- Ils font intervenir plusieurs personnages.
- Ils impliquent beaucoup de mouvement (marcher, courir, etc.).
- Ils se déroulent surtout à l'intérieur.
- Ils sont un amalgame de sensations visuelles, mais il y a peu de sensations concernant le goût, l'odorat ou la douleur.
- Ils paraissent bizarres parce que les lois physiques n'y sont pas respectées : on vole et on tombe sans se blesser.

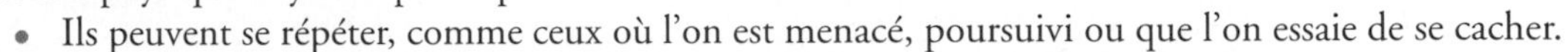

- Ils peuvent se répéter, comme ceux où l'on est menacé, poursuivi ou que l'on essaie de se cacher.
- Ils sont davantage empreints de peur et d'anxiété que de joie et de bonheur.
- Ils comportent rarement des rapports sexuels.
- Ils portent peu souvent sur des projets.
- Ils sont généralement en couleurs, sauf pour les personnes aveugles, qui font des rêves à saveur auditive et tactile.

Van de Castle (1994) conclut que même si les rêves sont personnels et uniques, le type de situations que l'on y trouve, comme le fait de voler, de tomber ou de se cacher, est le même pour tout le monde.

Les rêves intéressent la plupart des gens. Toutefois, des étudiants participant à une étude sur l'interprétation des rêves ne réussissaient pas tous à trouver facilement des liens entre leurs rêves et leur vie quotidienne (Hill *et al.*, 1997).

Certains étudiants disaient qu'ils font des cauchemars. C'est ce dont nous parlerons sous le thème des problèmes de sommeil et de leurs traitements.

G. Les troubles du sommeil et leurs traitements

Le nombre de cas

Le problème est-il important?

Selon Carskadon et Taylor (1997), environ 80 millions d'Américains présentent des problèmes de sommeil. Ainsi, de nombreux adultes cessent de respirer pendant qu'ils dorment (apnée du sommeil), d'autres ont du mal à s'endormir ou à rester endormis (insomnie), d'autres, beaucoup moins nombreux, passent sans avertissement de l'éveil à un sommeil profond (narcolepsie), et le quart des enfants de moins de cinq ans ont un trouble du sommeil. Nous étudierons plusieurs de ces problèmes, ainsi que leurs traitements, en commençant par le problème le plus répandu, l'insomnie.

L'insomnie

«J'ai fait une dépression nerveuse à cause de l'insomnie, d'un surcroît de travail et d'autres problèmes émotifs. J'étais tellement fatigué que je n'arrivais plus à me soigner» (NCSDR, 1993, p. 16).

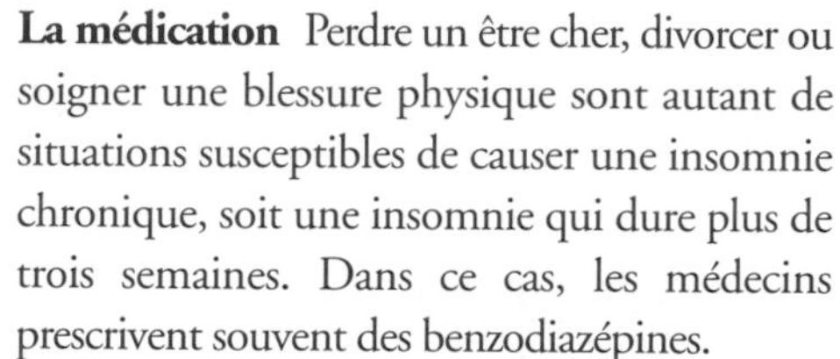

En Amérique du Nord, près de 20 millions de personnes ont un problème d'insomnie.

L'*insomnie* consiste à éprouver des difficultés à s'endormir ou à rester endormi toute la nuit. Elle occasionne souvent, pendant la journée, de la fatigue, une baisse de la concentration, des problèmes de mémoire et un état général de malaise.

Les causes psychologiques de l'insomnie vont d'événements stressants répétés aux inquiétudes sur les plans personnel et professionnel jusqu'au deuil, en passant par des problèmes de santé mentale. Les étudiants deviennent souvent insomniaques quand ils changent d'horaire de sommeil, se couchent tard le samedi et se lèvent tard le dimanche. L'insomnie éprouvée la nuit suivante peut provoquer l'irritabilité le lendemain (lundi matin).

Parmi les causes physiologiques de l'insomnie, mentionnons le travail dans un quart de nuit, ce qui perturbe les rythmes circadiens, les problèmes de santé et les maladies chroniques, l'abus d'alcool ou d'autres substances comme les sédatifs. Tous ces problèmes ont des effets sur les stades du sommeil.

Les traitements sans médicaments Les traitements de l'insomnie sans l'usage de médicaments sont variés, mais ils visent tous le même objectif: réduire l'inquiétude et la tension, qui sont les causes principales de l'insomnie. Une méthode cognitive-behaviorale éprouvée pour traiter l'insomnie est l'établissement d'un horaire de sommeil optimal (Bootzin et Rider, 1997). Les huit conseils suivants sont de nature à rendre le sommeil efficace et plus régulier.

1. Se coucher au moment où l'on s'endort, et non à une heure préétablie ou habituelle.
2. Éteindre la lumière dès que l'on se couche.
3. Ne pas lire ni regarder la télévision au lit, car ce sont des activités que l'on fait quand on est éveillé.
4. Si, 20 minutes après s'être couché, l'on ne s'endort pas, aller s'asseoir dans une autre pièce et relaxer jusqu'à ce que l'on soit de nouveau fatigué. Pour relaxer, contracter et relâcher les muscles, ou recourir à l'imagerie visuelle, c'est-à-dire, les yeux fermés, se concentrer sur une image calme pendant plusieurs minutes.
5. Refaire l'activité précédente autant de fois qu'il est nécessaire, de même quand on se réveille la nuit.
6. Faire sonner le réveil toujours à la même heure. Lorsque l'on dort trop, cela favorise l'insomnie la nuit suivante.
7. Ne pas faire de sieste pendant la journée, sinon l'horaire de sommeil en sera perturbé la nuit venue.
8. Pour établir un horaire de sommeil régulier, appliquer strictement ces conseils pendant plusieurs semaines.

Cette méthode de traitement sans médicaments, ou une méthode semblable, a prouvé son efficacité: les personnes qui l'ont suivie mettent de 64 à 36 minutes de moins à s'endormir (Bootzin et Rider, 1997). Certains problèmes d'insomnie plus graves exigent l'utilisation de médicaments.

La médication Perdre un être cher, divorcer ou soigner une blessure physique sont autant de situations susceptibles de causer une insomnie chronique, soit une insomnie qui dure plus de trois semaines. Dans ce cas, les médecins prescrivent souvent des benzodiazépines.

Les *benzodiazépines* réduisent l'anxiété, l'inquiétude et le stress. Ils constituent un traitement efficace de l'insomnie à court terme (de trois à quatre semaines). Cependant, des doses plus importantes et une utilisation prolongée de benzodiazépines (Dalmane, Xanax, Halcion) affectent le sommeil MOR (diminution pouvant aller à la suppression) et peuvent entraîner des effets secondaires comme la somnolence pendant la journée, des pertes de mémoire ou l'accoutumance.

Par ailleurs, de nouveaux médicaments apparaissent continuellement sur le marché. Par exemple, l'Ambien, qui ne fait pas partie des benzodiazépines, s'est avéré efficace dans le traitement de l'insomnie (Priest *et al.*, 1997). Pour traiter une insomnie à long terme, les cliniciens recommandent la combinaison d'un traitement non médicamenteux avec une médication.

L'apnée du sommeil

De très nombreux Nord-Américains souffrent d'insomnie parce qu'ils cessent de respirer, problème que l'on appelle l'apnée du sommeil.

L'*apnée du sommeil* réfère à ces périodes pendant lesquelles une personne cesse de respirer durant 10 secondes ou plus. Il arrive que de façon répétée une personne cesse de respirer, se réveille, recommence à respirer et se rendorme. Quand on se réveille plusieurs fois pendant la nuit, on souffre d'insomnie, et l'on se sent épuisé au cours de la journée qui suit.

L'apnée du sommeil est observée surtout chez les personnes qui ronflent beaucoup, boivent de l'alcool, sont obèses ou prennent des sédatifs (Ball, 1997).

Le traitement le plus simple consiste à coudre des balles de tennis à l'arrière du pyjama pour empêcher la personne de se coucher sur le dos, position favorisant l'apnée. Le traitement le plus populaire est l'usage d'un appareil qui souffle de l'air dans un masque que l'on porte sur le nez. Dans les cas graves, on peut utiliser un appareil buccal spécial, se faire enlever les amygdales ou se faire déplacer la mâchoire (Saskin, 1997).

La narcolepsie

« Je souffre de narcolepsie depuis 45 ans. À cause de cela, j'ai provoqué plusieurs accidents d'auto qui auraient pu être mortels. La plupart des joies simples que connaissent les gens me sont interdites. J'ai toujours envie de dormir » (NCSDR, 1993, p. 16).

La *narcolepsie* est un trouble chronique caractérisé par des accès de sommeil pendant la journée. Ces derniers s'accompagnent de courtes périodes de sommeil MOR et d'une paralysie des muscles (catalepsie) qui fait pencher la tête et fléchir les genoux, ce qui fait tomber la personne.

La narcolepsie résulte de facteurs génétiques qui perturbent les mécanismes cérébraux contrôlant le cycle veille-sommeil (Mignot, 1997).

Sur cette photo, un spécialiste du sommeil, le docteur William Dement, tient un chien souffrant de narcolepsie, cobaye qui permet d'étudier les causes de ce trouble.

Les narcoleptiques décrivent les crises qu'ils subissent comme irrésistibles. Ils s'endorment n'importe où, en parlant avec quelqu'un ou en conduisant leur voiture. On traite la narcolepsie en prescrivant des médicaments stimulants, comme des amphétamines qui aident à prévenir les accès de sommeil (Mindell, 1997).

D'autres troubles du sommeil

Les terreurs nocturnes Environ 7 % des enfants ont des terreurs nocturnes (Mindell, 1993).

Les *terreurs nocturnes* surviennent pendant les stades 3 et 4 du sommeil non MOR (sommeil delta). Elles commencent habituellement par un cri perçant, suivi par un réveil soudain en état de terreur, une respiration rapide et un rythme cardiaque accéléré. Les enfants ne gardent cependant aucun souvenir de ces expériences terrifiantes.

Un enfant aux prises avec des terreurs nocturnes est difficile à calmer ; il lui faut souvent plusieurs minutes pour redevenir pleinement conscient. Les terreurs nocturnes frappent surtout les enfants de 4 à 12 ans ; elles tendent à disparaître à l'adolescence. La personne qui s'occupe de l'enfant apeuré doit prendre le temps nécessaire pour le réconforter avant que celui-ci ne se rendorme.

Les cauchemars Le quart des enfants de 3 à 6 ans font des cauchemars ; environ 10 % des élèves du secondaire font un cauchemar par mois (Levin, 1994).

Les *cauchemars* sont des images angoissantes et terrifiantes qui surviennent pendant le sommeil MOR. Ils portent ordinairement sur des situations dangereuses, dans lesquelles on est poursuivi ou blessé. Dans plusieurs cas, quand la personne se réveille, elle peut décrire en détail le cauchemar.

Après le réveil, l'anxiété persiste quelque temps, et il peut être difficile de se rendormir. La technique de la réduction de l'anxiété (voir chapitre 11) permet de prévenir les cauchemars.

Le somnambulisme Un des troubles du sommeil les plus bizarres est le somnambulisme.

Le *somnambulisme* se manifeste surtout pendant les stades 3 et 4 du sommeil non MOR. Les somnambules se lèvent et marchent tout en étant profondément endormis. Généralement, ils ont une mauvaise coordination de leurs mouvements — ils peuvent toutefois éviter les objets — et leur conversation se limite à quelques mots.

On juge normal que les enfants soient somnambules de temps à autre ; d'autre part, un somnambulisme fréquent chez les adultes est occasionné par un stress intense ou des problèmes mentaux. Ce trouble risque de devenir sérieux sachant que l'on peut blesser quelqu'un ou se blesser soi-même. (Imaginez qu'étant somnambule vous sortiez de la maison et marchiez au centre de la route !)

Selon les spécialistes du sommeil, de plus en plus de personnes présentent des troubles du sommeil. Celles-ci ont besoin de diagnostics précis et d'endroits où se faire traiter (Pressman et Orr, 1997).

H. L'hypnose

Définition

Qu'est-ce que l'hypnose ?

À la fin du XVIIIe siècle, à Paris, Franz Anton Mesmer est devenu populaire parce qu'il prétendait pouvoir soulager plusieurs symptômes en transmettant à des patients une force qu'il appelait le magnétisme animal. Plusieurs témoins ont confirmé le succès du magnétisme animal devant un comité d'enquête de l'Académie des sciences. Ce comité a conclu que les patients de Mesmer avaient en effet été guéris de divers problèmes psychosomatiques. Il a cependant jugé plus sage de bannir l'utilisation du magnétisme animal parce qu'on ne pouvait prouver l'existence de cette force, ni vérifier les prétentions de Mesmer.

On sait aujourd'hui que Mesmer ne créait pas de magnétisme animal, mais provoquait l'hypnose. Voici la définition qu'en donne la American Psychological Association (Département de l'hypnose, 1993) :

L'*hypnose* est un procédé par lequel un chercheur, un clinicien ou un hypnotiseur suggère à une personne qu'elle va expérimenter ou vivre des changements au niveau de ses sensations, de ses perceptions, de ses pensées, de ses émotions ou de ses comportements.

Nous répondrons aux questions que l'on pose le plus souvent au sujet de l'hypnose.

Qui peut être hypnotisé ?

Malgré tout ce que l'on voit à la télévision ou sur scène, on ne peut hypnotiser n'importe qui. Comme le montre le graphique ci-dessous, 40 %

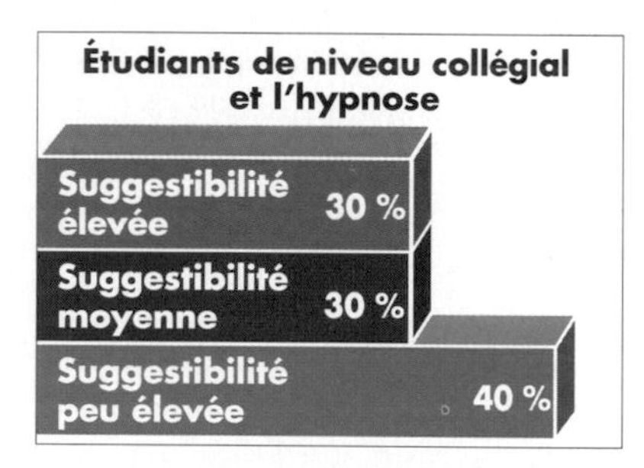

des étudiants de niveau collégial ayant participé à l'expérience ont une suggestibilité hypnotique peu élevée, ce qui signifie qu'ils ne peuvent être facilement hypnotisés, 30 % ont une suggestibilité moyenne et les autres 30 % ont une suggestibilité élevée (Bates, 1994).

Depuis l'époque de William James (1890) et de Sigmund Freud (1891), les psychologues qui tentent d'expliquer ces différences de suggestibilité n'ont pas trouvé de corrélation entre l'hypnose et l'introversion, l'extraversion, le rang social, l'intelligence, la volonté, le sexe, la soumission, la crédulité ou encore la faiblesse (Kirsch et Lynn, 1995). Les chercheurs ont cependant trouvé que des attentes positives à l'égard de l'hypnose étaient liées à une augmentation de la suggestibilité et au succès d'un traitement (Bates, 1994).

Voyons comment on vérifie la suggestibilité hypnotique.

Qui a une suggestibilité élevée ?

Le test habituel d'évaluation de la suggestibilité face à l'hypnose consiste à hypnotiser une personne et à lui suggérer une série d'éléments, les mêmes pour tous les sujets (Kirsch, 1997 ; Woody, 1997). Le meilleur test est *l'Échelle de suggestibilité hypnotique de Stanford,* où l'on demande au sujet d'agir en fonction de suggestions simples comme « Votre bras se soulève » ou complexes comme « Votre corps est lourd et vous ne pouvez vous lever ».

La personne que l'on voit sur la photo répond à la suggestion hypnotique « Votre bras, qui ne pèse rien, se soulève ».

Les personnes qui ont de bons résultats à l'Échelle de Stanford sont ordinairement faciles à hypnotiser et, en général, le restent. Les enfants de 8 à 12 ans ont une meilleure suggestibilité hypnotique que les adultes (Bates, 1994).

Nous verrons maintenant comment on hypnotise quelqu'un.

Comment hypnotise-t-on quelqu'un ?

Plusieurs méthodes permettent d'hypnotiser, mais la plupart des gens utilisent celle qui est décrite ci-dessous.

La *suggestion hypnotique* peut être obtenue par diverses méthodes, notamment celle où l'on demande aux sujets de fermer les yeux et de se concentrer sur un objet (comme une montre), et où on les amène à se relaxer complètement.

Voici une méthode que l'on utilise couramment pour hypnotiser :

1. L'hypnotiseur établit un lien de confiance avec le sujet de manière à ce que celui-ci soit à l'aise.
2. Il suggère au sujet de se concentrer sur un élément ou un objet comme la voix de l'hypnotiseur ou encore une image.
3. Il suggère à la personne certains des états qu'elle éprouvera pendant l'hypnose : elle sera détendue, deviendra somnolente ou aura l'impression de flotter. L'hypnotiseur dira peut-être : « Pendant que je compte jusqu'à 10, vous tomberez de plus en plus profondément dans l'hypnose » (Bates, 1994).

Cette méthode fonctionne avec des individus ou des groupes, à la condition qu'ils aient une suggestibilité élevée face à l'hypnose.

De plus, le degré de suggestibilité du sujet sous hypnose dépend davantage de ses efforts et de ses capacités que de l'habileté de l'hypnotiseur. Enfin, des recherches ont permis d'affirmer que l'hypnose n'a aucun lien avec le sommeil, que les sujets gardent la maîtrise de leurs comportements pendant l'hypnose et qu'ils sont conscients de ce qui les entoure, que la plupart des sujets hypnotisés ne faussent pas leurs réponses et que l'hypnose n'est pas un procédé dangereux s'il est utilisé par un chercheur ou un clinicien expérimenté (Kirsch et Lynn, 1995 ; Orne et Evans, 1965).

Nous répondrons maintenant aux questions suivantes : qu'arrive-t-il quand une personne est en état d'hypnose ? Pourquoi l'hypnose donne-t-elle des résultats ?

Les théories sur l'hypnose

Pourquoi l'hypnose donne-t-elle des résultats ?

La façon d'expliquer l'hypnose a changé considérablement depuis 40 ans. Dans les années 1960 et 1970, deux points de vue prévalaient.

Selon le premier point de vue, l'hypnose était un état semblable à l'état de transe, dans lequel une personne était susceptible de répondre à des suggestions. Selon le second point de vue, l'hypnose n'était pas un état de transe. Après plusieurs années de débat, plusieurs conçoivent l'état hypnotique sur un continuum, duquel ils excluent l'état de transe : à une extrémité, l'on estime que la personne est dans un état altéré de conscience (sans être dans un état de transe) et, à l'autre extrémité, l'on croit qu'elle subit l'influence d'une combinaison de pressions sociales et d'habiletés personnelles (Kirsch et Lynn, 1995). Malgré la popularité de ce point de vue, les disciples de Milton Erickson (1941 et 1980), reconnu comme le chef de file des praticiens de l'hypnose médicale, croient cependant que l'hypnose plonge les patients dans un état de transe dans lequel leurs limites conscientes sont en partie suspendues, ce qui leur permet de s'ouvrir à d'autres façons de penser et de se comporter. Les plus fervents défenseurs de cette théorie affirment que l'hypnose est à la fois un état altéré et un état de transe. Nous parlerons des deux extrémités du continuum et essaierons d'expliquer pourquoi un homme timide sous hypnose a le cran de monter sur scène pour imiter Elvis Presley.

La théorie de l'état altéré de conscience

Des chercheurs et des cliniciens conçoivent l'hypnose comme étant un état altéré de conscience, semblable au rêve éveillé, mais ne le considèrent pas comme un état de transe (Kirsch et Lynn, 1995).

Selon cette théorie, l'hypnose n'est pas un état de transe, mais un *état altéré de conscience* dans lequel une personne éprouve différentes sensations et émotions.

L'état altéré Dans sa théorie de la dissociation, le psychologue Ernest Hilgard (1977) a établi le concept de l'*observateur caché* pour expliquer comment l'hypnose produit un état altéré. Pour vous amener à comprendre le phénomène de l'observateur caché, nous vous ferons participer à une expérience d'hypnose.

Tandis qu'il vous hypnotise, l'hypnotiseur vous dit que votre champ de conscience se divise maintenant en deux parties. La partie hypnotisée a un seuil de douleur très élevé (peu de sensibilité) et peut répondre verbalement aux questions. Quant à la partie qui n'est pas hypnotisée, elle a un seuil de douleur moyen (sensibilité normale) ; elle ne peut répondre aux questions sauf en tapant du doigt : une fois pour oui, deux fois pour non. L'hypnotiseur vous demande ensuite de mettre une main dans l'eau glacée, ce qui est douloureux mais inoffensif ; il vous suggère que vous ne ressentez aucune douleur. Quand il vous demande si vous éprouvez de la douleur, la voix qui est contrôlée par votre partie hypnotisée répond « Non ». Mais le doigt qui est contrôlé par votre partie qui n'est pas sous hypnose frappe une fois, indiquant oui (Hilgard, 1979).

Les découvertes issues de telles expériences confirment l'idée que l'hypnose est un état altéré dans lequel le champ de conscience est divisé en deux parties : l'observateur caché et le moi conscient. Cette idée de l'hypnose produisant un état altéré de conscience a été contestée par la théorie sociocognitive de l'hypnose.

La théorie sociocognitive

Certains chercheurs comme Lynn (1997) rejettent l'idée que l'hypnose est un état altéré ou de transe, proposant plutôt la théorie sociocognitive de l'hypnose.

Selon la *théorie sociocognitive*, les effets impressionnants de l'hypnose sont issus des influences et des pressions sociales ainsi que des habiletés personnelles du sujet.

Le psychologue Irving Kirsch, qui a publié nombre d'articles sur l'hypnose et les questions de thérapie, soutient vigoureusement cette théorie. Kirsch et d'autres chercheurs ont rejeté l'idée que l'hypnose s'apparente à l'état de transe pour trois raisons. Premièrement, après 30 années de recherches, on n'a pu mettre au point aucune mesure comportementale, physiologique ou neurologique permettant de distinguer l'hypnose des autres états de conscience (Ray, 1997). Deuxièmement, tous les phénomènes produits par les suggestions sous hypnose, comme le fait de retourner à une période précédente de sa vie ou le fait de se comporter bizarrement, se sont également manifestés chez des sujets qui n'étaient pas hypnotisés. Troisièmement, l'augmentation de la suggestibilité pendant l'hypnose peut être réalisée grâce à d'autres moyens comme le recours à des placebos ou encore à des exercices visant à améliorer l'imagination (Kirsch, 1994 ; Kirsch et Lynn, 1995).

Lorsqu'on lui demande si l'hypnose produit un état altéré semblable à l'état de transe, Kirsch répond : « Cette question d'une importance capitale a déjà divisé les théoriciens de l'hypnose en deux groupes. Les chercheurs ont maintenant établi que la réaction de la personne hypnotisée dépend davantage de ses habiletés, de ses croyances et de ses interprétations que de la suggestion hypnotique » (Kirsch et Lynn, 1995, p. 849).

L'exemple de Paul

« Pourquoi Paul, de nature réservée, est-il monté sur scène pour imiter Elvis Presley ? » À une extrémité du continuum d'explications de l'hypnose, les chercheurs répondent que cet individu se trouvait dans un état altéré (les disciples d'Erickson diraient qu'il était aussi dans un état apparenté à l'état de transe), pendant lequel il était susceptible de réaliser les suggestions de l'hypnotiseur (bouger et jouer de la guitare comme Elvis). À l'autre extrémité du continuum, les chercheurs répondent que l'homme était motivé à monter sur scène parce que le public exerçait une pression sur lui et qu'il avait l'habileté nécessaire pour faire cette imitation. Par-delà ces réponses, plusieurs cliniciens affirment que l'hypnose s'est avérée utile dans nombre de traitements et de thérapies. Ce sera notre prochain sujet.

H. L'hypnose

Les comportements

Comment se comporte-t-on sous hypnose ?

Au cinéma ou à la télévision, on voit parfois des individus se comporter bizarrement sous hypnose (par exemple, prétendre qu'ils sont des poulets). Dans la description suivante des comportements de personnes hypnotisées, gardez à l'esprit que ces comportements ont aussi été réalisés, sur demande, par des personnes non hypnotisées (Kirsch et Lynn, 1995 ; Spanos, 1996).

L'analgésie hypnotique

On sait depuis longtemps que l'hypnose peut réduire la douleur ; cette fonction est appelée l'analgésie hypnotique.

L'*analgésie hypnotique* est la diminution de la douleur que ressentent les patients traités par l'hypnose auxquels on fait des suggestions afin qu'ils puissent réduire leur niveau d'anxiété et se relaxer.

Des tomographies EP ont montré que l'hypnose atténue les sensations désagréables de la douleur chez des patients, mais non la sensation même de la douleur. Autrement dit, quand un sujet met ses mains dans l'eau chaude, il ressent une douleur, mais, selon la suggestion hypnotique qui lui est donnée, cette douleur est perçue plus ou moins désagréable (Rainville *et al.*, 1997). L'analgésie hypnotique aide aussi les patients qui doivent subir des traitements médicaux ou dentaires douloureux (Chaves, 1994).

La suggestion posthypnotique

Si des sujets adoptent un comportement en réponse à un signal émis après l'hypnose, on parle alors de suggestion posthypnotique.

Une *suggestion posthypnotique,* qui est donnée au sujet pendant l'hypnose, demande à celui-ci d'adopter, une fois sorti de l'hypnose, un comportement spécifique répondant à un signal précis.

On pourrait croire que les sujets obéissant aux suggestions posthypnotiques réagissent automatiquement à des signaux préétablis, comme sourire quand ils entendent le mot « étudiant ». Or, Spanos (1996) a démontré que les sujets ont des réactions posthypnotiques aux suggestions quand ils pensent qu'on s'attend à ce qu'ils en aient, et qu'ils cessent d'en avoir quand ils croient l'expérience terminée ou qu'ils ne sont plus observés.

L'amnésie posthypnotique

« Quand vous vous réveillerez, vous ne vous souviendrez pas de ce qui s'est passé. » Cette suggestion est destinée à produire une amnésie posthypnotique.

L'*amnésie posthypnotique* est le fait pour un sujet de ne plus se souvenir de ce qui s'est passé pendant qu'il était hypnotisé si l'hypnotiseur a suggéré qu'au réveil il devrait oublier ce qui s'est passé.

Une explication possible est que la personne oublie parce que les expériences ont été réprimées et soustraites à la conscience normale. Cependant, plusieurs études démontrent que, au sortir de l'hypnose, ce qu'une personne se rappelle ou oublie dépend de ce qu'elle pense que l'hypnotiseur veut qu'elle se rappelle ou oublie (Spanos, 1996).

La régression dans le temps

Est-il possible que, sous hypnose, une femme de 31 ans (voir ci-contre) redevienne ce qu'elle était à l'âge de 3 ans (voir ci-dessous) ? Ce phénomène constitue la régression dans le temps.

La *régression dans le temps* fait référence à ce qui se passe quand on demande à des sujets sous hypnose de reculer dans le passé, parfois jusqu'à leur petite enfance.

Les chercheurs ont découvert qu'au cours de la régression dans le temps les sujets hypnotisés ne revivent pas, comme on le croit généralement, leur vie passée, mais qu'ils jouent le rôle d'un enfant. Après une revue exhaustive des recherches effectuées depuis plus de 100 ans sur l'hypnose et la régression dans le temps, Nash (1997) a conclu que rien ne prouve que des adultes aient pu reculer dans leur propre passé. Ainsi, les chercheurs croient que, loin de revivre leur enfance, les adultes hypnotisés ne faisaient qu'adopter des comportements attendus de la part d'enfants (Spanos, 1996).

La perception imaginée

Quand un sujet sous hypnose réagit à une suggestion telle que « Essaie de tuer cette mouche », il réalise une perception imaginée.

La *perception imaginée* consiste à éprouver une sensation, à percevoir des stimuli ou à adopter un comportement provenant de son imagination.

Les hypnothérapeutes utilisent la perception imaginée pour traiter certains problèmes de leurs patients. Par exemple, un patient imaginait qu'il était un chevalier revêtu d'une armure. Après plusieurs sessions, le thérapeute lui a demandé d'enlever son armure pour découvrir son moi profond, ce qui a amené le patient à avouer qu'il avait peur de ses faiblesses (Eisen, 1994).

Les conclusions

Après avoir consacré toute sa vie professionnelle à l'étude de l'hypnose, Nickolas Spanos conclut : « Le comportement hypnotique semble inhabituel parce qu'on demande aux gens hypnotisés de faire des choses inhabituelles, par exemple d'agir comme s'ils ne pouvaient plier leurs bras. [...] D'excellents sujets pour l'hypnose réagissent aux demandes d'une autorité légitime (l'hypnotiseur) de la manière dont ils répondent quotidiennement à une autorité officielle. » (Spanos, 1996, p. 39, traduction libre)

Nous étudierons maintenant quelques usages thérapeutiques de l'hypnose.

Les applications

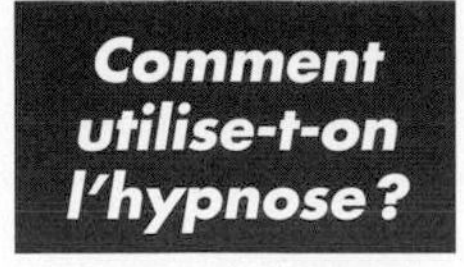

L'hypnose est utilisée à des fins de divertissement. Un hypnotiseur invite des spectateurs sur scène; il les hypnotise, puis leur fait adopter des comportements inhabituels et souvent drôles comme l'imitation d'Elvis Presley.

Il existe cependant des usages plus sérieux et justifiés, dans les milieux médical, dentaire, thérapeutique et behavioral. Sur la photo ci-dessous, la dame est hypnotisée avant un traitement dentaire potentiellement douloureux. Voici quelques exemples d'usages thérapeutiques de l'hypnose.

Les usages médicaux et dentaires

L'hypnose peut être utilisée à des fins médicales ou dentaires, pour atténuer la douleur grâce à l'analgésie hypnotique, pour diminuer la peur et l'anxiété en aidant les patients à se relaxer ou pour amener des patients à affronter une maladie fatale en leur faisant tirer le meilleur parti de la situation (Erickson, 1994).

Il est cependant prouvé que les patients ayant une suggestibilité élevée face à l'hypnose réagissent beaucoup mieux aux suggestions destinées à atténuer la douleur et à détendre le corps que ceux qui ont une suggestibilité peu élevée (Bates, 1994).

Dans une expérience au cours de laquelle on plaçait un garrot sur le bras des sujets, ce qui a pour effet d'arrêter l'arrivée du sang et fait très mal, les sujets ayant une suggestibilité élevée face à l'hypnose rapportaient avoir significativement moins mal que les sujets ayant une suggestibilité peu élevée (Crawford *et al.*, 1993). Le graphique ci-contre illustre ces résultats. Les chercheurs n'ont découvert que récemment ce qui se passait dans le cerveau pendant l'analgésie hypnotique.

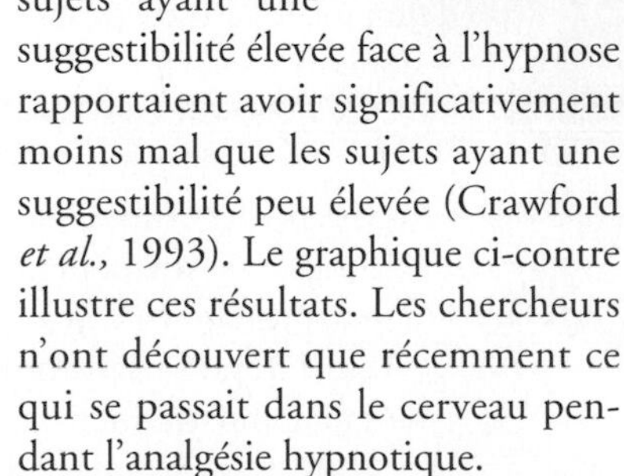

Source : Adapté de Crawford *et al.*, 1993

À l'aide de tomographies EP, on a mesuré l'activité de différentes parties du cerveau de personnes hypnotisées auxquelles on avait demandé de plonger les mains dans l'eau tiède, puis dans de l'eau assez chaude pour provoquer de la douleur. Les suggestions hypnotiques amenant les sujets à percevoir la douleur comme plus intense ont causé une baisse de l'activité dans le lobe frontal, alors que les suggestions visant à percevoir la douleur comme moins intense ont causé une augmentation de l'activité dans la même aire. Par ailleurs, les suggestions hypnotiques suivant lesquelles la douleur devrait être ressentie plus ou moins intensément n'ont ni augmenté ni réduit l'activité cérébrale dans l'aire somatosensorielle du lobe pariétal qui indique la réception de la douleur (Rainville *et al.*, 1997). Les chercheurs en ont conclu que les suggestions hypnotiques modifient la *perception* de la douleur par le sujet et rendent celle-ci plus ou moins agréable, mais elles n'influencent pas les mécanismes de la *réception* de la sensation de douleur. Cela signifie que pendant l'analgésie hypnotique, les sujets ressentent la douleur, mais ils ne sont dérangés par elle qu'en fonction des suggestions hypnotiques qu'ils reçoivent.

L'hypnose peut aussi aider les gens à modifier leurs comportements.

Les usages thérapeutiques et behavioraux

On fait appel à la thérapie hypnotique depuis longtemps; en 1905, Sigmund Freud l'utilisait déjà. Récemment, Milton Erickson (1941 et 1980) a affirmé que l'hypnose permettait à ses patients d'envisager plus facilement de nouvelles solutions à leurs problèmes. L'hypnose ne convient pas à tout le monde; certains craignent qu'elle ne leur fasse perdre la maîtrise d'eux-mêmes, tandis que d'autres croient qu'elle indique un manque de volonté (Kirsch, 1994).

Les thérapeutes qui recourent souvent à l'hypnose parallèlement à d'autres techniques disent qu'elle aide les patients à révéler leur personnalité, à voir leur vie avec plus de lucidité et à régler leurs problèmes. Les recherches sur l'hypnothérapie indiquent que l'hypnose donne des résultats intéressants dans le contexte de thérapies (Coe, 1994; Dowd, 1994; Kirsch, 1994).

Les personnes qui ont une suggestibilité élevée face à l'hypnose répondent mieux aux suggestions visant à traiter divers problèmes psychosomatiques. Par exemple, en plus d'atténuer la douleur, l'hypnose diminue la fréquence des crises d'asthme, élimine des verrues et soulage la tension. Cependant, elle n'aide pas à résoudre les problèmes reliés au contrôle de soi, comme cesser de fumer, moins manger, réduire la consommation d'alcool ou changer d'autres habitudes qui nuisent à la santé (Bates, 1994).

Le graphique ci-contre montre le pourcentage de sujets qui ont continué de fumer après avoir suivi trois programmes différents.

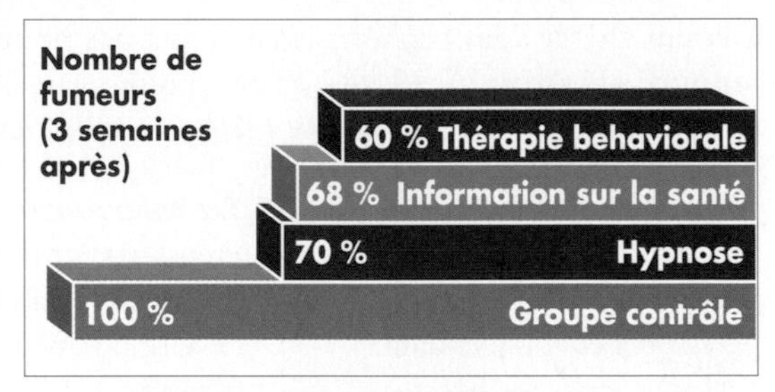

Les résultats sont significatifs: après trois semaines de traitement, l'hypnose n'aidait les gens à cesser de fumer guère mieux que les programmes d'information sur la santé ou les programmes de changements de comportements. Ces trois programmes ont été également efficaces et bien meilleurs que celui du groupe contrôle (Rabkin *et al.*, 1984).

Les cliniciens sont généralement d'avis que l'hypnose n'est pas une cure miracle mais une technique utile dans un traitement (Rhue *et al.*, 1994). Cependant, même si elles sont utiles dans une thérapie, les preuves obtenues sous hypnose ne sont pas acceptables devant les tribunaux parce que les questions ou les suggestions d'un examinateur pourraient induire un témoin en erreur (Perry, 1997).

Nous étudierons maintenant l'usage, l'excès et les effets des drogues.

I. Les drogues : un survol

Ce qui pousse à consommer des drogues

Pourquoi prend-on des drogues ?

Même si les humains prennent des drogues depuis 6 000 ans, l'usage de drogues légales ou illégales est de plus en plus répandu dans le monde (Hanson et Venturelli, 1998).

On prend des drogues pour plusieurs motifs : pour éprouver du plaisir et de l'euphorie ; pour se conformer aux attentes sociales ; pour affronter le stress, l'anxiété et la tension ou pour y échapper ; pour atteindre des états altérés de conscience ; enfin, pour éviter la douleur (Siegel, 1989).

Les Américains dépensent des milliards de dollars chaque année pour se procurer des drogues, légales ou non. Selon Musto (1991), qui a étudié l'usage des drogues aux États-Unis depuis 200 ans, des cycles de tolérance et d'intolérance quant aux drogues illégales s'y sont succédé. Puisque l'histoire tend à se répéter, le chercheur prédit que les problèmes physiologiques et psychologiques reliés aux drogues perdureront. Nous étudierons maintenant les substances psychotropes.

Les *substances psychotropes* sont des produits chimiques qui modifient l'activité du système nerveux et conséquemment les niveaux de conscience et de vigilance, et influencent les perceptions de même que l'humeur, les sentiments, les émotions et les pensées. Ces drogues sont soit légales — café, alcool et tabac —, soit illégales — marijuana, héroïne, cocaïne et LSD.

Même si toutes les substances psychotropes agissent sur notre système nerveux, leurs effets sur le comportement dépend également de l'état psychologique et de facteurs sociaux comme la pression des pairs et les valeurs sociales.

Pour illustrer les facteurs physiologiques et psychologiques liés à l'usage des drogues, nous évoquerons une personne célèbre qui a éprouvé un sérieux problème de drogue.

Définition des termes

Un célèbre thérapeute accro de drogue ?

Quand ce personnage avait 38 ans, ses médecins lui ont dit de cesser de fumer parce qu'il faisait de l'arythmie cardiaque. Malgré ses efforts, il s'est vite remis à fumer 20 cigares par jour. Il s'est arrêté de nouveau quand ses problèmes cardiaques se sont aggravés, mais il est devenu tellement dépressif et il avait de telles sautes d'humeur qu'il a encore recommencé. À 67 ans, il était atteint d'un cancer. Pendant les 16 années suivantes, il a subi 33 opérations chirurgicales à la bouche et à la mâchoire, mais il n'a pas pour autant renoncé au tabac. À 79 ans, sa mâchoire avait été presque entièrement remplacée par une mâchoire artificielle. Il avait constamment mal et pouvait à peine avaler ou parler, mais cela ne l'a pas fait arrêter de fumer. En 1939, à 83 ans, il est décédé des suites d'un cancer lié à son problème de tabagisme (Brecher, 1972 ; Jones, 1953).

Ce personnage n'est nul autre que Sigmund Freud, le père de la psychanalyse. Pendant presque toute sa vie professionnelle, Freud a eu un problème de drogue, étant dépendant de la nicotine. Malgré sa perspicacité face aux problèmes des autres, il n'a pas réussi à traiter sa propre dépendance. Sa lutte contre le tabac illustre bien quatre termes relatifs à l'usage et à l'abus des drogues : la dépendance, la tolérance, l'accoutumance et le sevrage (American Psychiatric Association, 1994).

La dépendance

Freud a continué à fumer malgré un problème cardiaque parce qu'il était dépendant.

La *dépendance* signifie qu'une personne a adopté un mode de comportement marqué par l'usage abusif d'une drogue et par un désir irrépressible de la consommer ; même après s'être arrêtée, la personne a tendance à retomber dans sa dépendance et à recommencer à prendre cette drogue.

Freud a rechuté après avoir cessé de fumer parce qu'il était dépendant de la nicotine.

La tolérance

Freud fumait jusqu'à 20 cigares par jour parce qu'il avait développé une tolérance à la nicotine.

La *tolérance* signifie que la dose habituelle de la drogue ne produit plus l'effet souhaité après une consommation régulière pendant une longue période ; la personne doit prendre des doses de plus en plus fortes pour obtenir le même effet.

L'usage immodéré du tabac montre que Freud était devenu tolérant à la nicotine.

L'accoutumance

Freud avait du mal à cesser de fumer parce qu'il avait développé une accoutumance à la nicotine.

L'*accoutumance* est un changement dans le système nerveux qui fait qu'une personne a besoin de prendre une drogue pour éviter les douloureux symptômes du sevrage.

Pour Freud, la combinaison de la dépendance et de l'accoutumance rendait l'arrêt encore plus difficile.

Les symptômes du sevrage

Vu sa dépendance et son accoutumance face à la nicotine, Freud avait des symptômes de sevrage quand il cessait de fumer.

Les *symptômes du sevrage* sont des symptômes physiologiques et psychologiques douloureux qui découlent de l'arrêt de l'usage d'une drogue par une personne dépendante.

Freud a ainsi décrit ses symptômes : il était déprimé, il avait des idées suicidaires et il était si torturé que le sevrage était au-delà de ses forces (Jones, 1953).

L'usage des drogues

Des drogues plus populaires ?

De nos jours, l'abus de drogues pose un problème de santé majeur au Canada et partout dans le monde. Chaque année, l'usage ou l'abus de tabac, d'alcool et de drogues illégales est responsable d'une importante proportion d'hospitalisations et de décès.

Au pays, 28,6 % des individus de plus de 15 ans sont fumeurs, tandis que 75 % affirment consommer de l'alcool. Même si le nombre de consommateurs de drogues illégales est moins élevé au Canada qu'aux États-Unis, il demeure tout de même fort important. D'ailleurs, le Canada figure parmi les pays où les drogues illégales sont le plus largement consommées. Le cannabis vient en tête de liste : 23,1 % des individus (soit 97 % des consommateurs de drogues illégales) en ont consommé plus d'une fois dans leur vie. En fait, la majorité des usagers de drogues illégales au pays n'ont jamais consommé d'autres drogues que le cannabis. Seulement 5,9 % des Canadiens déclarent avoir déjà usé de LSD, de speed ou d'héroïne, tandis que 3,8 % déclarent avoir fait usage de cocaïne au moins une fois dans leur vie (Centre canadien de lutte contre l'alcoolisme et les toxicomanies, 2001).

Étant donné la difficulté à contrôler l'usage des drogues illégales, d'éminents médecins, juges et politologues ont proposé de les légaliser (Savage, 1996). Par contre, selon d'autres chercheurs, il subsiste tellement d'inconnues qu'il est malaisé de prédire les répercussions de la légalisation des drogues sur leur usage et sur les problèmes personnels et sociaux qui y sont rattachés (MacCoun, 1993 ; Rosenthal, 1994).

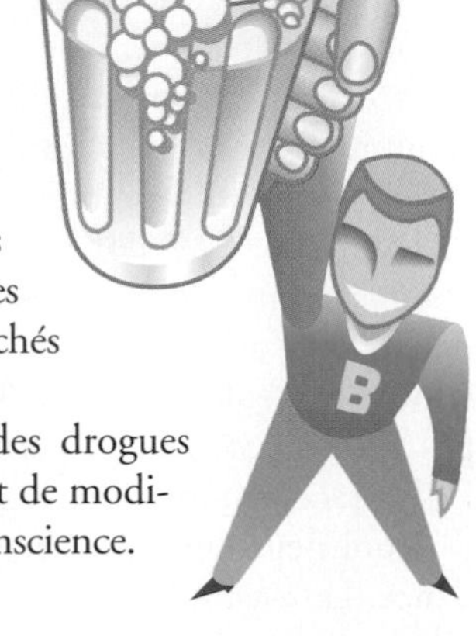

Une des raisons de la popularité des drogues légales et illégales est qu'elles permettent de modifier rapidement les états émotifs et de conscience.

Les effets sur le système nerveux

Comment les drogues agissent-elles ?

Au chapitre 3, nous avons expliqué comment le système nerveux communique grâce à des messagers chimiques appelés les neurotransmetteurs. Ces derniers agissent comme les clés chimiques qui ouvrent et ferment les serrures chimiques de neurones avoisinants (figure de droite). L'ouverture de serrures chimiques augmente généralement l'activité neurale alors que leur fermeture la fait décroître. Nous expliquerons les deux manières les plus courantes dont les drogues interfèrent avec les serrures et les clés neurales, modifiant ainsi les réactions émotives, psychologiques et physiologiques des individus.

Les neurotransmetteurs agissent comme des clés chimiques qui ouvrent ou ferment des serrures chimiques spécifiques.

Les serrures chimiques s'ouvrent ou se ferment, ce qui a pour effet d'augmenter ou de réduire l'activité neurale.

1 Les drogues qui imitent les neurotransmetteurs

Le système nerveux produit plusieurs douzaines de neurotransmetteurs et d'autres substances servant de messagers chimiques. Quand les neurones ont relâché les neurotransmetteurs, ceux-ci agissent comme des clés chimiques qui ouvrent ou ferment des serrures chimiques stimulant ou inhibant les neurones, organes ou muscles avoisinants (figure ci-dessus).

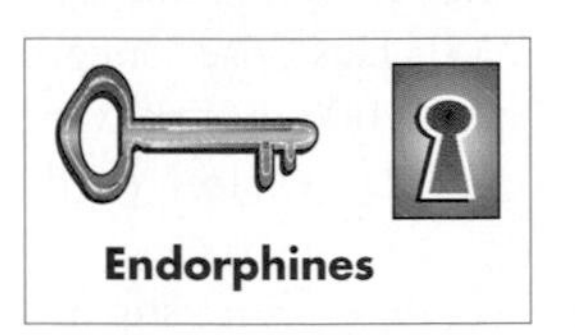

Endorphines

Toutefois, certaines drogues ressemblent aux neurotransmetteurs au point qu'elles ouvrent les mêmes serrures chimiques (figure ci-dessous). La structure chimique de la morphine, par exemple, est presque identique à celle de l'endorphine, un neurotransmetteur, ce qui lui permet d'imiter l'action de l'endorphine en ouvrant les serrures chimiques qui atténuent la douleur (Stahl, 1996).

Morphine ou héroïne

2 Les drogues qui empêchent la réabsorption des neurotransmetteurs

Quand ils sont stimulés, les neurones sécrètent des neurotransmetteurs qui traversent un petit espace (la fente synaptique) et sont captés par les récepteurs des neurones avoisinants (figure ci-dessous). Cependant, peu après, les neurotransmetteurs excédentaires qui subsistent dans la fente synaptique sont réabsorbés par le neurone émetteur. Cette action grâce à laquelle les neurotransmetteurs sont enlevés de la fente synaptique et réabsorbés par le neurone émetteur s'appelle la réabsorption. Si la réabsorption n'avait pas lieu, les neurotransmetteurs resteraient dans la fente synaptique et les récepteurs des neurones avoisinants seraient continuellement stimulés.

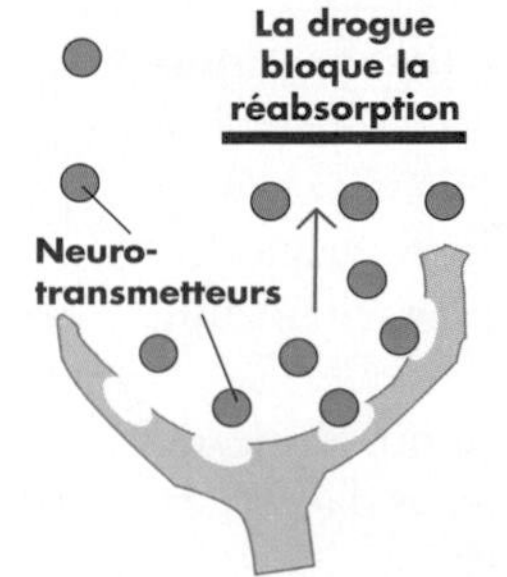

Une drogue comme la cocaïne bloque la réabsorption de la dopamine et de la noradrénaline, ce qui augmente la stimulation neuronale, qui, à son tour, accroît la stimulation physiologique et psychologique de l'individu (Stahl, 1996).

Nous étudierons maintenant certaines drogues parmi les plus populaires.

I. Les drogues : un survol

Quelques drogues

Nous discuterons maintenant des effets spécifiques de quelques drogues : l'alcool, les stimulants (les amphétamines, la cocaïne, la caféine et la nicotine), la marijuana, les opiacés et les hallucinogènes.

L'alcool

L'*alcool* (alcool éthylique) est une substance psychotrope qui diminue l'activité du système nerveux central et qui appartient de ce fait à la catégorie des dépresseurs. L'alcool passe parfois pour un stimulant parce que, initialement, il lève les inhibitions. Au bout d'un certain temps, cependant, il réduit l'intensité d'un grand nombre de réactions physiologiques et psychologiques.

La *gueule de bois* qui suit l'ingestion d'une grande quantité d'alcool (de 4 à 7 consommations) est un ensemble de malaises comme les maux d'estomac, les étourdissements, la fatigue, les maux de tête et la dépression. À l'heure actuelle, il n'existe pas de remède contre la gueule de bois. C'est un état pénible mais qui ne menace pas la vie du consommateur.

Une consommation régulière et importante d'alcool peut entraîner la tolérance et la dépendance. La *tolérance* est une diminution de la sensibilité telle que le consommateur doit boire de plus en plus pour obtenir un même effet comportemental. La *dépendance* se traduit par un besoin intense ainsi que par des *symptômes de sevrage* en cas d'interruption de la consommation. Ces symptômes comprennent les tremblements, les nausées, l'anxiété, la diarrhée, les hallucinations et la désorientation.

La consommation fréquente de quantités importantes d'alcool peut causer l'alcoolisme ainsi que des lésions du foie et du cerveau.

Les stimulants

Tous les *stimulants*, y compris la cocaïne, les amphétamines, la caféine et la nicotine, accroissent l'activité du système nerveux central ; ils augmentent la vigilance, produisent une excitation et diminuent l'appétit et les sensations de fatigue. La cocaïne et les amphétamines sont considérées comme des stimulants puissants parce qu'elles produisent un effet important à faible dose ; à l'opposé, la caféine et la nicotine sont considérées comme des stimulants faibles.

Les amphétamines De par sa composition chimique et ses effets physiques et psychologiques, la *méthamphétamine* (D-méthamphétamine) ressemble à l'amphétamine. Alors que l'amphétamine se présente sous forme de comprimés, la méthamphétamine (communément appelée « speed », « crank », « cristal » ou « ice ») peut être fumée ou reniflée et agit presque instantanément. L'amphétamine et la méthamphétamine entraînent une augmentation marquée de la pression artérielle et de la fréquence cardiaque et suscitent une impression d'euphorie, de vigilance et d'énergie.

Au début, les utilisateurs de méthamphétamine ou d'une de ses formes concentrées, le « ice », connaissent des périodes d'activité fébrile marquées par des comportements répétitifs. À l'euphorie initiale succèdent de la dépression, de l'agitation, de l'insomnie et des sentiments paranoïdes. La méthamphétamine est une drogue très dangereuse parce qu'elle peut causer une dépendance de même que des problèmes physiques et psychologiques.

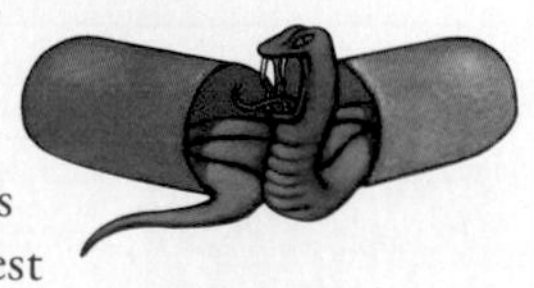

La cocaïne Pendant 3000 ans, les Incas et leurs descendants, les peuples autochtones du Pérou, ont mâché des feuilles de coca. Les feuilles de coca contiennent une faible concentration de cocaïne et, semble-t-il, elles donnaient force et vigueur aux montagnards, tout en atténuant la fatigue, la faim, la soif et la sensation de froid.

La *cocaïne*, dérivée des feuilles de coca, a des effets physiologiques et comportementaux semblables à ceux de l'amphétamine. Elle produit une augmentation de la fréquence cardiaque, de la pression artérielle, de la vigilance et de l'énergie, améliore l'humeur, diminue l'appétit et masque la fatigue.

En *doses modérées*, la cocaïne produit une euphorie de courte durée (de 10 à 30 minutes) marquée par une sensation soudaine d'énergie, d'exaltation et de vigilance. Les utilisateurs ont tendance à croire que la cocaïne stimule leur rendement physique et mental mais, en réalité, ils surestiment la qualité de leur travail.

À *fortes doses*, la cocaïne peut causer de graves problèmes physiques et psychologiques, dont des hallucinations et des idées délirantes.

Parmi les problèmes physiques associés à l'usage régulier de la cocaïne, on compte la perte d'appétit, l'insomnie, l'irritabilité et les lésions du cartilage nasal. Des doses relativement faibles peuvent entraîner une insuffisance respiratoire fatale. On sait à présent qu'une consommation importante de cocaïne provoque une dépendance physique (Hammer *et al.*, 1997).

La caféine La caféine est la drogue légale la plus consommée.

Des études ont montré que des doses modérées à fortes de caféine (soit de 125 mg à 800 mg) peuvent entraîner une dépendance physique et psychologique semblable à celle que produisent l'alcool, la nicotine et la cocaïne (Strain *et al.*, 1994). Des doses encore plus importantes (soit de 300 mg à 1000 mg) peuvent provoquer de la dépression, de la tension et de l'anxiété (DeAngelis, 1994).

La cessation soudaine de la consommation de caféine, surtout après l'ingestion régulière de doses modérées à fortes, entraîne habituellement une série de symptômes de sevrage tels que des maux de tête, de l'irritabilité, de la fatigue, un besoin intense et une diminution de l'énergie (Schuh et Griffiths, 1997). Ces symptômes disparaissent généralement au bout de cinq à sept jours. Manifestement, la caféine est une véritable drogue.

La nicotine La nicotine se classe au deuxième rang des substances psychotropes légales les plus consommées dans le monde.

En 1997, un dirigeant d'une compagnie de tabac américaine avouait : « La cigarette nuit à la santé et cause notamment le cancer du poumon, des maladies cardio-vasculaires et l'emphysème. La nicotine entraîne une dépendance. » (Noah, 1997, p. 29) Il n'apprenait rien ni aux chercheurs ni à quiconque a déjà arrêté de fumer. Les symptômes de sevrage sont d'intensité variable et comprennent la nervosité, l'irritabilité, les difficultés de concentration, les perturbations du sommeil et l'état de besoin.

Les chercheurs ont découvert que les programmes structurés d'abandon du tabac sont presque tous aussi efficaces les uns que les autres et que le timbre de nicotine facilite l'arrêt de la consommation (Skaar *et al.*, 1997). Comme la caféine, la nicotine est une véritable drogue qu'il est très difficile d'abandonner une fois pour toutes.

La marijuana

La marijuana est la drogue illégale la plus consommée dans le monde. Comme dans le cas de nombreuses autres drogues, ses effets dépendent de l'humeur et de l'état de santé mentale de l'utilisateur.

La *marijuana* est une substance psychotrope dont le principal ingrédient actif est le THC (tétrahydrocannabinol) ; le THC se trouve dans les feuilles du cannabis. Aujourd'hui, une cigarette de marijuana (« joint ») renferme en moyenne de 2,5 mg à 11,0 mg de THC, soit 10 fois plus que dans les années 1970 (Schwartz, 1991). Le THC est rapidement absorbé dans la circulation sanguine et produit en 5 à 10 minutes des effets d'une durée de quelques heures. Ces effets sont directement reliés à la dose. Une faible dose entraîne une euphorie légère, une dose modérée perturbe les perceptions et la notion du temps, et une forte dose peut causer des hallucinations, des idées délirantes et des distorsions de l'image corporelle (Hanson et Venturelli, 1998).

La marijuana peut nuire à l'exercice des facultés mentales et, par exemple, perturber la mémoire à court terme (Block, 1996). En revanche, il n'a pas été prouvé de manière concluante qu'une utilisation prolongée cause des dommages permanents au cerveau, au système nerveux et au code génétique (Relman, 1982).

La marijuana perturbe le temps de réaction, le jugement et la vision périphérique, de sorte qu'elle entrave la capacité de conduire une voiture et de piloter un bateau ou un avion (Schuckit, 1990).

À fortes doses, la marijuana peut engendrer des psychoses toxiques caractérisées par des idées délirantes, de la paranoïa et des sentiments de terreur. Rien ne prouve cependant qu'elle provoque des psychoses prolongées ou la schizophrénie (Schuckit, 1994a).

Les chercheurs pensent que la consommation régulière de marijuana peut entraîner une dépendance et que le fait d'en cesser l'usage peut donner lieu à de légers symptômes de sevrage (Grinspoon *et al.*, 1997 ; Wickelgren, 1997).

Les opiacés : l'opium, la morphine et l'héroïne

Il y a près de 8000 ans que l'on consomme des opiacés. On a découvert au début du XIXe siècle que l'ingrédient actif du suc du pavot était la morphine. Puis, on a modifié la composition chimique de la morphine pour produire de l'héroïne. Dans le jargon médical et judiciaire, on désigne les opiacés par le terme *narcotiques*.

Les *opiacés*, tels l'opium, la morphine et l'héroïne, produisent trois effets principaux : l'analgésie (soulagement de la douleur), l'euphorie (souvent décrite comme un état de bien-être à mi-chemin entre la veille et le sommeil) et la constipation. L'usage continuel des opiacés entraîne une tolérance, une dépendance physique et un besoin intense de consommer.

Après quelques semaines d'usage régulier d'un opiacé, le cerveau s'habitue à l'apport extérieur d'endorphines et cesse d'en produire naturellement. La dépendance s'installe et le consommateur doit s'administrer des doses de plus en plus fréquentes pour prévenir les symptômes de sevrage tels que les bouffées de chaleur, les frissons, la transpiration, les tremblements et les crampes gastriques. Ces malaises ne menacent pas la vie de la personne et durent de quatre à sept jours. Une dose excessive d'opiacés inhibe la régulation nerveuse de la respiration et cause la mort à la suite d'une insuffisance respiratoire.

Les hallucinogènes

Les *hallucinogènes* sont des substances psychotropes qui produisent des effets perceptifs, sensoriels et cognitifs étranges et inhabituels. Ils provoquent des hallucinations, c'est-à-dire que l'utilisateur voit des images ou entend des sons tout en sachant qu'ils ne sont pas réels.

S'il existe de nombreux hallucinogènes, nous nous attarderons ici au plus connu, le LSD.

Le LSD Le LSD est une drogue très puissante, car, même à doses très faibles, il engendre des hallucinations, des déformations de la perception, une augmentation de la sensibilité et des sentiments intenses. Ces effets, qui constituent le « trip », peuvent durer de 8 à 10 heures.

Les effets psychologiques du LSD dépendent en partie du contexte et de l'état d'esprit de l'utilisateur. Ils peuvent être désagréables (« bad trip ») si l'utilisateur est tendu ou anxieux ou s'il se trouve dans un contexte qui lui est inconnu. Un « bad trip » grave peut s'accompagner de réactions psychotiques (de sentiments paranoïdes en particulier) qui dictent une hospitalisation. Les effets du LSD peuvent resurgir inopinément un certain temps après la prise (« flash-back »). On ne connaît pas de cas de dépendance physique au LSD ni de décès à la suite d'une dose excessive, mais il est clair que la tolérance s'établit rapidement (Miller et Gold, 1994).

J. Diversité culturelle : les taux d'alcoolisme

Qu'est-ce que l'alcoolisme ?

On peut se demander pourquoi certaines personnes consomment une drogue avec modération alors que d'autres prennent continuellement la même drogue et développent de graves problèmes. Cette question vaut pour toutes les drogues. Environ 100 millions d'Américains boivent de l'alcool en faisant peu d'excès, alors que 10 à 12 millions en abusent et deviennent alcooliques.

On entend par *alcoolisme* la consommation d'une grande quantité d'alcool pendant plusieurs années. Les individus alcooliques présentent une dépendance (ils ont un besoin maladif de boire) et une accoutumance (ils doivent boire pour éviter les symptômes du sevrage).

Ils continuent à boire malgré les graves problèmes que cela entraîne : ils négligent leur famille et leur occupation principale (travail ou école), accumulent les problèmes judiciaires et ont des relations personnelles ou sociales difficiles (American Psychiatric Association, 1994).

Si certains buveurs seulement deviennent alcooliques, c'est à cause de facteurs de risque d'ordre génétique et environnemental. Nous verrons que ces deux types de facteurs de risque diffèrent selon les nations.

Les facteurs de risque d'ordre génétique

Après leur premier verre d'alcool, certaines personnes rougissent. Cette réaction est provoquée par l'absence d'une enzyme du foie qui contribue à métaboliser l'alcool.

Le rougissement est une caractéristique génétique que l'on trouve rarement chez les Blancs, mais que l'on observe chez 30 % à 50 % des Asiatiques. Les Asiatiques qui rougissent beaucoup à cause de l'alcool, comme les Taiwanais, les Chinois et les Japonais, ont tendance à boire moins, alors que les Asiatiques qui rougissent moins, comme les Sud-Coréens, sont portés à

boire davantage (Helzer et Canino, 1992). Le rougissement est donc un facteur de risque génétique face à l'alcoolisme. Parmi les facteurs culturels, il y a aussi les facteurs environnementaux.

Les facteurs de risque d'ordre environnemental

Ces facteurs proviennent de valeurs culturelles qui stimulent ou limitent l'abus d'alcool. Des chercheurs ont examiné 48 000 adultes (18 ans et plus) appartenant à 6 cultures afin de déterminer si le taux d'alcoolisme diffère selon les cultures et quelles sont les valeurs culturelles influençant le taux d'alcoolisme.

Le graphique ci-dessous montre les réponses à la première question. Les taux d'alcoolisme diffèrent effectivement selon les cultures, d'un taux très bas de 0,5 % chez les Taiwanais à un taux élevé de 22 % chez les Sud-Coréens.

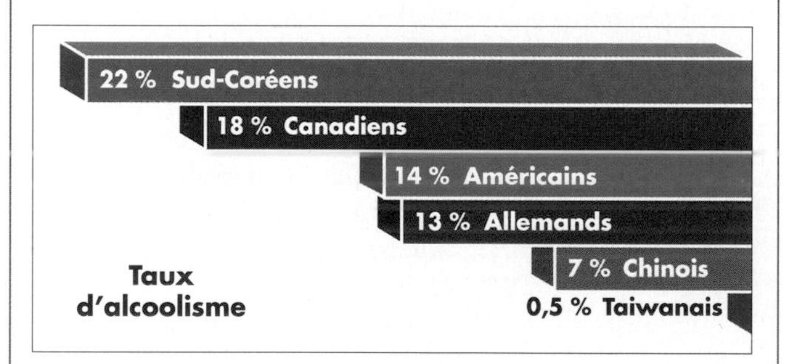

On a aussi répondu, en partie, à la deuxième question. Par exemple, en Corée du Sud, le taux élevé d'alcoolisme est surtout attribuable aux hommes, qui sont encouragés à boire dans certaines situations sociales, comme après le travail. En Allemagne, aux États-Unis et au Canada, le taux d'alcoolisme moyen est une réaction au stress de la vie dans des sociétés très industrialisées. L'alcoolisme est plus bas que la moyenne en Chine et à Taiwan parce que ces sociétés sont imprégnées par la morale de Confucius, qui réprouve le fait de boire ou de se montrer en public en état d'ivresse. Ces découvertes indiquent que les facteurs de risque liés à la culture peuvent soit stimuler, soit limiter le développement de l'alcoolisme.

Malgré les taux d'alcoolisme différents selon les cultures, certaines similitudes sont frappantes.

Les similitudes

Même si le taux d'alcoolisme varie énormément selon les cultures étudiées, les chercheurs ont constaté beaucoup de similitudes dans les causes de l'alcoolisme et les problèmes qu'il entraîne (Helzer et Canino, 1992 ; Peele, 1997). En voici quelques-unes :

- L'âge moyen auquel apparaissent les premiers symptômes se situe entre le début et le milieu de la vingtaine.
- Le nombre moyen de problèmes majeurs que les personnes alcooliques ont eus dans leur vie est de 4 à 6.
- La durée moyenne de l'alcoolisme est de 8 à 10 ans.
- Les personnes alcooliques boivent beaucoup, souvent jusqu'à un litre d'alcool par jour.
- Les hommes sont cinq fois plus susceptibles de devenir alcooliques que les femmes.
- La dépression est deux fois plus fréquente chez les alcooliques que chez les non-alcooliques.
- Le taux de mortalité dû à l'alcoolisme ne varie pas selon les cultures.

Les chercheurs concluent que même si les facteurs de risque d'ordre génétiques et environnementaux influencent grandement le taux d'alcoolisme, ils ont peu d'effets sur le développement, les symptômes, les différences sexuelles et les problèmes mentaux associés à l'alcoolisme.

DANS CE CHAPITRE...

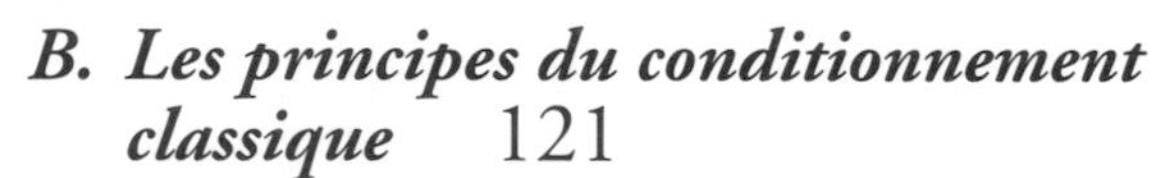

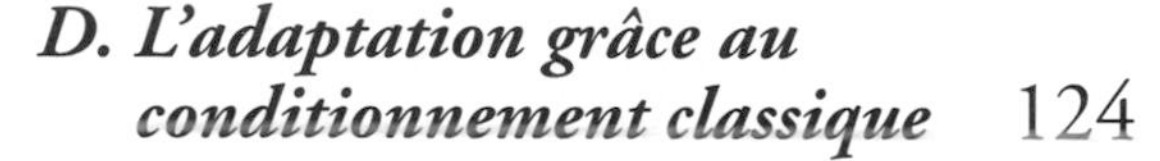

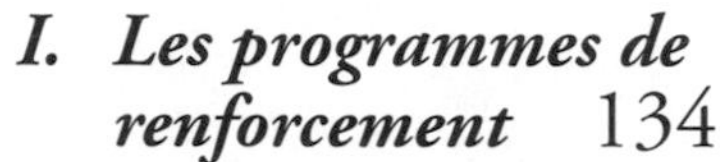

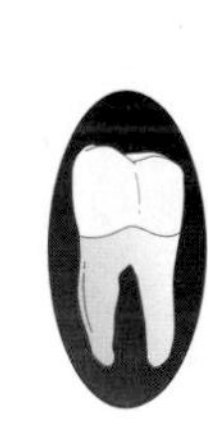

L'apprentissage — Chapitre 6

Cinéma et maïs soufflé

Des inséparables?

Après avoir observé que le pèse-personne indiquait quelques kilos supplémentaires, un jeune homme prend la résolution de surveiller son alimentation et de faire un peu plus d'exercice physique de façon à reprendre un poids santé. Aujourd'hui, pour le dîner, poisson et légumes sont au menu. Après son repas, il doit rejoindre une copine pour voir le plus récent film à l'affiche. En entrant au cinéma, l'odeur du maïs soufflé lui chatouille les narines et éveille sa gourmandise. Malgré ses bonnes résolutions, notre gaillard succombe à la tentation... Sa copine le rejoint au même instant et lui lance, avec un large sourire: « Le cinéma et le maïs soufflé, ça va ensemble, n'est-ce pas? ». Cette réplique illustre le principe des associations, qui est à la base du conditionnement classique. Nous aborderons ce principe au cours des prochaines pages.

Apprendre à obéir

Un ours... étoile de cinéma?

Le film est inhabituel à plus d'un titre. Premièrement, il ne comprend presque pas de dialogues: 657 mots en tout et partout. Deuxièmement, la vedette est Bart, un ours kodiak de 3 m et de 800 kg (ci-contre). Le kodiak compte parmi les plus gros carnivores terrestres du monde; pourvu de pattes de 30 cm de large, il peut démolir à son gré tout ce qui se trouve sur son passage. Dans le film, cependant, ce monstre s'assoit sagement sur ses pattes postérieures pour bercer un petit ourson. « Et puis? » direz-vous. Eh bien, en milieu naturel, les kodiaks tuent et dévorent tous les oursons qui leur tombent sous la patte!

Trouvé dans la nature alors qu'il était tout petit, Bart a été élevé par un dresseur. Il s'est donc mis à agir comme un ourson docile et non comme un prédateur impitoyable. Pour jouer dans le film *L'ours,* Bart a dû apprendre à exécuter 45 comportements sur demande: s'asseoir, courir, se lever sur ses pattes postérieures, rugir et, comble de la difficulté, cajoler un ourson en peluche.

Chaque fois que l'ours obéissait à un commandement, son dresseur Doug Seus lui grattait affectueusement le dos ou l'oreille, ou lui offrait un fruit. Quand Bart a maîtrisé tous les comportements voulus avec un ourson en peluche, le dresseur lui a confié un ourson vivant et le réalisateur a commencé le tournage (Cerone, 1989).

Comment cela est-il possible? Grâce à une forme d'apprentissage appelée conditionnement opérant.

Le *conditionnement opérant,* aussi appelé conditionnement instrumental, est une forme d'apprentissage dans laquelle un organisme (un être humain ou un animal) apprend à émettre ou à cesser un comportement en fonction d'une conséquence (renforcement ou punition) de ce comportement.

Quand, par exemple, Bart prenait l'ourson en peluche, il recevait un renforçateur (une pomme); cette conséquence augmentait les probabilités que Bart prenne à nouveau l'ourson. Devenu docile grâce au conditionnement opérant, Bart est apparu dans 20 films; c'est l'acteur du monde animal qui reçoit les plus gros cachets, soit environ 10 000 $ américains par jour (Brennan, 1997).

La simplicité du conditionnement opérant a quelque chose de désarmant. On accomplit une action ou on agit sur son environnement: par exemple, on étudie bien selon les conséquences qu'entraîne ce comportement — les notes obtenues —, et on étudiera plus, ou moins, par la suite.

On peut aussi apprendre autrement que par le renforcement ou la punition.

Apprendre à jouer aux quilles

Que fait ce bambin?

Après avoir observé son père à maintes occasions, ce garçon de trois ans a pointé une boule du doigt et s'est écrié: « Moi aussi boule. » Pourquoi cet enfant voulait-il apprendre à jouer aux quilles? Qu'est-ce qui l'a poussé à le demander à son père et pourquoi se tapait-il dans les mains comme son papa qui avait abattu les quilles? Selon Albert Bandura (1989a), ce petit garçon fait comme nous tous: il acquiert un grand nombre de ses habiletés et de ses comportements sociaux au moyen de l'apprentissage social.

Selon la *théorie de l'apprentissage social,* on apprend en imitant des comportements qu'on observe dans des situations et des interactions sociales.

Le simple fait d'observer son père motive le petit garçon à imiter un grand nombre de ses comportements sociaux. Bandura (1989a) soutient que les enfants acquièrent des habiletés et des comportements sociaux en observant et en imitant ceux de leurs parents, grands-parents, enseignants et pairs.

Dans ce chapitre...

Nous discuterons des trois types d'apprentissage illustrés par les exemples qui précèdent. En premier lieu, le conditionnement classique sera abordé de façon détaillée. La présentation du conditionnement opérant et du conditionnement cognitif (et la théorie de l'apprentissage social) suivront.

A. Le conditionnement classique ou répondant

Le chien de Pavlov

Pourquoi salive-t-il ?

Vous êtes en Russie, au début du XXe siècle, et vous travaillez dans le laboratoire d'Ivan Pavlov. Celui-ci a reçu le prix Nobel pour ses études sur les réflexes associés à la digestion. Il a notamment découvert que le fait de placer de la nourriture dans la gueule d'un chien déclenche le réflexe de salivation.

Votre tâche, en tant que technicien, consiste à placer différents aliments dans la gueule d'un chien et à mesurer la quantité de salive sécrétée. Mais vous voilà bientôt face à un problème : le chien commence à saliver à la simple vue de la nourriture.

À l'origine, Pavlov considérait comme problématique ce phénomène de « salivation par anticipation ». Il a par la suite supposé qu'il s'agissait également d'un réflexe, mais d'un réflexe que le chien avait appris d'une façon ou d'une autre.

C'est alors que Pavlov a réalisé l'une de ses plus célèbres expériences : chaque fois, avant de nourrir un chien, il a fait sonner une cloche...

Le graphique montre que, après un certain nombre d'associations entre le son de la cloche et la nourriture, le chien salivait au seul son de la cloche. Pavlov a donné à ce type de réponse à un stimulus le nom de *réflexe conditionné ;* on appelle aujourd'hui ce phénomène *conditionnement classique.* La découverte était de taille : elle permettait aux chercheurs d'étudier l'apprentissage de manière objective, c'est-à-dire au moyen de l'observation.

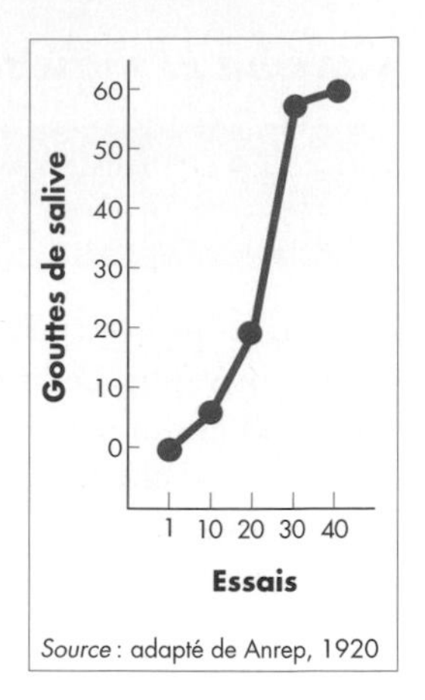

Source : adapté de Anrep, 1920

Le *conditionnement classique ou répondant* est une forme d'apprentissage dans laquelle un stimulus neutre acquiert la capacité de provoquer une réponse suscitée à l'origine et naturellement par un autre stimulus.

Après-rasage et... anxiété

Qu'est-il arrivé à Carla ?

« J'ai un curieux problème, a dit un jour Carla à son professeur. Pouvez-vous me donner des explications ? »

Il l'a invitée à s'asseoir en se disant disposé à l'aider.

« Tout a commencé avec mes traitements dentaires. J'ai passé bien des matinées dans le cabinet du dentiste et les traitements ont été très pénibles, car je réagissais mal à l'anesthésie. Mais j'en arrive au fait bizarre. J'ai remarqué que le dentiste utilisait la lotion après-rasage que je venais d'offrir à mon petit ami. Vous allez me trouver étrange mais, à présent, je me sens tendue et anxieuse dès que je sens le parfum de mon ami. »

Carla a marqué une pause, attendant une réaction. Son professeur n'a rien dit et elle a continué.

« En fin de compte, j'ai expliqué la situation à mon copain et je lui ai demandé d'arrêter d'utiliser la lotion que je lui avais donnée. Il s'est fâché : il m'a dit qu'il ne ressemblait en rien à mon dentiste et que j'étais troublée, tout simplement. Désormais, j'ai des dents parfaites..., mais je deviens anxieuse chaque fois que je m'approche de mon ami. »

L'enseignant a rassuré Carla : beaucoup de gens font l'objet d'un conditionnement chez le dentiste. Il y a même des patients qui sont aux prises avec l'anxiété dès qu'ils entrent dans le cabinet du dentiste, sentent l'odeur de l'antiseptique ou entendent le bruit de la fraise (Milgrom *et al.,* 1994). Sans le savoir, Carla avait été conditionnée à avoir peur chaque fois qu'elle sentait la lotion après-rasage du dentiste, et cela se produisait maintenant aussi quand elle voyait son copain.

Comprendre le conditionnement classique

Comment s'y prendre ?

L'exemple du chien qui salive au son d'une cloche et celui de Carla qui éprouve de l'anxiété en sentant l'odeur de l'après-rasage de son copain nous amènent à aborder plus en détail les principes du conditionnement classique : comment cette réaction de l'organisme est-elle possible ?

Imaginez que vous êtes l'un des assistants de Pavlov et que votre sujet est un chien nommé Sam. À la suite de votre intervention, Sam salivera au son d'une cloche, une réponse que Pavlov a appelée *réflexe conditionné.* Aujourd'hui appelée *conditionnement classique,* cette forme d'apprentissage comprend trois étapes, que nous expliquerons à la page suivante.

B. Les principes du conditionnement classique

Les trois étapes de l'expérience de Pavlov

1 Avant le conditionnement de l'organisme

Avant de commencer à établir un conditionnement classique chez Sam, vous devez comprendre la signification de trois termes essentiels : stimulus neutre, stimulus inconditionnel et réponse inconditionnelle.

Le stimulus neutre Vous devez choisir un stimulus neutre (SN).

Un *stimulus neutre* est un stimulus qui produit une réponse d'orientation (sensation visuelle, auditive ou olfactive assez faible, par exemple), mais ne provoque pas la réponse réflexe étudiée.

Le SN que vous emploierez sera un son (celui d'une cloche). Ce son que Sam entendra ne provoque pas normalement le réflexe de salivation.

Le stimulus inconditionnel Vous devez choisir un stimulus inconditionnel (SI).

Un *stimulus inconditionnel* est un stimulus qui entraîne automatiquement et sans qu'il y ait apprentissage une réponse réflexe physiologique (la salivation ou le clignement des paupières, par exemple).

Le SI que vous emploierez sera la nourriture. Il déclenche automatiquement le réflexe de salivation chez Sam.

La réponse inconditionnelle En dernier lieu, vous devez choisir et mesurer une réponse inconditionnelle (RI).

Une *réponse inconditionnelle* est une réponse réflexe physiologique involontaire, non apprise et innée déclenchée par le stimulus inconditionnel.

La salivation est une RI déclenchée par la nourriture. La vue de la nourriture — le stimulus inconditionnel dans ce cas-ci — provoque la salivation — la réponse inconditionnelle.

2 Pendant le conditionnement de l'organisme

Les essais d'acquisition (ou couplage) Pour procéder au conditionnement classique, il est d'usage de présenter le SN d'abord et le SI peu de temps après. La présentation séquentielle des deux stimuli constitue *les essais d'acquisition ou le couplage*.

Le SN Le couplage typique consiste à associer un stimulus neutre (le son) et un stimulus inconditionnel (la nourriture). En règle générale, on présente d'abord le SN.

+

Le SI Quelques secondes (pas plus d'une minute) après avoir produit le son (SN), on présente le stimulus inconditionnel (un morceau de nourriture), lequel provoque toujours la salivation.

→

La RI Le stimulus inconditionnel (la nourriture) provoque la réponse inconditionnelle (la salivation) chez Sam. On emploie le terme « inconditionnel » à propos de la salivation parce qu'il s'agit d'une réponse innée, indépendante de tout apprentissage antérieur.

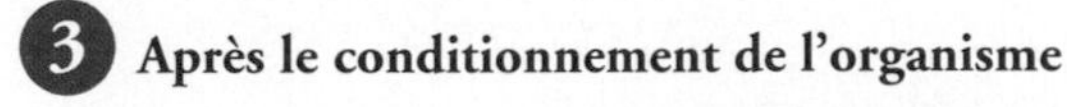

3 Après le conditionnement de l'organisme

Après de 10 à 100 essais, on vérifie l'établissement du conditionnement classique : on présente le son sans la nourriture.

Le stimulus conditionné (SC) Si Sam salive au seul son de la cloche, alors ce son est devenu un stimulus conditionné ou conditionnel.

Un *stimulus conditionné ou conditionnel* est un stimulus neutre à l'origine mais qui provoque désormais une réponse autrefois entraînée seulement par un stimulus inconditionnel.

Dans notre exemple, le son était un stimulus neutre à l'origine, mais il est devenu un SC.

→

La réponse conditionnée (RC) Si Sam salive au seul son de la cloche, alors cette réponse est devenue une réponse conditionnée ou conditionnelle.

Une *réponse conditionnée ou conditionnelle* est une réponse déclenchée par un stimulus conditionné ; elle est semblable à la réponse inconditionnelle sans toutefois l'égaler en intensité.

Puisque la réponse conditionnée n'a pas la même intensité que la RI, Sam salivera moins en entendant la cloche (le SC) qu'en recevant la nourriture (le SI).

Prévoir Qu'est-ce que Sam a appris au juste pendant cette expérience ? Il a appris notamment que le son d'une cloche annonce l'apparition probable de nourriture (Rescorla, 1988). Le conditionnement classique aide les humains et les animaux à prévoir les événements ; il leur fournit par conséquent une information utile à leur survie (Hollis, 1997).

Aidons-nous maintenant des concepts relatifs au conditionnement classique pour expliquer le conditionnement dont Carla a fait l'objet chez son dentiste.

B. Les principes du conditionnement classique

Le vocabulaire du conditionnement classique

Qu'est-il arrivé à Carla ?

Après de nombreuses visites chez le dentiste, Carla a fait l'objet à son insu d'un conditionnement classique. C'est ainsi qu'à présent l'odeur d'une certaine lotion après-rasage suffit à la rendre anxieuse. Appliquons au cas de Carla les principes du conditionnement classique que nous venons de voir.

1 Avant le conditionnement de l'organisme

Avant d'expliquer le déroulement du conditionnement classique, il est important de redéfinir trois termes : stimulus neutre, stimulus inconditionnel et réponse inconditionnelle.

Le *stimulus neutre,* dans le cas de Carla, est l'odeur de la lotion après-rasage utilisée par le dentiste. Carla a senti cette odeur pendant qu'elle éprouvait de la douleur. L'odeur de la lotion est un SN, car Carla la percevait (réponse d'orientation) sans éprouver de l'anxiété à l'origine.

Le *stimulus inconditionnel* consiste en une ou plusieurs interventions dentaires douloureuses. Ces interventions constituent des SI, parce qu'elles ont inévitablement entraîné la réponse inconditionnelle, c'est-à-dire la douleur, puis l'anxiété.

La *réponse inconditionnelle* chez Carla est la peur et l'anxiété, lesquelles se composent de réponses réflexes physiologiques telles que l'accélération du rythme cardiaque, l'augmentation de la pression artérielle et de la fréquence respiratoire, et des réactions émotionnelles désagréables. La RI de Carla (la peur et l'anxiété) a été suscitée par le SI (des interventions dentaires douloureuses).

2 Pendant le conditionnement de l'organisme

Les essais d'acquisition (ou couplage) Pour établir le conditionnement classique, on présente habituellement le SN suivi du SI. La présentation séquentielle des deux stimuli constitue les *essais d'acquisition ou le couplage.*

Dans le cas de Carla, le SN est l'odeur de la lotion après-rasage utilisée par le dentiste, qu'elle sent en même temps qu'elle ressent la douleur.

+

Les visites de Carla chez le dentiste équivalent à une série de couplages faisant intervenir le SN, soit l'odeur de l'après-rasage, et le SI, soit les nombreuses interventions douloureuses subies.

→

Les interventions dentaires douloureuses entraînent invariablement la RI (la peur et l'anxiété).

3 Après le conditionnement de l'organisme

Pour vérifier l'établissement du conditionnement classique, on s'assure que la présentation du SN entraîne à elle seule la réponse conditionnée.

En sentant la lotion après-rasage de son ami — identique à celle de son dentiste —, Carla éprouve de l'anxiété. L'odeur de la lotion, qui constituait autrefois un SN, est devenue un *stimulus conditionné* parce qu'elle provoque de l'anxiété, c'est-à-dire la réponse conditionnée.

→

Chaque fois que Carla sent la lotion après-rasage (le SC) de son ami et de son dentiste, elle manifeste la *réponse conditionnée,* c'est-à-dire de l'anxiété. La RC est semblable à la RI mais de moindre intensité. Autrement dit, l'anxiété produite par l'odeur de la lotion est moins forte que l'anxiété produite par la douleur.

La peur du dentiste Carla a donc appris que l'odeur d'une certaine lotion après-rasage est un signe avant-coureur de douleur. Les chercheurs ont découvert que le conditionnement classique est à l'origine de la phobie des dentistes que présentent environ 15 % des adultes et qui les pousse à refuser les examens dentaires de routine (Poulton *et al.,* 1997). Si le conditionnement classique peut susciter des peurs, il peut aussi servir à les traiter. Le mécanisme en devient alors un de « contre-conditionnement ».

Étudions maintenant quelques autres concepts liés au conditionnement classique.

C. Autres concepts liés au conditionnement classique

Qu'est-il arrivé d'autre à Carla ?

Le conditionnement classique dont Carla a fait l'objet possède plusieurs caractéristiques intéressantes. Ainsi, Carla s'est rendu compte que, parmi les odeurs semblables à celle de la lotion du dentiste, certaines provoquaient de l'anxiété chez elle tandis que d'autres ne la troublaient en rien. Par ailleurs, l'anxiété suscitée chez Carla par l'odeur de la lotion sur son ami a peu à peu diminué. Enfin, Carla éprouve encore un peu d'anxiété lorsqu'elle rencontre son dentiste par hasard et sent sa lotion. Pavlov a découvert que ces phénomènes sont associés au conditionnement classique et les a appelés généralisation, discrimination, extinction et recouvrement spontané.

La généralisation

Pourquoi son shampooing ?

Au cours des couplages dont Carla a fait l'objet, le stimulus neutre (l'odeur de la lotion du dentiste) est devenu le stimulus conditionnel qui entraînait désormais la réponse conditionnelle (l'anxiété). Or, il arrive à Carla de se sentir anxieuse en sentant des odeurs semblables, celle de son propre shampooing par exemple. Ce phénomène s'appelle généralisation.

La *généralisation* est le processus par lequel un stimulus semblable à un stimulus conditionné provoque une réponse semblable à la réponse conditionnée. En règle générale, plus le nouveau stimulus ressemble au stimulus conditionné, plus la réponse conditionnée est forte.

Selon Pavlov, la généralisation possède une valeur adaptative car elle nous permet de manifester une réponse appropriée devant les stimuli semblables au stimulus conditionné. Ainsi, le contexte dans lequel vous voyez vos amis sourire n'est jamais le même mais, grâce à la généralisation, leur sourire suscite habituellement chez vous des sentiments agréables.

La discrimination

Pourquoi pas son vernis à ongles ?

Carla s'est aperçue que des odeurs suffisamment différentes de celle de la lotion ne la rendaient pas anxieuse. Par exemple, l'odeur du vernis à ongles, bien distincte de celle de la lotion, ne constitue pour Carla que le prélude à des ongles joliment colorés. Ce phénomène est appelé discrimination.

La *discrimination* est le processus par lequel, au cours d'un conditionnement classique, un organisme apprend à manifester une réponse particulière à certains stimuli et non à d'autres, qui peuvent pourtant être semblables sur certains aspects.

La discrimination possède donc une valeur adaptative car il existe des situations où il est important de répondre différemment à des stimuli apparentés. Ainsi, on ne réagit pas à une sirène de police de la même façon qu'aux pleurs d'un bébé.

L'extinction

Et son ami ?

Si l'ami de Carla conserve sa lotion après-rasage et que Carla y est exposée à maintes reprises, elle apprendra que cette odeur n'est jamais suivie par des traitements dentaires douloureux. L'odeur cessera peu à peu de la rendre anxieuse. Ce phénomène est appelé extinction.

L'*extinction* est le processus par lequel un stimulus conditionné cesse de provoquer la réponse conditionnée s'il n'est jamais accompagné du stimulus inconditionnel.

En milieu thérapeutique, on met à profit le phénomène de l'extinction pour atténuer les peurs et les phobies. Ainsi, au cours d'une étude, pour venir en aide à des patients qui avaient une peur conditionnée des seringues et des injections, des chercheurs leur ont montré des seringues à de nombreuses reprises et ont demandé à des infirmières compétentes de leur administrer des injections (technique de l'immersion). Après avoir été exposés aux stimuli conditionnés pendant une période de trois heures, 81 % de ces patients ont fait état d'une diminution marquée de leur peur (Ost *et al.,* 1992).

Le recouvrement spontané

L'anxiété peut-elle revenir ?

Supposons que Carla est régulièrement exposée à l'odeur de la lotion de son ami et qu'aucune conséquence douloureuse ne s'ensuit pour elle. L'extinction aura alors raison de son anxiété conditionnée. Supposons encore que, quelque temps après, Carla rencontre son dentiste par hasard. Elle pourrait alors présenter la réponse conditionnée et être anxieuse en sentant la lotion du dentiste. Il s'agirait d'une manifestation du recouvrement spontané.

Le *recouvrement spontané* est la réapparition d'une réponse conditionnée éteinte, sans que n'aient repris les essais d'acquisition du conditionnement classique.

La réponse conditionnée qui réapparaît lors du recouvrement spontané dure peu et est moins intense que la réponse conditionnée initiale. Si le stimulus conditionné (l'odeur de la lotion) demeure dissocié du stimulus inconditionnel (les traitements dentaires douloureux), la réponse conditionnée réapparue spontanément subira elle aussi une extinction et cessera de se manifester.

D. L'adaptation grâce au conditionnement classique

Définition

Est-ce utile ?

Selon Pavlov, les êtres humains et les animaux sont devenus sensibles au conditionnement classique parce que cette forme d'apprentissage leur permet de s'adapter à leur environnement (Hollis, 1997).

L'*adaptation* correspond à l'acquisition, par les êtres humains et les animaux au cours de l'évolution, de certaines habiletés ou de certains caractères qui augmentent leurs chances de survie — trouver de la nourriture, reconnaître ses semblables et éviter la douleur et les blessures, par exemple.

Nous présenterons ici quelques exemples (apprendre à éviter certaines saveurs, à saliver à la vue de la nourriture et à éviter la douleur) qui donnent raison à Pavlov et prouvent que le conditionnement classique contribue à l'adaptation des espèces.

L'acquisition des aversions gustatives

Apprendre de ses erreurs ?

Les exterminateurs qui utilisent des appâts empoisonnés pour supprimer les rats sont à même de constater les effets du conditionnement classique. Quelques rats, en effet, ingèrent suffisamment de poison pour en mourir, tandis que d'autres en mangent moins, tombent malades mais survivent. Un rat qui a été malade après avoir avalé un certain appât empoisonné a tôt fait d'apprendre à éviter le goût et l'odeur de ce produit. Il s'agit là d'un exemple d'acquisition d'une aversion gustative (Schneider et Pinnow, 1994).

L'*aversion gustative* correspond à l'association d'un stimulus sensoriel (odeur, saveur, son ou image) et d'un malaise physique, et entraîne l'évitement de ce stimulus.

L'acquisition d'aversions gustatives pose un problème de taille aux exterminateurs. Ceux-ci doivent en effet continuellement modifier l'odeur et la saveur de leurs appâts, puisque les rongeurs qui survivent à l'ingestion de ceux-ci les évitent par la suite.

Les aversions gustatives rendent ainsi les animaux — et les humains — « prudents ». Ainsi, une personne qui est tombée malade après avoir mangé un champignon vénéneux apprend rapidement à le reconnaître et à l'éviter.

L'acquisition d'une aversion gustative peut aussi faire suite à un excès. Les enfants acquièrent par exemple une aversion gustative après avoir trop mangé d'un certain aliment et fait par la suite une indigestion. Il en va de même pour certains cégépiens qui sont malades... après avoir bu un verre de trop. De telles aversions apparaissent après un seul couplage et durent en moyenne quatre ou cinq ans (Logue *et al.*, 1981 ; Rozin, 1986).

L'étude de ce phénomène intéressant qu'est l'acquisition des aversions gustatives a ébranlé deux vieilles croyances à propos du conditionnement classique.

Explication

Un seul essai suffit-il ?

Un psychologue, John Garcia, a étudié comment les rats apprenaient à éviter des appâts. Avant lui, les psychologues avaient des idées bien arrêtées quant au conditionnement classique et refusaient d'y voir l'explication de l'« habileté » des rats. La plupart pensaient en effet que le conditionnement classique ne s'établissait qu'après une longue série d'essais d'acquisition du conditionnement, et seulement si la réponse inconditionnelle suivait d'au plus une minute le stimulus neutre.

Garcia a démontré qu'une aversion gustative pouvait s'établir en un seul couplage et, chose plus étonnante encore, malgré un intervalle de plusieurs minutes ou de plusieurs heures entre la présentation du stimulus neutre (l'odeur ou le goût) et la réponse inconditionnelle (le vomissement). Les chercheurs ont accueilli les résultats de Garcia avec scepticisme mais, à force de répéter son expérience, ils ont fini par reconnaître l'acquisition des aversions gustatives comme une forme de conditionnement classique (Bower, 1997).

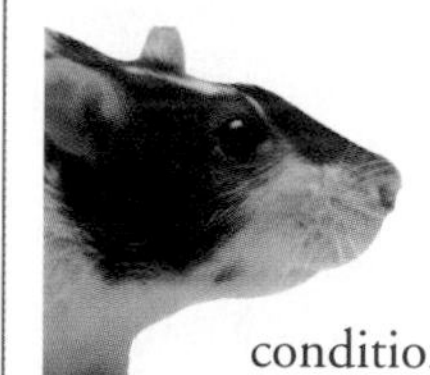

Les psychologues étaient par ailleurs fermement convaincus que tous les stimuli sans exception pouvaient devenir des stimuli conditionnés. Garcia a cependant montré qu'il était facile de conditionner les rats à des stimuli gustatifs mais difficile de les conditionner à des stimuli lumineux (Garcia et Koelling, 1966). Garcia en a conclu que, selon les espèces, les stimuli n'avaient pas tous le même potentiel en matière de conditionnement. On parle alors de prédisposition (Seligman, 1970).

La *prédisposition* est la tendance biologique des êtres humains et des animaux à former des associations entre certains stimuli neutres et certains stimuli inconditionnels.

Les rats, par exemple, ont une vision faible mais un goût et un odorat développés. Ils acquièrent donc facilement des aversions en présence de stimuli à caractère gustatif et olfactif. Les cailles, d'un autre côté, ont un odorat faible mais une bonne vision, et elles acquièrent facilement des aversions en présence de stimulus visuels (Wilcoxon *et al.*, 1971). La prédisposition tient donc au fait que les divers animaux se fient à des sens différents pour détecter les stimuli essentiels pour s'adapter à leur environnement et survivre.

Un phénomène courant

Oiseaux, papillons... crème glacée

Il est intéressant de se rendre compte à quel point le conditionnement classique est répandu, et qu'il est tout aussi captivant de mesurer sa valeur adaptative. Voyons donc quels sont les rapports entre le conditionnement classique, les geais bleus, les papillons et les coupes glacées au chocolat...

Les geais bleus et les papillons

Certains animaux ont acquis au cours de l'évolution des aversions gustatives qui favorisent leur survie en les soustrayant aux dangers.

Les geais bleus, par exemple, raffolent des papillons, mais la plupart d'entre eux dédaignent les monarques. Ces papillons contiennent en effet une substance chimique toxique pour les oiseaux. Les geais bleus apprennent donc que les couleurs des ailes du monarque signifient un danger, et les plus futés évitent d'en croquer.

À l'instar du monarque, de nombreux animaux se sont ornés au fil de l'évolution de motifs ou de couleurs qui, par le truchement des aversions gustatives, sont devenus des stimuli conditionnés et éloignent les prédateurs. Les aversions gustatives acquises au moyen du conditionnement classique possèdent donc une valeur adaptative pour les animaux.

Les coupes glacées au chocolat

La prochaine fois que vous entrerez dans un restaurant, lirez le menu, penserez à la nourriture et verrez des gens manger, prenez le temps de constater que vous salivez même si vous n'avez encore rien porté à votre bouche. Comme le chien de Pavlov qui salivait au son d'une cloche, il nous arrive souvent de saliver rien qu'à penser à la nourriture, à l'imaginer, à la humer ou à la regarder. Voilà un exemple éloquent de stimuli neutres qui deviennent des stimuli conditionnels et entraînent une réponse conditionnelle (la salivation).

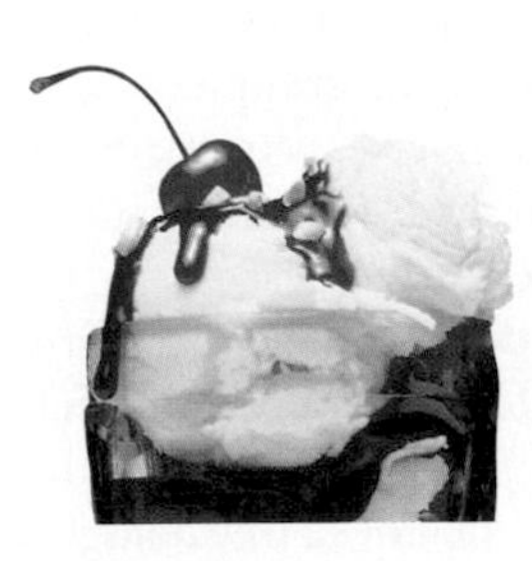

La salivation est une réponse réflexe normalement provoquée par la présence d'aliments dans la bouche. Elle a notamment pour fonction de lubrifier la bouche et la gorge afin de faciliter la mastication et la déglutition. Le conditionnement classique qui nous porte à saliver en lisant un menu prépare donc notre bouche à l'ingestion imminente de nourriture. Le conditionnement classique dans cet exemple possède aussi une valeur adaptative dans la mesure où il favorise la digestion.

Penchons-nous à présent sur les réponses émotionnelles qui peuvent apparaître à la suite d'un conditionnement.

Les réponses émotionnelles

Pourquoi a-t-on peur des seringues ?

Enfant, Léo a reçu un jour une injection qui lui a causé tant de peur et de douleur qu'il s'est évanoui. Aujourd'hui, 50 ans plus tard, sa crainte est restée la même et il doit s'allonger pour éviter de perdre connaissance quand on lui fait une piqûre. Les éléments du conditionnement classique sont faciles à discerner dans ce cas. Le stimulus neutre est la vue de la seringue, le stimulus inconditionnel est l'injection, et la réponse inconditionnelle est la douleur et la peur. Après une injection douloureuse, le stimulus neutre (la seringue) est devenu un stimulus conditionné qui suscite la réponse conditionnée, soit la peur, voire l'évanouissement. Puisqu'il s'agit d'une émotion, la peur des injections et des seringues est une réponse émotionnelle conditionnée.

Une *réponse émotionnelle conditionnée* correspond à une émotion favorable ou défavorable telle que la joie, la peur ou l'anxiété éprouvée sous l'effet d'un stimulus ayant initialement accompagné un événement agréable ou désagréable.

Les réponses émotionnelles conditionnées possèdent une valeur adaptative dans certains cas. C'est grâce à elles qu'on apprend à éviter des dangers que signalent certains stimuli, le son d'un serpent à sonnette ou le hurlement d'une sirène par exemple. En revanche, les réponses émotionnelles conditionnées peuvent aussi annoncer des situations agréables et se produire à la suite de stimuli associés à la tendresse et à l'affection.

Nombre de couples, par exemple, ont « leur » chanson, une chanson qu'ils associent à leur relation. Lorsqu'un des partenaires entend cette chanson en l'absence de l'autre, il peut éprouver un intense sentiment d'amour.

Il arrive malheureusement qu'une réponse émotionnelle conditionnée dégénère en une terreur irrationnelle — une phobie — qui n'a rien à voir avec la peur — qui est une réponse normale à un danger.

Une *phobie* est un trouble psychologique caractérisé par une peur intense, irrationnelle et excessive sans commune mesure avec le danger présent.

De 30 % à 75 % des personnes phobiques sont capables de relier leur phobie à une situation terrifiante, douloureuse ou traumatisante ayant fait intervenir un conditionnement classique (Kleinknecht, 1994). Ainsi, 30 % environ des victimes d'accidents de la circulation ont la phobie des voitures, et 65 % des personnes ayant subi des traitements dentaires douloureux ont la phobie des dentistes (Kuch *et al.*, 1994 ; Poulton *et al.*, 1997).

À la page suivante, nous entrerons dans le vif du sujet et verrons le comment et le pourquoi du conditionnement classique.

E. Trois explications

Comment ? Pourquoi ?

Saliver en voyant une pizza ?

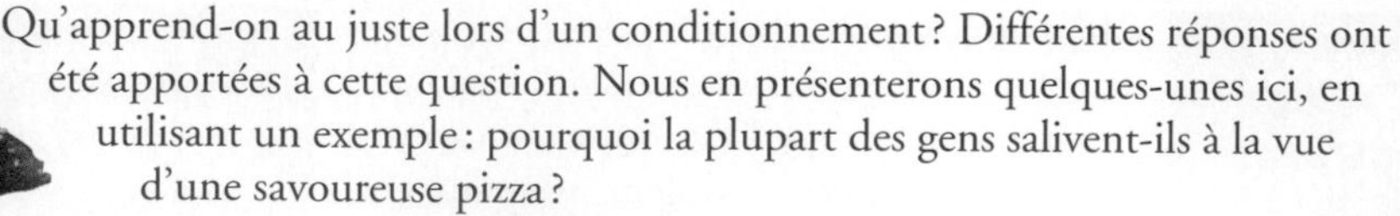

Qu'apprend-on au juste lors d'un conditionnement ? Différentes réponses ont été apportées à cette question. Nous en présenterons quelques-unes ici, en utilisant un exemple : pourquoi la plupart des gens salivent-ils à la vue d'une savoureuse pizza ?

La substitution et la contiguïté

La cloche remplace-t-elle la nourriture ?

Selon Pavlov, si un chien salivait au son d'une cloche, c'est parce que ce son (stimulus neutre, puis conditionnel) se substituait à la nourriture (stimulus inconditionnel). Tel était l'essentiel de sa théorie, la substitution du stimulus.

La *substitution du stimulus* est le processus par lequel l'organisme associe un stimulus neutre et un stimulus inconditionnel. Après une série de couplages, le stimulus neutre devient le stimulus conditionné et se substitue au stimulus inconditionnel. Dès lors, le stimulus conditionné ou conditionnel provoque une réponse conditionnée ou conditionnelle semblable à celle que provoque le stimulus inconditionnel.

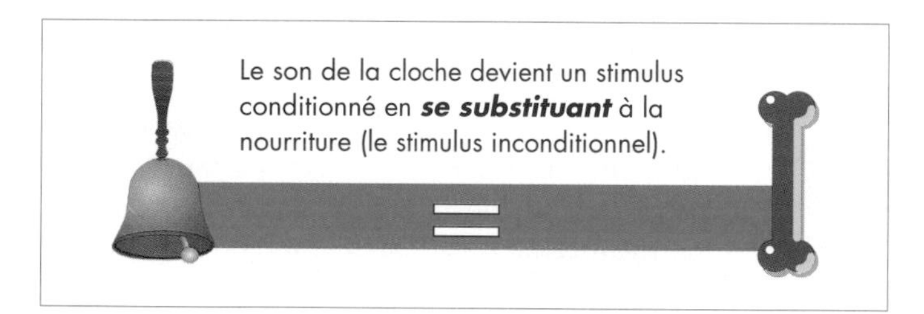

Selon la théorie de la substitution du stimulus, nous salivons en voyant une pizza parce que notre système nerveux associe la vue de la pizza (le stimulus conditionné) à la pizza elle-même et à son goût savoureux (le stimulus inconditionnel). À cause de cette association, la vue de la pizza se substitue à son goût savoureux, de sorte que la seule vue de la pizza provoque la salivation (la réponse conditionnée).

Les chercheurs ont cependant constaté que les réponses suscitées par le stimulus inconditionnel sont souvent légèrement différentes des réponses suscitées par le stimulus conditionné. On a par exemple observé que le stimulus inconditionnel amenait un chien à saliver et à mastiquer, tandis que le stimulus conditionné le poussait à saliver mais rarement à mastiquer (Zener, 1937).

La théorie de la substitution du stimulus était ébranlée. Des chercheurs ont alors proposé une autre explication, la théorie de la contiguïté.

Selon la *théorie de la contiguïté,* le conditionnement classique repose sur la présentation presque simultanée (en contiguïté) de deux stimuli (le stimulus neutre et le stimulus inconditionnel). À cause de cette contiguïté, le stimulus neutre devient le stimulus conditionné, lequel entraîne la réponse conditionnée.

Ainsi, la seule vue de la pizza en vient à provoquer la salivation, parce qu'elle est suivie de près par l'ingestion de la pizza. Cette explication du conditionnement classique a fait école jusque dans les années 1960, époque où le psychologue Robert Rescorla lui a porté un dur coup avec son ingénieuse recherche.

La contingence

La cloche annonce-t-elle la nourriture ?

À la surprise de la communauté scientifique, Robert Rescorla (1966, 1987, 1988) a démontré que l'association entre un stimulus neutre et un stimulus inconditionnel n'est pas automatique, même lorsque les deux stimuli se suivent de près. Rescorla a en effet découvert que le conditionnement classique s'établit seulement si un stimulus neutre renferme de l'information à propos de ce qui va suivre. Il s'agit là de la théorie de la contingence, laquelle s'inscrit dans la perspective cognitive.

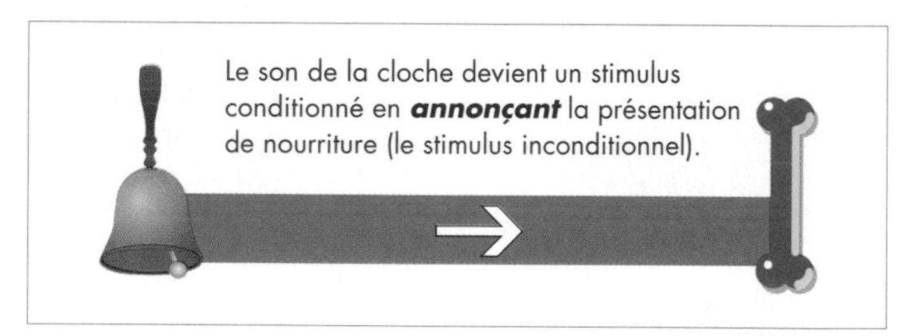

Selon la *théorie de la contingence* (perspective cognitive), un organisme apprend une relation prévisible entre deux stimuli, de sorte que la présentation d'un stimulus (le stimulus neutre) devient le signe avant-coureur de la présentation d'un autre stimulus (le stimulus inconditionnel). Autrement dit, le conditionnement classique s'établit parce que l'organisme apprend à quoi s'attendre.

Ainsi, on salive à la vue d'une pizza parce qu'on a appris une relation prévisible : la vue d'une pizza (le stimulus conditionné) entraîne souvent l'ingestion d'une pizza (le stimulus inconditionnel), et l'attente provoque la salivation (la réponse conditionnée).

Un bon nombre de résultats de recherche étayent la théorie de la contingence. Ainsi, le conditionnement classique s'établit mieux si le stimulus neutre (le son, dans l'expérience de Pavlov) est présenté peu de temps avant le stimulus inconditionnel (la nourriture). L'organisme apprend alors à faire une relation entre deux stimuli : le son annonce la nourriture. Si l'enchaînement est inversé, cependant, et que le stimulus inconditionnel est présenté avant le stimulus neutre, il s'agit de *conditionnement rétroactif,* et cela est peu efficace.

Selon la théorie de la contingence, le conditionnement rétroactif empêche de prévoir la relation entre le stimulus neutre et le stimulus inconditionnel et, par conséquent, débouche rarement sur un conditionnement classique. De nos jours, dans le milieu de la psychologie, la théorie de la contingence a plusieurs adhérents. Elle stipule que l'apprentissage par conditionnement classique implique la capacité de prévoir des relations entre des événements, ou de déceler des rapports de cause à effet (Dadds *et al.,* 1997 ; Hollis, 1997).

À la page suivante, nous présenterons une étude célèbre sur le conditionnement classique.

F. Sujet de recherche : peut-on inculquer des réponses émotionnelles ?

Pourquoi craindre les araignées ?

Pourquoi tant de gens prennent-ils panique à la vue d'une petite bestiole à huit pattes le plus souvent inoffensive ? Peut-être parce que c'est une réponse émotionnelle conditionnée face aux araignées. Nous avons expliqué plus haut que les réponses émotionnelles conditionnées, créées dans certains cas par le conditionnement classique, peuvent être très intenses, persister longtemps et même se muer en une peur extrême et irrationnelle (phobie).

Dans les années 1920, les psychologues ne savaient pas encore s'il était possible d'inculquer des réponses émotionnelles par conditionnement. Après les découvertes de Pavlov sur les réponses réflexes conditionnées, John Watson s'est rendu compte qu'il tenait là un moyen d'étudier les comportements émotionnels de manière objective. Comme nous l'avons vu au chapitre 1, Watson était un disciple convaincu du behaviorisme, la perspective axée sur les comportements observables plutôt que sur les phénomènes mentaux intangibles. Nous rapporterons ici l'expérience classique que John Watson et son assistante, Rosalie Rayner, ont réalisée en 1920 sur les réponses émotionnelles conditionnées.

1 La méthode : définir les termes

Watson (ci-contre) s'interrogeait sur le rôle que jouait le conditionnement dans l'acquisition des réponses émotionnelles chez les enfants. Il a donc tenté d'instaurer au moyen du conditionnement classique une réponse émotionnelle de peur chez un petit garçon.

Le sujet : un bébé de neuf mois Le sujet, connu sous le nom de « petit Albert », était un nourrisson vigoureux et placide qui ne pleurait presque jamais.

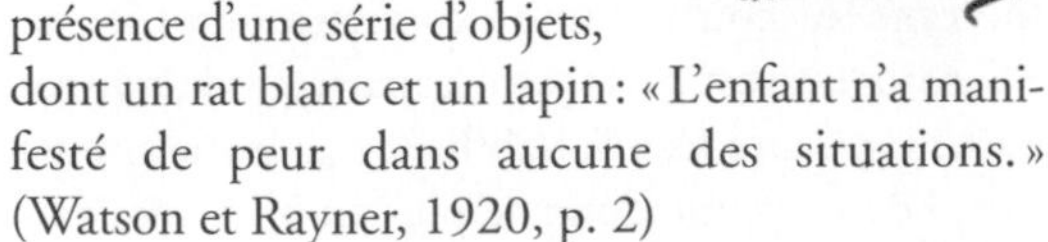

Le stimulus neutre : un rat blanc Watson a brièvement mis le petit Albert en présence d'une série d'objets, dont un rat blanc et un lapin : « L'enfant n'a manifesté de peur dans aucune des situations. » (Watson et Rayner, 1920, p. 2)

Le stimulus inconditionnel : le bruit Les chercheurs ont ensuite ajouté un élément : un bruit. Placés derrière Albert, ils donnaient un coup de marteau sur une barre de métal — ce qui faisait sursauter et pleurer Albert — pendant qu'il jouait avec le rat blanc.

La réponse inconditionnelle : sursauter et pleurer Sursauter et pleurer étaient des réponses émotionnelles observables et mesurables qui indiquaient que le bébé éprouvait et exprimait de la peur.

Après avoir mis en place les trois éléments du conditionnement classique, Watson et Rayner ont entamé la démarche.

2 La démarche : procéder au conditionnement et le vérifier

Procéder au conditionnement À l'âge de 11 mois, le petit Albert a été soumis à une série d'essais d'acquisition du conditionnement composés d'un stimulus neutre (un rat blanc) suivi par un stimulus inconditionnel (un bruit fort) : au début, après quelques essais, Albert a sursauté à la vue du rat et, après plusieurs autres essais, non seulement il sursautait mais il se mettait aussi à pleurer.

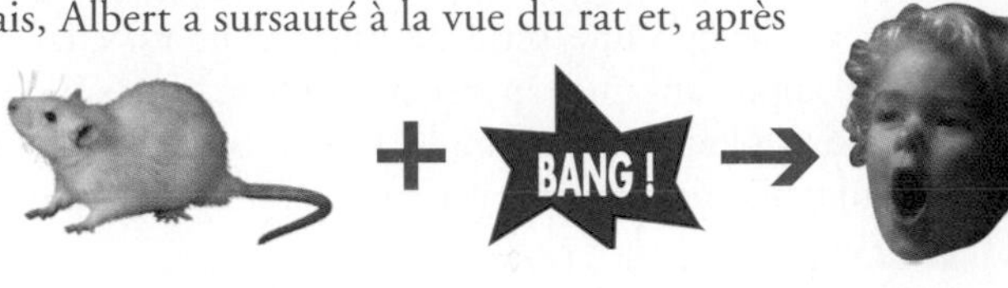

Vérifier l'acquisition de la réponse Initialement, après avoir été conditionné, Albert sursautait à la vue du rat seulement (sans bruit). Après des essais d'acquisition du conditionnement supplémentaires, les chercheurs lui ont de nouveau présenté le rat seulement (sans bruit) : « Le bébé a commencé à pleurer dès l'instant où il a vu le rat. » (Watson et Watson, 1920, p. 5) Watson avait donc réussi à inculquer une réponse émotionnelle (la peur) à Albert au moyen du conditionnement classique.

3 Les résultats

La réponse émotionnelle conditionnée d'Albert a duré une semaine environ puis s'est atténuée, c'est-à-dire qu'elle a fait l'objet d'une *extinction.*

Après avoir conditionné Albert à craindre un rat blanc, les chercheurs lui ont présenté d'autres objets afin de déterminer s'il y avait *généralisation.* De fait, Albert pleurait et s'éloignait à la vue d'un lapin de même qu'il se détournait et pleurait à la vue d'un manteau de fourrure. Albert, cependant, ne manifestait aucune peur à la vue de cubes, de papier et de l'abondante chevelure de Watson, ce qui signalait une capacité de *discrimination.*

4 La conclusion

Le conditionnement du petit Albert constituait une démonstration plus qu'une expérience rigoureusement contrôlée. Les autres chercheurs n'ont pas réussi à reproduire les résultats de Watson et Rayner, mais ces derniers avaient quand même démontré pour la première fois qu'il était possible de faire naître des réponses émotionnelles chez les humains au moyen du conditionnement classique (Harris, 1979 ; Samelson, 1980). Watson et Rayner avaient jeté les bases de la recherche sur l'acquisition des peurs.

Nous avons jusqu'ici exposé les multiples facettes du conditionnement classique. Il ressort de nos propos que le conditionnement classique exerce une influence considérable sur un grand nombre de nos pensées, de nos émotions et de nos comportements.

G. Le conditionnement opérant

Les précurseurs : Thorndike et Skinner

Comment Bart est-il devenu une vedette ?

Vous avez vu qu'un dresseur a fait de l'ours Bart une vedette de cinéma grâce au conditionnement opérant. Des techniques semblables sont aujourd'hui mises à profit dans une foule de contextes, qu'il s'agisse de dresser des animaux, d'entraîner les enfants à la propreté ou d'arrêter l'automutilation chez de jeunes déficients intellectuels. Nous devons la découverte du conditionnement opérant à deux chercheurs qui travaillaient chacun de leur côté sur des problèmes différents, E. L. Thorndike et B. F. Skinner.

Thorndike et la loi de l'effet

E. L. Thorndike (1874-1947)

Nous sommes à la fin du XIXe siècle, et nous nous trouvons dans le laboratoire de E. L. Thorndike. Celui-ci s'intéresse à l'intelligence des animaux ; plus précisément, il mesure leur capacité de raisonnement.

Alors que les propriétaires d'animaux concluent à l'intelligence de leurs compagnons à la suite d'observations subjectives, Thorndike a mis au point un moyen simple mais ingénieux de mesurer objectivement le raisonnement chez l'animal. Il a fabriqué une série de cages dont un chat pouvait s'échapper en apprenant une réponse particulière, tirer sur une corde ou appuyer sur un loquet par exemple. Pour encourager le chat à sortir, Thorndike plaçait un renforçateur, c'est-à-dire un morceau de poisson, à l'extérieur de la boîte.

Voilà donc Thorndike qui enferme un chat dans une cage et qui note le temps que met l'animal à s'échapper. Comme Thorndike enregistre graphiquement les résultats obtenus (ci-dessus), il constate une diminution graduelle du délai. Au premier essai, le chat met plus de 240 secondes à actionner le loquet, mais au 21e essai, l'animal s'exécute en moins de 60 secondes.

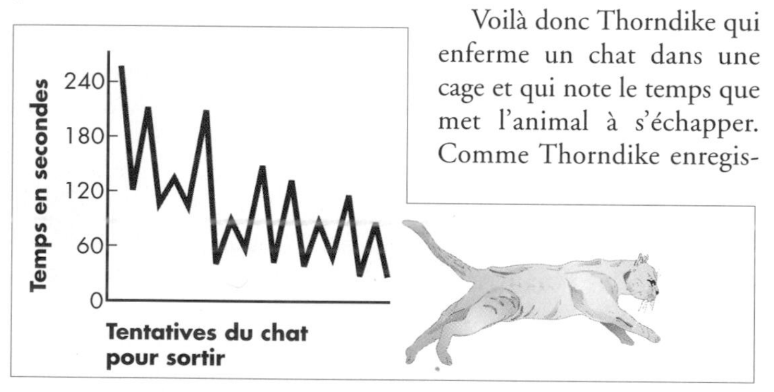

Selon Thorndike, le chat passe de plus en plus de temps à proximité du loquet, ce qui augmente ses chances de le trouver et de l'abaisser. Pourquoi les tâtonnements du chat se transforment-ils graduellement en un comportement volontaire et efficace ? C'est en réponse à cette question que Thorndike a formulé la loi de l'effet.

La *loi de l'effet* stipule que, avec le temps, l'émission de comportements suivis par des conséquences agréables s'intensifie et que l'émission de comportements suivis par des conséquences désagréables s'atténue.

Les résultats de Thorndike (1898) sont importants dans la mesure où ils donnent à penser que la loi de l'effet constitue un principe fondamental de l'apprentissage, et où ils fournissent une démarche objective pour l'étudier. Sur les traces de Thorndike, B. F. Skinner a poussé l'étude des conséquences du comportement volontaire.

Skinner et le conditionnement opérant ou instrumental

B. F. Skinner (1904-1990)

Nous voici rendus dans les années 1930, dans le laboratoire de B. F. Skinner. Ce psychologue s'attache à analyser les comportements volontaires des animaux. Il estime que la loi de l'effet de Thorndike est utile parce qu'elle explique la manière dont certains comportements peuvent être renforcés chez les animaux. Pour analyser les comportements volontaires, cependant, il faut avoir un moyen de les mesurer. Skinner a eu la brillante idée d'établir une unité de comportement appelée réponse opérante (Skinner, 1938).

Une *réponse opérante* est une réponse qui peut être modifiée en fonction des conséquences qu'elle engendre ; il s'agit d'une unité significative et facilement mesurable du comportement volontaire.

Supposons que l'ours Bart, par curiosité, prenne dans ses bras un ourson en peluche. C'est là un exemple de réponse opérante, car Bart agit ou « opère » sur son environnement. Il reçoit une pomme pour son effort. Cette conséquence désirable modifie le répertoire de comportements de Bart en augmentant les probabilités qu'il reprenne l'ourson en peluche.

En mesurant ou en notant les réponses opérantes, Skinner peut analyser les comportements volontaires des animaux au cours de l'apprentissage. Il appelle cette forme d'apprentissage *conditionnement opérant,* indiquant par là que les conséquences (renforcements ou punitions) influent sur les comportements.

Voici un autre exemple simple de conditionnement opérant : un rat enfermé dans une cage au cours d'une expérience appuie par hasard sur un levier. Si son geste est suivi par l'apparition de nourriture, cette conséquence augmente les probabilités que le rat appuie de nouveau sur le levier. Le rat appuie donc de plus en plus fréquemment sur le levier et reçoit de plus en plus de nourriture (comme l'indique la ligne bleue dans le graphique).

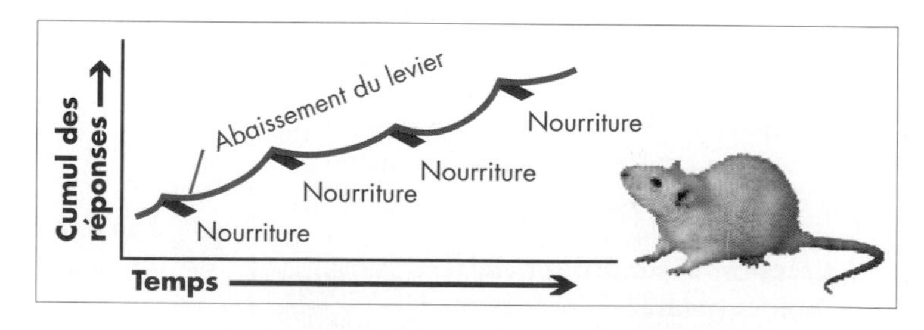

L'étude de l'apprentissage a pris son essor dans les années 1920 et 1930, avec la découverte du conditionnement classique ou répondant par Pavlov et du conditionnement opérant ou instrumental par Skinner. Les psychologues disposaient enfin de deux méthodes pour analyser le processus d'apprentissage de manière objective.

Examinons maintenant en détail l'expérience que Skinner a mise au point pour étudier le conditionnement opérant.

Les principes et les méthodes

Un rat qui actionne un levier?

Un rat peut fort bien appuyer sur un levier par simple curiosité. Mais répétera-t-il son geste? Tout dépend des conséquences. Pour saisir les effets des conséquences sur les comportements, imaginez que vous êtes aux côtés de Skinner au moment où il place un rat dans une cage.

Un levier fait saillie sur une des parois et, sous ce levier, il y a un plat vide (ci-contre). Cette cage, appelée *boîte de Skinner,* permet d'enregistrer le nombre de coups donnés sur le levier en lien avec le nombre de morceaux de nourriture distribués. On peut ainsi étudier efficacement les modifications du comportement reliées aux conséquences de celui-ci.

Sous vos yeux attentifs, Skinner mentionne que le rat est un bon sujet pour le conditionnement opérant, puisqu'il peut utiliser ses pattes antérieures pour manipuler des objets, un levier notamment, et qu'il a tendance à explorer son environnement. Autrement dit, le rat finira par trouver le levier, le toucher, voire l'abaisser.

Skinner poursuit ses explications et expose les trois facteurs qui interviennent dans le conditionnement opérant d'un rat.

1 Le rat n'a reçu aucune nourriture depuis quelques heures. Il sera donc actif et enclin à manger la nourriture qu'il recevra s'il active le levier. Un rat affamé a tendance à circuler sans relâche et à renifler tout ce qu'il trouve.

2 L'objectif est de conditionner le rat à appuyer sur le levier. Ce faisant, le rat agira sur son environnement. Il s'agit donc d'une *réponse opérante.*

3 Un rat n'appuiera pas sur un levier spontanément. Pour le conditionner à abaisser le levier, il faut employer une méthode appelée façonnement.

Le *façonnement* est une méthode qui consiste à renforcer successivement les comportements qui s'approchent du comportement désiré par le chercheur (comportement cible).

Voyons comment se déroulera le façonnement si le comportement désiré est l'abaissement d'un levier.

Le façonnement: renforcer les approximations successives du comportement

Faire face au levier Skinner place un rat blanc dans une cage, ferme la porte et observe l'animal à travers un miroir sans tain. Au début, le rat erre à l'arrière de la cage. Dès qu'il se tourne en direction du levier, Skinner fait tomber un morceau de nourriture dans le plat: le rat s'approche et le mange. Le rat s'éloigne, mais Skinner donne un autre morceau dès que le rongeur se tourne de nouveau face au levier.

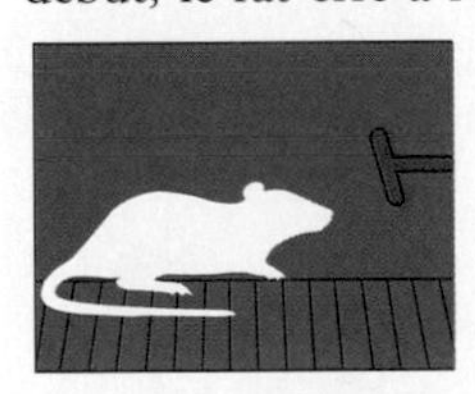

Toucher au levier Skinner décide de n'avoir recours au renforçateur que si le rat s'approche du levier. Dès que le rat se tourne vers le levier et s'en approche, Skinner laisse tomber un morceau de nourriture. Le rat dévore le morceau, erre un peu dans la cage mais retourne bientôt devant le levier et le renifle. Un quatrième morceau tombe dans le plat. Aussitôt que le rat touche le levier de la patte, un cinquième morceau tombe dans le plat.

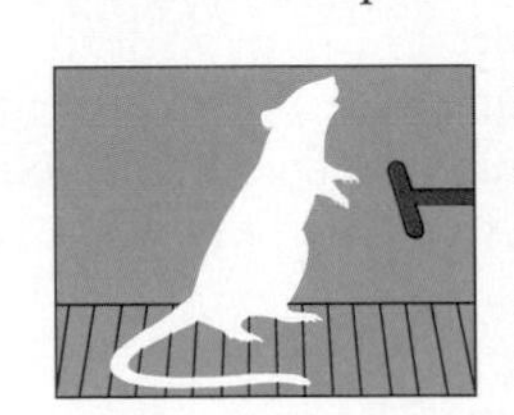

Appuyer sur le levier À présent, le rat se lève sur ses pattes postérieures, renifle le levier et pose ses pattes antérieures dessus. Ce mouvement actionne le levier et entraîne l'apparition d'un autre morceau de nourriture. Bientôt, le rat appuie sur le levier fréquemment, et il continuera de le faire pendant un certain temps.

L'importance d'un renforcement immédiat

Selon le rat et l'habileté de l'expérimentateur, il faut habituellement de quelques minutes à une heure pour amener un rat à abaisser un levier. Skinner précise que le morceau de nourriture, ou *renforçateur,* doit suivre immédiatement l'émission du comportement désiré par le chercheur. De la sorte, le rat associe la conséquence agréable au comportement cible et non à quelque autre comportement qu'il viendrait de manifester. Si la présentation du renforçateur était retardée, c'est un comportement indésirable ou superstitieux qui pourrait être renforcé.

Un *comportement superstitieux* est un comportement dont la fréquence augmente à la suite de son association fortuite avec un renforçateur.

Certains chercheurs ont, en outre, inculqué un bon nombre de comportements superstitieux à des rats. Ils les ont par exemple conditionnés à tourner en rond ou à s'asseoir dans un coin parce qu'ils renforçaient par mégarde le mauvais comportement.

On observe une foule de comportements superstitieux chez les êtres humains: chez les joueurs de baseball professionnels notamment. Ceux-ci, en effet, obtiennent souvent un renforcement accidentel après un bon coup. Par exemple, Wade Boggs (cinq fois champion des frappeurs), après avoir joué un bon match avant lequel il avait mangé du poulet, a toujours continué à manger du poulet avant chaque match. Une fois renforcé, surtout si c'est par un renforçateur puissant, un comportement superstitieux peut se révéler très difficile à éliminer.

G. Le conditionnement opérant

Des exemples

Avez-vous été conditionné ?

Sans le savoir, vous manifestez probablement une kyrielle de comportements que vous avez appris au moyen du conditionnement opérant. Mettez-vous de l'argent dans une machine distributrice pour recevoir une boisson gazeuse ? En voiture, accélérez-vous au feu jaune pour éviter de vous arrêter ? Étudiez-vous pendant des heures pour obtenir de bonnes notes ? Offrez-vous des fleurs à l'être cher pour récolter un sourire ? Peut-être continuez-vous d'exécuter ces comportements parce qu'ils sont suivis de renforçateurs qui augmentent la probabilité de leur répétition. Pour vous aider à comprendre le conditionnement opérant, nous allons en décrire les aspects qui aident les parents à résoudre deux problèmes répandus : enseigner aux petits enfants à utiliser la toilette et éliminer chez eux les « caprices » alimentaires.

L'apprentissage de la propreté

Une étude récente a révélé que 60 % des enfants sont propres à l'âge de trois ans même si de nombreux parents affirment ne pas savoir comment enseigner à leur enfant à utiliser la toilette (Taubman, 1997).

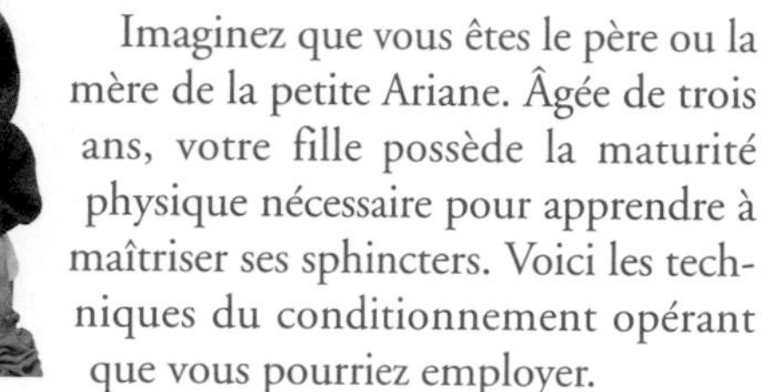

Imaginez que vous êtes le père ou la mère de la petite Ariane. Âgée de trois ans, votre fille possède la maturité physique nécessaire pour apprendre à maîtriser ses sphincters. Voici les techniques du conditionnement opérant que vous pourriez employer.

1 **Le comportement cible** Le comportement désiré, ou l'objectif à atteindre, est uriner dans la toilette.

2 **La préparation** Avant d'amorcer l'entraînement, rangez tous les jouets d'Ariane afin d'éliminer toute distraction. Donnez ensuite à votre fille un grand verre de jus de pomme afin qu'elle ait bientôt besoin d'uriner.

3 **Les renforçateurs** Choisissez des renforçateurs : un bonbon, des compliments ou un câlin. Chaque fois qu'Ariane manifeste le comportement désiré, renforcez-le. Le bon renforçateur augmente les probabilités de répétition du comportement.

4 **Le façonnement** Vous pouvez faire comme Skinner et recourir au façonnement pour conditionner Ariane à utiliser la toilette. Donnez un bonbon, des éloges ou un câlin à votre fille chaque fois qu'elle exécute un comportement qui s'approche du comportement cible (utiliser la toilette). Par exemple, quand Ariane dit qu'elle a besoin de faire pipi, exclamez-vous : « Formidable ! » Quand elle entre dans la salle de bain, dites : « Tu es gentille ! » Quand elle baisse elle-même son pantalon, commentez : « C'est bien ! » Et une fois qu'Ariane aura uriné dans la toilette, faites-lui un gros câlin et, si vous le voulez, donnez-lui un bonbon.

Les mères qui ont employé cette technique sous supervision ont mis de 4 à 18 heures à enseigner la propreté à leurs enfants de 2 et 3 ans (Berk et Patrick, 1990 ; Matson et Ollendick, 1977).

Le refus de nourriture

Certains enfants en pleine santé prennent l'habitude de manger un nombre limité d'aliments et de refuser tous les autres. Faute d'un régime alimentaire équilibré, ils n'atteignent pas le poids corporel approprié (Hoch *et al.*, 1994 ; Timimi *et al.*, 1997). Pour aider un groupe de parents à surmonter cette difficulté, Werle *et al.* (1993) leur ont enseigné les principes du conditionnement opérant.

1 **Le comportement cible** Le comportement désiré, ou l'objectif à atteindre, était goûter, mastiquer et avaler un aliment (fruit ou légume) que l'enfant persistait à rejeter.

2 **La préparation** Les chercheurs ont enseigné aux mères à façonner et à renforcer le comportement désiré.

3 **Les renforçateurs** Chaque fois que l'enfant manifestait le comportement désiré, la mère le renforçait sans délai au moyen d'un renforçateur positif comme des compliments, de l'attention ou un sourire.

4 **Le façonnement** La méthode de façonnement consistait à amener l'enfant à remarquer l'aliment, à le mettre dans sa bouche, à le goûter et, enfin, à le mastiquer et à l'avaler.

Le graphique ci-dessous représente l'efficacité du conditionnement opérant en matière d'élimination du refus de nourriture.

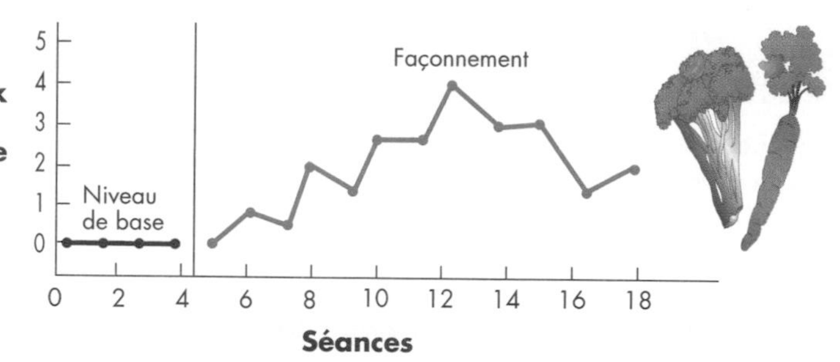

Niveau de base : Au cours des quatre premières séances, la mère offrait à l'enfant un aliment qu'il n'aimait pas et qu'il rejetait chaque fois.

Façonnement : Au cours des séances ultérieures, la mère amenait l'enfant à accepter un aliment qu'il n'aimait pas en renforçant par des compliments, de l'attention et des sourires toute réponse semblable au comportement désiré (mastiquer et avaler l'aliment). Le graphique indique que le façonnement s'est révélé efficace.

Qu'il s'agisse de dresser l'ours Bart à prendre dans ses bras un ourson en peluche, d'enseigner la propreté à un enfant ou de venir à bout du refus de nourriture, ce sont les mêmes principes du conditionnement opérant qui s'appliquent.

À la page suivante, nous comparerons les principes du conditionnement opérant et ceux du conditionnement classique.

Le conditionnement opérant et le conditionnement classique : un parallèle

Quelles sont les différences ?

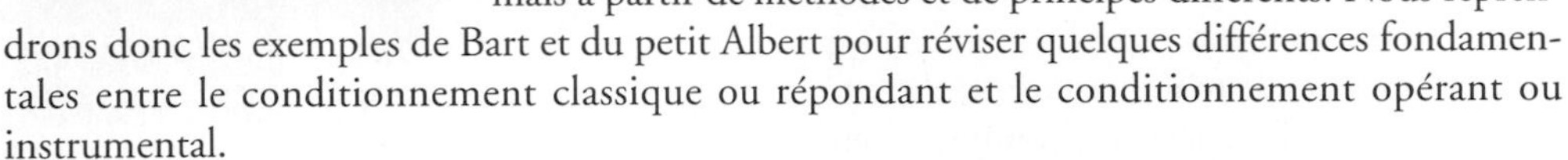

Les différences entre le conditionnement classique et le conditionnement opérant vous semblent-elles évidentes ? Certes, ces deux formes de conditionnement résultent en un apprentissage, mais à partir de méthodes et de principes différents. Nous reprendrons donc les exemples de Bart et du petit Albert pour réviser quelques différences fondamentales entre le conditionnement classique ou répondant et le conditionnement opérant ou instrumental.

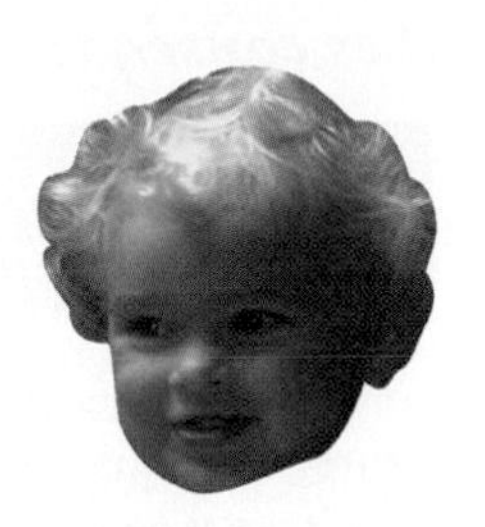

Le conditionnement opérant

1 L'objectif L'objectif du conditionnement opérant est d'*augmenter ou diminuer la fréquence d'une réponse*, ce qui nécessite habituellement un façonnement. Dans le cas de Bart, l'objectif était de l'amener à tenir un ourson en peluche plus fréquemment.

2 Une réponse volontaire L'action de tenir un ourson en peluche est une réponse volontaire que Bart doit manifester avant d'obtenir un renforçateur.

3 Une réponse émise Bart émet volontairement une réponse, que Skinner appelle une réponse opérante (tenir un ourson en peluche). Skinner emploie le terme « émettre » afin d'indiquer que l'organisme agit, ou opère, sur son environnement. Dans la plupart des cas, c'est le façonnement qui fait en sorte que les êtres humains et les animaux émettent les réponses désirées.

4 Une réponse déterminée par la conséquence L'émission de la réponse désirée chez Bart est *déterminée* par la conséquence de cette réponse. Ainsi, l'ours reçoit une pomme chaque fois qu'il tient l'ourson en peluche. Le fait de recevoir une pomme est agréable (un renforçateur) et augmente les probabilités de répétition de la réponse.

Le renforçateur doit suivre *immédiatement* la réponse désirée. Bart reçoit le renforçateur (la pomme) tout de suite après avoir pris l'ourson en peluche. Si l'on présente le renforçateur trop tard, on risque d'obtenir une réponse indésirable ou superstitieuse.

5 Une conséquence La manifestation d'un comportement chez un être humain ou un animal est déterminée par la *conséquence* de ce comportement. Pour Bart, la conséquence du fait de tenir un ourson en peluche est de recevoir une pomme.

Dans le conditionnement opérant, un être humain ou un animal apprend que la manifestation d'un certain comportement est suivie par une conséquence (un renforcement ou une punition), laquelle augmente ou diminue les probabilités de répétition du comportement en question.

Le conditionnement classique

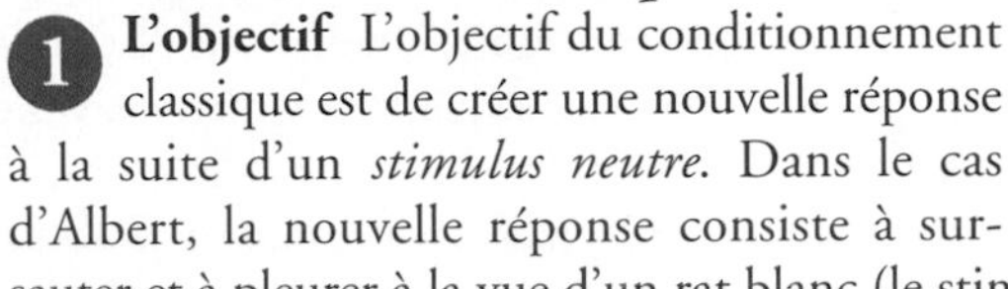

1 L'objectif L'objectif du conditionnement classique est de créer une nouvelle réponse à la suite d'un *stimulus neutre*. Dans le cas d'Albert, la nouvelle réponse consiste à sursauter et à pleurer à la vue d'un rat blanc (le stimulus neutre).

2 Une réponse involontaire La réponse d'Albert (bouche ouverte, yeux écarquillés, muscles tendus) est une *réponse réflexe physiologique*. La plupart des réponses réflexes physiologiques (le sursaut, la salivation, les pleurs, etc.) sont considérées comme des réponses involontaires puisqu'elles sont nécessairement déclenchées par un certain stimulus.

3 Une réponse provoquée Un bruit fort et soudain provoque un réflexe involontaire chez Albert (le sursaut). Le bruit constitue donc un *stimulus inconditionnel* qui déclenche chez Albert une réponse réflexe involontaire, la *réponse inconditionnelle*.

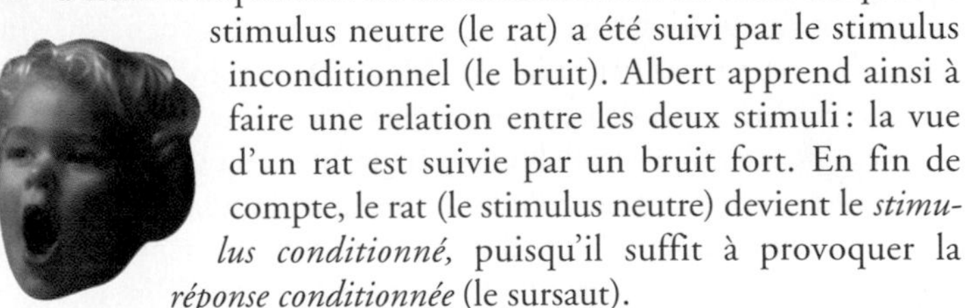

4 Une réponse conditionnée Albert fait l'objet d'une série d'essais d'acquisition du conditionnement au cours desquels le stimulus neutre (le rat) a été suivi par le stimulus inconditionnel (le bruit). Albert apprend ainsi à faire une relation entre les deux stimuli : la vue d'un rat est suivie par un bruit fort. En fin de compte, le rat (le stimulus neutre) devient le *stimulus conditionné*, puisqu'il suffit à provoquer la *réponse conditionnée* (le sursaut).

Il est préférable de présenter le stimulus neutre juste avant le stimulus inconditionnel. L'inverse est appelé conditionnement rétroactif et, habituellement, ne produit aucun effet.

5 Une attente créée Selon la théorie de la contingence, un être humain ou un animal apprend à anticiper une relation ou à créer une attente relativement au stimulus neutre et au stimulus inconditionnel. Autrement dit, le petit Albert apprend à attendre le stimulus inconditionnel (le bruit) après avoir vu le stimulus neutre (le rat).

Nous avons vu que, dans le conditionnement opérant, la manifestation d'une certaine réponse dépend de la conséquence de cette réponse (renforcement ou punition). À la page suivante, nous traiterons des effets de différents types de conséquences.

H. Renforcement et renforçateurs

Les conséquences

Pourquoi sont-elles importantes ?

Voilà une curieuse manière de scier une branche ! Le comportement de cet élagueur étourdi illustre un principe fondamental du conditionnement opérant : les conséquences dépendent des comportements. Dans ce cas-ci, l'élagueur fera une chute (conséquence) s'il coupe la branche (comportement). Et cette conséquence poussera notre homme à y penser à deux fois avant de répéter un comportement aussi stupide. Il existe deux types de conséquences dans le conditionnement opérant : le renforcement et la punition.

Le *renforcement* est un procédé qui augmente la probabilité d'apparition d'un comportement ou d'une réponse.

Si vous étudiez avec application avant un examen, vous obtiendrez vraisemblablement une bonne note (renforçateur positif). Cette conséquence augmentera vos chances d'étudier encore, en prévision d'examens futurs.

Les *agents de renforcement (ou renforçateurs)* sont des stimuli qui contribuent à l'augmentation du comportement. La *punition* est un procédé qui diminue la probabilité d'apparition d'un comportement ou d'une réponse.

La direction d'une école secondaire a eu recours à la punition pour réduire le taux d'absentéisme. Les élèves qui accumulaient plus de huit absences non motivées perdaient d'alléchants privilèges tels jouer au football, assister au bal de fin d'études, etc. (agents de punition négatifs). La peur de perdre des privilèges a fait diminuer le taux d'absentéisme, qui est passé de 15 % à 4 % (Chavez, 1994).

Les *agents de punition (ou agents punitifs)* sont des stimuli qui contribuent à la diminution ou l'arrêt du comportement.

Il arrive qu'on recoure à la fois au renforcement et à la punition pour éliminer un comportement. C'est ce qu'ont fait des thérapeutes pour traiter un adolescent atteint d'un grave trouble du comportement appelé pica.

Le *pica* est un trouble du comportement qui se rencontre surtout chez les personnes ayant une déficience intellectuelle. Il se caractérise par l'ingestion d'objets non comestibles ou de substances dangereuses. Il peut entraîner des problèmes physiques, dont l'intoxication au plomb, l'obstruction intestinale et les parasitoses.

Agir sur les conséquences

Walt, un adolescent de 15 ans, présentait une déficience intellectuelle profonde. Le pica comptait parmi les troubles dont il était atteint. Walt mangeait des morceaux de papier et de tissu, des objets de métal et de plastique et, pire, des éclats de peinture, ce qui a entraîné une intoxication au plomb.

Pour traiter Walt, les thérapeutes lui ont présenté sur un plateau des objets non comestibles (des « éclats de peinture » inoffensifs faits de farine) et des aliments (des craquelins). Chaque fois que Walt choisissait un craquelin, il recevait un renforçateur (des compliments). Mais chaque fois qu'il choisissait un « éclat de peinture », il recevait un agent de punition léger (on lui lavait le visage pendant 20 secondes). Le graphique ci-dessous montre que les conséquences ont considérablement modifié le comportement de Walt (Johnson *et al.*, 1994).

Dans cette démarche, la conjonction du renforcement et de la punition est venue à bout d'un problème grave. Penchons-nous à présent sur deux types de renforcement.

Niveau de base
Pendant ces séances, Walt a choisi des objets non comestibles de 10 % à 80 % du temps.

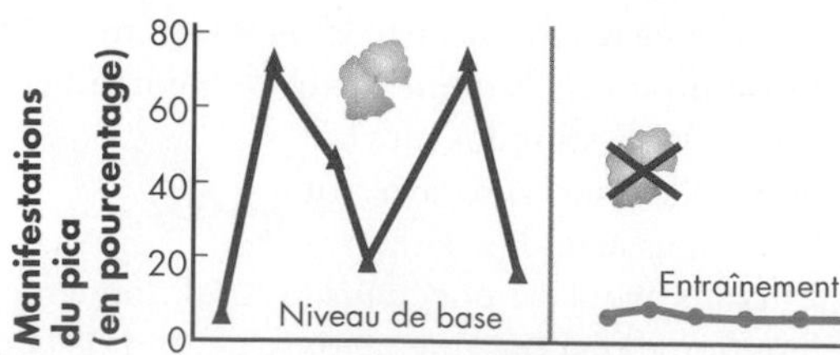

Entraînement
Pendant ces séances, les comportements de Walt ont été renforcés ou punis selon le cas.

Comparez le niveau de base aux résultats obtenus après les séances d'entraînement.

Le renforcement

Une pomme, un E : du pareil au même ?

Quel est le lien entre recevoir une pomme et obtenir un échec dans un cours ? Ces deux événements ont un point en commun : si ce sont des conséquences d'un certain comportement, ils peuvent augmenter la fréquence de ce comportement. Il s'agit en effet de deux types de renforcement, l'un agréable et recherché et l'autre, désagréable et qu'on tente d'éviter.

Les renforcements positifs

Nous avons vu que, quand Bart manifestait le comportement voulu, son dresseur lui donnait une pomme afin d'augmenter les probabilités de répétition de ce comportement. Il s'agit là d'un renforcement positif.

Un *renforcement positif* survient quand on présente un stimulus qui fait augmenter les probabilités de répétition d'un comportement. Un renforçateur positif est un stimulus qui donne lieu à un renforcement.

Les renforcements négatifs

Si vous étudiez avec application pour éviter d'obtenir un échec ou une mauvaise note, votre comportement est déterminé par un renforcement négatif.

Un *renforcement négatif* survient quand on supprime un stimulus désagréable afin d'augmenter les probabilités de répétition de la réponse initiale.

Le fait d'éviter une mauvaise note (stimulus désagréable) constitue un renforcement négatif, car il augmente vos chances d'étudier à l'avenir.

Rappelez-vous que les renforçateurs positifs comme les renforçateurs négatifs sont les stimuli qui augmentent la fréquence des réponses qu'ils entraînent (agissent comme renforcement).

En plus des renforçateurs positifs et négatifs, il existe des renforçateurs primaires et secondaires.

Les renforçateurs

Hamburger et coupon : du pareil au même ?

Il nous arrive de répéter un comportement parce qu'il nous procure par exemple de la nourriture (renforçateur primaire) ou de l'argent (renforçateur secondaire). Voyons comment les renforçateurs primaires et secondaires peuvent servir à augmenter le temps d'étude ou encore à maintenir l'ordre dans un autobus scolaire.

Les renforçateurs primaires

Si vous vous astreignez à étudier deux heures avant de vous récompenser en mangeant un hamburger, vous utilisez un renforçateur primaire.

Un *renforçateur primaire* est un stimulus qui, comme la nourriture, l'eau et la sexualité, satisfait un besoin physiologique et s'établit en dehors de tout apprentissage.

L'être humain est sensible aux renforçateurs primaires dès la naissance et n'a pas besoin d'apprentissage pour les apprécier.

Les renforçateurs secondaires

Un chauffeur d'autobus scolaire offre des coupons échangeables contre des pizzas à tous les enfants qui restent sages pendant le trajet. Ce chauffeur utilise un renforçateur secondaire.

Un *renforçateur secondaire* est un stimulus qui tire son pouvoir de l'expérience du sujet ; il s'établit à la suite d'un apprentissage et notamment après avoir été associé à un renforçateur primaire ou à un autre renforçateur secondaire.

Les chèques-cadeaux, l'argent, les notes et les éloges sont des exemples de renforçateurs secondaires, parce que nous en apprenons la valeur au fil de l'expérience. Ainsi, les enfants de notre exemple ont appris que le coupon possède une valeur puisqu'il peut être échangé contre une pizza. Un grand nombre de nos comportements quotidiens sont maintenus ou intensifiés par des renforçateurs secondaires.

Si les renforçateurs primaires et secondaires augmentent la fréquence des comportements, la punition a un tout autre effet.

Les punitions

À quoi sert une punition ?

Faisons d'entrée de jeu la distinction entre les agents de punition positifs et négatifs.

Arrêt

Les *agents de punition positifs* sont des stimuli (souvent désagréables pour l'organisme, comme une fessée) qui, lorsque présentés, diminuent les probabilités de répétition du comportement dont ils sont la conséquence.

Les *agents de punition négatifs* sont des stimuli (souvent agréables pour l'organisme, comme l'argent de poche pour un enfant) qui, lorsque retirés, diminuent les probabilités de répétition du comportement dont ils sont la conséquence.

Tant l'agent de punition positif que l'agent de punition négatif jouent le rôle de panneaux d'arrêt, c'est-à-dire qu'ils sont utilisés dans le but de faire cesser un comportement ou d'en diminuer la fréquence. Nous traiterons des agents de punition négatifs plus loin. Ici, nous verrons comment on peut utiliser les agents de punition positifs pour traiter un trouble grave appelé l'automutilation.

L'*automutilation* consiste en des blessures graves, voire mortelles, qu'une personne s'inflige à elle-même : par exemple en se frappant le corps ou la tête contre une surface dure, en se mordant, en se donnant des coups, en s'introduisant des objets dans les yeux ou les oreilles, etc.

En dernier recours...

La punition peut susciter des réactions émotionnelles et physiques indésirables : on ne peut l'utiliser à la légère. Des chercheurs ont donc étudié son efficacité thérapeutique dans le cas de l'automutilation. La conclusion : en dernier recours seulement, la punition peut être un traitement efficace pour l'automutilation grave ayant résisté aux autres traitements (Favell *et al.*, 1982 ; Iwata *et al.*, 1994).

Suzanne était âgée de 24 ans et présentait une déficience intellectuelle profonde. Depuis des années, elle s'infligeait des morsures et tentait de s'arracher les yeux et les oreilles, de sorte qu'il fallait lui faire porter un masque d'escrime et des gants spéciaux. Tous les autres traitements ayant échoué, on a approuvé un programme de punition conçu spécialement pour elle. Le programme consistait principalement à administrer un choc électrique (agent de punition positif) à Suzanne chaque fois qu'elle se faisait du mal. Le graphique ci-dessous montre qu'après une douzaine de séances, les comportements d'automutilation étaient passés de 9,3 à la minute à 0,07 (soit une réduction de 99 %) grâce à la punition. Après 69 séances de traitement, on lui a retiré son masque et ses gants et, pour la première fois depuis 15 ans, Suzanne a pu se nourrir elle-même, faire sa toilette et cesser de s'automutiler (Williams *et al.*, 1993). En dernier recours, donc, la punition peut servir à supprimer l'automutilation ayant résisté aux autres traitements (Foxx, 1996).

Comportements d'automutilation par minute

9,3	Avant le traitement
0,07	Après le traitement

Résumons : le renforcement augmente les probabilités de répétition d'un comportement, tandis que la punition les diminue.

Nous ne sommes pas toujours conscients des renforçateurs que nous recevons dans notre vie quotidienne. En effet, ils ne nous sont pas nécessairement donnés chaque fois que nous manifestons un comportement.

I. Les programmes de renforcement

L'apport de Skinner

Différents types de renforcement?

En 1971, le magazine américain *Time* reconnaissait le rayonnement de B. F. Skinner dans le domaine de la psychologie en affichant son portrait à la une du numéro du 20 septembre. Un an exactement auparavant, la revue *American Psychologist,* le périodique officiel de l'American Psychological Association, classait Skinner au deuxième rang, après Freud, pour ce qui est de l'influence dans le domaine de la psychologie au XXe siècle.

B. F. Skinner (1904-1990)

Skinner doit sa renommée à la découverte du conditionnement opérant et des effets du renforcement sur le comportement. Or, il a aussi mis au point une importante méthode d'analyse des comportements individuels chez l'être humain et l'animal. Cette méthode consistait notamment à étudier les répercussions de différents types de renforcement sur le comportement. C'est ce qui a amené Skinner à étudier différents programmes de renforcement.

Un *programme de renforcement* consiste à établir le moment et la manière dont une réponse sera renforcée.

Les amateurs de machines à sous, par exemple, font à leur insu l'objet d'un programme de renforcement propre à encourager les réponses rapides. De même, les travailleurs payés à la pièce sont soumis à un programme de renforcement qui favorise le travail constant et rapide.

Pour étudier les effets de différents programmes de renforcement sur le comportement, Skinner a inventé un dispositif qui lui permettait d'enregistrer les comportements individuels volontaires.

La mesure du comportement volontaire

Skinner a utilisé un enregistrement cumulatif pour démontrer les effets de différents programmes de renforcement sur le comportement volontaire des êtres humains et des animaux.

Un *enregistrement cumulatif* est un graphique qui représente une courbe d'apprentissage, c'est-à-dire les réponses d'un organisme aux renforçateurs qu'il reçoit.

Tant que le rat qui apparaît dans l'illustration de gauche n'appuie pas sur le levier, un stylet trace une ligne horizontale sur un long rouleau de papier qui se dévide continuellement. Lorsque le rat abaisse le levier, le stylet monte d'un cran. Quand le rat émet plusieurs réponses, le stylet dessine le nombre de crans correspondants, ce qui produit une ligne en escalier. Si le rat appuie lentement sur le levier, le stylet s'élève graduellement et le graphique présente une pente douce. Mais si le rat répond rapidement, le stylet s'élève au même rythme, ce qui donne au graphique une pente plus prononcée. Une déviation signale que le rat a reçu un morceau de nourriture, c'est-à-dire un renforçateur (seulement deux déviations sont ciblées dans le graphique). Vous trouverez des exemples réels d'enregistrements cumulatifs à la page suivante.

Stylet
Pente prononcée: série de réponses rapides
Déviation: renforcement
Cran: une réponse
Déviation: renforcement
Ligne horizontale: aucune réponse

Nous étudierons en premier lieu deux programmes élémentaires de renforcement: le renforcement continu et le renforcement partiel.

Les programmes élémentaires de renforcement

Considérons deux situations. D'abord, chaque soir, après le souper, un enfant reçoit 50 cents s'il participe au rangement. Par ailleurs, au marché du coin, le délicieux pain aux noix n'est cuit qu'une fois par semaine, si bien que les autres jours, il n'en reste pas toujours. Ces deux exemples illustrent deux programmes élémentaires de renforcement.

Le renforcement continu L'enfant est motivé à nettoyer la table et à ranger la vaisselle dans le lave-vaisselle, car il reçoit un salaire pour sa participation. Il est donc soumis à un programme de renforcement continu.

Dans le *renforcement continu,* l'organisme reçoit le renforçateur après chaque manifestation de la réponse opérante.

Dans la vie de tous les jours, rares sont les comportements qui nous valent un renforcement continu. On emploie souvent le renforcement continu dans les premiers stades du conditionnement opérant parce qu'il favorise l'apprentissage rapide d'un comportement.

Le renforcement partiel ou intermittent On demande son pain favori chaque fois que l'on va au marché, mais il n'y en a pas toujours: c'est un renforcement partiel.

Dans le *renforcement partiel (ou intermittent),* l'organisme ne reçoit pas le renforçateur après chaque manifestation de la réponse opérante.

Fréquent dans la vie de tous les jours, le renforcement partiel est très propice au maintien à long terme du comportement. C'est pourquoi on s'entête à fréquenter le même marché et à espérer pouvoir y acheter notre pain si spécial.

Voyons maintenant les programmes de renforcement partiel ou intermittent les plus utilisés.

Les programmes de renforcement partiel

Quel est votre programme ?

Les machines distributrices ont la fâcheuse habitude de gober votre argent sans rien vous donner en retour : vous persistez néanmoins à y introduire des pièces, car vous avez été sous l'influence d'un programme de renforcement partiel.

Skinner a démontré en laboratoire que ce type de renforcement parvenait à réguler le becquetage chez un pigeon, même quand celui-ci ne recevait que 1 renforçateur pour 200 réponses en moyenne. Dans la vie quotidienne, les quatre programmes de renforcement partiel que nous définirons ici ont pour effet, seuls ou en association, de maintenir un grand nombre de nos comportements.

Le programme à proportion fixe

Un pigeon reçoit un renforçateur après avoir donné six coups de bec. Une ouvrière reçoit une rémunération après avoir rempli six boîtes de carottes.

Un *programme de renforcement à proportion fixe* consiste à fournir un renforçateur après un nombre déterminé de réponses.

Cumul des réponses →

Temps →

Une pente prononcée indique une fréquence élevée de réponses. (Les déviations correspondent à l'application de renforçateurs.)

L'effet Les employeurs utilisent souvent un programme de renforcement à proportion fixe pour rémunérer les travailleurs des chaînes de montage, car ce type de programme de renforcement accélère la cadence du travail.

Le programme à proportion variable

Un pigeon reçoit un renforçateur après avoir donné 12, 6, 8 et 2 coups de bec, soit après 7 coups de bec en moyenne. Une machine à sous laisse tomber des pièces après un nombre d'essais variable mais dont la moyenne est de 25.

Un *programme de renforcement à proportion variable* consiste à fournir un renforçateur après un nombre variable de réponses.

Cumul des réponses →

Temps →

Une pente prononcée indique une fréquence élevée et constante de réponses. (Les déviations correspondent à l'application de renforçateurs.)

L'effet Un programme de renforcement à proportion variable produit une fréquence élevée de réponses car le sujet ne sait pas quelle réponse lui vaudra enfin le renforçateur.

Le programme à intervalle fixe

Un pigeon reçoit un renforçateur pour le premier coup de bec qu'il donne au bout d'une période de deux minutes. Un surfeur attrape une belle vague (le renforçateur) toutes les 30 secondes (les vagues déferlent à intervalles réguliers).

Un *programme de renforcement à intervalle fixe* consiste à fournir un renforçateur après un laps de temps prédéterminé.

Cumul des réponses →

Temps →

Une pente graduelle indique une fréquence modérée de réponses ainsi que de longues pauses après l'application de renforçateurs (représentés par des déviations).

L'effet Avec un programme de renforcement à intervalle fixe, la fréquence des réponses est faible au début mais augmente considérablement à mesure qu'approche le moment de recevoir le renforçateur.

Le programme à intervalle variable

Un pigeon reçoit un renforçateur pour la première réponse qu'il manifeste après des intervalles de 12, 6, 8 et 2 minutes, soit après 7 minutes en moyenne. Votre autobus (le renforçateur) accuse des retards variables dont la durée moyenne s'établit à sept minutes. Vous aurez alors tendance à arriver à l'arrêt avec seulement quelques minutes de retard.

Un *programme de renforcement à intervalle variable* consiste à fournir un renforçateur après la première réponse manifestée au bout d'un laps de temps variable.

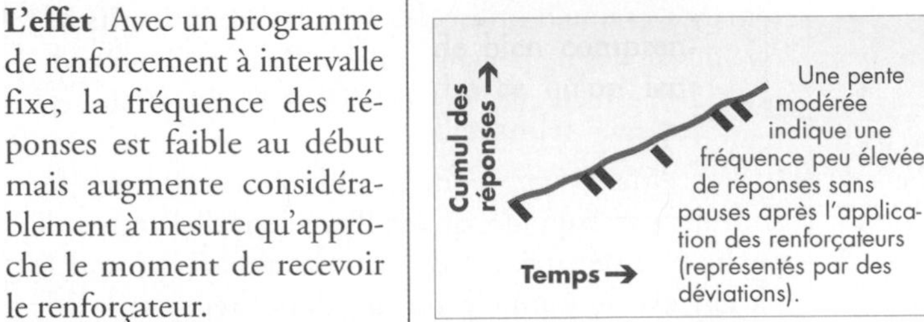

L'effet Avec un programme de renforcement à intervalle variable, la fréquence de réponses est plus régulière qu'avec un programme de renforcement à intervalle fixe.

J. Autres concepts liés au conditionnement opérant

Qu'a appris Bart?

Bart a appris au moyen du conditionnement opérant à prendre et à tenir un ourson en peluche. Mais il a aussi appris à tenir un ourson vivant, à ne pas obéir aux étrangers et à cesser de tenir l'ourson en peluche s'il ne reçoit plus de pommes. Nous avons abordé ces phénomènes (la généralisation, la discrimination, l'extinction et le recouvrement spontané) lorsque nous avons présenté le conditionnement classique. Nous les décrirons ici dans le contexte du conditionnement opérant.

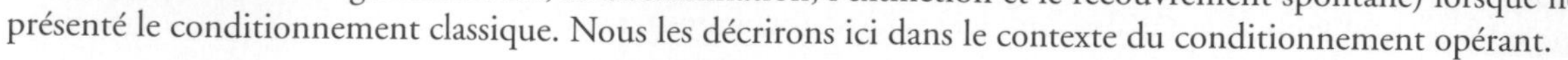

La généralisation

Pourquoi un ourson en peluche?

Dans le film, Bart était censé prendre et tenir un ourson vivant sur commande. Dans la nature, cependant, les kodiaks mâles adultes ne cajolent pas les oursons; ils ont plutôt l'habitude de les tuer.

Bart était du genre placide, mais son dresseur n'a pas voulu courir de risque avec lui. Il a donc commencé le processus de conditionnement avec un ourson en peluche. Il a attendu que Bart ait appris à prendre et à tenir l'ourson en peluche sur commande avant de lui présenter un ourson vivant. Comme le dresseur l'avait prévu, Bart a fait avec l'ourson vivant ce qu'il avait appris avec l'ourson en peluche. Ce phénomène est appelé généralisation.

Dans le conditionnement opérant, la *généralisation* est l'émission d'une même réponse à la suite de stimuli semblables.

(Dans le conditionnement classique, la généralisation est la tendance à émettre une réponse semblable à la réponse conditionnée à la suite d'un stimulus semblable au stimulus conditionné.)

La généralisation se manifeste par exemple quand un enfant appelle n'importe quel homme « papa », du fait qu'il lui trouve une ressemblance avec son père. Certains parents seraient moins embarrassés dans cette situation... s'ils connaissaient le phénomène de la généralisation!

La discrimination

N'obéir qu'au dresseur?

Bart a été élevé et dressé par un homme adulte, et par lui seul. Aussi a-t-il appris à n'obéir qu'à celui-ci. Ce phénomène est appelé discrimination.

Dans le conditionnement opérant, la *discrimination* est le phénomène par lequel une réponse est émise en présence d'un renforçateur et n'est pas émise si le renforçateur n'est pas disponible.

(Dans le conditionnement classique, la discrimination est la tendance à émettre une réponse conditionnée à la suite de certains stimuli seulement.)

Bart avait la fâcheuse habitude de prendre et de tenir l'ourson en peluche de manière intempestive afin de recevoir une pomme. Pour remédier à ce problème, le dresseur a utilisé un signal (lever les bras) pour indiquer à Bart les moments où il allait recevoir une pomme. Ce genre de signal est appelé stimulus discriminatif.

Un *stimulus discriminatif* est un signal annonçant qu'un comportement sera renforcé.

Si vous observez attentivement un dresseur, vous remarquerez qu'il utilise des stimuli discriminatifs tels que des signes de la main et des sifflements pour indiquer à l'animal que le prochain comportement sera renforcé.

Les enfants apprennent aussi à discriminer les stimuli: par exemple, quand ils veulent de l'argent de poche pour le cinéma, ils s'assurent auparavant que le parent est de bonne humeur; donc, réceptif à leur demande.

L'extinction et le recouvrement spontané

Et s'il n'y avait plus de pommes?

Même après le tournage, Bart a continué à manifester les comportements qui lui avaient été enseignés. Mais, graduellement, ne recevant plus de renforçateurs, il a cessé de le faire. Ce phénomène est appelé extinction.

Dans le conditionnement opérant, l'*extinction* est la disparition d'une réponse opérante à la suite de la suppression du renforçateur.

(Dans le conditionnement classique, l'extinction est la disparition d'une réponse à la suite de la présentation du stimulus conditionné sans le stimulus inconditionnel.)

L'extinction peut cependant être suivie par le recouvrement spontané.

Dans le conditionnement opérant, le *recouvrement spontané* est l'émission transitoire de la réponse éteinte, que le renforçateur soit à nouveau disponible ou non.

(Dans le conditionnement classique, le recouvrement spontané est l'émission transitoire de la réponse conditionnée éteinte avec ou sans l'apparition du stimulus inconditionnel.)

La généralisation, la discrimination, l'extinction et le recouvrement spontané se manifestent donc tant dans le conditionnement opérant que dans le conditionnement classique.

K. *Diversité culturelle : la peur du dentiste*

La peur et la douleur

Quel est votre seuil de tolérance ?

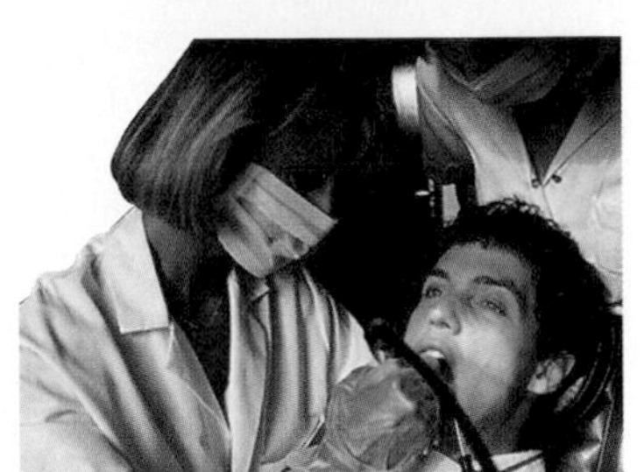

Deux facteurs psychologiques intéressants entrent en jeu quand on va chez le dentiste : la possibilité de subir un conditionnement classique et la possibilité de percevoir plus ou moins de douleur.

Nous avons parlé à la page 122 d'un cas de conditionnement classique pendant un traitement dentaire : celui de Carla, soumise à des stimuli inconditionnels (l'injection, le fraisage) qui suscitent des réponses inconditionnelles (la douleur, l'anxiété), lesquelles peuvent à leur tour être associées à divers stimuli neutres (une odeur dans ce cas-ci).

Au chapitre 4, nous avons expliqué qu'un certain nombre de facteurs psychologiques peuvent influer sur la perception de la douleur. Nous verrons ici que des facteurs culturels peuvent aussi influencer la perception de la douleur... et la peur du dentiste (Milgrom *et al.,* 1994). Nous nous attarderons sur trois points : l'influence des différences culturelles sur la peur du dentiste, l'origine de cette peur et les effets de la peur.

Les différences culturelles

Qui a le plus peur ?

Comme l'indique le graphique ci-contre, le pourcentage d'enfants qui disent avoir très peur du dentiste est beaucoup moins élevé en Scandinavie (Norvège et Suède) qu'en Asie (Singapour et Japon) et aux États-Unis (Chellappah *et al.,* 1990 ; Klingberg et Hwang, 1994 ; Milgrom *et al.,* 1994 ; Neverlien et Johnsen, 1991).

Si la fréquence de la peur du dentiste varie selon les cultures, c'est en partie parce que les systèmes de soins dentaires diffèrent d'un pays à l'autre. En Scandinavie, les soins dentaires sont compris dans un système de soins de santé universel et gratuit. Par conséquent, les enfants reçoivent des soins dentaires réguliers (et préventifs) au lieu de se faire traiter seulement en cas d'urgence. Ils considèrent les soins dentaires comme déplaisants mais nécessaires.

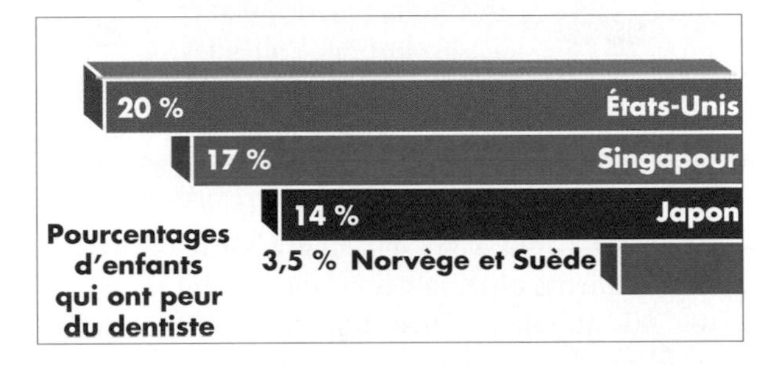

D'un autre côté, les soins dentaires ne sont ni universels ni gratuits aux États-Unis et au Japon. Certains enfants ne vont donc chez le dentiste qu'en cas de problème, ce qui résulte souvent en une expérience douloureuse.

Les origines de la peur

Quand la peur apparaît-elle ?

Les chercheurs ont demandé à des adultes américains et asiatiques qui redoutaient les traitements dentaires à quel moment cette peur était apparue. Environ 66 % des sujets ont répondu que c'était pendant l'enfance ou l'adolescence, généralement à la suite d'un traitement douloureux rendu nécessaire par une urgence (Milgrom *et al.,* 1995 ; Poulton *et al.,* 1997). Et, plus la douleur avait été intense, plus la peur est grande (Milgrom *et al.,* 1992). Les chercheurs ont conclu que la peur du dentiste apparaît la plupart du temps pendant l'enfance ou l'adolescence, souvent à la suite d'un conditionnement classique. Cette peur peut même dissuader certaines personnes d'aller chez le dentiste (Portman et Radanov, 1997).

Les effets de la peur

Qui évite le plus les dentistes ?

De 20 % à 40 % des gens qui ont acquis la peur du dentiste disent éviter les examens réguliers ou les traitements de routine (graphique ci-dessous). La plupart de ces personnes n'y vont qu'en cas d'urgence. Et comme ces traitements sont souvent douloureux, ils intensifient la peur déjà présente. Le cercle vicieux est établi. L'étude du conditionnement classique nous enseigne qu'on peut atténuer la peur du dentiste en se soumettant régulièrement à des examens et à des traitements dentaires indolores, ce qui aboutira à l'extinction d'une partie des réponses émotionnelles conditionnées.

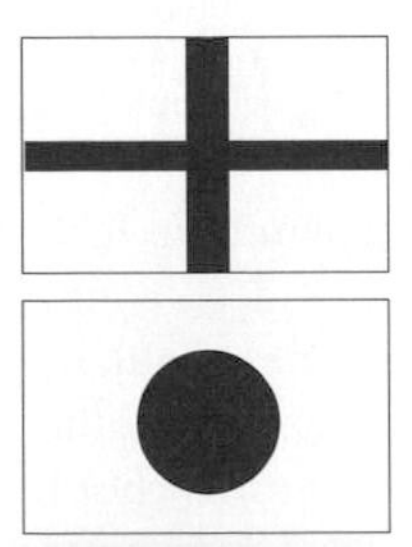

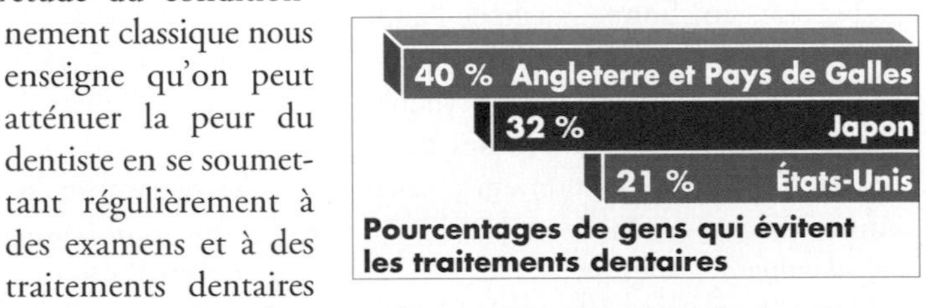

Conclusion ? Les différences culturelles — ici, la fréquence et le type de traitements dentaires — influencent la perception de la douleur qui se forme chez l'enfant, ainsi que l'apparition de réponses émotionnelles conditionnées — ici, la peur des dentistes (Milgrom *et al.,* 1994).

L. L'apprentissage cognitif

Trois points de vue

Au début du chapitre, nous avons donné l'exemple d'un petit garçon qui voulait jouer aux quilles comme son père (voir page 119). Il a donc tenté d'imiter son père : il apprit à jouer aux quilles non pas grâce au conditionnement classique ou au conditionnement opérant, mais grâce à l'apprentissage cognitif.

L'*apprentissage cognitif* fait intervenir des processus mentaux tels que l'attention et la mémoire ; il repose sur l'observation ou l'imitation ; il peut s'accomplir en l'absence de récompense extrinsèque et ne se manifeste pas nécessairement par des comportements observables.

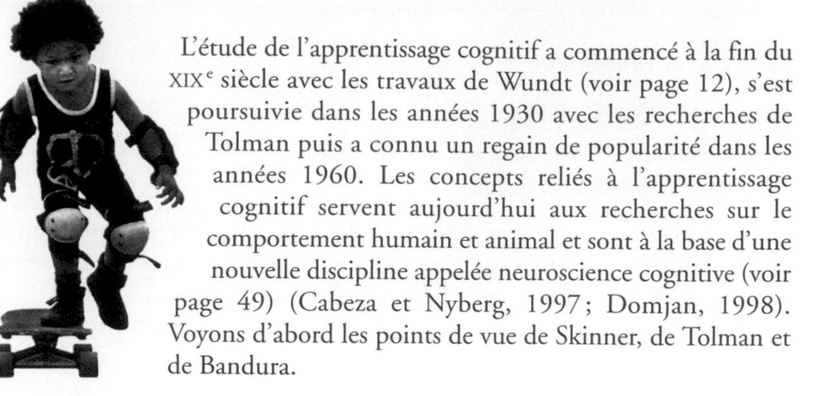

L'étude de l'apprentissage cognitif a commencé à la fin du XIXᵉ siècle avec les travaux de Wundt (voir page 12), s'est poursuivie dans les années 1930 avec les recherches de Tolman puis a connu un regain de popularité dans les années 1960. Les concepts reliés à l'apprentissage cognitif servent aujourd'hui aux recherches sur le comportement humain et animal et sont à la base d'une nouvelle discipline appelée neuroscience cognitive (voir page 49) (Cabeza et Nyberg, 1997 ; Domjan, 1998). Voyons d'abord les points de vue de Skinner, de Tolman et de Bandura.

B. F. Skinner : contre

Huit jours avant de mourir, Skinner a été honoré par l'American Psychological Association pour son extraordinaire contribution à la psychologie. Devant plus de 1 000 de ses amis et collègues, Skinner a expliqué que la communauté des psychologues était divisée en deux camps : d'un côté ceux qui étudiaient les émotions et les processus cognitifs, et de l'autre ceux qui étudiaient les comportements observables et notamment ceux des animaux dans des conditions contrôlées. Il y a également repris une idée qu'il avait souvent exprimée : selon lui, la science cognitive correspondait, en psychologie, à ce qu'était le créationnisme en science (Vargas, 1991, p. 1).

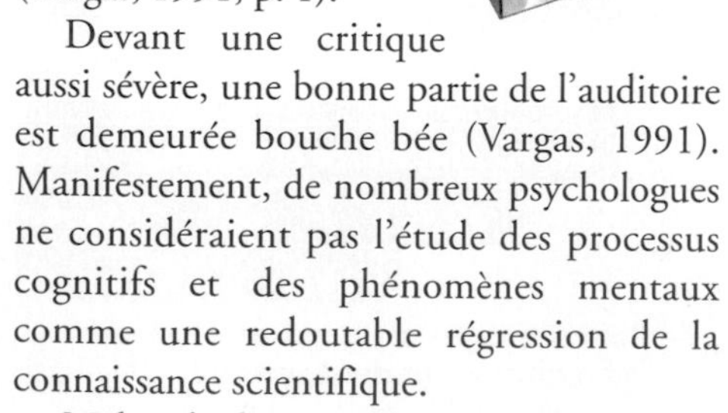

Devant une critique aussi sévère, une bonne partie de l'auditoire est demeurée bouche bée (Vargas, 1991). Manifestement, de nombreux psychologues ne considéraient pas l'étude des processus cognitifs et des phénomènes mentaux comme une redoutable régression de la connaissance scientifique.

Malgré la désapprobation de Skinner, on trouve aujourd'hui encore une foule de psychologues qui pensent que l'analyse des processus cognitifs est utile et nécessaire à la compréhension de l'apprentissage et du comportement humains (Cabeza et Nyberg, 1997 ; Zeiler, 1996).

Edward Tolman : pour

Dans les années 1930, alors que Skinner prônait l'étude des comportements observables, Tolman s'intéressait aux processus mentaux invisibles. Par exemple, il plaçait un rat dans un labyrinthe semblable à celui qui apparaît ci-dessous et laissait à l'animal le temps de l'explorer. Il mettait ensuite de la nourriture dans le labyrinthe et observait : le rongeur avait tôt fait d'apprendre le chemin le plus court. Tolman bloquait alors ce trajet : le rat choisissait le plus court parmi les autres chemins possibles. Selon Tolman (1948), le rat s'était construit une carte cognitive du labyrinthe.

Une *carte cognitive* est la représentation mentale d'un environnement et de ses caractéristiques.

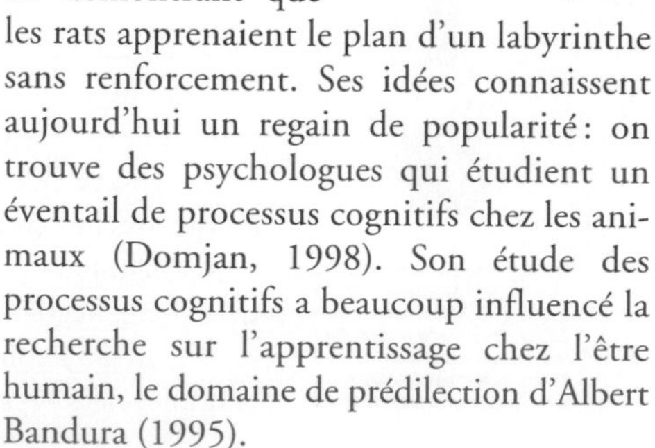

Tolman a élargi le fossé entre Skinner et lui en démontrant que les rats apprenaient le plan d'un labyrinthe sans renforcement. Ses idées connaissent aujourd'hui un regain de popularité : on trouve des psychologues qui étudient un éventail de processus cognitifs chez les animaux (Domjan, 1998). Son étude des processus cognitifs a beaucoup influencé la recherche sur l'apprentissage chez l'être humain, le domaine de prédilection d'Albert Bandura (1995).

Albert Bandura : pour

Autrefois behavioriste d'allégeance skinnerienne, Bandura est à présent converti à la perspective cognitive. Bandura (1986) a consacré un grand nombre de ses recherches à l'apprentissage par observation chez l'être humain. Il postule par exemple qu'un enfant apprend à détester les araignées en observant le comportement d'une personne qui manifeste un dégoût prononcé pour les araignées. Il voit dans ce phénomène un exemple d'apprentissage social.

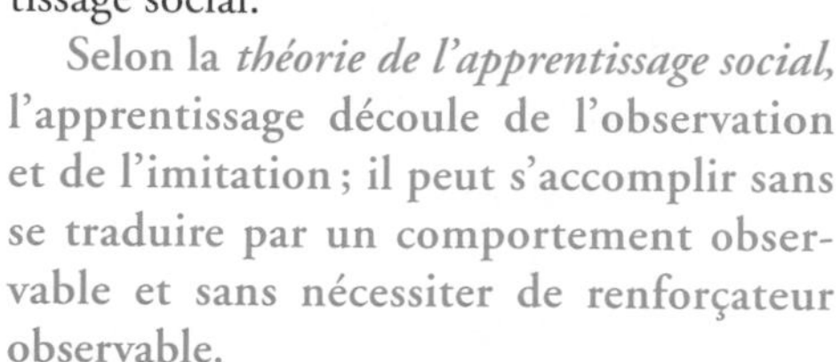

Selon la *théorie de l'apprentissage social*, l'apprentissage découle de l'observation et de l'imitation ; il peut s'accomplir sans se traduire par un comportement observable et sans nécessiter de renforçateur observable.

Tout comme Tolman avait constaté que les rats apprenaient au cours de leurs explorations, Bandura a découvert que les êtres humains apprenaient en grande partie grâce à l'observation. En insistant sur les processus cognitifs, Bandura se situait ainsi à contre-courant de Skinner.

L'étude de l'apprentissage cognitif a connu un regain dans les années 1960 et ne cesse de gagner en popularité depuis. Nous décrirons maintenant l'une des études les plus célèbres de Bandura.

L'apprentissage par observation

Les enfants: des « imitateurs » ?

Il existe en psychologie une douzaine d'expériences qui sont devenues des classiques parce qu'elles démontraient pour la première fois des principes capitaux. Dans ce chapitre, nous en avons déjà décrit une, celle qui consistait à inculquer des réponses émotionnelles au petit Albert (voir page 127). Nous en présenterons une autre ici, celle que Bandura et ses collègues (1965) ont réalisée pour démontrer que les enfants apprennent les comportements agressifs en les observant chez les adultes. L'apprentissage par observation est une forme d'apprentissage cognitif.

L'expérience de la poupée

Pourquoi frapper une poupée ?

Si l'expérience de la poupée est devenue un classique, c'est notamment parce que Bandura a alors remis en question l'idée selon laquelle l'apprentissage reposait soit sur le conditionnement classique soit sur le conditionnement opérant. Voici comment se déroulait cette expérience.

La démarche Des enfants d'âge préscolaire bricolaient dans une pièce. Dans un autre coin, un adulte s'est levé et, pendant 10 minutes, a donné des coups à une grosse poupée gonflable en lançant des cris : « Tape-lui dessus ! Donne-lui un coup de pied ! » Certains enfants ont observé les comportements agressifs de l'adulte, tandis d'autres n'en ont rien vu.

Un peu plus tard, les chercheurs ont soumis tous les enfants à une situation modérément frustrante et les ont fait entrer dans une pièce où se trouvaient des jouets, dont la poupée gonflable. Les chercheurs ont ensuite observé les enfants à leur insu.

Les résultats Les enfants qui avaient observé les conduites de l'adulte ont aussi crié et donné des coups à la poupée. Par la seule observation, ils avaient intégrés les comportements agressifs du modèle et, à présent, ils les manifestaient eux-mêmes. En revanche, les enfants qui n'avaient pas observé les comportements agressifs n'ont pas frappé la poupée malgré leur frustration.

La conclusion Bandura a conclu que les enfants ont appris des comportements agressifs particuliers non pas à force d'entraînement ou de renforcement mais simplement en les observant chez un modèle en action.

L'expérience de la poupée a donné lieu à un autre résultat intéressant : les enfants peuvent apprendre par observation mais ne pas manifester le comportement observé. D'où l'importance de faire la distinction entre apprentissage et performance.

Apprentissage et performance

Apprendre sans le démontrer ?

Est-il possible d'apprendre un comportement par observation sans pour autant manifester ce comportement ? Pour répondre à cette question, Bandura et ses collègues ont demandé à un groupe d'enfants de regarder un film dans lequel une personne frappait une poupée gonflable. Après avoir maltraité la poupée, la personne était vertement critiquée puis recevait une fessée. Les chercheurs ont ensuite laissé chaque enfant dans une pièce remplie de jouets, dont une poupée gonflable.

En regardant les enfants à travers un miroir sans tain, les chercheurs ont constaté que les garçons étaient plus nombreux que les filles à imiter le modèle et à malmener la poupée, et aussi que certains enfants n'imitaient pas les comportements agressifs. À tous ceux qui n'avaient pas frappé la poupée, ils ont proposé d'imiter le modèle en échange d'un autocollant ou d'un jus de fruit. Tentés par cette récompense, tous les enfants ont imité les comportements agressifs. Le changement était particulièrement marqué chez les filles.

Comme l'indique le graphique, les filles ont émis en moyenne 0,5 comportement agressif après avoir vu sur film un modèle puni pour son agressivité. Elles ont toutefois émis 3,0 comportements agressifs en moyenne après y avoir été incitées par la promesse d'une récompense (Bandura, 1965).

Nombre moyen de réponses agressives	
0,5	Après observation d'un modèle puni
3,0	Avec promesse d'une récompense

Que démontre cette expérience ? Que les filles avaient appris par observation les comportements agressifs du modèle mais que certaines d'entre elles ne les ont accomplis qu'en échange d'un renforçateur (Bandura, 1965). Nous avons là un exemple de la distinction entre apprentissage et performance.

Un *apprentissage* peut être réalisé par l'organisme sans que l'on puisse en observer ou mesurer l'évidence dans l'immédiat.

La *performance* est l'évidence observable et mesurable de l'apprentissage.

La distinction entre apprentissage et performance s'observe souvent chez les enfants dans des situations propres à embarrasser les parents. Un enfant, par exemple, peut entendre un gros mot quelque part mais ne pas le répéter devant ses parents. Arrive un jour un voisin, et voilà que l'enfant lance le mot. Il a appris le mot par observation mais a attendu quelque temps pour l'utiliser. S'appuyant notamment sur l'expérience de la poupée, Bandura a élaboré une théorie de l'apprentissage cognitif. C'est ce que nous étudierons à la page suivante.

L. L'apprentissage cognitif

La théorie de l'apprentissage social

Finie, la peur des araignées ?

Tolman pensait que les rats exploraient, recueillaient de l'information, et se construisaient ainsi des cartes cognitives de leur environnement; Bandura croit également que les êtres humains se renseignent sur leur environnement et sur les comportements des autres au moyen de l'observation. Il a énoncé ce principe dans sa théorie de l'apprentissage social (Bandura, 1989a).

La *théorie de l'apprentissage social* fait ressortir l'importance de l'observation, de l'imitation et de l'autogratification dans l'apprentissage des habiletés sociales, des relations interpersonnelles et de nombreux autres comportements. Contrairement aux théories du conditionnement classique et du conditionnement opérant, il est possible, selon la théorie de l'apprentissage social, d'apprendre sans manifester de comportement observable et sans recevoir de renforçateur extrinsèque.

Selon Bandura, quatre processus (l'attention, la mémoire, l'imitation et la motivation) sont en jeu dans l'apprentissage social. Voyons un exemple : vaincre la peur des araignées et des serpents.

Les quatre processus

1 L'attention L'observateur doit être attentif à ce que dit ou fait le modèle. Dans la photo ci-dessous, une femme calme (le modèle) tient une énorme araignée sous le regard ébahi d'une autre femme (l'observatrice).

2 La mémoire L'observateur doit mémoriser l'information de façon à pouvoir la récupérer ultérieurement. L'observatrice photographiée ci-dessous emmagasinera dans sa mémoire l'image d'une femme calme (le modèle) tenant une araignée.

3 L'imitation L'observateur doit être en mesure d'utiliser l'information mémorisée pour guider ses propres actions et ainsi reproduire le comportement du modèle. Au moment de tenir à son tour l'araignée, l'observatrice va tenter d'imiter l'expression et les gestes calmes du modèle.

4 La motivation L'observateur doit avoir une bonne raison d'imiter le comportement du modèle. L'observatrice est ici motivée à surmonter sa peur des araignées car elle désire faire du camping.

Vaincre la peur des serpents

Le point de départ La plupart des gens se méfient des serpents, mais certaines personnes en ont une peur panique. Bandura et ses collègues ont recruté des sujets qui craignaient les serpents au point d'éviter des activités de plein air comme la marche et le jardinage (Bandura *et al.*, 1969). Pour mesurer objectivement la peur des serpents, les chercheurs ont soumis leurs sujets à 29 épreuves de plus en plus terrifiantes, et noté combien ils en réussissaient. Ainsi, la première épreuve consistait à s'approcher d'un terrarium contenant un serpent, et la 29e à mettre un serpent sur ses genoux et à le laisser ramper en le tenant par les flancs.

Le traitement Un premier groupe de sujets a observé un modèle pendant qu'il manipulait un serpent vivant inoffensif de 3,5 m de long. Au bout de 15 minutes, les chercheurs ont invité les sujets à s'approcher graduellement du reptile. Le modèle a alors montré comment toucher au serpent et demandé aux sujets de l'imiter. Il leur a fourni des gants et les a incités à toucher le serpent pendant qu'il le tenait. Un deuxième groupe de sujets qui avaient peur des serpents n'a reçu aucun traitement (le groupe témoin).

Les résultats et la conclusion Comme le montre le graphique ci-dessous, les sujets qui avaient observé un modèle et imité quelques-uns de ses comportements ont réussi en moyenne 27 des épreuves de difficulté croissante lorsqu'ils les ont refaites.

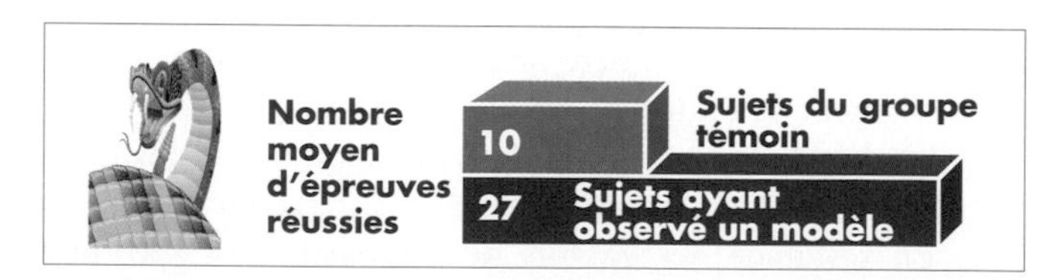

Les sujets du groupe témoin, quant à eux, ont réussi en moyenne 10 des 29 épreuves. Cette étude a clairement démontré que l'apprentissage social axé sur l'observation et l'imitation peut modifier considérablement le comportement.

Bandura pense que l'apprentissage social fournit aux êtres humains une grande quantité d'information à propos des peurs, des rôles sociaux, de la discrimination et des relations interpersonnelles. Nous traiterons d'autres aspects de l'apprentissage cognitif et de la mémoire au chapitre 7.

L'insight

Un éclair de génie ?

Nous avons indiqué plus haut que Thorndike a étudié la manière dont les chats apprenaient à s'échapper d'une cage pour obtenir un morceau de poisson : par une série d'essais et d'erreurs, les chats formaient peu à peu des associations entre l'abaissement du loquet et l'ouverture de la porte. Thorndike n'a jamais observé chez les chats de signe montrant qu'ils avaient soudainement découvert la solution.

À l'époque où, aux États-Unis, Thorndike étudiait l'apprentissage par essais et erreurs chez les chats, Wolfang Köhler, en Allemagne, s'intéressait à des chimpanzés qui apprenaient à saisir une banane placée hors de leur portée. Et les résultats des études de Köhler allaient à l'encontre de ceux de Thorndike : des animaux placés dans des conditions appropriées arrivaient à résoudre un problème tout d'un coup, c'est-à-dire par insight.

L'*insight* est un processus mental qui mène à la résolution soudaine d'un problème.

Voici comment Sultan, le chimpanzé de Köhler, a réussi grâce à l'insight à atteindre une banane placée hors de sa portée. Il s'agit d'une autre expérience classique en psychologie.

L'insight chez les animaux

Comment y est-il arrivé ?

Köhler (1925) a suspendu une banane au plafond d'une pièce dans laquelle il avait aussi placé une boîte. La banane était trop haute pour que Sultan puisse l'atteindre en tendant les bras ou en sautant. Le chimpanzé est entré dans la pièce et l'a arpentée pendant environ cinq minutes. Ensuite, il a saisi la boîte, il l'a avancée sous la banane, il est monté sur la boîte, il a sauté et il a attrapé le fruit. Au deuxième essai, Sultan s'est exécuté sans délai.

Aux yeux de Köhler, le processus de résolution de problème chez Sultan s'écartait résolument des tâtonnements que Thorndike avait observés chez les chats. Avant d'arriver à la solution, en effet, Sultan avait fait les cent pas, s'était assis tranquillement ou avait tenté sans succès d'atteindre la banane. Et puis, semble-t-il, il avait trouvé la solution tout d'un coup et exécuté aussitôt une série complexe de comportements. Selon Köhler, Sultan avait fait preuve d'*insight*.

Les détracteurs de Köhler lui ont reproché de n'avoir pas expliqué la manière dont les chimpanzés résolvaient les problèmes, et de s'en tenir à une description du processus. Ils ont en outre avancé que les chimpanzés les plus habiles à résoudre les problèmes étaient ceux qui possédaient le plus d'expérience en matière de recouvrement d'objets. L'insight paraissait donc dépendre dans une large mesure de l'expérience.

Köhler a répliqué qu'il avait cherché à étudier la résolution de problèmes plutôt qu'à expliquer les processus mentaux du chimpanzé. Les travaux de Köhler ont marqué la psychologie parce qu'ils fournissaient une méthode pour étudier une forme d'apprentissage distincte du conditionnement classique ainsi que de l'apprentissage par essais et erreurs. Au demeurant, l'étude des fonctions mentales des animaux, ou cognition animale, suscite un regain d'intérêt depuis le début des années 1990 (Domjan, 1998).

L'insight chez l'être humain

Pouvez-vous résoudre cette énigme ?

Vous est-il déjà arrivé de résoudre un problème difficile de manière aussi soudaine qu'inattendue ? Vous rappelez-vous avoir eu ce qu'on appelle un éclair de génie ? Tentez de résoudre l'énigme qui suit et vous serez peut-être frappé d'une telle illumination !

Un homme entre dans un bar et demande un verre d'eau. Le barman pointe un revolver vers l'homme. L'homme dit merci et sort.

Il se produit manifestement un fait critique entre le moment où l'homme demande un verre d'eau et celui où le barman brandit une arme. Certains sujets résolvent ce problème en un temps relativement court tandis que d'autres cherchent encore au bout de deux heures.

Voici un indice : l'homme a le hoquet. Alors ? Pensez au remède traditionnel contre le hoquet... Tout à coup, c'est clair : l'homme boit l'eau, mais son hoquet persiste ; le barman sort une arme pour lui faire peur et soulager son hoquet ; reconnaissant, l'homme dit merci et s'en va.

C'est la stratégie cognitive utilisée qui démarque les sujets devant cette énigme. Ceux qui ne la résolvent pas se concentrent sur les éléments les plus évidents : l'homme, le barman, le revolver et le verre d'eau, sans émettre d'hypothèses (le hoquet, son traitement) qui pourraient mener à la solution. Les sujets qui résolvent l'énigme passent plus de temps que les autres à apporter de l'information nouvelle. Lorsqu'ils trouvent enfin l'élément manquant (le remède contre le hoquet), ils parviennent soudainement à la solution. C'est cet « éclair de génie » que Köhler assimilait à l'insight (Durso *et al.*, 1994).

Nous avons étudié jusqu'ici trois formes d'apprentissage cognitif : les cartes cognitives (Tolman), l'apprentissage social (Bandura) et l'insight (Köhler).

Nous nous intéresserons maintenant aux facteurs biologiques qui facilitent ou entravent l'apprentissage.

M. Les facteurs biologiques

Définition

Les singes font des boules de neige?

Vous rappelez-vous avoir eu de la difficulté à apprendre à lire, à écrire, à aller à bicyclette, à conduire une voiture, à vous maquiller ou à vous raser? En revanche, vous souvenez-vous d'avoir peiné pour apprendre à jouer? Il semble que le jeu vienne naturellement aux enfants. Ils s'y adonnent sans avoir besoin d'encouragement, de renforcement ni d'apprentissage. De même, les jeunes singes apprennent à faire des boules de neige et à les transporter pour le simple plaisir de jouer. De fait, la plupart des jeunes mammifères manifestent divers comportements ludiques qu'il serait difficile d'expliquer par les trois formes d'apprentissage traditionnellement reconnues, le conditionnement classique, le conditionnement opérant et l'apprentissage cognitif (Brownlee, 1997). L'observation des êtres humains et des animaux révèle que certains comportements, dont le jeu, s'apprennent sans effort grâce à des facteurs biologiques innés.

Les *facteurs biologiques* sont des tendances ou des prédispositions innées qui peuvent faciliter ou entraver certaines formes d'apprentissage.

Les chercheurs postulent que les êtres humains et les animaux ont acquis au cours de l'évolution des prédispositions biologiques à l'apprentissage des comportements ludiques parce que ces conduites possèdent des fonctions adaptatives; elles servent par exemple à établir des relations sociales entre pairs, à apprendre des comportements reliés au rôle de l'adulte et à s'élever dans la hiérarchie sociale (Brown, 1994).

Les facteurs biologiques interviennent dans deux autres formes d'apprentissage en plus du comportement ludique: l'imprégnation et la prédisposition.

L'imprégnation

Pourquoi les poussins suivent-ils leur mère?

Dès après l'éclosion et sans apprentissage apparent, les poussins suivent leur mère. Or, on ne peut expliquer ce comportement ni par les principes du conditionnement classique (Pavlov), ni par les principes de l'apprentissage par essais et erreurs (Thorndike), ni par les principes du conditionnement opérant (Skinner). Les éthologues ont été les premiers à y voir une forme distincte d'apprentissage.

Les *éthologues* sont des biologistes qui observent et étudient le comportement animal en milieu naturel ou dans des conditions relativement naturelles.

L'éthologue autrichien Konrad Lorenz (1952) a étudié les poussins, les oisons et les canetons. Tous ces oisillons sont capables de se déplacer quelques minutes seulement après avoir éclos. Lorenz a découvert qu'ils suivent le premier objet en mouvement qu'ils aperçoivent, leur mère la plupart du temps. Ce phénomène est appelé imprégnation.

L'*imprégnation* est l'ensemble de tendances ou de réponses manifestées par un animal nouveau-né au contact de certains stimuli de son environnement.

L'imprégnation possède une valeur inestimable en matière de survie. Elle augmente les probabilités que les oisillons suivent leur mère au lieu d'errer à l'aventure et de tomber dans la gueule d'un prédateur. En plus de son caractère inné, deux autres aspects de l'imprégnation distinguent cette forme d'apprentissage des autres.

La période sensible Contrairement au conditionnement classique, au conditionnement opérant et à l'apprentissage cognitif, qui se produisent tout au long de la vie d'un animal, l'imprégnation a lieu pendant les heures qui suivent la naissance. Ce bref intervalle est appelé période sensible ou période critique.

La *période sensible* (ou critique) est le laps de temps relativement bref au cours duquel les probabilités d'apprentissage sont les plus grandes.

Normalement, le premier être ou objet qu'un oisillon aperçoit est sa mère, et c'est de son image qu'il va s'empreindre. L'imprégnation constitue donc pour l'oisillon un moyen de s'attacher socialement aux membres de son espèce. L'oisillon peut s'empreindre de l'image de n'importe quel être ou objet en mouvement qu'il voit en venant au monde — un être humain, une balle de couleur ou un gant —, mais l'imprégnation est plus forte si l'être ou l'objet ressemble à un de ses congénères. L'imprégnation ne s'observe que chez les oiseaux qui sont capables de marcher dès la naissance et, de ce fait, favorise leur survie (Bateson, 1991).

L'irréversibilité Contrairement au conditionnement classique, au conditionnement opérant et à l'apprentissage cognitif, l'imprégnation est irréversible pour l'essentiel. On peut supposer que l'évolution a donné ce caractère à l'imprégnation afin que les oisillons, par exemple, s'empreignent de l'image d'un seul animal, leur mère.

Il existe en Californie un programme visant à prévenir l'extinction du condor. Les petits condors éclosent au zoo de San Diego et sont élevés par des humains. Conscients de la précocité et de l'irréversibilité de l'imprégnation, les gardiens prennent des précautions pour éviter que les oisillons ne s'empreignent de l'image d'un être humain.

C'est ainsi que les gardiens nourrissent les petits condors au moyen d'une marionnette semblable à la tête d'un condor adulte (photo ci-dessus). Lorsque les jeunes condors seront réintroduits dans leur milieu naturel, ils pourront établir des relations sociales avec leurs congénères et trouver parmi eux des partenaires sexuels.

Nous décrirons à la page suivante une troisième forme d'apprentissage fondée sur des facteurs biologiques.

La prédisposition chez les animaux et les êtres humains

Pourquoi parler mais ne pas lire?

Nous n'avons pas de souvenir de la facilité avec laquelle nous avons appris à parler: nous étions trop jeunes. Par contre, vous vous rappelez peut-être les difficultés que vous avez eues à apprendre à lire. La différence entre l'apprentissage du langage et l'apprentissage de la lecture illustre l'influence de facteurs biologiques. Ces facteurs facilitent la parole chez l'être humain et la mémorisation chez les oiseaux.

Une mémoire extraordinaire

Comment mémorise-t-ils?

Les cassenoix d'Amérique sont de petits oiseaux qui vivent dans une région d'où toute nourriture disparaît en hiver. À l'automne, les cassenoix font des provisions qu'ils dissimulent dans des cachettes souterraines dont le nombre varie entre 2 500 et 6 000. L'hiver venu, les cassenoix déterrent leurs réserves. Mais comment retrouvent-ils les milliers de cachettes qu'ils ont aménagées des mois plus tôt? La réponse réside dans la prédisposition, un sujet que nous avons déjà abordé à la page 124.

La *prédisposition* est la tendance biologique innée à reconnaître, à utiliser et à mémoriser certains signaux ainsi qu'à former des couplages entre certains stimuli neutres et certains stimuli inconditionnels.

Dans des conditions semi-naturelles, les chercheurs ont confirmé la capacité du cassenoix de cacher et de retrouver des réserves de nourriture. Ils ont découvert que ces oiseaux s'appuient sur des repères naturels (des arbres, des pierres, des buissons) pour construire des cartes cognitives qui les aident à se rappeler l'emplacement des cachettes (Bednekoff *et al.*, 1997; Vander Wall, 1982).

À quoi tient la mémoire phénoménale des cassenoix? Aux dimensions de leur hippocampe (ci-dessous). Cette région du cerveau, qui participe au transfert des souvenirs de la mémoire à court terme à la mémoire à long terme, est plus volumineuse chez les cassenoix que chez les oiseaux qui n'engrangent pas de nourriture (Shettleworth, 1993). Il semble donc que les cassenoix soient biologiquement prédisposés à survivre aux hivers rigoureux.

Hippocampe

Tout comme certains oiseaux sont biologiquement préparés à se rappeler l'emplacement de leurs cachettes de nourriture, l'être humain est biologiquement programmé à émettre des sons et à parler au moins l'une des 6 000 langues existantes.

Des sons extraordinaires

Comment prononcer des syllabes?

À la fin des années 1940, deux psychologues — mari et femme — se sont demandé si un chimpanzé pourrait apprendre à parler s'il vivait dans une famille d'humains. Ils ont donc élevé un chimpanzé dans leur maison, aux côtés de leur propre enfant. Au bout de six ans d'efforts, cependant, le chimpanzé n'avait appris à prononcer que trois mots: « maman », « papa » et « tasse » (Hayes et Hayes, 1951). Les deux psychologues ignoraient encore que le cerveau et le larynx du chimpanzé n'étaient pas biologiquement constitués pour produire les sons et les mots du langage humain.

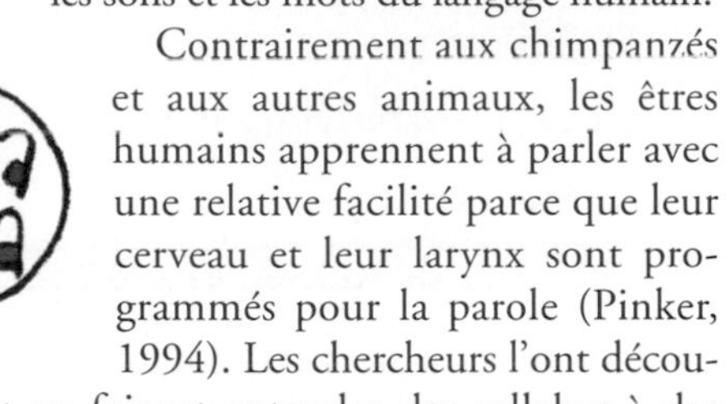

Contrairement aux chimpanzés et aux autres animaux, les êtres humains apprennent à parler avec une relative facilité parce que leur cerveau et leur larynx sont programmés pour la parole (Pinker, 1994). Les chercheurs l'ont découvert en faisant entendre des syllabes à des nourrissons dont ils comptaient les mouvements de succion. La fréquence de ces mouvements diminuait après maintes répétitions de la syllabe « ba », ce qui indiquait que les bébés ne prêtaient plus attention à ce son. Mais la fréquence des mouvements de succion augmentait dès que les chercheurs faisaient jouer le son « pa »: les bébés avaient remarqué la différence relativement mince entre les deux syllabes. Cette étude a révélé que le cerveau des nouveau-nés est programmé ou biologiquement constitué (voir la figure ci-contre) pour reconnaître et distinguer les sons essentiels à l'apprentissage du langage (Buonomano et Merzenich, 1995). De fait, les bébés du monde entier émettent des babils semblables.

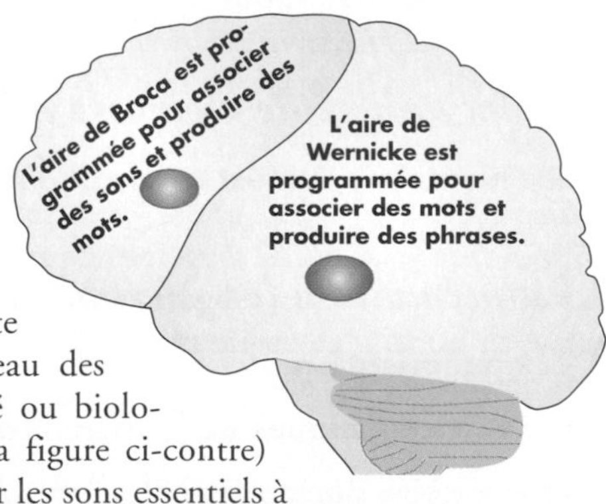

DANS CE CHAPITRE…

La mémoire — Chapitre 7

Une mémoire remarquable

Est-ce possible ?

Devant une salle comble d'un congrès international sur le yoga et la méditation, Rajan Mahadevan a récité, sans faire la moindre erreur, les 32 811 premières décimales du nombre pi (π), qu'on arrondit généralement à 3,1416. Après cet exploit, il a quitté son Inde natale pour s'inscrire à la Kansas State University, où il a rencontré Charles Thompson, un spécialiste de la mémoire.

Le professeur Thompson a découvert que Rajan pouvait se souvenir rapidement de l'emplacement des 10 000 premières décimales du nombre π. Cet exercice équivaut à mémoriser les noms de 10 000 personnes occupant des sièges numérotés et à se souvenir du nom de la personne assise dans le fauteuil 2141. Rajan, l'une des rares personnes dans le monde à posséder une mémoire aussi remarquable, peut répéter une série de 60 chiffres après l'avoir vue une seule fois, alors qu'on ne peut habituellement se souvenir que d'une série de 10 chiffres.

Rajan a une facilité étonnante à se souvenir de chiffres, mais il est moins bon que la moyenne pour se rappeler les visages et il perd constamment ses clés (Thompson, Cowan et Frieman, 1993).

Puisque les souvenirs de Rajan sont vérifiables, personne ne peut les contester. On ne peut cependant en dire autant de nos souvenirs en général.

Développer sa mémoire

Une faculté qui oublie ?

Bien que la mémoire de Rajan soit prodigieuse, la plupart des gens ont souvent des pertes de mémoire, qu'il s'agisse de se rappeler du nom de la personne qui vient juste de leur être présentée ou encore de l'endroit où ils viennent de poser leurs clés. Peut-on en venir à améliorer significativement sa mémoire ? Le cas de Rajan est-il isolé ou est-il possible pour tous d'aspirer à une mémoire comme la sienne ? Avant de pouvoir répondre à ces questions, il faut d'abord comprendre ce qu'est la mémoire et comment elle fonctionne.

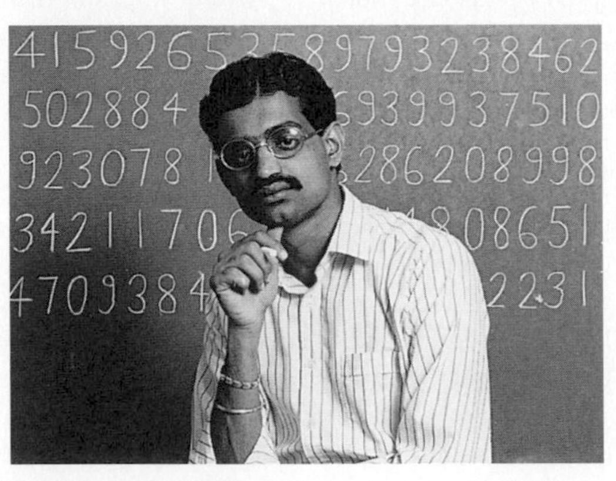

Définitions

Quelles sont les trois phases de la mémoire ?

La mémoire comporte trois phases.

La *mémoire* est la capacité de se souvenir d'informations pendant un certain temps ; ce processus comprend trois phases : l'encodage, le stockage et la récupération. Les souvenirs sont non pas des copies exactes mais des représentations du monde dont la précision varie et qui sont sujettes à l'erreur et aux influences.

Définissons brièvement ce processus complexe qui permet de se souvenir et donc de créer le monde dans lequel on vit.

❶ L'encodage

Pour se souvenir des décimales du nombre π, Rajan a établi une stratégie : c'est le processus de l'encodage.

L'*encodage* est la phase pendant laquelle on traite de l'information pour en faire une représentation mentale permettant de la placer en mémoire.

Par exemple, Rajan a encodé le chiffre 111 en faisant une association avec l'amiral Nelson, qui n'avait qu'un œil, un bras et une jambe.

❷ Le stockage

Les associations, comme celles qu'a utilisées Rajan pour encoder les décimales, aident également à stocker de l'information.

Le *stockage* est la phase où l'on enregistre d'une façon relativement permanente des informations encodées pour pouvoir les réutiliser plus tard.

Il est beaucoup plus facile de se rappeler ou de récupérer de nouvelles informations si on les a associées à des informations plus anciennes ou familières.

❸ Le repêchage ou la récupération

Rajan est capable de se rappeler — d'aller récupérer dans sa mémoire — les 32 811 premières décimales du nombre π.

Le *repêchage* est la phase pendant laquelle on puise, dans la mémoire à court terme ou à long terme, des informations qui y sont stockées.

Dans le monde entier, seules six ou sept personnes peuvent réaliser un exploit comme celui de Rajan : encoder, stocker et repêcher des milliers de décimales, dans l'ordre.

Dans ce chapitre...

Nous verrons les trois paliers de la mémoire, comment l'on encode les souvenirs, pourquoi l'on conserve plus facilement les souvenirs émotifs, et les capacités de mémoire inhabituelles. De même, nous examinerons les causes de l'oubli, les bases biologiques de la mémoire ainsi que des techniques qui facilitent la mémorisation.

A. Les trois paliers de la mémoire

Quels sont-ils ?

On parle souvent de la mémoire comme s'il s'agissait d'un processus unique. L'un des modèles les plus connus de la mémoire la divise en trois paliers ou étapes du traitement de l'information : la mémoire sensorielle, la mémoire à court terme et la mémoire à long terme (Atkinson et Shiffrin, 1971). Pour illustrer ce processus, imaginons une promenade dans un centre commercial.

La mémoire sensorielle

Pendant cette promenade, on est assailli par des centaines d'images, d'odeurs et de sons, dont la musique d'une guitariste qui joue pour amasser un peu d'argent. Plusieurs stimuli atteignent notre mémoire sensorielle.

La *mémoire sensorielle* est le premier palier de la mémoire, celui qui reçoit et retient sous forme brute, et pendant très peu de temps, des informations provenant de l'environnement.

Après avoir atteint nos oreilles, les notes de la guitariste restent dans notre mémoire pendant une seconde ou deux. Le sort de ces notes dépend de ce qu'on fera ensuite.

Si l'on ne prête plus attention aux notes, elles disparaîtront sans laisser de trace. Par contre, si l'on s'y attarde, l'information auditive sera transférée de la mémoire sensorielle à la mémoire à court terme.

La mémoire à court terme

Quand on prête attention à des informations précises contenues dans la mémoire sensorielle, celles-ci sont automatiquement transférées dans la mémoire à court terme.

La *mémoire à court terme,* qu'on appelle aussi mémoire de travail, est le deuxième palier de la mémoire, celui qui permet de retenir une quantité limitée d'informations — 7 ± 2, en moyenne — pendant une période variant de 2 à 30 secondes.

Si, pendant ces 30 secondes, on s'arrête aux informations — on fredonne l'air, par exemple —, elles resteront plus longtemps dans la mémoire à court terme.

Cependant, après ce laps de temps, la musique disparaîtra, à moins qu'elle ne soit transférée dans la mémoire à long terme.

La mémoire à long terme

Si l'on continue à fredonner l'air, cette activité mentale aura sans doute pour effet de transférer la musique de la mémoire à court terme à la mémoire à long terme.

La *mémoire à long terme* est dernier palier de la mémoire, celui qui permet de stocker des quantités presque illimitées d'informations pendant de très longues périodes.

On stocke des centaines de chansons, de mots, de visages et de conversations dans la mémoire à long terme ; ces informations, qui sont accessibles, peuvent être récupérées. Mais, bien entendu, on ne peut pas toujours « trouver » des informations qu'on est pourtant certain de posséder. Nous verrons, au cours de ce chapitre, pourquoi on oublie des informations stockées dans la mémoire à long terme.

Nous expliquerons maintenant comment fonctionnent ensemble ces trois paliers de la mémoire.

Un modèle : les trois paliers de la mémoire

1 **La mémoire sensorielle** Voici comment l'attention détermine ce dont on se souvient et ce qu'on oublie.

Quand on assiste à une conférence, les informations reçues par la mémoire sensorielle y restent tout au plus quelques secondes. Si l'on *ne prête pas attention* à ces informations, elles seront oubliées. À l'opposé, si l'on *prête attention* (attention sélective) à des informations précises, elles seront transférées dans la mémoire à court terme.

2 **La mémoire à court terme** Si l'on *ne prête pas attention* aux informations contenues dans la mémoire à court terme, elles ne seront pas encodées et disparaîtront. Mais si l'on y *prête attention* en les répétant lors de la prise de notes, par exemple, ces informations seront encodées pour être stockées dans la mémoire à long terme. C'est la raison pour laquelle prendre des notes facilite la mémorisation.

3 **La mémoire à long terme** Les informations qui sont stockées dans la mémoire à long terme y resteront d'une manière relativement permanente. La manière dont les informations sont encodées détermine en partie si l'on s'en souviendra ou non. Par exemple, mal prendre ses notes en classe peut entraîner un mauvais encodage et la difficulté à se rappeler la matière d'un examen. De bons encodages sont le produit de nouvelles associations, ce qui augmente la capacité de repêchage.

Après ce survol, voyons en détail chaque palier de la mémoire.

B. La mémoire sensorielle : l'enregistrement

Une caméra vidéo ?

Nous avons en quelque sorte une caméra vidéo mentale qui reçoit les informations sensorielles et les retient tout au plus quelques secondes : juste assez pour nous permettre de décider si ces informations méritent plus d'attention. Nous étudierons les deux types de mémoire sensorielle : la mémoire sensorielle visuelle, dite iconique, et la mémoire sensorielle auditive, dite échoïque.

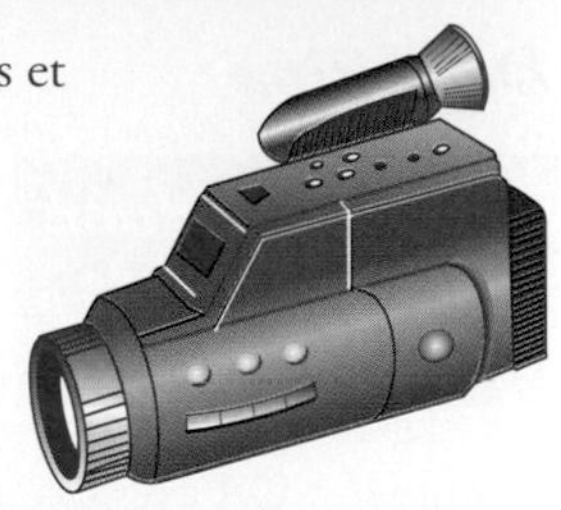

La mémoire iconique

Pourquoi voit-on des cercles ?

Sur la photo, la personne fait tourner un feu de Bengale qui produit des étincelles. Si l'on voit un cercle continu d'étincelles plutôt que des points lumineux isolés, c'est à cause de la mémoire iconique.

La *mémoire iconique* est une forme de mémoire sensorielle qui retient les informations visuelles pendant environ un quart de seconde.

Comme la mémoire iconique retient brièvement et séparément chacune des images du feu de Bengale — qui occupent tour à tour un point dans le cercle —, on voit un cercle continu plutôt que des points de lumière successifs.

Sans mémoire iconique, les images du monde paraîtraient saccadées, puisque, quand on fixe un objet, les yeux bougent environ quatre fois par seconde. On ne remarque pas ces mouvements des yeux parce que la mémoire iconique stocke brièvement chacune de ces images visuelles.

La découverte de la mémoire iconique

Une recherche intéressante a démontré l'existence et la durée de la mémoire iconique.

Méthodologie Les sujets regardaient un écran sur lequel apparaissaient trois rangées de quatre lettres pendant très peu de temps (50/1000 de seconde). Après chaque présentation, on leur demandait de se souvenir des rangées de lettres dans un ordre précis.

Résultats et conclusions Comme le montre le graphique ci-dessous, quand les sujets répondaient immédiatement après avoir vu les lettres (délai de 0,0 seconde), ils se souvenaient, en moyenne, de neuf lettres. Cependant, après un délai d'une demi-seconde, ils se souvenaient de six lettres seulement, et après un délai d'une seconde, de quatre lettres (Sperling, 1960). Plus le délai augmentait, plus le nombre de lettres dont les sujets se souvenaient diminuait, ce qui indique que la mémoire iconique dure quelques secondes ou moins.

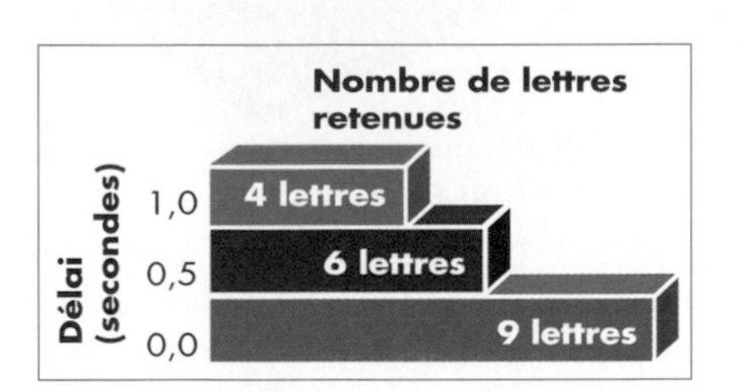

La mémoire échoïque

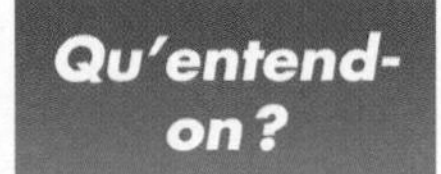

Sans le savoir, on a probablement tous déjà vécu une expérience démontrant l'existence de la mémoire sensorielle auditive.

La *mémoire échoïque* est une forme de mémoire sensorielle qui retient les informations auditives pendant une ou deux secondes tout au plus.

Si, pendant qu'on est absorbé dans un roman, un ami nous pose une question, on s'arrête de lire pour demander : « Qu'est-ce que tu as dit ? » Dès qu'on a prononcé les mots, on prend conscience qu'on peut se souvenir de ce qu'a dit l'ami. On peut « réentendre » la question parce que la mémoire échoïque la conserve jusqu'à deux secondes. En plus de permettre de réentendre ce dont on ne pensait pas se souvenir, la mémoire échoïque permet d'enregistrer une suite de sons assez longtemps pour qu'on puisse reconnaître que la suite de certains sons constitue un mot, puis un autre... (Norman, 1982).

Les rôles de la mémoire sensorielle

• Elle permet d'éviter l'encombrement. Puisque les informations auxquelles on ne prête pas attention s'effacent après quelques secondes, la mémoire sensorielle permet d'éviter que nous soyons submergés par les stimuli de l'environnement.

Informations qui arrivent → Mémoire sensorielle → Pas d'attention → Oubli

• Elle laisse le temps de décider. La mémoire sensorielle nous laisse quelques secondes pour décider si les informations reçues sont intéressantes ou importantes : si c'est le cas, elles seront automatiquement transférées à la mémoire à court terme.

• Elle permet aux images d'être perçues comme stables et aux sons d'être réentendus et reconnus. La mémoire iconique permet aux informations visuelles d'apparaître continues malgré le mouvement de nos yeux. Quant à la mémoire échoïque, elle permet de réentendre les informations auditives et nous donne le temps de reconnaître et d'assembler les sons pour en faire des mots.

C. La mémoire à court terme : la mémoire de travail

Définition

Quel était donc ce numéro de téléphone ?

Supposons que vous voulez commander une pizza. Vous cherchez le numéro de téléphone et vous le répétez en le composant. Pourtant, après avoir raccroché, vous ne vous souvenez plus du numéro. Cet exemple illustre deux caractéristiques de la mémoire à court terme.

La *mémoire à court terme,* qu'on appelle aussi la mémoire de travail, est le palier de la mémoire permettant de retenir une quantité limitée d'informations — 7 ± 2 éléments, en moyenne — pendant 2 à 30 secondes. On peut cependant prolonger cette durée en répétant les informations.

Le plus souvent, les numéros de téléphone comptent tout au plus sept chiffres parce que c'est la capacité maximale de la mémoire à court terme. Et quand on répète un numéro de téléphone, c'est pour garder l'information active dans la mémoire à court terme avant de le composer.

Des études utilisant les tomographies par émission de positons révèlent qu'on possède différents types de mémoire de travail qui s'activent selon qu'il s'agit d'informations spatiales, concrètes ou verbales (Smith et Jonides, 1997). Cela signifie que différentes aires du cerveau interviennent selon les informations traitées.

Deux caractéristiques

Une durée limitée

Le numéro qu'on vient de trouver dans l'annuaire du téléphone restera quelques secondes dans la mémoire à court terme. On peut toutefois conserver cette information plus longtemps en recourant à la répétition de maintien.

La *répétition de maintien* consiste en la répétition intentionnelle d'informations dans le but de les conserver plus longtemps dans la mémoire à court terme.

Pour savoir pendant combien de temps on peut retenir les informations sans avoir à les répéter, des chercheurs ont demandé à des sujets de se rappeler des séries de trois consonnes sans signification, comme CJH. On empêchait les sujets de faire des répétitions en les faisant compter à rebours immédiatement après avoir vu ces regroupements de trois lettres.

Comme l'indique le graphique ci-dessous, 80 % des sujets se souvenaient, après 3 secondes, des séries de 3 lettres et seulement 10 % s'en souvenaient après 15 secondes (Peterson et Peterson, 1950).

Même si cette tâche paraît facile, presque tous les sujets avaient oublié les regroupements de 3 lettres après 15 secondes si on les empêchait de se les répéter. Cette étude démontre qu'après quelques secondes seulement, les informations s'effacent de la mémoire à court terme, sauf si on les répète continuellement.

Reste que la répétition de maintien peut prolonger considérablement cette durée. Toutefois, pendant les répétitions de l'information, aucune autre information ne peut entrer dans la mémoire à court terme.

Une capacité limitée

C'est George Miller (1956) qui a découvert que la mémoire à court terme ne pouvait contenir qu'environ sept (plus ou moins deux) éléments ou fragments d'informations. Par la suite, plusieurs chercheurs ont poursuivi la recherche sur ce sujet et ont confirmé le chiffre avancé par Miller (Baddeley, 1994 ; Shiffrin et Nosofsky, 1994).

On peut facilement vérifier ces résultats à l'aide d'un test de capacité mnémonique qui mesure le nombre de décimales qu'on peut répéter, dans l'ordre, après les avoir entendues une seule fois. En général, les étudiants, qui font peu d'erreurs quand on leur demande de répéter sept ou huit chiffres,

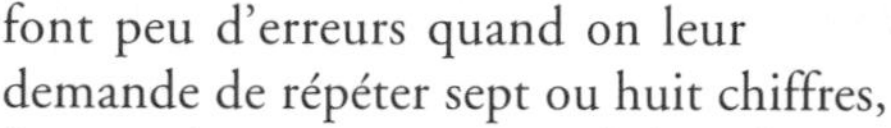

font quelques erreurs quand il y a huit ou neuf chiffres, et font plusieurs erreurs quand la liste comporte plus de neuf chiffres. L'interférence est l'une des principales raisons pour lesquelles les informations s'effacent de la mémoire à court terme (Shiffrin et Nosofsky, 1994).

Il y a *interférence* quand de nouvelles informations pénètrent dans la mémoire à court terme, se superposent aux informations qui s'y trouvent déjà ou les font sortir de celle-ci.

Si l'on essaie de se souvenir d'un numéro de téléphone et que quelqu'un nous pose une question, cette question interfère et nous fait perdre le numéro. On évite l'interférence au moyen de la répétition, mais quand on arrête de répéter, l'information contenue dans la mémoire à court terme risque de s'effacer.

Voyons maintenant comment il est possible d'augmenter la durée et la capacité de la mémoire à court terme.

Le tronçonnage

Mémoriser 14 chiffres ?

Même si la mémoire à court terme ne retient en moyenne que sept éléments pendant très peu de temps, il est possible d'en augmenter la durée et la capacité grâce au tronçonnage ou au regroupement des éléments, une stratégie mnémonique qu'on doit à George Miller (1956).

Le *tronçonnage* consiste à combiner des éléments distincts d'informations pour former un ensemble, ou tronçon ; on peut alors mémoriser des tronçons plutôt que des éléments individuels.

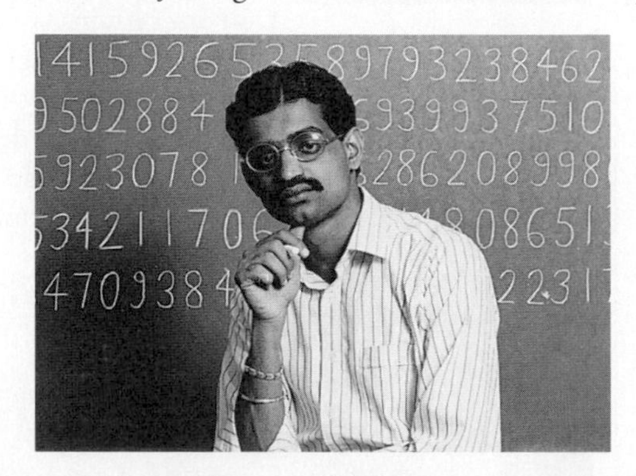

La facilité avec laquelle Rajan Mahadevan utilise la technique des tronçons est un aspect intéressant de sa prodigieuse mémoire. Ainsi, en 2 minutes, Rajan a mémorisé 36 nombres pris au hasard (6 rangées de 6 nombres). Il a pu répéter ces nombres dans l'ordre et à rebours, et dire leur emplacement dans une rangée, une colonne ou en diagonale.

Rajan a précisé qu'il regroupait les nombres en tronçons et donnait un nom à chacun d'eux.

Voici comment il a regroupé les 14 premiers chiffres suivants, 11131217351802. Il a appelé le premier tronçon (111) « Nelson » parce que l'amiral Nelson n'avait qu'un œil, un bras et une jambe ; le tronçon 312 est devenu « indicatif régional de Chicago » ; le tronçon 1735, « 29 » (parce que Benjamin Franklin avait 29 ans en 1735) ; enfin, le tronçon 1802, « plus 2 » (parce que John Adams a été élu président des États-Unis en 1800). Pour se souvenir de nombres, Rajan se rappelle des séries d'associations qu'il a faites.

On crée parfois des tronçons sans y penser. Ainsi, pour mémoriser un numéro de téléphone de 11 chiffres, comme 15145551212, on le divise en quatre tronçons : 1-514-555-1212.

Les rôles de la mémoire à court terme

Pourquoi dit-on aussi « mémoire de travail » ?

La mémoire à court terme ressemble à un tableau noir mental qui s'effacerait après quelques secondes. Elle est de plus en plus désignée sous le nom de mémoire de travail étant donné qu'il s'agit d'un processus actif comportant deux parties. En effet, des chercheurs ont découvert qu'une partie de la mémoire à court terme, ou de travail, qui retient activement les informations, est située dans le lobe frontal du cerveau ; la seconde partie, qui enregistre passivement les informations, est logée dans le lobe occipital (Smith et Jonides, 1997). Nous verrons comment le fait de prêter attention à des informations transfère celles-ci de la mémoire sensorielle à la mémoire de travail, comment la répétition les y maintient et pourquoi certaines informations peuvent ensuite être conservées dans la mémoire à long terme.

L'attention

Si l'on conduit en écoutant la radio et qu'en même temps un copain nous parle, une énorme quantité d'informations entre dans notre mémoire sensorielle. Cependant, à moins qu'on ne prête attention à ces informations, elles s'effaceront en quelques secondes.

Quand on prête attention aux informations enregistrées dans la mémoire sensorielle, celles-ci sont alors immédiatement transférées et traitées par la mémoire à court terme. Par exemple, si notre copain parle, on n'écoutera pas la radio jusqu'à ce qu'on entende notre chanson favorite, qui retiendra alors notre attention et entrera dans notre mémoire à court terme. En conséquence, l'un des rôles de la mémoire à court terme est qu'elle *permet de choisir de prêter attention aux informations pertinentes et de rejeter le reste.*

La répétition

Pour reprendre notre exemple, l'annonceur donne à la radio un numéro de téléphone où il est possible d'obtenir gratuitement des billets de cinéma. Si l'on ne répète pas ce numéro, il disparaîtra de la mémoire à court terme à cause de l'interférence des autres informations qui y arrivent. Un autre rôle de la mémoire à court terme est qu'elle *permet de retenir les informations pendant très peu de temps, jusqu'à ce qu'on décide de ce qu'on en fera.*

En répétant les informations contenues dans la mémoire à court terme, on augmente les chances de les stocker dans la mémoire à long terme.

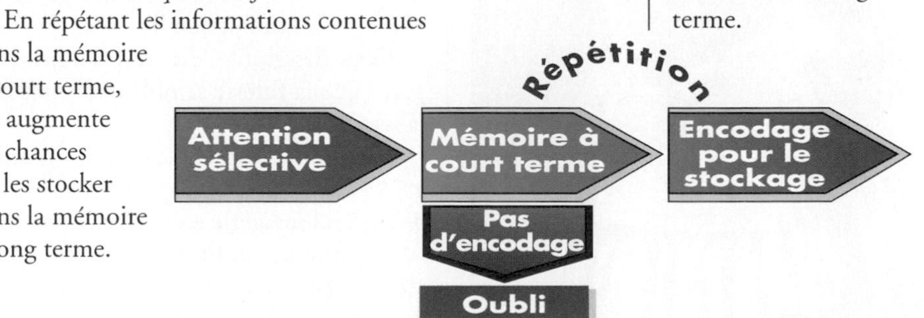

Le stockage

Le fait de répéter des informations permet non seulement de les retenir dans la mémoire à court terme, mais aussi de les *stocker dans la mémoire à long terme.*

Nous étudierons plus loin les deux types de répétition et nous expliquerons pourquoi l'un d'eux est plus efficace lorsqu'il s'agit d'encoder et de stocker des informations dans la mémoire à long terme.

D. *Application : une mémoire remarquable*

La mémoire photographique

Aimeriez-vous tout mémoriser ?

Souhaitez-vous parfois être capable de tout mémoriser sans peine ? Vous le pourriez si vous possédiez une mémoire photographique.

La *mémoire photographique,* présente chez l'adulte, est la capacité de former et de repêcher ultérieurement une image mentale claire et détaillée d'un objet après avoir examiné cet objet pendant un bref laps de temps.

Pour autant que nous le sachions, la mémoire photographique ne s'acquiert pas et n'a été observée dans sa forme véritable que chez une ou deux personnes d'âge adulte (Stromeyer, 1970). La plupart du temps, les gens dont on dit qu'ils possèdent une mémoire photographique sont tout simplement dotés d'une mémoire exceptionnelle.

Le jeune Jamil Moghul, par exemple (photo ci-dessous), a mémorisé les 77 934 mots du Coran, le livre saint des musulmans. Il a étudié cinq ou six heures par jour de l'âge de cinq ans à l'âge de huit ans. Pourtant, Jamil ne prétend pas posséder une mémoire photographique, pas plus que le prodige nommé Rajan Mahadevan, qui a réussi à mémoriser 32 811 nombres. Jamil et Rajan ont plutôt une extraordinaire capacité d'encoder l'information au moyen de stratégies élaborées.

L'imagerie eidétique

Pouvez-vous mémoriser cette image ?

Certains enfants peuvent regarder une image pendant quelques secondes et la décrire ensuite dans ses moindres détails. Ce type de mémoire exceptionnelle s'appelle imagerie eidétique.

L'*imagerie eidétique,* une forme de mémoire photographique qu'ont certains enfants, est l'habileté à enregistrer les détails d'une photo ou d'une page regardée brièvement (10 à 30 secondes) et de les garder à l'esprit pendant plusieurs minutes dans la mémoire à court terme (mémoire de travail).

On a demandé à une fillette de 11 ans de faire ce qui suit : « Regarde pendant quelques minutes cette image du *Livre de la jungle,* de Rudyard Kipling. Retiens-en les détails dans ta tête pendant plusieurs minutes. Ensuite, ferme les yeux et raconte ce que tu vois. »

Après avoir regardé l'image (ci-dessus), la fillette a fermé les yeux et, sans hésitation, elle a fait la description suivante : « Le sol est brun-vert foncé, ensuite il y a une maman léopard et son petit avec un indigène, assis, appuyé sur elle. Il y a aussi un étang — et un crabe qui en sort — avec un poisson dedans, et je pense qu'il y a des tortues qui marchent devant et un porc-épic en bas, du côté droit. Un arbre coupe une vache en deux. La vache est brun et blanc, il y a quelque chose dans l'arbre — je ne peux pas voir le coin droit en bas. En haut, à droite, il y a un soleil avec plusieurs rayons... huit rayons... le porc-épic a beaucoup de piquants... à droite, c'est en train de disparaître. Je peux encore voir la vache séparée en deux par l'arbre. Oh ! il y a un crocodile ou un alligator dans le coin droit. C'est très pâle. C'est parti. » (Haber, 1980, p. 72, traduction libre)

Cette description est exceptionnelle non seulement parce qu'elle est très détaillée, mais aussi parce que la fillette semble examiner une image très nette du dessin qui serait retenue dans sa tête.

Voilà un bon exemple d'imagerie eidétique, un phénomène qu'on ne trouve que chez 5 % à 8 % des enfants et disparaît presque toujours à l'adolescence (Neath, 1998). On ne sait pas pourquoi l'imagerie eidétique disparaît avec l'âge adulte, mais on pense que cela peut être dû au fait que les adultes apprennent à utiliser davantage les mots que les images (Crowder, 1992). Dans les quelques cas où l'on a observé l'imagerie eidétique chez des adultes, on a parlé de mémoire photographique.

E. Deux paliers de mémoire distincts

Les mémoires à court terme et à long terme

Quelle est la preuve?

Nous avons tous été, un jour, présentés à des personnes dont, 30 minutes plus tard, nous avions oublié les noms, malgré nos efforts; cela démontre les limites de la mémoire à court terme. Nous sommes pourtant capables de nous souvenir de plusieurs conversations quotidiennes, ce qui démontre la durée de la mémoire à long terme. En plus des expériences personnelles, deux types de preuves établissent l'existence des deux paliers de mémoire: à court terme et à long terme. Une première preuve vient d'études indiquant que des lésions au cerveau peuvent compromettre la mémoire à long terme tout en épargnant la mémoire à court terme; nous examinerons plus loin les facteurs biologiques de la mémoire. L'autre preuve est fournie par des recherches sur le rappel des premiers et derniers éléments d'une longue liste.

Primauté et récence

Pouvez-vous vous rappeler cette liste?

Ne lisez cette liste qu'une fois et essayez de vous souvenir du plus grand nombre d'animaux:

ours, girafe, loup, mouche, chevreuil, élan, gorille, éléphant, grenouille, escargot, tortue, requin, fourmi, hibou

Immédiatement après la lecture, écrivez, dans n'importe quel ordre, les noms des animaux dont vous vous souvenez.

En étudiant votre liste, vous constaterez que vous avez écrit les noms dont vous vous êtes souvenu dans un ordre qui n'est pas le résultat du hasard.

Les premiers éléments: l'effet de primauté Au cours d'études utilisant des listes semblables, les sujets se souvenaient plus facilement des quatre ou cinq *premiers* éléments, parce qu'ils avaient plus de temps pour les répéter. Ces mots ont donc été transférés et stockés dans la mémoire à long terme. Il s'agit de l'effet de primauté.

L'*effet de primauté* est le phénomène qui permet de mieux se rappeler ou retenir les informations du début d'une tâche.

Les éléments du milieu Les sujets se souvenaient de peu d'éléments du milieu de la liste parce qu'ils n'avaient pas eu beaucoup de temps pour les répéter. Leur attention était alors divisée: ils cherchaient à se rappeler les éléments précédents mais tâchaient aussi d'en répéter des nouveaux. Résultat: il y avait moins de mots du milieu stockés dans la mémoire à long terme vu qu'ils avaient été moins répétés; et puisqu'ils subissaient plus d'interférences à cause de la répétition et de la lecture des nouveaux mots, les mots étaient moins nombreux dans la mémoire à court terme.

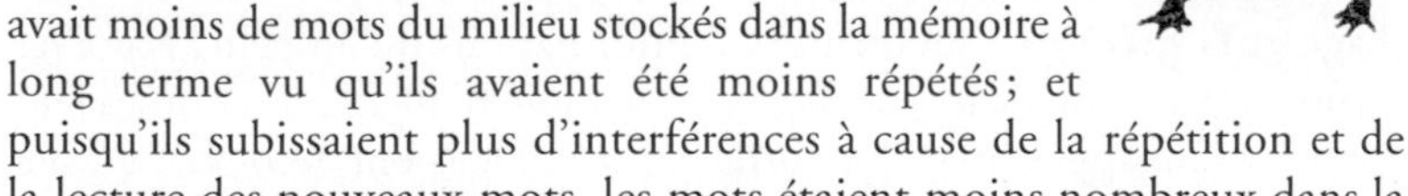

Les derniers éléments: l'effet de récence Les sujets se souvenaient plus facilement des quatre ou cinq *derniers* éléments parce qu'ils étaient encore dans leur mémoire à court terme. Il s'agit de l'effet de récence.

L'*effet de récence* est le phénomène qui permet de mieux se rappeler ou retenir les informations de la fin d'une tâche.

Ces deux effets combinés décrivent l'effet de position sérielle.

L'*effet de position sérielle* est le phénomène qui permet de mieux se souvenir des informations du début et de la fin d'une tâche.

Voici pourquoi l'effet de position sérielle démontre que la mémoire à court terme et la mémoire à long terme constituent deux paliers bien distincts.

L'effet de position sérielle

Pourquoi pas l'éléphant?

Vous ne vous êtes probablement pas souvenu du mot «éléphant» parce qu'il était au milieu de la liste. Ainsi, les mots qui figurent au milieu ne sont plus dans la mémoire à court terme et n'ont probablement pu être stockés dans la mémoire à long terme. Le graphique ci-dessous démontre l'effet de position sérielle (Glanzer et Cunitz, 1966).

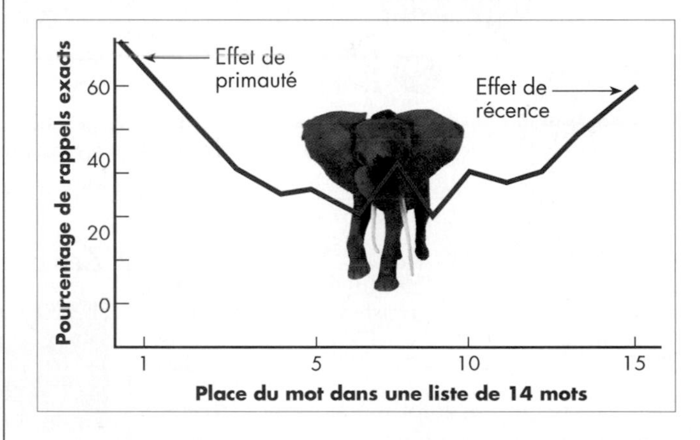

Les sujets se sont mieux souvenus (70 %) des premiers éléments (effet de primauté) parce qu'ils ont eu davantage de temps pour les répéter, ce qui augmente les chances de les placer dans la mémoire à long terme. Rappelons que la répétition permet de garder les éléments plus longtemps dans la mémoire à court terme et favorise l'encodage, soit le transfert des informations dans la mémoire à long terme.

Les sujets se sont aussi mieux souvenus (60 %) des derniers éléments (effet de récence) parce qu'ils étaient toujours dans la mémoire à court terme. D'ailleurs, certains sujets affirmaient qu'ils pouvaient «encore entendre ces mots» et les plaçaient souvent au début de leur liste (Glanzer et Cunitz, 1966).

L'effet de position sérielle a donc permis de conclure à l'existence des deux paliers de mémoire (Atkinson et Shiffrin, 1968; Neath, 1998).

Nous verrons maintenant comment fonctionne le dernier palier de la mémoire, soit la mémoire à long terme.

F. La mémoire à long terme : le stockage

La mémorisation

Est-ce vraiment un processus ?

Les trois paliers de la mémoire (la mémoire sensorielle, à court terme et à long terme) sont des regroupements de processus mentaux qui interviennent de façon continue et interactive à diverses étapes du traitement de l'information. Pour illustrer cette interaction, nous décrirons ce qui se passe quand on entend un nouveau titre de chanson dont on souhaite se souvenir.

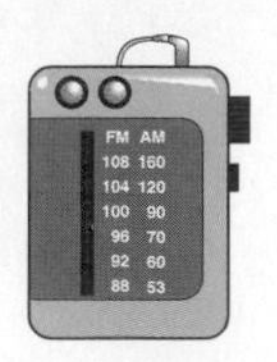

1 La mémoire sensorielle Quand on conduit en écoutant la radio, les informations qui nous parviennent sont retenues quelques secondes seulement dans la mémoire sensorielle. Supposons par exemple que l'annonceur dit : « Si vous vous souvenez du titre de cette chanson, *L'amour est comme le chocolat,* vous pourrez gagner deux billets de cinéma. »

2 L'attention Si l'on ne prête pas attention à ce titre, il s'effacera de la mémoire sensorielle. Mais dès qu'on s'y arrête, parce qu'on veut gagner les billets, il entrera dans la mémoire à court terme.

L'amour est comme le chocolat

3 La mémoire à court terme Lorsque le titre est dans la mémoire à court terme, on ne dispose que de 2 à 30 secondes pour le traiter. Si l'on est distrait par la circulation, il s'effacera. Mais si on le répète, il sera probablement encodé et transféré dans la mémoire à long terme.

4 L'encodage Les informations sont placées dans la mémoire à long terme grâce à l'encodage.

L'*encodage* consiste dans le transfert des informations de la mémoire à court terme à la mémoire à long terme ; ce transfert se produit quand on prête attention à des informations, qu'on se les répète ou qu'on en fait de nouvelles associations.

Si le titre, par exemple, nous rappelle un cœur et un gâteau au chocolat, on pourra facilement créer une association et l'encoder sans effort. À l'opposé, s'il paraît insignifiant ou si l'on a du mal à se souvenir des chansons, il faudra faire des efforts pour l'encoder (Schacter, 1996).

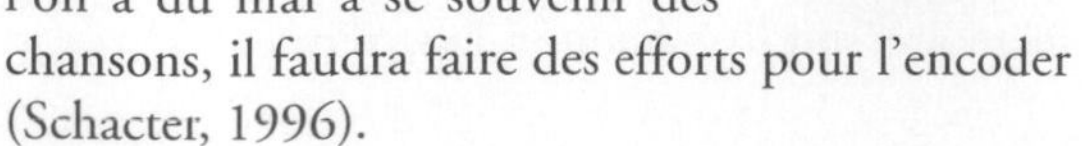

5 La mémoire à long terme Un titre encodé dans la mémoire à long terme est susceptible d'y rester toujours.

La *mémoire à long terme* consiste dans le stockage d'une quantité illimitée d'informations pendant une très longue durée. Il est aussi possible de retrouver ces informations ultérieurement.

Informations encodées pour le stockage → Mémoire à long terme : *L'amour est comme le chocolat*

Ainsi, dans une semaine, dans un mois ou l'année prochaine, on pourra essayer de repêcher le titre de la chanson dans la mémoire à long terme, pour le replacer dans la mémoire à court terme (McDonald et Hirt, 1997).

6 Le repêchage Se souvenir, c'est récupérer une information.

Le *repêchage* consiste à localiser les informations dans la mémoire à long terme et à les ramener dans la mémoire à court terme.

On retrouvera plus facilement le titre d'une chanson si l'on a fait des associations avec des informations stockées dans la mémoire à long terme. Si l'on a répété le titre mais qu'on n'a pas fait d'associations ou qu'un titre semblable crée une interférence, il sera difficile de le retrouver. Nous verrons plus loin le meilleur moyen d'encoder des informations dans la mémoire à long terme.

Les caractéristiques de la mémoire à long terme

Est-elle si puissante et si précise ?

La capacité et la permanence La mémoire à long terme a une capacité de stockage presque illimitée. Les informations qui s'y trouvent peuvent y rester indéfiniment, sauf si des drogues ou une maladie endommagent les circuits neuronaux de la mémoire (Stein *et al.,* 1997).

Le repêchage et la précision La quantité d'informations qu'on peut récupérer dépend entre autres de la façon de les encoder et du nombre d'interférences provenant d'informations qui y sont apparentées. En outre, des chercheurs ont découvert que les informations stockées dans la mémoire à long terme peuvent devenir moins précises au fil du temps.

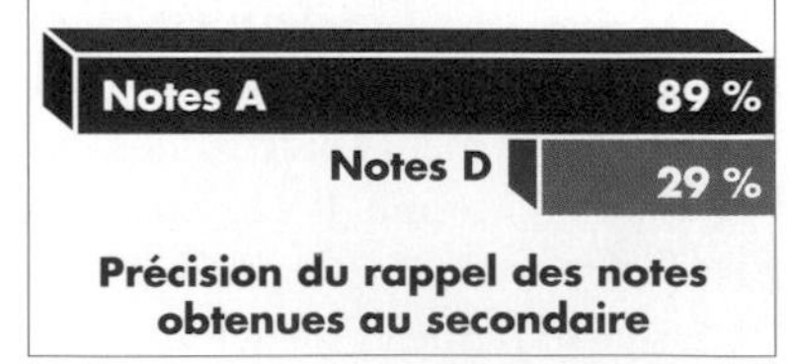

Précision du rappel des notes obtenues au secondaire

Ainsi, on a demandé à des étudiants de se rappeler les notes qu'ils avaient obtenues pendant leur cours secondaire. Comme le montre le graphique de droite, les étudiants se souvenaient avec exactitude de 89 % des A, mais de seulement 29 % des D. Ils se souvenaient donc beaucoup plus précisément des faits positifs que des faits négatifs (Bahrick *et al.,* 1996). Cette étude démontre donc qu'on a tendance à exagérer les événements positifs et à écarter les événements négatifs. Un peu plus loin, nous parlerons des raisons pour lesquelles on modifie ou on oublie des informations.

Nous expliquerons maintenant comment les psychologues ont pu démontrer l'existence des deux paliers différents que sont la mémoire à court terme et la mémoire à long terme.

La mémoire déclarative et la mémoire procédurale

Plusieurs types de mémoire ?

Quand on descend une pente de ski, on peut décrire ce que fait notre corps pour rester debout. Quand on lit un livre, on peut raconter ce qu'on lit. Ces deux activités, le ski et la lecture, utilisent deux types de mémoire à long terme ; c'est par hasard qu'on a fait cette découverte.

Les chercheurs étudiaient un patient dénommé H. M. qui avait subi une perte de mémoire importante à la suite d'une opération au cerveau visant à atténuer ses crises d'épilepsie. La tâche demandée à H. M. paraissait simple : dessiner une étoile tout en regardant sa main dans un miroir. Cet exercice est cependant difficile, car le miroir inverse les mouvements. H. M. exécutait cette tâche quotidiennement, et ses dessins s'amélioraient : il apprenait donc et se rappelait les habiletés motrices nécessaires. Mais, étonnamment, H. M. affirmait chaque jour qu'il n'avait jamais fait de dessins devant un miroir auparavant (Cohen, 1984).

Comment une telle chose était-elle possible ? En se basant sur les dessins de H. M., sur des données fournies par d'autres patients et sur plusieurs études menées sur des animaux, on a découvert qu'il existe deux types de mémoire à long terme, la mémoire déclarative et la mémoire procédurale, pour lesquelles interviennent deux aires différentes du cerveau (Schacter et Tulving, 1994 ; Squire, 1994).

La mémoire déclarative

Quel oiseau ne peut pas voler ?
Qu'avez-vous mangé au déjeuner ?

Les réponses à ces questions se trouvent dans la mémoire déclarative.

La *mémoire déclarative* comporte des souvenirs de faits (concepts, définitions, etc.) et d'événements (histoires, paroles, conversations, voyages, etc.). On a conscience de ce type de souvenirs qu'on peut se rappeler.

La mémoire déclarative peut être sémantique ou épisodique (Eichenbaum, 1997).

La mémoire sémantique

La question « Quel oiseau ne peut pas voler ? » demande de se souvenir d'un fait stoké dans la mémoire sémantique.

La *mémoire sémantique* est un type de mémoire déclarative qui fait appel à la connaissance de faits, de concepts, de mots et de règles linguistiques.

Presque tout ce que vous avez *appris* en classe va dans la mémoire sémantique (Ojemann *et al.,* 1997).

La mémoire épisodique

La question « Qu'avez-vous mangé au déjeuner ? » demande de se souvenir d'un événement entreposé dans la mémoire épisodique.

La *mémoire épisodique* est un type de mémoire déclarative qui fait appel à la connaissance d'événements, d'expériences personnelles (épisodes) ou d'activités, comme nommer ses restaurants, ses films ou ses passe-temps favoris.

Presque tout ce que vous *faites* au cégep ira dans la mémoire épisodique.

Depuis son opération au cerveau, H. M. ne peut se souvenir de nouveaux faits (mémoire sémantique) ou de nouveaux événements (mémoire épisodique). Il a perdu sa mémoire déclarative, ce qui explique qu'il ne se souvienne pas, d'un jour à l'autre, d'avoir dessiné devant un miroir (Cohen, 1994). Mais ses habiletés motrices se sont améliorées : il doit donc y avoir un autre type de mémoire à long terme.

La mémoire procédurale

Comment avez-vous appris à jouer au tennis ?
Pourquoi avez-vous peur des araignées ?

Pour répondre à ces questions, on utilise notre mémoire procédurale.

La *mémoire procédurale* fait appel aux souvenirs des habiletés (jouer au tennis), des habitudes (se brosser les dents) et des comportements appris par conditionnement (la peur des araignées). On n'a pas conscience de ces souvenirs qu'on ne peut se rappeler.

Même si l'on n'a pas joué au tennis depuis longtemps, on se rappelle la façon de servir la balle. Toutefois, on ne peut décrire la séquence de mouvements nécessaires au service, car ces informations sont stockées dans la mémoire procédurale.

De même, si on a appris à craindre les araignées, il est possible de ne pas se souvenir pourquoi on en a peur, la cause étant entreposée dans la mémoire procédurale. Ces exemples démontrent que, même si la mémoire procédurale influence beaucoup le comportement, on n'a pas conscience de ces souvenirs et on ne peut les retrouver (Gabrieli *et al.,* 1995 ; Mathews, 1997).

Nous sommes maintenant en mesure d'expliquer le comportement étrange de H. M. Celui-ci pouvait améliorer ses dessins parce que cette activité requérait une habileté motrice stockée dans la mémoire procédurale. Par contre, il ne pouvait se souvenir de s'être assis pour dessiner parce que cela renvoyait à des souvenirs de la mémoire déclarative (épisodique) qui avait été endommagée pendant son opération (Hilts, 1995).

Nous verrons un peu plus loin les systèmes cérébraux impliqués dans ces deux types de mémoire à long terme.

G. L'encodage : le transfert d'informations

Les deux types d'encodage

Comment stocke-t-on les souvenirs ?

Au souper, la conversation que tiennent la plupart des conjoints suit deux règles. La première règle est : Je te demande comment s'est passée ta journée ; alors, tu décris en détail ce qui t'est arrivé ; et la seconde : Tu me demandes comment s'est passée ma journée, et c'est à mon tour de décrire en détail ce qui m'est arrivé. On peut facilement jouer à ce jeu parce que des événements, bons et mauvais, sont encodés dans notre mémoire, souvent dans leurs moindres détails. On a peu d'efforts à faire pour raviver ces souvenirs.

L'*encodage* consiste à entreposer ou à stocker des informations — objet, événement, son — dans la mémoire en se faisant des images mentales.

Même si certaines informations, comme des conversations, peuvent être encodées automatiquement, d'autres, comme des concepts, nécessitent souvent un effort. Ces deux processus s'appellent l'encodage automatique et l'encodage conscient ou avec effort.

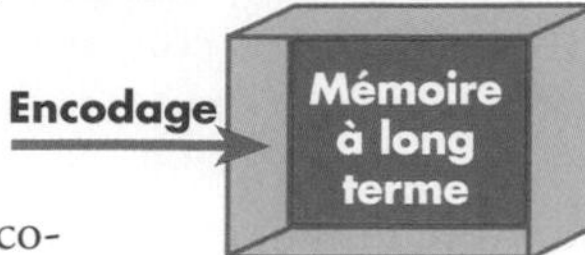

L'encodage automatique

Pourquoi est-ce facile ?

Le personnage illustré ci-dessous se souvient précisément de plusieurs activités qui le concernent parce que ce type d'informations est encodé automatiquement dans la mémoire à long terme. Ainsi, bon nombre d'événements personnels (souvent peu agréables), de faits intéressants ainsi que d'habiletés et d'habitudes y sont encodés.

L'*encodage automatique* est le transfert d'informations de la mémoire à court terme à la mémoire à long terme sans qu'il y ait effort, et la plupart du temps sans qu'on en ait conscience.

Les événements personnels Plusieurs conversations et expériences personnelles sont encodées automatiquement parce qu'elles retiennent notre attention et qu'elles sont facilement liées à d'innombrables associations faites précédemment. Les expériences personnelles, ou *connaissances épisodiques,* sont encodées automatiquement dans la mémoire à long terme ; c'est pourquoi on peut se souvenir aisément de longues conversations, de scénarios de films, de vêtements qu'on a achetés ou de repas qu'on a pris.

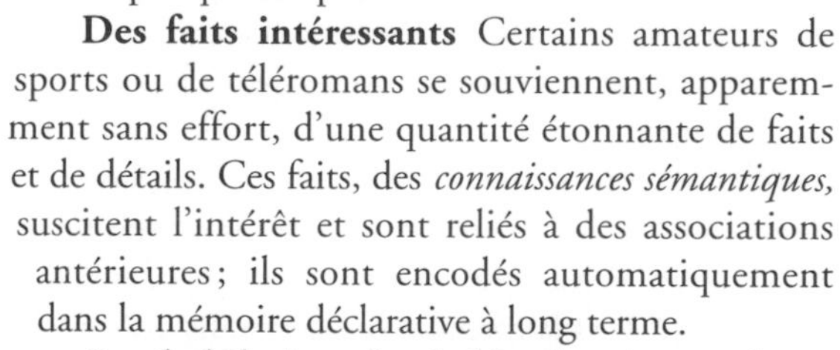

Des faits intéressants Certains amateurs de sports ou de téléromans se souviennent, apparemment sans effort, d'une quantité étonnante de faits et de détails. Ces faits, des *connaissances sémantiques,* suscitent l'intérêt et sont reliés à des associations antérieures ; ils sont encodés automatiquement dans la mémoire déclarative à long terme.

Les habiletés et les habitudes Apprendre et réussir à bien utiliser diverses habiletés motrices, comme jouer au tennis ou faire de la bicyclette, ou acquérir des habitudes, comme se brosser les dents, font partie des *connaissances procédurales,* qui sont aussi encodées automatiquement. H. M. a appris, par exemple, à dessiner devant un miroir parce que cette activité requiert l'utilisation d'habiletés motrices encodées automatiquement dans la mémoire procédurale à long terme.

Par contre, d'autres informations ne sont pas encodées automatiquement et exigent des efforts importants. Voici pourquoi.

L'encodage conscient ou avec effort

Pourquoi est-ce plus difficile ?

Le personnage illustré ci-dessous s'arrache les cheveux parce que l'apprentissage d'un matériel inconnu impliquant des *connaissances sémantiques* nécessite un encodage qui prend un certain temps. Ces informations, surtout si elles sont ennuyeuses, compliquées ou exigent de faire des associations nouvelles ou difficiles, ne peuvent être encodées que si l'on se concentre bien.

L'*encodage conscient* ou *avec effort* implique le transfert d'informations de la mémoire à court terme à la mémoire à long terme ; il faut alors répéter les informations ou faire des associations particulières entre les nouvelles et les anciennes informations.

Ainsi, l'encodage d'informations reliées à l'apprentissage de multiples termes, faits, concepts ou équations requiert des efforts en raison des nombreuses associations qu'il faut créer. Et ces associations sont encore plus difficiles à faire quand, par exemple, on suit au cégep deux ou trois cours particulièrement ardus et qu'en plus on a d'autres responsabilités comme un travail à temps partiel.

Il existe deux méthodes pour faire un encodage avec effort — l'autorépétition de maintien et l'autorépétition d'intégration —, mais la seconde, qui est plus efficace, consiste à faire des liens entre les nouvelles informations qu'on essaie d'apprendre et les anciennes informations qui sont déjà stockées dans notre mémoire à long terme.

Voyons ces deux méthodes.

Deux méthodes d'encodage conscient

Avez-vous fait un bon encodage ?

Pour encoder dans votre cerveau les informations contenues dans un manuel scolaire, vous devez passer beaucoup de temps à souligner, à prendre des notes et à étudier. Mais l'encodage de faits ou de définitions ne garantit pas la réussite aux examens. L'encodage est le rangement d'informations dans un gigantesque entrepôt, la mémoire à long terme. Si vous n'avez pas un bon système de classement, vous aurez du mal à repêcher les informations dans votre mémoire à long terme. Lorsque des informations sont stockées par encodage conscient (qui prend deux formes : l'autorépétition de maintien et l'autorépétition d'intégration), il est possible de les repêcher.

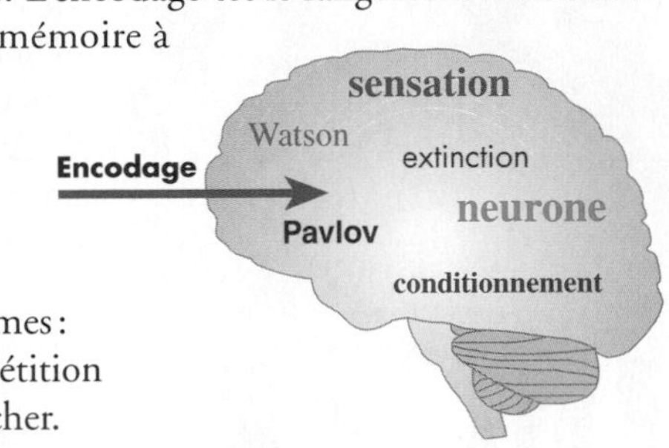

L'autorépétition de maintien Une bonne façon de garder en mémoire un numéro de téléphone est de le répéter sans cesse.

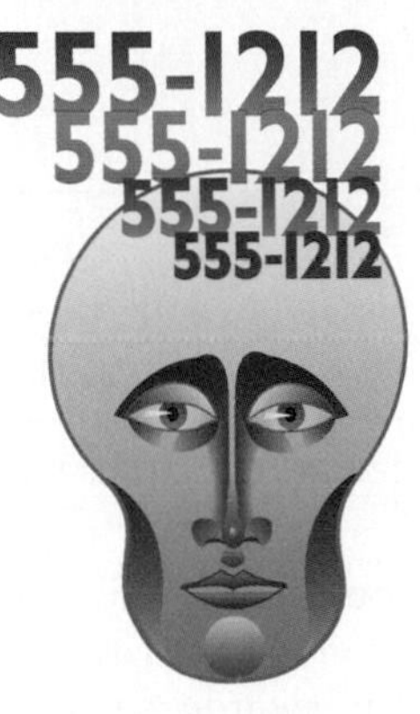

L'*autorépétition de maintien* est l'exercice qui consiste à répéter des informations plutôt que de créer des associations.

L'autorépétition de maintien est efficace pour conserver des informations dans la mémoire à court terme, comme un numéro de téléphone qu'on retient le temps de le composer. Ce n'est cependant pas un bon aussi bon processus d'encodage parce qu'il ne comporte aucun système de classement de l'information (comment et où est stocké le numéro de téléphone). Si l'on cherche souvent le même numéro de téléphone, c'est probablement parce qu'on l'a encodé en utilisant l'autorépétition de maintien plutôt qu'en créant des associations, comme c'est le cas lorsqu'on utilise l'autorépétition d'intégration.

L'autorépétition d'intégration La création d'associations entre de nouvelles et d'anciennes informations est une bien meilleure méthode pour se souvenir d'un numéro de téléphone. Ainsi, on pourrait associer le numéro de téléphone 555-1212 à des âges : la personne la plus âgée que je connaisse a 555 ans ; j'ai 24 ans, soit 12 plus 12. Pour se souvenir de ce numéro de téléphone, il suffira de penser à ces associations d'âges. Cette méthode d'encodage constitue l'autorépétition d'intégration.

L'*autorépétition d'intégration* consiste dans la création d'associations entre les informations qui doivent être apprises et des connaissances déjà encodées dans la mémoire à long terme.

Des chercheurs ont demandé à des étudiants de se rappeler plusieurs groupes de trois mots comme « chien, vélo, rue ». Les étudiants qui avaient utilisé l'autorépétition de maintien n'ont pas obtenu d'aussi bons résultats que ceux qui avaient eu recours à l'autorépétition d'intégration et qui avaient composé des phrases (comme « Le chien faisait du vélo dans la rue. ») (McDaniel et Einstein, 1986).

L'autorépétition d'intégration est un système d'encodage efficace parce que les associations faites permettent de retrouver facilement les nouvelles informations stockées dans la mémoire à long terme.

Les niveaux de traitement de l'information

Fait-on de bonnes associations ?

Les efforts et le temps nécessaires à l'encodage d'informations sont à la base de la théorie des niveaux de traitement (Craik et Lockart, 1972).

Selon la *théorie des niveaux de traitement,* la capacité de se souvenir dépend de la manière dont l'encodage des informations a été effectué. Si l'on ne prête attention qu'aux caractéristiques apparentes, l'encodage des informations sera superficiel et le souvenir sera ténu. Par contre, si l'on crée des associations, ces informations seront encodées plus solidement et le souvenir sera meilleur.

On a montré une série de mots à des étudiants et on leur a posé une question après chaque mot. Ces questions, qui étaient de trois ordres, visaient à déclencher les trois niveaux de traitement suivants :

1. Niveau de traitement superficiel : « Le mot est-il écrit en majuscules ? » Cette question porte sur une caractéristique physique du mot.

2. Niveau de traitement plus profond : « Le mot rime-t-il avec "pluie" ? » Cette question concerne l'aspect sonore du mot.

3. Niveau de traitement très profond : « Le mot s'intègre-t-il dans la phrase "Elle était en retard pour le ________." ? » Cette question touche le sens du mot.

Par la suite, on a fait passer un test aux étudiants afin de déterminer combien de mots de la série initiale ils reconnaissaient.

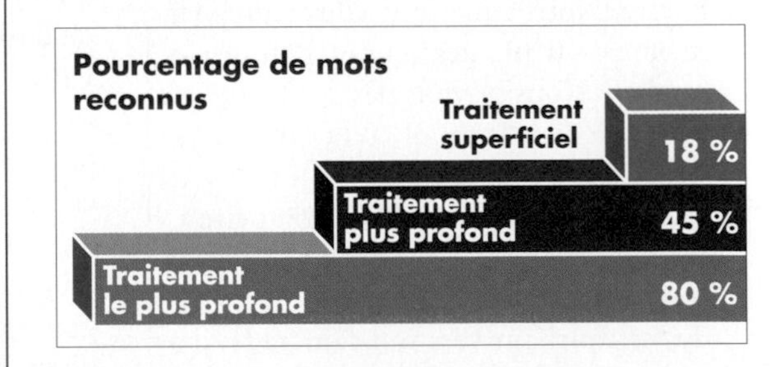

Comme le montre le graphique, les étudiants reconnaissaient beaucoup moins de mots après un traitement superficiel, et beaucoup plus de mots après le traitement sémantique de l'information (Craik et Tulving, 1975).

Cette étude indique que le système utilisé pour traiter ou encoder des informations influence la facilité avec laquelle on les repêche.

H. Diversité culturelle : l'oral ou l'écrit ?

Pour mieux se souvenir : écouter ou lire ?

En Amérique du Nord, une grande partie des 12 premières années d'études est consacrée à l'apprentissage de la lecture et de l'écriture. La culture nord-américaine considère que ces habiletés sont essentielles au développement personnel et à la réussite professionnelle. Les écoles des sociétés industrielles souhaitent que, grâce à l'enseignement de la lecture et de l'écriture, les gens puissent encoder une énorme quantité d'informations dans leur mémoire à long terme.

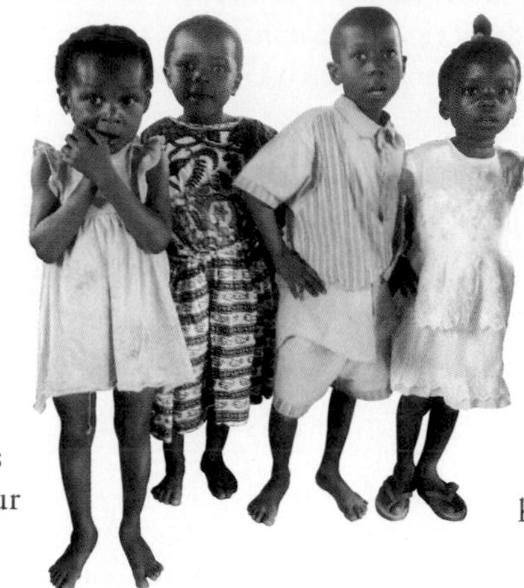

Par contre, dans les zones rurales des pays d'Afrique, ces 11 ou 12 premières années d'études mettent l'accent sur la langue parlée plutôt que sur l'écrit. Dans des pays peu industrialisés comme le Ghana, les écoles, les manuels scolaires et les bibliothèques sont plus rares. Ainsi, on dit de ces cultures qu'elles ont une *tradition orale*, ce qui signifie que ces peuples ont l'habitude de communiquer par la parole et le récit, et d'encoder les informations après les avoir entendues plutôt qu'après les avoir lues.

À cause de ces différences culturelles, on pourrait s'attendre à ce que les Africains, avec leur tradition orale, encodent et se rappellent mieux les informations entendues. On pourrait aussi s'attendre à ce que les Américains, avec leur *tradition écrite*, encodent et se rappellent mieux les informations lues. Voyons si l'on peut vérifier cette hypothèse.

Le souvenir des récits oraux

La guerre des fantômes

Une nuit, deux jeunes hommes d'Égulac ont descendu la rivière pour aller chasser le phoque ; quand ils sont arrivés à destination, tout était calme mais brumeux. Puis, ils ont entendu des cris de guerre et se sont dit : « Il y a peut-être une guerre. » Ils sont allés se réfugier sur la berge derrière un tronc. Plusieurs canots s'approchaient et l'un d'eux s'est arrêté tout près. L'un des cinq hommes à bord leur a alors dit : « Nous remontons la rivière pour aller faire la guerre. Nous aimerions vous emmener avec nous. » L'un des jeunes hommes a répondu : « Nous n'avons pas de flèches.

— Il y en a dans le canot, a dit un guerrier.

— Je ne veux pas y aller. Je pourrais être tué. Mes parents ne savent pas où je suis parti. »

Et, se tournant vers son camarade, il a ajouté : « Tu peux les suivre. »

Ainsi, l'un des jeunes hommes est parti avec les guerriers tandis que l'autre est retourné chez lui.

Les guerriers ont remonté la rivière jusqu'à une ville, de l'autre côté de Kalama. Les gens de cette ville se sont rendus à la rivière et ils ont commencé à se battre. Plusieurs ont été tués.

Qui se souvient le mieux de cette histoire ?

Vous venez de lire, à gauche, une partie de l'histoire de *La guerre des fantômes* qu'on a lue, en anglais, à des étudiants d'un collège de Winneba, au Ghana, et à des étudiants de l'université de New York, aux États-Unis. Les deux groupes ont entendu l'histoire deux fois et on leur a demandé de ne pas prendre de notes. On ne leur a pas dit qu'ils passeraient un test sur le contenu de l'histoire.

Même si l'anglais n'était pas la langue maternelle des étudiants ghanéens, ils l'avaient apprise et n'utilisaient que cette langue au collège. Seize jours après leur avoir lu *La guerre des fantômes*, on a demandé aux deux groupes d'écrire tout ce dont ils se souvenaient. Les chercheurs ont attribué des scores pour la quantité d'informations retenues et retranscrites et la précision en comptant les thèmes ou les idées ainsi que les mots. Ce récit a souvent été utilisé dans les recherches sur la mémoire parce qu'on peut le diviser en 21 thèmes ou idées et qu'il se prête facilement à l'attribution de scores. Parmi les thèmes que le récit comporte, mentionnons ceux-ci : deux jeunes hommes sont partis à la chasse au phoque ; ils ont entendu des cris de guerre.

Nombre moyen de thèmes

Ghanéens	80 %
New-Yorkais	57 %

Nombre moyen de mots

Ghanéens	70 %
New-Yorkais	48 %

Comme le montre le graphique ci-contre, les étudiants ghanéens se souvenaient d'un plus grand nombre de thèmes et de mots que les étudiants américains. La performance des étudiants ghanéens était d'autant plus remarquable qu'ils devaient écrire en anglais, leur langue seconde, les thèmes dont ils se souvenaient.

Les résultats obtenus confirment que si les Ghanéens se souvenaient d'un plus grand nombre d'informations entendues, c'était en raison de leur longue tradition orale, qui implique l'encodage d'informations orales plutôt qu'écrites (Ross et Millsom, 1970). Cette étude souligne que l'importance apportée par une culture à la façon de présenter ou d'enseigner les informations influence la façon d'encoder ces informations et la facilité avec laquelle celles-ci peuvent être récupérées.

I. Le repêchage : la localisation de l'information

Être témoin d'un crime

Dans quelle mesure se souvient-on ?

Vous êtes arrivé au cégep à 21 h, vous avez grimpé un étage et êtes arrivé dans le corridor. Vous alliez glisser votre travail de psychologie sous la porte de votre professeur...

Tout s'est passé très vite.

Sorti de nulle part, un homme roux portant une veste de cuir brun a couru vers vous. Instinctivement, vous avez voulu vous protéger avec vos mains. L'homme s'est rapidement emparé du sac bleu que vous portiez à l'épaule et il vous a jeté par terre. À ce moment, vos yeux se sont croisés. L'air menaçant, il vous a dit : « Ne bouge pas et ne fais pas de bruit ! » Il a regardé autour de lui et s'est enfui (adapté de Buckout, 1980).

Une chaîne de télévision a présenté une séquence de 12 secondes semblable à cet événement. On y voyait le visage de l'assaillant pendant plusieurs secondes. Puis, les téléspectateurs étaient invités à identifier l'assaillant parmi six hommes alignés. Seuls 200 des 2 000 téléspectateurs qui ont téléphoné dans les heures suivantes l'ont identifié correctement (Buckout, 1980).

Sans relire la description précédente, répondez aux questions suivantes (les réponses sont au bas de la page) :

1. De quelle couleur était la veste de l'assaillant ? __________
2. Le sac de l'étudiant était de quelle couleur et de quel genre? __________
3. En plus du sac, qu'est-ce que l'étudiant transportait ? __________
4. Les mots exacts de l'assaillant étaient : « Ne fais pas de bruit ! » Vrai ou faux ? __________
5. Quand l'assaillant a jeté l'étudiant par terre, celui-ci a crié : « Arrête ! » Vrai ou faux ? __________
6. Sur les 2 000 téléspectateurs, 1 800 ont identifié l'assaillant. Vrai ou faux ? __________

Le rappel et la reconnaissance

Quelles questions sont les plus faciles ?

Sans doute avez-vous trouvé les trois premières questions plus difficiles : elles concernaient le rappel.

Le *rappel* consiste à retrouver et à reproduire des informations déjà apprises quand on dispose d'aucun ou de très peu d'indices externes.

Les questions 1 à 3 vous demandaient de vous rappeler de couleurs ou d'objets, mais on ne vous proposait aucun choix. Ainsi, lorsque les étudiants répondent à des questions en remplissant des espaces ou en écrivant un texte, ils utilisent le rappel.

Vous avez probablement trouvé les trois dernières questions plus faciles ; ces trois questions touchaient la reconnaissance.

La *reconnaissance* consiste à repérer des informations déjà apprises en employant un ou plusieurs indices externes.

Aux questions 4 à 6, il suffisait d'indiquer si les informations données étaient justes. Dans les examens à choix multiple, les étudiants utilisent la reconnaissance pour trouver la bonne réponse parmi les réponses suggérées.

Les témoins oculaires

Quel visage avez-vous vu ?

La question 6 portait sur un résultat étonnant : malgré qu'à la télé on ait bien montré le visage de l'assaillant, 90 % des téléspectateurs ont identifié la *mauvaise* personne parmi les six présentées. (Pouvez-vous identifier correctement le visage de l'assaillant parmi les six ci-dessous ? La réponse se trouve au bas de la page.) Comment est-il possible de ne pas reconnaître un visage qu'on a vu nettement ? La réponse à cette question a été fournie par des études menées sur la façon dont les suggestions, les questions trompeuses ou les informations erronées influencent les souvenirs de témoins oculaires. Même si l'on considère généralement que les affirmations des témoins oculaires sont les preuves les plus précises, on constate que cela est loin d'être toujours vrai ; plus loin, nous verrons pourquoi.

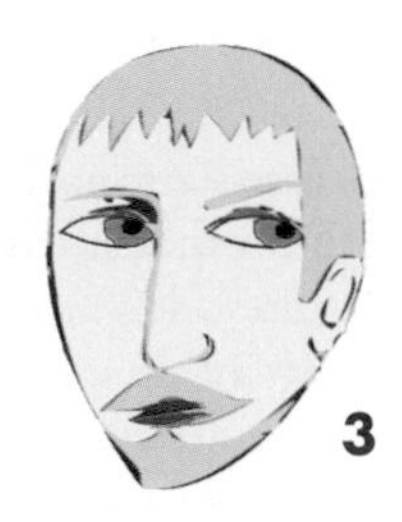

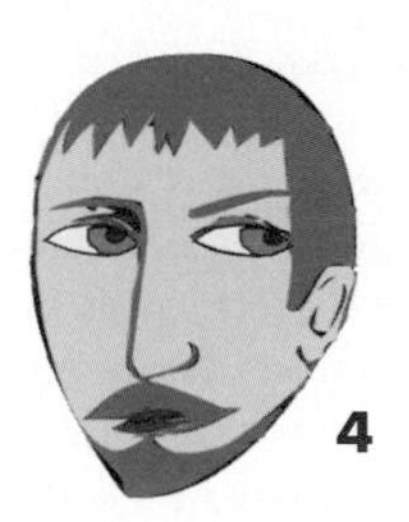

Réponses : *1. Brune. 2. Un sac bleu à l'épaule. 3. Un travail de psychologie. 4. Faux. 5. Faux. 6. Faux.*

Réponses : *L'assaillant avait les cheveux roux.*

I. Le repêchage : la localisation de l'information

La théorie de la poubelle et la théorie du réseau de concepts

Comment les souvenirs sont-ils stockés ?

Quel système de classement permet de stocker les millions d'informations qui s'accumulent au cours d'une vie ? Voilà l'un des grands mystères de la mémoire. Supposons que, l'année dernière, on ait stocké les connaissances suivantes : 91 visages, 2 340 concepts, 251 chansons, 192 noms, 87 définitions, 20 987 faits personnels et 7 chiens. Selon la *théorie de la poubelle*, on a créé des représentations mentales de toutes ces informations puis on les a jetées dans une énorme poubelle. Si l'on désire repêcher un élément précis, il faudra trier ce monceau de déchets mentaux jusqu'à ce qu'on tombe sur le souvenir recherché. Même si l'on a souvent l'impression que la théorie de la poubelle explique comment on classe nos souvenirs, les chercheurs affirment que le système de repêchage est trop rapide et trop précis pour que le stockage soit aussi désordonné.

Une théorie très populaire en ce qui concerne l'organisation des souvenirs est la théorie du réseau de concepts (Neath, 1998).

Selon la *théorie du réseau de concepts*, on stocke des idées ou des concepts apparentés dans des catégories distinctes, ou nœuds. Quand on crée des associations entre les informations, on établit des liens entre des milliers de nœuds, qui deviennent un gigantesque réseau de dossiers interconnectés dans lesquels sont stockées les connaissances.

Imaginons que ces dossiers mentaux, ou nœuds, sont l'équivalent des villes sur une carte routière et que les connexions entre elles sont les routes. De même qu'on peut suivre plusieurs routes pour aller de ville en ville, on peut suivre diverses voies pour aller d'idée en idée. Le stockage de nouveaux événements, de nouveaux visages et de milliers d'autres informations ressemble à la construction d'édifices et de routes (Schwartz et Reisberg, 1991). Voici comment le psychologue cognitif Donald Norman a utilisé la théorie du réseau de concepts pour expliquer comment il avait repêché un souvenir précis.

La théorie du réseau de concepts et l'organisation des connaissances dans la mémoire

Où les chemins mènent-ils ?

Tout comme on peut utiliser une carte routière pour se rendre dans une ville, Donald Norman a fait appel à une carte mentale des réseaux conceptuels pour se souvenir du nom d'un magasin de San Diego. Même si les routes internes qu'il a empruntées peuvent sembler bizarres, elles correspondent à des associations qu'il avait imaginées en stockant ces informations dans sa mémoire à long terme (Norman, 1982).

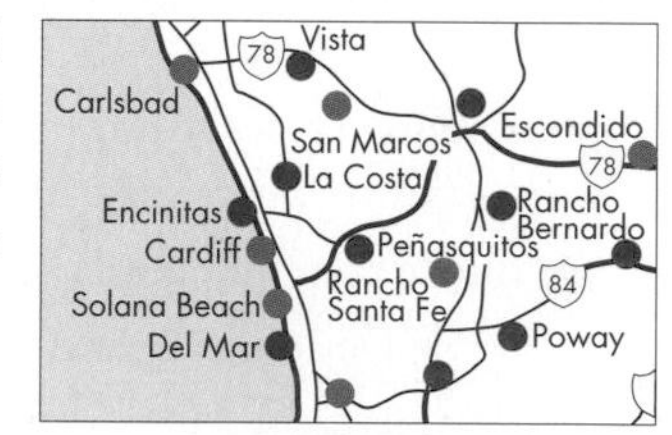

1 **Les pensées de Norman commencent avec le souvenir d'une fête à laquelle il avait assisté chez un ami.**

2 **Il a associé cette maison aux détecteurs de fumée qui se trouvaient au plafond des pièces.**

3 **Il a associé ces détecteurs de fumée aux piles qui les font fonctionner.**

4 **Il a associé ces piles au magasin à rayon de San Diego où il avait acheté des piles.**

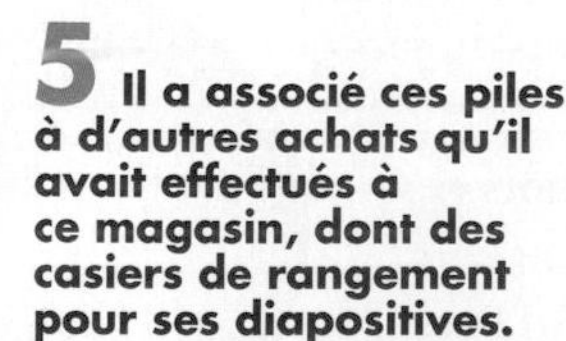

5 **Il a associé ces piles à d'autres achats qu'il avait effectués à ce magasin, dont des casiers de rangement pour ses diapositives.**

6 **En pensant à l'achat des casiers, il s'est souvenu du nom du magasin : « Nordstrom ».**

Il nous arrive tous d'avoir conscience de savoir quelque chose mais d'avoir du mal à s'en souvenir. Ce problème tient à la manière dont on stocke les informations dans sa mémoire à long terme. Selon la théorie du réseau de concepts, on stocke des connaissances dans des nœuds qui sont interconnectés grâce aux associations qu'on crée. Appliquons cette théorie à la façon dont Donald Norman a repêché un souvenir.

Les nœuds Norman a stocké des idées apparentées dans des nœuds (des catégories ou des dossiers distincts). Ici, nous avons réduit ce processus à six nœuds, mais il peut en compter des dizaines.

Les associations Norman a relié les nœuds en créant des associations, ou routes mentales, entre de nouvelles informations et des informations déjà stockées.

Le réseau de concepts Norman dispose de milliers de nœuds interconnectés qui forment un énorme réseau mental de dossiers. Pour repêcher un souvenir comme le nom d'un magasin, il a dû chercher dans tout ce réseau mental le dossier dans lequel ce souvenir était stocké.

La manière dont on fouille tous les nœuds pour trouver un dossier en particulier constitue un sujet de recherche très intéressant.

La hiérarchie des portions de réseau

Quelle est la taille d'un guppy? Un coq a-t-il des plumes? Le geai bleu a-t-il de la peau?

Selon la théorie du réseau de concepts, quand on essaie de trouver les réponses aux questions ci-contre, on les cherche dans divers nœuds de la mémoire.

Les *nœuds* sont les dossiers de la mémoire et contiennent des informations ou concepts disposés en classes, en catégories ou en groupes.

Par exemple, si l'on tente de se souvenir de la taille d'un guppy, on cherchera d'abord le nœud de la mémoire qui contient les connaissances touchant les guppys. Toujours selon la théorie du réseau de concepts, les milliers de nœuds sont disposés selon une structure hiérarchique (Collins et Quillian, 1969).

La *structure hiérarchique* des portions de réseau est l'ordre dans lequel sont placés les nœuds de la mémoire: les informations concrètes se trouvent au bas de la hiérarchie. Ces nœuds sont reliés à ceux qui contiennent des idées plus abstraites (ou concepts) placées au-dessus, lesquels sont à leur tour connectés à des nœuds comportant des informations encore plus abstraites au niveau supérieur.

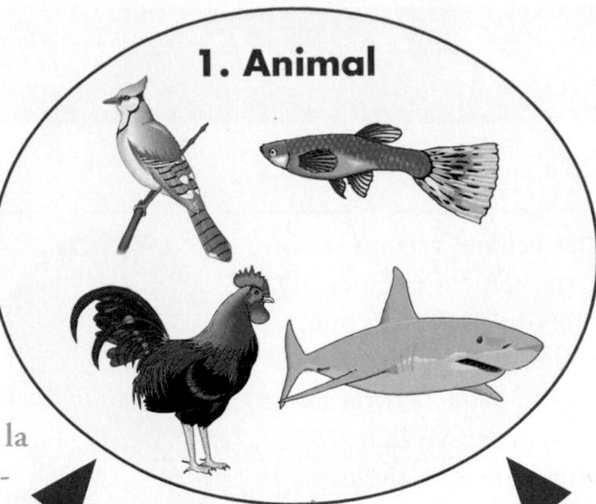

1. Animal

Ce nœud ou dossier de la mémoire contient des connaissances très générales qui s'appliquent à tous les animaux: a une peau, peut bouger, a des oreilles et respire. Cette catégorie offre des réponses à des questions d'ordre général sur les animaux, comme «Le geai bleu a-t-il une peau?».

2. Oiseau

2. Poisson

2. Oiseau ou poisson

Ce nœud contient des connaissances moins générales et qui concernent, par exemple, plusieurs oiseaux: a des ailes, peut voler et a des plumes. Cette catégorie permet de répondre à des questions comme «Un coq a-t-il des plumes?».

3. Geai bleu

3. Coq

3. Guppy

3. Geai bleu, coq, requin, guppy

Ce nœud de la mémoire contient des connaissances précises et concrètes concernant un animal en particulier. Cette catégorie offre des réponses à des questions telles «Quelle est la taille d'un guppy?» ou «De quelle couleur est le requin?».

Ci-dessus, vous voyez la structure hiérarchique d'une portion du réseau de concepts contenant des connaissances sur les animaux. Les nœuds contenant des connaissances spécifiques sur un animal (taille, couleur) comme le geai bleu, le coq, le requin ou le guppy sont au bas de la hiérarchie (nœuds 3).

Ces nœuds sont connectés à d'autres nœuds (concernant les oiseaux ou les poissons, par exemple) qui contiennent des connaissances plus abstraites ou générales (comme le fait d'avoir ou non des plumes ou des ouïes) se rapportant à tous les oiseaux ou à tous les poissons (nœuds 2).

À leur tour, ces nœuds sont connectés à un autre nœud qui contient des connaissances très abstraites ou générales (le fait d'avoir de la peau ou de respirer, par exemple) portant sur tous les animaux (nœud 1).

Le repêchage Suivant la théorie du réseau de concepts, c'est dans les nœuds 3 qu'on trouve la réponse à une question très précise comme «Quelle est la taille d'un guppy?». Cela signifie qu'on doit d'abord chercher dans le nœud 1 et les nœuds 2 pour arriver aux connaissances spécifiques contenues dans les nœuds 3. Pour trouver la réponse à une question très générale comme «Le geai bleu a-t-il de la peau?», il faut chercher dans le nœud 1. Ainsi, plus la question est générale, plus la réponse est en haut de la structure hiérarchique du réseau conceptuel.

Conclusion La théorie du réseau de concepts présente un modèle de l'organisation hiérarchique de millions de connaissances. Des chercheurs ont élaboré d'autres modèles, dont celui des réseaux neuronaux, qui s'inspire de la manière dont le cerveau organise les millions de données qu'il traite (Neath, 1998; Prince et Smolensky, 1997). Cependant, on n'a pas encore pu déterminer avec certitude quel système on utilise pour classer et organiser les informations dans la mémoire à long terme.

Mais si la mémoire a une si grande capacité, pourquoi oublions-nous des choses? C'est ce dont nous parlerons maintenant.

J. Les courbes de l'oubli

Les souvenirs d'enfance

Quel est votre premier souvenir?

Fermez les yeux et retrouvez votre premier souvenir d'enfance. Des chercheurs ont découvert que nos souvenirs les plus anciens remontent souvent à l'âge de trois ans et demi, et que ce sont des souvenirs visuels (Mullen, 1994). Cela ne signifie pas que les très jeunes enfants n'aient pas de mémoire à long terme. Récemment, un chercheur a observé que des enfants de 13 mois peuvent, 8 mois plus tard, avoir des souvenirs d'une suite d'événements comme le fait de placer des jouets dans un certain ordre (Bauer, 1996). Si on ne conserve habituellement pas de souvenirs concernant nos premiers faits et gestes après l'âge de trois ans et demi, c'est parce qu'avant cet âge, on ne parle pas couramment. En conséquence, ces souvenirs ne peuvent être encodés verbalement ni, à plus forte raison, suscités verbalement après que le langage a été acquis (Howe et Courage, 1997). Cependant, quand on peut encoder les faits verbalement, pourquoi en oublie-t-on certains, par exemple durant un examen?

Des informations inconnues et sans intérêt

Se souvenir de mots étranges...?

Ce n'est pas parce que vous avez encodé verbalement des informations en écoutant, en lisant ou en écrivant que vous allez vous les rappeler à l'examen: c'est ce que montre la courbe de l'oubli.

La *courbe de l'oubli* mesure la quantité d'informations déjà apprises que les sujets peuvent se rappeler ou reconnaître.

Au moyen des courbes de l'oubli, nous verrons comment on se souvient de deux types d'informations: les informations inconnues et les informations familières.

L'un des premiers psychologues à avoir étudié la mémoire et l'oubli, Hermann Ebbinghaus, s'est pris lui-même comme sujet de recherche. Son idée de départ était que les gens se souviennent mieux d'événements familiers. Il a fabriqué des centaines de fiches, chacune comportant une syllabe de trois lettres (LUD, ZIB, MUC...) sans signification. Il a ensuite regroupé ces fiches en ensembles de tailles diverses. Il plaçait les fiches d'un ensemble à l'envers, puis, au rythme d'un métronome, il les retournait l'une après l'autre et lisait la syllabe à voix haute afin de l'apprendre par cœur (sans faire d'associations). Résultat? Il n'avait besoin que de 1 ou 2 lectures pour mémoriser les syllabes d'un ensemble de 7 fiches, mais d'environ 45 lectures pour y arriver avec un ensemble de 24 fiches (Ebbinghaus, 1885 et 1913).

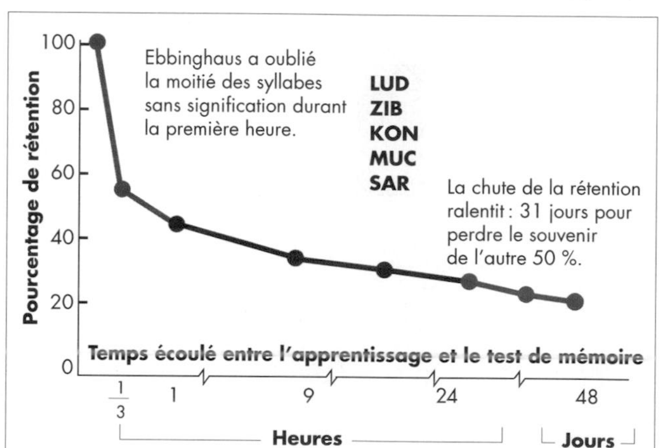

La courbe de l'oubli ci-contre montre qu'Ebbinghaus, pendant la première heure, avait oublié environ la moitié de ces syllabes sans signification.

Des informations familières et intéressantes

... Et de nos camarades de l'école secondaire?

Il n'est pas étonnant qu'Ebbinghaus ait vite oublié la moitié des syllabes sans signification puisqu'elles étaient inconnues et inintéressantes. Mais qu'en est-il des noms et des visages de vos camarades de l'école secondaire? Il s'agit d'informations familières auxquelles vous avez longtemps été exposés.

Le graphique ci-contre montre qu'après 47 ans les sujets ont associé correctement les visages avec les noms de 80 % de leurs camarades d'école mais ils ne se sont rappelé que 25 % des noms des élèves quand on ne leur montrait que la photo (Bahrick *et al.*, 1975). Les sujets ont mieux réussi les tests de reconnaissance (associer les visages avec les noms), où on leur donnait des indices (noms), que les tests de rappel (regarder des visages et se rappeler les noms), où ils n'avaient aucun indice. De la même manière, en général, les étudiants ont de meilleures notes aux examens à choix multiple (tests de reconnaissance) qu'aux examens où ils doivent eux-mêmes rédiger les réponses (tests de rappel).

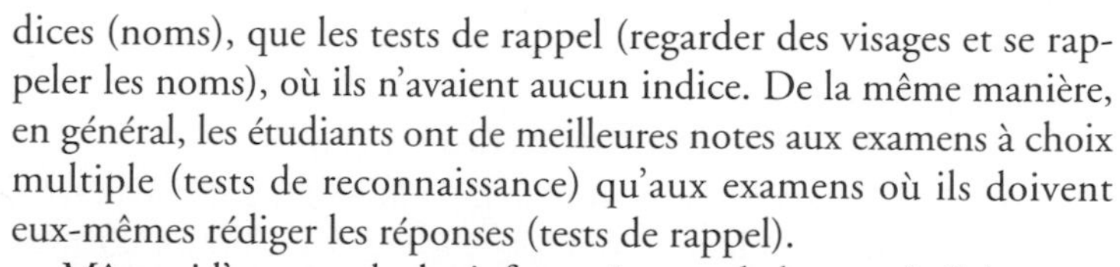

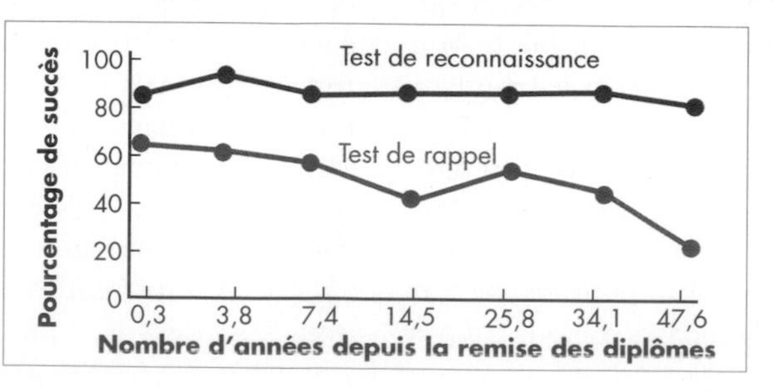

Même si l'on encode des informations verbalement (syllabes sans signification et noms de camarades), l'habileté à se les rappeler varie beaucoup: après 7 ans (voir le graphique ci-contre) les sujets se souvenaient de 60 % de leurs camarades du secondaire (familier et intéressant), alors qu'Ebbinghaus avait oublié 80 % de ses syllabes (inconnu et sans intérêt) après une semaine (voir le graphique ci-dessus).

Ces deux études indiquent donc que les souvenirs sont en partie reliés au caractère familier ou intéressant des informations.

K. Les causes de l'oubli

Les quatre causes de l'oubli

Pourquoi oublier son neuvième anniversaire ?

Pour une raison qui lui échappe, quelqu'un ne se souvient pas de la journée de son neuvième anniversaire de naissance. Pourquoi ces souvenirs ont-ils disparu alors qu'on peut stocker dans la mémoire d'énormes quantités d'informations pendant longtemps ? Et que signifie exactement « oublier » ?

Oublier, c'est être incapable de repêcher, de reconnaître ou de se rappeler les informations qui ont été stockées dans la mémoire à long terme.

Même si l'on a oublié quelque chose, il est possible que les informations se trouvent encore dans notre mémoire à long terme, mais que, pour une quelconque raison, on n'arrive pas à les repêcher. Il existe au moins quatre bonnes explications à ce phénomène.

Le refoulement Si l'on ne se souvient pas de son neuvième anniversaire de naissance, c'est peut-être qu'on en a refoulé le souvenir.

Le *refoulement,* selon Sigmund Freud, est le processus mental qui cache automatiquement dans l'inconscient les informations menaçantes ou angoissantes. Ces souvenirs ne peuvent pas être suscités volontairement, mais un événement peut, à un moment donné, les faire revenir au champ de la conscience.

Des cliniciens indiquent qu'au cours d'une thérapie des patients ont retrouvé des souvenirs refoulés d'événements traumatisants comme des sévices sexuels (Briere et Conte, 1993). Depuis les années 1900, on discute des nombreux récits dans lesquels des souvenirs refoulés relatifs à des sévices sexuels ont été repêchés ; on se demande s'il ne s'agit pas en fait de faux souvenirs qui ont été implantés (Bowers et Farvolden, 1996 ; Loftus, 1997a, 1997b ; Pennebaker et Memon, 1996). Des études menées auprès de 40 femmes qui se disaient victimes de sévices sexuels ou de rites sataniques, mais qui se sont rétractées par la suite, ont démontré la fausseté de certains souvenirs refoulés (Lief et Fetkewicz, 1996). De même, dans une demi-douzaine de poursuites judiciaires, des jurés ont posé un verdict de culpabilité contre des thérapeutes accusés d'avoir créé de faux souvenirs chez leurs clients (Loftus, 1997a).

D'une part, il existe des rapports cliniques de patients dont les souvenirs refoulés d'événements traumatisants ont été repêchés pendant une thérapie (Briere et Conte, 1993). D'autre part, d'éminents chercheurs comme Elizabeth Loftus (1997a, 1997b) ont remis en question la valeur des souvenirs refoulés en soulignant la possibilité qu'ils aient été suggérés ou implantés au cours d'une thérapie. De faux souvenirs ont effectivement été inculqués à des enfants et à des adultes, qui juraient que ces souvenirs étaient vrais (Brainerd et Poole, 1997). Devant les nouvelles données concernant les faux souvenirs et les jugements rendus contre certains thérapeutes, les médias parlent maintenant beaucoup moins des souvenirs refoulés.

L'amnésie En fait, le jour de son neuvième anniversaire, notre sujet a essayé ses nouveaux patins à glace et, en tombant, s'est frappé la tête sur la glace. Une telle chute peut provoquer l'amnésie (Mayes et Downes, 1997).

L'*amnésie* consiste en une perte de mémoire qui peut être causée par un coup ou un endommagement au cerveau (temporaire ou permanent), par l'usage de drogues ou par un stress psychologique grave.

Il arrive souvent, par exemple, que les gens qui se frappent la tête dans un accident d'auto ne se souviennent pas des faits qui précèdent ou suivent immédiatement l'accident.

L'interférence Quand on essaie de se souvenir des anniversaires de son enfance, ceux-ci peuvent paraître s'emmêler. Cette confusion qui conduit à l'oubli s'appelle interférence.

L'*interférence,* une cause courante de l'oubli, signifie que le repêchage de certains souvenirs est entravé par d'autres souvenirs qui y sont reliés.

Les cadeaux reçus ou les participants à des fêtes précédentes peuvent interférer, par exemple, avec les souvenirs d'un anniversaire plus récent.

De faibles indices de repêchage Et si l'on avait oublié ce neuvième anniversaire à cause des faibles indices de repêchage qu'on avait (peut-être avait-on eu peu de cadeaux...) ?

Les *indices de repêchage* facilitent le rappel parce qu'on les crée en fabriquant des images mentales frappantes ou en établissant des associations entre de nouvelles informations et des informations déjà apprises.

De nombreux étudiants ne se rendent pas compte que les indices de repêchage influencent fortement le souvenir ou l'oubli de termes nouveaux ou difficiles. Si vous étudiez machinalement, sans chercher à comprendre, il en résultera de faibles indices de repêchage. Vous aurez de meilleurs indices en faisant des associations entre les nouvelles informations que vous avez tenté de bien comprendre et celles que vous avez déjà apprises.

Parmi les causes de l'oubli, les psychologues cognitifs se sont surtout penchés sur l'interférence et les indices de repêchage.

K. Les causes de l'oubli

L'interférence

Qu'arrive-t-il quand vous préparez deux examens ?

Tous les étudiants ont, à un moment donné, deux examens le même jour. Cette situation est particulièrement difficile parce qu'elle augmente les risques d'interférence.

Selon la *théorie de l'interférence,* on oublie des informations non pas parce qu'elles ne sont plus stockées, mais parce que des informations apparentées anciennes ou récentes se mêlent, bloquant aussi le repêchage.

Les étudiants qui passent plusieurs examens le même jour disent souvent qu'ils ont bien étudié mais qu'ils ont oublié des informations qu'ils avaient pourtant apprises. Il est possible que, dans ce cas, le coupable soit l'interférence. Si vous suivez plusieurs cours l'un à la suite de l'autre, vous avez peut-être l'impression que la matière de l'un interfère avec celle des autres. Il existe deux types d'interférence : proactive et rétroactive.

L'interférence proactive

L'interférence peut agir « vers l'avant » (interférence proactive) ou « vers l'arrière » (interférence rétroactive).

L'*interférence proactive* se produit quand des informations apprises précédemment entravent le repêchage d'informations apparentées, mais apprises plus récemment.

Voici comment fonctionne l'interférence proactive durant un examen.

Psychologie
agit « vers l'avant »
Interférence proactive
Sociologie

1 La matière en psychologie
De 13 à 15 h, vous étudiez en vue d'un examen de psychologie. Plus vous stockez de nouveaux concepts psychologiques, plus ces informations risquent d'agir « vers l'avant » et d'entraver le repêchage de certaines connaissances apparentées que vous étudierez par la suite.

2 La matière en psychologie agit vers l'avant
De 15 à 18 h, vous étudiez en vue d'un examen de sociologie. Vous aurez peut-être de la difficulté à apprendre et à vous rappeler ces nouvelles informations parce que les termes et les concepts psychologiques appris plus tôt peuvent agir « vers l'avant » et interférer avec la mémorisation de termes et de concepts apparentés mais dans le domaine de la sociologie.

3 L'interférence proactive
Quand vous passerez l'examen de sociologie, à cause de l'interférence proactive vous oublierez peut-être certains termes que vous avez étudiés. Les termes de psychologie appris en premier agissent « vers l'avant » et bloquent le repêchage des termes de sociologie apparentés appris par la suite.

L'interférence rétroactive

L'interférence rétroactive agit « vers l'arrière », c'est-à-dire que le repêchage d'informations apprises auparavant est bloqué.

L'*interférence rétroactive* se produit quand des informations apprises récemment entravent le repêchage d'informations apparentées apprises auparavant.

Voici comment fonctionne l'interférence rétroactive durant un examen.

1 La matière en psychologie et en sociologie
De 13 à 15 h, vous étudiez en vue d'un examen de psychologie, puis, de 15 à 18 h, vous préparez votre examen de sociologie.

2 La matière en sociologie agit vers l'arrière
Vous aurez peut-être de la difficulté à vous souvenir des termes et des concepts psychologiques que vous avez appris au début, parce que les termes et les concepts de sociologie que vous venez de stocker dans votre mémoire à long terme peuvent agir « vers l'arrière » et entraver le rappel des termes de psychologie apparentés.

3 L'interférence rétroactive
Pendant l'examen de psychologie, vous oublierez peut-être certains termes et concepts, à cause de l'interférence rétroactive. En effet, les termes de sociologie appris récemment agissent « vers l'arrière » pour interférer avec le repêchage de termes apparentés en psychologie et appris précédemment.

On croit que l'interférence, qu'elle soit proactive ou rétroactive, est l'une des deux causes les plus importantes de l'oubli. On vit quotidiennement des problèmes liés à l'interférence quand on confond des noms semblables, des endroits ou des visages.

Pourquoi avoir oublié le visage de l'assaillant ?

Nous avons demandé plus tôt (voir page 157) pourquoi seulement 200 des 2 000 téléspectateurs avaient reconnu le visage de l'assaillant qui avait été montré à l'écran pendant plusieurs secondes. Ce genre d'oubli peut être dû à l'interférence.

Dans le cas de l'*interférence proactive,* les visages « appris » auparavant agissaient « vers l'avant » pour bloquer le souvenir du visage de l'assaillant que les téléspectateurs venaient de voir.

Dans le cas de l'*interférence rétroactive,* les nouveaux visages « appris » depuis que les gens avaient vu celui de l'assaillant agissaient « vers l'arrière » pour bloquer le souvenir du visage de l'assaillant.

Quoi qu'il en soit, on peut donc oublier facilement des informations que l'on a stockées dans sa mémoire à long terme à cause de l'un des deux types d'interférence.

Les indices de repêchage

Où est ma voiture ?

Avez-vous déjà cherché votre voiture dans un terrain de stationnement ? Si c'est le cas, cet oubli a probablement été causé par le fait que vous aviez trop peu d'indices de repêchage (Lutz *et al.*, 1994).

Les indices de repêchage facilitent le rappel parce qu'on les crée en fabriquant des images mentales frappantes ou en établissant des associations entre de nouvelles informations et des informations déjà apprises.

Des chercheurs ont demandé à des étudiants de cacher des objets dans des endroits habituels, comme des tiroirs ou des placards, ou dans des endroits inusités, comme des boîtes de céréales ou des vieilles chaussures. Plus tard, quand on leur a demandé de retrouver ces objets, ils ont retrouvé ceux des cachettes ordinaires, mais pas les autres (Winograd et Soloway, 1986). Ces deux exemples montrent l'importance de créer de bons indices de repêchage.

La création de bons indices de repêchage

La création d'indices de repêchage constitue une forme d'encodage conscient ou avec effort (voir pages 154-155). On peut créer ces indices au moyen d'images mentales ou d'associations surprenantes.

Ainsi, des chercheurs ont voulu déterminer si des sujets se souviendraient mieux de phrases ordinaires comme « Le train traverse un champ de framboises juteuses » ou de phrases bizarres comme « Les framboises juteuses ont fait dérailler le train ». Ils leur ont donc présenté pêle-mêle 12 phrases ordinaires et 12 phrases bizarres en leur demandant de créer des images mentales frappantes. Par la suite, les sujets ont pu se souvenir d'un nombre significativement plus élevé de phrases bizarres que de phrases ordinaires. Les chercheurs en ont conclu que les sujets avaient alors créé de meilleures images mentales ou de meilleures associations, ce qui produisait de meilleurs indices de repêchage (Robinson-Riegler et McDaniel, 1994). Le manque d'indices de récupération peut aussi confondre les témoins oculaires.

Les indices de repêchage et l'interférence Il existe de nombreux cas où des témoins oculaires ont identifié des assaillants qui ont ensuite été innocentés grâce à des tests d'ADN (Dolan, 1995 ; Gerber, 1996). Même quand on a affirmé aux témoins oculaires que ces individus étaient innocents, ils maintenaient leur opinion : des événements traumatisants empêchent souvent un témoin oculaire d'avoir des indices de repêchage efficaces. L'interférence est une autre cause d'erreur : la ressemblance entre l'accusé et le véritable assaillant interfère avec la reconnaissance de ce dernier. Ces exemples démontrent que l'oubli peut provenir de faibles indices de repêchage, de l'absence d'association ou de l'interférence (Schacter, 1996).

Le phénomène du mot sur le bout de la langue

On a parfois l'impression de connaître une définition, un nom, un titre de film ou de chanson mais de ne pouvoir le nommer aussitôt. C'est le phénomène du mot sur le bout de la langue.

Le *phénomène du mot sur le bout de la langue* est une situation dans laquelle, malgré des efforts, on n'arrive pas à se souvenir d'une information qu'on a conscience de connaître et d'avoir en mémoire. Plus tard, dans une autre situation, on peut se rappeler l'information.

Des chercheurs ont découvert que ce phénomène répandu se produit environ une fois par semaine, qu'il porte surtout sur les noms de personnes et d'objets, et qu'une fois sur deux l'on retrouve ce mot quelques minutes plus tard (Brown, 1991).

Dans certains cas, l'information est stockée avec des indices de repêchage innappropriés ; pour retrouver ceux-ci, il faut penser à d'autres associations, comme la première lettre du nom oublié ou l'endroit où l'on a vu cette personne récemment. Dans d'autres cas, l'information est bloquée par l'interférence de noms ou d'objets semblables ; il suffit alors de penser à autre chose pour que cesse l'interférence et que remonte à la mémoire l'information recherchée (Schacter, 1996).

La mémoire liée à l'état

Les émotions influencent-elles le repêchage ?

Quand vous haussez le ton parce qu'une personne fait quelque chose qui vous irrite, vous demandez-vous pourquoi plusieurs griefs qui s'apparentent à cette chose surgissent dans votre esprit ? Cela peut être dû à une forme de mémoire liée à l'état.

La *mémoire liée à l'état* signifie qu'il est plus facile de retrouver des informations quand on se trouve dans le même état physiologique ou émotif que celui dans lequel on était au moment où l'on a encodé ces informations.

Par exemple, le fait de se mettre en colère contre quelqu'un suscite un état physiologique et émotif déclenchant le repêchage d'événements semblables déjà vécus. De nombreuses recherches démontrent la mémoire liée à l'état. Ainsi, des sujets (humains et animaux) qui avaient acquis des connaissances sous l'effet d'une drogue ont récupéré plus facilement ces informations après avoir reçu la même drogue qu'après avoir reçu un placebo. De plus, les sujets qui apprenaient dans un état très émotif avaient un repêchage plus aisé si l'on testait leur mémoire alors qu'ils étaient dans le même état (Eich, 1995). Le fait d'être dans un certain état physiologique ou émotif constitue donc un indice mnémonique qui facilite le repêchage des informations qui ont été apprises dans le même état.

Nous verrons maintenant ce qui se passe dans le cerveau pendant qu'on se souvient et quand on oublie.

L. Les bases biologiques de la mémoire

La localisation des souvenirs dans le cerveau

Où sont stockés les souvenirs ?

Tous les jours, on acquiert de nombreuses connaissances qui sont stockées quelque part dans notre cerveau. On se souvient également de centaines de connaissances déjà stockées. Depuis 60 ans, des chercheurs ont étudié des personnes normales, d'autres qui ont subi des lésions au cerveau, des singes, des rats et même des escargots de mer : tout cela, dans le but de découvrir où sont emmagasinés les souvenirs dans le cerveau (Beardsley, 1997 ; Eichenbaum, 1997b).

C'est seulement au début des années 1990 qu'on a commencé à comprendre comment le cerveau organise et où il emmagasine les souvenirs, grâce, notamment, à des techniques permettant de photographier le cerveau tandis que les sujets traitaient des informations à différents paliers de la mémoire (Posner, 1997). Ces progrès sont dus en partie à l'étude d'individus dont le cerveau a subi des lésions entraînant des déficits dans certains types de mémoire mais non dans d'autres (Vargha-Khadem *et al.*, 1997). Les chercheurs ont ainsi pu préciser les aires du cerveau qui jouent un rôle dans divers types de pensées et de souvenirs.

Le cortex : le stockage de souvenirs à court terme

On peut retenir un nouveau numéro de téléphone dans sa mémoire à court terme assez longtemps pour le composer. Cette capacité dépend de l'activité du cortex cérébral (aire délimitée par la ligne rouge sur l'illustration).

Certaines personnes ayant subi une lésion au cerveau ne peuvent stocker de souvenirs dans leur mémoire à long terme ; mais si leur cortex cérébral est intact, elles peuvent utiliser leur mémoire à court terme et tenir des conversations presque normales ; elles ne se souviendront toutefois pas d'avoir tenu ces conversations.

Le cortex : le repêchage de vieux souvenirs

Les paroles d'une chanson qu'on apprend sont stockées dans la mémoire à long terme. La capacité de se souvenir de chansons, de mots ou de faits quotidiens dépend d'aires disséminées partout dans le cortex.

À cause d'une lésion cérébrale, certaines personnes ne peuvent apprendre de nouvelles chansons. Cependant, si d'autres aires de leur cortex sont intactes, elles se souviendront de chansons qu'elles ont apprises avant de subir cette lésion parce qu'elles étaient déjà stockées dans le cortex.

L'amygdale : l'ajout d'associations émotives

Supposons que vous entendez une chanson associée à votre premier amour, et que vous vous sentez alors romantique. Le sentiment associé à ce souvenir est produit par l'amygdale.

Les individus qui ont subi une lésion à l'amygdale ne peuvent plus revivre les émotions qu'ils avaient associées aux souvenirs (voir page 53) ; s'ils entendent un bruit strident comme celui d'une sirène, par exemple, ils ne trouvent plus cela désagréable (Bechara *et al.*, 1995). Les chercheurs concluent que l'amygdale joue un rôle crucial en ajoutant une panoplie d'émotions aux souvenirs (LeDoux, 1996).

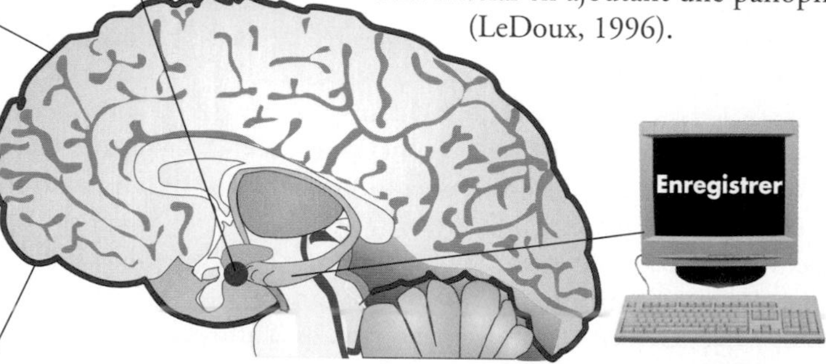

L'hippocampe : le transfert dans la mémoire à long terme

Tout comme la commande « Enregistrer » d'un ordinateur transfère un dossier dans la mémoire permanente du disque dur, l'hippocampe (voir page 53) transfère des mots et des événements personnels de la mémoire à court terme à la mémoire à long terme.

Les individus qui ont une lésion à l'hippocampe, et au cortex l'entourant, ne peuvent enregistrer de connaissances déclaratives, comme de nouveaux mots ou faits, parce l'hippocampe est nécessaire à leur stockage dans la mémoire à long terme (Vargha-Khadem *et al.*, 1997). Ils peuvent cependant acquérir des habiletés motrices ou des connaissances procédurales, mais ils ne se rappelleront pas avoir utilisé, à un certain moment, leurs habiletés motrices (jouer au tennis par exemple) parce qu'il s'agit d'un fait personnel (mémoire déclarative). Ainsi, l'hippocampe permet le transfert des connaissances déclaratives (mots et faits) de la mémoire à court terme à la mémoire à long terme, mais n'est pas sollicité par le transfert des connaissances procédurales (habiletés motrices, habitudes) (Knowlton *et al.*, 1996).

Le modèle de la mémoire

On a découvert récemment que le cortex stocke les souvenirs à court terme et à long terme. Quant à l'hippocampe, il transfère les connaissances déclaratives dans la mémoire à long terme, mais pas les connaissances procédurales. Enfin, l'amygdale permet d'évoquer les émotions qui sont rattachées aux souvenirs (Gabrieli *et al.*, 1997). À partir de ces éléments, on peut expliquer comment se forment les souvenirs.

Les mécanismes de la mémoire

Comment étudier la mémoire ?

Comment le cerveau utilise-t-il ses substances chimiques, ses membranes et ses neurotransmetteurs pour créer et stocker des images mentales, des pensées et des milliards de souvenirs ? Pour tenter de déchiffrer cette énigme, on étudie des animaux dont le système nerveux est beaucoup plus simple que celui de l'être humain, mais qui comporte plusieurs structures et fonctions similaires. L'escargot de mer (ci-contre) en est un exemple : son cerveau comporte 20 000 neurones — plutôt que des milliards comme chez l'humain. Ainsi, on pense que la mémoire à court terme utilise un mécanisme différent de celui de la mémoire à long terme (Johnston, 1997 ; Murphy et Glanzman, 1997 ; Tonegawa et Wilson, 1997 ; Tully, 1997).

La mémoire à court terme

Comment fonctionne-t-elle ?

Vous répétez le numéro de téléphone 555-1212 en le composant. Les chercheurs croient que le cerveau peut stocker ce numéro dans la mémoire à court terme grâce à des réseaux de neurones.

Les *réseaux de neurones* sont des regroupements de neurones interconnectés dont l'activation permet aux informations ou aux stimuli d'être reconnus puis conservés brièvement dans la mémoire à court terme.

L'illustration ci-contre présente, d'une manière simplifiée, le fonctionnement d'un réseau de neurones. Des informations, ou stimuli, comme la répétition d'un numéro de téléphone, activent un réseau de neurones qui reconnaît le numéro et le retient dans la mémoire à court terme. Cependant, si l'on prête attention à quelque chose d'autre avant de stocker ce numéro dans notre mémoire à long terme, cet effet réseau cesse et le numéro est oublié. Le réseau de neurones est un mécanisme qui permettrait de retenir les informations dans la mémoire à court terme (Eichenbaum, 1993 ; Toshio *et al.*, 1996). Par comparaison, le stockage permanent des informations dans la mémoire à long terme implique des changements aux niveaux structural et chimique dans les neurones mêmes.

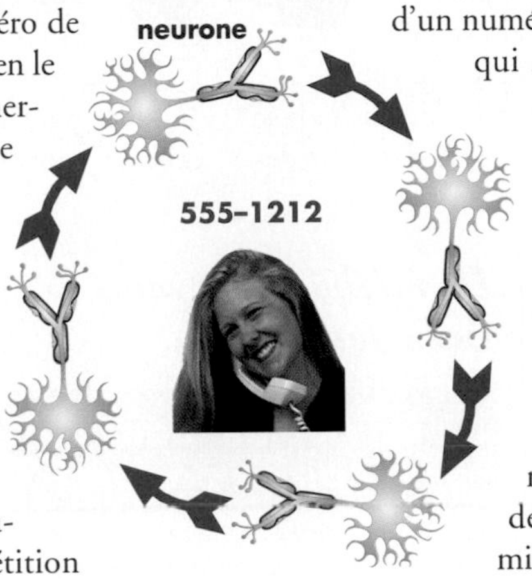

La mémoire à long terme

Comment fonctionne-t-elle ?

Pour comprendre comment un escargot de mer apprend une tâche simple comme rétracter les muscles de son pied en réaction à une lumière intense, les chercheurs le dissèquent et examinent son système nerveux en vue de trouver les modifications chimiques ou physiques associées à cet apprentissage (Kandel et Abel, 1995). Nous étudierons un mécanisme lié à la formation des souvenirs à long terme : la potentialisation à long terme.

La potentialisation à long terme (PLT)

À force de le répéter, vous avez appris le nom de cet oiseau au grand bec (ci-contre) : « toucan ». Mais vous n'avez pas eu conscience des changements que cet apprentissage a provoqués dans votre cerveau. Certains scientifiques croient que l'apprentissage modifie la structure et le rôle des neurones (Izquierdo et Medina, 1997 ; Johnston, 1997). Ce changement s'inscrit dans un processus complexe, la PLT.

La *potentialisation à long terme*, ou *PLT*, consiste en une augmentation de la sensibilité d'un neurone à une stimulation après avoir été stimulé à répétition.

En répétant le mot « toucan », on stimule des neurones. Cette stimulation produit la PLT, qui amène des modifications chimiques et structurales dans les neurones.

La répétition du mot « toucan » stimule le neurone A et produit la PLT dans le neurone A. Celle-ci modifie la structure et le rôle du neurone A, qui devient plus sensible à une stimulation semblable ultérieure.

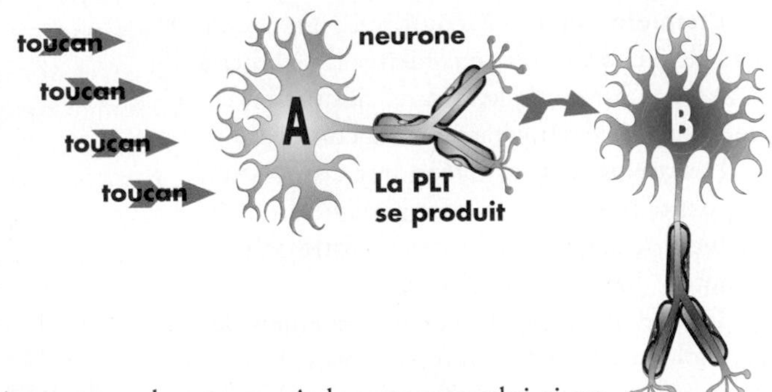

La PLT modifie le fonctionnement du neurone A de sorte que celui-ci est désormais associé au mot « toucan ». Pour repêcher le nom de cet oiseau, on active le neurone A, qui influence d'autres neurones (neurone B), ce qui constitue la base du souvenir à long terme du mot « toucan ».

Lorsque des chercheurs bloquent chimiquement ou génétiquement la production de la PLT chez les escargots de mer ou les souris, ceux-ci ne peuvent plus apprendre à répondre par un conditionnement classique, ni à maîtriser les différents chemins d'un labyrinthe. Conséquemment, le blocage de la PLT empêche la formation de souvenirs à long terme. Plusieurs neuropsychologues croient donc que la PLT peut être la base de l'apprentissage et de la mémoire chez les animaux et les humains (Johnston, 1997 ; Tonegawa et Wilson, 1997).

M. Les mnémotechniques : des outils de mémorisation

Oubliez-vous souvent des choses ?

Presque tout le monde se plaint, à un moment donné, d'oublier quelque chose. Ainsi, pendant les examens, certains étudiants oublient des informations qu'ils connaissent pourtant. Cette forme d'oubli a plusieurs causes : l'*interférence* (*proactive* et *rétroactive*) d'informations apparentées ; de *faibles indices de repêchage*, quand on essaie d'apprendre par cœur ; la non-utilisation de l'autorépétition d'intégration (voir page 155), où l'on fait des associations entre les nouvelles informations et les anciennes.

Quand ils atteignent 40 ans, les adultes se plaignent de ne pas se souvenir de choses qu'ils n'oubliaient jamais auparavant. Tel est le cas de Daniel Schacter, 45 ans, un spécialiste de la mémoire : « Il y a 15 ans, quand je lisais un article, je le savais par cœur. Maintenant, si je ne fais pas l'effort d'établir des liens avec des connaissances que j'ai déjà ou si je ne le relis pas au moins quelques fois, je suis moins susceptible de m'en souvenir. Ce type d'oubli est habituellement dû à de faibles indices de repêchage : on est occupé ou distrait, ou on n'a pas le temps de créer des associations signifiantes. » (Schacter, 1997, p. 56, traduction libre)

Vous avez peut-être entendu parler de cours pour améliorer la « mémoire » : ceux-ci permettent en fait d'améliorer l'encodage et les indices de repêchage, grâce à des mnémotechniques.

Les *mnémotechniques* sont des outils qui permettent d'améliorer l'encodage et les indices de repêchage grâce à la création d'associations frappantes ou d'images facilitant la récupération.

Nous étudierons deux mnémotechniques : la méthode des lieux et celle des mots inducteurs.

La méthode des lieux

Un homme dans l'évier ?

Lorsqu'il s'agit de mémoriser une liste de termes, de concepts ou de noms dans un ordre déterminé, la méthode des lieux est appropriée.

La *méthode des lieux* est une technique d'encodage où l'on crée des associations visuelles entre des endroits qu'on connaît et des éléments à mémoriser.

Les trois étapes suivantes de la méthode des lieux permettront de mémoriser les noms des psychologues Wundt, James et Watson.

Première étape Mémorisez une suite visuelle d'endroits où vous mettez des choses à la maison ; par exemple, dans la cuisine : l'évier, une armoire, le réfrigérateur ou la cuisinière.

Deuxième étape Créez une association frappante pour chaque nom à mémoriser. Par exemple, imaginez James avec votre salière, disant : « "James" (J'aime) le sel. »

Troisième étape Placez mentalement les psychologues dans les endroits choisis : Wundt dans l'évier, James dans l'armoire et Watson dans le réfrigérateur.

Pour vous rappeler les noms, vous pourrez maintenant vous imaginer dans la cuisine et revoir les images liées aux différents endroits choisis.

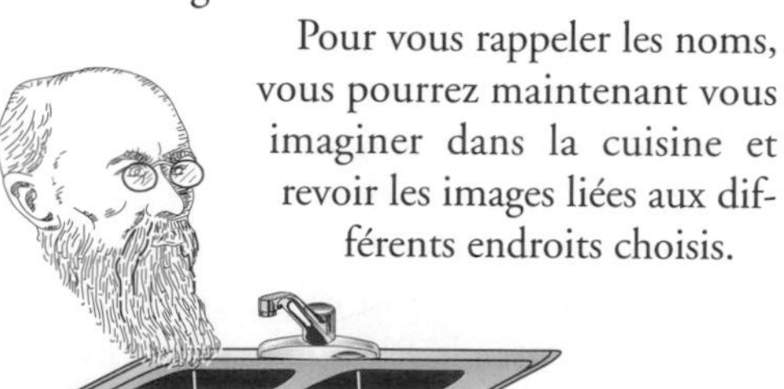

La méthode des mots inducteurs

Un homme dans un flacon de parfum ?

Une autre technique permettant de mémoriser une longue liste dans un ordre précis est la méthode des mots inducteurs.

La *méthode des mots inducteurs* est une technique d'encodage qui utilise la création d'associations rimées entre des nombres et des éléments à mémoriser.

Les rimes sont comme des pinces à linge auxquelles on accroche les termes à mémoriser. Nous utiliserons la méthode des mots inducteurs pour mémoriser les noms des mêmes trois psychologues.

Un, parfum
Deux, feu
Trois, bois

Première étape Mémorisez une liste de mots faciles à visualiser associés à des nombres qui riment avec eux (exemple ci-contre).

Deuxième étape Associez chaque élément à mémoriser avec un mot visualisé. Imaginez, par exemple, Wundt dans un flacon de parfum, James la main dans le feu et Watson dans un bois.

Pour vous souvenir des noms, il s'agit ensuite de vous rappeler chaque mot associé à l'image que vous en avez créée.

L'efficacité

Une rédactrice de magazine de 41 ans qui avait des problèmes de mémoire a employé trois méthodes en vue d'améliorer celle-ci. (Yoffe, 1997)

D'abord, elle a suivi un cours de trois heures sur l'amélioration de la mémoire ; le professeur y utilisait la méthode des mots inducteurs pour mémoriser les noms de ses 11 élèves. Elle a considéré que cette méthode était très efficace.

Puis, elle a suivi un cours sur vidéocassette, qui promettait de lui donner « une mémoire photographique parfaite ». Pourtant, les chercheurs ont conclu que la mémoire photographique est aussi rare que les poules qui ont des dents (Schacter, 1996). Dans la cassette, on mettait l'accent sur la méthode des mots inducteurs, sans pour autant indiquer comment on peut l'appliquer à d'autres informations qu'à une liste d'épicerie, à des termes de biologie ou à des numéros de plaques minéralogiques.

Enfin — la solution la moins coûteuse —, elle a lu un livre sur l'amélioration de la mémoire. On y décrivait la méthode des mots inducteurs, comment prêter attention à ce qu'on veut retenir, et l'importance de la création d'associations et d'images.

Comme l'illustre ce qui précède, un repêchage efficace repose sur deux principes relatifs à l'encodage : une bonne autorépétition d'intégration, soit la création d'associations et d'images qui produisent de bons indices de repêchage, ainsi que des efforts et du temps.

DANS CE CHAPITRE…

Kanzi, un élève doué

Que comprend un bonobo ?

La psychologue Sue Savage-Rumbaugh a apporté au monde scientifique des preuves solides à l'appui de l'utilisation du langage chez les animaux. Elle a avancé qu'un bonobo (chimpanzé nain) nommé Kanzi possédait des aptitudes linguistiques bien supérieures à celles que l'on avait déjà observées chez des chimpanzés communs (Savage-Rumbaugh, 1991 ; Savage-Rumbaugh et Lewin, 1994).

Plutôt que d'utiliser le langage des signes, Kanzi montre du doigt des symboles représentant des mots (voir ci-dessous). Pour demander à boire, par exemple, Kanzi désigne le symbole signifiant « boire ».

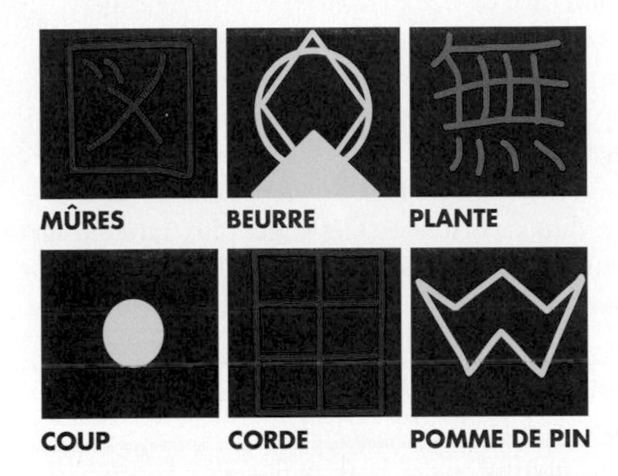

À l'âge de 6 ans, Kanzi possédait un vocabulaire de 90 symboles ; à 12 ans, il connaissait environ 190 symboles et en utilisait 128 de manière régulière. Chose plus étonnante encore, Kanzi comprend environ 200 mots de la langue anglaise, une aptitude que les chimpanzés communs n'ont jamais démontrée.

Kanzi, aujourd'hui âgé de 17 ans, a ceci d'exceptionnel qu'il connaît l'ordre des mots. Les psychologues ont testé sa capacité de réagir à 600 commandements qui ne lui avaient jamais été adressés auparavant. Selon Savage-Rumbaugh, Kanzi est capable d'utiliser des symboles abstraits et une forme primitive de syntaxe, ce qui, sur le plan linguistique, le place sur un pied d'égalité avec un enfant de deux ans (Savage-Rumbaugh, 1998).

Si les travaux de Savage-Rumbaugh sont pris au sérieux, c'est que la chercheuse a utilisé une méthode expérimentale d'une grande rigueur. Par exemple, en installant des miroirs sans tain dans le laboratoire, elle s'est assurée que Kanzi ne fasse pas qu'imiter les humains ou réagir à leurs signaux. Elle a ainsi évité la principale critique formulée à l'endroit de ses prédécesseurs.

Le langage est une forme de communication qui implique l'apprentissage de symboles abstraits, qu'il s'agisse de sons (comme dans le langage parlé), de gestes (comme dans le langage des signes utilisé par les personnes sourdes) ou encore de symboles graphiques (comme ceux utilisés par les gens atteints de paralysie cérébrale et comme ceux utilisés par Kanzi, ce petit chimpanzé). Or, cette capacité de symbolisation et de représentation mentale est souvent associée à l'intelligence humaine. Comment se fait-il alors que ce chimpanzé puisse démontrer une capacité habituellement réservée à l'être humain ? La réponse réside probablement dans la définition même de l'intelligence. Depuis toujours, nous cherchons à cerner ce qui nous différencie de l'animal. Nous savons évidemment que l'être humain est plus habile sur le plan intellectuel que les animaux. Alors, comment définir le concept d'intelligence ? Au sein même des êtres humains, comment expliquer les divers degrés d'intelligence ? Voilà autant de questions qui ont poussé les psychologues à développer le domaine de la psychométrie.

La *psychométrie* est un domaine de la psychologie dont l'objet est la création et l'utilisation d'outils servant à évaluer les habiletés, les capacités, les croyances et les traits de personnalité des individus, en milieu scolaire, industriel ou clinique.

C'est à la fin du XIXe siècle que des psychologues ont créé les premiers tests de mesure de l'intelligence. À l'époque, comme aujourd'hui, on se posait trois grandes questions : comment définir l'intelligence, comment la mesurer et comment l'expliquer (Daniel, 1997 ; Gardner, 1997 ; et Sternberg, 1997a, 1997b). Au début du siècle, certains psychologues prétendaient que l'intelligence était essentiellement innée ; c'est cette présomption qui a conduit à l'étude de jumeaux identiques.

Les jumeaux identiques

Les jumeaux identiques (ou monozygotes) se ressemblent beaucoup (couleur des cheveux et des yeux, taille, etc.) parce qu'ils ont exactement le même bagage génétique. Mais ont-ils le même quotient intellectuel (QI) ? Aujourd'hui, on sait que leurs QI sont plus semblables que ceux des frères et sœurs non jumeaux. Mais cela ne répond pas complètement à la question... et en soulève une autre : quel est l'apport de ce qui est inné (le bagage génétique) et de ce qui est acquis (l'éducation, le milieu) dans le QI (Sternberg et Grigorenko, 1997) ? Nous y répondrons au cours de ce chapitre.

Dans ce chapitre...

Nous examinerons différentes théories de l'intelligence, certains outils utilisés pour la mesurer et des questions que soulève ce genre de tests, l'apport du bagage génétique et de l'environnement, et la façon dont on peut agir sur le milieu pour offrir aux individus de meilleures chances de se développer à tout point de vue.

A. Définir l'intelligence

Poser le problème

Qu'est-ce que l'intelligence ?

Vous êtes-vous déjà demandé, devant les résultats scolaires toujours bien supérieurs aux vôtres qu'obtenait l'un de vos amis, si cela était dû au fait qu'il était plus intelligent que vous ? Si vous ne l'avez pas fait, quelqu'un l'a probablement pensé et dit à votre place... et en a conclu que votre ami irait « plus loin » que vous dans la vie !

Il y a toujours un moment dans la vie où quelqu'un porte un jugement sur nous à propos de notre intelligence. Pourtant, l'intelligence est difficile à définir et à mesurer. L'American Psychological Association a déjà consacré un numéro entier de son journal (*American Psychologist,* octobre 1997) à la définition de l'intelligence, aux moyens de la mesurer et à la valeur et à l'utilité des tests de QI. Ce n'est donc pas simple.

Par exemple, selon vous, laquelle de ces deux personnalités québécoises est la plus intelligente : Pierre Péladeau, homme d'affaires émérite aujourd'hui décédé, ou Sylvie Bernier, chroniqueuse à la télévision québécoise s'étant d'abord fait connaître par ses aptitudes en plongeon ? Monsieur Péladeau a fondé l'entreprise Quebecor et en a fait un empire financier connu internationalement, alors que Sylvie Bernier a su se démarquer mondialement dans le domaine du plongeon en remportant une médaille d'or dans sa discipline aux Jeux Olympiques de Los Angeles, en 1984. Alors, qu'en pensez-vous ? Votre réponse dépendra de votre définition du terme *intelligence.* Si l'intelligence est définie en termes d'habiletés cognitives, il est probable que Pierre Péladeau soit jugé plus intelligent. Si toutefois l'intelligence est conçue en termes d'habiletés motrices et perceptuelles, la réponse serait certainement Sylvie Bernier.

Certains psychologues croient qu'on cerne mieux l'intelligence en mesurant les habiletés cognitives. D'autres affirment qu'une définition de l'intelligence basée uniquement sur ces habiletés est trop restrictive ; ils croient plutôt qu'il existe plusieurs types d'intelligence (musicale, motrice, créative, pratique, etc.). Nous examinerons ici trois théories : bifactorielle, tripartite et multifactorielle.

Pierre Péladeau

Sylvie Bernier

Approche de l'analyse factorielle : la théorie bifactorielle

En 1904, Charles Spearman a rapporté avoir conçu une mesure objective de l'intelligence ; il est l'inventeur de l'analyse factorielle.

L'*analyse factorielle* est une façon de déterminer à quel point des tests d'intelligence mesurent une seule ou plusieurs aptitudes. C'est une technique mathématique qui permet de faire ressortir les différents types d'intelligence en cause dans ces tests et l'existence ou non de liens entre les différents facteurs impliqués.

Spearman (1904) pensait qu'en mesurant des facteurs cognitifs reliés les uns aux autres, il mesurerait l'intelligence. Cette idée l'a amené à créer la théorie bifactorielle de l'intelligence.

Selon la *théorie bifactorielle* de Spearman, l'intelligence est composée de deux facteurs : l'aptitude cognitive générale (ou facteur *g*), qui correspond à ce que les diverses tâches cognitives ont en commun, et plusieurs aptitudes spécifiques (*s*) (mathématiques, mécaniques, verbales...).

Spearman croyait que le facteur *g* représentait l'énergie mentale d'une personne. Cent ans plus tard, le facteur *g* est encore important dans la mesure de l'intelligence. Plusieurs psychologues croient que les tests courants mesurent, en fait, le facteur *g*, qui serait ce qu'on appelle aujourd'hui le QI (Brody, 1997).

Selon la théorie bifactorielle, qui est le plus intelligent : Péladeau ou Bernier ?

Pour faire sa marque dans le domaine des affaires, il faut de la finesse, savoir prendre des risques calculés et faire des placements judicieux. Si on considère que les habiletés cognitives sont à la base du facteur *g* de Spearman et également à la base du score de QI, on pourrait supposer que Pierre Péladeau aurait obtenu de bons résultats à des tests d'intelligence.

Pour remporter une médaille aux Jeux Olympiques et ainsi atteindre le plus haut niveau de reconnaissance dans le domaine sportif, il faut faire preuve d'habiletés motrices et perceptuelles exceptionnelles. Toutefois, comme les tests d'intelligence ne mesurent que des habiletés cognitives, les habiletés motrices et perceptuelles de Sylvie Bernier ne lui seraient pas d'une grande utilité dans l'évaluation de son QI. À la lumière de ces seules informations, il est donc possible de conclure que madame Bernier pourrait obtenir des résultats plus faibles que monsieur Péladeau à un test de QI. Qu'en pensez-vous ?

Forces et faiblesses

L'avantage du facteur *g* est que, selon de nombreux psychologues, il mesure et définit une aptitude cognitive générale à la base de plusieurs autres aptitudes cognitives mesurées par les tests d'intelligence dont le résultat est un score de QI : autrement dit, l'intelligence générale peut être définie par un QI. Le facteur *g* est aussi très utile parce qu'il est un bon prédicteur du rendement scolaire et — dans une moindre mesure cependant — de la réussite dans certaines professions (Brody, 1997).

Le plus grand désavantage du facteur *g* (ou du QI) comme mesure de l'intelligence est qu'il ne mesure pas d'autres types d'aptitudes mentales — motrices, perceptuelles, musicales, pratiques, créatives — qui représentent, selon plusieurs psychologues, d'autres types d'intelligence (Neisser *et al.,* 1996).

Approche du traitement de l'information : la théorie tripartite (ou triarchique)

Trois formes d'intelligence ?

Le psychologue Robert Sternberg a vivement critiqué la théorie de Spearman, qu'il jugeait trop restrictive, et les tests de QI, qui ne mesurent que les aptitudes cognitives et l'habileté à résoudre des problèmes. Il a proposé une approche différente, reliée au traitement de l'information, qui définit l'intelligence par l'analyse des étapes qui mènent à la résolution d'un problème. Sternberg (1985, 1997a) a appelé cette approche théorie tripartite de l'intelligence.

La *théorie tripartite de l'intelligence* de Sternberg propose que l'intelligence comporte trois facettes, qui correspondent à trois façons de recueillir et de traiter l'information. La première (l'intelligence composite) requiert l'utilisation d'aptitudes logiques et analytiques (que mesurent les tests d'intelligence traditionnels). La deuxième (l'intelligence appliquée) renvoie à l'utilisation d'aptitudes de résolution de problèmes qui exigent une pensée créative et la capacité de tirer des leçons des expériences vécues. La troisième (l'intelligence contextuelle) a trait à l'utilisation d'aptitudes de pensée pratique qui nous aident à nous adapter à notre environnement socioculturel.

Pensée analytique

Pensée créative

Pensée pratique

Selon la théorie tripartite, qui est le plus intelligent : Péladeau ou Bernier ?

Pierre Péladeau aurait certainement obtenu un score élevé, puisque la pensée analytique et l'aptitude à résoudre des problèmes, nécessaires en affaires, étaient parmi ses points forts. Par ailleurs — ses succès sur les tremplins le montrent —, Sylvie Bernier a également une grande aptitude à résoudre des problèmes, en plus de solides habiletés pratiques. Qu'en pensez-vous ?

Forces et faiblesses

L'un des avantages de la théorie de Sternberg est de reconnaître que l'intelligence comporte plus d'une facette ; ainsi, un individu qui possède de bonnes habiletés pratiques (intelligence contextuelle) est considéré comme intelligent au même titre que celui qui obtient un score élevé à un test d'intelligence. L'une des faiblesses de la théorie de Sternberg est que, jusqu'à maintenant, seuls quelques tests existent pour mesurer les trois formes d'intelligence qu'elle définit (Sternberg, 1997b).

La théorie des intelligences multiples (ou multifactorielle)

Sept formes d'intelligence ?

Au rang des psychologues qui rejettent l'idée que l'intelligence peut être réduite au seul facteur *g* et exprimée par un score unique de QI, Howard Gardner (1995,1997) soutient que différents types d'aptitudes mentales correspondent à différents types d'intelligence : c'est la théorie des intelligences multiples.

Selon la *théorie des intelligences multiples* de Gardner, il existe au moins sept formes différentes d'intelligence : verbale, musicale, logico-mathématique, spatiale, kinesthésique (ou corporelle), intrapersonnelle et interpersonnelle.

Selon Gardner, le test d'intelligence standard mesure les intelligences verbale et logico-mathématique, mais néglige les autres, pourtant tout aussi importantes. Gardner (1993a, 1995) a élaboré sa théorie grâce à des recherches dans trois domaines : celles sur les capacités qui demeurent intouchées par des lésions au cerveau ; celles sur la façon dont les idiots savants et les prodiges développent leur intelligence particulière ; et d'autres recherches sur la façon dont les gens développent certaines aptitudes pour s'adapter à divers environnements.

Selon la théorie des intelligences multiples, qui est le plus intelligent : Péladeau ou Bernier ?

Selon cette théorie, les exemples de Pierre Péladeau et Sylvie Bernier démontrent que certains types d'intelligence sont plus utiles pour réussir dans des environnements donnés. Tout au long de sa carrière, Pierre Péladeau a démontré qu'il possédait une très grande habileté verbale. Par ailleurs, les succès professionnels de Sylvie Bernier sont le reflet d'une intelligence kinesthésique. À la différence de la théorie bifactorielle de Spearman, la théorie des intelligences multiples de Gardner ne tient pas uniquement compte d'une capacité mentale générale et d'aptitudes spécifiques.

Forces et faiblesses

L'avantage de la théorie des intelligences multiples de Gardner est qu'elle ne réduit pas l'intelligence à un simple QI. Cependant, elle présente deux faiblesses : on ne sait pas exactement combien il y a de formes d'intelligence, et il n'existe pas d'outils pour les mesurer.

L'état de la question

La majorité des psychologues considèrent aujourd'hui le facteur *g* comme la mesure de l'intelligence générale, mesure qu'on obtient grâce aux tests d'intelligence courants et qui s'exprime sous forme de scores de QI (Daniel, 1997). Le concept du facteur *g* est encore très utilisé, parce que la recherche sur l'intelligence est en grande partie le domaine de l'approche psychométrique, duquel émerge ce concept. De plus, les tests standard d'intelligence se sont avérés utiles pour prédire le rendement en milieu scolaire et, avec un peu moins de succès, en milieu de travail. La théorie tripartite de Sternberg et la théorie des intelligences multiples de Gardner ont été élaborées en réaction à une mesure unique de l'intelligence générale (QI), et proposent l'existence et la mesure de diverses aptitudes cognitives reliées à d'autres formes d'intelligence (Sternberg et Kaufman, 1998).

B. Mesurer l'intelligence

Diverses tentatives

Gros cerveau, grande intelligence ?

La taille de la tête

En 1888, Sir Francis Galton a observé que les gens intelligents venaient souvent de familles comprenant d'autres individus aussi considérés comme intelligents ; il en a conclu que, dans une large mesure, l'intelligence était innée ou héréditaire. Galton a donc décidé de mesurer la taille de la tête de diverses personnes et d'enregistrer la vitesse de leurs réactions à certains stimuli ; cependant, ses résultats se sont avérés très peu liés à l'intelligence ou aux résultats scolaires (Gould, 1996). Galton a aussi tenté d'établir une relation entre la taille de la tête et les notes de certains étudiants ; ses résultats ont montré que la taille de la tête des étudiants de Cambridge qui avaient obtenu des A était d'environ 3,3 % plus importante que celle des étudiants qui avaient obtenu des C. Cependant, une étude plus récente a montré qu'il n'y avait qu'une faible corrélation de 0,19 entre la taille de la tête et l'intelligence, telle que mesurée par des tests d'intelligence (Brody, 1992). Une aussi faible corrélation est peu utile pour mesurer ou prédire l'intelligence.

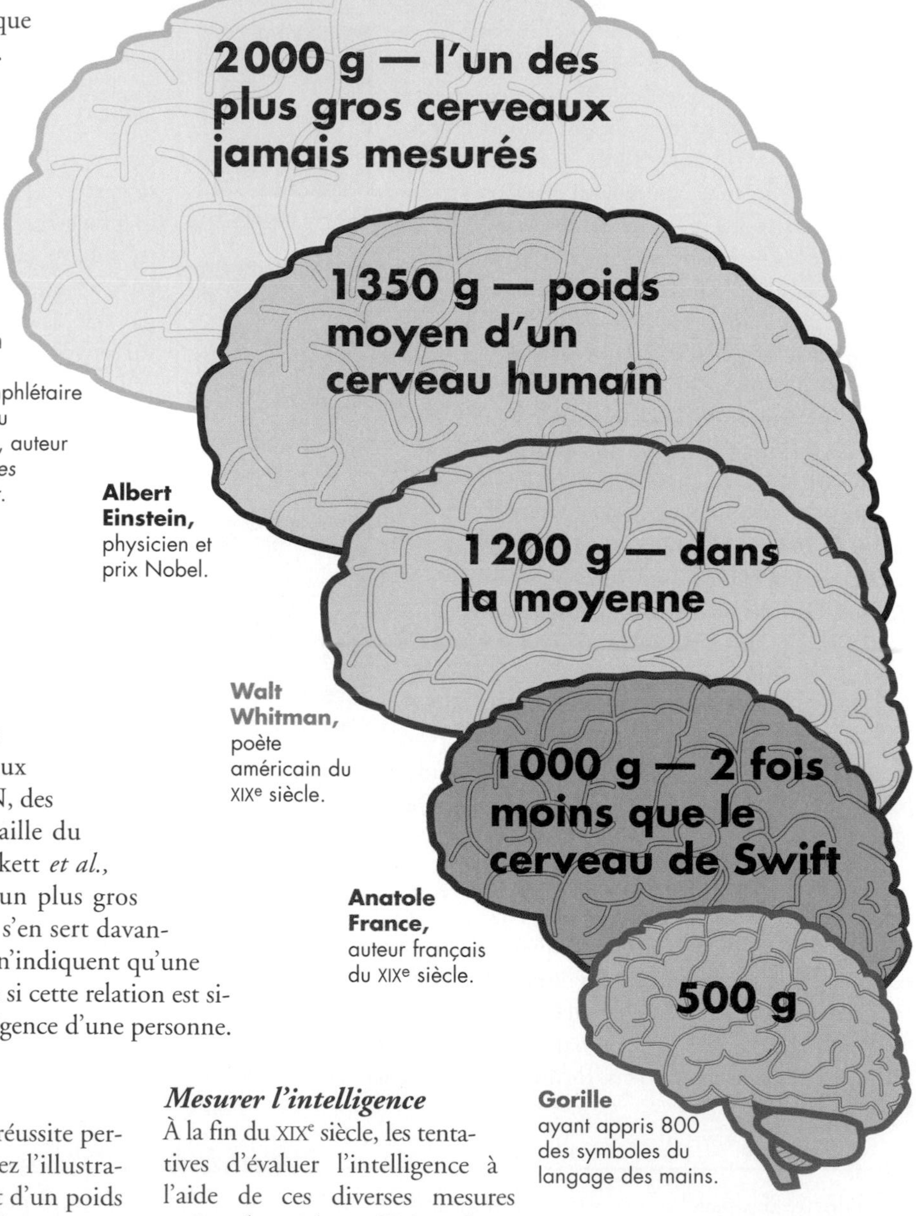

La taille du cerveau

À la fin du XIXe siècle, un neurologue, Paul Broca, a aussi suggéré qu'il y avait un lien étroit entre la taille du cerveau et l'intelligence. Cependant, une analyse plus récente de ses données a démontré que ses mesures de la taille des cerveaux n'étaient pas fiables (Gould, 1996).

Cependant, certaines découvertes de la technologie moderne — la résonance magnétique nucléaire (RMN) par exemple (voir chapitre 3) —, en permettant de mesurer la taille de cerveaux vivants, ont ravivé l'intérêt pour ces théories. Deux équipes de chercheurs ont obtenu, à l'aide de la RMN, des corrélations positives de 0,32 et de 0,39 entre la taille du cerveau et les scores de QI (Egan *et al.*, 1994 ; Wickett *et al.*, 1994). Mais est-on plus intelligent parce qu'on a un plus gros cerveau, ou a-t-on un cerveau plus gros parce qu'on s'en sert davantage ? Les résultats ne fournissent pas de réponse : ils n'indiquent qu'une relation positive entre les deux phénomènes. Et même si cette relation est significative, elle n'est pas très utile pour prédire l'intelligence d'une personne.

2000 g — l'un des plus gros cerveaux jamais mesurés

Jonathan Swift, grand pamphlétaire irlandais du XVIIIe siècle, auteur des *Voyages de Gulliver*.

1350 g — poids moyen d'un cerveau humain

Albert Einstein, physicien et prix Nobel.

1200 g — dans la moyenne

Walt Whitman, poète américain du XIXe siècle.

1000 g — 2 fois moins que le cerveau de Swift

Anatole France, auteur français du XIXe siècle.

500 g

Gorille ayant appris 800 des symboles du langage des mains.

La taille du cerveau et la réussite

Existe-t-il une relation entre la taille du cerveau et la réussite personnelle, une autre mesure de l'intelligence ? Observez l'illustration ci-contre : le cerveau d'Einstein, prix Nobel, était d'un poids moyen ; Walt Whitman et Anatole France, deux grands écrivains, avaient un cerveau 50 % moins lourd que celui de l'écrivain Jonathan Swift. Nous avons ajouté à l'illustration, pour fins de comparaison, un cerveau de gorille, particulièrement petit si l'on considère la taille de la tête de cet animal.

Mesurer l'intelligence

À la fin du XIXe siècle, les tentatives d'évaluer l'intelligence à l'aide de ces diverses mesures avaient donc échoué. Une étude concluait même, en 1904, qu'il y avait peu d'espoir de créer des outils psychologiques permettant de mesurer l'intelligence de manière objective (Wolf, 1973). Fait intéressant, l'un des auteurs de cette étude, Alfred Binet, a pourtant poursuivi les recherches… et avec succès.

Approche psychométrique : la réussite de Binet

En quoi consiste-t-elle ?

À la fin du XIXe siècle, Alfred Binet, un psychologue français, a poursuivi des recherches sur la mesure de l'intelligence, après les échecs de Broca et de Galton. Binet était convaincu que l'intelligence était la combinaison de diverses aptitudes mentales, et que la meilleure manière de la mesurer était donc d'évaluer ces aptitudes (la capacité de comprendre des mots, des consignes, par exemple).

Binet entrevoyait cependant avec pessimisme la possibilité d'arriver à produire de telles mesures. Le hasard l'ayant amené à faire partie d'un groupe, à Paris, chargé de créer des tests pour déterminer quels enfants avaient besoin d'un soutien scolaire particulier, Binet s'est donné deux objectifs : ce ou ces tests devaient être faciles à administrer et ne pas nécessiter d'équipement de laboratoire ; et ils devaient permettre de faire une distinction claire entre aptitudes « normales » et « anormales » (Brody, 1992). En 1905, Binet et le psychiatre Théodore Simon ont ainsi créé le premier test d'intelligence standardisé, l'échelle d'intelligence Binet-Simon (Binet et Simon, 1905).

Alfred Binet (1857-1911)

L'*échelle d'intelligence Binet-Simon* utilisait divers éléments organisés en ordre croissant de difficultés, qui permettaient de mesurer le vocabulaire, la mémoire, les connaissances générales et d'autres aptitudes cognitives.

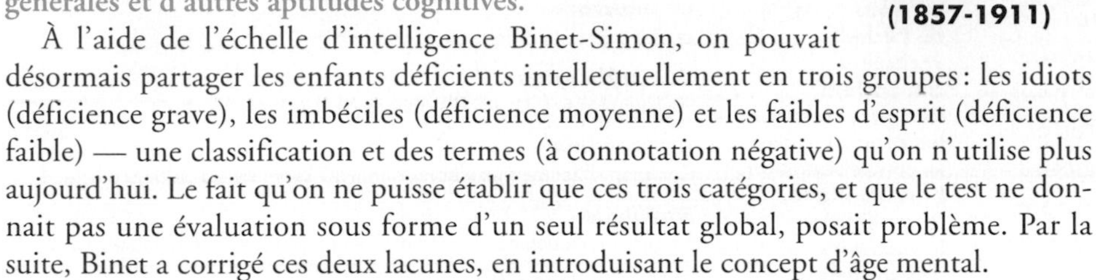

À l'aide de l'échelle d'intelligence Binet-Simon, on pouvait désormais partager les enfants déficients intellectuellement en trois groupes : les idiots (déficience grave), les imbéciles (déficience moyenne) et les faibles d'esprit (déficience faible) — une classification et des termes (à connotation négative) qu'on n'utilise plus aujourd'hui. Le fait qu'on ne puisse établir que ces trois catégories, et que le test ne donnait pas une évaluation sous forme d'un seul résultat global, posait problème. Par la suite, Binet a corrigé ces deux lacunes, en introduisant le concept d'âge mental.

L'âge mental : une mesure de l'intelligence

Pour perfectionner leur méthode, Binet et Simon ont revu leur test : les éléments ont été placés en ordre de difficulté, et certains éléments ont été introduits pour mesurer des aptitudes cognitives spécifiques. Binet a ensuite déterminé les items auxquels pouvait répondre un enfant moyen d'un âge donné. Par exemple, un enfant de trois ans devait pouvoir identifier correctement les parties du visage ; à neuf ans, il devait énumérer les jours de la semaine. Comme les items du test suivaient un ordre croissant de difficulté pour chaque niveau d'âge (3 à 13 ans), le test permettait de déterminer l'âge moyen correspondant au fonctionnement d'un enfant. Si un enfant, par exemple, réalisait correctement tous les items comme le faisait normalement un enfant de trois ans (sans pouvoir répondre aux items correspondant à un âge plus élevé), cet enfant était considéré comme ayant un âge mental de trois ans. Si, dans les faits, cet enfant était âgé de six ans, on pouvait donc affirmer que son développement intellectuel était déficient.

À quels items un enfant de trois ans peut-il répondre ?

À quels items un enfant de neuf ans peut-il répondre ?

L'*âge mental* est une méthode qui permet d'évaluer les aptitudes intellectuelles en comparant le résultat obtenu au test d'intelligence aux résultats qu'obtiennent normalement les individus du même âge.

La formule de QI de Terman

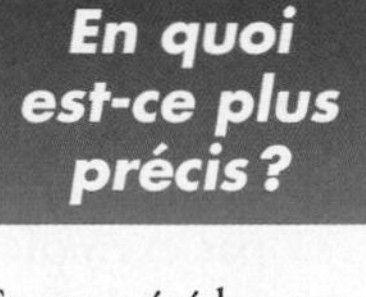

Binet et Simon avaient ouvert la voie en élaborant le premier test permettant de mesurer objectivement l'intelligence. En 1912, Stern a été le premier à proposer une formule de mesure de l'intelligence et c'est Lewis Terman, en 1916, qui proposa d'appeler cette formule le quotient intellectuel (QI). Terman a par ailleurs élaboré un test de QI basé sur celui de Binet, dont voici le calcul.

Le *quotient intellectuel* est une mesure de l'intelligence qu'on obtient en divisant l'âge mental (AM) d'une personne par son âge chronologique (AC), puis en multipliant ce résultat par 100. L'AM et l'AC sont exprimés en mois.

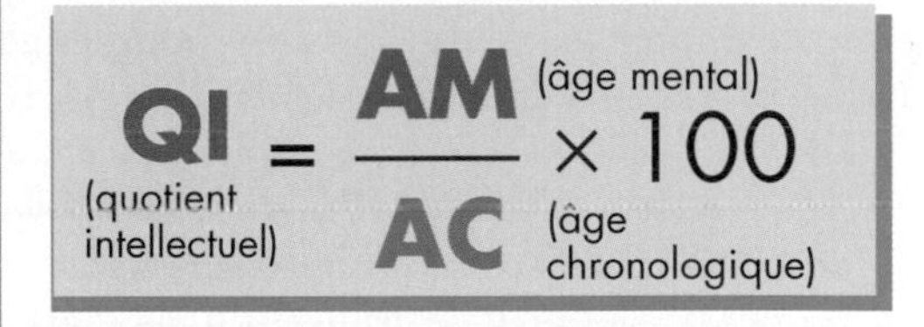

Prenons un exemple. Si un enfant de quatre ans et demi, après avoir passé un test selon la méthode élaborée par Binet, obtient les résultats qu'on attend normalement d'un enfant de cinq ans et demi, on conclut que l'enfant évalué a un âge mental de cinq ans et demi. En utilisant la formule de Terman, on fait le calcul suivant : [5,5 × 12 mois = 66 mois (AM)] ÷ [4,5 × 12 mois = 54 mois (AC)] × 100 = 122. Le QI de l'enfant est donc de 122. On appelle *QI de ratio* un QI calculé de cette façon, parce que le résultat est le rapport de l'âge mental et de l'âge chronologique. Aujourd'hui, le QI de ratio a été remplacé par le *QI de déviation,* dont le calcul est trop complexe pour être expliqué ici ; disons simplement que le QI de déviation reflète de manière plus précise la performance aux tests à mesure que l'enfant vieillit et par rapport à la population dans laquelle il s'inscrit.

Au XXe siècle, les tests de QI sont devenus très courants et ont acquis beaucoup d'importance dans plusieurs domaines. Nous regarderons de plus près l'un des tests de QI les plus utilisés.

B. Mesurer l'intelligence

Des tests d'intelligence

Score de QI et intelligence : la même chose ?

Bien des gens se demandent quel est le QI de telle ou telle personne, parce qu'ils croient que ce chiffre donne une mesure exacte de l'intelligence. Quel est, par exemple, selon vous, le QI de John F. Kennedy, du romancier américain J. D. Salinger et de Marilyn vos Savant, chroniqueure du magazine *Parade?* (Réponses à droite.) Le QI nous éclaire effectivement sur les aptitudes cognitives... mais l'intelligence cognitive n'est qu'une des formes d'intelligence. D'autres formes d'intelligence — pratique, émotive, sociale et créative — peuvent être tout aussi importantes pour une personne dans un contexte donné (Sternberg, 1997b) : Salinger, par exemple, a un QI moyen, ce qui ne l'a pas empêché d'écrire l'un des plus grands succès de l'édition américaine. Même si nous utiliserons ici indifféremment les termes « intelligence » et « QI », il faut se rappeler que le QI ne représente qu'une seule forme d'intelligence (Neisser *et al.*, 1996). Voyons maintenant comment on établit un QI.

John F. Kennedy

J. D. Salinger

Marilyn vos Savant

Réponses: Salinger, 104; Kennedy, 114; vos Savant, 228 (le QI plus élevé jamais mesuré) (Cowley, 1994).

Les échelles d'intelligence de Wechsler

Le test d'intelligence le plus couramment utilisé est l'échelle d'intelligence de Wechsler : pour les adultes — 16 ans et plus —, et pour les enfants — de 3 à 16 ans.

L'*échelle d'intelligence de Wechsler pour adultes (WAIS-III)* et l'*échelle d'intelligence de Wechsler pour enfants (WISC-III)* comportent divers items regroupés en sous-tests, lesquels se trouvent dans deux échelles. L'échelle (ou la section) verbale comprend, par exemple, un sous-test de connaissances générales, un sous-test de vocabulaire, etc. L'échelle non verbale comporte un sous-test dans lequel on doit placer des images dans un ordre logique, assembler différentes parties d'un objet, utiliser des symboles de façon appropriée... Les résultats aux échelles verbale et non verbale combinées donnent un résultat unique, le score de QI.

Nous présentons ci-contre des exemples de sous-tests pour chaque échelle. L'échelle verbale mesure les aptitudes linguistiques et verbales. Dans l'évaluation des résultats, il faut donc tenir compte du milieu des gens à qui l'on fait subir le test : une personne de milieu défavorisé, ou dont le français n'est pas la langue maternelle, peut avoir des difficultés à cause d'un manque de connaissances linguistiques et non par manque d'aptitudes cognitives.

L'échelle non verbale mesure les aptitudes non verbales, et permet ainsi de réduire les influences langagières d'ordre culturel ou éducationnel sur les résultats. Les sous-tests non verbaux qui mesurent les aptitudes de résolution de problèmes exigent cependant une grande concentration et un effort soutenu. Là aussi, il faut tenir compte du fait que des personnes très nerveuses ou qui ont des problèmes émotionnels peuvent avoir de la difficulté. Il faut donc prendre en compte que les résultats reposent en partie sur des facteurs culturels, éducationnels ou émotionnels (Kaplan et Saccuzzo, 1997) : nous en reparlerons au cours de ce chapitre.

Échelle verbale du WAIS-III : sous-tests

Les sous-tests de l'échelle verbale comportent des questions sur les connaissances, la compréhension, l'arithmétique, la similitude, la mémoire des chiffres et le vocabulaire (exemples ci-contre).

Connaissances
Le Canada fait partie de quel continent ?

Compréhension
Pourquoi les enfants sont-ils obligés de fréquenter l'école ?

Arithmétique
Combien d'heures faut-il pour faire 150 kilomètres à 50 km/h ?

Similitude
En quoi une machine à écrire et une calculatrice se ressemblent-elles ?

Mémoire des chiffres
Répéter cette série de chiffres à rebours : 2, 4, 3, 5, 8, 9, 6.

Vocabulaire
Que signifie le mot « audace » ?

Échelle non verbale WAIS-III : sous-tests

Les sous-tests de l'échelle non verbale comportent des questions d'associations, d'images à compléter, de dessins à faire à l'aide de jeux de cubes, d'histoires en images et d'assemblages d'objets (exemples ci-contre).

Associations
À partir de : 1 2 3 4 ○ □ △ ⊙
Compléter : 1 4 3 2 __ __ __ __

Dessins avec cubes
Reproduire ce dessin à l'aide de cubes.

Image à compléter
Dire ce qui manque dans ce dessin.

Histoire en images
Placer les images dans le bon ordre.

Assemblage d'objets
Assembler les pièces pour former un objet.

Deux caractéristiques d'un bon test d'intelligence

Êtes-vous... graphologue ?

Est-il vrai que la graphologie permet d'évaluer l'intelligence et de décrire la personnalité ? Selon vous, laquelle de ces écritures indique le QI le plus élevé ? (Réponse au bas de la page.)

1. très intelligent
2. très intelligent
3. très intelligent
4. très intelligent

Des recherches ont démontré que les tests « d'intelligence » et de graphologie publiés dans les magazines populaires donnent habituellement des résultats aussi précis... qu'une simple supposition (Basil, 1989 ; Feder, 1987). On ne peut se fier à ces tests de magazine, parce qu'ils ne possèdent pas l'une ou l'autre des caractéristiques d'un test sérieux : la validité et la fidélité.

La validité

Une analyse graphologique est amusante, mais ce n'est pas un test d'intelligence valide.

La *validité* est la caractéristique d'un test qui mesure effectivement ce qu'il est censé mesurer.

Cette définition semble très simple, et pourtant cette caractéristique est absolument essentielle. Si l'analyse de l'écriture manuscrite n'est pas un test d'intelligence ou de personnalité fiable, c'est parce qu'elle n'est pas valide : elle ne mesure pas avec précision ce qu'elle est censée mesurer. Autrement dit, on pourrait, simplement en faisant une supposition ou même par hasard, obtenir les mêmes résultats que ceux fournis par ce genre de tests.

Comment détermine-t-on qu'un test est valide ou non ? Par exemple en administrant à des centaines de sujets un test qui vient d'être créé, en même temps qu'un autre test sur le même sujet et dont la validité est déjà établie, et en calculant les indices de corrélation entre les résultats aux deux tests. Par ailleurs, la validité de tests comme le WAIS-III a été démontrée entre autres parce qu'on a établi de fortes corrélations entre le résultat à celui-ci avec une autre mesure de l'intelligence, les résultats scolaires (Brody, 1997).

Résultats (échelle verbale) : 105, 100, 95, 90, 85, 80, 75
20–24 25–34 35–44 45–54 55–64 65–69 70–74
Groupe d'âge

Mais, direz-vous, si le score de QI est une mesure valide des aptitudes cognitives et peut être relié aux résultats scolaires, pourquoi certaines personnes qui ont un QI élevé ne réussissent-elles pas à l'école ? Parce que le succès scolaire dépend non seulement des aptitudes cognitives mais aussi de deux autres facteurs : la somme des connaissances accumulées par une personne, et la motivation. Un étudiant ayant toutes les aptitudes nécessaires pour réussir aura peut-être des notes faibles s'il n'est pas suffisamment motivé ou qu'il ne possède pas assez de connaissances.

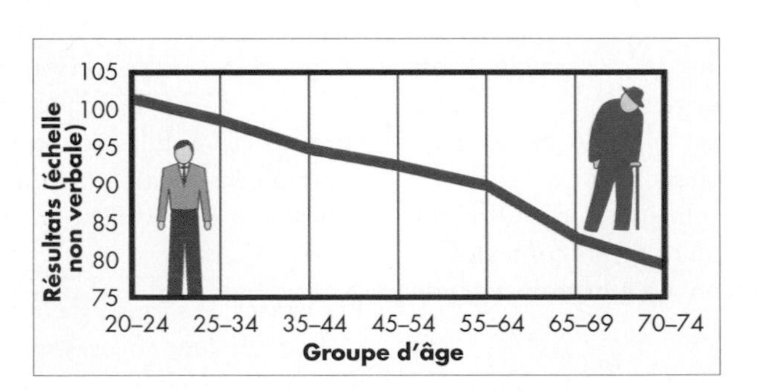

La fidélité

Si votre écriture est constante — vous mettez depuis longtemps une barre très droite sur vos *t*, par exemple —, on peut alors parler de fidélité.

La *fidélité* est la caractéristique qui renvoie à la constance des résultats : pour une personne donnée, les résultats d'un test fidèle doivent être semblables aux résultats obtenus si elle a passé ou si elle passe le même test à un autre moment.

Par exemple, si une barre très droite sur les *t* indiquait qu'une personne est intelligente, l'observation constante de cette caractéristique dans l'écriture d'une personne donnée serait alors une mesure fidèle de l'intelligence (... mais, comme rien ne prouve qu'une barre très droite sur les *t* est un signe d'intelligence, cette particularité de l'écriture n'est pas une mesure valide de l'intelligence.)

Si vous passiez le WAIS-III à la fin du secondaire et de nouveau pendant vos études collégiales, le score de QI obtenu serait semblable, parce que l'échelle de Wechsler est un test fidèle. De plus, chaque fois que vous le subissez, vous êtes comparés à des gens de votre groupe d'âge (le test est aussi standardisé).

Le premier graphique ci-contre montre les résultats aux épreuves verbales du WAIS-III de sept groupes de sujets (un groupe de sujets pour chaque tranche d'âge) : on voit que les résultats sont plutôt stables de 20 à 74 ans, indiquant que l'échelle de Wechsler est très fidèle (Kaufman *et al.*, 1989).

Le deuxième graphique montre que les résultats à l'échelle non verbale du WAIS-III décroissent, dans l'ensemble, avec l'âge : ils reflètent en fait le ralentissement du fonctionnement cognitif et physiologique qui survient avec l'âge, non pas un manque de fidélité du test.

Des recherches ont démontré que les tests d'intelligence actuels qui mesurent d'abord les aptitudes cognitives ont une validité et une fidélité relativement bonnes (Neisser *et al.*, 1996). Même si les tests d'intelligence sont des mesures fidèles et valides, on peut cependant se demander : quelle est leur utilité ?

(**Réponse :** *C'est la même personne qui a écrit les quatre lignes ; donc peu importe celle que vous avez choisie, ça ne prouve pas grand-chose !*)

C. La distribution normale et l'utilisation des QI

La distribution normale

Chris Burke (ci-contre) est un Américain atteint du syndrome de Down, un défaut génétique qui entraîne une déficience mentale plus ou moins importante selon les personnes, et qu'on reconnaît à certains signes physiques (yeux bridés, problèmes visuels, etc.). Burke est acteur et il se débrouille bien dans la vie ; on peut estimer que son QI est entre 50 et 85.

Marilyn vos Savant (photo de droite) a un QI de 228, le plus élevé jamais mesuré. On peut comparer des QI à l'aide de la distribution des QI ; les résultats à des tests comme le WAIS-III, par exemple, ont une distribution dite normale.

Une *distribution normale* de données statistiques réfère à un arrangement de scores dont la représentation graphique est une courbe en forme de cloche : la grande majorité des données se situent autour de la moyenne, et les autres données (inférieures ou supérieures) qui s'en écartent beaucoup sont peu nombreuses.

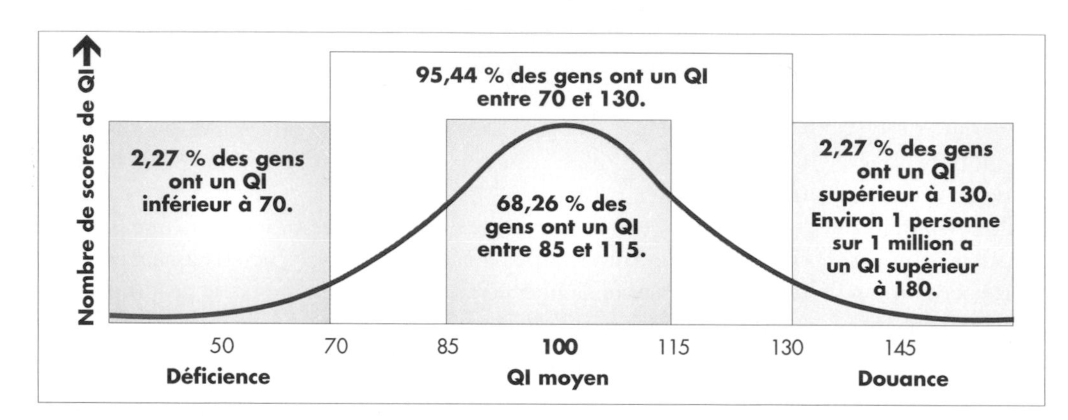

Le graphique ci-contre montre la distribution normale des scores de QI. Le QI moyen est de 100, et 95 % des scores de QI se situent entre 70 et 130. Un score de QI de 70 et moins est un signe de déficience mentale, et un score de QI de 130 et plus est un signe de douance. L'une des utilisations courantes des QI est donc le partage des divers niveaux d'aptitudes mentales en *catégories* : retardé, moyen, doué.

La déficience mentale : l'extrémité gauche de la courbe de distribution normale

Qu'est-ce que la déficience mentale ?

L'un des objectifs de Binet, on l'a vu, était d'établir quels élèves souffraient d'une déficience et avaient donc besoin d'un soutien particulier.

La *déficience mentale* est un manque important d'aptitudes qui nuit au fonctionnement normal d'une personne. Elle est caractérisée par un fonctionnement intellectuel largement sous la moyenne, et une insuffisance des comportements adaptatifs dans 2 des 10 domaines définis, tels que : communication interpersonnelle, hygiène personnelle, vie à la maison, habiletés sociales et sécurité (American Association on Mental Retardation, 1993).

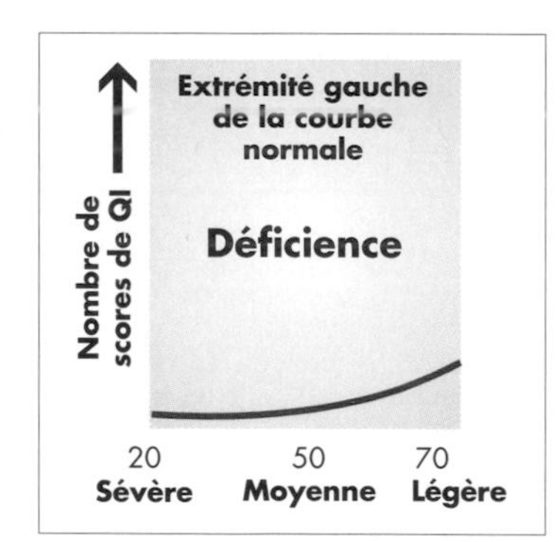

Le diagnostic de déficience mentale est donc basé sur le QI et sur l'observation de comportements adaptatifs dans divers contextes — en société, à la maison. Selon ces critères, on a défini trois types de déficience mentale.

Déficience mentale légère Les personnes ayant une déficience légère ont un QI se situant approximativement entre 50 et 70. Avec une formation adaptée et un soutien scolaire, elles peuvent apprendre à lire et à écrire, acquérir certaines compétences et être autonomes. Environ 70 % des déficients mentaux sont de ce type.

Déficience mentale moyenne Les personnes ayant une déficience moyenne ont un QI se situant approximativement entre 35 et 50. Elles peuvent acquérir une certaine autonomie dans la vie de tous les jours, pourvu qu'elles soient dans un milieu familial ou offrant un soutien adéquat.

Déficience mentale sévère ou profonde Les personnes ayant une déficience sévère ou profonde ont un QI se situant approximativement entre 20 et 35. Elles peuvent acquérir certaines habiletés pour s'occuper d'elles-mêmes, mais à cause d'habiletés motrices ou verbales déficientes, elles exigent une surveillance et des soins pendant toute leur vie.

Les causes Les causes de la déficience mentale sont de deux types.

La *déficience biologique* est d'origine génétique ou causée par des lésions cérébrales.

La *déficience culturelle/familiale,* dont la cause n'est ni génétique ni reliée à une lésion cérébrale, est le résultat d'un environnement appauvri.

La moyenne : le centre de la courbe de distribution normale

La majorité des gens ont un QI entre 70 et 130 : dans ce cas, que révèle le QI ?

Centre de la courbe normale
Nombre de scores de QI
70 85 **100** 115 130
QI moyen

QI et résultats scolaires Puisque le QI est une mesure des aptitudes cognitives, il n'est pas étonnant qu'il y ait une corrélation notable (0,50) entre QI et résultats scolaires en général, entre QI et notes en lecture des enfants du primaire (0,38 à 0,46) et entre QI et nombre d'années d'études (0,50) (Brody, 1997). Cependant, uniquement sur la base de ces corrélations, il serait difficile de prédire le succès ou l'échec scolaire d'une personne donnée, parce que, nous l'avons dit, d'autres facteurs entrent en ligne de compte.

QI et réussite en milieu de travail La corrélation entre QI et réussite professionnelle est faible : de 0,30 à 0,50 approximativement (Neisser *et al.*, 1996). Il serait donc difficile de prédire le degré de réussite professionnelle d'une personne donnée en se basant uniquement sur son score de QI. En fait, réussir sa vie professionnelle exige non seulement des aptitudes cognitives (mesurées par les tests d'intelligence traditionnels), mais aussi une intelligence appliquée (de bonnes aptitudes en résolution de problèmes, par exemple), que ne mesurent pas les tests traditionnels d'intelligence (Sternberg et Wagner, 1993).

La douance : l'extrémité droite de la courbe de distribution normale

Et que signifie un QI très élevé ?

Certains enfants démontrent parfois des aptitudes cognitives impressionnantes. À 8 mois, Masoud Karkehadadi a commencé à parler ; à 18 mois, il chantait les succès populaires de l'heure ; à 7 ans, il a obtenu 100 % à l'examen de fin d'études secondaires ; et, à 12 ans, il a obtenu un diplôme de l'Université de Californie. Le QI de Masoud est de plus de 200, c'est un « génie » (adapté du *Los Angeles Times,* 23 mai 1994). Chercheurs et éducateurs n'ont pas la même définition de la douance, mais en milieu scolaire on accepte généralement celle-ci :

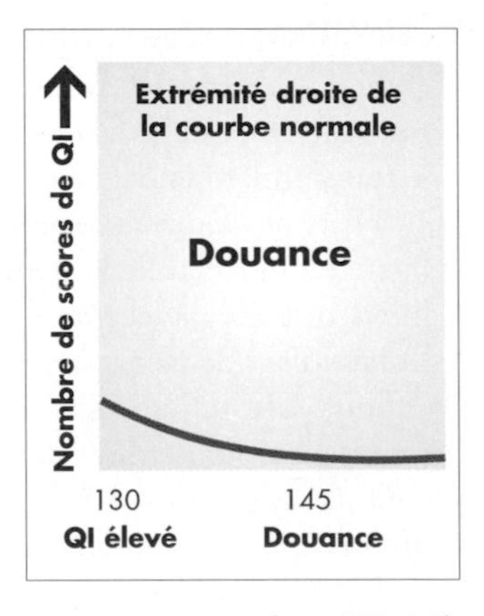

Un enfant *modérément doué* a un QI se situant entre 130 et 150 ; un enfant *surdoué* a un QI de 150 ou plus.

Dans une classe régulière, les élèves doués ont certains problèmes : ils sont parfois mis à part, parce qu'ils sont différents, et le programme ou les manuels ne présentent aucun défi pour eux. C'est pour cette raison qu'un chercheur a recommandé que les enfants doués suivent un programme adapté qui comporte des défis pour eux et les aide à développer leurs capacités (Winner, 1997).

Comment les doués s'en sortent-ils ? Au début des années 1920, Lewis Terman a sélectionné un échantillon de 1 500 enfants doués dont le QI variait de 130 à 200. Pendant 65 ans, des chercheurs ont observé ces individus pour déterminer ce qu'ils avaient réalisé et comment ils s'étaient adaptés dans diverses situations. Les résultats : entre 10 et 30 % des hommes ont obtenu des diplômes d'études supérieures, 30 % n'ont jamais terminé leurs études universitaires, et 2 % ont complètement décroché. Même si en général ces gens doués réussissaient mieux que des gens ayant un QI moyen, environ 9 % avaient de graves problèmes émotifs, et 7 % se sont suicidés (Holahan et Sears, 1995 ; Terman et Oden, 1959). En fait, collectivement, ces personnes avaient bien réussi dans la vie, mais pas de façon aussi extraordinaire qu'on aurait pu l'imaginer vu leur QI si élevé (Colangelo, 1997).

Conclusion Si l'on peut utiliser (sous toutes réserves) le QI pour prédire les résultats scolaires, pour déceler des problèmes de déficience mentale et pour reconnaître la douance, le test d'intelligence n'est pas un instrument fiable pour prédire la réussite professionnelle. Si le QI n'est pas, en soi, un outil infaillible, c'est qu'il ne mesure pas les divers facteurs émotionnels et motivationnels ainsi que les traits de personnalité qui influencent aussi les comportements.

Par ailleurs, les tests d'intelligence soulèvent certains problèmes : c'est ce que nous verrons maintenant.

D. Les tests d'intelligence : des controverses

Les avertissements de Binet

Qu'avait entrevu Binet ?

Binet et Simon ont créé au début du XXe siècle un test qui a été le modèle des tests de QI contemporains. Déjà à cette époque, Binet entrevoyait que ces tests puissent être utilisés de façon abusive.

Les avertissements de Binet

1 Binet a souligné que *les tests d'intelligence ne mesurent pas les aptitudes innées ou l'intelligence naturelle,* mais plutôt les aptitudes cognitives, qui sont le fruit à la fois du bagage génétique et du milieu.

2 Binet a souligné que *les test d'intelligence, en soi, ne doivent pas servir à étiqueter les gens* (« idiots », « génies »), mais plutôt permettre d'évaluer les aptitudes d'un individu ; les résultats, combinés avec d'autres informations, étaient pour Binet un moyen d'établir les besoins des enfants en difficulté à l'école.

L'histoire montre que les avertissements de Binet n'ont pas été entendus. Au début des années 1900, il était courant de considérer les QI comme une mesure de « l'intelligence innée » et permettant de départager « idiots » et « génies ». Aux États-Unis, par exemple, on a passé des lois pour restreindre l'accès au pays à des immigrants en se basant sur leur « degré d'intelligence innée » (Gould, 1996).

L'utilisation des QI a aussi servi — et sert encore — d'outil pour justifier la discrimination raciale et culturelle. Par exemple, un livre relativement récent, *The Bell Curve* (Hernstein et Murray, 1994) affirme que les écarts de QI qu'on observe selon l'origine ethnique sont d'abord le résultat de facteurs génétiques. Voyons quelques questions que soulève l'utilisation des tests d'intelligence.

La discrimination raciale

Les tests d'intelligence sont-ils biaisés ?

Des tribunaux ont eu à juger de plusieurs cas relatifs à l'utilisation de tests d'intelligence : en voici un exemple.

Larry, un enfant afro-américain de la Californie, avait été placé dans une classe pour déficients mentaux parce qu'il n'avait obtenu que 85 à un test d'intelligence. Plusieurs années plus tard, un psychologue afro-américain lui a fait subir un nouveau test et a découvert que son QI était plus élevé que 85. Larry a alors été retiré des classes spéciales, et placé dans une classe régulière qui lui offrait de véritables possibilités de développer ses capacités. Un recours collectif, basé sur le cas de Larry, a alors été déposé contre le district scolaire de San Francisco au nom des enfants afro-américains de la région. La poursuite s'appuyait sur le fait suivant : les enfants afro-américains, représentant seulement 4 % de toute la population scolaire, constituaient cependant 27 % des enfants inscrits dans les classes destinées aux déficients mentaux (Kaplan et Saccuzzo, 1997). Comment cela était-il possible ? Le processus de sélection démontrait un préjugé à l'égard des enfants afro-américains, affirmait l'accusation.

La cause de Larry a été déposée au début des années 1970, mais ce n'est qu'en 1979 qu'une décision finale a été rendue par un juge de la Cour d'appel fédérale des États-Unis : les tests de QI administrés dans les écoles pour déterminer quels enfants souffraient de déficience étaient biaisés. Le juge a par ailleurs décidé que les écoles de Californie ne pouvaient plus mettre des enfants dans des classes pour déficients uniquement sur la base de leur résultat à un test de QI : désormais, pour établir quels enfants avaient des difficultés d'apprentissage, elles devaient créer un nouveau test qui ne favoriserait pas les enfants de race blanche, soit cesser d'utiliser le test standard en vigueur.

Dans plusieurs États américains, on utilise encore aujourd'hui des tests d'intelligence pour établir la déficience mentale. Un enfant de l'Ohio dont le QI est inférieur à 80, par exemple, est considéré comme déficient alors que, s'il vivait dans l'État voisin, le Kentucky, il fréquenterait une classe régulière. Dans 39 États, les enfants afro-américains sont sur-représentés dans les classes pour enfants ayant des difficultés d'apprentissage, surtout dans les districts scolaires à prédominance blanche. Certains spécialistes ont dénoncé un tel système d'éducation : si les enfants afro-américains sont sur-représentés, ce n'est pas qu'on observe dans la communauté afro-américaine un degré particulièrement élevé de déficience, mais parce que les procédures de classement sont discriminatoires (Shapiro *et al.,* 1993).

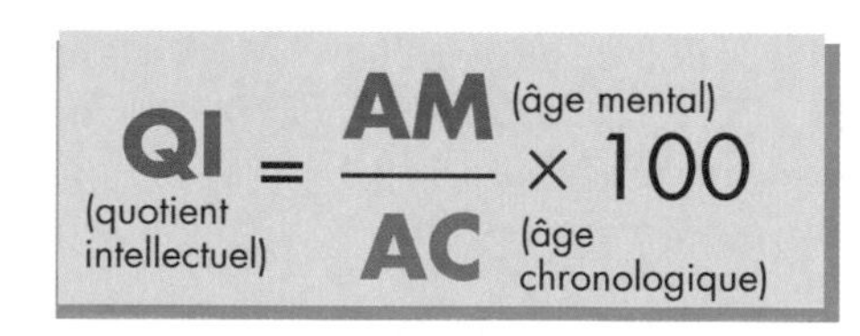

Les psychologues et les éducateurs s'entendent pour recommander que désormais toute décision pouvant influencer l'avenir d'un enfant ne soit pas prise uniquement sur la base de leur résultat à un test d'intelligence : il est essentiel de tenir compte d'un grand nombre de données autres que le QI, comme le comportement de l'enfant dans diverses situations (Detterman et Thompson, 1997).

Le biais culturel

Les mêmes questions pour tous ?

L'une des plus importantes critiques des tests d'intelligence est qu'ils comportent un biais culturel : la façon dont ils sont construits favorise surtout les gens de race blanche de la classe moyenne.

On appelle *biais culturel* le fait que la formulation des questions (d'un test, par exemple) et les expériences auxquelles celles-ci font référence sont plus familières à certains groupes sociaux qu'à d'autres.

Considérons par exemple cette question tirée d'une ancienne version de l'échelle d'intelligence Wechsler pour enfants : « Que feriez-vous si on vous envoyait chercher un pain et que, arrivé à l'épicerie, vous vous rendiez compte qu'il n'y en a plus ? »

Selon les créateurs du test, la bonne réponse est : « J'irais dans une autre épicerie. » Pourtant, quand on a posé la question à 200 enfants issus de minorités ethniques, 61 ont répondu : « Je reviendrais à la maison. » Cette « mauvaise » réponse était pourtant tout à fait logique, certains enfants ayant ensuite expliqué qu'il n'y avait tout simplement pas d'autres magasins d'alimentation dans leur quartier (Hardy *et al.,* 1976). L'exemple démontre que certains enfants peuvent être pénalisés à un test de QI standard simplement parce qu'ils ont un bagage culturel et un vécu différents de ceux de la majorité (Boykin, 1996).

De fait, certains chercheurs soutiennent que les tests de QI standard sont biaisés parce qu'ils mesurent des connaissances et des stratégies de résolution de problèmes qui s'appuient sur des expériences propres à certains milieux culturels ou socio-économiques (Suzuki et Valencia, 1997). De plus, les tests de QI sont construits sous forme de questions/réponses ; or, dans certaines cultures, les parents ont moins d'interactions avec leurs enfants et ne leur posent pas de questions comme le font souvent les parents occidentaux (Greenfield, 1997). Certains enfants sont donc pénalisés par ce genre de tests.

Des tests indépendants de la culture

Est-ce possible ?

Des psychologues ont essayé de créer des tests exempts de biais culturel.

Un *test indépendant de la culture* ne comporte pas d'items faisant référence à des termes, à des expériences ou à des situations sociales très différents de ceux qui font partie du bagage culturel de l'individu qui subit le test.

Ces tentatives n'ont pas connu beaucoup de succès, et certains spécialistes croient que les biais culturels sont inévitables (Greenfield, 1997). La psychologie écologique propose une autre façon de concevoir des tests qui permettrait d'éviter le biais culturel.

Selon les tenants de la *psychologie écologique,* on devrait mesurer l'intelligence en observant la façon dont les gens résolvent des problèmes dans leur milieu naturel.

Par exemple, on a découvert que les barmen, les représentants des ventes et les serveurs de restaurant résolvent des problèmes d'une manière beaucoup plus efficace que ne le laissent entrevoir les tests standard d'intelligence (Scribner *et al.,* 1986).

On a également observé que les gens de l'archipel de la Micronésie démontrent des aptitudes remarquables pour la navigation et que, sur de longues distances, ils ne se guident qu'en observant les étoiles et les courants océaniques. Ces aptitudes sont le signe d'une grande intelligence que n'indiquerait peut-être pas un test d'intelligence traditionnel.

Autrement dit, selon la psychologie écologique, l'intelligence se mesure à la capacité des individus à s'adapter à leur milieu et à résoudre les problèmes posés par celui-ci, plutôt qu'aux réponses données à un test d'intelligence (Ceci *et al.,* 1997).

D'autres facteurs

Et la nervosité ?

La photo ci-dessous est celle de Maria, qui a 11 ans et vit aux États-Unis depuis 2 ans. Elle a eu de la difficulté à apprendre l'anglais, ne réussit pas bien en classe, et l'idée de subir un test la terrifie. Quand est venu le moment de subir un test d'intelligence, le psychologue a tenté de l'aider à se détendre, mais elle avait tellement peur de ne pas réussir qu'elle n'arrivait pas à répondre, même aux questions les plus simples.

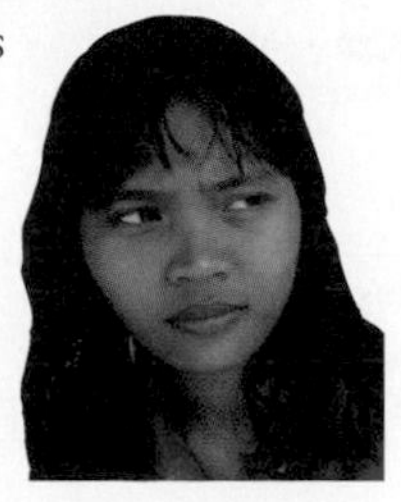

Les autres facteurs qui peuvent influencer (augmenter ou diminuer) les résultats obtenus à un test d'intelligence sont des facteurs *non cognitifs,* comme l'attitude, le vécu et l'état émotif.

Dans le cas de Maria, la gêne et la peur de l'échec l'ont empêchée d'obtenir un résultat correspondant véritablement à ses capacités. L'inverse est également possible : un enfant moins timide, par exemple, et habitué à subir des tests pourrait voir ses résultats améliorés par ces facteurs non cognitifs. Ce type de facteurs, comme certains chercheurs l'ont démontré, peuvent avoir une influence considérable (Kaplan et Saccuzzo, 1997).

E. L'inné et l'acquis

Le rôle de l'environnement

D'où « vient » l'intelligence ?

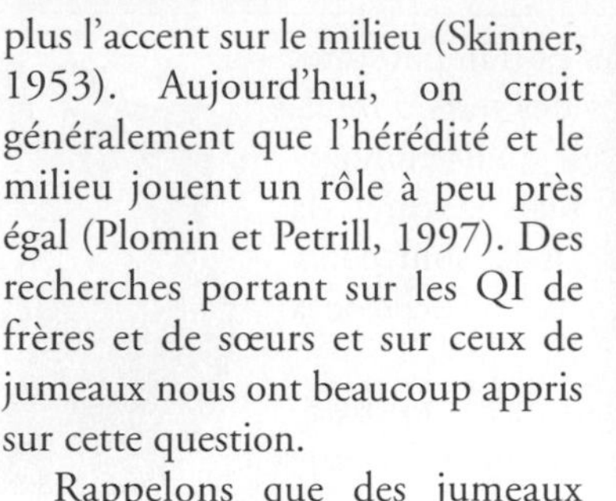

Voici l'exemple de jumeaux qui ont connu des sorts bien différents : Clarence Thomas et Emma Mae Martin. Clarence est devenu juge à la Cour suprême des États-Unis, alors que Emma vit de l'aide sociale. Quand on a demandé au juge Thomas pourquoi il avait une vie si différente de celle de sa sœur, il a répondu : « Nous venons du même village, nous avons les mêmes gènes, mais nous avons été élevés dans des milieux et par des gens différents. » (*USA Today*, 26 juin 1991) Cette réponse souligne que, si les frères et les sœurs ont en commun la moitié de leur bagage génétique, l'éducation et le milieu dans lequel ils sont élevés revêtent une aussi grande importance par rapport à ce qu'ils deviennent.

D'où « vient » l'intelligence ? Au début du XXe siècle, on a cru que l'intelligence était d'abord héréditaire (Terman, 1916). Dans les années 1950, cette position a été abandonnée, parce que la psychologie était très influencée par le behaviorisme : on mettait donc plus l'accent sur le milieu (Skinner, 1953). Aujourd'hui, on croit généralement que l'hérédité et le milieu jouent un rôle à peu près égal (Plomin et Petrill, 1997). Des recherches portant sur les QI de frères et de sœurs et sur ceux de jumeaux nous ont beaucoup appris sur cette question.

Rappelons que des jumeaux dizygotes se développent à partir de deux œufs séparés et ont en commun 50 % de leurs gènes. Des jumeaux monozygotes se développent à partir d'un seul œuf : ils ont donc exactement le même bagage génétique.

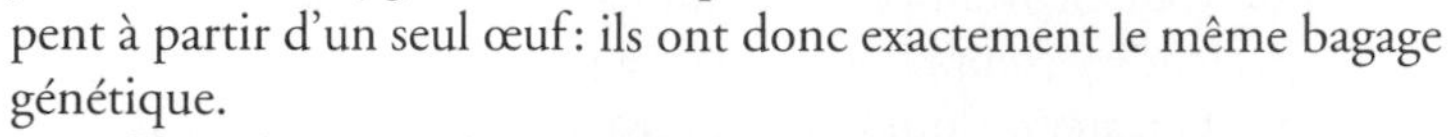

Si l'hérédité contribue de manière primordiale à l'intelligence, les QI de jumeaux monozygotes doivent se ressembler beaucoup plus que ceux de jumeaux dizygotes. Voyons ce que des recherches ont démontré.

Des études sur les jumeaux

Qu'est-ce qui est inné ?

Pour répondre à cette question, il faut d'abord définir intelligence et influence génétique.

L'intelligence Quand des chercheurs étudient les facteurs génétiques liés à l'intelligence, ils définissent généralement celle-ci comme étant le *g* de Spearman (voir page 170), mesuré à l'aide de tests d'aptitudes cognitives dont le résultat est un score de QI. Cependant, nous l'avons dit, il existe d'autres formes d'intelligence qui ne sont pas mesurées par les tests de QI.

L'influence génétique Quand des chercheurs affirment que les facteurs génétiques influencent l'intelligence, cela signifie que le bagage génétique influe, à divers degrés, sur les aptitudes cognitives et non que l'intelligence est reçue une fois pour toutes à la naissance (Plomin et Petrill, 1997).

On compte aujourd'hui une centaine d'études portant sur 10 000 paires de jumeaux et sur des frères et sœurs. Les conclusions de ces recherches ? Les jumeaux identiques (ou monozygotes), qu'ils soient élevés séparément ou ensemble, ont des QI plus semblables que les jumeaux fraternels (ou dizygotes), et ces derniers ont des QI plus semblables que les simples frères et sœurs.

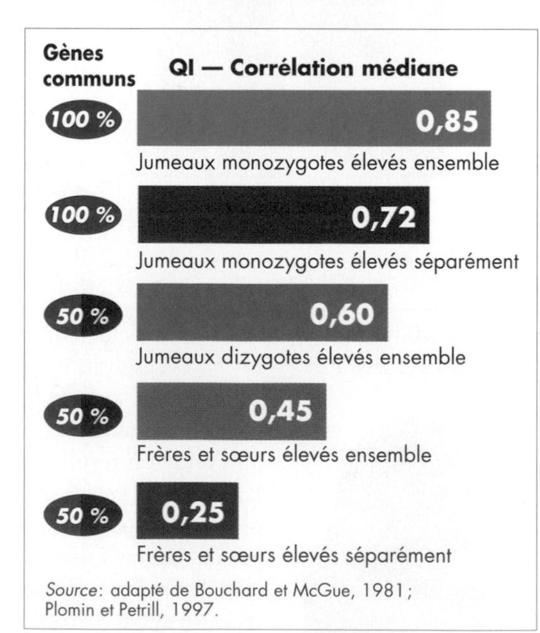

Source : adapté de Bouchard et McGue, 1981 ; Plomin et Petrill, 1997.

Le graphique ci-dessous montre entre autres que, dans le cas de jumeaux monozygotes élevés ensemble, la corrélation entre leurs scores de QI est de 0,85 ; dans le cas de jumeaux dizygotes élevés ensemble, la corrélation est de 0,60 ; et pour des frères et sœurs élevés ensemble, elle est de 0,45.

La conclusion de ces nombreuses études est que l'hérédité contribue pour une part d'environ 50 % à l'intelligence, et que le milieu y contribue donc aussi à environ 50 % (Gottesman, 1997). Plusieurs croient que l'influence génétique sur l'intelligence serait plus grande pendant l'enfance mais diminuerait avec le nombre grandissant des expériences vécues ; cependant, selon une étude plus récente faite sur 240 jumeaux de 80 ans et plus, l'influence génétique sur l'intelligence serait relativement constante tout au cours de la vie (McClearn *et al.*, 1997).

Donc, l'hérédité influence mais ne détermine pas à elle seule l'intelligence.

Des études sur l'adoption

Qu'est ce qui est acquis ?

Que se passerait-il si des enfants de milieux défavorisés, ayant des occasions limitées de développer leurs capacités, étaient adoptés par des parents qui pourraient leur offrir de meilleures chances d'apprendre et de se développer ? Des chercheurs français ont étudié des enfants de milieux défavorisés adoptés avant l'âge de six mois par des parents de la classe moyenne. Leur hypothèse de départ était la suivante : si le milieu influence le développement de l'intelligence, un milieu favorisé devrait contribuer au développement de l'intelligence. Résultats ? Le QI moyen des enfants adoptés était de 14 points plus élevé que celui d'enfants similaires, nés et élevés dans un milieu défavorisé ; de plus, les enfants adoptés couraient un risque quatre fois moins élevé d'échouer leurs études (Schiff *et al.,* 1982).

Une étude semblable, menée auprès d'enfants afro-américains de milieux défavorisés et adoptés par des familles de race blanche ou afro-américaines de la classe moyenne a produit les résultats suivants : le QI des enfants adoptés était de 10 points plus élevé que celui des enfants afro-américains élevés dans des foyers défavorisés (Scarr et Weinberg, 1976). Le suivi de cette étude a démontré que ces enfants, maintenant adolescents, avaient des QI plus élevés que les enfants afro-américains élevés dans leur propre communauté (Weinberg *et al.,* 1992). En fait, les données qui se dégagent des études sur l'adoption démontrent le rôle que jouent, dans le développement intellectuel, l'éducation ou les possibilités offertes par le milieu.

Hérédité et milieu : une interaction

Quel est le lien entre l'inné et l'acquis ?

Depuis 10 ans, les scientifiques ont fait d'importants progrès qui nous permettent aujourd'hui de répondre à la question : inné ou acquis ? Pour cela, ils ont créé un concept, l'héritabilité.

L'*héritabilité* est un pourcentage qui indique la mesure dans laquelle une aptitude, une caractéristique ou un trait de personnalité peut être attribué à des facteurs génétiques.

Le graphique ci-dessous montre que l'héritabilité de l'intelligence est de 50 %, ce qui signifie que la moitié de nos aptitudes cognitives globales est due à l'hérédité ; et le QI étant la mesure de diverses aptitudes cognitives, on a pu calculer l'héritabilité de certaines d'entre elles : aptitudes spatiales (32 %), aptitudes verbales (55 %) et mémoire (55 %) (McClearn *et al.,* 1997). Il reste maintenant à établir le ou les gènes qui contribuent au développement de chacune des aptitudes cognitives ; de telles recherches ont été entreprises récemment, et elles devraient permettre de déterminer les gènes auxquels on doit la maladie d'Alzheimer et différentes formes de déficience mentale (Gottesman, 1997).

Héritabilité

	Inné — hérédité	Acquis — milieu
Intelligence (aptitudes cognitives)	50 %	50 %
Aptitudes spatiales	32 %	68 %
Aptitudes verbales	55 %	45 %
Mémoire	55 %	45 %

Mais, nous l'avons dit, le bagage génétique ne « fait » pas tout : les facteurs génétiques sont à la source d'un certain nombre d'aptitudes ou de comportements potentiels, qui sont par la suite formés et modelés par le milieu. On appelle étendue de l'influence du milieu la mesure de ce processus (Bouchard, 1997).

L'*étendue de l'influence du mileu* indique la mesure dans laquelle une aptitude, un trait de personnalité ou l'intelligence peut se développer ou s'atrophier sous l'influence du milieu.

Pour ce qui est de l'intelligence, par exemple, l'étendue de l'influence du milieu indique qu'elle peut varier, en plus ou en moins, de 10 à 15 points selon qu'une personne évolue dans un milieu enrichi, normal ou appauvri. Pour résumer, on peut donc dire que le développement de l'intelligence dépend de la qualité du milieu, du bagage génétique, ainsi que de l'interaction entre ces deux types de facteurs, représentée par l'étendue de l'influence du milieu (Bouchard, 1997).

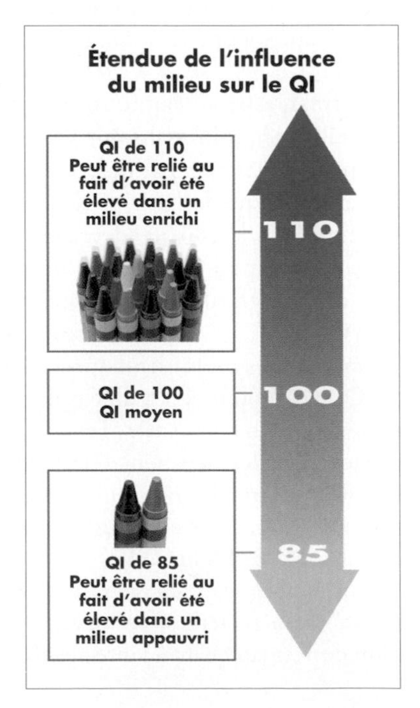

F. Diversité culturelle : tests d'intelligence et discrimination

Quelles étaient les mises en garde de Binet?

Alfred Binet a fait deux mises en garde à propos de l'usage des tests d'intelligence qu'il avait élaborés. Premièrement, disait-il, ces tests ne pouvaient et ne devaient pas servir à mesurer l'intelligence innée; deuxièmement, ils ne devraient pas servir à étiqueter les gens. Au début du XXe siècle, cependant, la psychologie n'en était qu'à ses balbutiements, et les psychologues américains tombèrent dans le panneau. Ils utilisèrent les tests non seulement pour mesurer ce qu'ils croyaient être l'intelligence innée, mais aussi pour cataloguer les gens (comme débiles ou imbéciles). Pire, ils persuadèrent le Congrès des États-Unis d'adopter en matière d'immigration des lois discriminatoires. Avec le recul du temps, il faut bien admettre que ces psychologues ont écrit une page sombre de l'histoire de leur discipline.

L'intelligence innée

Nous avons indiqué que Lewis Terman fut à l'origine de la révision du test d'intelligence de Binet (ultérieurement baptisé test Stanford-Binet) ainsi que de la formule permettant d'obtenir un résultat unique. Fermement convaincu que les influences extérieures étaient négligeables, il soutenait que les tests d'intelligence mesuraient les capacités innées.

Terman avait parmi ses objectifs de soumettre tous les enfants à des tests et de les classer en fonction des résultats. Il prétendait que la société aurait pu s'appuyer sur le quotient intellectuel pour restreindre ou éliminer les individus inaptes à une vie morale (Terman, 1916).

Terman espérait établir un quotient d'intelligence minimal pour l'exercice des principales occupations. Il pensait par exemple que les gens possédant un QI inférieur à 100 ne devraient pas obtenir d'emploi qui apporte du prestige ou des gratifications monétaires. Un QI de 75 à 85 destinait selon Terman à un emploi semi-spécialisé et un QI de 75 ou moins à un emploi non spécialisé. Aux yeux de Terman, les classes sociales devaient être déterminées par l'intelligence innée, telle que mesurée par le test Stanford-Binet (Gould, 1996; Hunt, 1993).

Un autre psychologue américain réputé, Robert Yerkes, partageait l'opinion de Terman quant à l'intelligence.

Le classement des races

On demanda à Robert Yerkes, alors professeur à l'université Harvard, de concevoir un test permettant de classer les aspirants militaires. Sous sa férule, plus de 1,75 million de recrues se soumirent à des tests d'intelligence pendant la Première Guerre mondiale. Yerkes et ses collègues obtinrent ainsi une quantité phénoménale de données dont ils tirèrent les trois conclusions suivantes (1921).

1. L'âge mental moyen des Américains blancs adultes s'établissait à 13 ans, soit juste un peu plus que les débiles mentaux (le terme usité à l'époque). Comment Yerkes et ses collègues expliquaient-ils ce piètre résultat? Par la multiplication effrénée des pauvres et des faibles d'esprit ainsi que par la propagation du sang nègre à la faveur des unions interraciales. (La terminologie appartient à Yerkes.)

2. Il était possible de classer les immigrants européens au point de vue intellectuel d'après leur pays d'origine. Ainsi, les personnes au teint pâle venues du nord et de l'ouest de l'Europe (les Nordiques) étaient les plus intelligentes, tandis que les personnes au teint foncé arrivées du sud de l'Europe (les Méditerranéens) de même que les Slaves d'Europe de l'Est étaient les moins doués.

3. Les Noirs se situaient au bas de l'échelle raciale en matière d'intelligence.

Faut-il s'étonner que, dans la foulée de Yerkes, le quotient intellectuel soit devenu un critère de discrimination raciale?

Les lois sur l'immigration

Outrés d'apprendre que des Européens « faibles d'esprit » étaient admis aux États-Unis, les membres du Congrès cherchèrent un moyen de leur fermer les portes du Nouveau Monde. Reposant en partie sur les classements de Yerkes, la Loi américaine sur l'immigration de 1924 assujettissait à des quotas extrêmement sévères l'immigration en provenance de certaines régions d'Europe.

Stephen Jay Gould (1996), un paléontologue de renom, a passé en revue les données de Yerkes et y a découvert un bon nombre de failles : conditions de test déplorables, normes inconstantes pour les reprises, administration de tests écrits à des recrues analphabètes et indifférence à l'égard du niveau d'instruction des sujets et de leur maîtrise de la langue anglaise. Gould a établi que les données de Yerkes étaient entachées de tellement d'erreurs qu'on ne pouvait en tirer aucune conclusion valable au sujet des différences entre les races en matière d'intelligence.

Maintenant que le temps a passé, il est clair que les psychologues d'hier ont fait un fort mauvais usage des tests d'intelligence. Ils ont notamment négligé le fait que ces tests constituent simplement des outils parmi tant d'autres pour évaluer les capacités cognitives, capacités que plusieurs considèrent comme une des nombreuses formes de l'intelligence (Gardner, 1995).

À présent que nous savons que les tests d'intelligence ont servi à mauvais escient dans le passé et qu'ils peuvent aujourd'hui encore être entachés de partis pris, nous pouvons à juste titre nous demander si ceux de demain rempliront mieux leur fonction.

G. Sujet de recherche : mesurer l'intelligence

Mesurer l'intelligence grâce aux tomographies

D'autres façons de mesurer l'intelligence ?

Depuis quelques années, grâce aux progrès scientifiques, on a utilisé de nouvelles techniques pour aborder un problème très ancien : comment le cerveau « pense »-t-il ? Nous avons décrit, au chapitre 3, l'utilisation des tomographies par émission de positons (TEP) pour « voir » l'activité cérébrale. La TEP implique l'injection de glucose légèrement radioactif (dose non nocive) dans le sang. Le glucose peut ainsi atteindre le cerveau. Les neurones du cerveau absorbent le glucose facilement, puisqu'il s'agit de leur carburant. Ainsi, plus les neurones sont actifs, plus ils consomment de glucose, ce qui signifie que les TEP pourront enregistrer et visualiser l'activité neuronale des diverses zones cérébrales.

C'est grâce à des codes de couleur que les TEP illustrent une plus ou moins grande activité neuronale : une activité maximale apparaît à l'écran en rouge et en jaune, et une activité minimale apparaît en bleu et en vert : la photo ci-contre est une TEP illustrant les parties du cerveau les plus actives quand un sujet se concentre sur des objets et leur utilité.

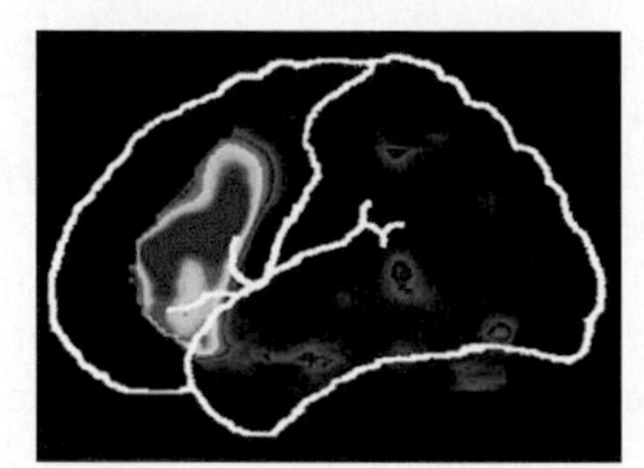

Depuis cinq ans, plusieurs chercheurs ont utilisé les TEP pour déterminer les aires du cerveau impliquées dans l'attention, la mémoire, la perception d'objets et de visages et la compréhension du langage (Beveza et Nyberg, 1997). Ces recherches ont modifié notre compréhension du fonctionnement du cerveau (voir chapitre 3). Bientôt, les TEP permettront sans doute de mesurer de nombreuses aptitudes cognitives et peut-être même certaines formes d'intelligence. Nous décrirons ici quelques expériences faites à l'aide des TEP dans le but d'étudier les aptitudes cognitives.

Le mode de pensée des hommes et celui des femmes

On ne peut distinguer le cerveau d'un homme de celui d'une femme uniquement grâce à leurs caractéristiques physiques ; même en examinant une TEP du cerveau d'une personne au repos (qui ne pense pas et n'imagine pas), il est très difficile de déterminer s'il s'agit d'un homme ou d'une femme (Mansour *et al.*, 1996). Cependant, une TEP du cerveau d'un sujet qui tente d'identifier la forme d'un dessin renversé montre une différence évidente dans le « mode de pensée » : pour analyser la figure, les hommes utilisent surtout le lobe frontal droit, tandis que les femmes se servent surtout de l'aire temporale-pariétale droite (Deutsch et Halsey, 1991). Ces « modes de pensée » différents indiquent qu'un homme et une femme qui obtiendraient le même résultat à un test de QI y arriveraient cependant en faisant appel à des parties différentes de leur cerveau.

D'autres chercheurs ont aussi observé que le cerveau des hommes et celui des femmes ne traitent pas les informations émotionnelles de la même manière (Gur *et al.*, 1995). Par exemple, quand on demande à des femmes de se sentir tristes, une plus grande partie de leur « cerveau émotionnel » (la région limbique) est activée, comparativement à celui des hommes (George *et al.*, 1996). Cette différence est peut-être à la base d'une observation qu'on a souvent faite : les femmes reconnaissent et expriment mieux leurs émotions que les hommes.

Sujets déficients

Les déficients mentaux légers présentent une activité générale du cerveau 20 % plus importante, et les aires du cerveau en activité sont plus nombreuses (en rouge et en jaune) lorsqu'ils exécutent une tâche simple.

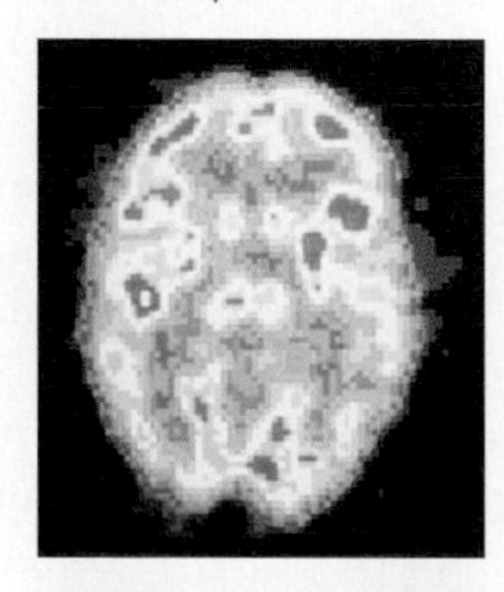

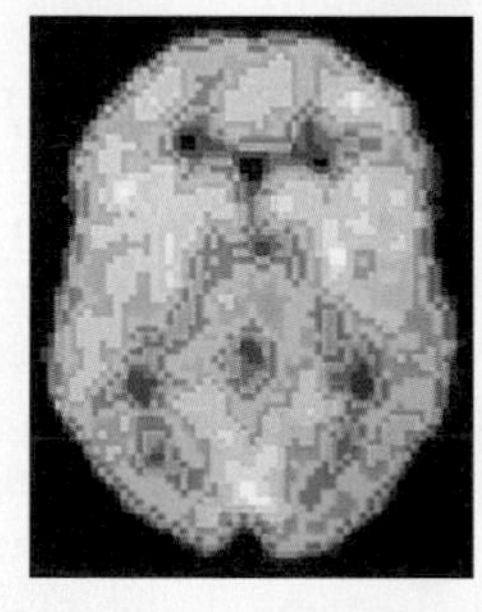

Les individus ayant un QI moyen présentent une activité générale du cerveau moins importante (plus de régions en vert et en bleu) lorsqu'ils exécutent une tâche simple.

Sujets normaux

Le mode de pensée des déficients intellectuels

Des chercheurs se sont posé la question suivante : les TEP pourraient-elles aussi montrer une différence dans le « mode de pensée » entre des individus qui ont un cerveau normal et d'autres qui souffrent de déficience intellectuelle ? Ils ont donc comparé des TEP d'individus qui présentaient une déficience mentale légère (QI entre 50 et 70) avec celles d'individus ayant un QI de 115 et plus (groupe contrôle). Résultat : dans des tâches requérant peu d'attention, les déficients mentaux présentaient une activité neuronale 20 % plus importante que les individus du groupe contrôle (Haier *et al.*, 1995). C'est ce qu'on voit sur les TEP ci-contre.

Si les cerveaux des déficients doivent « travailler à pleine capacité » même pour réaliser des tâches très simples, on peut donc supposer que le cerveau d'individus souffrant d'une déficience est moins « efficace » que celui d'individus ayant un QI moyen (Haier *et al.*, 1995). Ce type de recherche laisse entrevoir que les TEP pourraient être utilisées pour mesurer l'« efficacité » du cerveau d'une personne selon le nombre d'aires du cerveau qui sont en activité au moment de la réalisation d'une tâche cognitive ; autrement dit, les TEP pourraient alors permettre d'améliorer les outils servant à définir et à mesurer l'intelligence (Haier, 1996).

H. La formation de concepts

Est-ce un chien, un chat ou un lapin?

Nous n'avons presque aucun souvenir d'une « difficulté » que nous avons tous eue quand nous étions enfants : comment reconnaître divers animaux — distinguer un chien d'un chat ou d'un lapin, par exemple? Nous avons « réussi », entre autres, en formant des concepts.

n° 1

Un *concept* est une manière de regrouper des objets, des événements, des animaux ou des gens en se basant sur certaines des caractéristiques qui leur sont communes.

Enfants, on a appris, grâce à diverses expériences, à reconnaître les caractéristiques d'un chien : ainsi, devant un chihuahua de moins de 1 kilo ou devant un danois de 50 kilos, on arrivait à « deviner » qu'il s'agissait de chiens et non pas de chats ou de lapins. Deux théories peuvent expliquer la formation d'un concept comme celui de chien : la théorie des caractéristiques et la théorie des prototypes.

La théorie des caractéristiques

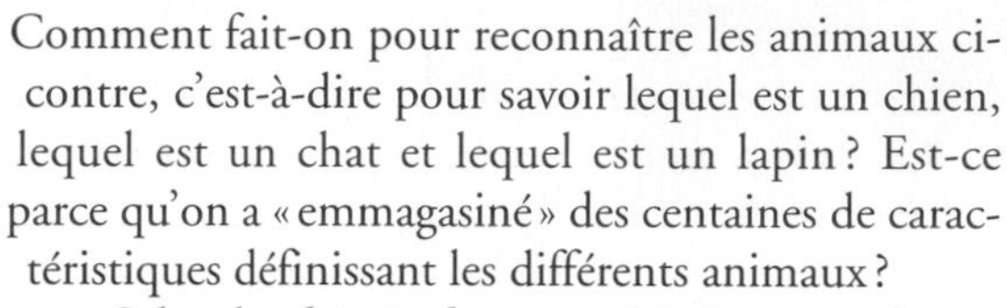

Comment fait-on pour reconnaître les animaux ci-contre, c'est-à-dire pour savoir lequel est un chien, lequel est un chat et lequel est un lapin? Est-ce parce qu'on a « emmagasiné » des centaines de caractéristiques définissant les différents animaux?

Selon la *théorie des caractéristiques,* on forme le concept correspondant à un objet, à un événement, à un animal ou à une personne en faisant une liste mentale des attributs réels ou essentiels d'une catégorie d'éléments.

La catégorie (ou le concept) chien, par exemple, correspond à un animal ayant un museau, deux oreilles, deux yeux, quatre pattes, des poils, une queue (habituellement), et qui aboie ; on forme de la même manière le concept de chat, de lapin, etc. Quand on voit un animal, on passe automatiquement en revue les centaines de définitions d'animaux qu'on connaît jusqu'à ce qu'on trouve celle qui correspond à cet animal et, alors, on peut savoir de quelle sorte d'animal il s'agit. Si cette théorie semble acceptable, elle soulève cependant deux sérieuses difficultés.

Les problèmes de la théorie des caractéristiques

Trop d'attributs Il est bien difficile de faire une liste de toutes les caractéristiques d'un objet, quel qu'il soit (Rey, 1983). Par exemple, si la liste des caractéristiques d'un chien n'était pas assez complète, elle pourrait s'appliquer aussi aux loups, aux chacals, aux coyotes, aux mouffettes ; et si la liste comportait toutes les caractéristiques possibles, elle serait longue à « parcourir » et donc difficile à « utiliser »... Sans compter qu'il faudrait une telle liste de caractéristiques pour chaque animal, personne ou objet. « Travailler » avec un aussi grand nombre de listes serait difficile pour la meilleure des mémoires!

Trop d'exceptions De plus, il faudrait non seulement une liste des caractéristiques définissant chaque concept, mais aussi une liste de toutes les « exceptions » : par exemple, dans le cas du chien (voir les caractéristiques énumérées plus haut), certains aboient rarement, il y en a des tout petits et des très gros, certains n'ont pas de poils et d'autres en ont beaucoup, etc.

Bref, avant d'appareiller le concept à ce qu'on cherche, il faudrait consulter deux longues listes. La théorie des caractéristiques ne fait donc pas l'unanimité dans les milieux scientifiques. Certains ont d'ailleurs proposé une autre théorie, celle des prototypes.

La théorie des prototypes

n° 2

Regardez, à droite, les animaux 1, 2 et 3. La théorie des prototypes explique pourquoi on peut facilement dire que ce sont tous des chiens, malgré leurs grandes différences (taille, couleur, forme de tête).

Selon la *théorie des prototypes,* on forme un concept en créant une image mentale basée sur les caractéristiques moyennes d'un objet ou d'un être ; c'est ce qu'on appelle un prototype. Pour reconnaître un nouvel objet ou un être, on essaie de l'identifier avec l'un des prototypes qu'on possède déjà.

n° 3

Au fil de l'expérience, on a formé des prototypes de nombreux objets, individus et animaux différents (Cohen et Murphy, 1984 ; Rosch, 1978). Le prototype d'un chien, par exemple, serait un animal de taille et de poids *moyens,* avec un nez, une queue, et des oreilles « moyennes ». Ce prototype nous permet d'affirmer que les animaux 1, 2 et 3 sont des chiens.

Les avantages de la théorie des prototypes

Les attributs moyens Le principal avantage de la théorie des prototypes sur la théorie des caractéristiques est qu'on n'a pas à dresser une liste exhaustive des caractéristiques que possède un objet ou un être. C'est une image, un prototype, qui nous permet de reconnaître l'objet ou l'être.

La reconnaissance rapide Le deuxième avantage de la théorie des prototypes est qu'elle permet une reconnaissance rapide ; c'est le cas des trois animaux que vous avez vite identifiés comme étant tous des chiens. Plus un objet ou un être ressemble au prototype, plus vite on peut le reconnaître et l'inverse.

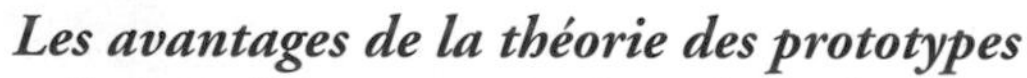

Par exemple, quel est cet animal étrange (le n° 4), et où est sa tête? Cet animal ne ressemble pas à votre prototype de chien? Il vous faudra donc un certain temps pour comprendre qu'il est entièrement couvert d'un pelage torsadé et que sa tête est à droite. En fait, c'est un chien rare de race puli.

n° 4

La théorie des prototypes est aujourd'hui largement reconnue.

À quel âge les enfants commencent-ils à former des concepts et pourquoi est-ce relativement facile et habituellement automatique? Nous répondrons à ces questions à la page suivante.

La formation de concepts durant la petite enfance

Les premiers concepts : à quel âge ?

Un enfant de 14 mois connaît déjà plusieurs concepts comme « jus », « biscuit », « balle », « pomme » et « lapin ». Les enfants de 10 à 16 mois peuvent aussi identifier plusieurs animaux terrestres et aquatiques (Oakes *et al.*, 1997). On a découvert que c'est grâce à leur expérience (manipuler des objets, par exemple) et au développement de leurs aptitudes langagières (nommer des éléments) que les enfants forment des concepts et apprennent à classer des objets ou des êtres en catégories (Gershkoff-Stowe *et al.*, 1997). Au début, les catégories utilisées par les enfants sont très vastes et peu nombreuses : il y a la catégorie des « objets », des « personnes » et des « animaux ». Cependant, la liste des concepts s'allonge avec l'expérience. Par ailleurs, quand un enfant forme un concept — « placer un bloc *en haut* », par exemple — il forme facilement le concept opposé — « placer un bloc *en bas* ». Au fur et à mesure des expériences et de la maîtrise du langage (à 5 ans), ils peuvent former des concepts plus complexes correspondant à des qualificatifs : « lourd », « brillant », « coloré », « sucré »... L'expérience entraînant la formation de concepts, les enfants tirent donc profit d'un environnement stimulant et qui leur offre de nombreuses occasions d'être exposés à une grande variété d'objets, d'animaux et de gens avec lesquels ils peuvent interagir (Kagan, 1994b).

Le cerveau et les concepts

Comment procède le cerveau ?

Sans même réfléchir, vous pouvez rapidement identifier ce qui est illustré à droite : une tortue, une pomme, et un clown ; vous pouvez également les placer dans trois catégories différentes : animal, nourriture, personne. On reconnaît des choses ou des êtres en les associant au prototype qui leur convient (Squire et Knowlton, 1995). On n'a pas conscience de former des prototypes et d'y associer des êtres ou des objets, parce que ces processus cognitifs agissent à un niveau inconscient (ou implicite) : on n'en a pas connaissance et l'on ne se souvient pas du moment ou de la façon dont ça s'est fait (voir chapitre 7). Cela a été démontré par des recherches faites sur des personnes qui ont souffert d'amnésie ou de pertes de mémoire causées par des lésions cérébrales. Même si les sujets amnésiques pouvaient construire des prototypes et y associer correctement des objets et des êtres, ils ne pouvaient expliquer comment ils l'avaient fait. Les chercheurs ont conclu que l'utilisation de prototypes implique des processus cognitifs dont on n'a pas conscience et dont on ne peut se souvenir volontairement (Squire et Knowlton, 1995).

Si les enfants peuvent former des concepts ou des catégories si facilement et si tôt, c'est qu'à la naissance le cerveau possède déjà les circuits nécessaires et que différentes régions sont déjà prêtes à traiter divers concepts. En utilisant des TEP d'individus normaux et d'autres faites sur des personnes ayant subi des lésions cérébrales, on a découvert que les concepts d'animaux, de légumes et de visages, par exemple, étaient traités par différentes aires du cerveau (Martin *et al.*, 1996 ; Moscovitch, 1997).

La capacité de former et d'utiliser des concepts présente deux grands avantages.

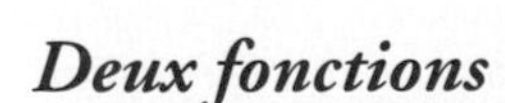

Deux fonctions

Et si on oublie nos concepts ?

Si, en vous réveillant un matin, vous vous rendiez compte que vous ne vous souvenez d'aucun concept, vous passeriez une bien mauvaise journée, parce que les concepts ont deux rôles importants : organiser les informations et éviter d'avoir à réapprendre.

1 Organiser les informations Les concepts nous permettent de classer objets et êtres en catégories, ce qui facilite beaucoup le stockage et l'organisation des informations dans la mémoire. Par exemple, il n'est pas nécessaire de stocker des centaines d'images mentales de chiens, il ne faut qu'un seul prototype « chien ».

2 Éviter d'avoir à réapprendre Puisqu'on utilise des concepts pour classer des objets et les associer à des catégories, on peut donc classer de nouveaux objets sans avoir à réapprendre ce qu'ils sont.

Sans concept, le monde serait constitué de multiples informations sans lien entre elles. Certaines lésions cérébrales, comme l'agnosie visuelle, détruisent la capacité de former des concepts : les personnes qui en souffrent sont alors incapables de nommer et de classer ce qu'elles voient (voir page 59).

Les concepts nous aident à donner un sens à notre monde. Ils sont aussi utiles pour résoudre des problèmes et pour penser de manière créative.

I. La résolution de problèmes

Experts en résolution de problèmes ?

Gary Kasparov, l'un des meilleurs joueurs d'échecs du monde, a l'air bien maussade (photo ci-contre). En 1997, il a perdu contre un ordinateur baptisé Deep Blue. Ce monstre de 1,4 tonne, l'équivalent de 32 ordinateurs personnels, avait été construit dans le seul but de battre Kasparov aux échecs. L'homme et la machine se sont affrontés sur le terrain de la... résolution de problèmes.

La *résolution de problèmes* est la recherche d'une règle, d'un plan ou d'une stratégie en vue d'atteindre un certain objectif.

La résolution de problèmes comporte trois étapes : 1. la *préparation,* pendant laquelle on réfléchit au problème à résoudre ; 2. la *production,* pendant laquelle on essaie diverses règles ou stratégies pour résoudre le problème ; 3. l'*évaluation,* pendant laquelle on choisit la meilleure solution. Si certains, comme Kasparov, deviennent « experts en résolution de problème », c'est qu'ils réfléchissent de façon plus globale à la manière de résoudre un problème plutôt que de se concentrer sur des détails (Abernethy *et al.,* 1994 ; Rostan, 1994). Les experts programmeurs d'ordinateurs, par exemple, quand ils écrivent un nouveau programme, ont l'objectif final en tête et travaillent à rebours vers les solutions. Les novices, eux, s'empêtrent dans les étapes intermédiaires et n'atteignent jamais (ou qu'avec peine) l'objectif : en d'autres mots, ils examinent en détail chacun des arbres, ce qui les empêche d'avoir une vision d'ensemble de la forêt...

Deux règles pour résoudre un problème

Le tournoi entre Kasparov et Deep Blue était essentiellement l'affrontement de deux façons différentes de résoudre des problèmes. Kasparov a utilisé des moyens basés sur d'habiles raccourcis mentaux (méthode heuristique), alors que Deep Blue fonctionne selon des suites logiques déterminées (algorithmes). Voyons ces deux méthodes.

Les algorithmes

Pour gagner à des jeux comme les échecs, les dames ou le bridge, la meilleure façon est d'utiliser des algorithmes.

Les *algorithmes* sont un ensemble de règles invariables (ou finies) qui, quand elles sont appropriées à un problème, mènent toujours à sa résolution.

Jouer aux échecs, par exemple, nécessite de suivre des algorithmes qui définissent les mouvements des pièces et les conséquences de ces mouvements. Relativement peu de joueurs d'échecs deviennent des maîtres, parce que tous ne réussissent pas à acquérir une excellente habileté à apprendre et à manier les algorithmes.

Avant 1997, Deep Blue n'avait que peu de chances de battre Kasparov. Jouer aux échecs en utilisant des algorithmes est un processus lent. On pourrait comparer cela à apprendre à conduire une voiture en lisant le mode d'emploi : au début, on n'avancerait que très lentement ! Kasparov, lui, jouait en utilisant une méthode plus rapide et puissante lorsqu'elle fonctionne : l'heuristique.

L'heuristique

Kasparov, grâce à un cerveau exceptionnel et à plusieurs années d'expérience, a appris des centaines d'habiles raccourcis (des heuristiques) qui lui ont permis de devenir un grand maître aux échecs.

L'*heuristique* est un ensemble de règles régissant les connaissances empiriques qui découlent d'expériences semblables, et qui réduisent le nombre d'opérations nécessaires pour résoudre un problème.

Avant 1997, Kasparov avait toujours réussi à vaincre l'ordinateur : sa méthode lui permettait de « déjouer » son adversaire, en étant plus rapide. Alors, que s'est-il produit ? De nouveaux algorithmes, « ajoutés » à Deep Blue, ont augmenté sa vitesse de « travail », de 100 000 mouvements/seconde qu'elle était, à 200 000 mouvements/seconde : il pouvait donc désormais déterminer et choisir beaucoup plus rapidement, parmi toutes les possibilités, la meilleure suite de mouvements des pièces (Peters, 1997) !

On pourrait se demander pourquoi on ne crée pas un programme d'échecs selon la méthode heuristique. Pour y arriver, un programmeur devrait d'abord comprendre la pensée complexe et intuitive exceptionnelle d'un maître comme Kasparov, ce qui est impossible.

Des psychologues ont découvert que, chaque jour, quand nous avons des décisions à prendre, nous utilisons plusieurs heuristiques : c'est l'heuristique de disponibilité (Fisk et Pidgeon, 1997 ; Tversky et Kahneman, 1983).

L'*heuristique de disponibilité* est le fait que, au moment de prendre une décision ou de résoudre un problème, on se fie d'abord aux informations les plus saillantes ou dont on se souvient le plus facilement, et qu'on ne s'attarde pas aux autres informations, disponibles mais moins évidentes.

Par exemple, on pourrait facilement conclure que les médias ne traitent que d'événements tragiques et sensationnels parce que ce sont les informations qui ressortent le plus et dont on se rappelle le plus. Cependant, ce faisant, on passe par-dessus toutes les autres informations disponibles mais moins notables.

Par conséquent, rien ne nous garantit qu'on a trouvé la réponse ou la solution la meilleure ou la mieux adaptée à une situation donnée si on n'a utilisé que les informations évidentes et qu'on a omis de tenir compte de multiples éléments qui auraient pu nous donner une vision différente de cette situation (Bower, 1997).

Parfois, il n'existe aucune règle établie pour résoudre un problème : on doit alors créer nos propres règles. Quelles sont les diverses stratégies possibles dans ce genre de situation ?

Trois stratégies de résolution de problèmes

Que faire devant un obstacle?

Chaque jour, nous faisons face à des problèmes, et nous nous retrouvons souvent devant des obstacles apparemment insurmontables. En observant les «experts» en résolution de problèmes — joueurs d'échecs, ingénieurs, programmeurs d'ordinateurs — des psychologues ont établi différentes stratégies pouvant simplifier la tâche. Nous verrons ici trois de ces stratégies. (Les solutions aux deux premiers problèmes se trouvent à la page 188.)

Changer de règles mentales

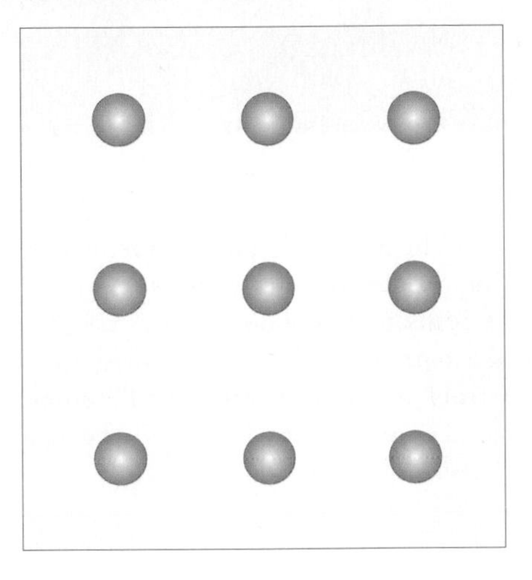

Le problème Reliez les neuf points de la figure ci-dessus en traçant quatre lignes droites, sans lever le crayon ni passer sur une ligne déjà tracée.

Essayez de trouver la solution avant de poursuivre la lecture... Si, comme la plupart des gens, vous n'y arrivez pas, c'est peut-être à cause d'une fixité fonctionnelle.

La *fixité fonctionnelle* est l'incapacité d'attribuer de nouveaux usages à un objet parce que l'usage courant est trop familier.

Par exemple, vous deviez ici tracer des lignes; or, vous avez probablement tenté de tracer des lignes *qui partent d'un point et se terminent sur un autre point.* Pour résoudre le problème, il faut «oublier» cette «règle» (qui vous est apparue comme immuable): une ligne *ne s'arrête pas nécessairement* sur un point.

Vous aviez trouvé la solution? C'est peut-être grâce à «un éclair de génie» (ou insight)! L'*insight* est le fait de trouver soudainement la solution d'un problème après plusieurs tentatives vaines.

On a plus de chances d'avoir un «éclair de génie» qui permettra de régler un problème (ou à tout le moins de trouver une piste insoupçonnée) quand on considère le problème sous plusieurs points de vue différents et inhabituels et si l'on tente de se détendre, ce qui aide à «sortir des sentiers battus» (la fixité fonctionnelle).

Utiliser l'analogie

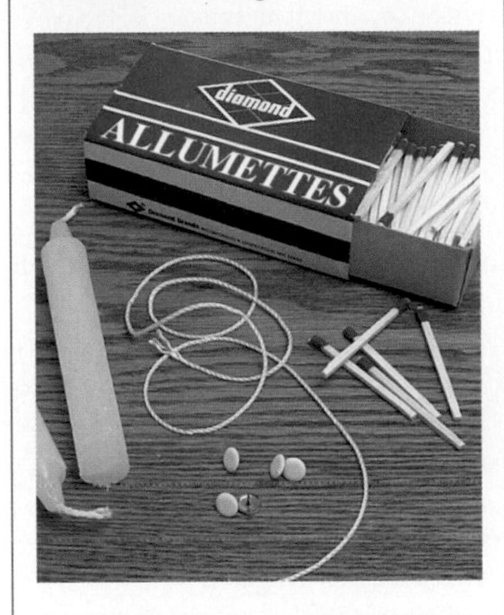

Le problème Vous avez une boîte de 200 allumettes, 2 bougies, un bout de ficelle et des punaises. Comment fixeriez-vous une bougie au mur pour qu'elle éclaire?

Pour résoudre ce problème, on peut par exemple utiliser l'analogie.

Une *analogie* est une stratégie basée sur la reconnaissance de similitudes entre deux éléments (des événements, des situations, des phénomènes...).

Par exemple, ici, vous avez peut-être pensé: «On peut installer quelque chose au mur à l'aide d'une tablette (situation familière). Alors, quel objet — chandelle, ficelle, boîte d'allumettes — pourrait servir de tablette? Vide, la boîte peut être fixée au mur avec les punaises!»

À force d'utiliser cette stratégie, on apprend à manier l'analogie, et l'on arrive à résoudre plus facilement des problèmes: c'est l'une des raisons pour laquelle les employeurs recherchent souvent des «gens avec expérience».

Établir des objectifs partiels

Objectif final: écrire un texte de fin de session

Objectifs partiels:

1. **Faire des recherches en bibliothèque.**
2. **Lire la documentation et prendre des notes.**
3. **Faire un plan détaillé.**
4. **Rédiger le texte.**

Le problème Vous devez écrire un texte dont le sujet est «La créativité et la folie».

Comment vous y prendrez-vous? Vous pourriez diviser la tâche (l'objectif) en plusieurs objectifs partiels.

L'utilisation d'*objectifs partiels* est une stratégie qui exige la division d'un objectif en sous-objectifs, lesquels, atteints l'un après l'autre, mènent à l'objectif initial.

C'est ce qu'illustre la marche à suivre ci-dessus. Le premier objectif partiel est trouver de la documentation; le deuxième, lire les livres ou les articles choisis et prendre des notes; le troisième, construire un plan du texte; et le quatrième, rédiger le texte à l'aide du plan et des notes. Une fois le dernier objectif partiel atteint, et comme chacune des étapes a conduit à la suivante... il ne reste qu'à remettre le travail à la date fixée!

La stratégie des objectifs partiels permet aux étudiants, par exemple, de mieux gérer leur temps et de réduire l'anxiété face aux échéances, puisque, ainsi, on travaille à atteindre un «petit» objectif à la fois plutôt que de se préoccuper de réaliser une tâche qui peut sembler énorme au départ.

En fait, bien souvent, devant un problème, nous utilisons une combinaison de stratégies.

J. La pensée créative

Gordon Parks (ci-contre) a grandi aux États-Unis dans les années 1920. À cause de la ségrégation raciale, il n'a pas beaucoup fréquenté l'école; à cette époque, on disait aux Noirs qu'ils étaient chanceux s'ils se trouvaient un emploi de porteur dans une gare. Pourtant, Parks a écrit deux romans et cinq livres de poésie, a réalisé deux films, et — il a maintenant plus de 80 ans — ses photos (comme celle de droite), qui ont fait l'objet d'une exposition, ont été publiées récemment (Parks, 1997). Le cas de Parks soulève quatre questions sur la créativité: comment définition la créativité? y a-t-il un lien entre QI et créativité? comment les gens créatifs « fonctionnent-ils »? la créativité est-elle reliée à des problèmes psychologiques?

Une définition

Il est important de distinguer pensée créative et individu créatif.

La *pensée créative* est la combinaison d'une souplesse de la pensée et de la capacité à réorganiser sa vision du monde afin de produire des idées et des solutions novatrices (Greeno, 1989).

Un *individu créatif* est quelqu'un qui a une grande capacité de résoudre des problèmes, de concevoir des produits ou de formuler des idées qui ont une influence sur la société (Gardner, 1993a).

Les êtres humains peuvent faire preuve de créativité de plusieurs façons: Albert Einstein a créé la théorie de la relativité; Michel-Ange a peint la voûte de la chapelle Sixtine; Sigmund Freud a fondé la psychanalyse; les Rolling Stones font des disques depuis 30 ans; Gordon Parks est auteur, réalisateur et photographe.

Il existe tellement d'exemples et de types de créativité que les psychologues utilisent trois outils différents pour l'étudier: l'approche psychométrique, l'étude de cas et l'approche cognitive (Sternberg et Lubart, 1996).

L'approche psychométrique

Cette approche, qui utilise des tâches objectives de résolution de problèmes pour mesurer la créativité, accorde beaucoup d'importance à la distinction entre deux types de pensée — convergente et divergente (Guilford, 1967; Kitto *et al.*, 1994).

La *pensée convergente* permet d'apporter une seule solution valable à un problème.

On fait appel à la pensée convergente, par exemple, quand on doit répondre à des questions à choix multiples ou résoudre un problème mathématique.

La *pensée divergente* permet d'apporter de multiples solutions à un problème.

On utilise des problèmes comme ceux de la page précédente (« les neufs points » et « la bougie ») pour évaluer la pensée divergente, qui est une mesure psychométrique courante de la créativité (Amabile, 1985; Camp, 1994).

Les tests de pensée divergente sont généralement fidèles: les gens obtiennent les mêmes résultats aux mêmes tests, à différentes périodes de leur vie (Domino, 1994). Par contre, les tests de pensée créative ne sont pas très valides: des personnes créatives comme Gordon Parks pourraient ne pas obtenir de très bons résultats aux tests psychométriques de créativité (Gardner, 1993a).

L'étude de cas

L'approche psychométrique, qui utilise des tests objectifs, ne peut donner qu'un aperçu de la pensée créative. En comparaison, les études de cas permettent d'étudier plus en profondeur des génies créatifs et de recueillir des données sur leur cheminement, leur personnalité, leurs motivations et leurs problèmes.

Par exemple, Howard Gardner (1993a) a utilisé cette approche pour étudier sept personnes créatives, dont Sigmund Freud. Il a découvert que les gens créatifs dans certains domaines le sont moins dans d'autres: Freud, par exemple, avait très peu d'aptitudes spatiales ou musicales. Cependant, il est difficile de généraliser les résultats d'études de cas.

L'approche cognitive

L'approche cognitive, plus récente, tente de faire le pont entre les mesures psychométriques, très objectives, et les descriptions très subjectives des études de cas. Elle permet de déterminer quels processus cognitifs entrent en jeu quand un individu pense de manière créative, et de mesurer le travail de la pensée créative (Freyd, 1994).

Plusieurs personnes affirment, par exemple, que les images mentales (penser en images, sans mots ni symboles mathématiques) sont un élément essentiel de la pensée créative (Finke, 1993). Les psychologues qui utilisent l'approche cognitive s'intéressent donc au fonctionnement et à l'analyse de l'imagerie mentale et à sa relation avec la pensée créative.

Voyons maintenant ce que ces trois approches nous révèlent sur la créativité.

Réponses aux problèmes de la page 187

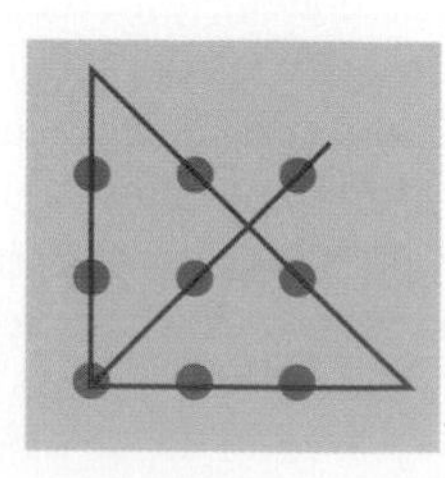

Créativité et intelligence

Dans certains cas — Michel-Ange, Freud et Einstein, par exemple — la créativité semble être reliée au génie. Cependant, créativité et intelligence sont deux concepts différents : c'est ce qu'illustre le cas des idiots savants, des autistes (environ 10 %) qui ont une mémoire incroyable et un talent remarquable pour la musique ou le dessin.

Malgré leur grande créativité, les idiots savants ont un QI de moins de 70. Le dessin ci-dessous a été fait par un idiot savant de 16 ans dont le QI est de 52, et qui a peu d'habiletés langagières ; quand il termine un dessin, il s'en désintéresse complètement (Sacks, 1995).

Certains psychologues croient en fait que la créativité ne fait appel qu'à un processus cognitif relativement simple mais qui donne d'extraordinaires résultats, comme certaines inventions, des programmes complexes d'ordinateur, etc. (Weisberg, 1993).

Il est vrai que les grands scientifiques, les écrivains et les artistes ont, la plupart du temps, un QI de 120 et plus. Cependant, quand on compare les QI de diverses personnes considérées comme créatives, on n'observe qu'une très faible corrélation entre créativité et QI. En d'autres mots, si les grands créateurs ont en général un QI supérieur à la moyenne, parmi eux, ceux qui ont un QI très élevé ne sont pas nécessairement les personnes les plus créatives (Gardner, 1993a).

Créativité et comportement

Plusieurs études ont tenté d'établir en quoi les habitudes de travail et les caractéristiques psychologiques d'individus créatifs sont exceptionnelles (Boden, 1994 ; Gardner, 1993a ; Helson, 1996 ; Lubart, 1994 ; Simonton, 1994). En voici quelques résultats.

Principaux intérêts Les gens créatifs excellent souvent uniquement dans un domaine en particulier (danse, musique, sciences, littérature...). Einstein, par exemple, était un physicien exceptionnel, mais établissait difficilement des relations interpersonnelles avec les autres.

Cognition Les individus créatifs ont la capacité d'emprunter plusieurs chemins mentaux, de considérer un problème sous divers angles et d'utiliser des images mentales. Ils aiment aussi trouver des solutions à des problèmes inhabituels.

Personnalité Les gens créatifs ont plutôt confiance en eux, ne sont pas conventionnels, aiment à prendre des risques, travaillent fort et sont même plutôt obsessifs face à leur travail. Par ailleurs, ils sont plutôt égocentriques, ce qui les rend insensibles aux besoins de leurs proches et même indifférents à la présence des autres.

Motivation Ce sont leurs valeurs et leurs objectifs personnels qui les guident (motivation intrinsèque), plutôt que l'argent ou la reconnaissance, par exemple (motivation extrinsèque). Ils sont motivés par le défi que posent des problèmes, et trouvent leur satisfaction dans la réussite. Les gens créatifs travaillent à un projet pendant 10 ans, en moyenne, avant d'être en pleine possession de leurs capacités créatrices.

Créativité et santé mentale

On a souvent établi un lien entre la créativité et la maladie mentale. On a dit de Mark Twain, de Tennessee Williams, d'Ernest Hemingway, de Charles Mingus, de Cole Porter, d'Edgar Allan Poe et d'Hermann Hesse, par exemple, qu'ils étaient dépressifs ou maniaco-dépressifs (Jamison, 1995).

Une étude faite sur 291 personnalités créatives (écrivains, peintres, compositeurs, penseurs et scientifiques) indique que, selon le domaine, entre 17 et 46 % d'entre eux souffraient de pathologies (surtout de problèmes reliés à l'humeur). Comme le montre le graphique ci-dessous, ce sont les écrivains qui présentent le plus fort pourcentage de pathologies, en particulier l'alcoolisme et la dépression (Post,1994).

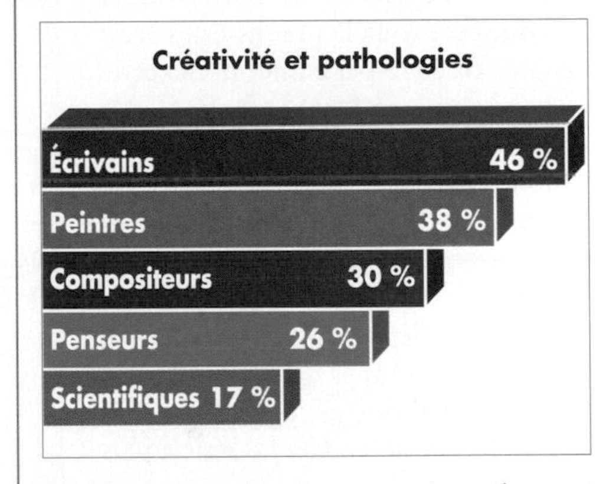

Plusieurs études démontrent que les personnes très créatives souffrent plus souvent de troubles majeurs de l'humeur que n'importe quel autre groupe de la population (Jamison, 1995). Mais, alors, les troubles de l'humeur sont-ils un facteur de créativité ? Selon Jamison (1995), de sérieux changements d'humeur peuvent contribuer à la créativité en aiguisant la pensée et en élargissant la vision émotive, intellectuelle et perceptuelle du monde. Fait à souligner, on a découvert que les problèmes émotionnels des personnes créatives commencent souvent à l'adolescence (Ludwig, 1995).

Cependant, si les problèmes psychologiques peuvent créer un état susceptible d'encourager l'activité créative, ajoutons que des individus aux capacités créatrices remarquables (des scientifiques, entre autres) ont fait des découvertes importantes sans souffrir de problèmes émotionnels (Ludwig, 1995).

K. Raisonnement, pensée et langage

Le raisonnement

Que fait cet homme ?

À la plage, vous apercevez un homme assez âgé, en complet-cravate, debout dans la mer. Vous vous demandez évidemment ce qu'il fait là. Si vous voulez comprendre ce qui se passe, vous utiliserez votre capacité de raisonner.

Le *raisonnement* est un processus mental qui, à partir de connaissances acquises, permet de résoudre des problèmes, de prendre des décisions et d'atteindre des objectifs. Le mot « raisonnement » est souvent synonyme de « pensée ».

On distingue deux types différents de raisonnement — déductif et inductif.

Le raisonnement déductif

Comme c'est une situation assez inhabituelle, on pourrait, par exemple, déduire que l'homme, dans la mer, est ivre.

Un *raisonnement déductif* comporte une prémisse avérée ou supposée vraie, et conduit à une conclusion basée sur cette prémisse : le raisonnement déductif va du général au particulier.

Seule une personne ivre marcherait joyeusement dans la mer, pieds nus et en complet : voilà la prémisse ; or, c'est ce que fait cette personne ; donc, cette personne est ivre. Dans sa forme la plus simple, le raisonnement déductif se résume ainsi : une prémisse *P* (un énoncé avéré ou supposé vrai) ne peut conduire qu'à une seule conclusion *C*. À l'aide de symboles, cela se traduit ainsi : Si *P*, donc *C*. Par exemple, *P*: Seules les personnes de plus de 18 ans boivent de l'alcool ; or, cet homme boit de l'alcool, donc *C*: Cet homme a plus de 18 ans.

Dans le cas du raisonnement déductif, une erreur courante est de *présumer* que l'énoncé posé comme prémisse est vrai. Si l'énoncé est faux (par exemple — revenons à notre homme au comportement étrange —, s'il est faux d'affirmer que *seule* une personne ivre marcherait ainsi dans la mer), alors la conclusion est également fausse.

Le raisonnement inductif

Si, plutôt que de supposer quoi que ce soit, vous vous approchez de notre homme bizarre pour lui poser la question qui vous brûle les lèvres, ce qu'il vous dira vous permettra d'expliquer son comportement : il s'agit alors d'un raisonnement inductif.

Le *raisonnement inductif* comporte au départ des observations précises, sur lesquelles sera basée la conclusion : le raisonnement inductif va du particulier au général.

On pose par exemple les questions suivantes à notre homme : Avez-vous bu de l'alcool aujourd'hui ? Êtes-vous marié ? Faites-vous cela souvent ? Avez-vous un emploi ? Avez-vous mangé aujourd'hui ? Êtes-vous malade ? Voulez-vous que je vous ramène chez vous ? S'il répond non à chacune, on peut tirer la conclusion suivante : il est soit atteint de la maladie d'Alzheimer soit un menteur.

Les scientifiques utilisent le raisonnement inductif quand ils s'appuient sur des expériences ou des observations déjà faites pour formuler une hypothèse générale (Evans, 1993). Par exemple, on a observé que, durant un examen, certains étudiants ont les paumes moites, que leur pouls est rapide, leur pression artérielle est plus élevée et ils sont tendus. Alors, à partir de ces observations spécifiques, on a tiré la conclusion générale suivante : ces étudiants sont anxieux quand ils subissent des examens.

Dans le cas du raisonnement inductif, une erreur courante est de *sauter aux conclusions,* c'est-à-dire d'affirmer quelque chose sans avoir toutes les données nécessaires pour le faire (Levy, 1997).

Les erreurs de raisonnement

De nombreux étudiants ont de la difficulté à trouver la bonne réponse à la question suivante : On laisse tomber une balle de fusil d'une table de un mètre de hauteur, et, de la même hauteur et au même instant, une autre balle est tirée à l'horizontale d'un bout à l'autre d'un terrain de football. Laquelle touchera le sol la première ?

Si l'on se base sur l'expérience courante, on répondra que la balle qu'on a laissée tomber touchera le sol la première, parce qu'elle a une plus courte distance à parcourir.

Si l'on se base sur les lois de la physique, on répondra que les deux balles toucheront le sol en même temps, parce que la vélocité d'un mouvement descendant est indépendante de la vélocité horizontale.

Si, pour plusieurs d'entre nous, produire un raisonnement infaillible — essentiel dans la résolution de problèmes scientifiques — est souvent difficile, c'est qu'il arrive que ce raisonnement contredise l'expérience courante et l'intuition (Cromer, 1993). Selon certains chercheurs, le cerveau humain a tout ce qu'il faut, à la naissance, pour nous permettre de relever les défis concrets que pose la survie, mais pas pour nous permettre de résoudre des problèmes de physique qui exigent un type particulier de raisonnement abstrait (Cosmides et Tooby, 1994).

Les mots ont une grande importance dans le processus du raisonnement : voyons de quelle façon.

Le langage et la pensée

Le langage influence-t-il la pensée ?

Vous avez sûrement déjà entendu dire que les Inuits posséderaient des dizaines de mots différents pour parler de la neige ; ce serait une question de survie : ils doivent apprendre à voyager et à chasser dans différents types de neige. Benjamin Whorf (1956), un linguiste amateur, a été le premier à remarquer que le vocabulaire utilisé dans diverses langues dépend de l'importance que les utilisateurs accordent à divers phénomènes de leur environnement. Puisque les Inuits ont plusieurs mots pour décrire ce que nous appelons « neige », ils seraient donc capables d'identifier beaucoup plus de types de neige que d'autres peuples pour lesquels la neige n'est pas aussi importante. Whorf a ainsi formulé la théorie de la relativité linguistique.

Selon la *théorie de la relativité linguistique,* les différences dans les langues reflètent les différents modes de pensée et de perception du monde.

Selon la théorie de la relativité linguistique, les gens dont la langue ne comporte que deux classes de couleurs (foncé ou noir, clair ou blanc) percevraient moins de couleurs que ceux dont la langue comporte plusieurs types de couleurs (noir, blanc, rouge, jaune, vert, etc.). On a cependant découvert que, même si le nombre de couleurs varie selon les langues, peu importe le nombre de mots que chacune possède pour nommer les couleurs, les humains les perçoivent tous de façon similaire (Davies et Corbett, 1997 ; Pinker, 1994).

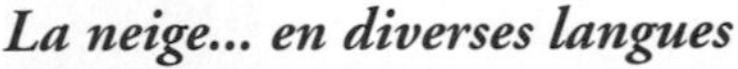

La neige... en diverses langues

Dans son article de 1940, Whorf évalue à sept le nombre de mots que possèdent les Inuits pour nommer la neige (« neige qui tombe », « neige au sol », « neige gelée », « neige fondante », « neige qui s'amoncelle », « congère » et « neige en bourrasque »), alors que la majorité des Nord-Américains n'utilisent qu'un mot, « neige ». Whorf en conclut que, ayant un vocabulaire plus étendu pour décrire la neige, les Inuits pensent à la neige et la perçoivent autrement que les autres peuples. Depuis Whorf, le nombre de mots attribués aux Inuits pour nommer la neige a varié entre 20 et 400 (Pullum, 1991).

Plus récemment, un autre linguiste s'est penché sur la question et a conclu qu'aux États-Unis comme dans le Grand Nord, il existe un nombre à peu près égal de mots pour parler de la neige. Les Américains utilisent les mots *sleet* (neige fondante), *hail* (grêle), *powder* (poudreuse), *hardpack* (neige compacte), *avalanche* (avalanche), *flurry* (rafale), *blizzard* (blizzard), et *dusting* (poudrerie) (Martin, 1986). Il semble donc que Whorf se soit trompé, mais on a continué de croire à son affirmation... probablement parce que c'est une belle histoire (Pullum, 1991).

Quoi qu'il en soit, la question de base demeure : l'emploi de mots de vocabulaire différents selon les langues signifie-t-il que les gens qui les utilisent voient le monde différemment ? L'une des manières de répondre à cette question est d'étudier comment les personnes parfaitement bilingues pensent et perçoivent le monde.

Penser en deux langues

Supposons que votre langue maternelle est le chinois mais que vous parlez aussi couramment l'anglais. On vous a donné des textes, en anglais et en chinois, décrivant deux personnes ; après les avoir lus, vous devez écrire ce que vous retenez de ces personnes. En chinois et en anglais, on parle d'une « personne qui a de forts liens familiaux et une vaste expérience du monde » ; en chinois, on utilise le mot *shi gu* pour décrire cette personne ; mais il ne vous est pas facile de trouver, en anglais, un mot correspondant. On parle aussi, en anglais et en chinois, d'une « personne qui a des capacités artistiques et une forte personnalité » ; en anglais, on utilise l'expression *artistic character* pour décrire cette personne ; mais il ne vous est pas facile de trouver, en chinois, un mot correspondant. À la suite d'une expérience de ce type, on a découvert que, quand les sujets lisaient et pensaient en chinois, ils se faisaient une idée plus claire de la personne de type *shi gu* ; quand ils lisaient et pensaient en anglais, le même phénomène se produisait par rapport à la personne de type *artistic character* (Hoffman *et al.*, 1986). Cette étude n'est qu'une parmi plusieurs qui appuient la théorie de la relativité linguistique et l'idée que la langue utilisée influence la pensée — au point où les deux deviennent équivalents (Hardin et Banaji, 1993). D'autres linguistes reconnus affirment, pour leur part, que les pensées (ou les idées) et les mots sont deux éléments tout à fait distincts (Pinker, 1994, 1995). Ainsi, il est parfois difficile de traduire une pensée en mots, ce qui ne se produirait pas si à chaque idée correspondait un mot. De plus, si tel était le cas, il serait impossible de créer un nouveau mot, puisque l'idée correspondante n'existerait pas encore. À l'inverse, il serait tout aussi impossible d'avoir une idée originale sans que le mot qui lui corresponde existe aussi. Ce sont là des raisons qui font que les psychologues ont été peu enclins à accepter la théorie de la relativité linguistique de Whorf (Davies et Corbett, 1997 ; Pinker, 1994).

DANS CE CHAPITRE...

La motivation et les émotions

La motivation

Paraplégique... et alpiniste?

Par une fraîche matinée de septembre, deux hommes entreprennent l'ascension du Half Dome, une paroi presque verticale de 677 m de haut dans le Yosemite National Park, aux États-Unis. Composée de granite friable, cette paroi ne s'est laissé conquérir par ce même chemin que par une trentaine de personnes. Cette fois, la montée oppose une difficulté supplémentaire aux grimpeurs: l'un d'eux, Mark Wellman, est paraplégique.

Mark a perdu l'usage de ses jambes quand il a fait une chute de 15 m et s'est blessé à la colonne vertébrale en s'écrasant dans une crevasse. Depuis, il grimpe avec son ami Mike Corbett, qui s'installe en tête de cordée et enfonce les pitons. Mark s'agrippe aux pitons pour se hisser jusqu'au sommet à la force des bras.

Mark a calculé qu'il lui faudrait 7 jours pour faire les 5 000 tractions qui le mèneraient au sommet. À la fin de la septième journée, cependant, Mark et Mike n'ont franchi qu'un peu plus de la moitié de la distance; ils dorment dans des sacs de couchage ancrés dans la roche.

Le dixième jour, Mark est exténué. Le douzième jour, les réserves d'eau et de nourriture sont presque épuisées. Le treizième jour, enfin, Mark atteint le sommet au prix d'un ultime effort. Aux journalistes qui lui demandent ce qui le motive, pourquoi il persiste à grimper et à courir d'autres risques de blessure, il répond: «À chacun son but... Ne sous-estimez jamais une personne handicapée.» (Adapté du *Los Angeles Times,* 19 septembre 1991, p. A-3)

La *motivation* est l'ensemble des facteurs physiologiques et psychologiques qui amènent une personne à accomplir un acte donné à un moment particulier.

Une personne motivée présente habituellement trois caractéristiques:

1. Elle possède l'*énergie* nécessaire pour accomplir une activité.
2. Elle *canalise* son énergie vers l'atteinte d'un objectif particulier.
3. Elle éprouve des sentiments d'*intensité* variable face à l'atteinte de cet objectif.

Ces trois caractéristiques se retrouvent chez Mark:

1. Il possède l'énergie nécessaire pour exécuter 5 000 tractions au cours des 13 jours d'ascension.
2. Il canalise son énergie vers l'ascension d'une paroi qu'une trentaine de personnes seulement ont conquise avant lui.
3. Il est si déterminé à atteindre son objectif qu'il persiste malgré l'épuisement.

Les émotions

Quelle est la durée des émotions?

Rêvez-vous parfois de gagner le gros lot à la loterie? Depuis leur institution, dans les années 1970, les loteries ont fait plusieurs milliers de millionnaires en Amérique du Nord. Ceux-ci racontent avoir éprouvé des sentiments de plaisir intense, d'euphorie, de joie immense, voire d'irréalité (Angelo, 1991). Mais ces émotions persistent-elles? Est-ce qu'on se blase de la richesse? Les chercheurs ont suivi des gagnants de la loterie afin de déterminer les répercussions que la richesse instantanée avaient eues dans leur vie (Gould, 1995).

Dans ce chapitre...

Nous verrons dans ce chapitre ce que les chercheurs ont découvert à propos du bonheur, et en particulier à propos du bonheur des millionnaires de la loterie. Nous traiterons aussi de plusieurs types de motivation. Nous verrons ainsi ce qui nous pousse à manger et à boire, à trouver un partenaire sexuel, à avoir des activités sexuelles, à travailler pour obtenir de bonnes notes (ou, inversement, à laisser nos capacités inexploitées) et, bien entendu, à gravir des montagnes.

A. Les théories de la motivation

Pourquoi Mark fait-il de l'alpinisme ?

Pendant 13 jours, les visiteurs du Yosemite Park ont regardé Mark gravir la paroi de granite. Ils étaient nombreux à s'interroger sur les motifs de Mark. « Pourquoi, se demandaient-ils, Mark s'acharne-t-il à escalader une pente aussi raide ? » Pour comprendre ce qui animait Mark, nous étudierons quatre théories générales de la motivation : la théorie de l'instinct, la théorie de la réduction des tensions, la théorie des incitateurs et la théorie cognitive.

La théorie de l'instinct

6000 instincts ?

Au début du XXe siècle, William McDougall (1908) a affirmé qu'un certain nombre d'instincts motivaient les êtres humains.

Les *instincts* sont les tendances innées ou les forces biologiques à la base du comportement.

McDougall a commencé par déterminer cinq instincts : la fuite, la répulsion, la curiosité, la pugnacité et l'autodépréciation. Les psychologues ont suivi ses traces avec tant d'ardeur que, dans les années 1920, ils dénombraient pas moins de 6 000 instincts.

Mark a-t-il l'instinct de grimper ?

Si Mark avait vécu dans les années 1920, les psychologues auraient probablement assimilé son goût pour l'alpinisme à un instinct de témérité ou de recherche de sensations fortes. Or, les psychologues se sont rendu compte que classer l'alpinisme ou tout autre comportement parmi les instincts équivaut simplement à décrire ce comportement, et ne dit rien des raisons pour lesquelles une personne le présente. Les instincts ainsi répertoriés ne devenant que des « étiquettes » apposées sur des comportements plutôt que des explications, les psychologues ont abandonné la théorie de l'instinct pour tenter d'expliquer la motivation humaine. À l'heure actuelle, les psychologues et les éthologues (les biologistes qui étudient le comportement animal en milieu naturel) ont redéfini l'instinct comme un mode fixe d'actions.

Un *mode fixe d'actions* implique la présence d'une force biologique innée qui prédispose un organisme à se comporter de manière immuable devant une condition environnementale donnée.

Le babouin qui apparaît dans la photo ci-dessus, par exemple, est biologiquement prédisposé à ouvrir la gueule, à fixer son regard et à se dresser sur ses pattes postérieures (mode fixe d'actions) en présence d'un guépard (condition environnementale dangereuse).

Les éthologues étudient les modes fixes d'actions que présentent les animaux dans leur adaptation à leur milieu naturel. Au chapitre 6 (page 142), nous avons vu qu'un oisillon s'empreint de l'image du premier objet mobile qu'il aperçoit et qu'il interagit avec lui par la suite comme si c'était sa mère (Lorenz, 1952). Il s'agit là d'un excellent exemple de mode fixe d'actions ou d'instinct.

La théorie de la réduction des tensions

Chercher l'équilibre ?

Dans les années 1930, la liste des instincts humains était devenue tellement longue que la notion d'instinct n'était plus d'aucune utilité comme modèle explicatif de la motivation. Au cours des deux décennies qui suivirent, les psychologues s'en sont remis à deux nouveaux concepts, les besoins et les pulsions (Hull, 1952).

Un *besoin* est un état biologique caractérisé par l'absence d'un facteur essentiel à la survie, comme la nourriture, l'eau et l'oxygène. Le besoin engendre une *pulsion,* c'est-à-dire un état de tension qui motive l'organisme à agir pour réduire cette tension.

Une fois qu'un besoin est satisfait, le corps retrouve un état d'équilibre.

L'*homéostasie* est l'état d'équilibre vers lequel l'organisme tend ou qu'il désire conserver.

Avec les concepts de besoin, de pulsion et d'homéostasie, nous tenons les trois éléments primordiaux de la théorie de la réduction des tensions.

Selon la *théorie de la réduction des tensions,* un besoin engendre une pulsion, c'est-à-dire un état de tension qui motive l'organisme à agir pour réduire cette tension et retrouver l'homéostasie.

Par exemple, le fait de s'abstenir de nourriture pendant un certain temps crée un besoin de manger et ce besoin suscite une *pulsion.* La tension mène à une *action* (fouiller dans le réfrigérateur), et manger contribue à rétablir l'*homéostasie.*

Selon la théorie de la réduction des tensions, les pulsions nous incitent à toutes sortes de comportements propres à satisfaire des besoins biologiques, telles la faim et la soif. Cette théorie, cependant, ne permet pas d'expliquer pourquoi nous mangeons du dessert après avoir satisfait notre faim avec un repas équilibré.

Mark a-t-il besoin de grimper ?

Ce n'est probablement pas un besoin biologique qui pousse Mark à pratiquer l'alpinisme, puisque cette activité engendre la peur et l'excitation au lieu d'atténuer la tension. La théorie de la réduction des tensions ne permet pas non plus d'expliquer pourquoi nous agissons parfois de manière à intensifier nos besoins et nos pulsions plutôt qu'à les réduire (Locke et Latham, 1994). Sans doute Mark se lance-t-il à l'assaut des montagnes pour satisfaire des besoins psychologiques, comme la recherche de stimulation ou de dépassement de soi.

La théorie des incitateurs

Pourquoi étudiez-vous ?

Pourquoi vous donnez-vous la peine d'entreprendre des études collégiales ? Si vous répondez « pour obtenir un diplôme », vous invoquez un très puissant incitateur (Atkinson et Birch, 1978 ; Skinner, 1953).

Un *incitateur* est un facteur environnemental ou issu du milieu, tels un stimulus externe, un renforçateur et une récompense, qui motive le comportement.

Une multitude d'incitateurs motivent nos comportements : les résultats scolaires, les éloges, l'argent, les diplômes, etc. Puisqu'il s'agit de facteurs externes (présents dans le milieu), on les conçoit comme des pôles d'attraction qui nous *attirent*. Les pulsions, au contraire, sont internes, et on dit d'elles qu'elles nous *poussent* à satisfaire nos besoins. Cette dualité (attirer/pousser) permet de faire la lumière sur des comportements déroutants et en apparence inexplicables.

Qu'est-ce qui nous motive, par exemple, à persister dans un comportement après que nous avons satisfait un besoin ? Pourquoi mangeons-nous du dessert alors que nous avons le ventre plein ? Pourquoi achetons-nous des vêtements alors que nos tiroirs débordent ? Selon la théorie des incitateurs, les aliments alléchants et les vêtements à la mode continuent de nous attirer même si nos besoins immédiats sont satisfaits.

Pourquoi pratiquons-nous des activités qui accroissent la stimulation, tel l'alpinisme, ou qui perturbent l'homéostasie, tels les sports exténuants ? Selon la théorie des incitateurs, ce sont des incitateurs gratifiants comme les éloges, la reconnaissance et les récompenses qui nous motivent à nous engager dans des comportements stimulants ou dangereux.

Qu'est-ce qui motive Mark ?

Mark pratique l'alpinisme en vue d'obtenir l'attention de la presse, des invitations à prononcer des conférences, et des commandites dont il fait don à des associations de personnes handicapées. Cependant, on peut aussi supposer qu'il est animé par des facteurs cognitifs.

La théorie cognitive

Pourquoi courir le marathon ?

Des milliers de personnes s'entraînent pendant des mois en vue de parcourir à la course les 42 km d'un marathon. Pourquoi s'imposent-elles autant de souffrances sachant très bien qu'elles recevront un tee-shirt pour seule récompense ? À compter des années 1960, des psychologues comme Albert Bandura (1986), Richard deCharms (1980), Edward Deci (Deci et Ryan, 1985) et Bernard Weiner (1986, 1991) ont commencé à étudier la motivation dans une perspective cognitive. Selon eux, la raison pour laquelle les gens courent le marathon réside dans la différence entre la motivation extrinsèque et la motivation intrinsèque.

La *motivation extrinsèque* est le désir qui pousse à accomplir des activités ou des comportements qui répondent à des besoins physiologiques ou qui procurent des incitateurs et des récompenses externes.

La *motivation intrinsèque* est le désir qui pousse à accomplir des activités ou des comportements sans attendre de récompense externe, parce que ces conduites sont gratifiantes ou matérialisent des croyances ou des attentes.

Le concept de motivation intrinsèque permet d'expliquer que les gens trouvent gratifiant, satisfaisant ou stimulant de faire du bénévolat, de consacrer des heures à un passe-temps ou de courir le marathon. Il suppose que ce sont nos croyances personnelles, nos attentes et nos objectifs, et non des incitateurs extérieurs, qui dictent un grand nombre de nos conduites.

Mark grimpe-t-il à cause de la motivation intrinsèque ?

Avec le concept de motivation intrinsèque, la théorie cognitive fournit une explication de plus à la témérité de Mark : l'escalade est gratifiante en elle-même ; elle lui permet de satisfaire ses besoins personnels, d'exprimer ses croyances et de matérialiser ses attentes. « À chacun son but », comme le dit Mark.

Expliquer la motivation humaine

Quelle théorie est la bonne ?

Nous venons de présenter quatre théories qui tentent toutes de cerner ce qui donne de l'*énergie* aux gens et ce qui *canalise* leur comportement vers des actions particulières. La *théorie de l'instinct* explique le comportement animal. Celle de la réduction des tensions explique comment nos comportements contribuent à satisfaire nos besoins physiologiques. La théorie des incitateurs affirme que nous recherchons des gratifications externes. Enfin, la théorie cognitive met en lumière notre besoin d'agir en fonction des buts, des croyances et des attentes que nous avons. Si la dernière, la théorie cognitive, a rallié de très nombreux adeptes, c'est entre autres parce qu'elle insiste sur l'importance des croyances et des attentes, de très puissants moteurs du comportement humain (Cacioppo *et al.*, 1996 ; Higgins, 1997).

Deux questions intéressantes se posent à propos de la motivation humaine : Combien de besoins avons-nous ? Dans quel ordre les comblons-nous ? Nous y répondrons à la page suivante.

B. Les besoins physiologiques et sociaux

Combien de besoins avons-nous ?

Si vous consacriez une journée entière à l'observation de l'espèce humaine, vous vous rendriez compte que les gens passent une grande partie de leur temps à tenter de satisfaire leurs nombreux besoins physiologiques et sociaux. Nos besoins physiologiques se font sentir de façon tangible (par la faim par exemple), mais nos besoins sociaux se manifestent moins explicitement. Voici ce qui les distingue.

Les besoins physiologiques

Pourquoi fouille-t-il dans le frigo ?

Manger compte parmi nos activités de prédilection, d'autant que l'ingestion de nourriture satisfait un besoin physiologique fondamental.

Les *besoins physiologiques* sont des exigences biologiques dont la satisfaction est essentielle à la survie et au bien-être physique.

Dans l'encadré ci-contre, nous présentons 6 des 10 à 15 besoins physiologiques que les chercheurs ont établis (Madsen, 1973).

Nous devons satisfaire quotidiennement plusieurs de ces besoins universels pour survivre et demeurer en bonne santé. Il arrive pourtant que certaines personnes les négligent. Tel est le cas des personnes atteintes d'anorexie mentale, qui se font littéralement mourir de faim. Il en est de même des gens qui s'exposent volontairement à des blessures, en pratiquant des sports dangereux par exemple. Dans certains cas, des facteurs psychologiques peuvent prendre le pas sur les besoins physiologiques.

Les besoins physiologiques
- Faim
- Soif
- Sexualité
- Respiration
- Sommeil
- Intégrité physique

Les besoins sociaux

Pourquoi se marier ?

Le mariage comble un bon nombre de besoins sociaux : c'est l'une des raisons pour laquelle tant de gens se marient. Les *besoins sociaux* sont des exigences acquises à travers l'apprentissage, l'expérience et la culture.

Le nombre de besoins sociaux varie selon l'apprentissage et l'expérience mais s'établit à plusieurs dizaines. Nous en énumérons quelques-uns dans le tableau ci-contre (Murray, 1938). Vous noterez que le mariage peut en satisfaire plusieurs, tels les besoins d'affiliation, de protection, de jeu, de pouvoir et d'accomplissement. Le besoin d'affiliation, c'est-à-dire le besoin de former des liens interpersonnels gratifiants et durables, compte parmi les besoins sociaux les plus intenses et contribue au maintien de la santé physique et du bien-être psychologique (Baumeister et Leary, 1995).

La frontière n'est pas toujours nette entre les besoins physiologiques et les besoins sociaux. Il arrive par exemple qu'on mange et qu'on boive non seulement pour se rassasier mais encore pour tisser des liens sociaux. De même, on peut avoir des rapports sexuels pour procréer, ce qui constitue un besoin physiologique, mais aussi pour exprimer son amour et son affection, ce qui correspond à un besoin social. Même si nos besoins se chevauchent, nous ne disposons que d'une quantité limitée de temps et d'énergie pour les satisfaire. Comment, alors, établissons-nous nos priorités ?

Les besoins sociaux
- Accomplissement (exceller)
- Affiliation (former des liens sociaux)
- Protection (prendre soin des autres)
- Autonomie (être indépendant)
- Pouvoir (influencer ou dominer les autres)
- Ordre (être organisé)
- Jeu (s'amuser et se détendre)

La satisfaction des besoins

Quels besoins satisfaire ?

Abraham Maslow, l'un des pères de la perspective humaniste en psychologie, s'intéressait à la motivation et, en particulier, à la manière dont les êtres humains choisissent les besoins physiologiques et sociaux qu'ils satisferont. Vous, que préférez-vous : veiller avec des amis jusque tard dans la nuit pour satisfaire votre besoin social d'affiliation, ou vous coucher à l'heure habituelle pour satisfaire votre besoin physiologique de sommeil ? Maslow (1970) a postulé que nous satisfaisons nos besoins dans un certain ordre ou selon une hiérarchie (voir page 233).

Abraham Maslow (1908-1970)

La *hiérarchie des besoins de Maslow* est un classement qui prend la forme d'une pyramide. La base est occupée par les besoins physiologiques, et le sommet par les besoins sociaux ; selon cette théorie, nous satisfaisons les premiers avant les seconds.

Nous devons donc satisfaire les besoins classés à un échelon inférieur de la pyramide avant de nous occuper des besoins du niveau supérieur. Si nous parvenons à un degré élevé mais que nos besoins fondamentaux tombent en souffrance, nous redescendons dans la hiérarchie. Examinons ce concept en détail.

La hiérarchie des besoins de Maslow

Par quoi commence-t-on ?

Vous avez faim et vous êtes seul. Quel besoin comblez-vous en premier : votre besoin physiologique (la faim) ou votre besoin social (l'affiliation) ? La hiérarchie des besoins de Maslow fournit une réponse à cette question : nous commençons par satisfaire les besoins physiologiques placés au bas de la hiérarchie, puis nous montons dans la pyramide, en n'accédant à un niveau qu'après avoir satisfait les besoins du niveau précédent. Si nos besoins physiologiques, au premier niveau, sont satisfaits, on monte au deuxième niveau et l'on cherche à satisfaire nos besoins de sécurité. Une fois ces besoins satisfaits, on passe au troisième niveau, et ainsi de suite jusqu'au sommet. Alors commencez par le commencement et lisez d'abord le texte qui apparaît en regard du premier niveau, au bas de la pyramide suivante. Progressez ensuite jusqu'au sommet.

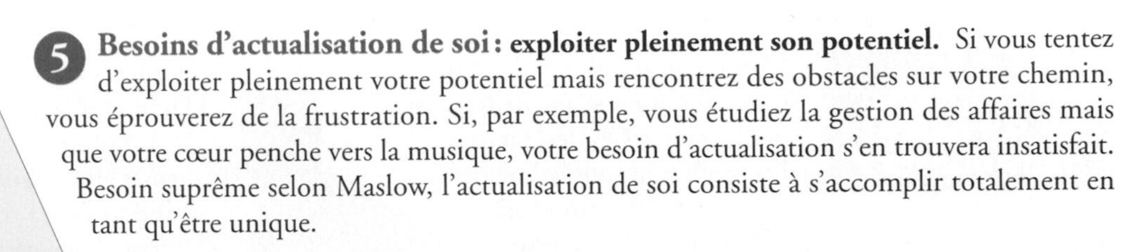

5 **Besoins d'actualisation de soi : exploiter pleinement son potentiel.** Si vous tentez d'exploiter pleinement votre potentiel mais rencontrez des obstacles sur votre chemin, vous éprouverez de la frustration. Si, par exemple, vous étudiez la gestion des affaires mais que votre cœur penche vers la musique, votre besoin d'actualisation s'en trouvera insatisfait. Besoin suprême selon Maslow, l'actualisation de soi consiste à s'accomplir totalement en tant qu'être unique.

4 **Besoins d'estime : réaliser des accomplissements, devenir compétent, récolter l'approbation et la reconnaissance.** Au début et au milieu de l'âge adulte, les gens accordent beaucoup d'importance à leur carrière et à l'atteinte de leurs objectifs. À mesure que nous acquérons les habiletés qui nous apporteront succès et reconnaissance, nous commençons à nous occuper du besoin d'actualisation de soi.

3 **Besoins d'appartenance et d'amour : se lier à d'autres et être accepté par eux.** Les adolescents et les jeunes adultes commencent à tisser des relations sérieuses, et ils consacrent beaucoup d'énergie à la satisfaction de leurs besoins d'appartenance et d'amour. Une fois qu'ils y sont parvenus, ils accèdent au quatrième niveau.

2 **Besoins de sécurité : se soustraire à la souffrance.** Les gens qui habitent dans des quartiers où le taux de criminalité est élevé sont très préoccupés par la satisfaction de leurs besoins de sécurité. S'ils parviennent à trouver un lieu sûr, ils peuvent alors penser aux besoins du troisième niveau.

1 **Besoins physiologiques : manger, boire, avoir des rapports sexuels et dormir.** Les personnes sans domicile ni revenu fixes cherchent à satisfaire leurs besoins physiologiques avant tous les autres. Dès qu'elles réussissent, elles peuvent passer au deuxième niveau.

Conclusion La hiérarchie des besoins de Maslow a ceci de commode qu'elle rassemble les besoins fondamentaux (les trois premiers) et sociaux en une seule et même structure d'une part et établit des priorités d'autre part. Cependant, il est difficile de vérifier empiriquement l'exactitude de ce classement et de mesurer certains des besoins définis par Maslow, l'actualisation de soi en particulier (Geller, 1982). Qui plus est, les gens n'accordent pas tous la même importance aux divers besoins. C'est ainsi que certains feront passer l'amour avant l'estime de soi, et que, pour d'autres, ce sera l'inverse (Neher, 1991). Il n'en demeure pas moins que la hiérarchie de Maslow sera toujours là pour nous rappeler la quantité et la complexité des besoins humains.

Nous verrons maintenant la manière dont les psychologues étudient la motivation. Pour ce faire, nous nous attarderons à deux besoins physiologiques, manger et avoir des rapports sexuels — au premier niveau de la pyramide de Maslow —, et un besoin social, l'accomplissement — au quatrième.

C. La faim

Le poids idéal

Pourquoi n'y a-t-il pas de loups gras ?

Les loups, comme tous les animaux, possèdent un système biologique qui régit naturellement leur faim, de sorte qu'ils conservent un poids idéal.

Le *poids idéal* repose sur l'équilibre entre la quantité de nourriture ingérée et la dépense énergétique de l'organisme.

L'embonpoint est rare chez les animaux sauvages parce que ceux-ci dépensent énormément d'énergie pour trouver leur nourriture et ne mangent que ce qu'il leur faut pour refaire leurs réserves d'énergie. Nombre d'animaux de compagnie, d'un autre côté, sont gras parce que trop nourris par des propriétaires pourtant animés des meilleures intentions. Et contrairement aux animaux sauvages, ils ont rarement l'occasion de se dépenser et de consommer l'excès de kilojoules absorbé.

Le *kilojoule* est l'unité de mesure de l'énergie contenue dans la nourriture. Les aliments lipidiques (le fromage et le lait entier, par exemple) sont beaucoup plus riches en énergie que les aliments protéiques (poisson, poulet) et glucidiques (fruits, légumes, céréales).

L'embonpoint

Pourquoi y a-t-il des gens obèses ?

Comme tout animal, l'être humain est doté d'un système de régulation de la faim. Or, les facteurs de l'embonpoint sont les mêmes chez l'être humain et les animaux de compagnie : apport alimentaire excessif et manque d'exercice (Troiano, 1997).

L'*obésité* correspond à un excès de poids de 30 % et plus par rapport au poids idéal.

L'*embonpoint* correspond à un excès de poids de 20 % par rapport au poids idéal.

Selon une enquête nationale effectuée entre 1986 et 1992, environ 30 % des adultes canadiens présentent un excès de poids. Le problème semble plus marqué chez les hommes que chez les femmes : en effet, on constate que 35 % des hommes sont obèses comparativement à 27 % des femmes (Dubost et Schneider, 2000).

L'embonpoint est devenu un important problème de santé au Canada comme ailleurs en Amérique du Nord, car il double les risques de maladie coronarienne, d'accident vasculaire cérébral, d'hypertension artérielle, d'artériosclérose, de diabète de type II et de mort prématurée (National Task Force on the Prevention and Treatment of Obesity, 1994). De récentes évaluations démontrent que 2 % à 8 % des coûts de santé sont attribuables au traitement de l'obésité (Université Laval, 2001).

La solution du problème est complexe, parce que la faim est régie par trois ensembles de facteurs.

Les facteurs de la faim

Quels sont-ils ?

La faim compte parmi les pulsions biologiques puisque l'apport de nourriture est essentiel à la survie. Or, les circonstances dans lesquelles nous donnons suite à cette pulsion (quand, où et dans quelle mesure) dépendent de facteurs biologiques, psychosociaux et génétiques.

Les *facteurs biologiques de la faim* sont le résultat de changements dans la composition chimique du sang ainsi que de messages envoyés au cerveau par les organes du système digestif. En réponse à ces signaux, le cerveau envoie des messages qui nous poussent à manger ou à arrêter de manger.

Si notre apport alimentaire n'était régi que par des facteurs biologiques, nous conserverions un poids idéal, comme la plupart des animaux. Il faut cependant compter avec des facteurs psychosociaux et génétiques, dont l'influence peut se traduire par l'embonpoint et l'apparition de troubles alimentaires graves.

Les *facteurs psychosociaux de la faim* résident dans la production d'associations apprises entre la nourriture et d'autres stimuli (comme regarder la télévision), dans des influences socioculturelles (comme la mode de la minceur) et dans divers troubles psychologiques (comme la dépression, le rejet de l'image corporelle et la faible estime de soi).

Les *facteurs génétiques de la faim* proviennent d'instructions contenues dans le bagage génétique qui, en dictant le nombre de cellules adipeuses et la vitesse du métabolisme, prédisposent à un poids normal, excessif ou insuffisant.

La conjonction des trois types de facteurs de la faim détermine notre poids et nos habitudes alimentaires. Ainsi, les facteurs psychosociaux poussent certaines personnes à manger même si elles n'ont pas faim. Les facteurs génétiques, par ailleurs, font que d'autres personnes s'empiffrent sans engraisser parce que leur organisme consomme l'excès d'énergie absorbé au lieu de l'emmagasiner (Gibbs, 1996). Nous étudierons les facteurs de la faim en détail dans les pages qui suivent.

Les facteurs biologiques

Manger ou ne pas manger?

Le lutteur sumo dont la photo apparaît à droite s'appelle Konishiki. Il mesure 1,82 m et pèse 263 kg, ce qui fait de lui un individu normal dans l'univers du sumo mais obèse selon les critères de la médecine occidentale. Konishiki consomme environ 44 850 kJ par jour, soit de 3 à 5 fois l'apport énergétique recommandé pour un homme de taille moyenne. Les facteurs biologiques qui le poussent à manger ou à cesser de manger proviennent de deux sources: les indices périphériques et centraux.

Les *indices périphériques* sont des signaux qu'envoie le système digestif ou les changements dans la composition chimique du sang.

Les *indices centraux* sont l'activation de substances chimiques et de neurotransmetteurs dans différentes parties du cerveau.

Les indices périphériques et centraux font partie intégrante d'un système biologique complexe qui s'est transformé au cours de l'évolution pour aider les êtres humains et les animaux à conserver un poids idéal.

Les indices périphériques

Les signaux de la faim ou de la satiété proviennent des organes qui participent à la digestion et à la régulation du taux sanguin de glucose (le principal combustible du corps et du cerveau).

1 L'*estomac* détecte le type et la quantité de nutriments dont l'organisme a besoin pour refaire ses réserves. De plus, sa paroi renferme des récepteurs spécialisés qui informent l'hypothalamus de son degré de distension.

Estomac

L'hypothalamus est la partie du cerveau qui régit la faim ainsi que l'apport et les habitudes alimentaires (Schwartz, 1996).

2 Le *foie* détecte la concentration des nutriments, celle du glucose en particulier, dans le sang. Il émet des signaux de faim lorsque la glycémie (la concentration de glucose) diminue, et des signaux de satiété lorsque la glycémie augmente.

Foie

Les signaux envoyés par le foie parviennent à une section en particulier de l'hypothalamus (Carlson, 1998).

3 L'*intestin* réagit à la présence de nourriture, de lipides en particulier, en sécrétant une hormone appelée cholécystokinine (CCK), qui inhibe l'apport de nourriture.

Les signaux qu'émet l'intestin parviennent à une section en particulier de l'hypothalamus (Carlson, 1998).

Intestin

4 Les *cellules adipeuses* sécrètent une hormone appelée leptine. Le cerveau détecte sa présence et nous dicte de manger ou de cesser de manger, de sorte que le taux de graisse corporelle puisse demeurer constant tout au long de la vie.

Cellules adipeuses

La concentration de leptine est détectée par une section en particulier de l'hypothalamus (Unger, 1997).

Les indices centraux

L'hypothalamus est situé au centre de la partie sous-corticale du cerveau (voir page 53). Nous nous attarderons ici à sa participation au phénomène de la faim, mais il intervient de bien d'autres manières dans la motivation.

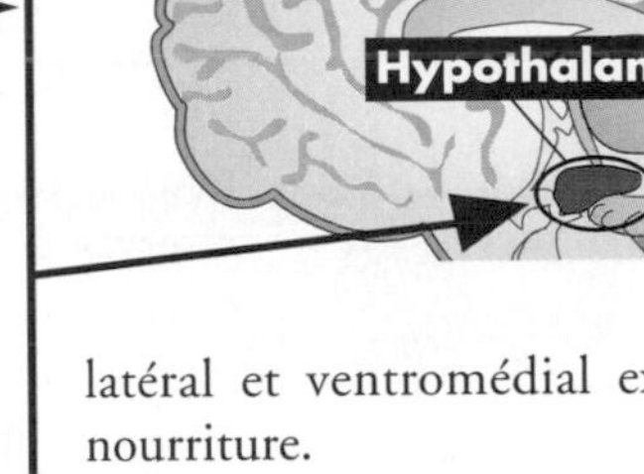

1 L'*hypothalamus* comprend de nombreux noyaux (des groupes de cellules) qui ont un rôle à jouer dans différents comportements, dont ceux reliés à la motivation (comme la soif, la sexualité et la régulation de la faim).

Les noyaux hypothalamiques latéral et ventromédial exercent des effets opposés sur l'apport de nourriture.

2 Le *noyau hypothalamique latéral* fait naître la sensation de faim (Winn, 1995).

Les rats, par exemple, se mettent à manger à la suite d'une stimulation électrique du noyau hypothalamique latéral. Ils cessent de manger et peuvent mourir d'inanition si l'on détruit ce noyau. Celui-ci contient des cellules dont l'activité augmente ou diminue en fonction de la glycémie.

3 Le *noyau hypothalamique ventromédial* provoque une sensation de satiété.

Les rats cessent de manger à la suite d'une stimulation électrique du noyau hypothalamique ventromédial. Ils se gavent et deviennent obèses si l'on détruit ce noyau et les régions adjacentes.

4 Le cerveau produit différentes substances chimiques qui agissent sur l'hypothalamus pour qu'il régularise certains types d'apport nutritionnel.

La *galanine* stimule la consommation de matières grasses, la *noradrénaline* provoque la consommation de glucides, et le *neuropeptide Y* incite à manger (Carlson, 1998; Seeley et Schwartz, 1997).

Nous verrons que divers facteurs génétiques et psychologiques entravent le fonctionnement du système biologique qui a pour rôle de nous conserver un poids idéal.

C. La faim

Les facteurs génétiques

À sœurs jumelles, poids jumeaux?

En règle générale, le poids varie moins entre les jumeaux identiques ou monozygotes, même s'ils ont été séparés à la naissance et élevés dans des familles adoptives, qu'entre des jumeaux dizygotes élevés séparément (Bouchard *et al.*, 1990). Cette similitude est attribuable aux facteurs génétiques de la faim. Les *facteurs génétiques de la faim* proviennent d'instructions consignées dans le bagage génétique qui, en dictant le nombre de cellules adipeuses et la vitesse du métabolisme, prédisposent à un certain poids.

Des études portant sur les jumeaux ont permis de conclure que la taille et le poids dépendent à 70 % environ de facteurs héréditaires et à 30 % environ de facteurs environnementaux (Hewitt, 1997).

C'est à cause des facteurs héréditaires que les jumeaux monozygotes ont des statures semblables, et à cause des facteurs environnementaux que l'un peut peser un peu plus que l'autre. Jusqu'à présent, les psychologues ont défini quatre des facteurs génétiques de la faim, soit le nombre de cellules adipeuses, la vitesse du métabolisme, le point de réglage et les gènes régulateurs du poids corporel.

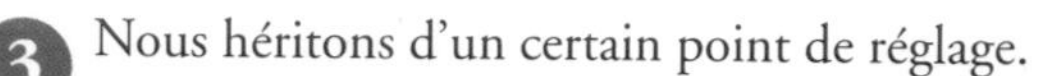

1 Nous héritons d'un certain nombre de cellules adipeuses.

Les *cellules adipeuses*, dont le nombre est déterminé principalement par l'hérédité, ne se multiplient qu'au moment où l'obésité apparaît. Elles se contractent quand on maigrit et se dilatent considérablement quand on engraisse (Carlson, 1998).

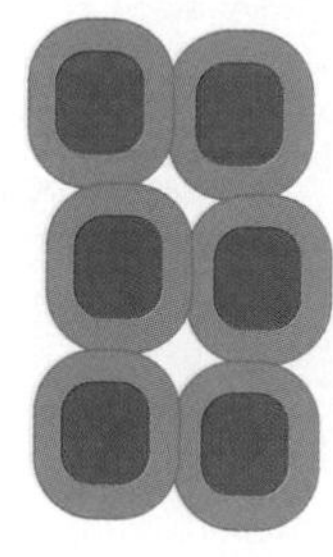

Les personnes qui héritent d'un grand nombre de cellules adipeuses sont prédisposées à emmagasiner de la graisse et à présenter un poids supérieur à la moyenne.

2 Nous héritons d'une certaine vitesse du métabolisme.

La *vitesse du métabolisme* repose sur l'efficacité de la transformation des nutriments en énergie ainsi que sur la rapidité avec laquelle l'organisme consomme ce combustible.

Si notre métabolisme est lent, on consomme peu de combustible et l'on a tendance à emmagasiner le surplus sous forme de graisse. Le contraire se produit si notre métabolisme est rapide. À consommation équivalente de kilojoules, par conséquent, certaines personnes conserveront un poids stable, tandis que d'autres engraisseront ou maigriront. On ne connaît à ce jour que deux facteurs susceptibles d'accélérer le métabolisme : l'activité physique et le tabagisme. Les chercheurs ont découvert que l'activité physique élève la vitesse du métabolisme de 10 % à 20 %, et la nicotine de 4 % à 10 %. Voilà pourquoi l'exercice favorise l'amaigrissement, tandis que l'abandon du tabac entraîne généralement un gain de poids (Audrain *et al.*, 1995 ; Hultquist *et al.*, 1995).

3 Nous héritons d'un certain point de réglage.

Le *point de réglage* correspond à la proportion de graisse corporelle (tissu adipeux) que l'organisme tend à conserver tout au long de la vie.

Chez une personne dont le point de réglage est plus élevé, l'organisme aura tendance à se constituer des réserves de graisse plus importantes. Lorsqu'une personne entreprend un régime amaigrissant, l'organisme abaisse automatiquement la vitesse de son métabolisme et diminue sa consommation de carburant afin de conserver et de rebâtir ses réserves de graisse. La perte de poids cesse donc au bout de deux ou trois semaines. Les chercheurs en ont conclu que les régimes amaigrissants prolongés ne peuvent remédier à l'embonpoint que s'ils sont conjugués à un programme d'activité physique (Leibel *et al.*, 1995).

4 Selon les dernières recherches, nous héritons des gènes régulateurs du poids.

Les *gènes régulateurs du poids* influent sur l'appétit, le métabolisme et la sécrétion de substances qui interviennent dans la constitution des réserves de graisse.

La souris qui apparaît à gauche dans la photo possède un gène qui accroît la sécrétion de neuropeptide Y. Elle s'est empiffrée au point de peser trois fois plus que la souris figurant à droite (Gura, 1997). Par ailleurs, les chercheurs ont découvert un gène qui peut stimuler le métabolisme de sorte que l'organisme consomme les kilojoules au lieu de les emmagasiner sous forme de graisse (Warden, 1997). Telle est peut-être la raison pour laquelle 10 % des gens restent minces en dépit d'un régime alimentaire qui rendrait les autres obèses.

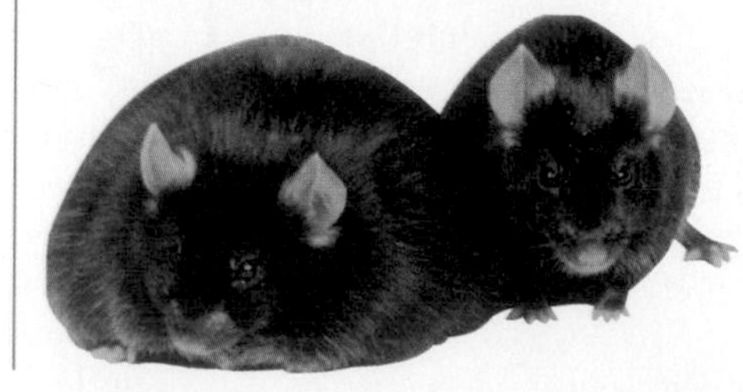

Maintenant que nous avons étudié le rôle des facteurs génétiques dans la régulation de la graisse corporelle et du poids, penchons-nous sur celui des facteurs psychosociaux.

Les facteurs psychosociaux

Pourquoi manger du dessert ?

Nombre de gens ont un faible pour certains aliments, et plusieurs avouent un penchant... pour le sucré. Même quand ils ont le ventre plein, ils arrivent toujours à faire un peu de place pour un dessert. Les facteurs biologiques et génétiques de la faim ont beau envoyer leurs messages à l'hypothalamus, le cortex frontal peut toujours les contredire : celui-ci permet en effet d'argumenter qu'un petit dessert ne peut pas faire de tort. Les rationalisations de ce genre font partie des facteurs psychosociaux. Les *facteurs psychosociaux de la faim* consistent en la production d'associations entre la nourriture et d'autres stimuli, en des influences socioculturelles et en divers traits de personnalité.

Les facteurs psychosociaux de la faim ont une influence énorme sur nos habitudes alimentaires et notre poids, de même qu'ils favorisent l'apparition de nombreux problèmes reliés à l'alimentation, tels l'embonpoint, le fait de manger sous le coup du stress ou de la dépression, et les épisodes de frénésie alimentaire (Heatherton *et al.*, 1997 ; National Center for Health Statistics, 1997). Nous traiterons ici de trois facteurs psychosociaux de la faim.

Les associations

Une excellente preuve de l'acquisition d'associations entre la nourriture et d'autres types de stimuli, c'est que, bien souvent, on mange sans avoir faim, simplement parce que c'est l'heure du repas, ou que nos amis mangent.

Une autre preuve, c'est que la publicité invite très souvent à consommer des portions gigantesques de nourriture — et que ça fonctionne : le sac géant de maïs soufflé qu'on nous vend au cinéma, par exemple, contient plus de 3700 kJ, soit l'équivalent en énergie d'un repas très copieux. Les professionnels de la santé soulignent que le taux d'embonpoint est passé aux États-Unis de 25 % à 34 % de 1988 à 1998 et attribuent cette augmentation au fait que les gens apprennent à préférer les grosses portions ainsi que les aliments riches en matières grasses et en sucre (National Center for Health Statistics, 1997). Les chercheurs sont particulièrement préoccupés par l'augmentation constante des taux d'embonpoint et d'obésité chez les enfants. L'obésité se révèle en effet très difficile à traiter dans ce segment de population. Elle a en outre tendance à se perpétuer à l'âge adulte et à occasionner tous les troubles que nous avons déjà mentionnés (Brownell, 1994 ; Stein, 1997).

Selon les professionnels de la santé, il faut « désapprendre » (ou défaire) un bon nombre des associations que nous avons formées avec la nourriture : limiter nos portions et diminuer notre consommation d'aliments gras, par exemple (Epstein *et al.*, 1995 ; Watson et Wu, 1996).

Les influences socioculturelles

On trouve dans le monde entier des exemples des influences socioculturelles qui s'exercent sur les préférences alimentaires et le poids corporel.

Par exemple, dans les années 1970, le gouvernement de la Tchécoslovaquie a subventionné l'industrie laitière et la production de saucisses grasses bon marché. Résultat : 45 % des femmes et une moindre proportion des hommes sont aujourd'hui obèses. La République tchèque se classe au premier rang mondial pour le taux de décès dus à la maladie coronarienne, et son gouvernement a été obligé d'instituer des programmes éducatifs en matière d'alimentation (Elliott, 1995).

La pauvreté et la disette étaient courantes en Chine dans les années 1950 mais ont fait place à une certaine prospérité. Privés pendant leur enfance, les Chinois mangent trop aujourd'hui et ils sont devenus friands de mets occidentaux comme le poulet frit, la crème glacée et le maïs soufflé enrobé de caramel. Résultat : la fréquence de l'embonpoint, de l'accident vasculaire cérébral et de l'infarctus a considérablement augmenté (Wong, 1994).

Aux États-Unis, où le culte de la minceur féminine fait rage, les femmes sont plus nombreuses que les hommes à surestimer leur poids et à présenter des troubles alimentaires (Heatherton *et al.*, 1997 ; Sands *et al.*, 1997).

Les traits de personnalité

Certains traits de personnalité prédisposent à une alimentation excessive ainsi qu'à des troubles alimentaires graves comme l'*hyperphagie* (alimentation excessive) en période de stress ou de dépression, la *boulimie* (épisodes de frénésie alimentaire) et l'*anorexie mentale* (restriction extrême de l'apport alimentaire).

Les traits de personnalité associés aux troubles alimentaires sont notamment une sensibilité extrême au rejet ; une recherche excessive de l'approbation ; des exigences personnelles très rigoureuses en matière de réussite ; les séquelles de mauvais traitements physiques ou sexuels subis ; les épisodes de dépression, d'anxiété ou de sautes d'humeur (Tanofsky *et al.*, 1997 ; Fairburn *et al.*, 1997). Ces traits de personnalité, qui vont souvent de pair avec le fait de ressentir beaucoup de stress, d'anxiété et de tension émotionnelle, entravent considérablement la maîtrise de l'alimentation. Dans bien des cas, les troubles alimentaires graves ne disparaissent qu'à la suite d'un traitement médical ou psychologique.

Nous allons maintenant étudier un autre besoin biologique assujetti comme la faim à de nombreux facteurs : la sexualité.

D. Le comportement sexuel

Les facteurs de la sexualité

Faire l'amour comme les lions?

En matière de sexualité, nous avons au moins un point en commun avec les lions : notre comportement est régi par des facteurs biologiques et génétiques, c'est-à-dire qu'il vise entre autres choses la reproduction.

Les *facteurs génétiques de la sexualité* sont des dispositions imprimées dans le bagage génétique et qui président au développement des organes génitaux, à la sécrétion des hormones sexuelles et à la formation des réseaux neuronaux régissant les réflexes sexuels.

Les *facteurs biologiques de la sexualité* résident dans l'activité des hormones sexuelles, lesquelles interviennent dans l'apparition des caractères sexuels secondaires (barbe, seins, etc.), dans la motivation sexuelle ainsi que dans le développement des ovules et des spermatozoïdes.

Comme la plupart des animaux, les lions ne s'accouplent qu'au moment de l'œstrus, la période pendant laquelle la femelle est réceptive et féconde. Les êtres humains, eux, font l'amour à n'importe quel moment du mois et pour une foule de raisons, ce qui démontre l'existence de facteurs psychosociaux de la sexualité.

Les *facteurs psychosociaux de la sexualité* contribuent à l'émergence de l'identité sexuelle, de l'adoption des rôles sexuels et de l'orientation sexuelle. Ils peuvent en outre influer sur le déroulement de l'activité sexuelle de même que sur le degré de plaisir qu'elle procure.

Le stress, l'anxiété et la culpabilité, par exemple, peuvent entraver l'activité sexuelle chez des hommes et des femmes en bonne santé. Si les facteurs psychosociaux peuvent faire obstacle aux facteurs génétiques et biologiques, c'est notamment parce que notre volumineux cortex frontal nous confère la capacité de penser, de raisonner et de changer d'idée. Notre motivation, notre performance et notre plaisir sexuels peuvent donc s'en trouver augmentés, diminués, voire complètement inhibés.

Les facteurs génétiques

Qu'est-ce qui détermine le sexe?

Le développement des organes génitaux est régi par le programme génétique inscrit dans les longs brins d'ADN (acide désoxyribonucléique) qui forment les chromosomes sexuels.

Les chromosomes sexuels

Tandis que toutes les autres cellules du corps humain renferment 46 chromosomes, le spermatozoïde et l'ovule n'en contiennent que 23 chacun, dont un chromosome sexuel (illustration ci-contre).

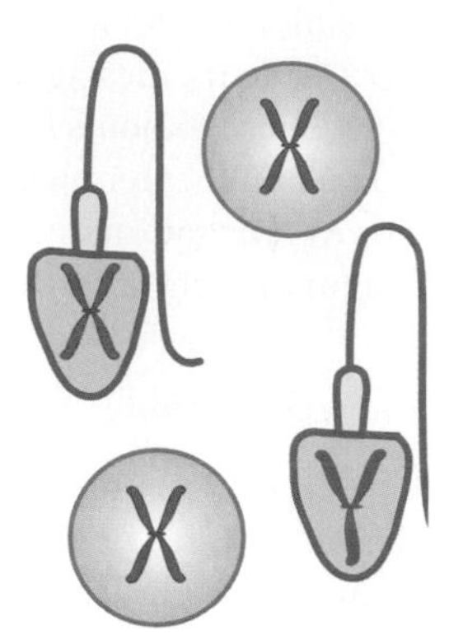

La combinaison des *chromosomes sexuels* contenus dans le spermatozoïde et l'ovule détermine le sexe de l'individu.

Comme nous l'avons vu au chapitre 3, les chromosomes portent des gènes, c'est-à-dire les instructions chimiquement encodées pour le développement et le fonctionnement de l'organisme.

L'ovule humain contient l'un des chromosomes sexuels, qui est toujours un chromosome X.

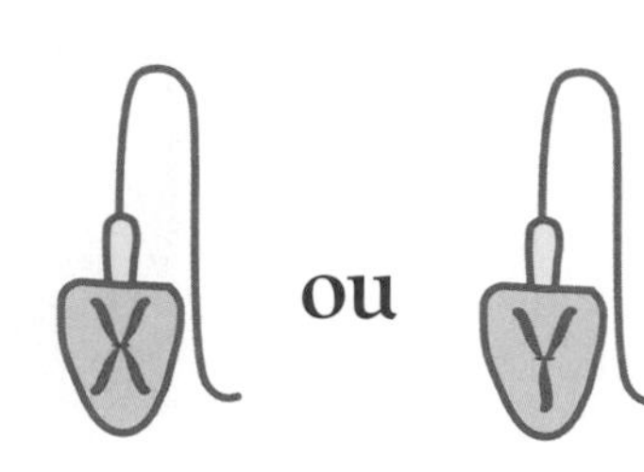

Le spermatozoïde humain contient aussi un chromosome sexuel, mais il peut s'agir d'un chromosome X ou d'un chromosome Y.

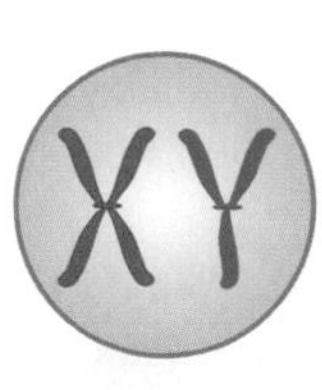

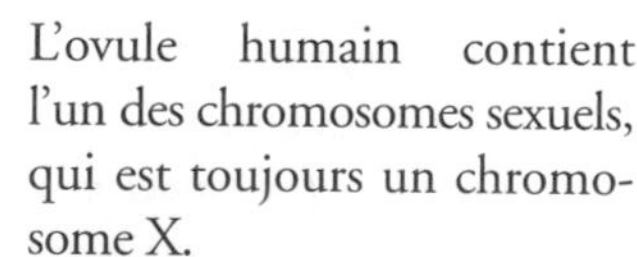

3 La fécondation correspond à l'entrée d'un spermatozoïde dans un ovule. L'ovule fécondé, ou *zygote,* contient une paire de chromosomes sexuels. La paire XY renferme les instructions génétiques pour le développement des organes génitaux masculins. La paire XX contient les instructions génétiques pour le développement des organes génitaux féminins.

Le zygote subit une multitude de divisions au cours des semaines qui suivent la fécondation et devient soit une fille dotée d'organes génitaux féminins, soit un garçon doté d'organes génitaux masculins. Nous verrons cependant que d'intéressants phénomènes prennent place entre la fécondation et ce résultat.

Les facteurs génétiques (suite)

La différenciation

Contrairement à ce qu'on croit souvent, tout n'est pas joué à la fécondation. Il n'existe en effet aucune différence physique entre un embryon femelle et un embryon mâle jusqu'à la quatrième semaine du développement intra-utérin. Pendant cette période, tous les embryons ont le potentiel d'appartenir à l'un ou l'autre sexe (Federman, 1994). À la cinquième semaine, cependant, la présence ou l'absence de certaines hormones déclenche la différenciation.

Des organes génitaux mâles et un cerveau masculin

Dans la paire XY, le chromosome Y porte le gène qui déclenche le développement de testicules. Chez l'embryon qui possède cette paire, les testicules apparaissent à la cinquième semaine et commencent à produire des hormones mâles, ou androgènes, telle la testostérone.

La présence de testostérone a deux effets dans l'organisme : elle amorce le développement du pénis et programme l'hypothalamus. À la puberté, celui-ci commandera à l'hypophyse de sécréter continuellement les hormones qui régissent la production de spermatozoïdes.

Des organes génitaux femelles et un cerveau féminin

La paire de chromosomes XX contient les instructions pour le développement d'ovaires. Ceux-ci ne sécrètent pas de testostérone. L'absence de cette hormone a deux conséquences. Premièrement, des organes génitaux femelles apparaissent ; deuxièmement, l'hypothalamus reste programmé pour l'accomplissement des fonctions hormonales femelles. À la puberté, par conséquent, il commandera à l'hypophyse de sécréter des hormones de manière intermittente, ce qui donnera lieu au cycle menstruel.

L'importance de la testostérone

La *présence* de testostérone, qui est sécrétée par les testicules du fœtus, entraîne la formation d'organes génitaux mâles et la « masculinisation » de l'hypothalamus. L'*absence* de testostérone, d'un autre côté, entraîne la formation d'organes génitaux femelles et le maintien du caractère féminin originel de l'hypothalamus (Carlson, 1998).

« C'est un garçon ! C'est une fille ! » Ces paroles que les parents attendent avec impatience après l'accouchement marquent le début d'un compte à rebours qui se terminera à la puberté.

Les facteurs biologiques

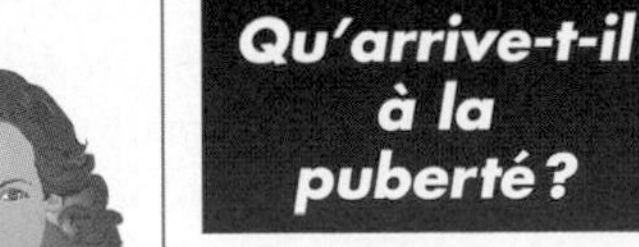

Alors que les facteurs génétiques de la sexualité affectent le développement de organes sexuels, les facteurs biologiques de la sexualité entrent en jeu à la puberté, et ils influent tant sur les organes génitaux que sur la motivation sexuelle.

La puberté

Les hormones sexuelles sécrétées à compter de la puberté exercent des effets directs ou indirects sur le corps, le cerveau, l'esprit, la personnalité, le concept de soi et la santé mentale. Nous nous attarderons ici à leurs effets sur l'organisme.

Les hormones sexuelles À la puberté, un signal dont la nature est encore inconnue active les cellules de l'hypothalamus, et l'action de ce dernier accélère de 10 à 20 fois la sécrétion d'hormones sexuelles.

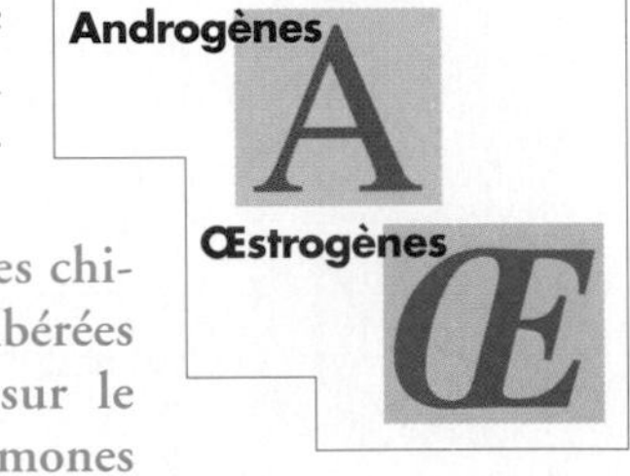

Les *hormones sexuelles* sont des substances chimiques sécrétées par des glandes. Elles sont libérées dans la circulation sanguine et influent sur le corps, le cerveau et le comportement. Les hormones sexuelles mâles comme la testostérone sont produites par les testicules et appelées *androgènes.* Les hormones sexuelles femelles comme la progestérone sont sécrétées par les ovaires et appelées *œstrogènes.*

Les différences entre l'homme et la femme À cause de la présence ou de l'absence de testostérone dans l'organisme de l'embryon, l'hypothalamus est programmé différemment chez l'homme et la femme.

L'*hypothalamus mâle* stimule la libération continuelle d'androgènes (comme la testostérone) par les testicules. L'augmentation de la concentration d'androgènes entraîne l'apparition des caractères sexuels secondaires de l'homme, soit la barbe, le poil pubien, le développement de la musculature et la mue de la voix.

L'*hypothalamus femelle* stimule la libération intermittente d'œstrogènes (comme la progestérone) des ovaires. L'augmentation de la concentration d'œstrogènes entraîne l'apparition des caractères sexuels secondaires de la femme, soit le poil pubien, les seins et l'élargissement des hanches. La sécrétion intermittente d'œstrogènes et de progestérone détermine le cycle menstruel.

La motivation sexuelle

Chez les animaux, la motivation sexuelle repose principalement sur la fluctuation des concentrations des hormones sexuelles dans le système.

La motivation sexuelle de l'être humain, en revanche, n'est que faiblement corrélée avec l'augmentation ou la diminution de la concentration d'androgènes et d'œstrogènes, pourvu que celle-ci soit à l'intérieur des limites normales (Schiavi et Segraves, 1995). Chez une personne qui présente des concentrations normales d'hormones sexuelles, les fluctuations dans la motivation sexuelle dépendent surtout de facteurs psychologiques tels que les sentiments, les désirs et les attentes (Tiefer et Kring, 1995).

Pendant que les facteurs génétiques et biologiques préparent le corps à la maturité sexuelle physique, une multitude de facteurs psychosociaux préparent l'esprit à la maturité sexuelle psychologique. Nous examinerons ces facteurs à la page suivante.

D. Le comportement sexuel

Les facteurs psychosociaux

Comment devient-on un homme ou une femme ?

À la puberté, les facteurs génétiques et biologiques préparent l'organisme à la maturité sexuelle. Pendant que leur corps se transforme, les garçons et les filles observent, imitent et apprennent les comportements de leur mère, de leur père, de leurs frères et sœurs aînés et des autres adultes qui les entourent. C'est alors que les facteurs psychosociaux de la sexualité entrent en jeu.

Les *facteurs psychosociaux de la sexualité* contribuent à l'émergence de l'identité de genre, de l'adoption des rôles sexuels et de l'orientation sexuelle. Ils peuvent influer sur le déroulement de l'activité sexuelle de même que sur le degré de plaisir qu'elle procure.

Sous l'effet des facteurs psychosociaux, les garçons et les filles deviennent des hommes et des femmes et atteignent la maturité sexuelle psychologique. Trois de ces facteurs revêtent une importance particulière et entrent en jeu de manière séquentielle. Il s'agit de l'identité sexuelle, de l'adoption des rôles sexuels et de l'orientation sexuelle.

1 L'identité sexuelle

« Toi, es-tu un petit garçon ou une petite fille ? » Les enfants savent répondre à cette question dès l'âge de deux ou trois ans, ce qui prouve qu'ils ont déjà acquis les rudiments d'une identité sexuelle.

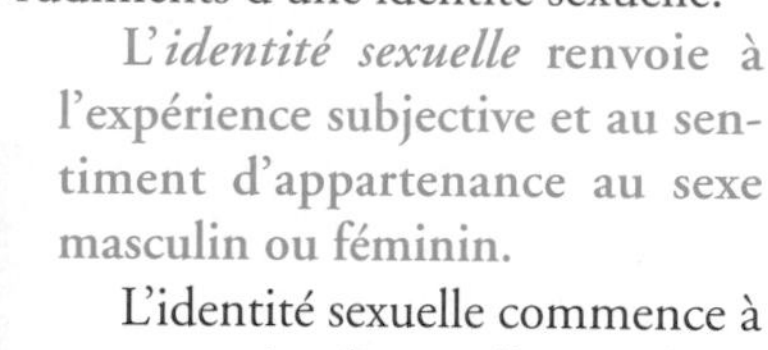

L'*identité sexuelle* renvoie à l'expérience subjective et au sentiment d'appartenance au sexe masculin ou féminin.

L'identité sexuelle commence à se construire dès que l'accoucheur lance « C'est un garçon ! » ou « C'est une fille ! ». À compter de cet instant, en effet, les parents, les frères, les sœurs et les grands-parents de l'enfant agiront différemment à son égard selon qu'il appartient à l'un ou l'autre sexe. La petite coquette qui figure dans la photo ci-contre, par exemple, reproduit sûrement un comportement qu'elle a fréquemment observé chez sa mère.

L'identité sexuelle exerce une influence considérable sur les pensées et les comportements sexuels futurs. On n'a pour s'en convaincre qu'à penser au transsexualisme.

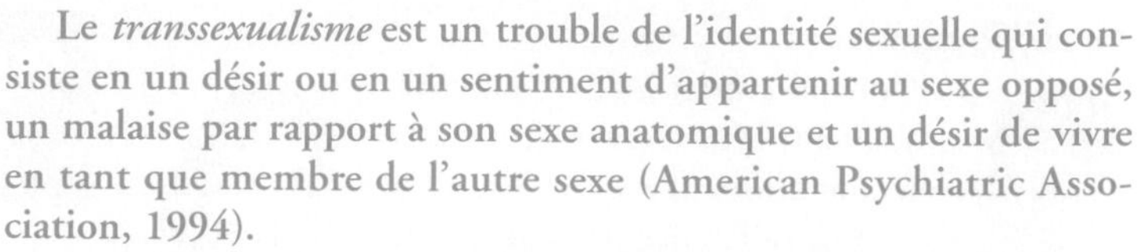

Le *transsexualisme* est un trouble de l'identité sexuelle qui consiste en un désir ou en un sentiment d'appartenir au sexe opposé, un malaise par rapport à son sexe anatomique et un désir de vivre en tant que membre de l'autre sexe (American Psychiatric Association, 1994).

Les transsexuels possèdent généralement la panoplie normale de facteurs génétiques et biologiques (hormonaux) liée à leur sexe mais, pour une raison ou pour une autre, ils se sentent victimes d'une erreur de la nature et adoptent souvent les comportements, les vêtements et les manières du sexe opposé. Certains d'entre eux vont jusqu'à subir des interventions chirurgicales qui modifient leurs organes génitaux externes. Pourquoi les transsexuels rejettent-ils leur sexe anatomique ? Nous ne possédons pas de réponse claire à cette question. La recherche indique que la fréquence du transsexualisme est à peu près la même chez les hommes et chez les femmes (Zucker, 1990). Comme les transsexuels acquièrent une identité sexuelle qui ne concorde pas avec leurs organes génitaux externes, ils éprouvent des difficultés en matière de pensée et de conduite et ils rencontrent des problèmes d'adaptation et d'acceptation dans la société (Bradley et Zucker, 1990).

L'immense majorité des gens, cependant, acquièrent une identité sexuelle conforme à leur sexe anatomique. Ils adoptent ce faisant les rôles sexuels correspondants.

2 Les rôles sexuels

Sur la voie de la maturité sexuelle psychologique, la deuxième étape consiste à intégrer des rôles.

Les *rôles sexuels* sont l'ensemble des comportements, des attitudes et des traits de personnalité que la société ou le milieu culturel reconnaît traditionnellement comme masculins ou féminins. Les rôles sexuels exercent une influence considérable sur les pensées et les comportements.

Dominateur
Volontaire
Indépendant

Entre trois et quatre ans, les petits Nord-Américains apprennent que la société réserve certains jouets, certains vêtements et certaines occupations aux hommes, et d'autres aux femmes. Dès l'âge de cinq ans, les enfants ont intégré un grand nombre des pensées, des attentes et des comportements propres au rôle sexuel masculin ou féminin (Halpern, 1992 ; Kaplan, 1998).

Les garçons apprennent les comportements masculins stéréotypés comme la pratique du sport, la compétition dans le jeu, le jeu physique violent et vigoureux et l'acquisition d'un statut dans son groupe.

Les filles, quant à elles, intègrent les comportements féminins stéréotypés tels que la recherche et le don de soutien affectif, l'intérêt pour l'apparence physique, les vêtements et la mode, la coopération et la révélation de soi (Halpern, 1992 ; Kaplan, 1998).

Sensibilité
Compassion
Altruisme

Tous les enfants assimilent des rôles sexuels, sans se rendre compte qu'ils sont subtilement récompensés lorsqu'ils imitent et acquièrent les comportements appropriés. L'apprentissage des rôles sexuels se poursuit pendant l'adolescence et l'âge adulte, et creuse l'écart entre les hommes et les femmes. En Amérique du Nord, par exemple, les femmes ont tendance à manifester les caractéristiques associées aux rôles sexuels traditionnels, tels que la sensibilité sociale, la compassion et l'altruisme. Les hommes, de leur côté, s'affichent comme dominateurs, volontaires et indépendants (Eagly, 1995 ; Hyde et Plant, 1995).

Quelques nuances Il est important d'apporter deux nuances à nos explications sur les rôles sexuels.

Premièrement, les rôles sexuels masculin et féminin ne sont pas des catégories étanches. Autrement dit, les femmes peuvent être dominatrices et indépendantes, tandis que les hommes peuvent être sensibles et tendres.

Deuxièmement, les différences entre les rôles sexuels ne doivent pas nous pousser à conclure que l'un est préférable à l'autre. Chacun comporte ses avantages et ses inconvénients selon les circonstances, et il faut prendre garde de transposer cette distinction des rôles en discrimination (Marecek, 1995).

La fonction des rôles sexuels La principale fonction des rôles sexuels est d'influer sur nos pensées et nos comportements. Ainsi, la domination, la volonté et l'indépendance caractéristiques du rôle sexuel masculin n'engendrent pas les mêmes pensées et les mêmes comportements en matière de sexualité que la sensibilité sociale, la compassion et l'altruisme caractéristiques du rôle sexuel féminin. La confusion, l'opposition et l'incompréhension qui planent sur le comportement sexuel naissent en partie des différences inhérentes aux rôles sexuels. Un homme et une femme qui ont à cœur de construire une relation amoureuse saine doivent donc concilier les contradictions entre leurs pensées, leurs croyances et leurs attentes, lesquelles sont le fruit de l'adoption des rôles sexuels respectifs.

3 L'orientation sexuelle

« Qui, des hommes ou des femmes, suscitent chez vous du désir ? » Votre réponse à cette question traduit votre orientation sexuelle, la troisième étape sur la voie de la maturité sexuelle psychologique.

L'*orientation sexuelle* est le fait d'éprouver un désir sexuel préférentiel pour les personnes du même sexe que soi, les personnes du sexe opposé ou les personnes des deux sexes.

L'*homosexualité* est le fait d'éprouver un désir sexuel préférentiel pour les personnes du même sexe que soi.

La *bisexualité* est le fait d'éprouver un désir sexuel préférentiel pour les personnes des deux sexes.

L'*hétérosexualité* est le fait d'éprouver un désir sexuel préférentiel pour les personnes du sexe opposé.

Aux États-Unis, on compte de 96 % à 97 % d'hétérosexuels, de 3 % à 4 % d'homosexuels et, parmi ces derniers, une très faible proportion de bisexuels (Laumann *et al.*, 1994).

Parmi les multiples modèles qui visent à expliquer l'émergence de l'orientation sexuelle, le modèle interactif est celui qui récolte actuellement le plus d'adhésion (Money, 1987 ; Zucker, 1990).

Selon le *modèle interactif de l'orientation sexuelle*, l'émergence de l'orientation sexuelle repose sur l'interaction de facteurs génétiques, biologiques (comme les hormones prénatales) et psychosociaux (comme les attitudes, les traits de personnalité et les comportements).

Quelle est la part des facteurs génétiques et biologiques dans l'orientation sexuelle ? Le débat est ouvert. Ainsi, certains chercheurs préfèrent employer l'expression *préférence sexuelle* à celle d'orientation sexuelle parce qu'elle traduit mieux la liberté de choix considérable dont nous disposons en la matière, une liberté qui relègue les facteurs génétiques et biologiques à l'arrière-plan (Byne, 1997 ; Baumrind, 1995). D'autres chercheurs s'en tiennent au terme *orientation sexuelle,* car ils sont convaincus de la prédominance des facteurs génétiques et biologiques (Pillard et Bailey, 1995). Leur opinion est corroborée par les études de jumeaux monozygotes. L'une de ces études a d'ailleurs révélé un taux de concordance de 48 % à 65 % de l'homosexualité chez les jumeaux monozygotes, contre 26 % à 30 % chez les jumeaux dizygotes (Pillard et Bailey 1995). Nous reviendrons sur cette controverse dans la section consacrée à l'homosexualité.

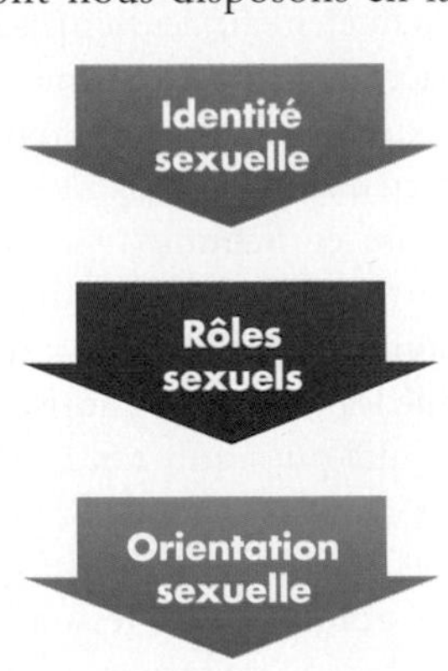

Compte tenu de ce que nous venons d'exposer sur l'identité sexuelle, les rôles sexuels et l'orientation sexuelle, vous ne serez pas surpris d'apprendre que les hommes et les femmes n'adoptent pas les mêmes comportements sexuels.

D. Le comportement sexuel

Les différences entre les sexes

Quelles sont-elles ?

Après avoir acquis une identité sexuelle et adopté des rôles sexuels et une orientation sexuelle, nous faisons face à d'épineuses questions : quand, à quelle fréquence et avec qui aurons-nous des relations sexuelles ? Des chercheurs de l'université de Chicago ont interrogé individuellement 3 500 personnes de 18 à 29 ans choisies au hasard (Laumann *et al.*, 1994). Cette enquête, comme presque toutes les précédentes du reste, a révélé que les hommes ont des activités sexuelles plus fréquentes et plus diversifiées ainsi qu'un plus grand nombre de partenaires que les femmes (graphique ci-contre) (Baldwin et Baldwin, 1997). Pourquoi en est-il ainsi ? Deux théories tentent de répondre à cette question, la théorie du rôle social et la théorie sociobiologique (évolutionniste).

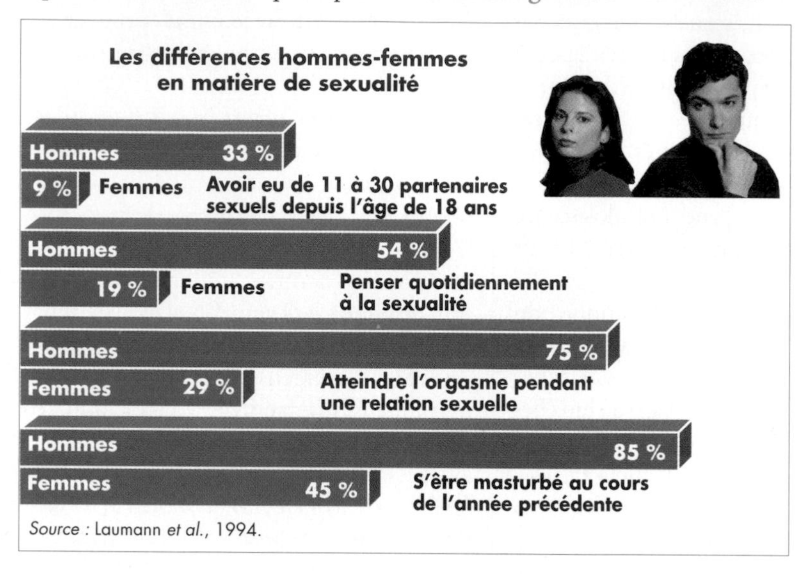

Source : Laumann *et al.*, 1994.

Axée sur les forces sociales et culturelles en présence, la *théorie du rôle social* soutient que les différences entre les hommes et les femmes en matière de sexualité proviennent de la division du travail.

Selon cette théorie, les hommes ont longtemps joué le rôle de pourvoyeurs et de protecteurs tandis que les femmes se sont acquittées de l'entretien du foyer et de l'éducation des enfants (Eagly, 1997). À partir de cette répartition des tâches, la société a conçu des attentes distinctes pour chaque sexe en ce qui a trait au comportement sexuel. C'est la norme des deux poids deux mesures.

La *norme des deux poids deux mesures en matière de comportement sexuel* est un ensemble de croyances, de valeurs et d'attentes qui encouragent subtilement l'activité sexuelle chez les hommes et la découragent chez les femmes.

La théorie sociobiologique jette un tout autre éclairage sur la question.

Axée sur les forces génétiques et biologiques en présence, la *théorie sociobiologique* stipule que les différences actuelles entre les hommes et les femmes en matière de sexualité découlent de comportements apparus au cours de l'évolution pour favoriser la survie (Buss, 1995 ; Archer, 1997).

Voyons en détail ce que propose chaque théorie.

La théorie du rôle social

Bon an mal an, les chercheurs trouvent au moins deux différences entre les hommes et les femmes en matière de comportement sexuel. Premièrement, les hommes se révèlent presque toujours plus enclins à l'activité sexuelle, comme en témoignent la fréquence de leurs relations sexuelles, leur taux d'aventures extraconjugales et le nombre de leurs partenaires — 18, contre 4 ou 5 pour les femmes (Buss et Schmitt, 1993). Deuxièmement, partout dans le monde, les hommes sont plus nombreux que les femmes à valoriser la beauté physique, tandis que les femmes accordent deux fois plus d'importance que les hommes aux ressources financières de leurs éventuels compagnons (voir page 14). C'est ce qu'ont constaté les auteurs d'une étude réalisée dans 37 milieux culturels différents et auprès de 10 000 sujets de groupes raciaux, politiques et religieux divers (Buss *et al.*, 1990).

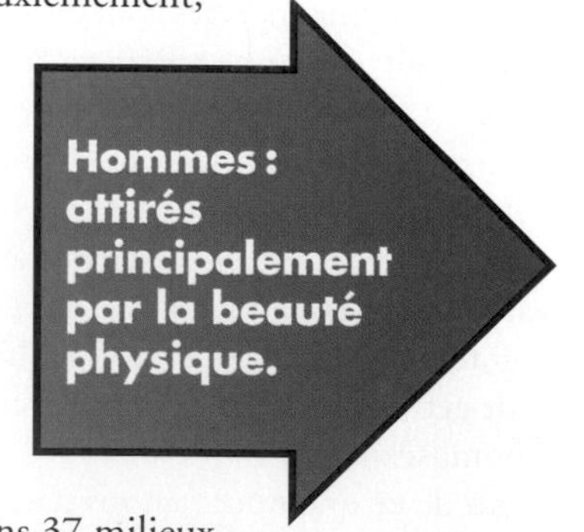

Selon la théorie du rôle social, ces différences tiennent à la division traditionnelle du travail (Eagly, 1997) : à tâches différentes, rôles sexuels différents.

La théorie sociobiologique (évolutionniste)

Selon la théorie sociobiologique, les hommes sont devenus enclins à multiplier les activités sexuelles et la recherche de partenaires séduisantes parce qu'ils maximisaient ainsi leurs chances de perpétuer leurs gènes. Les femmes, elles, évitaient cette conduite parce que cela compromettait la qualité de leur progéniture et créait un milieu instable pour l'éducation des enfants. Elles recherchaient plutôt un pourvoyeur et un protecteur fiable capable d'accroître leurs chances de survie pendant la grossesse (Buss, 1994). Les différences actuelles entre les sexes seraient donc nées de forces génétiques et biologiques qui se sont développées au cours de l'évolution pour favoriser la survie de l'espèce (Archer, 1997).

Femmes : attirées principalement par la prospérité.

Revenons sur la question de l'homosexualité et voyons quel est le rôle des facteurs génétiques et biologiques d'une part, et des facteurs psychosociaux d'autre part.

L'homosexualité

Ces frères sont-ils homosexuels de naissance ?

Comme l'indique le graphique ci-contre, on estime actuellement entre 1 % et 3 % la proportion d'homosexuels et à environ 1,4 % celle de lesbiennes aux États-Unis. C'est bien moins que les 10 % que Kinsey avait estimé.

En 1978 et 1994, des enquêtes nationales ont révélé que 53 % des Américains adultes approuvaient l'homosexualité, tandis que le reste de la population la condamnait pour toutes sortes de raisons (Henry, 1994). Beaucoup de gens affirment qu'ils toléreraient mieux l'homosexualité s'il était démontré qu'elle était d'origine génétique comme tant d'autres caractéristiques ou traits de personnalité (Leland, 1994). Nous présenterons ici quelques-uns des facteurs génétiques, biologiques et psychosociaux qui permettent de déterminer si les frères Rick et Randy (ci-contre) ont choisi l'homosexualité ou s'ils en ont hérité.

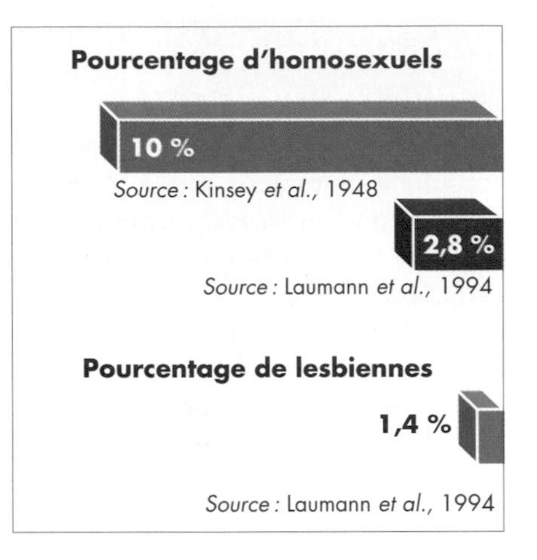

Les facteurs génétiques et biologiques

L'étude de jumeaux permet d'analyser l'influence des facteurs génétiques sur l'orientation sexuelle. Trois études récentes ont indiqué que le taux de concordance de l'homosexualité s'établissait entre 48 % et 65 % pour les jumeaux monozygotes, entre 26 % et 30 % pour les jumeaux dizygotes et entre 6 % et 11 % pour les frères ou les sœurs adoptés. On a reproché aux auteurs de ces travaux d'avoir étudié des jumeaux élevés ensemble, ce qui les empêchait de déterminer les effets du milieu sur l'orientation sexuelle. Il existe cependant une étude plus révélatrice sur les similitudes génétiques entre les homosexuels.

Les chercheurs ont étudié 40 familles qui comptaient chacune deux frères homosexuels (dont Rick et Randy). Et ils ont découvert que 33 des 40 paires de frères homosexuels possédaient un segment identique à l'extrémité du chromosome X (figure ci-dessous).

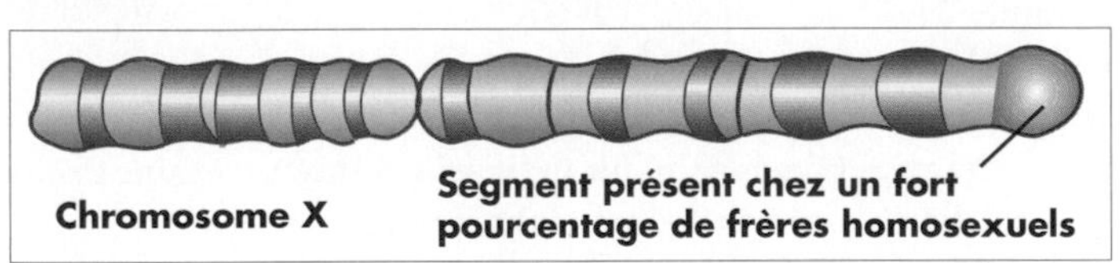

Rick et Randy ne sont pas jumeaux mais leur matériel génétique comprend un élément identique. Selon les chercheurs, il s'agit là de la preuve la plus convaincante jamais apportée à l'appui de l'influence des gènes sur l'homosexualité (Hamer *et al.*, 1993 ; Hammer, 1995). Les chercheurs se défendent cependant d'avoir trouvé le « gène de l'homosexualité ».

Dans l'ensemble, les études récentes laissent croire à la présence de tendances héréditaires à l'homosexualité et nous permettent de supposer que ces facteurs jouent un rôle plus déterminant qu'on ne le croyait autrefois (Gladue, 1994 ; Hammer, 1995 ; LeVay et Hamer, 1994 ; Rosenberg, 1994). Or, les études de jumeaux révèlent aussi la présence de facteurs psychosociaux, puisque la moitié seulement des paires de jumeaux monozygotes avaient la même orientation sexuelle (Byne, 1994).

Les facteurs psychosociaux

À quel moment prend-on conscience de son orientation sexuelle ? La majorité des homosexuels disent s'en être rendu compte à la puberté. À la fin de l'adolescence, la plupart des hommes qui finissent par révéler publiquement leur homosexualité se sont déjà avoué à eux-mêmes leur orientation sexuelle (Pillard et Bailey, 1995).

Les enfants qui deviennent hétérosexuels sont-ils différents de ceux qui deviennent homosexuels ? Étude après étude, les chercheurs constatent que les garçons qui préfèrent jouer avec des filles et des jouets de fille, qui évitent les jeux vigoureux et qui aiment porter des vêtements féminins ont tendance à devenir homosexuels (Pillard et Bailey, 1995). Et quand on interroge des sujets homosexuels adultes à propos des comportements du sexe opposé qu'ils ont adoptés dans leur enfance, on s'aperçoit que les lesbiennes et les homosexuels en ont manifesté davantage que les hétérosexuels (Bailey et Zucker, 1995). Il existerait par conséquent des facteurs psychosociaux qui influeraient sur l'émergence et l'affirmation de l'homosexualité (Bell *et al.*, 1981).

Dans les années 1970, les chercheurs ont constaté que les homosexuels obtenaient des résultats semblables à ceux des hétérosexuels aux tests visant à mesurer la santé mentale (Rosenberg, 1994). C'est pourquoi l'American Psychological Association et l'American Psychiatric Association ont établi que l'homosexualité se situait à l'intérieur des limites de la normalité en matière de comportement sexuel. En 1994, l'American Medical Association recommandait à ses membres de s'abstenir de critiquer l'orientation sexuelle des patients. Les trois principaux organismes américains en santé mentale s'entendent donc pour condamner toute discrimination fondée sur l'orientation sexuelle.

D. Le comportement sexuel

Les troubles sexuels

Quels sont les plus courants ?

Un grand nombre d'hommes et de femmes présentent un trouble sexuel à un moment ou à un autre de leur vie (Becker et Kaplan, 1994). Certains consultent un professionnel à ce propos, mais d'autres, paralysés par la honte ou l'embarras, continuent de souffrir en silence. Il existe deux catégories de troubles sexuels : les paraphilies et les dysfonctions sexuelles.

Les *paraphilies* sont caractérisées par la présence récurrente de fantasmes sexuels reliés à des objets inanimés (comme des chaussures et des sous-vêtements).

Les *dysfonctions sexuelles* sont des difficultés importantes reliées au manque de désir ou à l'incapacité d'achever le cycle des quatre phases de la réponse sexuelle avec satisfaction.

Devant une personne qui le consulte pour un problème sexuel, le clinicien doit toujours déterminer si le trouble est biogène ou psychogène.

Un *trouble biogène* est causé par une maladie (comme le diabète sucré), un médicament (comme un antidépresseur) ou une drogue (comme l'alcool consommé en quantités excessives).

Un *trouble psychogène* est causé par des facteurs psychologiques comme l'anxiété relative à la performance, un traumatisme sexuel, un sentiment de culpabilité ou un manque de communication.

Un modèle en quatre phases Les difficultés peuvent survenir à n'importe laquelle des quatre phases de la réponse sexuelle telle que décrite par Masters et Johnson (1966).

1. Phase de l'excitation : L'excitation physiologique et sexuelle engendre l'érection chez l'homme et la lubrification vaginale chez la femme.
2. Phase du plateau : L'excitation physiologique et sexuelle se poursuit chez l'homme et chez la femme.
3. Phase orgasmique : Chez l'homme, des contractions musculaires rythmiques produisent l'éjaculation. Chez la femme, on observe des contractions analogues dans la région du bassin. L'orgasme engendre des sensations très agréables.
4. Phase de résolution : Les processus physiologiques reviennent à l'état normal.

Il existait peu de traitements efficaces pour les troubles sexuels avant que Masters et Johnson (1970) publient leur programme thérapeutique. La première étape de cette démarche consiste à informer les partenaires sur la réponse sexuelle et à les aider à communiquer. Ensuite, le thérapeute propose aux partenaires des exercices visant à atténuer l'anxiété reliée à la performance. Ils apprennent alors à se donner mutuellement du plaisir sans toucher leurs organes génitaux. Après avoir pratiqué cette forme d'échange sensuel appelée centration sensorielle ou *sensate focus I* pendant un certain temps, les partenaires passent aux caresses génitales et à la pénétration — *sensate focus II.* Cette méthode se révèle très efficace pour le traitement de nombreux troubles sexuels (Wincze et Carey, 1991).

L'éjaculation précoce (ou prématurée)

Suzanne et Jean, tous deux âgés de 28 ans, sont mariés depuis 3 ans. Au clinicien qui leur demande ce qui les amène dans son bureau, Suzanne se plaint que leurs rapports sexuels durent une trentaine de secondes, soit le temps qu'il faut à son mari pour atteindre l'orgasme. Jean explique qu'il a toujours atteint l'orgasme très rapidement et qu'il ne s'est jamais rendu compte que cela pouvait être problématique. Jean est atteint d'un trouble appelé éjaculation précoce.

L'*éjaculation précoce,* (*ou prématurée*) est l'absence persistante de maîtrise sur l'éjaculation. En d'autres termes, l'homme éjacule à la suite d'une stimulation sexuelle minimale, au moment de la pénétration, tout de suite après ou juste avant.

L'éjaculation précoce touche de 30 % à 40 % des hommes adultes ; c'est le trouble sexuel le plus répandu chez eux (Althof, 1995). Il existe pour la traiter une méthode efficace appelée *technique de pression* durant laquelle la femme stimule le pénis jusqu'à ce qu'il atteigne une érection presque complète ; elle exerce ensuite une pression sur la couronne du gland, ce qui réduit l'excitation et l'érection ; elle répète la technique jusqu'à ce que l'homme parvienne à maîtriser son excitation et son érection (Sarwer et Durlak, 1997).

Inhibition de l'orgasme chez la femme (ou anorgasmie)

Mariés depuis cinq ans, Marie et Paul sont à la fin de la vingtaine. Marie indique au thérapeute qu'elle pense n'avoir jamais eu d'orgasme. Elle ajoute qu'elle adore Paul mais qu'elle s'intéresse de moins en moins aux rapports sexuels (Barlow et Durand, 1995). Le trouble dont souffre Marie est appelé inhibition de l'orgasme chez la femme.

Dans le cas d'*inhibition de l'orgasme (ou anorgasmie) chez la femme,* l'orgasme est insatisfaisant, incomplet, prématuré ou encore retardé, et ce, malgré un désir sexuel intense et une excitation sexuelle accompagnée d'une lubrification vaginale.

De 5 % à 10 % des femmes n'atteignent jamais l'orgasme ou ne l'atteignent que très rarement, et 30 % d'entre elles n'ont pas d'orgasme au cours d'un rapport sexuel. Il s'agit là du problème sexuel qui amène le plus de femmes en consultation (Sarwer et Durlak, 1997).

Le traitement psychologique s'amorce avec des exercices de centration sensorielle durant lesquels la femme, en particulier, apprend à se détendre et à se laisser aller à ses sensations. L'homme aide sa partenaire à atteindre l'orgasme au moyen soit de caresses manuelles, soit d'un vibromasseur (Barlow et Durand, 1995).

Nous allons maintenant étudier une maladie extrêmement grave qui se transmet notamment par contact sexuel : le SIDA. Bien que le SIDA ne soit pas un trouble sexuel, il s'agit d'un facteur dont il faut tenir compte dans les motivations à satisfaire une pulsion sexuelle.

Le SIDA

Qu'est-ce que le SIDA?

Le 5 juin 1981, les autorités américaines en santé publique ont émis un bref rapport concernant cinq homosexuels de Los Angeles atteints d'une forme rare de pneumonie. On a appris par la suite qu'il s'agissait d'un symptôme du SIDA. Seulement 13 ans plus tard, de 1 à 4 millions de personnes dans le monde étaient atteintes du SIDA, et environ 17 millions d'autres étaient séropositives.

La *séropositivité* est la présence dans le sang d'anticorps anti-VIH, ce qui signifie que le patient a été infecté par le virus de l'immunodéficience humaine (VIH), le virus qui cause le SIDA.

Le *SIDA (syndrome d'immunodéficience acquise)* est une maladie potentiellement mortelle caractérisée par la séropositivité, une numération de lymphocytes T auxiliaires inférieure à 200 par millilitre cube de sang (soit cinq fois moins que la normale) ou par la présence d'une ou de plusieurs maladies parmi un groupe de 26 maladies établies aux fins du diagnostic (comme la pneumonie récurrente et le cancer de la peau).

En 1997, on comptait environ 30,6 millions de personnes atteintes du SIDA dans le monde (Freiberg, 1998). Le VIH ne fait pas de discrimination : il frappe des inconnus autant que des célébrités ou des athlètes comme le joueur de basket-ball Magic Johnson et le plongeur Greg Louganis (ci-contre).

Les risques

Comme l'indique le graphique ci-dessous, les personnes les plus à risque en Amérique du Nord sont les homosexuels ainsi que les hétérosexuels utilisateurs de drogues intraveineuses. En 1996, l'incidence du SIDA a diminué pour la première fois aux États-Unis. La maladie se retrouvait désormais au deuxième rang des causes de mortalité chez les hommes de 25 à 44 ans (Cimons, 1997).

Les risques de contracter le SIDA ont augmenté graduellement chez les couples hétérosexuels, passant de 0,5 % en 1981 à 8,0 % en 1996. À l'échelle mondiale, le principal mode de transmission du SIDA est le rapport hétérosexuel (de 70 % à 75 % des cas). En outre, la maladie frappe trois femmes pour deux hommes (Elmer-Dewitt, 1997).

Le VIH vit dans le sang et dans les liquides corporels comme le sperme et les sécrétions vaginales. Il ne survit pas dans l'air, dans l'eau et sur les objets. On ne connaît pas de cas transmis par contact anodin comme une poignée de main.

Les modes de transmission du SIDA

%	Mode
7 %	Utilisation de drogues intraveineuses chez les homosexuels
8 %	Contacts hétérosexuels
12 %	Autres
25 %	Utilisation de drogues intraveineuses chez les hétérosexuels
48 %	Contacts homosexuels

Source : Étude américaine, Centres for Disease Control and Prevention, 1997.

L'évolution de la maladie

Le VIH se multiplie très rapidement à la suite de l'infection, de sorte que les personnes récemment infectées sont de 100 à 1 000 fois plus contagieuses qu'elles ne le deviendront ultérieurement (Koopman, 1995). Pire encore, ces personnes n'affichent aucun symptôme, et les tests biochimiques ne peuvent détecter la présence d'anticorps anti-VIH avant 60 jours.

Le VIH détruit les lymphocytes T auxiliaires, des cellules immunitaires qui s'attaquent aux virus et aux bactéries. C'est pourquoi une personne atteinte du SIDA est sujette aux maladies infectieuses. Il s'écoule en moyenne sept ans avant que le SIDA se déclare chez une personne séropositive, puis encore deux ou trois ans avant que n'apparaissent les maladies qui entraîneront la mort.

De 10 % à 17 % des personnes séropositives n'ont toujours pas le SIDA 20 ans après avoir été infectées par le VIH. Les chercheurs étudient ces patients avec le plus grand intérêt afin de découvrir la composante de leur système immunitaire qui les protège contre la maladie.

Le traitement

En 1996, le nombre de décès reliés au SIDA a diminué de 23 % aux États-Unis, grâce à des médicaments apparus en 1995 (Cimons, 1997). Une personne atteinte du SIDA prend tous les jours un « cocktail » de médicaments composé de 10 à 20 comprimés, dont des inhibiteurs de la protéase. Dans nombre de cas, ces médicaments réduisent la charge virale à des niveaux indétectables jusqu'à 30 mois. Ils atténuent les symptômes de manière considérable et augmentent tant la durée que la qualité de la vie des personnes atteintes (Rabkin et Ferrando, 1997).

Ces médicaments, malheureusement, ne sont pas efficaces dans tous les cas, et leur coût peut s'élever à plus de 15 000 $ par année. Et si la médication est interrompue, le virus se réactive (Altman, 1997 ; Siliciano, 1997).

À présent que nous avons étudié deux pulsions biologiques, la faim et le sexe, nous nous pencherons, à la section suivante, sur un important besoin social, l'accomplissement.

E. Le besoin d'accomplissement

Définition

Pourquoi Victor réussit-il ?

À l'école, on appelait Victor (ci-contre) « le Blanc ». Ses amis trouvaient qu'il étudiait trop. Ce jeune Noir américain était président de son association étudiante, maintenait une moyenne de 80 % et a par la suite étudié dans un collège réputé (d'après le *San Diego Union-Tribune,* 17 juin 1994).

Toute sa vie, Victor s'est buté à un obstacle dont on parle rarement en public : la dévalorisation de la réussite parmi les jeunes d'origine latino-américaine, africaine et amérindienne (Steele, 1995). Cette attitude a des effets catastrophiques : certains adolescents cessent d'étudier, négligent leurs travaux scolaires, évitent de répondre aux questions en classe, entrent dans des gangs et quittent l'école.

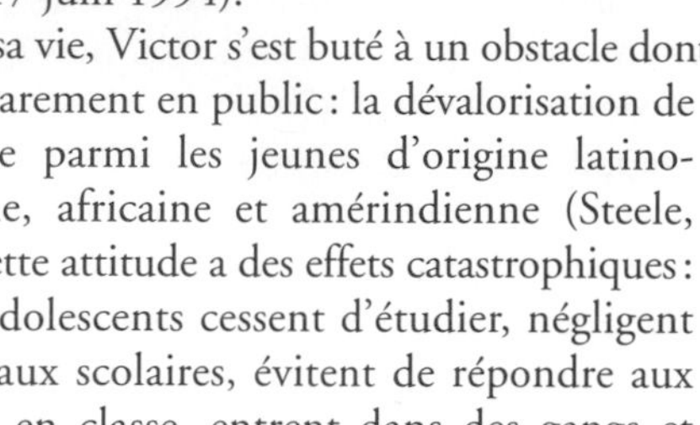

Selon les éducateurs, le taux élevé de décrochage scolaire dans les groupes minoritaires tient en partie à cette forme de pression des pairs (Portillo, 1994). Or, pour Victor, la réussite scolaire constitue un besoin social. Les *besoins sociaux* sont des exigences acquises à travers l'apprentissage, l'expérience et la culture.

On compte divers besoins sociaux : le besoin d'affiliation, le besoin d'aider et de protéger, le besoin d'influencer ou de dominer et le besoin de réussir ou d'exceller (ou d'accomplissement) (Murray, 1938).

Le *besoin d'accomplissement* se traduit par le désir de se fixer des objectifs stimulants et de persister à les atteindre en dépit des obstacles.

Le besoin d'accomplissement se classe au quatrième des cinq niveaux dans la hiérarchie de Maslow (page 197). Voyons en détail de quoi il retourne.

Comment mesurer ce besoin ?

Pour mesurer le besoin d'accomplissement, on pourrait se contenter de demander à des sujets s'ils éprouvent le désir de réussir. À cause des pressions sociales et de la désirabilité sociale (la volonté de bien paraître aux yeux de l'interviewer), on risquerait de récolter des réponses tendancieuses ou inexactes. C'est pourquoi les psychologues David McClelland et John Atkinson ont utilisé un instrument appelé test d'aperception thématique (TAT).

Le *test d'aperception thématique (TAT)* est un test de personnalité qui consiste à présenter à un sujet des photos montrant des personnages dans des situations ambiguës (20 planches au total). Le sujet doit inventer des histoires sur ce que pensent et éprouvent les personnages, et fournir une conclusion à son histoire.

La planche reproduite ci-contre, par exemple, pourrait vous être présentée si vous subissiez le TAT. On y voit, au premier plan, une jeune femme à l'air inquiet et, derrière, une vieille femme au regard fixe. L'examinateur écouterait votre histoire et y relèverait les thèmes relatifs à l'accomplissement comme le fait d'établir des objectifs, d'entrer en compétition et de surmonter des obstacles (Atkinson, 1958 ; McClelland *et al.,* 1953). La prémisse du TAT est que la puissance du besoin d'accomplissement se traduit dans l'histoire inventée par le type de pensées, de sentiments et de comportements attribués aux personnages des dessins. Or, il est difficile de coter avec fidélité les récits des sujets, puisqu'il n'existe pas de méthode objective pour déterminer avec précision les pensées et les sentiments qui devraient être associés aux divers degrés du besoin d'accomplissement (Keiser et Prather, 1990). Aussi est-il plus courant de mesurer le besoin d'accomplissement au moyen d'épreuves écrites à caractère objectif, plus faciles à administrer d'une part et plus fidèles d'autre part (Kaplan et Saccuzzo, 1997).

Qu'est-ce qu'un fort besoin d'accomplissement ?

Le besoin d'accomplissement atteint vraisemblablement son apogée chez les athlètes olympiques. La gymnaste Shannon Miller, par exemple (ci-dessous), s'est entraînée tous les jours pendant des heures depuis sa plus tendre enfance (Atkinson et Raynor, 1974 ; McClelland, 1985). Elle a enduré le stress et la frustration des compétitions pendant une douzaine d'années avant d'atteindre son objectif suprême : remporter quatre médailles aux Jeux olympiques de 1992.

On observe un *fort besoin d'accomplissement* chez les personnes qui font preuve de plus de persévérance, qui réussissent leurs tâches avec brio, qui se fixent des objectifs difficiles mais réalistes, qui participent à des compétitions pour gagner et qui sont tentées par des carrières exigeant de l'initiative.

La plupart des gens n'iront jamais aux Olympiques et ne conserveront pas non plus une moyenne de 90 % à l'école. Cependant, nous éprouvons généralement le besoin de nous accomplir, que ce soit en donnant notre maximum, en recherchant la reconnaissance sociale ou en convoitant des gratifications matérielles (Snow et Jackson, 1994). Le besoin d'accomplissement, en effet, détermine et motive un grand nombre de nos comportements.

Attardons-nous maintenant au revers de la médaille : la peur de l'échec.

La peur de l'échec

Pourquoi échoue-t-on ?

Tout comme certaines personnes sont motivées par le besoin d'accomplissement, d'autres sont motivées par la peur de l'échec. Selon Atkinson (1964), il est nécessaire d'examiner cette peur si l'on veut comprendre les raisons pour lesquelles une personne atteint ou non un objectif.

On observe la *peur de l'échec* chez les personnes qui, pour éviter l'échec, choisissent des tâches faciles qu'elles ont toutes les chances de réussir.

La peur de l'échec peut motiver un étudiant à étudier juste ce qu'il faut pour éviter d'échouer à un examen, mais pas suffisamment pour obtenir une note excellente. De fait, la peur de l'échec est un bon indice prédictif de notes médiocres et est corrélée négativement avec celles-ci : plus un étudiant a peur d'échouer, pires sont ses notes (Herman, 1990). Atkinson pensait que la motivation à éviter l'échec variait chez les individus autant que le besoin d'accomplissement. Il affirmait que, comparées aux personnes motivées par le besoin d'accomplissement, les personnes motivés principalement par la peur de l'échec connaissaient moins de succès, travaillaient moins fort et se fixaient des objectifs moins ambitieux.

Le handicap intentionnel Comment une personne motivée par la peur de l'échec peut-elle expliquer ses piètres résultats tout en conservant une image de soi favorable ? En se trouvant des excuses, un procédé appelé handicap intentionnel (Jones et Berglas, 1978).

Le *handicap intentionnel* est la tendance à émettre des comportements propices à l'échec puis à attribuer les défaites encourues à ces comportements.

Les excuses ne manquent pas en matière de handicap intentionnel : il y a les problèmes de santé (« J'ai le rhume ; j'ai mal dormi »), l'usage de substances qui peuvent influencer le comportement (« J'ai la gueule de bois »), la chance et le destin (« C'était un coup du sort ; ça n'arrive qu'à moi »). Ces prétextes contribuent à préserver l'image de soi, mais ils nous empêchent de prendre nos responsabilités et d'atteindre nos objectifs (Berglas, 1989).

L'improductivité

Un manque de motivation ?

Vous connaissez peut-être des personnes qui sont des petits génies de l'ordinateur par exemple, mais qui obtiennent des notes pitoyables à l'école, ne font jamais leurs travaux et semblent n'avoir aucune ambition. On pourrait alors parler d'élèves improductifs.

Une *personne improductive* obtient des résultats relativement élevés aux tests d'aptitudes et d'intelligence mais a un rendement nettement inférieur à ce que ces résultats permettent de prévoir.

Les chercheurs ont constaté que l'improductivité n'a rien à voir avec la classe socio-économique, qu'elle est deux ou trois fois plus répandue chez les garçons que chez les filles, qu'elle touche environ 15 % des élèves et que ses effets peuvent se faire sentir jusqu'à l'âge adulte (McCall, 1994).

Les caractéristiques Au point de vue psychologique, les personnes improductives se caractérisent par un piètre concept de soi (ils ne se connaissent pas), une faible estime de soi, des relations inadéquates avec les pairs et une grande timidité. Sur le plan cognitif, ces personnes ont peur de l'échec, perçoivent mal leurs aptitudes et manquent de persévérance. Par conséquent, elles ont tendance à renoncer à leurs études, à leur emploi et à leur relation conjugale (McCall, 1994).

L'improductivité a ceci de paradoxal que ses victimes possèdent des aptitudes mais ne sont pas motivées à s'en servir. Les cliniciens, les conseillers et les chercheurs s'attachent à élaborer des programmes thérapeutiques pour aider les élèves improductifs à modifier leurs traits de personnalité et leurs perceptions pour que ceux-ci acquièrent la motivation nécessaire pour exploiter leurs aptitudes (McCall, 1994).

Les trois clés de la réussite

Quel est le secret du succès ?

Que l'on soit étudiant, parent, enseignant, programmeur, vendeur ou serveur, la réussite repose sur l'interaction des trois éléments que nous venons de décrire : le besoin d'accomplissement, la peur de l'échec ainsi que la présence de facteurs psychologiques et cognitifs comme le concept de soi, l'estime de soi et la confiance en soi. Pourquoi certains enfants issus de minorités ethniques et de milieux défavorisés réussissent-ils à l'école alors que d'autres échouent ? Les chercheurs ont découvert que la différence tient à une meilleure estime de soi, à la confiance en ses capacités ainsi qu'à plus de soutien et d'encouragement de la part d'un parent ou d'un tuteur (Finn et Rock, 1997). Les élèves qui réussissent travaillent plus fort et, en outre, ils aiment ce qu'ils font. Cet « amour du travail » constitue un important facteur cognitif et il peut influer considérablement sur la motivation.

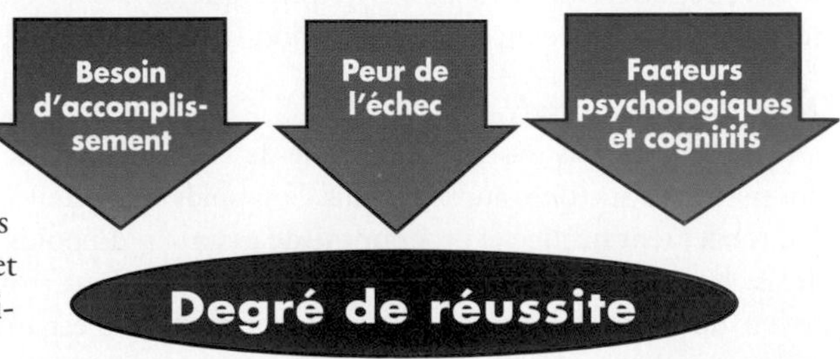

F. Les troubles alimentaires et leur traitement

Le pour et le contre des régimes amaigrissants

Est-il si difficile de suivre un régime?

La faim est un besoin physiologique, mais divers facteurs psychosociaux peuvent influer considérablement sur nos habitudes alimentaires. Ces mêmes facteurs peuvent entraîner l'embonpoint ainsi que des troubles alimentaires graves.

Comme nous l'avons indiqué précédemment, la quantité de tissu adipeux double entre 20 et 50 ans, à moins que la personne ne suive un programme d'activité physique et n'adopte un régime alimentaire équilibré (Roberts, 1997). Près d'une personne sur trois en Amérique du Nord présente un excès de poids et s'expose ainsi à diverses maladies (Willett, 1994). Aussi, nombre de gens entreprennent-ils des régimes amaigrissants. La célèbre animatrice américaine Oprah Winfrey est de ceux-là, et son cheminement illustre le pour et le contre de ces régimes.

Avant

Dans les années 1970, Oprah Winfrey était dans la vingtaine et pesait environ 63,5 kg. Au milieu des années 1980, Oprah pesait près de 86 kg, un poids excessif compte tenu de sa taille et de sa stature. Oprah confessait qu'elle avait un faible pour les aliments gras, mais se plaignait de manquer de temps pour faire de l'exercice. Le soir, en rentrant du travail, elle éprouvait une envie irrésistible de manger. Quand son poids a atteint les 90 kg, elle s'est sentie déprimée. Et quand le pèse-personne a indiqué 96 kg, Oprah a décidé de se mettre au régime (Greene et Winfrey, 1996).

Un an plus tard

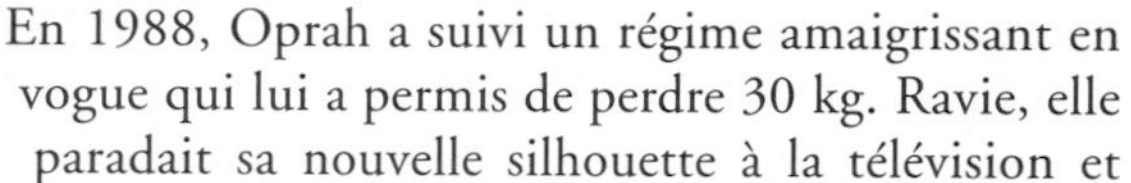

En 1988, Oprah a suivi un régime amaigrissant en vogue qui lui a permis de perdre 30 kg. Ravie, elle paradait sa nouvelle silhouette à la télévision et déclarait à qui voulait l'entendre qu'on ne la reprendrait plus à trop manger. Oprah ignorait probablement que deux facteurs biologiques jouaient contre elle.

Premièrement, son organisme s'est automatiquement adapté à la diminution de ses réserves de graisse et il s'est mis à consommer le combustible plus efficacement, de telle sorte qu'Oprah aurait dû réduire son apport alimentaire pour éviter de reprendre les kilos perdus.

Deuxièmement, l'organisme d'Oprah possède un point de réglage génétiquement établi grâce auquel ses réserves de graisse demeurent stables. Si ces réserves diminuent trop, l'organisme réduit la vitesse de son métabolisme pour compenser (Leibel *et al.*, 1995). Oprah aurait dû faire régulièrement de l'activité physique afin d'accélérer son métabolisme. Mais était-elle prête à modifier son mode de vie ?

Deux ans plus tard

Non, Oprah n'a pas modifié son mode de vie. Elle a repris tous les kilos perdus et quelques autres en plus. Son poids s'est établi à 107 kg. « J'ai totalement négligé le programme de maintien du poids, a-t-elle admis. Je me pensais guérie. Et je me leurrais. Il faut trouver un moyen de vivre dans un monde où la nourriture est omniprésente » (*People,* 14 janvier 1991, p. 84, traduction libre). Selon les chercheurs, de 90 % à 95 % des gens qui perdent du poids à la suite d'un régime amaigrissant reprennent graduellement les kilos dont ils s'étaient débarrassés, et ce, dans un délai de un à cinq ans (Wilson, 1994). Ces gens, en effet, négligent le programme de maintien du poids qui consiste à diminuer l'apport alimentaire et à faire de l'exercice. Oprah, pour sa part, a finalement trouvé sa motivation après avoir procédé à une sérieuse remise en question.

Huit ans plus tard

Un jour, en écrivant son journal, Oprah a trouvé pourquoi elle avait engraissé de nouveau : elle avait maigri pour plaire aux autres. Désormais, elle était prête à se remettre au régime, mais pour se faire plaisir à elle. Oprah s'est aussi rendu compte que la nourriture représentait bien plus qu'un combustible pour son organisme. « La nourriture, pour moi, c'était le réconfort, le plaisir, l'amour, l'amitié, tout en somme. Aujourd'hui, je m'efforce chaque jour de ne pas substituer la nourriture aux émotions (Tresniowski et Bell, 1996, p. 81, traduction libre). » Oprah a changé son attitude face à la nourriture et engagé un entraîneur personnel. Elle a ainsi perdu 30 kg et conserve désormais un poids réaliste de 77 kg (Greene et Winfrey, 1996).

Conclusion Le fait de jouer au yo-yo avec son poids confirme un important résultat de recherche : pour perdre du poids sans le reprendre, rien ne sert de se serrer la ceinture pendant six mois ni de suivre le dernier régime à la mode. Il faut plutôt adopter définitivement un programme sain de maintien du poids (Foster *et al.*, 1997). Les chercheurs ont constaté qu'un tel programme réduit les risques de maladie grave et qu'il repose sur quatre facteurs : modifier ses attitudes face à la nourriture, améliorer ses habitudes alimentaires, suivre un programme régulier d'activité physique et persévérer (Heatherton *et al.*, 1997).

À la page suivante, nous présenterons les causes et les traitements de deux troubles alimentaires.

L'anorexie mentale et la boulimie

Pourquoi se laisser mourir de faim ?

De 1985 à 1992, l'actrice Tracey Gold a été la vedette d'une comédie télévisée populaire. En 1992, cependant, elle n'avait plus que la peau et les os et elle a été forcée d'abandonner. « Ma vie, dit-elle, se résumait à perdre du poids et à compter les kilojoules. » Un soir, Tracey a aperçu son image dans un miroir. « J'ai vu une personne qui allait mourir de l'anorexie et j'ai paniqué. » C'est à ce moment précis que Tracey a commencé à lutter pour sa vie (Levitt et Wagner, 1994). Son histoire se termine bien : elle a vaincu sa maladie, repris un poids normal, fait un mariage heureux et donné naissance à une petite fille. Comment une fille comme Tracey, qui avait tout pour elle, a-t-elle pu mettre ainsi sa vie en danger ?

L'anorexie mentale

L'anorexie mentale touche presque seulement des personnes de sexe féminin (90 %), de race blanche (99 %), âgées de 15 à 24 ans (60 %) et issues des classes socio-économiques supérieures (75 %) (Garner et Garfinkel, 1997). Il s'agit d'un trouble relativement rare qui n'atteint que de 0,10 % à 1,0 % de la population (Walters et Kendler, 1995).

L'*anorexie mentale* est un trouble alimentaire grave caractérisé par les symptômes suivants : un refus de manger et de maintenir un poids corporel équivalant à 85 % de la normale, une peur intense de prendre du poids ou de devenir gros, l'absence d'au moins trois cycles menstruels consécutifs. Les personnes anorexiques présentent une perturbation de l'image corporelle, en ce sens qu'elles se perçoivent comme grosses alors qu'elles sont très amaigries (American Psychiatric Association, 1994).

Les jambes squelettiques qui apparaissent ci-dessous sont celles d'une femme blanche de 20 ans. Actuellement traitée pour anorexie mentale, cette patiente a déjà eu un poids normal de 63,5 kg mais ne pèse plus que 40,8 kg (Fox, 1997).

La personnalité et les gènes La plupart des cliniciens cherchent dans le développement de la personnalité les causes de l'anorexie mentale. Les études indiquent que les anorexiques ont été des enfants sages, compulsives, tendues, sensibles, ambitieuses et ayant un tempérament difficile (trop retenues ou trop émotives). À l'adolescence, ces jeunes filles ont cru que l'amour et le soutien dont elles avaient désespérément besoin ne leur seraient apportés que si elles refrénaient leurs impulsions (Crisp, 1997). Et existe-t-il un moyen plus draconien de maîtriser ses impulsions que de se laisser mourir de faim ?

Le traitement Le traitement de l'anorexie passe par un séjour à l'hôpital qui a pour but de favoriser la prise de poids au moyen d'une modification du comportement et de résoudre les problèmes psychologiques au moyen d'une psychothérapie. Les médicaments ont une efficacité limitée contre l'anorexie (Garfinkel et Walsh, 1997). Une étude a démontré qu'après 30 ans, 76 % des anorexiques s'étaient rétablies, que 18 % étaient mortes et que 6 % présentaient encore des symptômes (Mizes, 1994).

La boulimie

Carol a vécu une enfance qui n'a été heureuse qu'en apparence. « On aurait dit que j'étais obligée de vivre dans un monde de rêve, a-t-elle expliqué, un monde où tout allait à merveille et où j'avais une moyenne de 90 %. J'ai commencé à travailler très jeune et je me tuais à rendre service. Tout le monde me trouvait bonne et gentille. Au fond de moi, cependant, j'étais littéralement en train de mourir. » Carol mesurait 1,67 m et pesait 58 kg et ne présentait aucun signe de trouble alimentaire. Elle a pourtant commencé à avoir des épisodes de frénésie alimentaire à l'âge de 15 ans. Elle consommait de grandes quantités de nourriture en un court laps de temps puis se faisait vomir pour éviter de grossir (adapté de *Daily Aztec,* 22 mars 1984).

Carol souffrait de boulimie, un trouble qui touche de 1 % à 3 % des femmes (principalement des adolescentes et des jeunes femmes de race blanche) et seulement 0,3 % des hommes (American Psychiatric Association, 1994).

La *boulimie* se caractérise par les symptômes suivants : au moins deux épisodes de frénésie alimentaire par semaine pendant au moins trois mois, la peur d'être incapable d'arrêter de manger, l'induction du vomissement, l'utilisation de laxatifs, la pratique d'un régime strict ou le jeûne et, enfin, une préoccupation excessive au sujet du poids et des formes corporelles (American Psychiatric Association, 1994).

Les facteurs de risque Selon les chercheurs, les jeunes femmes les plus sujettes à la boulimie sont celles qui ont absolument besoin de l'approbation des autres, qui sont excessivement sensibles au rejet et qui exigent beaucoup d'elles-mêmes. Certaines boulimiques présentent des épisodes dépressifs, de l'anxiété et des sautes d'humeur (Fairburn *et al.*, 1997).

Le traitement Il existe deux types de traitement contre la boulimie. Le premier consiste en une thérapie émotivo-rationnelle ou interpersonnelle dont l'objectif est de substituer des pensées positives aux pensées négatives et d'améliorer le rendement social. Le second, qui comporte malheureusement des effets secondaires, est le recours aux antidépresseurs. Les deux sont fructueux, qu'ils soient utilisés seuls ou ensemble (Garfinkel et Walsh, 1997 ; Wilfley et Cohen, 1997). Une étude longitudinale s'échelonnant sur 10 ans a démontré que 52 % des boulimiques s'étaient rétablies, que 39 % avaient encore quelques symptômes et que 9 % présentaient toujours des symptômes graves (Collings et King, 1994).

Si la faim est un besoin physiologique fondamental, il est clair que divers facteurs psychosociaux et de personnalité peuvent l'influencer, voire le supprimer. Les victimes de l'anorexie mentale et de la boulimie le prouvent.

G. Les émotions : les théories physiologiques

La chaîne de l'émotion

Pourquoi a-t-on peur ?

Imaginez que vous nagez dans l'océan quand, soudainement, vous apercevez droit devant un aileron de requin. Que se passe-t-il en vous ? Premièrement, vous interprétez le stimulus comme dangereux. Deuxièmement, vous éprouvez une émotion, la peur. Troisièmement, vous présentez des réactions physiologiques, dont une augmentation du rythme cardiaque. Enfin, vous manifestez des comportements observables : vous criez et votre visage prend une expression apeurée. Tous les psychologues s'entendent quant à la présence de ces quatre éléments, mais pas sur la séquence de leur apparition. C'est pourquoi les diverses théories des émotions se divisent en deux catégories : les théories physiologiques et les théories cognitives.

Les *théories physiologiques des émotions* stipulent que les émotions naissent de l'activation physiologique ressentie.

Les *théories cognitives des émotions* stipulent que les émotions naissent de l'interprétation des situations.

La théorie de James-Lange

Les réactions physiologiques en cause ?

À la fin du XIXe siècle, deux psychologues, William James et Carle Lange, ont postulé chacun de leur côté que les émotions étaient causées par l'activation physiologique ressentie.

Selon la *théorie de James-Lange,* le cerveau interprète diverses réactions physiologiques comme des sentiments ou des émotions spécifiques et il existe un ensemble distinct de réactions physiologiques pour chaque émotion.

Expliquons à la lumière de cette théorie les raisons pour lesquelles la vue d'un aileron de requin suscite la peur.

1 Les réactions physiologiques

La vue d'un aileron de requin qui s'approche stimule l'hypothalamus, la structure cérébrale qui régit le système nerveux autonome. Une partie du système nerveux autonome, le système nerveux sympathique, déclenche alors un certain nombre de réactions physiologiques. Il provoque notamment une augmentation du rythme cardiaque et respiratoire, une hausse de la pression artérielle et une plus grande sécrétion de diverses hormones.

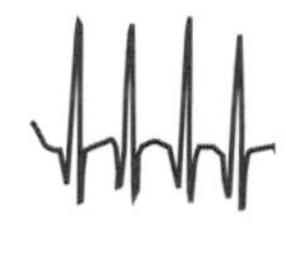

2 L'interprétation des réactions

Le cerveau analyse chaque ensemble de réactions physiologiques et l'interprète comme une émotion distincte.

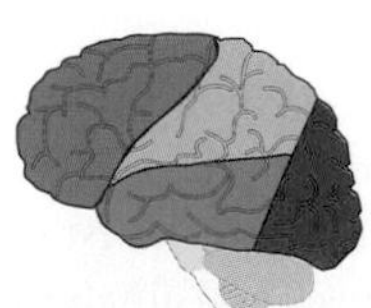

3 L'émotion proprement dite

La peur provoquée par la vue de l'aileron de requin repose sur l'interprétation par le cerveau d'un ensemble de réactions physiologiques. Elle peut s'accompagner de comportements observables, une expression apeurée par exemple.

4 La chaîne de l'émotion

Avant que James et Lange formulent leur théorie, on croyait que l'émotion (la peur dans notre exemple) se déroulait comme suit : voir le requin, avoir peur et nager frénétiquement vers le rivage. James et Lange ont inversé cet enchaînement ; selon eux, on voit un requin, on a des réactions physiologiques (dues à la fuite désespérée) et, par conséquent, on a peur.

La chaîne de l'émotion selon James-Lange

A. Le sujet a des réactions physiologiques. ➤ B. Le cerveau interprète ces réactions. ➤ C. Le sujet éprouve alors une émotion particulière. ➤ D. Le sujet manifeste un comportement observable.

Pour illustrer sa théorie, James (1884 et 1969) n'a pas utilisé l'exemple du requin mais celui d'un ours dans la forêt. « Vous avez peur parce que vous courez », disait-il (voir page 12).

5 Les failles de la théorie

L'opposition à la théorie de James-Lange s'articule autour de trois points.

Premièrement, les différentes émotions ne sont pas nécessairement associées à des ensembles distincts de réactions physiologiques. La colère, la peur et la tristesse, par exemple, sont reliées à des réactions physiologiques viscérales analogues (Cacioppo *et al.,* 1993). Ainsi, contrairement à ce que James pensait, si vous voyez un ours dans la forêt, vous avez peur, puis ensuite vous courez.

Deuxièmement, les personnes qui ont subi un sectionnement de la moelle épinière à la hauteur du cou ne peuvent ressentir de réactions physiologiques (système neveux autonome), mais elles n'en éprouvent pas moins des émotions comme tout le monde (Chwalisz *et al.,* 1988 ; Bermond *et al.,* 1991).

Troisièmement, les émotions complexes comme la culpabilité et la jalousie exigent une interprétation poussée de la situation. L'enchaînement, dans le cas de ces émotions, laisse croire à l'influence de facteurs cognitifs (Ellsworth, 1994a, 1994b).

L'intensité Les chercheurs ont donné tort à James et Lange en démontrant que les réactions physiologiques ne constituent pas la principale cause des émotions. Il n'en reste pas moins que les réactions physiologiques peuvent intensifier les émotions (Cacioppo *et al.,* 1993).

L'hypothèse de la rétroaction faciale

Que dit votre visage?

Une autre théorie physiologique attribue les émotions à l'activation des muscles faciaux qui se contractent lorsqu'on sourit, qu'on fronce les sourcils ou qu'on écarquille les yeux. C'est à Charles Darwin (1872 et 1965) qu'on doit cette idée, qui porte aujourd'hui le nom d'hypothèse de la rétroaction faciale (McIntosh, 1996).

Selon l'*hypothèse de la rétroaction faciale,* le cerveau interprète comme des émotions les sensations produites par les mouvements des muscles et de la peau du visage.

Voici comment cette théorie expliquerait la peur qu'on éprouve à la vue d'un aileron de requin.

1 Les réactions physiologiques

La vue d'un aileron de requin qui s'approche entraîne un certain nombre de réactions physiologiques. Parmi ces réactions, on compte des mouvements des muscles et de la peau du visage: les sourcils s'élèvent, la bouche s'ouvre et les yeux s'écarquillent.

2 L'interprétation des réactions

À mesure qu'on perçoit une situation, on présente automatiquement différentes expressions faciales (Dimberg et Ohman, 1996). Ces expressions sont produites par des mouvements des muscles et de la peau. Le cerveau «prend connaissance» de ces mouvements et les interprète comme des émotions. À la vue d'un aileron de requin, on hausse les sourcils, ouvre la bouche et écarquille les yeux. C'est cette expression de peur qui donne naissance à la peur en tant qu'émotion.

3 L'émotion proprement dite

Si l'on aperçoit un aileron de requin, les muscles de notre visage accomplissent automatiquement certains mouvements très précis et cette rétroaction est interprétée par le cerveau comme une réaction de peur. Il est à noter que, selon l'hypothèse de la rétroaction faciale, les divers changements dans les expressions faciales correspondent à différentes émotions.

4 La chaîne de l'émotion

Comme la théorie de James-Lange, l'hypothèse de la rétroaction faciale veut que les émotions naissent de réactions physiologiques: l'activation des muscles du visage dans notre exemple.

La chaîne de l'émotion selon l'hypothèse de la rétroaction faciale

A. La peau et les muscles du visage s'activent. ➤ B. Le cerveau est informé des mouvements et les interprète. ➤ C. Le sujet éprouve alors une émotion particulière. ➤ D. Le sujet manifeste d'autres comportements observables.

5 Les failles de la théorie

L'hypothèse de la rétroaction faciale a fait l'objet d'un grand nombre d'études, dont voici quelques conclusions.

La paralysie et l'émotion Les partisans de l'hypothèse de la rétroaction faciale affirment que les expressions de colère, de peur, de joie, de tristesse et de dégoût sont associées à différentes configurations de la peau et des muscles du visage, et que ces configurations peuvent influer sur l'émergence des émotions (Ekman, 1993; Ekman et Davidson, 1993). Or, les personnes qui souffrent d'une paralysie complète des muscles du visage — l'expression faciale ne varie donc pas — éprouvent bel et bien des émotions (McIntosh, 1996). Si la rétroaction faciale peut influer sur l'émergence des émotions, elle n'en constitue donc pas la condition absolue.

L'humeur et son intensité Des chercheurs ont indiqué que la rétroaction faciale peut jouer un rôle dans l'humeur, c'est-à-dire l'état émotionnel général. Ainsi, des sujets à qui l'on demande de sourire se disent de meilleure humeur que ceux à qui l'on demande de froncer les sourcils. Au cours de recherches, des sujets souriants — comparés à ceux d'un groupe témoin — ont jugé les bandes dessinées qu'on leur demandait de lire plus drôles, et les chocs électriques qu'on leur faisait alors subir moins douloureux (Laird, 1974; Lanzetta *et al.,* 1976; Zuckerman *et al.,* 1981). Par ailleurs, on a constaté que la rétroaction faciale ajoute à l'intensité des expériences émotionnelles subjectives (Adelmann et Zajonc, 1989; Izard, 1990): autrement dit, si l'on sourit quand on est joyeux et pleure quand on est triste, l'activation des muscles faciaux peut intensifier chacune de ces émotions.

Conclusion

Les deux théories physiologiques que nous venons de présenter sont justes dans la mesure où certaines réactions physiques influent sur l'intensité des émotions, l'humeur générale et l'émergence des émotions. Ces réponses, cependant, ne suffisent pas à elles seules à causer les émotions. Allons donc chercher la cause des émotions du côté des processus cognitifs.

H. Les émotions : les théories cognitives

Les pensées : causes des émotions ?

Vous avez donné rendez-vous à votre petite amie à 19 h au cinéma. Vous arrivez avec quelques minutes d'avance et, stupeur, vous apercevez votre amie dans les bras d'un inconnu. Furieux et jaloux, vous vous précipitez vers eux. C'est alors que votre amie se retourne et lance : « Je voudrais te présenter mon frère, je ne l'avais pas vu depuis des années ! » Votre colère et votre jalousie se muent aussitôt en joie et en soulagement. L'explication fournie par votre amie a renversé votre état émotionnel. Voilà qui illustre la théorie de l'évaluation cognitive.

Selon la *théorie de l'évaluation cognitive,* l'interprétation ou l'explication donnée à une situation, un objet ou un événement favorise ou entraîne l'apparition de différentes émotions.

Croire que votre amie s'abandonne dans les bras d'un étranger déclenche la jalousie, mais entendre que cet étranger est son frère transforme cette émotion en soulagement et en joie.

L'origine de la théorie contemporaine de l'évaluation cognitive remonte aux travaux de Stanley Schachter et Jerome Singer (1962). Nous décrirons ici un chapitre de leur expérience célèbre, celui qui démontre l'importance de l'interprétation ou de l'explication cognitive dans les émotions.

L'expérience de Schachter et Singer

L'expérience de Schachter et Singer a été la première à démontrer que les pensées jouent un rôle important dans la production et l'identification des émotions. Voici en quoi elle a consisté.

1 L'activation physiologique

Schachter et Singer ont injecté de l'adrénaline à certains de leurs sujets. Cette hormone entraîne une activation physiologique qui se traduit notamment par une augmentation du rythme cardiaque et de la pression artérielle.

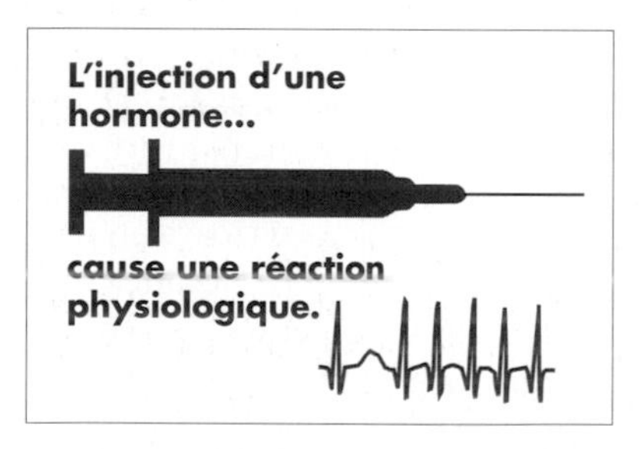

Schachter et Singer ont caché à leurs sujets qu'ils subiraient une activation physiologique (ils leur ont dit qu'ils recevaient des vitamines).

2 L'interprétation des situations

Après avoir procédé aux injections, Schachter et Singer ont placé leurs sujets soit dans une situation joyeuse soit dans une situation tendue.

Pour créer une situation joyeuse, un complice des chercheurs lançait des avions de papier en riant.

Pour créer une situation tendue, un autre complice des chercheurs se plaignait d'avoir à répondre à un long questionnaire.

3 L'émotion proprement dite

Les sujets placés dans une situation joyeuse souriaient pour la plupart et se disaient de bonne humeur. Les sujets placés dans une situation tendue, pour leur part, affichaient des mines colériques et se disaient de mauvaise humeur. Selon Schachter et Singer, les sujets avaient cherché dans leur environnement les causes de l'activation physiologique qu'ils ressentaient.

4 La chaîne de l'émotion

Schachter et Singer ont postulé que l'interprétation ou l'évaluation des situations constitue la cause première des émotions, comme le montre le schéma suivant.

La chaîne de l'émotion selon Schachter et Singer

A. Le sujet fait l'objet d'une activation physiologique. ➤ B. Le sujet fait une interprétation cognitive de la situation. ➤ C. Le sujet éprouve alors une émotion. ➤ D. Le sujet manifeste un comportement observable.

5 Les failles de la théorie

La théorie de Schachter et Singer a connu deux importantes modifications.

Premièrement, les chercheurs ont constaté que les émotions ne sont pas toujours précédées par une activation physiologique (Cacioppo *et al.,* 1993). Supposez par exemple qu'une de vos amies vous annonce : « Je viens de voir quelqu'un heurter ta voiture avec la sienne et prendre la fuite. » Votre évaluation de la situation déclencherait la colère avant que s'amorce l'activation physiologique.

Deuxièmement, les chercheurs allèguent que les émotions peuvent naître non seulement de facteurs situationnels et environnementaux mais aussi de processus cognitifs comme les pensées, les interprétations et les évaluations — les explications de votre petite amie, par exemple, qui transforment votre jalousie en soulagement — (Ellsworth, 1994 ; Sinclair *et al.,* 1994 ; Kitayama et Markus, 1994).

Un bon nombre de théories inspirées par les travaux de Schachter et Singer ont vu le jour dans les années 1980 (Frijda, 1986 ; Ortony *et al.,* 1988 ; Smith et Ellsworth, 1985 ; Weiner, 1986). À la page suivante, nous étudierons la théorie contemporaine de l'évaluation cognitive, et la théorie de la primauté de l'affect.

Le point de départ : l'émotion ou la pensée ?

Et si vous gagniez 5 millions ?

Supposez que vous gagnez cinq millions de dollars à la loterie. Sur le coup, vous connaissez une joie insurpassable. L'émotion apparaît-elle avant ou après la pensée de gagner ? Cet exemple soulève la question de la primauté.

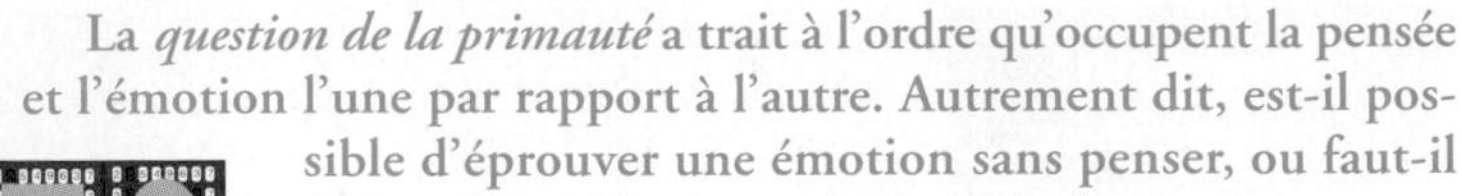

La *question de la primauté* a trait à l'ordre qu'occupent la pensée et l'émotion l'une par rapport à l'autre. Autrement dit, est-il possible d'éprouver une émotion sans penser, ou faut-il d'abord procéder à une forme d'évaluation ?

Les deux théories que nous présentons ici proposent des réponses opposées à cette question.

La théorie de l'évaluation cognitive

La théorie de l'évaluation cognitive soutient que la pensée précède l'émotion.

Selon la *théorie de l'évaluation cognitive,* l'interprétation ou l'évaluation des situations est la cause principale des émotions.

Vous gagnez à la loterie. Voici le scénario des événements selon la théorie de l'évaluation cognitive.

Stimulus

1 Vous gagnez cinq millions de dollars. C'est le stimulus dans ce cas-ci. Il pourrait cependant s'agir d'un autre événement, d'un objet ou d'une pensée.

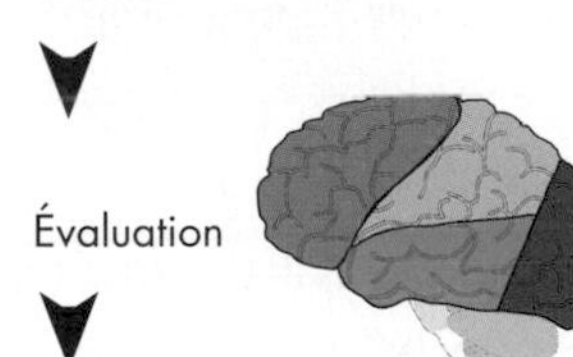

Évaluation

2 Vous évaluez ou interprétez les répercussions du stimulus dans votre vie. Votre évaluation, dans ce cas-ci, est extrêmement favorable.

Émotion

3 Votre évaluation engendre des émotions de bonheur et de joie. Vous avez donc pensé avant d'éprouver.

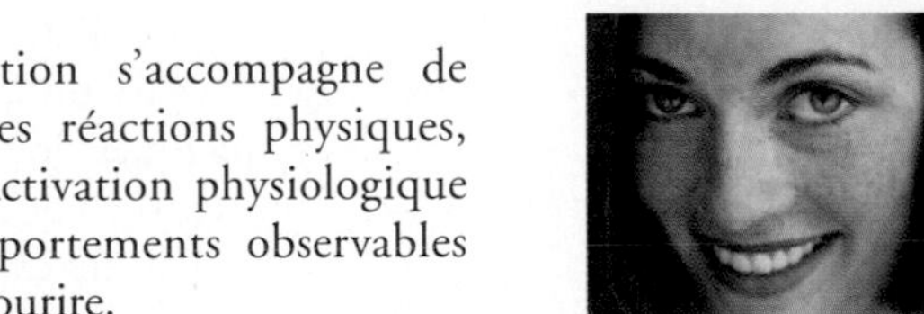

4 L'émotion s'accompagne de diverses réactions physiques, dont une activation physiologique et des comportements observables comme le sourire.

Réactions physiques

La pensée avant l'émotion

Richard Lazarus (1991) est le plus fervent défenseur de l'hypothèse de la pensée avant l'émotion (théorie de l'évaluation cognitive). Il avance qu'une émotion est nécessairement précédée d'une forme d'évaluation de la situation. Les exemples ne manquent pas à l'appui de ses dires ; celui de la jalousie qui fait place au soulagement en est un. Dans l'exemple de la loterie, s'il semble que l'émotion surgisse si rapidement que la pensée n'a pas de rôle à jouer, c'est, selon cette théorie, que la pensée ou l'évaluation s'accomplit alors au niveau inconscient (Ellsworth, 1994a).

La théorie de la primauté de l'affect

La théorie de la primauté de l'affect soutient que l'émotion précède la pensée.

Selon la *théorie de la primauté de l'affect,* dans certaines situations, l'émotion naît avant que nous ayons le temps d'interpréter ou d'évaluer la situation.

Vous gagnez à la loterie. Voici le scénario des événements selon la théorie de la primauté de l'affect.

Stimulus

1 Vous gagnez cinq millions de dollars. C'est le stimulus dans ce cas-ci. Il pourrait cependant s'agir d'un autre événement, d'un objet ou d'une pensée.

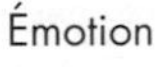

Émotion

2 Le fait de tenir et de voir le billet gagnant déclenche une émotion, la joie, de manière si rapide que celle-ci ne semble pas avoir été précédée par une pensée.

Évaluation

3 La joie vous a déjà envahi, et elle ne fait que croître à mesure que vous songez à ce que vous ferez de vos cinq millions. Dans ce cas-ci, l'émotion précède la pensée.

4 L'émotion s'accompagne de diverses réactions physiques, dont une activation physiologique et des comportements observables comme le sourire.

Réactions physiques

L'émotion avant la pensée

Robert Zajonc (1984) est le plus fervent défenseur de l'hypothèse de l'émotion avant la pensée. Il ne nie pas que l'hypothèse contraire puisse parfois se vérifier, mais il soutient que, dans des situations comme gagner à la loterie et voir un serpent, les émotions surgissent si rapidement que la pensée n'a pas le temps d'apparaître.

Maintenant que vous connaissez deux théories générales sur les émotions, nous verrons comment les émotions se vivent et s'expriment dans différentes sociétés.

I. Diversité culturelle : les émotions

Comment reconnaît-on les émotions ?

L'avion dans lequel vous preniez place s'est écrasé dans la jungle de Bornéo. Vous vous extirpez péniblement de la carcasse calcinée, constatez que vous êtes sain et sauf et apercevez dans l'ombre deux aborigènes armés de sarbacanes. Comment allez-vous leur faire comprendre que vous ne leur voulez que du bien ? Vous mettez toutes les chances de votre côté et vous leur faites un large sourire. Il y a fort à parier que les aborigènes décoderont cette expression comme un signe d'amitié. Le sourire, en effet, compte parmi les expressions universelles des émotions (Ekman, 1994 ; Izard, 1994).

L'*universalité culturelle des émotions* est le fait que les expressions faciales des émotions sont des configurations faciales que tous les êtres humains ont la capacité innée d'afficher et de décoder.

Notez par exemple que les quatre personnes dont les photos figurent sur cette page viennent de pays différents mais présentent une expression faciale que vous interprétez vraisemblablement comme un signe de joie. Les chercheurs pensent que les expressions universelles des émotions sont apparues au cours de l'évolution parce qu'elles étaient propices à l'adaptation et à la survie de nos ancêtres.

C'est Charles Darwin (1872 et 1965) qui a scientifiquement attesté l'existence d'émotions universelles. Dans sa foulée, plusieurs chercheurs contemporains ont étudié l'universalité culturelle des émotions (Ekman, 1994 ; Izard, 1994 ; Biehl *et al.*, 1997) et recueilli deux catégories de données à l'appui de leurs hypothèses.

Les données socioculturelles

Les personnes photographiées ici viennent de sociétés relativement isolées de la Nouvelle-Guinée, de la Birmanie, de la Thaïlande et de Bornéo (de haut en bas).

Comment se fait-il qu'elles sachent toutes sourire et connaissent toutes le sens de cette expression ? Parce que le sourire est au nombre des expressions universelles et innées des émotions.

Des chercheurs ont montré des photos d'expressions faciales à des sujets provenant de 20 sociétés occidentales et de 11 sociétés primitives (analphabètes et isolées).

Comme l'indique le graphique, les chercheurs ont observé un fort taux de concordance entre les deux groupes quant à l'interprétation des expressions faciales vues sur photos. La plupart des sujets, quelle que soit leur origine, ont décodé le sourire comme une marque de joie. L'unanimité entre Occidentaux et primitifs, cependant, faiblissait devant l'expression formée par une bouche ouverte et des sourcils levés, censée traduire la surprise.

Plusieurs chercheurs ont jugé que les données de ce genre suffisaient à prouver l'existence d'expressions universelles, innées et biologiquement déterminées d'émotions comme la joie, la surprise, la peur, la colère, le mépris, le dégoût et la tristesse (Ekman, 1994 ; Izard, 1994 ; Biehl *et al.*, 1997).

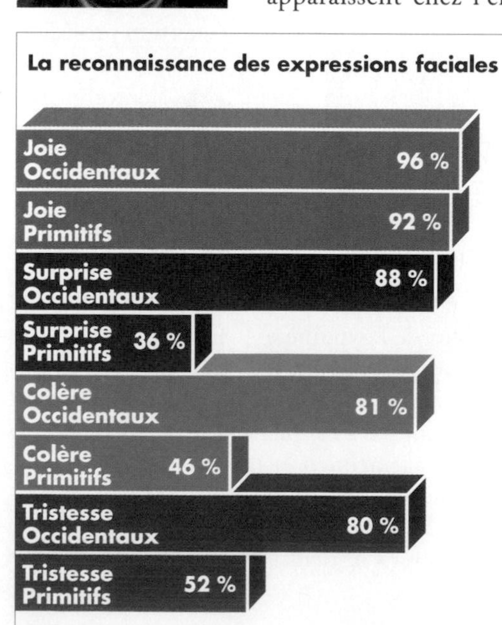

Les données génétiques

Comment un enfant aveugle de naissance apprend-il à sourire ? Se pourrait-il que certaines expressions faciales, et notamment le sourire, soient programmées dans le code génétique ? Pour répondre à cette question, on a observé le développement émotionnel de nourrissons.

Les bébés font leurs premiers sourires vers l'âge de cinq semaines. Ravis, les parents sourient à leur tour. Alors, le sourire est-il génétiquement programmé ou s'agit-il d'un comportement que les bébés apprennent en observant et en imitant leurs parents ? Un éthologue a étudié les expressions faciales d'enfants aveugles de naissance et constaté que le sourire apparaît chez eux également vers l'âge de cinq semaines. Il existerait donc des expressions faciales génétiquement programmées (Eibl-Eibesfeldt, 1973).

Les chercheurs rapportent par ailleurs que les expressions faciales apparaissent chez l'enfant dans un ordre prévisible, et ce, dans toutes les sociétés (Izard, 1993). Ainsi, les bébés affichent leur dégoût en réponse à des saveurs ou à des odeurs désagréables quelques jours après la naissance, sourient à quatre ou six semaines, présentent des expressions de colère et de tristesse à trois ou quatre mois et manifestent de la peur à cinq ou sept mois.

L'étude socioculturelle des expressions faciales d'une part et l'étude du développement émotionnel d'autre part laissent croire que l'expression des émotions obéit à de fortes influences génétiques (Ekman, 1994 ; Izard, 1994). Mais alors, dans quel but les êtres humains devraient-ils avoir des expressions et un développement semblables d'émotions dans leur bagage génétique ?

J. Les fonctions des émotions

À quoi servent les émotions ?

Si vous doutez de l'importance des émotions, essayez de passer une journée sans en éprouver ni en exprimer. Ce serait sans doute la pire journée de votre vie, car les émotions remplissent trois fonctions primordiales : elles véhiculent d'éloquents signaux sociaux à propos de l'affectivité, elles favorisent l'adaptation à l'environnement et la survie et, enfin, elles entraînent une activation physiologique et motivent un grand nombre de comportements.

Les signaux sociaux

Regardez la photo ci-contre. Vous décodez sans peine l'expression faciale de ce bébé parce qu'il s'agit d'un puissant signal social interprété comme étant un indice de tristesse, de détresse ou de douleur. En règle générale, ce signal social provoque la sympathie, la sollicitude ou la compassion chez les adultes.

Les *expressions faciales* qui accompagnent les émotions communiquent l'état affectif et constituent des signaux sociaux qui suscitent diverses réponses chez les autres (Frijda et Mesquita, 1994).

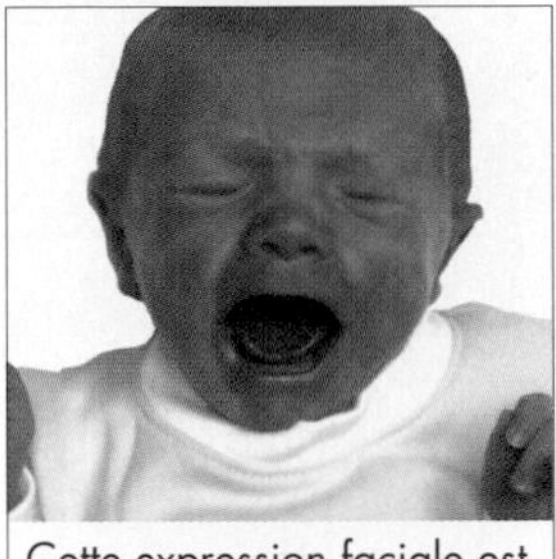

Cette expression faciale est un signal social de_____?

Les expressions faciales traduisent l'état affectif ou l'humeur même quand une personne nie verbalement ses émotions. D'un autre côté, l'absence d'expressions faciales peut indiquer la présence de difficultés émotionnelles, lesquelles sont l'un des symptômes de troubles mentaux, comme la dépression et la schizophrénie (National Advisory Mental Health Council, 1995).

L'adaptation et la survie

Selon Charles Darwin (1872 et 1965), nos lointains ancêtres ont acquis la capacité de sourire, de pleurer et de rire parce que les expressions faciales associées à ces réponses émotionnelles étaient propices à l'adaptation et à la survie. Inspirés par Darwin, des chercheurs contemporains ont formulé la théorie psychoévolutionniste des émotions (Ekman, 1994 ; Izard, 1994).

Selon la *théorie psychoévolutionniste des émotions,* nous possédons de naissance les structures physiologiques nécessaires à l'apparition et à la communication des émotions. Par ailleurs, l'expression des émotions favorise l'adaptation à l'environnement et la survie.

Il ne manque pas d'exemples pour prouver que l'expression des émotions favorise la survie. Manifester de la colère (photo ci-contre) peut aider à échapper à une situation périlleuse ; afficher du dégoût peut signaler la présence de substances toxiques ; et pleurer peut signaler un besoin d'aide. L'hypothèse selon laquelle les émotions sont apparues à cause de leur valeur adaptative est étayée par le fait que tous les animaux sont capables d'exprimer des émotions de façon élémentaire (Plutchik, 1993).

Cette expression faciale est une réponse adaptative qui aidera la personne à_____?

Les émotions, en outre, favorisent la résolution de problèmes sociaux élémentaires dans la mesure où elles signalent nos intentions (McIntosh, 1996). Ainsi, on sourit pour indiquer qu'on est aimable et sociable, on affiche une expression colérique pour menacer un adversaires ou trancher un conflit, et l'on manifeste vexation ou jalousie pour éliminer des concurrents.

L'activation physiologique

Il y a des gens qui passent des heures à jouer à un jeu électronique parce que ce passe-temps les stimule et les motive à se surpasser. En revanche, ils n'arrivent pas à étudier une langue étrangère parce que cette activité a l'effet contraire. Ces exemples illustrent le fait que les émotions ont pour fonction de stimuler ou d'inhiber un grand nombre de nos comportements (Lang, 1995). De fait, il existe entre la stimulation émotionnelle et la performance une relation appelée loi de Yerkes-Dodson (graphique ci-contre).

Selon la *loi de Yerkes-Dodson,* la performance repose sur l'interaction entre le degré d'activation physiologique requis pour une tâche et son degré de difficulté. Pour les tâches difficiles ou complexes, un faible degré d'activation résulte en une meilleure performance ; pour la plupart des tâches, un degré moyen d'activation convient le mieux et pour les tâches faciles, un degré élevé d'activation peut faciliter la performance.

Tâches difficiles : faible activation

Tâches courantes : activation moyenne

Tâches faciles : forte activation

← Degré de stimulation optimal

Difficulté des tâches →

On pourrait croire, selon cette loi, qu'un étudiant très anxieux (degré élevé d'activation) a moins de chances de réussir un examen difficile qu'un étudiant présentant des aptitudes comparables mais un degré moindre de nervosité. Pour le vérifier, des chercheurs ont comparé des étudiants fortement stimulés en raison de leur nervosité ou de leur consommation de café à des étudiants détendus. Les premiers ont obtenu des résultats inférieurs à ceux des seconds aux tâches difficiles (Anderson, 1994 ; Endler *et al.,* 1994).

Vous êtes-vous déjà dit que le bonheur est plus fugace que la tristesse ? Il semble en effet que les émotions négatives comme la peur, la colère et la haine durent plus longtemps que les émotions positives comme la joie et le bonheur. Tel sera le sujet de la page suivante.

K. Le bonheur

Définition

Qu'est-ce que le bonheur?

Pam était enceinte de huit mois quand elle est entrée au dépanneur pour s'acheter un jus d'orange, une brioche et un billet de loterie. Elle était célibataire et devait occuper deux emplois. « Mon Dieu, s'est-elle dit à ce moment, faites que je gagne quelque chose et que je puisse m'acheter un petit appartement. » (Reed et Free, 1995, p. 63) Le lendemain, elle gagnait 87 millions de dollars. C'était le bonheur.

Le *bonheur* est composé de trois éléments: une émotion positive, la satisfaction face à la vie et l'absence d'émotion négative (Luo et Shih, 1997).

Après avoir reçu son chèque, Pam a connu les trois éléments du bonheur et s'est lancée dans une frénésie de dépenses. « Au début, a-t-elle déclaré quelques mois plus tard, je me disais que j'allais tout lâcher et faire le tour du monde. Mais ce qui me rend heureuse, c'est encore de traîner chez mon frère, de prendre un bon souper et de regarder des vidéos avec des amis. » (Reed et Free, 1995, p. 64) Comme bien d'autres gagnants de la loterie, Pam a découvert que l'argent facilite la vie mais ne fait pas le bonheur à long terme. Pourquoi en est-il ainsi?

La théorie de l'adaptation

L'argent fait-il le bonheur?

Des chercheurs ont interrogé des centaines de gagnants de la loterie et découvert que ceux-ci connaissent initialement, tout comme Pam, une courte période d'euphorie. Après, cependant, ils restent longtemps à éprouver des sentiments contradictoires. Ils hésitent à prendre des décisions quant à leur mode de vie, leur emploi, leur carrière et ils doivent faire face à des proches envieux qui voudraient recevoir leur part (Gould, 1995).

Les gagnants de la loterie interrogés de 1 à 12 mois après avoir remporté le magot font état pour la plupart de changements favorables; ils bénéficient d'une sécurité financière accrue, de loisirs prolongés et d'une retraite anticipée. Douze mois après l'événement, cependant, ils ne se disent pas plus heureux qu'autrefois (Diener et Diener, 1996). Le bonheur d'être millionnaire ne durerait donc pas plus d'un an? Cette étonnante constatation s'explique par la théorie de l'adaptation.

Selon la *théorie de l'adaptation,* on s'habitue aux bonnes choses (de l'argent, un emploi, une voiture, un diplôme, etc.) et on les tient rapidement pour acquises. Leur effet initial s'atténue et joue un rôle qui décroît en importance dans le bonheur à long terme.

Selon cette théorie, l'euphorie associée à un événement heureux s'évanouit avec le temps et contribue de moins en moins au bonheur à long terme (Brickman *et al.,* 1978). Pam a accouché trois semaines après être devenue millionnaire. « C'était très excitant, dit-elle, de gagner à la loterie, mais ce n'était rien à côté de la naissance de Nicholas. Je veux qu'il devienne quelqu'un de gentil et qu'il connaisse la valeur du travail. » (Reed et Free, 1995, p. 64) Les joies quotidiennes de la maternité feront plus que les millions pour le bonheur de Pam. En effet, les petits plaisirs qu'on savoure tous les jours sont plus propices au maintien du bonheur parce qu'ils varient sans cesse et résistent à l'adaptation (Myers et Diener, 1996; Goleman, 1996). L'argent ne fait pas le bonheur parce que, comme dit la publicité, on s'habitue à être millionnaire.

Le bonheur durable

Selon des études réalisées à l'échelle mondiale, pas moins de 84 % des gens sont heureux! Certaines personnes, cependant, seraient encore plus heureuses que les autres (Diener et Diener, 1996), et elles doivent leur félicité à des facteurs tant génétiques qu'environnementaux.

Les gènes La corrélation dans l'évaluation du bonheur ressenti est beaucoup plus élevée chez les jumeaux monozygotes (qui ont 100 % de leurs gènes en commun) élevés ensemble ou séparément que chez les jumeaux dizygotes (qui ont un peu plus de 50 % de leurs gènes en commun) élevés ensemble ou séparément. Ce taux varie entre 0,44 et 0,52 chez les premiers et entre 0,08 et −0,02 chez les seconds. Forts de ces données, des chercheurs ont estimé que le degré de bonheur ressenti repose pour environ une moitié sur des facteurs innés ou génétiques et pour l'autre moitié sur des facteurs environnementaux tels que les expériences de vie (Lykken et Tellegen, 1996).

L'environnement Les facteurs environnementaux les plus propices au maintien du bonheur sont les petits plaisirs mais à forte dose (ou fréquents). Les événements retentissants comme l'obtention d'un diplôme et les gains à la loterie, quant à eux, n'exercent que des effets passagers — d'une durée de quelques mois à un an (Goleman, 1996; Lykken et Tellegen, 1996).

Mais où naissent donc toutes ces émotions qui font tour à tour notre bonheur et notre malheur?

L. Sujet de recherche : le cerveau et les émotions

Quelles parties du cerveau sont liées aux émotions ?

Que se passe-t-il dans le cerveau ?

La recherche compte depuis peu un nouveau domaine, qui tente d'établir quelles régions cérébrales engendrent les processus cognitifs (comme la pensée, l'imagination, la parole et la mémoire) ainsi que les émotions (comme la joie, la tristesse et la dépression). Grâce à des techniques d'imagerie médicale précises comme la tomographie par émission de positons (TEP) — dont nous avons parlé au chapitre 3 —, il est maintenant possible d'observer dans le cerveau d'humains vivants les régions qui s'activent pendant l'accomplissement de différentes tâches cognitives ou émotionnelles. Choisissons à titre d'exemple deux émotions contraires : la joie et la tristesse. Plusieurs seraient tentés de croire que certaines régions cérébrales s'activent lorsque nous sommes joyeux et d'autres lorsque nous sommes tristes. Mettez-vous à la place des sujets dans cette expérience et voyez ce que les spécialistes ont découvert.

La méthode

D'abord, les chercheurs vous injectent une solution inoffensive de glucose radioactif qui se répand aussitôt dans votre circulation sanguine. Le glucose est le principal combustible du cerveau : les neurones en font une consommation accrue lorsqu'ils s'activent. Tout de suite après l'injection, les chercheurs vous invitent à regarder un film destiné à vous procurer une émotion particulière (la tristesse, la joie ou le dégoût) ou encore ils vous demandent de vous remémorer une situation qui a suscité une émotion particulière chez vous.

À mesure que vous éprouvez des émotions, vos neurones absorbent du glucose radioactif. Les plus actifs en consomment beaucoup, les moins actifs en consomment peu. Les chercheurs, eux, prennent des clichés pour mesurer ces différents taux d'absorption. Ils parviennent ainsi à déterminer les régions de votre cerveau qui s'activent le plus ou le moins sous le coup des différentes émotions que vous vivez (Lane *et al.,* 1997 ; Reiman *et al.,* 1997).

Les résultats

Étant donné l'universalité culturelle des émotions et que les bébés du monde entier suivent une séquence semblable et prévisible pour exprimer leurs premières émotions, les chercheurs supposaient qu'un réseau neuronal particulier était consacré à la production des émotions. Ils ont découvert que certaines régions cérébrales participent à la fois à la tristesse, à la joie et au dégoût, tandis que d'autres interviennent seulement dans certaines émotions bien distinctes (Lane *et al.,* 1997 ; Reiman *et al.,* 1997).

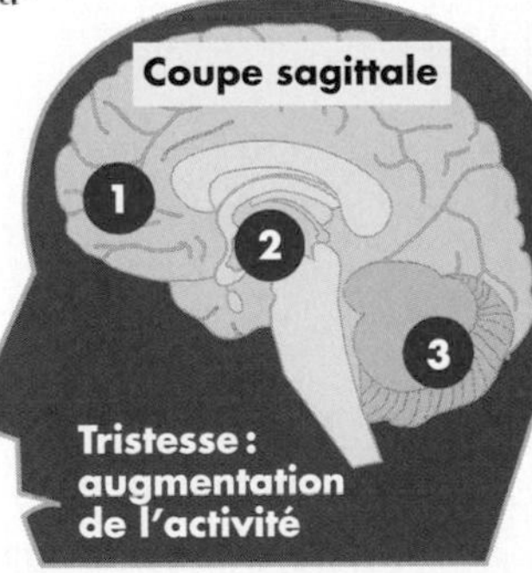

La tristesse La figure du haut montre un cerveau en coupe sagittale, tel qu'il apparaîtrait s'il avait été coupé en deux au milieu. Les cercles rouges indiquent quelques-unes des structures qui s'activent davantage en période de tristesse, soit le lobe frontal (1), le thalamus (2) et le cervelet (3).

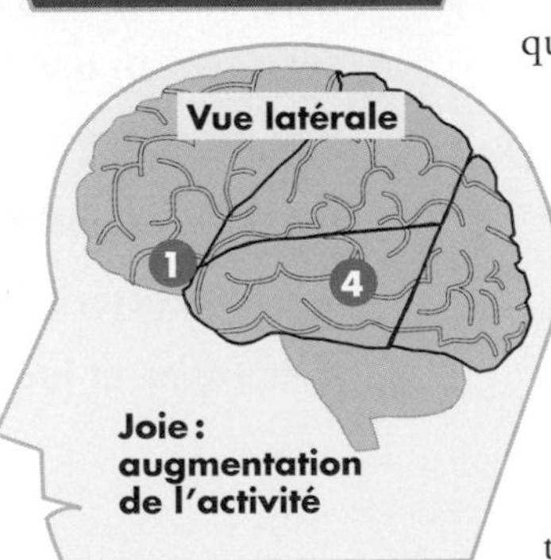

La joie La figure du bas est une vue latérale du cerveau. Les cercles verts indiquent deux des régions qui s'activent davantage en période de joie, soit les lobes frontal (1) et temporal (4).

Les conclusions

Les chercheurs ont constaté qu'au moins deux régions du cerveau, le lobe frontal (1) et le thalamus (2), s'activent quand un sujet éprouve soit de la joie, soit de la tristesse ou encore du dégoût. Il semble que ces deux régions interviennent dans le traitement de l'information reliée à ces trois émotions. On a aussi découvert que certaines régions cérébrales sont activées seulement si l'on ressent des émotions données : ainsi, le cervelet (3) est lié à la tristesse, tandis que la partie centrale du lobe temporal (4) est liée à la joie et à la tristesse. Les chercheurs tiennent cependant à apporter une précision : ils ont démontré que certaines régions cérébrales *étaient associées* à l'expression d'émotions et non qu'elles *produisaient* la joie ou la tristesse (Lane *et al.,* 1997 ; Reiman *et al.,* 1997).

Les études dont nous venons de faire état confirment en outre qu'un certain nombre de structures du système limbique (dont l'hypothalamus et le thalamus) s'activent pendant les émotions. On sait du reste que le système limbique participe à différents aspects du comportement émotionnel, et notamment qu'il cause l'activation physiologique et ajoute les touches émotionnelles aux souvenirs (voir chapitre 7).

Lorsqu'on aura tout compris de la production des émotions, les cliniciens pourront comparer le traitement émotionnel qu'en fait le cerveau d'individus normaux et celui qu'en font les personnes atteintes de troubles mentaux comme l'anxiété, la dépression et les épisodes maniaques (Robinson, 1995).

DANS CE CHAPITRE…

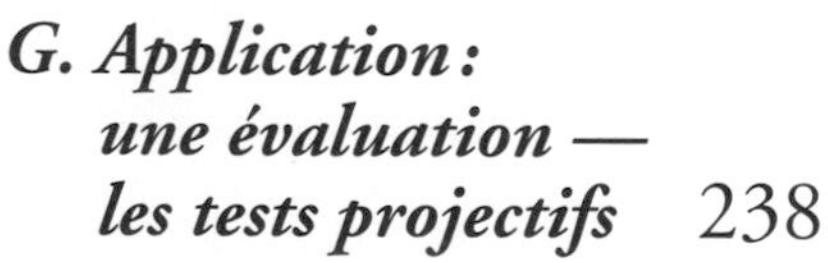

La personnalité

Pourquoi mettre fin à sa vie?

Au début des années 1990, le groupe Nirvana était le groupe punk-rock le plus populaire ; la chanson *Smells Like Teen Spirit* faisait vibrer des millions d'amateurs. La vie trouble de Kurt Cobain, fondateur du groupe, auteur de chansons et guitariste, commençait cependant à s'effilocher. Au moment où son groupe avait atteint le sommet de la popularité aux États-Unis et où sa musique était reconnue internationalement, il a écrit une note très révélatrice, dont voici un extrait :

« Je ne ressens plus aucune excitation en écoutant ou en créant de la musique et je n'ai pas écrit réellement depuis très longtemps. Je me sens tellement coupable de cela que je ne trouve pas de mots pour le dire. Quand je suis à l'arrière-scène, que les lumières s'éteignent et que j'entends les cris des fans, ça ne m'impressionne pas autant que Freddie Mercury, qui semblait savourer l'adulation de la foule, ce que j'admire et envie. Je ne peux tromper personne. Pour moi, le pire crime serait de séduire quelqu'un en faisant semblant que j'ai du plaisir. [...] J'ai fait l'impossible pour jouir de tout cela, et je l'apprécie. Mon Dieu, croyez-moi. Mais ce n'est pas assez. » (Strauss, 1994, p. 40, traduction libre)

Après avoir écrit ces mots, Kurt Cobain, 27 ans, pourtant au faîte de la gloire, s'est suicidé. Comment cet homme comblé — jeune, riche, renommé, ayant une épouse et une fille encore bébé — peut-il tourner le dos à tout cela pour se suicider ? La vie tragique de Cobain nous permettra d'aborder une question à la fois difficile et fascinante au sujet de notre moi profond : notre personnalité.

La *personnalité* réfère à l'ensemble des comportements, des pensées, des motivations et des émotions idiosyncrasiques et persistants qui déterminent les réactions types et la manière de s'adapter aux situations et à d'autres personnes.

L'élévation de Cobain au vedettariat et sa fin tragique suscitent de nombreuses questions sur la personnalité : comment une personnalité évolue-t-elle ? Pourquoi les personnalités sont-elles différentes ? Se connaît-on bien soi-même ? Les théories de la personnalité offrent des réponses à ce genre de questions.

Une *théorie de la personnalité* est une explication logique de l'évolution de la personnalité et des différences entre les personnalités.

Ainsi, les théories de la personnalité essaient d'expliquer, d'une part, pourquoi le type de personnalité de Cobain le classait parmi les personnes ayant des tendances suicidaires et, d'autre part, pourquoi le type de personnalité de certains individus leur permet de surmonter des problèmes extrêmement difficiles et de se réaliser. Charles Dutton est l'une de ces personnes.

Un changement de personnalité

Un criminel devenu comédien ?

À partir de l'âge de 12 ans, Charles Dutton est passé d'une école de réforme à l'autre. Puis, il a été condamné à la prison pour homicide involontaire et port d'arme illégal. En prison, il s'est retrouvé en isolement après avoir fomenté une émeute. Pour s'occuper, il a lu un recueil de pièces de théâtre d'auteurs afro-américains. Ces pièces l'ont tellement ému que, pour la première fois, il a songé à canaliser sa rage en jouant la comédie.

C'est durant un séjour de deux mois à l'infirmerie de la prison où il se remettait d'une grave blessure au cou qu'il a décidé de mettre de l'ordre dans sa vie et d'accomplir quelque chose de valable pendant le reste de sa peine. Il a obtenu un diplôme de niveau secondaire et suivi des cours de niveau post-secondaire pendant deux ans. Il a lu des douzaines de pièces de théâtre et, avec des détenus, il a mis sur pied une troupe de théâtre. Après sa libération conditionnelle, il a été accepté à l'école d'art dramatique de l'université Yale, où il a obtenu son baccalauréat.

Autrefois enfant difficile, escroc et prisonnier contestataire, Charles Dutton devenait au début des années 1990 un excellent comédien et la vedette de sa propre télésérie, *Roc* (*Los Angeles Times,* 25 août 1991). L'histoire de Dutton reflète une pénible quête d'identité dont le point culminant a été la découverte et le développement de son potentiel de comédien.

Dans ce chapitre...

Nous étudierons deux théories de la personnalité très différentes : celle de la perspective psychanalytique, qui met l'accent sur les pulsions inconscientes, les pensées irrationnelles et les impressions indélébiles laissées par les expériences vécues pendant l'enfance, et la perspective humaniste, qui met l'accent sur les processus rationnels et les efforts que l'on fait pour parvenir à se réaliser.

D'abord, nous verrons rapidement certains des problèmes de Kurt Cobain et leur origine probable.

A. La perspective psychanalytique

Définition

Quelle était l'idée clé de Freud?

Selon Freud, sa théorie de la personnalité permet de lever le voile sur les secrets de la personnalité. Pour comprendre ce qui lui a permis de l'élaborer, retrouvons-nous à la fin du XIXe siècle.

Médecin reconnu, Freud remarque que plusieurs de ses patientes présentent des symptômes physiques marqués : elles perdent toute sensation dans les mains ou sont incapables de maîtriser le mouvement de leurs jambes. Freud est d'autant plus perplexe qu'il ne relie ces symptômes à aucune cause physique. C'est la résolution de ce problème épineux qui lui a permis de découvrir les secrets de la personnalité : puisque les problèmes de ses patientes n'ont pas de causes neurologiques ou physiques, ils émanent vraisemblablement des forces psychologiques inconscientes (Westen, 1990).

Cette idée révolutionnaire pour l'époque a conduit Freud à élaborer sa théorie de la personnalité, tout aussi révolutionnaire.

Sigmund Freud (1856-1939)

La *théorie psychodynamique de la personnalité* de Freud souligne l'importance des expériences vécues pendant la petite enfance, des souvenirs refoulés, auxquels on ne peut accéder volontairement, et des conflits entre les forces conscientes et les forces inconscientes qui influencent les pensées et les comportements. (Freud utilisait le mot « dynamique » pour décrire l'énergie — ou force — mentale.)

Freud croyait non seulement que les forces psychologiques inconscientes influencent considérablement la personnalité, mais qu'elles naissent pendant la petite enfance. S'il vivait aujourd'hui, Freud rechercherait les motifs du suicide de Kurt Cobain dans ses expériences infantiles et voici ce qu'il risquerait de trouver.

La mère de Kurt Cobain a demandé le divorce quand il avait huit ans ; de multiples batailles entre ses parents ont alors commencé. Kurt, qui était jusque-là un enfant extraverti et heureux, est devenu maussade et s'est replié sur lui-même. Parce qu'il était frêle, les petits durs de sa ville l'ont maltraité. Kurt a vécu successivement avec son père, ses grands-parents et trois couples d'oncles et de tantes, ne trouvant jamais un vrai foyer où on le soutiendrait et l'aimerait inconditionnellement. Il a commencé à présenter des problèmes de comportement, notamment des problèmes d'inattention, pour lesquels on lui a prescrit du Ritalin, car on le croyait hyperactif. Qui plus est, deux de ses oncles se sont suicidés au cours de cette période. Ses amis n'avaient qu'à regarder Kurt dans les yeux pour voir toute sa tristesse et sa solitude (Mundy, 1994).

Selon la théorie de Freud, l'enfance de Kurt Cobain est pleine de souffrances et de rejets, ce qui a nui au développement de sa personnalité et a entraîné le fait qu'il perçoive ses problèmes comme étant insurmontables. Il est si difficile d'expliquer l'évolution d'une personnalité complexe (comme celle de Kurt Cobain) que seuls une douzaine de psychologues ont essayé. La psychanalyse, telle que conçue par Freud, demeure l'une des tentatives d'explication de la personnalité (Freud, 1901 et 1960, 1924, 1940). Elle comporte deux théories apparentées : une méthode d'analyse de la personnalité, soit la psychothérapie (nous en parlerons au chapitre 12), et la théorie du développement de la personnalité, que nous allons aborder dans les pages suivantes.

Voyons d'abord le postulat de base de Freud, selon lequel des forces psychologiques inconscientes influenceraient le comportement.

La conscience et les forces inconscientes

Quelles forces ont agi sur Cobain?

La vie de Cobain était remplie de contradictions. Plus il avait du succès, moins il était heureux. « Pendant les mois précédant l'enregistrement du dernier disque de Nirvana, Kurt Cobain a écrit la chanson *I Hate Myself and Want to Die* (*Je me déteste et je veux mourir*). À la suite d'une tournée en Australie, il lançait cette phrase aux gens qui lui demandaient comment ça allait. Il la trouvait si drôle qu'il voulait en faire le titre du disque. » (Fricke, 1994, p. 63, traduction libre) En déclarant que le titre de sa chanson était une blague, Cobain exprimait une force consciente.

Les *forces conscientes* sont les souhaits, les désirs ou les idées dont on est conscient ou dont on peut toujours se souvenir.

Freud précisait cependant que les forces conscientes ne constituent qu'une toute petite partie de l'activité mentale, qui comporte majoritairement des pensées — ou forces — inconscientes.

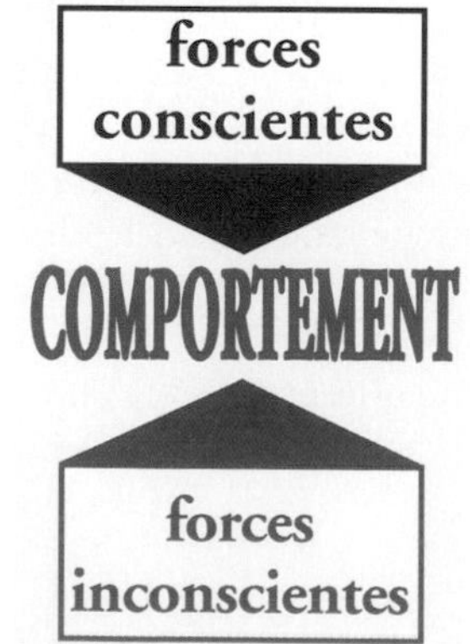

Les *forces inconscientes* sont les souhaits, les désirs ou les idées que l'on refoule et auxquels on ne peut accéder volontairement parce que leur contenu nous dérange ou nous menace.

Kurt Cobain a-t-il écrit *I Hate Myself and Want to Die* à cause de forces inconscientes dont il ne soupçonnait pas l'existence et qu'il avait refoulées ? Selon Freud, même si les pensées refoulées sont inconscientes, elles peuvent influencer le comportement par la voie de la motivation inconsciente.

La *motivation inconsciente* est un concept qui réfère au processus d'influence qu'exercent les forces inconscientes (les idées, les désirs, les impulsions refoulés) sur les pensées et le comportement conscients.

Freud a utilisé le concept de forces et de motivation inconscientes pour expliquer les raisons qui nous poussent, sans qu'on le sache, à parler et à agir. Cependant, après avoir postulé qu'il existe des forces et une motivation inconscientes, il se devait de trouver des moyens d'explorer cet inconscient.

Les techniques d'exploration de l'inconscient

Que refoulait Cobain ?

Après avoir affirmé qu'il existe des forces et une motivation inconscientes, Freud devait en démontrer l'existence. Par exemple, y avait-il des indices que des forces psychologiques rendaient Kurt Cobain de plus en plus malheureux à mesure qu'il devenait plus populaire ?

Un critique musical a affirmé que le chanteur dissimulait la vraie signification des paroles de ses chansons sous des railleries (Fricke, 1994). Le fait que le chanteur s'est suicidé jette un éclairage différent sur ces paroles. Ainsi, a-t-il traduit certaines émotions inconscientes dans les mots suivants ?

« Everything is my fault / I'll take all the blame » (Tout est de ma faute, j'en prends le blâme) dans *All Apologies* (*Toutes mes excuses*).

« Monkey see monkey do / I don't know why I'd rather be dead than cool » (Seul un fou en comprend bien un autre / Pourquoi aimerais-je mieux être mort qu'être à moitié vivant ?) dans *Stay Away* (*Ne t'approche pas !*).

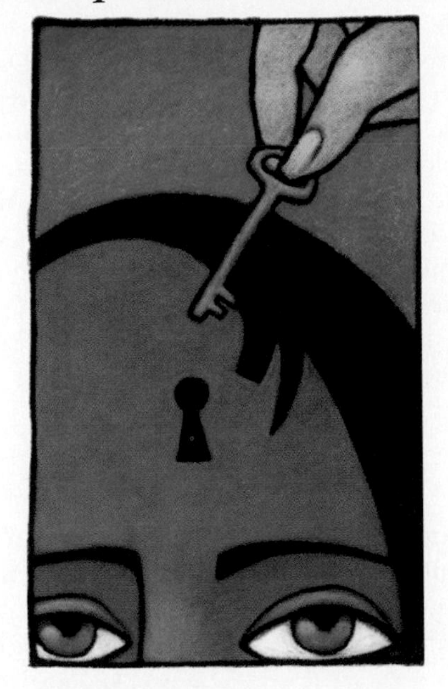

« One more special message to go / And then I'm done, then I can go home » (Un dernier message à passer / Après, c'est terminé, je peux rentrer chez moi) dans *On a Plain* (*Sur une musique douce*).

Si Freud avait analysé ces paroles, il aurait conclu qu'elles reflètent les pensées et les désirs sur la mort et sur l'intention de mourir que Cobain refoulait et dont il était inconscient. En observant des patients au cours de thérapies, Freud a découvert trois techniques permettant d'accéder aux pensées et aux désirs inconscients d'une personne : l'association libre, l'interprétation des rêves et l'analyse des lapsus — connue sous le nom de « lapsus freudiens » (Macmillan, 1997).

L'association libre

Pour que l'inconscient puisse se révéler, Freud demandait à ses patients de s'asseoir confortablement ou de s'allonger sur son divan et de s'ouvrir librement sur n'importe quel sujet.

L'*association libre* est une technique freudienne au cours de laquelle les patients sont invités à laisser aller les pensées et les images qui leur passent par la tête ; l'hypothèse étant que le fait de parler sans contrainte et sans censure fournira des indices sur la matière inconsciente.

Encore aujourd'hui, certains thérapeutes utilisent l'association libre, une importante découverte de Freud (Macmillan, 1997). Cependant, les psychanalystes ne sont pas tous d'avis que l'association libre révèle les pensées, les désirs et les souhaits inconscients d'un patient (Grunbaum, 1993).

L'interprétation des rêves

Freud écoutait et interprétait les rêves de ses patients parce qu'il croyait que les rêves étaient la forme la plus pure d'association libre.

L'*interprétation des rêves*, une technique freudienne, s'appuie sur l'idée que les rêves renferment des significations et des symboles cachés qui fournissent des indices sur les pensées et les désirs inconscients. Freud distinguait le contenu manifeste du rêve (le scénario, au plan superficiel) de son contenu latent (la signification sous-jacente et cachée du scénario).

Freud voyait dans certains objets, comme des bâtons ou des couteaux, des symboles sexuels mâles et dans d'autres objets, comme des boîtes ou des fours, des symboles sexuels femelles. Le rôle du thérapeute est donc de regarder au-delà des déguisements et des symboles souvent bizarres des rêves afin d'en déchiffrer le contenu inconscient. Selon Freud, les rêves sont la « voie royale qui conduit à l'inconscient ».

Les lapsus freudiens

Selon Freud, il nous arrive tous de révéler involontairement des pensées ou des désirs inconscients en faisant ce que l'on appelle aujourd'hui des lapsus freudiens (Macmillan, 1997).

Quand la langue nous fourche ou que l'on fait des erreurs (souvent embarrassantes) en parlant, l'on fait des *lapsus freudiens*, qui sont le reflet de pensées ou des désirs inconscients.

Une enseignante, par exemple, qui donnait un cours sur l'importance de soins de santé préventifs, a déclaré : « Il est important d'aller périodiquement chez le vétérinaire passer des examens complets. » Selon Freud, une erreur comme l'emploi du mot « vétérinaire » plutôt que « médecin », loin d'être accidentelle, constitue une façon d'exprimer des désirs inconscients : l'enseignante, par ailleurs en excellente santé, s'interrogeait à cette époque sur la relation qu'elle entretenait avec un vétérinaire.

Pour Freud, l'association libre, l'interprétation des rêves et les lapsus sont les processus mentaux que nos pensées conscientes et rationnelles contrôlent le moins. Résultat : ils permettent à des indices inconscients de s'échapper et de révéler les désirs et les souhaits les plus profonds (Macmillan, 1997).

Toujours selon Freud, le perpétuel conflit intrapsychique entre la pensée consciente et les forces inconscientes se déroule dans l'esprit. Comment l'esprit règle-t-il ces conflits ? On peut dire que cette question est à la base de l'une des théories les plus connues de Freud, dont vous reconnaîtrez facilement plusieurs des concepts.

B. Les instances de la personnalité ou les niveaux de conscience

Le ça, le moi et le surmoi

Qu'avait-il écrit?

La lettre de suicide de Kurt Cobain révélait quelques-uns de ses problèmes et de ses conflits intérieurs. En voici d'autres extraits:

«Je suis trop sensible. [...] Je dois être un de ces Narcisses qui n'apprécient les choses que lorsqu'ils sont seuls [...] Merci à tous du fond de mon estomac bileux [...] Il vaut mieux craquer que dépérir.» (Strauss, 1994, p. 40, traduction libre)

Selon la théorie de Freud, les forces qui animaient Cobain étaient issues de conflits intrapsychiques entre trois niveaux de la conscience: le ça, le moi et le surmoi. Ces trois instances de la personnalité ont des fonctions distinctes, elles interagissent et, quelquefois, entrent en conflit.

Pour comprendre l'interaction de ces trois niveaux, imaginez un iceberg. Dans l'illustration ci-dessous, la partie de l'iceberg au-dessus de l'eau représente les forces conscientes, tandis que la partie sous l'eau représente les forces inconscientes. Le moi occupe la plus grande partie émergée de l'iceberg (niveau conscient) mais aussi une petite partie sous l'eau (niveau inconscient); le surmoi occupe un plus petit volume au-dessus de l'eau (niveau conscient) et un plus grand volume sous l'eau (niveau inconscient); le ça est entièrement sous l'eau, fonctionnant au niveau inconscient seulement. Lisez d'abord le numéro 1, le ça, au bas de la page.

CONSCIENT

3 Le surmoi: le régulateur

Les enfants développent finalement leur surmoi en apprenant qu'ils doivent suivre les règles et règlements même lorsqu'ils cherchent à satisfaire leurs souhaits.

Le *surmoi,* la troisième instance de la personnalité définie par Freud, se développe à partir du moi pendant la petite enfance; l'objectif du surmoi est le respect des valeurs et des règles émises par les parents et la société même dans la poursuite de ses désirs.

Comme le montre l'illustration, une partie du surmoi se trouve au niveau conscient, alors que le reste est au niveau inconscient. À travers ses interactions avec le monde qui l'entoure, l'enfant développe son surmoi en incorporant les valeurs et les règles des parents et de la société. Le sous-système du surmoi responsable de culpabiliser la personne si elle désobéit aux règles est la conscience morale. Le ça, qui recherche constamment le plaisir et veut éviter à tout prix la culpabilisation, est donc motivé à écouter le surmoi. Le surmoi est en quelque sorte un gardien qui contrôle aussi les désirs et les impulsions du ça par l'intégration de normes morales et sociales; ce second sous-système du surmoi est nommé l'idéal du moi.

Freud croyait que les trois instances de la personnalité peuvent, à certains moments, poursuivre les mêmes objectifs. Nous verrons maintenant ce qui se passe quand les objectifs du ça, du moi et du surmoi diffèrent.

2 Le moi: le négociateur

Quand les petits enfants se rendent compte que leurs parents restreignent la satisfaction de leurs désirs, ils apprennent à contrôler leurs souhaits en développant leur moi.

Le *moi,* la deuxième instance freudienne de la personnalité, se développe à partir du ça pendant la petite enfance; l'objectif du moi est de trouver des manières socialement acceptables de satisfaire les désirs du ça tout en respectant les interdictions du surmoi.

Freud pensait qu'une importante partie du moi est consciente, comme les informations recueillies quand on s'adapte à son environnement. Cependant, une petite partie du moi est inconsciente, comme les souhaits menaçants refoulés. Le moi est régi par le principe de réalité.

Le *principe de réalité* a comme politique de satisfaire un souhait ou un désir, mais seulement s'il est socialement acceptable.

Le moi se comporte comme un patron qui adopte des règles, logiques et socialement acceptables pour trouver des avenues menant à la satisfaction. Le moi cherche donc des compromis pour assouvir les besoins du ça tout en répondant aux exigences du surmoi.

INCONSCIENT

1 Le ça: l'épicurien

Freud croyait que les instances de la personnalité devaient posséder une source d'énergie, qu'il a appelée «ça».

Le *ça* est la première instance de personnalité à se développer; elle inclut deux groupes de pulsions biologiques antagonistes — sexuelles et agressives — qui sont la source de toute l'énergie mentale ou psychique. L'objectif du ça est la recherche du plaisir et la satisfaction des pulsions biologiques.

Le ça agit à un niveau inconscient. Il est régi par le principe de plaisir.

Le *principe de plaisir* agit de façon à satisfaire les pulsions et à éviter la douleur, sans égard aux restrictions morales ou aux règles sociales.

Le ça agit comme l'enfant gâté qui cherche de manière égoïste à avoir du plaisir, sans se préoccuper de la raison ou de la moralité. La poursuite du principe de plaisir crée des conflits avec l'entourage, et c'est de ces conflits que naît le développement du moi.

L'anxiété

Pourquoi est-on anxieux?

Vous vous sentez peut-être anxieux pendant un examen, à un premier rendez-vous amoureux, quand vous cherchez un emploi, quand vous empruntez de l'argent ou quand vous oubliez vos clés à l'intérieur de votre auto. L'une des explications intéressantes portant sur l'anxiété et que Freud a élaborée mentionne que celle-ci provient d'un conflit entre les trois instances de la personnalité: le ça (l'épicurien), le moi (le négociateur) et le surmoi (le régulateur). Ainsi, lorsqu'un besoin n'est pas satisfait, le ça, le moi et le surmoi s'opposent, et l'anxiété devient la manifestation de ce conflit.

L'*anxiété* est un état désagréable qui se manifeste par des sensations de malaise et d'appréhension et une surstimulation physiologique (un rythme cardiaque accéléré et une tension artérielle plus élevée).

Qu'arrive-t-il, par exemple, quand vous voulez étudier mais qu'un ami veut que vous l'accompagniez au cinéma? Voilà une situation courante qui crée un conflit entre le ça, qui recherche le plaisir et souhaite aller au cinéma, et le surmoi, qui veut faire respecter les règles et vous enjoint de rester à la maison pour étudier. Votre moi, qui se trouve au centre de ce conflit, essaie de négocier un arrangement pacifique. Cependant, si votre moi se sent menacé par les désirs du ça, il fait naître une sensation d'anxiété.

Les mécanismes de défense

Êtes-vous sur la défensive?

Certains individus sont portés à rationaliser. Ainsi, récemment, une dame s'est surprise en flagrant délit... Elle avait constaté que la forme d'un grain de beauté avait changé, et la possibilité qu'il soit cancéreux la rendait anxieuse. Cependant, une voix intérieure lui disait: « Ne t'inquiète pas, tu emploies toujours de la crème solaire; alors, ce grain de beauté ne peut être cancéreux. » En 30 secondes, elle avait utilisé deux mécanismes de défense pour réduire son anxiété.

Les *mécanismes de défense* sont des processus freudiens qui agissent à un niveau inconscient pour aider le moi à réduire l'anxiété en utilisant l'autodéception.

Suivant la théorie de Freud, si on a un nouveau grain de beauté, il existe deux manières de réduire l'anxiété. Le moi peut nous amener à utiliser des solutions réalistes et concrètes, comme de consulter un médecin. Il peut aussi recourir à certains mécanismes de défense, comme le déni ou la rationalisation. En réduisant l'anxiété, ces mécanismes de défense permettent de se sentir bien et de se dissuader d'aller voir un médecin. Comme tout le monde, vous utilisez sans doute un ou plusieurs mécanismes de défense de façon régulière.

La *rationalisation* consiste dans la recherche et l'invention de justifications logiques et acceptables pour des comportements qui rendent anxieux.

Un étudiant anxieux après avoir échoué à un examen ferait de la rationalisation s'il prétendait qu'il a eu une mauvaise note parce que les questions étaient mal formulées et non parce qu'il n'avait pas étudié.

Le *déni* est le refus d'admettre l'existence d'un événement ou d'une information qui suscite l'anxiété.

Les fumeurs utiliseraient le déni s'ils refusaient de considérer les preuves scientifiques selon lesquelles la consommation de cigarettes augmente les risques de cancer du poumon.

Le *refoulement* consiste à reléguer dans l'inconscient des émotions ou des désirs inacceptables.

Vous refouleriez un sentiment d'envie à l'égard des capacités scolaires de vos frères et de vos sœurs si vous envoyiez ce sentiment dans votre inconscient.

La *projection* est l'attribution à autrui de caractéristiques inacceptables chez soi.

Une employée ferait de la projection si elle reprochait à son patron de s'emporter facilement alors que c'est elle qui s'emporte souvent.

La *formation réactionnelle* est la transformation de désirs inacceptables en comportements acceptables.

Une personne qui se sent coupable à l'idée d'avoir des relations sexuelles utiliserait la formation réactionnelle si elle adhérait à une religion stricte qui bannit le sexe.

Le *déplacement* est le transfert de sentiments d'une source à une autre moins dangereuse pour soi et plus acceptable socialement.

Si l'on éprouve de la colère face à un ami, on déplacera cette colère en se fâchant contre une personne moins dangereuse (peur de perdre son ami), comme un étranger.

La *sublimation,* qui est un type de déplacement, transforme un désir menaçant ou défendu, habituellement sexuel, en un autre socialement acceptable.

Une personne sublimerait des désirs sexuels pressants en canalisant cette énergie dans l'activité physique.

Le pour et le contre Il faut retenir deux choses au sujet des mécanismes de défense. Premièrement, ils sont totalement inconscients; par conséquent, si un conjoint, un ami, un collègue ou un patron dit que l'on est sur la défensive, l'on niera cette affirmation. Deuxièmement, selon Freud, les mécanismes de défense peuvent être utiles ou nuisibles suivant l'utilisation que l'on en fait. L'utilisation occasionnelle de mécanismes de défense est normale; elle permet de réduire l'anxiété pendant que l'on s'attaque à ses véritables causes. Toutefois, l'utilisation trop fréquente des mécanismes de défense peut nous empêcher de rechercher ses véritables causes et de tenter d'y remédier. Certaines évidences empiriques démontrent qu'on utilise les mécanismes de défense conformément à la théorie de Freud (Newman *et al.,* 1997; Paulhus *et al.,* 1997).

Maintenant que nous avons étudié les trois instances de la personnalité — le ça, le moi et le surmoi — et la façon dont le moi se sert des mécanismes de défense pour réduire l'anxiété, nous verrons comment le moi et la personnalité se développent.

C. Les stades du développement

Le développement : faire face aux conflits

Qu'est-ce qui modèle la personnalité ?

La théorie de la personnalité de Freud est si juste qu'elle peut expliquer avec précision pourquoi une personnalité s'est développée de cette façon et pourquoi l'individu a éprouvé certains problèmes.

Revenons à Kurt Cobain. À l'âge de cinq ans, il avait un talent d'artiste, il était curieux et énergique, et captivait l'attention pendant les réunions de famille. Au grand plaisir de tous, il chantait, dessinait et jouait des scènes pleines d'imagination. Quand il avait huit ans, sa mère a demandé le divorce, ce qui a déclenché un conflit parental qui s'est échelonné sur plusieurs années. Déchiré par ce conflit, Kurt est devenu timide et maussade (Mundy, 1994).

Suivant la théorie freudienne, le changement de personnalité de Cobain a surtout été causé par la manière dont il a fait face aux cinq types de conflits qu'il a vécus à divers moments ou stades. Freud (1940) affirme que la personnalité se développe en expérimentant et en résolvant des conflits qui sont potentiellement soulevés au cours des cinq stades psychosexuels.

Les *stades psychosexuels* sont les cinq périodes de développement — oral, anal, phallique, latent et génital — marquées par l'émergence de conflits potentiels entre les parents et l'enfant. Ces conflits apparaissent quand l'enfant cherche à retirer du plaisir de différentes parties du corps associées à des sensations sexuelles (*zones érogènes*). Freud a souligné que les cinq premières années de la vie d'un enfant étaient les plus importantes.

Chaque stade psychosexuel est une source de conflit potentiel entre le ça de l'enfant, qui recherche une satisfaction immédiate, et les parents, qui restreignent cette satisfaction en ce qui a trait au moment, au lieu et à la manière. Si l'enfant souhaite manger immédiatement, les parents préféreront peut-être choisir un moment qui leur conviendra mieux. L'interaction des parents avec l'enfant en vue de la satisfaction de ces besoins psychosexuels et la façon dont l'enfant en vient à affronter les conflits psychosexuels, surtout quand il est nourri au sein ou qu'il apprend la propreté, influenceront beaucoup le développement de la personnalité, les problèmes futurs et l'interaction sociale.

Pour Freud, il existe une relation entre les stades psychosexuels de l'enfance, le développement de la personnalité et les problèmes sociaux ; voici l'explication qu'il fournit.

La fixation : des problèmes potentiels de personnalité

D'où proviennent les problèmes ?

Selon Freud, la façon de faire face aux conflits psychosexuels pendant l'enfance jette les bases du développement de la personnalité et des problèmes futurs. Freud aurait pu dire que la difficulté de Kurt Cobain à se forger une identité et à affronter la notoriété émanait de son enfance et aurait pu être causée par les événements suivants : il a été coincé entre deux parents qui se déchiraient au sujet de leur divorce, il s'est replié sur lui-même, on l'a envoyé vivre avec d'autres membres de la famille et, finalement, il a entendu parler du suicide de ses deux oncles (DeCurtis, 1994).

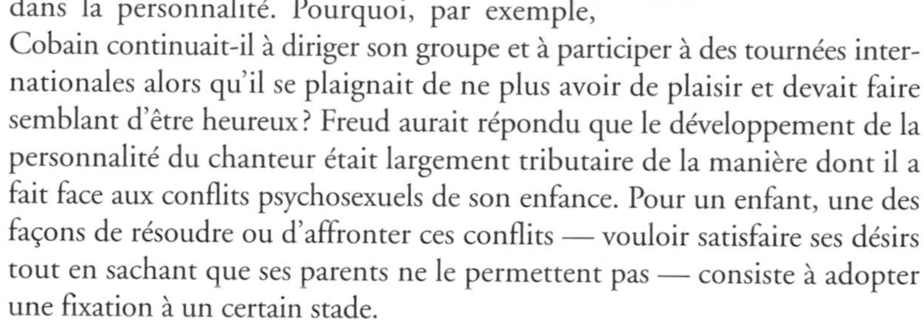

Adulte, Cobain était heureux et souriant (photo ci-contre) à certaines périodes, mais, à d'autres, il était d'humeur changeante et renfermé au point d'en être inquiétant (dessin ci-dessous). Une bonne théorie de la personnalité doit expliquer comment surgissent les problèmes et les contradictions que l'on rencontre dans la personnalité. Pourquoi, par exemple, Cobain continuait-il à diriger son groupe et à participer à des tournées internationales alors qu'il se plaignait de ne plus avoir de plaisir et devait faire semblant d'être heureux ? Freud aurait répondu que le développement de la personnalité du chanteur était largement tributaire de la manière dont il a fait face aux conflits psychosexuels de son enfance. Pour un enfant, une des façons de résoudre ou d'affronter ces conflits — vouloir satisfaire ses désirs tout en sachant que ses parents ne le permettent pas — consiste à adopter une fixation à un certain stade.

Une *fixation* peut survenir pendant l'un des trois premiers stades : oral, anal ou phallique. C'est un processus freudien par lequel le développement d'une personne peut s'arrêter à un stade psychosexuel parce que ses désirs ont été satisfaits à l'excès ou sont restés insatisfaits.

Si une personne a une fixation au stade oral parce qu'elle a été *insuffisamment satisfaite,* elle peut, pendant toute sa vie, essayer d'obtenir une satisfaction orale en mangeant trop, en se vantant exagérément ou en adoptant d'autres comportements oraux. Si elle a une fixation orale à cause d'une *satisfaction excessive,* elle se concentrera peut-être sur la recherche de la satisfaction orale tout en négligeant de développer d'autres aspects de sa personnalité.

Nous résumerons maintenant les différents stades psychosexuels tels que conçus par Freud en soulignant les conflits potentiels entre les parents et l'enfant, les problèmes causés par une fixation et les répercussions sur la personnalité et le développement social futurs.

Les cinq stades psychosexuels

Quels sont les conflits potentiels ?

Selon Freud, l'enfant vit des événements — être allaité, être nourri au biberon, apprendre la propreté — qui peuvent générer des conflits entre son désir d'être satisfait instantanément ou d'avoir du plaisir et les souhaits des parents qui peuvent être de retarder la satisfaction de l'enfant. La manière de résoudre ces conflits et la fixation de l'enfant à l'un des stades (causée par un manque de satisfaction ou par une satisfaction excessive) entraînent d'importantes conséquences sur le développement de la personnalité et sur la résolution de problèmes futurs.

1 Le stade oral

Période Les 18 premiers mois

Conflits potentiels Le *stade oral* désigne la période pendant laquelle la recherche du plaisir de l'enfant est centrée sur la bouche.

Sucer, mâcher et mordre font partie de la recherche du plaisir. Quand on a une fixation à ce stade à cause d'un manque ou d'un excès de satisfaction, à l'âge adulte on continuera à rechercher la satisfaction orale. Les adultes qui ont une fixation à ce stade maintiennent des activités orales, comme manifester des réactions démesurées, mâcher de la gomme ou fumer. Les activités orales peuvent aussi être symboliques, comme avoir des exigences excessives ou parler de manière insolente.

2 Le stade anal

Période D'un an et demi à trois ans

Conflits potentiels Le *stade anal* désigne la période pendant laquelle le plaisir de l'enfant est centré sur l'anus et sur ses fonctions d'élimination.

À ce stade, la fixation consiste, pour un adulte, à continuer à avoir des activités de rétention ou d'élimination. La rétention peut s'exprimer par une extrême propreté, la cupidité ou la rigidité. Quant à l'élimination, elle peut prendre plusieurs formes : être généreux, peu soigneux, très détendu ou insouciant.

3 Le stade phallique

Période De trois à six ans

Conflits potentiels Le *stade phallique* désigne la période pendant laquelle le plaisir de l'enfant est centré sur les parties génitales.

Selon Freud, le stade phallique est crucial pour le développement de la personnalité vu l'apparition du complexe d'Œdipe (personnage masculin de la mythologie grecque qui, sans le savoir, tue son père et épouse sa mère).

Le *complexe d'Œdipe* est un processus par lequel un enfant entre en concurrence avec le parent du même sexe que lui pour gagner l'affection du parent de l'autre sexe.

Selon Freud, le complexe d'Œdipe produit des problèmes différents chez le garçon et chez la fille.

Le garçon Quand un garçon découvre que son pénis est une source de plaisir, il éprouve une attirance pour sa mère. Il en découle des sentiments de haine et de jalousie envers son père ; il craint aussi d'être castré. Le garçon résout son complexe d'Œdipe en s'identifiant à son père. Si son complexe n'est pas résolu, il fait une fixation, et il essaiera peut-être, pendant toute sa vie, de prouver qu'il est un dur.

La fille Quand une fille découvre qu'elle n'a pas de pénis, elle ressent une perte que Freud appelle l'envie du pénis. Elle se retourne alors contre sa mère et éprouve des désirs sexuels pour son père. Elle résout son complexe d'Œdipe[1] en s'identifiant à sa mère. Si son complexe n'est pas résolu, elle fait une fixation, et elle risque, pendant toute sa vie, de se sentir inférieure aux hommes.

1. Jung, disciple de Freud, parle de complexe d'Électre pour exprimer le compexe œdipien de la fille. Électra est un personnage de la mythologie grecque qui tua sa mère.

Dans les milieux de la psychanalyse comme dans la culture en général, le complexe d'Œdipe est contesté, depuis quelques années, parce qu'il est presque impossible de le prouver scientifiquement, même si Freud affirme qu'il est universel (Bower, 1991 ; Crews, 1996).

4 La période de latence

Période De six ans à la puberté

Conflits potentiels La *période de latence* définit la phase durant laquelle l'enfant refoule ses pensées sexuelles et s'engage dans des activités asexuelles, comme développer ses habiletés sociales et intellectuelles.

À la puberté, la sexualité réapparaît.

5 Le stade génital

Période De la puberté à l'âge adulte

Conflits potentiels Le *stade génital* définit la période où l'individu ressent à nouveaux le désir sexuel, qu'il essaie de satisfaire en nourrissant des relations avec d'autres personnes.

La résolution des conflits au stade génital dépend de la manière dont les conflits se sont soldés pendant les trois premiers stades. Si la personne a une fixation à un stade précédent, elle aura moins d'énergie pour résoudre les conflits du stade génital. Par contre, si elle a résolu ces conflits, elle possédera l'énergie nécessaire pour établir des relations amoureuses et acquérir une personnalité saine et mature.

En résumé La théorie psychodynamique du développement de la personnalité de Freud repose sur certaines présomptions, qui étaient révolutionnaires à l'époque où elles ont été émises : l'influence de forces inconscientes ; la présence d'instances de la personnalité (ça, moi et surmoi) ; l'importance de la résolution des conflits aux cinq stades psychosexuels ; l'importance de la fixation et des cinq premières années de la vie pour le développement de la personnalité.

Nous verrons maintenant ce que pensent les critiques de Freud au sujet de sa théorie.

D. Les disciples et les critiques de Freud

Les différends

Quels étaient-ils ?

Les théories de Freud étaient si innovatrices que de nombreux disciples se sont joints à lui pour former la Société viennoise de psychanalyse. Peu après, certains membres de la Société ont désavoué quelques-unes de ses théories. Ainsi, selon eux, Freud insistait trop sur les pulsions biologiques antagonistes (sexuelles et agressives), les stades psychosexuels et l'influence des expériences de la petite enfance sur le développement de la personnalité (Horgan, 1996).

Nous parlerons de trois disciples importants qui, plus tard, ont contesté les théories de Freud.

Pourquoi a-t-il quitté Freud ?

Carl Jung (1875-1961)

En 1910, appuyé par Freud, Carl Jung est devenu le premier président de la Société viennoise de psychanalyse. Freud disait de lui qu'il était son dauphin. Quatre ans plus tard, Jung et Freud ont pourtant mis fin à leurs relations et ne se sont plus jamais adressé la parole.

À l'origine de cette séparation, Jung estimait que Freud mettait trop l'accent sur les pulsions sexuelles. D'après Jung, c'est l'inconscient collectif qui est à la base du développement de la personnalité.

Selon Jung, l'*inconscient collectif* est la mémoire ancestrale d'images et de concepts qui sont transmis par les gènes, et ce, dans toutes les cultures.

Cette théorie et la théorie jungarienne de la personnalité — appelée *psychologie analytique* — ont marqué davantage les domaines artistique, littéraire et philosophique que la psychologie.

Pourquoi a-t-il démissionné ?

Alfred Adler (1870-1937)

Alfred Adler, qui a aussi été président de la Société viennoise de psychanalyse, s'est opposé à Freud lors d'une réunion, mais il a été si fortement critiqué par ses collègues qu'il a démissionné.

Comme Jung, Adler n'approuvait pas la théorie freudienne selon laquelle les humains sont guidés par des pulsions biologiques agressives et sexuelles. Il croyait plutôt que l'influence de la fratrie (les frères et les sœurs) et les techniques éducatives sont les principaux facteurs du développement de l'enfant.

Selon Adler, l'humain est motivé par des *pulsions sociales ;* il est un être social doté d'une personnalité unique. La théorie d'Adler s'appelle la *psychologie de l'individu.* D'après lui, comme l'individu est conscient de ses motivations et de ses objectifs, il peut orienter son avenir. Cette théorie niait l'importance accordée par Freud aux forces inconscientes qui influencent le comportement.

Quel était son point de vue ?

Karen Horney (1885-1952)

Karen Horney, qui était psychanalyste, a atteint le sommet de sa carrière peu après le décès de Freud en 1939. Pendant plusieurs années, elle a été la doyenne de l'American Institute of Psychoanalysis de New York.

Horney s'opposait farouchement à l'affirmation de Freud selon laquelle les femmes sont dépendantes, vaniteuses et soumises en raison de pulsions biologiques et d'expériences sexuelles infantiles. En outre, elle a pourfendu l'idée que l'envie du pénis puisse marquer le développement des filles.

À l'inverse de la théorie des conflits aux divers stades psychosexuels que préconisait Freud, Horney était convaincue que, pour les garçons comme pour les filles, les *interactions sociales* des parents avec les enfants agissent sur le développement de la personnalité.

En outre, Karen Horney prétendait que l'on peut éviter à l'enfant l'émergence de conflits avec les parents si on l'élève avec amour dans un environnement rassurant. On attribue à cette femme, qui passerait aujourd'hui pour une féministe, la création de la psychologie de la femme.

Les néofreudiens

Karen Horney est parfois qualifiée de néofreudienne parce qu'elle a modifié et renouvelé la théorie originale de Freud. Erik Erikson (1963, 1982) compte parmi les plus illustres représentants de l'école néofreudienne. Sa théorie du développement psychosocial, fondée sur des tâches développementales à accomplir tout au long de la vie, s'inspire des différents stades psychosexuels de Freud et est largement utilisée dans l'étude du développement de la personne.

Les néofreudiens sont généralement d'accord avec les grands concepts freudiens comme l'inconscient, les mécanismes de défense, le ça, le moi et le surmoi. Ils refusent toutefois d'accorder autant d'importance que Freud aux forces biologiques, aux pulsions sexuelles et aux stades psychosexuels (Horgan, 1996). Ils insistent plutôt sur les influences psychosociales et culturelles.

D'entrée de jeu, les membres de la Société de psychanalyse de Vienne ont critiqué et rejeté une bonne part des théories freudiennes. Nous verrons à la page suivante que leur position s'est perpétuée jusqu'à aujourd'hui.

Les théories freudiennes aujourd'hui

Quelles sont les questions importantes ?

En 1993, la couverture du magazine *Time* présentait une photo de Freud accompagnée de la question « Freud est-il mort ? » Oui, répondaient trois livres spécialisés qui contestent la théorie psychodynamique de Freud et ses postulats (Crews, 1996). Non, répondaient les 400 psychanalystes membres de l'American Psychology Association qui réagissaient aux attaques contre Freud avec tout autant de vigueur (Horgan, 1996). Pour situer les théories freudiennes aujourd'hui, nous répondrons à quatre questions : les théories freudiennes sont-elles valides ? Quelle est l'importance des cinq premières années de la vie ? Existe-t-il des forces inconscientes ? Quelle a été l'importance des théories freudiennes ?

1 Les théories freudiennes sont-elles valides ?

Si les théories freudiennes sont encore d'actualité, c'est sans doute parce que, malgré leurs faiblesses, elles sont les seules à offrir un cadre assez large pour élucider certains mystères du comportement humain. En fait, ces théories sont si vastes qu'elles peuvent expliquer presque tous les comportements, y compris ceux qui semblent contradictoires. Ainsi, elles permettent de prédire qu'une personne qui a une fixation anale sera très peu soignée dans certaines situations, et, au contraire, très propre dans d'autres. Les critiques répliquent à cela que les théories freudiennes ne sont pas très utiles lorsqu'il s'agit d'expliquer ou de prédire les comportements d'individus en particulier.

Les critiques soutiennent aussi que certains concepts freudiens (le ça, le moi et le surmoi, la fixation, le refoulement, les forces inconscientes et les stades psychosexuels, etc.) sont très difficiles à vérifier empiriquement (Macmillan, 1997). Le ça étant une force totalement inconsciente qui représente l'énergie psychique de l'individu, comment peut-on l'étudier ou le cerner et savoir qu'il existe vraiment ? Conséquemment, les concepts de Freud seraient trop descriptifs ou impliqueraient des processus inconscients difficilement vérifiables au moyen de méthodes expérimentales (Crews, 1996).

Les disciples actuels répondent que les théories de Freud ont permis de mettre en lumière de nouveaux aspects du comportement humain. Plusieurs théoriciens de la psychanalyse affirment cependant que si ces théories doivent survivre, il faudra qu'elles acquièrent une base plus systémique et expérimentale pour qu'on puisse les tester adéquatement (Macmillan, 1997).

2 Quelle est l'importance des cinq premières années de la vie ?

Se fondant sur l'observation de ses patients, Freud a conclu que, à cinq ans, le développement de la personnalité était à toutes fins utiles complété. Il n'a toutefois pas colligé les résultats d'études longitudinales pour appuyer cette théorie (Grunbaum, 1993). Plusieurs preuves permettent maintenant de contester celle-ci.

Contrairement à ce que Freud prédisait, l'apparition de problèmes physiologiques et psychologiques graves pendant les cinq premières années n'entrave pas le développement de la personnalité. De nombreux enfants qui ont vécu dans la pauvreté ou dans un milieu peu stimulant, qui ont été séparés de leurs parents ou dont les parents sont morts sont malgré cela devenus des adultes sains s'ils ont été élevés par des personnes qui les aimaient (Werner, 1995).

Par ailleurs, plusieurs études longitudinales ont indiqué que le développement de la personnalité ne s'arrête pas après les cinq premières années de la vie, mais qu'il se poursuit au moins jusqu'à la moitié de la vie adulte (Costa et McCrae, 1997).

3 Existe-t-il des forces inconscientes ?

Une des présomptions de base les plus importantes de Freud est que des forces inconscientes influencent la pensée et le comportement conscient. Selon John Kihlstrom (1993), l'on dispose de preuves irréfutables selon lesquelles l'inconscient agit sur les comportements conscients ; cependant, cette influence, contrairement à ce que prétendait Freud, n'aurait pas sa source dans des désirs menaçants et refoulés. Pour souligner la différence entre sa théorie et celle de Freud sur les forces inconscientes, Kihlstrom parle d'*inconscient cognitif*.

L'*inconscient cognitif* est un processus mental qui influence, automatiquement et sans qu'on le sache, la pensée et le comportement.

L'inconscient cognitif inclut les connaissances procédurales (voir le chapitre 7) comme les habiletés et les habitudes motrices (taper à la machine ou attacher ses chaussures) ainsi que les réactions émotionnelles conditionnées (peur des araignées). L'existence de l'inconscient cognitif a donc été démontrée. Toutefois, il fait partie du processus de traitement de l'information et n'est donc pas le centre de conflits intrapsychiques entre les trois niveaux de conscience : le ça, le moi et le surmoi (Westen, 1998).

4 Quelle a été l'importance des théories freudiennes ?

Comme le démontre l'utilisation populaire des termes freudiens (moi, ça, rationalisation, etc.) dans la littérature, en art et dans les conversations quotidiennes, les concepts élaborés par Freud ont eu un impact majeur sur la société. Ils ont également eu une grande importance en psychologie : plusieurs sont encore employés dans les domaines de la personnalité, de la psychopathologie et de la psychothérapie. Cependant, de nombreux concepts freudiens font l'objet de critiques parce qu'il est difficile de les tester ou de les vérifier (Crews, 1996).

La théorie psychodynamique de Freud dresse un portrait de l'humain sous l'emprise de forces irrationnelles et inconscientes qui sont à la source de ses comportements et ne laissent aucune place au libre choix. Nous passerons maintenant en revue la perspective humaniste, dont les concepts sont presque à l'opposé de ceux de la perspective psychanalytique.

E. La perspective humaniste

Comment est-il parvenu à se réaliser?

Au début de ce chapitre, nous avons parlé de deux individus très différents. Le premier individu, le musicien rock Kurt Cobain, s'est débattu contre plusieurs démons personnels, notamment des problèmes liés à l'usage de drogues. Il s'est suicidé à l'âge de 27 ans, au moment où son groupe, Nirvana, était au sommet de la gloire.

L'autre individu, Charles Dutton (photo ci-contre), a fréquenté plusieurs écoles de réforme pendant son adolescence. Accusé d'homicide involontaire et incarcéré, il s'est retrouvé en isolation parce qu'il avait fomenté une émeute dans la prison. Alors que presque tout le monde avait abandonné l'espoir de le réadapter, il a commencé à le faire lui-même. Inspiré par des pièces de théâtre, il a canalisé sa rage envers la société en étudiant et en devenant comédien. Après sa libération conditionnelle, Charles Dutton a trimé dur pour jouer dans sa propre télésérie, *Roc,* et dans plusieurs films.

Dutton et Cobain ont une chose en commun: pendant leur jeunesse, aucun des deux ne manifestait de talents particuliers. Personne n'aurait pu prévoir que le frêle Cobain explorerait avec Nirvana les possibilités du rock. Personne n'aurait pu prévoir non plus que Charles Dutton, un être dur et colérique, trouverait dans l'art dramatique un exutoire qui lui permettrait de devenir un comédien professionnel. La vie de ces deux hommes montre bien qu'il est difficile d'évaluer le potentiel d'une personne et de prévoir si elle l'utilisera ou non. Le développement du potentiel est au cœur de la perspective humaniste.

La *perspective humaniste* met l'accent sur la croissance personnelle, sur le développement de son potentiel et sur la liberté de choisir son destin.

La perspective humaniste rejette le déterminisme biologique et les forces irrationnelles et inconscientes de la perspective psychanalytique. Elle s'appuie sur la liberté de poursuivre ses rêves et d'orienter son destin, comme l'a fait Kristi Yamaguchi.

Trois caractéristiques

Qu'a-t-elle fait pour atteindre son objectif?

L'objectif de Kristi Yamaguchi était de remporter une médaille d'or en patinage artistique. Depuis l'enfance, cette Américaine a patiné pendant des milliers d'heures, participé à d'épuisantes compétitions et connu de nombreux déboires avant de pouvoir participer à la compétition ultime, les Jeux olympiques d'hiver. Après toutes ces années de préparation, son élégance, son habileté et son sens artistique (photo ci-dessous) ont ébloui le public et impressionné les juges. Elle a réalisé son rêve en remportant la médaille d'or à Albertville, en 1992.

La vie de Kristi Yamaguchi illustre les trois caractéristiques qui distinguent la perspective humaniste d'autres perspectives: une approche phénoménologique, une vision holistique et un objectif d'actualisation de soi (Wertz, 1998).

1 La perspective humaniste souligne l'importance de percevoir et d'interpréter le monde au moyen de ses expériences personnelles: c'est l'approche phénoménologique.

L'*approche phénoménologique* signifie que la perception et l'interprétation personnelles du monde deviennent la réalité propre, qu'elle soit juste ou non.

Peu importe si l'évaluation de Kristi Yamaguchi quant à ses habiletés en patinage artistique était exacte ou inexacte: elle croyait si fort en ses capacités que sa perception est devenue sa réalité. Un autre exemple illustrant l'approche phénoménologique est l'ancienne croyance voulant que les femmes ne réussissent pas dans certaines professions — policier, médecin, plombier, camionneur, etc. Depuis que les femmes ont prouvé qu'elles pouvaient avoir du succès dans ces domaines, la perception générale a été invalidée. Les gens (surtout les hommes) ont donc accepté une nouvelle réalité dans laquelle les femmes peuvent exercer efficacement n'importe quel métier ou profession.

2 La perspective humaniste met l'accent sur une vision globale, ou holistique, d'une situation ou d'une personne.

Une *vision holistique* signifie que la personnalité de quelqu'un est plus que la somme de ses parties; chaque partie forme un tout unique fonctionnant comme tel.

Ainsi, selon la vision holistique, Yamaguchi a connu plus de succès que les autres patineuses à cause de la combinaison unique que forment ses nombreuses caractéristiques — discipline, habiletés, motivation et ténacité.

3 La perspective humaniste met en évidence l'objectif de la réalisation de son potentiel ou de l'actualisation de soi.

L'*actualisation de soi* est la tendance inhérente à développer pleinement son potentiel.

En obtenant une médaille d'or olympique, Kristi Yamaguchi a démontré que l'on peut atteindre son plein potentiel et réaliser ainsi l'actualisation de soi. Selon la perspective humaniste, quelles que soient ses aptitudes ou ses habiletés, et peu importe qui l'on est, on a tous la capacité de se réaliser pleinement (actualisation de soi).

Les psychologues Abraham Maslow et Carl Rogers sont à l'origine de la perspective humaniste. Malgré les grandes différences dans leur formation, ils ont abouti aux mêmes idées brillantes.

Maslow : la hiérarchie des besoins et l'actualisation de soi

Comment est-il devenu humaniste ?

La perspective humaniste prend son essor au début des années 1960 avec la publication du *Journal of Humanistic Psychology* dont l'un des principaux collaborateurs était Abraham Maslow. Selon Maslow, la perspective behaviorale — à laquelle il adhérait d'ailleurs — accordait trop d'importance à la récompense, à la punition et aux comportements observables, et pas assez à d'autres aspects de la nature humaine comme les sentiments, les émotions ou les croyances. Pour cette raison, Maslow (1968) a conçu une théorie humaniste, laquelle met l'accent à la fois sur la capacité de se dépasser (actualisation de soi) et sur le désir de satisfaire plusieurs autres besoins, organisés en hiérarchie.

La hiérarchie des besoins de Maslow

Hiérarchie des besoins de Maslow

5e niveau
Actualisation de soi : réalisation du plein potentiel

4e niveau
Besoins d'estime : réussite, compétence, obtention de reconnaissance et d'approbation

3e niveau
Besoins d'appartenance et d'amour : relations avec les autres et acceptation par ceux-ci

2e niveau
Besoins de sécurité : protection contre les maux et préoccupations de sécurité et de survie

1er niveau
Besoins physiologiques : faim, soif, sexe et sommeil

Chaque jour, l'on essaie de satisfaire différents besoins : manger, avoir un toit, parler à des amis, travailler, s'occuper des personnes que l'on aime, etc. Pour Maslow, l'on satisfait ces besoins selon un certain ordre de priorité. Comme nous l'avons vu au chapitre 9, Maslow a établi une hiérarchie des besoins en les regroupant en cinq types principaux.

La *hiérarchie des besoins de Maslow* place les besoins en ordre croissant : les besoins physiologiques sont au niveau inférieur, tandis que les besoins psychologiques et sociaux se trouvent au sommet (voir ci-contre). On n'avance à un niveau supérieur de besoins que si les besoins du niveau précédent sont comblés.

Ainsi, il faut satisfaire ses besoins physiologiques avant de s'occuper de ses besoins psychologiques et sociaux. Ensuite, on peut consacrer du temps et de l'énergie à la réalisation de son potentiel, soit l'actualisation de soi, le type de besoins le plus élevé.

Maslow a aussi divisé les besoins en deux catégories : les besoins fonctionnels et les besoins de croissance.

Les *besoins fonctionnels* sont les besoins physiologiques (manger, dormir) et psychologiques (sécurité, amour et estime) que l'on tente d'abord de satisfaire.

Les *besoins de croissance,* besoins qui se situent au niveau supérieur, incluent le désir de vérité, de bonté, de beauté et de justice.

Selon Maslow, il faut combler ses besoins fonctionnels avant de chercher à combler ses besoins de croissance et de progresser vers l'actualisation de soi.

L'actualisation de soi

Une importante caractéristique de la perspective humaniste est qu'elle met l'accent sur l'actualisation de soi.

Le concept d'*actualisation de soi* consiste dans le développement et la réalisation de son plein potentiel.

Maslow (1971) a élaboré ce concept après avoir étudié la vie d'êtres exceptionnels tels Abraham Lincoln, Albert Einstein et Eleanor Roosevelt. Il croyait que ces personnalités ont pu atteindre l'actualisation de soi parce qu'elles avaient développé les caractéristiques suivantes de leur personnalité.

Les caractéristiques des individus ayant atteint l'actualisation de soi

- Perception exacte de la réalité.
- Autonomie.
- Privilégier une relation profonde avec un nombre restreint de personnes.
- Concentration sur la réalisation de ses objectifs.
- Vivre des moments intenses qui apportent de grandes joies.

D'après Maslow, même si rares sont les personnes qui atteignent le niveau de l'actualisation de soi, tout le monde cherche à se réaliser. Cette tendance incite à devenir une meilleure personne.

Ce psychologue aurait sûrement considéré Martin Luther King comme une personne ayant atteint l'actualisation de soi. Celui-ci s'est battu toute sa vie pour que les droits civiques s'appliquent à tous. Sur la photo ci-contre, King lance son fameux slogan « J'ai un rêve ! » lors d'un discours en faveur des droits civiques prononcé à Washington. À l'âge de 35 ans, il a obtenu le prix Nobel de la paix. Quatre ans plus tard, il a été assassiné. Les réalisations de King illustrent bien l'idée humaniste de l'actualisation de soi.

À la même époque, Carl Rogers élaborait une autre théorie s'inscrivant elle aussi dans la perspective humaniste.

E. La perspective humaniste

Rogers : la théorie du soi

Quels sont les principaux concepts ?

Carl Rogers a été formé à l'école de la psychanalyse, qu'il utilisait en clinique. Il en est cependant arrivé à déplorer que Freud mette autant l'accent sur l'inconscient, les forces inconscientes et les pulsions au détriment du potentiel de croissance. Conséquemment, il a abandonné la perspective psychanalytique pour élaborer dans les années 1960 sa propre théorie de la personnalité. Ainsi, la théorie du soi accorde une grande importance au soi ou au concept de soi.

La *théorie du soi,* ou *théorie de l'actualisation de soi,* part de deux hypothèses : le développement de la personnalité est guidé par la tendance intrinsèque de chacun à l'actualisation et que toute personne a besoin d'estime.

La notion d'actualisation de soi de Rogers s'apparente à celle de Maslow.

La *tendance à l'actualisation de soi* de Rogers est le penchant inné à développer ses aptitudes de manière à s'épanouir et à améliorer sa vie.

La tendance à l'actualisation renvoie à des fonctions physiologiques, comme la satisfaction des besoins de nourriture et d'eau, ainsi qu'à des fonctions psychologiques, comme le besoin de vivre de nouvelles expériences, de croître sur le plan personnel et de devenir autosuffisant. Cela conduit à l'adoption de comportements positifs et sains. Une des fillettes sur la photo ci-dessous a perdu l'usage de ses jambes, ce qui l'oblige à utiliser un fauteuil roulant. Une partie de son processus d'actualisation de soi l'amènera à affronter son handicap en adoptant des comportements positifs et sains, et en apprenant à se connaître.

Le *soi* ou le *concept de soi* est la manière dont on se voit et dont on se décrit. Le soi comprend la perception que l'on a de soi, de ses capacités, de ses caractéristiques personnelles et de ses comportements, ce qui forme un tout cohérent pour l'individu.

Ainsi, la fillette en fauteuil roulant développera un concept de soi très différent de celui de son amie qui a l'usage de ses jambes. Selon Rogers (1980), le concept de soi joue un rôle important dans le développement de la personnalité parce qu'il influence les pensées, les émotions et les comportements. Si l'on a un concept de soi positif, l'on aura tendance à penser, à ressentir et à agir de manière optimiste et constructive, mais si l'on a un concept de soi négatif, l'on aura tendance à penser, à ressentir et à agir de manière pessimiste et destructrice.

Une personne peut, à certains moments, avoir des hésitations concernant son soi, mais quand elle découvre son soi réel, plusieurs modifications peuvent se produire dans sa personnalité.

Le soi réel et le soi idéal

Qui est le vrai David Bowie ?

Chaque individu modifie sa perception de lui-même, mais rarement autant que la vedette rock David Bowie, qui, au fil des années, a changé substantiellement son apparence et ses valeurs. Au début de sa carrière, l'apparence (photo ci-contre) et les comportements de Bowie étaient pour le moins marginaux. Maintenant qu'il a atteint la cinquantaine, sa coiffure et ses vêtements sont devenus conventionnels (photo ci-dessous), et il a adopté plusieurs valeurs de la société, comme le mariage. Mais quel est le vrai soi de Bowie ?

Carl Rogers remarque que ses clients lui posent souvent des questions sur leur soi : « Comment est-ce que je me perçois ? », « Pourquoi ai-je parfois l'impression de ne pas me connaître ? », « Pourquoi est-ce que je dis ou fais des choses qui ne me ressemblent pas ? » Rogers a répondu en fournissant les concepts du soi réel et du soi idéal.

Selon Rogers, le *soi réel* est basé sur des expériences vécues et reflète la perception réaliste que l'on a de soi.

Mon soi idéal est basé sur mes espoirs et mes désirs.

Le *soi idéal* est basé sur des espoirs et des désirs, et reflète la perception que l'on voudrait avoir de soi.

Dans certains cas, les espoirs et les désirs du soi idéal peuvent s'opposer aux aptitudes et aux expériences du soi réel. Par exemple, un étudiant peut se considérer comme responsable et studieux (soi idéal), alors qu'il remet souvent à plus tard et étudie moins qu'il ne le devrait (soi réel).

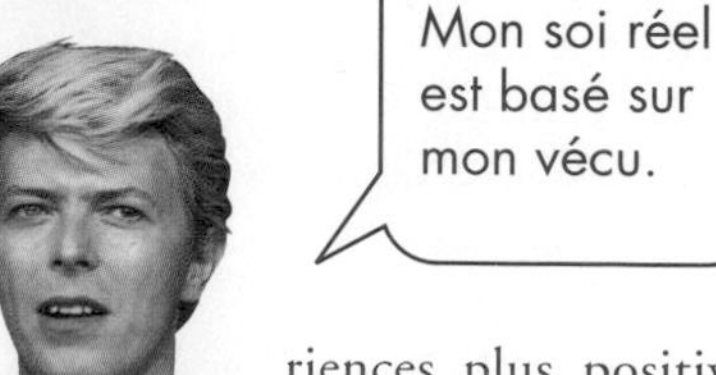

D'après Rogers, une contradiction flagrante entre le soi idéal et le soi réel (incongruence) risque d'entraîner des problèmes de personnalité. Il ajoute que l'on peut éviter cette contradiction en se préoccupant davantage des expériences que l'on vit, en tâchant de rendre ses expériences plus positives et en prêtant moins attention aux attentes des autres. Suivre ces prescriptions peut engendrer des changements quant à l'apparence et aux comportements.

Nous verrons maintenant comment le soi évolue.

L'estime

Pourquoi adopter un chien ?

Si, comme des millions de personnes, on a un chien, c'est probablement parce que le chien ne ménage pas ses marques d'affection, que l'on soit en colère, grognon, déprimé ou triste. Des chercheurs ont découvert que les résidants âgés de centres de soins prolongés étaient plus énergiques et sociables quand on leur permettait d'avoir un animal de compagnie (Hendy, 1984).

Le besoin de se sentir apprécié est si grand que la société a conçu plusieurs fêtes où l'on peut exprimer sa considération envers autrui, comme la fête des Mères, la fête des Pères ou la Saint-Valentin, sans compter les anniversaires.

La création de ces fêtes et la popularité des animaux de compagnie illustrent la deuxième hypothèse de la théorie du soi de Carl Rogers : les humains ont besoin de l'estime des autres.

L'*estime* comprend l'amour, la sympathie, la cordialité, l'acceptation et le respect que l'on requiert des membres de sa famille, de ses amis et de toute personne importante pour soi.

Rogers croyait que l'estime des autres est essentielle au développement du soi et à l'établissement de relations interpersonnelles fructueuses (Liebert et Spiegler, 1994). Pendant l'enfance, l'estime vient des parents, des frères et des sœurs et des grands-parents ; quand on devient adulte, l'on apprend à éprouver pour soi-même de l'estime.

L'estime conditionnelle et l'estime inconditionnelle

Aimer sans condition ?

Contrairement aux amis et aux membres de la famille, les animaux de compagnie ne portent aucun jugement ; ils procurent sans cesse leur affection à leur maître, peu importe son allure, ses sentiments ou ses opinions. Les amis et les membres de la famille, eux, portent souvent des jugements et leur estime est conditionnelle.

L'*estime conditionnelle* est l'estime que l'on reçoit seulement si on adopte des comportements jugés acceptables.

Par exemple, les adolescents peuvent manifester une indépendance fraîchement acquise en choisissant une coiffure et des vêtements extravagants. Si l'estime que leur accordent leurs parents est basée sur un mode de vie conformiste et traditionnel, les adolescents sont susceptibles de développer une estime d'eux-mêmes négative, se sentir rejetés ou sans valeur parce qu'ils résistent à ce conformisme et ainsi déplaisent à leurs parents.

Rogers croyait qu'une estime de soi saine et positive dépend de l'estime inconditionnelle que l'on reçoit.

L'*estime inconditionnelle* est la chaleur, l'acceptation et l'amour que d'autres personnes nous prodiguent parce qu'ils nous apprécient en tant qu'être humain même si on les déçoit en se comportant d'une manière qui ne correspond pas à leurs valeurs ou à leurs idées.

Les parents qui aiment leurs adolescents même si ces derniers suivent un code vestimentaire différent du leur manifestent une estime inconditionnelle qui favorisera le développement d'une saine estime de soi. Pourtant, même si l'on éprouve tous un grand besoin d'estime inconditionnelle, il semble que l'estime conditionnelle soit celle qui est le plus souvent dispensée (Culp *et al.*, 1991).

L'importance de l'actualisation de soi

Que faire pour réaliser pleinement son potentiel ?

Membre de l'armée soviétique, Alexandre Soljenitsyne (photo ci-contre) a été exilé en Sibérie parce que, dans une lettre à un ami rédigée en 1945, il condamnait les abus de pouvoir de Staline, le chef de l'Union soviétique. C'est au bagne qu'il devint écrivain. En 1970, Soljenitsyne a reçu le prix Nobel de littérature pour son œuvre, et ce, même si ses romans étaient interdits en URSS. Expulsé de son pays en 1974, il s'est par la suite installé aux États-Unis où, a-t-il dit, « on peut être libre ». Quelques années après l'écroulement du communisme, soit en 1995, Soljenitsyne a pu retourner dans son pays natal.

La vie de Soljenitsyne est un exemple d'actualisation de soi. Persécuté pendant les années où il a vécu en Sibérie dans des conditions très pénibles, interdit de publication et déchu de sa nationalité, il a quand même développé son potentiel de penseur et écrivain. Rogers expliquerait que Soljenitsyne a continué à écrire à cause de la tendance à l'actualisation de soi, qui oriente et motive le développement du potentiel. Le psychologue reconnaissait que cette tendance peut être entravée par des obstacles situationnels ou des difficultés personnelles. Il croyait que l'on peut d'autant plus s'actualiser si l'on s'efforce d'éviter les problèmes situationnels, de résoudre ses problèmes personnels et que l'on reçoit de l'estime inconditionnelle.

La perspective humaniste contient des messages positifs importants, mais fonctionnent-ils ?

E. La perspective humaniste

Une application

Des barrières qui empêchent l'actualisation ?

Contrairement aux autres théories de la personnalité, la perspective humaniste croit que l'individu est fondamentalement bon et qu'il peut réaliser son potentiel si les barrières érigées par la société, la pauvreté, les drogues et d'autres influences néfastes sont supprimées (Megargee, 1997). Ainsi, aux États-Unis, des psychologues ont constaté que les garçons afro-américains constituaient un groupe dont le cheminement est souvent entravé par des barrières qui les empêchent de réaliser leur potentiel. Dès l'enfance, ces jeunes sont confrontés à la pression de leurs pairs pour qu'ils n'acceptent rien de personne, pour qu'ils ne fassent pas comme les Blancs qui excellent à l'école, pour qu'ils traînent dans les rues, se joignent à des gangs et participent à diverses activités illicites (Franklin, 1995).

Pour aider ces garçons à développer sainement leur personnalité, les conseillers en milieu scolaire appliquent des principes humanistes, comme leur accorder de l'estime et leur fournir des modèles d'actualisation. Depuis 12 ans, à San Francisco, Roland Gilbert dirige un programme de soutien pour les garçons afro-américains susceptibles d'éprouver des problèmes de personnalité. Ces garçons vivent dans des quartiers où la violence et la drogue font partie du quotidien, où le père est souvent absent et où il n'existe pas de modèle adulte pour les aider à traverser la période de l'adolescence. Au cœur de ce programme, il y a des rencontres bihebdomadaires avec des hommes de la communauté. Ces hommes discutent avec les jeunes de l'importance d'avoir un emploi régulier, ils leur apprennent à exprimer leur colère avec des mots plutôt qu'avec leurs poings et leur manifestent de l'estime en leur montrant que quelqu'un se préoccupe d'eux (Smith, 1993).

Il existe de nombreux autres programmes de soutien, comme les Grands Frères et les Grandes Sœurs, qui inspirent aux enfants la fierté, un sens de leur propre valeur et les motivent pour qu'ils réussissent (Hill, 1995). Les enfants qui ont participé à un programme de soutien et qui ont eu un mentor ont un meilleur concept de soi que ceux qui n'ont pas vécu de telles expériences (Turner et Scherman, 1996). L'application des principes humanistes aide donc à améliorer le concept de soi des enfants issus de familles ou de quartiers difficiles.

Nous résumerons maintenant la perspective humaniste et verrons ce qu'en pensent les critiques.

L'évaluation

La perspective humaniste est-elle populaire ?

La perspective humaniste, qui inclut les théories de Maslow et Rogers, est toujours populaire parce qu'elle part de l'idée que l'individu est bon et qu'il peut développer son potentiel (Megargee, 1997). Cette vision optimiste de l'humain a cependant suscité plusieurs critiques.

L'impact

Dans les programmes de soutien des Afro-Américains que nous avons décrits, l'estime de soi des garçons s'améliore quand leurs mentors sont des modèles qui ont du succès et qui leur offrent leur estime. Ces programmes illustrent l'importance qu'accorde la perspective humaniste à l'établissement de la valeur personnelle grâce à l'estime. Les mentors lèvent les barrières de façon que chaque garçon puisse réaliser son potentiel au moyen de l'actualisation de soi.

La perspective humaniste a eu un impact important en thérapie, dans les milieux scolaires et les programmes de croissance personnelle où des notions comme le concept de soi et l'actualisation de soi ont démontré leur utilité pour le développement d'une personnalité saine et des relations interpersonnelles profitables (Ford, 1991). Contrairement à Freud, qui prétendait que l'humain est contraint par des forces inconscientes et irrationnelles, la perspective humaniste le conçoit comme guidé par des forces positives qui l'amènent à se réaliser.

Les critiques

La perspective humaniste a été vivement critiquée parce que Rogers et Maslow ont fourni très peu d'évidence scientifique de la tendance inhérente à l'actualisation de soi. Comme il est difficile de démontrer l'existence des différents concepts humanistes tels l'estime et la valeur personnelle, les critiques soutiennent que la perspective humaniste ne fait que décrire les comportements humains sans en expliquer les causes. Conséquemment, ils la voient davantage comme une philosophie de vie remplie d'espoir qu'une explication scientifique du développement de la personnalité (Liebert et Spiegler, 1994). C'est pourquoi les critiques signalent que la perspective humaniste n'a exercé qu'une influence limitée sur les principaux courants psychologiques. De plus, ils soulignent que la perspective humaniste ne tient pas compte des recherches qui indiquent que le développement des caractéristiques intellectuelles, émotionnelles, sociales et de la personnalité découle de facteurs génétiques dans 20 % à 60 % des cas (McClearn *et al.*, 1997). Or, de tels résultats signifient que l'on doit considérer les facteurs génétiques dans le développement du potentiel ou des aptitudes d'une personne eu égard à l'actualisation de soi.

Maslow espérait que la perspective humaniste deviendrait aussi importante que les perspectives behaviorale et psychanalytique. Or, ce ne semble pas être le cas. Plusieurs idées humanistes ont toutefois donné naissance, dans les années 1960 et 1970, aux mouvements axés sur le potentiel humain. Ces idées ont par ailleurs été incorporées aux thérapies individuelles ou de groupe (Wertz, 1998).

F. Diversité culturelle : une réussite inattendue

Qu'ont-ils de particulier ?

On se demande souvent pourquoi des étudiants ayant des habiletés semblables ont des résultats si différents : certains réussissent bien et d'autres plutôt mal aux examens. En considérant ces différents résultats, un tenant de la perspective humaniste reformulerait ainsi la question : Pourquoi certains étudiants développent leur potentiel alors que d'autres ne le font pas ? Un élément de réponse à cette question est fourni par l'étude de réfugiés indochinois, les *boat people,* qui ont notamment été accueillis au Canada et aux États-Unis dans les années 1970 et 1980.

© Jason Goltz

À leur arrivée en Amérique du Nord, ces réfugiés ne possédaient que les vêtements qu'ils portaient. La plupart ne parlaient ni anglais ni français, ignoraient presque tout de la culture occidentale et ne connaissaient personne qui puisse leur fournir un soutien social ou financier. Malgré ces difficultés, les jeunes réfugiés ont obtenu des résultats scolaires stupéfiants.

Certains chercheurs ont tenté de découvrir les raisons de ces succès (Caplan *et al.,* 1992). Pour ce faire, ils ont choisi au hasard 200 familles indochinoises installées aux États-Unis, qui comptaient 536 enfants d'âge scolaire et qui résidaient dans les quartiers pauvres des grandes villes américaines depuis trois ans et demi en moyenne. Les écoles que fréquentaient les enfants étaient délabrées et leurs standards scolaires étaient bas. Malgré ces problèmes, les élèves indochinois ont eu un rendement exceptionnel : 27 % avaient une moyenne de A, 57 % une moyenne de B, 17 % une moyenne de C et seulement 4 % une moyenne inférieure à C (les enfants étaient répartis assez également dans les classes de la 1re à la 12e année). Les résultats en mathématiques étaient aussi extraordinaires : près de 50 % des enfants réfugiés avaient obtenu un A et 33 % un B. À des tests nationaux de mathématiques, leurs résultats moyens étaient près de trois fois plus élevés que la moyenne nationale.

Après avoir analysé ces données, les chercheurs se sont penchés sur les raisons expliquant ce phénomène.

Les valeurs et la motivation

Quelles étaient leurs valeurs ?

Même s'ils étaient aux États-Unis depuis peu d'années, les enfants indochinois avaient de meilleurs résultats en mathématiques que 90 % de leurs camarades. De toute évidence, ces enfants agissaient sous l'influence de facteurs importants qui les aidaient à surmonter la difficulté d'apprendre une deuxième langue et à s'adapter à une nouvelle culture. Les chercheurs ont constaté que ces facteurs provenaient des valeurs véhiculées par la famille asiatique.

Les *valeurs fondamentales* des familles indochinoises étaient le respect mutuel des parents et des enfants, une coopération libre et la volonté de se réaliser. Or, le temps que les enfants indochinois consacraient à leurs études à la maison fait montre de cette volonté : la moyenne était de trois heures par jour, contre une heure et demie pour les enfants américains. Par conséquent, dans les familles indochinoises, la principale activité au retour de l'école était d'étudier plutôt que de regarder la télévision, et les enfants plus âgés aidaient les plus jeunes.

Une autre valeur fondamentale était la participation des parents à l'instruction : 50 % des parents faisaient de la lecture à haute voix et aidaient leurs enfants à faire leurs devoirs. Quand on demandait aux enfants la raison de leurs succès scolaires, ils disaient souvent qu'ils aimaient apprendre, une valeur transmise par leurs parents. Puis, quand on leur demandait s'ils décidaient eux-mêmes de leur avenir, ils répondaient par l'affirmative, précisant qu'ils ne croyaient pas à la chance ou au destin.

L'attitude des parents

Comment les parents les aidaient-ils ?

Les enfants indochinois obtenaient des succès scolaires à cause, entre autres, des valeurs personnelles et culturelles transmises par leurs parents, qui leur consacraient du temps afin qu'ils puissent réussir. L'étude des valeurs des parents immigrants et de la manière dont ils les transmettaient à leurs enfants a amené les chercheurs à conclure que, dans les écoles américaines, les parents devraient participer davantage à l'instruction de leurs enfants. Il y a donc des leçons à tirer des valeurs de ces réfugiés.

Pour expliquer les succès phénoménaux de ces enfants immigrants, les tenants de la perspective humaniste mettraient l'accent sur la manière dont les valeurs parentales servent à lever les barrières mentales qui, autrement, pourraient nuire au développement du potentiel de leurs enfants et les empêcher de se réaliser pleinement.

G. Application : une évaluation — les tests projectifs

Définition

Que disait-on de Cobain ?

Au début de ce chapitre, nous avons parlé de Kurt Cobain, un chanteur célèbre qui s'est suicidé à 27 ans. Décrivant sa personnalité, certains de ses amis disaient qu'il était un jeune homme agréable, tranquille et attentif aux autres (photo du haut). Par contre, d'autres amis disaient qu'il était d'humeur changeante, intimidant, malheureux et bouillant de colère (illustration du bas) (DeCurtis, 1994). Ces personnes faisaient en quelque sorte une évaluation psychologique.

L'*évaluation psychologique* utilise divers outils comme les tests de personnalité ou les entrevues pour mesurer certaines caractéristiques, ou traits de personnalité, dans le but de comprendre les comportements et de prédire le rendement ou les comportements futurs.

Les tests psychologiques comprennent les tests de personnalité et les tests d'aptitudes. Par exemple, quand Kurt Cobain a suivi une cure de désintoxication, on lui a probablement fait passer des tests de personnalité en vue de déceler les problèmes qu'il vivait.

Les *tests de personnalité* permettent de mesurer tant les traits de caractère et les comportements observables que les caractéristiques non observables ou cachées. Ils aident à dépister les problèmes de personnalité et les troubles psychologiques et à prédire les comportements futurs.

Si vous n'avez jamais subi de tests de personnalité, en revanche vous connaissez sûrement les tests d'aptitudes, comme les examens scolaires.

Les *tests d'aptitudes* comprennent les tests de réussite, qui mesurent l'apprentissage réalisé ; les tests d'habiletés, qui mesurent le potentiel d'acquisition de connaissances ou d'habiletés spécifiques ; et les tests d'intelligence, qui mesurent la capacité d'abstraction, de résolution de problèmes et d'utilisation des ressources pour relever les défis (Kaplan et Saccuzzo, 1997).

Nous verrons maintenant les tests projectifs de personnalité.

Les tests projectifs

En décrivant la personnalité de Cobain, certains de ses amis ont fait ressortir des comportements observables, comme sa tranquillité, sa gentillesse et sa capacité d'écoute, alors que d'autres ont fourni des indices non observables de son comportement, comme d'avoir beaucoup de colère réprimée et de souffrir du manque de contact avec les gens. Selon la perspective psychanalytique, les comportements observables sont l'expression de désirs et de pensées conscients tandis que les comportements non observables peuvent être le reflet de forces inconscientes. Freud a élaboré trois techniques pour débusquer les forces inconscientes : l'association libre, l'interprétation des rêves et l'analyse des lapsus. Ajoutons-en une quatrième : les tests projectifs.

Le *test projectif* requiert du répondant qu'il examine un objet sans signification ou une photo ambiguë et qu'il décrive ce qu'il voit. Dans l'histoire qu'il imagine, le répondant projette ses émotions, ses motivations et ses besoins conscients et inconscients.

Même s'ils n'ont pas été construits par Freud, les tests projectifs permettraient de révéler les pensées inconscientes (Masling, 1997).

Les deux tests projectifs les plus utilisés sont le test des taches d'encre de Rorschach et le test d'aperception thématique.

Le test des taches d'encre de Rorschach

Que voyez-vous dans cette tache d'encre ?

Le psychiatre suisse Hermann Rorschach (1921 et 1942) a élaboré au début des années 1920 un test comprenant cinq taches d'encre en noir et blanc et cinq en couleur (la tache d'encre en couleur ci-contre ressemble à une tache de Rorschach).

Le test des taches d'encre de Rorschach permet d'évaluer la personnalité grâce à 10 taches d'encre que l'on montre à une personne en lui demandant de décrire ce qu'elle y voit.

Ce test est surtout utilisé dans des milieux thérapeutiques pour évaluer les traits de personnalité et cibler les problèmes que des adolescents ou des adultes sont susceptibles d'éprouver (Masling, 1997).

Le test d'aperception thématique

Que se passe-t-il dans cette image ?

On montre à une personne une image comme celle de droite et on lui demande d'imaginer ce que la jeune femme pense et ce qui lui est arrivé. Cette image est l'une de celles utilisées dans le test d'aperception thématique (TAT).

Le test d'aperception thématique comporte 20 photos de personnes placées dans des situations ambiguës ; le répondant doit inventer une histoire sur ce que pensent et font les personnages sur chaque planche.

Le TAT, élaboré par Henry Murray (1943), permet d'évaluer la motivation et les traits de caractère d'individus, qu'ils aient ou non des problèmes de personnalité (Kaplan et Saccuzzo, 1997).

Avant de voir si les deux tests précédents permettent d'évaluer efficacement les traits de personnalité et de bien identifier certains problèmes, nous examinerons un autre test de personnalité : l'analyse de l'écriture, ou graphologie. La graphologie peut-elle nous apprendre quelque chose ?

Deux caractéristiques

Les graphologues prétendent que l'analyse de l'écriture d'une personne révèle les forces et les faiblesses de cette personne, ce qui facilite la sélection des candidats à un poste et permet d'éliminer ceux qui ne sont pas dignes de confiance (Scanlon et Mauro, 1992).

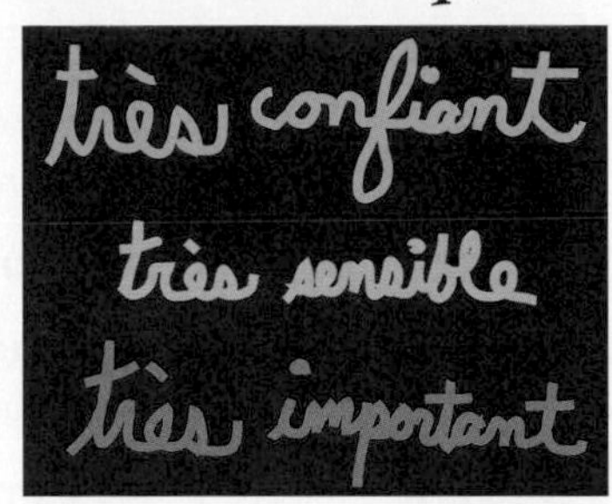

Plusieurs chercheurs concluent cependant que la graphologie ne donne pas de meilleurs résultats que le hasard pour ce qui est de déterminer les caractéristiques de la personnalité, de faire ressortir le meilleur candidat à un emploi ou de choisir la profession d'un individu (Basil, 1989; Ben-Shakhar *et al.*,1986; Feder, 1987). Pour que la graphologie ou tout autre test de personnalité constitue une évaluation décisive de la personnalité, ils doivent posséder deux caractéristiques: la validité et la fidélité.

La validité

La graphologie est amusante, mais elle ne vaut guère mieux que le hasard pour l'évaluation de la personnalité parce qu'elle n'est pas valide. Rappelons-le, la *validité* signifie que le test mesure ce qu'il doit mesurer ou ce qu'il prétend mesurer.

Pour qu'un test de personnalité soit valide, il doit mesurer les caractéristiques de la personnalité de la personne évaluée plutôt que de fournir des caractéristiques générales susceptibles de s'appliquer à n'importe qui. Comme l'analyse graphologique ne peut mesurer, cibler ou prédire les traits de caractère spécifiques à l'individu dont l'écriture est analysée, elle ne constitue pas un test valide (Basil, 1989; Feder, 1987).

La fidélité

En plus d'être valide, un bon test de personnalité doit être fidèle.

La *fidélité* réfère à la constance des résultats obtenus à un test par une même personne, mais à des moments différents.

L'analyse graphologique peut être fidèle si l'écriture reste sensiblement la même pendant longtemps. Toutefois, comme elle n'est pas valide, elle n'est toujours pas meilleure que le hasard pour évaluer ou prévoir les traits de caractère d'une personne.

L'utilité des tests projectifs dépend donc de leur validité et de leur fidélité.

Avantages et inconvénients

Qu'en disent les spécialistes?

Les tests projectifs, comme le test des taches d'encre de Rorschach, sont utilisés depuis plus de 75 ans. Cependant, un débat se poursuit entre les thérapeutes, selon lesquels les tests projectifs sont utiles pour évaluer les traits de personnalité et les problèmes, et les chercheurs, qui en contestent la validité et la fidélité (Weiner, 1997). Ce débat fait ressortir les avantages et les inconvénients des tests projectifs.

Les avantages

Les personnes qui passent des tests projectifs ne savent pas quelle réponse est la plus juste et la plus désirable socialement parce que les stimuli — la tache d'encre ou la planche du TAT — sont ambigus et ne suggèrent donc ni bonne ni mauvaise réponse.

Il est alors très difficile de biaiser sa réponse ou encore de tricher.

Les cliniciens croient que lorsque leurs clients réagissent aux taches d'encre non signifiantes de Rorschach ou inventent des histoires touchant les photos ambiguës sur les planches du TAT, ils projettent des sentiments cachés, des pensées et des émotions sur ces stimuli ambigus. À partir de cette prémisse, certains cliniciens pensent qu'un autre avantage des tests projectifs est qu'ils constituent une méthode d'évaluation des pensées et des désirs cachés et inconscients des clients sans qu'ils ne s'en aperçoivent (Weiner, 1997). Cependant, plusieurs chercheurs ne sont pas d'accord avec cette prémisse, doutant en particulier de la validité des tests projectifs (Viglione, 1997).

Les inconvénients

À cause de l'ambiguïté des différents stimuli présentés, les clients donnent un large éventail de réponses. Le clinicien interprète celles-ci et attribue des scores en fonction du contenu, des thèmes et de l'originalité des réponses données (Weiner, 1997). Puisqu'il n'y a ni bonne ni mauvaise réponse, il est difficile de déterminer si les interprétations et les scores attribués aux réponses des clients évaluent précisément les caractéristiques de leur personnalité et leurs problèmes ou s'ils reflètent les préjugés du clinicien (Rorer, 1990).

Comme il n'y a ni bonne ni mauvaise réponse, la validité et la fidélité du test de Rorschach et du TAT dépendent presque entièrement de l'expérience du clinicien et de sa capacité à interpréter les réponses et à leur accorder des scores justes. Puisque l'expérience et la perspicacité des cliniciens varient, leurs interprétations et leurs scores peuvent différer. Ces variations affaiblissent donc la validité et la fidélité des tests projectifs, ce qui constitue leur principal inconvénient (Kaplan et Saccuzzo, 1997; Viglione, 1997).

Des cliniciens chevronnés soutiennent cependant que les tests projectifs, combinés avec d'autres techniques d'évaluation, permettent de recueillir des informations utiles sur la personnalité et les problèmes des clients (Anastasi et Urbina, 1997).

DANS CE CHAPITRE…

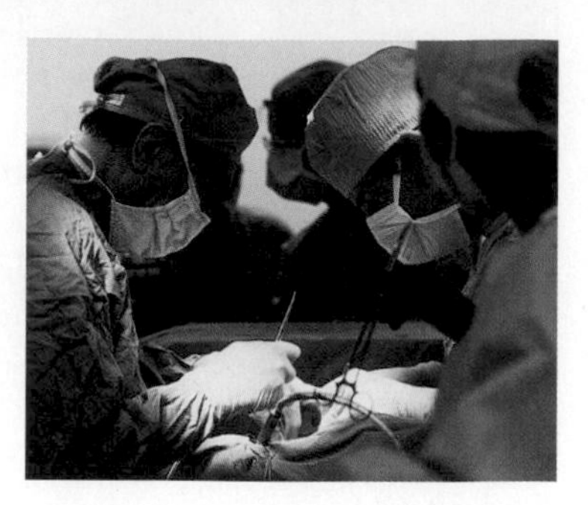

Le stress et la santé — Chapitre 11

Le stress

Donner du sang... et s'évanouir?

Il vous est peut-être arrivé de donner du sang; sinon, on vous a sûrement déjà fait une prise de sang. Avez-vous regardé l'infirmière enfoncer l'aiguille dans votre bras en disant: « Vous ne sentirez qu'une petite piqûre » ? Avez-vous regardé le sang monter dans la seringue, ou avez-vous tourné la tête pour tenter de vous distraire?

Peut-être que votre cœur battait très vite et que vous aviez des sueurs froides; vous vous êtes même peut-être évanoui... ou vous avez vu quelqu'un près de vous s'évanouir, ce qui ne vous a pas rassuré.

Est-ce si terrible de donner un peu de sang?

Cette peur, à la vue du sang ou d'une blessure, touche 15 % de la population, autant les hommes que les femmes. Si on la compare avec d'autres peurs aussi intenses, comme la peur des serpents, celle des hauteurs ou celle, encore, des espaces restreints, la peur du sang et des aiguilles est une des rares peurs qui provoquent des évanouissements (Page, 1994). Cela signifie que, pour 15 % de la population, la vue du sang est une expérience très stressante.

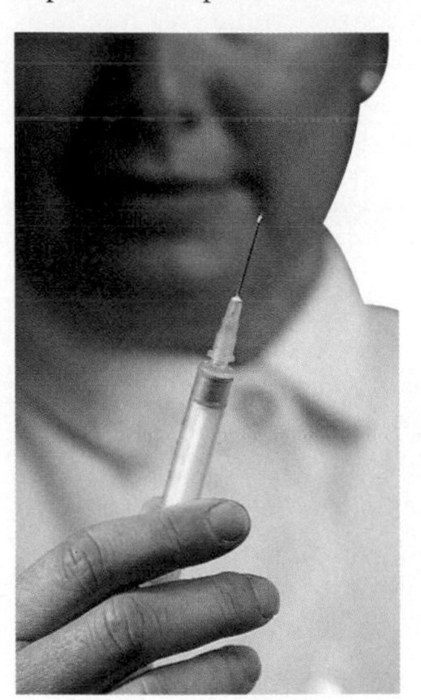

Le *stress* est l'ensemble des réactions non spécifiques de l'organisme à une demande d'adaptation qui lui est faite. Le stress engendre aussi un sentiment d'anxiété quand on considère qu'une situation dépasse notre capacité psychologique à réagir adéquatement (Lazarus, 1990, 1993).

L'étude du stress est pour une large part l'étude de l'interaction de la pensée avec le corps: par exemple, la peur que génère la pensée, à la vue du sang, est si intense qu'elle suscite une réaction physiologique excessive qui entraîne l'évanouissement. Dans ce chapitre, nous verrons ce qui se produit dans l'organisme quand on fait face à des situations stressantes.

De même qu'on peut utiliser la pensée pour réagir de manière excessive au stress, de même on peut se servir d'elle pour faire face au stress.

Faire face au stress

Grosse journée... tous les jours?

À 6 h 30, Sandra arrête la sonnerie du réveil en grognant, se lève et se fait des grimaces dans le miroir. Après avoir pris une douche, elle réveille Jesse, 5 ans et Caiti, 3 ans, et la course matinale commence. Elle fait déjeuner ses enfants, prépare leur boîte à lunch et leur rappelle que tante Erika ira les chercher après l'école. Elle ramasse une pile de livres, ainsi que le devoir qu'elle a fait durant la fin de semaine. Elle ferme la télé et sort avec les enfants.

Voilà un début de journée typique pour Sandra, âgée de 27 ans, qui élève seule ses deux enfants. Elle soigne une accoutumance à la drogue; elle a même déjà été itinérante. Elle survit aujourd'hui sans recevoir de pension alimentaire; elle a recours à divers organismes qui distribuent de la nourriture aux gens dans le besoin. Malgré tout, elle fréquente l'une des universités pour filles les plus prestigieuses des États-Unis.

Lorsque Sandra a appris que son mari avait contrefait une signature sur un chèque, elle a senti qu'elle était au bout du rouleau. Elle s'est mise à genoux pour prier et a eu une vision: une partie d'elle venait de mourir mais elle était prête à recommencer sur de nouvelles bases. Oubliant son orgueil, elle a alors pris des décisions très difficiles. Elle a quitté son mari, qui, depuis cinq ans, perdait continuellement ses emplois; elle a cessé de prendre de la drogue et est allée, avec ses jeunes enfants, dans un refuge pour sans-abri. Voulant donner un sens à sa vie, elle s'est inscrite à un centre universitaire. Elle a beaucoup étudié, de sorte qu'elle a pu être acceptée à l'université Wellesley (adapté de Life, avril 1992, p. 62-65).

Sandra vit chaque jour une série d'événements potentiellement stressants. Pour pouvoir les affronter, elle utilise différentes stratégies. Certains jours, elle y réussit mieux que d'autres, et elle doit constamment être aux aguets pour ne pas se sentir dépassée par ses études, les enfants, ses responsabilités, sa vie. Les diverses manières de faire face au stress représentent un des sujets intéressants que nous étudierons dans ce chapitre.

Dans ce chapitre...

Nous verrons le processus d'évaluation des situations potentiellement stressantes, les réactions physiologiques et psychologiques au stress, le fonctionnement du système immunitaire, l'apparition des malaises psychosomatiques, les facteurs situationnels et sociaux et les caractéristiques de la personnalité qui contribuent ou nuisent aux processus permettant de faire face au stress, et, enfin, comment gérer le stress.

Nous commencerons par nous demander comment la pensée peut prédominer sur le corps et, par exemple, provoquer un évanouissement sans raison valable.

A. L'évaluation

L'évaluation initiale

Pourquoi donner du sang est-il stressant ?

Si le fait de donner un peu de sang n'est pas une menace pour la survie, pourquoi des millions de personnes réagissent-elles si fort quand elles le font ? On trouve une réponse à cette question en demandant aux gens d'où vient leur peur du sang. Pour 76 % des gens, cette peur découle d'événements traumatisants (Kleinknecht, 1994). Vu le conditionnement provoqué par l'événement traumatisant, le sang devient un stimulus important qui déclenche automatiquement une chaîne d'événements mentaux intenses (sentiments de peur) et des réactions physiologiques excessives (l'augmentation de la tension artérielle qui entraîne l'évanouissement). Supposons par exemple que, enfant, vous avez vu votre père se couper profondément à un doigt ; en apercevant sa main ensanglantée, vous avez cru qu'il mourrait. Par la suite, la vue du sang est immédiatement interprétée comme une menace émotive importante. Cette première interprétation d'une situation potentiellement stressante s'appelle évaluation initiale (Lazarus 1990, 1993).

L'*évaluation initiale* est l'évaluation première et subjective d'une situation potentiellement stressante au regard de notre capacité à faire face aux exigences qu'elle comporte.

Par exemple, on peut faire trois types d'évaluation initiale dans la situation du don de sang. Si donner du sang ne nuit en aucune façon au bien-être, l'évaluation initiale est que cette situation ne peut donc produire de stress. Si l'on donne du sang pour aider un ami, l'évaluation initiale est que c'est un geste altruiste, donc la situation est positive et elle n'est pas stressante car on se sent utile. Quand la situation déclenche une peur incontrôlable, l'évaluation initiale est que cette situation est stressante, autrement dit qu'on exige trop de ses ressources émotionnelles et psychologiques. L'évaluation initiale d'une situation stressante comporte trois diagnostics possibles : le mal ou la perte, la menace et le défi.

Le mal ou la perte

Si, au cours d'un accident de bicyclette, on se casse un bras, on sait qu'on a éprouvé du mal ou une perte.

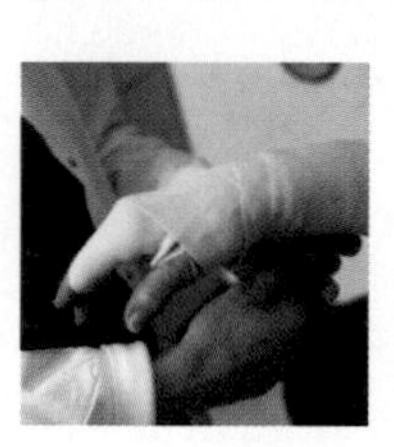

Le *diagnostic de mal ou de perte* dans une situation signifie que des dommages ou une blessure sont déjà présentes.

Le *diagnostic de mal ou de perte* suscite des émotions négatives comme la peur, la dépression ou l'anxiété ; on se sent alors stressé. Plus les émotions négatives sont intenses, plus la situation est évaluée comme étant stressante et accablante.

La menace

Quand on a très peur de donner du sang et qu'on nous demande de le faire, on considère le don du sang comme une menace pour notre bien-être.

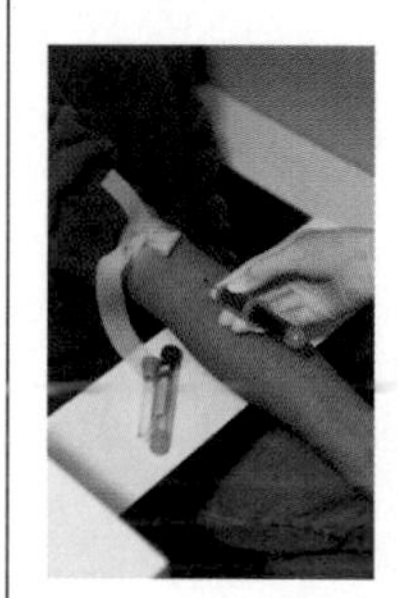

Le *diagnostic de menace* dans une situation signifie que le mal ou la perte n'a pas encore eu lieu mais qu'on appréhende que cela se produira.

Le *diagnostic de menace* provoque également des émotions négatives comme la peur, l'anxiété ou la colère ; pour cette raison, la situation sera jugée stressante. En fait, l'anticipation d'une situation stressante, comme le don de sang ou subir un examen final, peut être aussi menaçante que l'événement lui-même.

Le défi

Supposons que vous avez étudié très fort mais que vous devez quand même suivre deux cours de rattrapage, ces cours pourront vous paraître une manière d'atteindre un objectif ; autrement dit, vous voyez la possibilité d'un défi à relever.

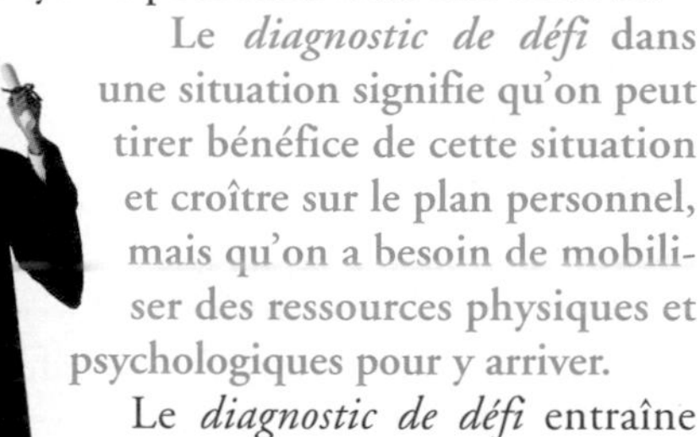

Le *diagnostic de défi* dans une situation signifie qu'on peut tirer bénéfice de cette situation et croître sur le plan personnel, mais qu'on a besoin de mobiliser des ressources physiques et psychologiques pour y arriver.

Le *diagnostic de défi* entraîne généralement un certain stress lié aux émotions positives qu'il suscite. Toutefois, il engendre moins de stress que le diagnostic de mal ou de perte ou que celui de menace parce qu'il fait naître des émotions positives comme la ferveur et l'excitation.

L'évaluation initiale et le type de situation

La première réaction à des situations potentiellement stressantes (traiter avec un colocataire négligent, donner du sang, prononcer un discours, subir un accident de voiture, etc.) consiste à évaluer la situation pour déterminer si elle constitue une perte, une menace ou un défi pour le bien-être physique ou psychologique.

L'évaluation initiale d'une situation complexe (choisir un emploi, se marier, entrer à l'université, etc.) peut demander beaucoup de temps, car il faut réfléchir aux répercussions de la décision à prendre, par exemple. Par comparaison, l'évaluation initiale de situations émotionnelles (faire un exposé oral en classe, par exemple) peut se faire assez vite, voire automatiquement (Shannon, 1994). Cependant, toutes les évaluations ne permettent pas toujours de poser un diagnostic clair de mal ou de perte, de menace, ou de défi. Si, par exemple, on veut fixer à quelqu'un un premier rendez-vous galant, on se sentira peut-être menacé par l'éventualité d'un rejet tout en y trouvant l'occasion de faire ses preuves.

Plus loin dans ce chapitre, nous verrons comment on peut transformer un diagnostic de menace en défi à relever et, de cette façon, réduire le sentiment de stress. Pour l'instant, il suffit de se rappeler que l'évaluation initiale constitue le premier pas dans l'expérience du stress et que, selon le type d'évaluation initiale ou de diagnostic posé, le niveau de stress peut soit augmenter, soit décroître.

Le diagnostic posé et le niveau de stress ressenti

La vue d'un accident vous stresse-t-elle ?

Si on vous demandait de regarder un film comportant des accidents causés par des scies mécaniques, comment votre évaluation initiale influencerait-elle votre niveau de stress ? C'est ce que des chercheurs ont étudié au moyen de l'enregistrement d'un indice majeur d'activation physiologique, la réaction galvanique.

La *réaction galvanique* est la mesure de la transpiration de la peau qui est causée par une augmentation de l'activation physiologique et non par des changements de température normaux.

On demandait aux sujets de faire une évaluation initiale soit de défi ou de menace en regardant un film montrant ce genre d'accidents. Pour les inciter à poser un diagnostic de défi, on leur disait de regarder le film objectivement, de trouver des manières de prévenir ces accidents, mais de ne pas s'identifier aux victimes. Pour les amener à poser un diagnostic de menace, on les invitait à se mettre à la place des hommes qui se blessent avec des scies mécaniques.

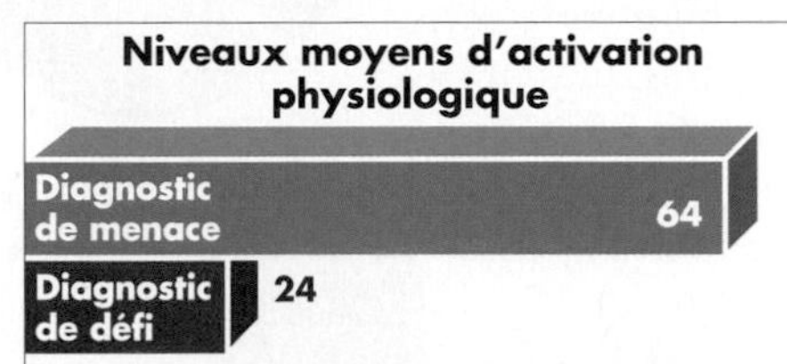

Comme le montre le graphique ci-dessous, chez les sujets qui posaient un diagnostic de menace, on enregistre une plus grande activation physiologique — c'est-à-dire une réaction galvanique élevée — que chez ceux qui faisaient un diagnostic de défi (Dandoy et Goldstein, 1990). Les chercheurs ont conclu que, dans des situations menaçantes ou dérangeantes, le stress ressenti augmente selon le type de diagnostic posé, les diagnostics de menace augmentant le niveau de stress davantage que ceux de défi. Quand on demande aux gens de déterminer la cause de leur stress, ils racontent généralement, et souvent de façon erronée, une situation particulière plutôt que leur évaluation initiale. De plus, comme nous le verrons maintenant, les gens évaluent fréquemment la même situation de manières très différentes.

Une situation, différents diagnostics

Faire la queue : pas toujours stressant ?

Quand on demande à des personnes ce qui les stresse, elles donnent diverses réponses, dont celles inscrites dans le tableau ci-contre. Notons qu'une même situation est jugée stressante par certains mais pas par d'autres. Par exemple, 65 % des gens disent qu'il est stressant d'attendre une personne en retard, et 35 % que ça ne l'est pas. De même, 42 % des gens estiment stressante la recherche d'une place de stationnement, tandis que 58 % disent que ce n'est pas stressant. Les chercheurs concluent que le niveau de stress dépend non seulement de la situation, mais aussi de l'évaluation initiale qui en est faite. Par exemple, faire la queue : si c'est pour acheter sa boisson préférée, ça peut sembler un défi, ce qui provoque des émotions positives ; mais si c'est pour payer une contravention, le diagnostic en sera un de perte (monétaire tout au moins), ce qui entraîne des émotions négatives.

Situation	Pourcentage d'individus la trouvant stressante	non stressante
Attendre une personne en retard	65	35
Être pris dans la circulation	63	37
Faire la queue	61	39
Attendre dans le cabinet d'un médecin	59	41
Attendre que le gouvernement agisse	51	49
Attendre un réparateur	46	54
Chercher une place de stationnement	42	58
Attendre qu'un avion décolle	26	74

Du diagnostic à la réaction physiologique

Où commence le stress ?

Le moment où commence le stress dépend de l'évaluation initiale qu'on fait. Ainsi, un diagnostic de mal ou de perte et un diagnostic de menace provoquent des émotions négatives qui, à leur tour, augmentent le niveau de stress. À l'inverse, un diagnostic de défi engendre des émotions positives qui abaissent le niveau de stress. C'est pourquoi, quand on qualifie une situation de stressante (donner du sang, passer un examen, faire un exposé oral, changer d'emploi, discuter avec un patron, déménager, etc.), on oublie qu'une partie du stress varie selon l'évaluation initiale qu'on fait de la situation (Lazarus, 1993 ; Tomaka *et al.*, 1997).

Aussitôt après l'évaluation initiale, surtout s'il s'agit d'un diagnostic de mal ou de perte ou encore de menace, le corps passe d'un état généralement calme à un état d'activation plus grande tandis qu'il se prépare à affronter l'agent stressant. Nous verrons maintenant ce qui se passe dans l'organisme quand on est stressé.

B. Les réactions physiologiques

La réaction de combat ou de fuite

Que se passe-t-il quand on a peur?

Imaginez que vous êtes à l'avant de la classe pour présenter un exposé. Votre cœur bat plus vite, votre bouche s'assèche, vous transpirez, votre estomac se noue et vos muscles se tendent; votre souffle est plus court et plus rapide. Votre corps est entièrement stimulé avant même que vous commenciez à parler (Tanouye, 1997).

Puisque le fait de parler en public ne menace pas votre vie et que vous ne pouvez pas vous sauver, pourquoi votre corps est-il dans cet état d'activation? C'est qu'une fois que vous avez fait une évaluation initiale comportant un diagnostic de menace, ces pensées apeurantes déclenchent un des systèmes de réaction physiologique les plus anciens, la réaction de combat ou de fuite (Sapolsky, 1992).

La *réaction de combat ou de fuite,* pour laquelle les muscles et le cerveau nécessitent beaucoup d'énergie, peut être déclenchée par des stimuli physiques (ou externes) menaçant la survie, ou par des stimuli psychologiques (ou internes) nouveaux, menaçants, ou encore qui comportent un défi; elle implique de nombreuses réactions physiologiques qui stimulent l'organisme et le préparent à agir, c'est-à-dire à combattre ou à fuir.

La réaction de combat ou de fuite est très ancienne puisqu'on la retrouve aussi chez des animaux existant depuis des millions d'années, tel l'alligator. On présume que nos premiers ancêtres ont utilisé un système similaire pour faire face aux animaux sauvages et à d'autres ennemis.

Les stimuli externes De nos jours, on a rarement besoin d'utiliser la réaction de combat ou de fuite pour lutter contre des animaux sauvages ou des ennemis. Cependant, cette réaction peut permettre d'affronter des stimuli physiques (ou externes) potentiellement dangereux, comme un agresseur, un accident ou une sirène de police.

Les stimuli internes Actuellement, on utilise la réaction de combat ou de fuite le plus souvent pour réagir à des stimuli psychologiques (ou internes) comme passer un examen scolaire, être pris dans un embouteillage, attendre dans une file ou se quereller avec quelqu'un (Goldberger et Breznitz, 1993; Lazarus, 1993; Tomaka *et al.,* 1997). Nous verrons, étape par étape, comment les stimuli psychologiques — l'évaluation initiale qu'on fait d'une situation, par exemple — provoquent la réaction de combat ou de fuite et mettent le corps dans un état d'activation plus grande.

Les étapes du déclenchement de la réaction de combat ou de fuite

1 L'évaluation initiale

Certains stimuli dangereux, tels qu'un serpent ou un accident, peuvent déclencher automatiquement la réaction de combat ou de fuite. Mais les stimuli psychologiques jugés menaçants (devoir faire un exposé oral ou passer un examen, par exemple) sont beaucoup plus courants et déclenchent cette même réaction.

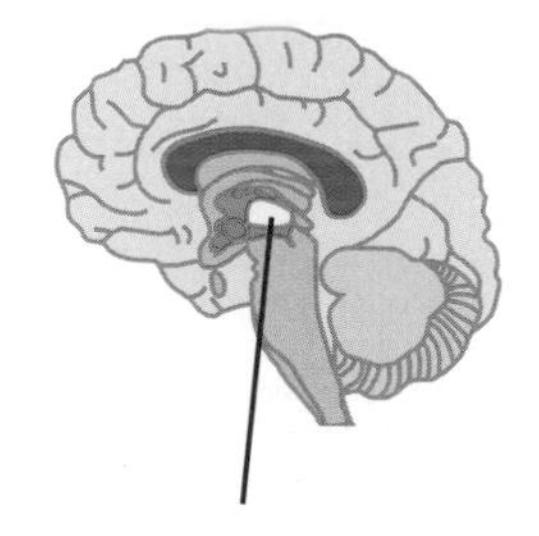

2 L'hypothalamus

Si l'on estime menaçant psychologiquement le fait de présenter un exposé oral, ces pensées stimulent une partie du cerveau, l'hypothalamus.

L'hypothalamus provoque à son tour deux réactions reliées au stress: la sécrétion, par la glande pituitaire, d'une hormone qui combat le stress (l'hormone adrénocorticotrope), et l'activation de la branche sympathique du système nerveux autonome.

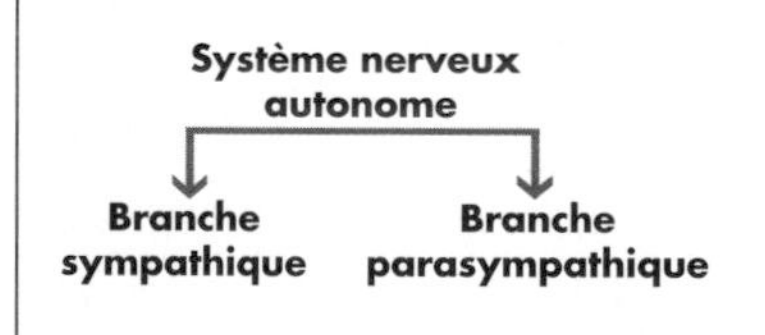

3 La branche sympathique

Nous avons vu au chapitre 3 que la branche sympathique, qui est activée par l'hypothalamus, déclenche plusieurs réactions physiologiques pour préparer l'organisme à faire face aux stimuli internes ou externes potentiellement menaçants. (À l'opposé, la branche parasympathique du système nerveux autonome, qui est aussi activée par l'hypothalamus, ramène le corps à un état plus calme.)

4 La réaction de combat ou de fuite

La branche sympathique déclenche une réaction très primitive (la réaction de combat ou de fuite), qui augmente le niveau d'activation physiologique (augmentation du rythme cardiaque, de la tension artérielle, de la respiration, de la sécrétion d'hormones stimulantes et plusieurs autres) pour préparer l'organisme à faire face à une menace imminente.

Nous décrirons maintenant les réactions physiologiques qui transforment le corps en une machine à combattre ou à fuir.

Le combat ou la fuite : les réactions physiologiques

La réaction de combat ou de fuite peut être déclenchée par des stimuli internes jugés menaçants (parler en public), ou par des stimuli externes potentiellement menaçants (un serpent). En fait, normalement, on expérimente peu de stimuli externes potentiellement menaçants, mais on vit plusieurs situations qu'on juge menaçantes (« Quelle mauvaise journée ! »). Aussitôt qu'on évalue qu'une situation est menaçante, l'hypothalamus agit sur la glande pituitaire et sur la branche sympathique, qui, à son tour, déclenche une douzaine de réactions physiologiques augmentant l'activation physiologique et préparant le corps à combattre ou à fuir (Rosch, 1994). Voici quelques-uns de ces changements physiologiques.

1 Évaluer qu'une situation est menaçante active l'*hypothalamus* (jaune sur l'illustration), qui, simultanément, met en branle la glande pituitaire (verte) et la branche sympathique du système nerveux autonome. La glande pituitaire sécrète l'hormone adrénocorticotrope, qui agit sur une partie de la glande surrénale. La branche sympathique cause l'activation physiologique en augmentant notamment le rythme cardiaque et la tension artérielle (Rosch, 1994).

2 La *respiration,* aussi accélérée par la branche sympathique, devient plus rapide et moins profonde afin que l'organisme absorbe plus d'oxygène. Cependant, lorsque la respiration devient trop rapide et donc trop superficielle, l'effet contraire se produit et on peut être étourdi vu le manque d'oxygène.

3 Le *rythme cardiaque,* accéléré par la branche sympathique, peut augmenter rapidement, et passer du rythme normal de 70 à 90 battements par minute à 200, voire à 220 (Sloan *et al.,* 1994) ! L'accélération du rythme cardiaque accroît la quantité de sang qui irrigue les muscles et les organes vitaux (poumons, reins). Pendant une situation stressante, le cœur peut battre à grands coups et, dans des cas extrêmes, entraîner une crise cardiaque, et même la mort.

4 Le *foie* libère ses réserves de glucose sanguin (glycogène) pour fournir l'énergie nécessaire pendant une situation stressante. Après celle-ci, il arrive qu'on se sente fatigué parce que la réserve de glucose sanguin a beaucoup baissé.

L'*activité stomacale et intestinale* est réduite par la branche sympathique. Pendant le stress, le sang normalement utilisé par les organes de la digestion est dirigé vers les muscles et les organes vitaux. Étant donné que la branche sympathique ralentit, voire supprime, l'activité du système digestif, on peut éprouver des problèmes de digestion comme ou des maux d'estomac, de la constipation ou de la diarrhée.

5 Les *pupilles* sont dilatées par la branche sympathique, ce qui permet de laisser entrer davantage de lumière dans les yeux pour qu'on puisse mieux voir s'il faut combattre ou se sauver quand la lumière est faible. Plus une personne est stimulée physiologiquement, plus ses pupilles sont dilatées.

6 Les *poils* se dressent ; il s'agit de la piloérection (chair de poule), qui se remarque beaucoup plus chez le chien ou le chat. Elle survient quand on est stressé (apeuré ou en colère) ou quand on a froid (la fourrure ou les poils, en bouffant, gardent la chaleur). La piloérection est déclenchée par la branche sympathique, qui contrôle aussi la transpiration.

7 La partie interne des *glandes surrénales* (couleur chair), la médullosurrénale, est activée par la branche sympathique, et sécrète deux puissantes hormones de stimulation, l'adrénaline et la noradrénaline. Ces hormones augmentent le rythme cardiaque, la tension artérielle et l'afflux de sang aux muscles, et libèrent le glucose sanguin, comme source d'énergie. Ces hormones, qui sont considérées comme les autostimulants du corps, peuvent provoquer l'euphorie, une perte d'appétit et l'insomnie.

La partie externe des glandes surrénales, activée par l'hormone adrénocorticotrope, sécrète ses hormones, les corticoïdes, qui contrôlent les niveaux de minéraux et de glucose dans le corps.

8 La *tension musculaire* est augmentée pendant qu'on vit une expérience stressante pour nous permettre, au besoin, une meilleure coordination et des mouvements plus rapides. Cependant, si l'on est stressé longtemps, on pourra ressentir des douleurs musculaires à cause de l'augmentation de la tension des muscles dans tout le corps.

Enfin, si l'on déclenche continuellement la réaction de combat ou de fuite, on risquera d'éprouver plusieurs problèmes physiques que nous décrirons maintenant.

B. Les réactions physiologiques

Les malaises psychosomatiques

Encore des maux d'estomac ?

À la fin du semestre, Joan s'inquiète parce qu'il lui reste trop de chapitres à lire, trop de textes à écrire, trop d'examens à passer et trop peu de temps. Ses inquiétudes la gardent éveillée et la rendent très anxieuse. Mais le pire, ce sont ces maux d'estomac persistants, même si elle s'efforce de manger seulement des aliments sains.

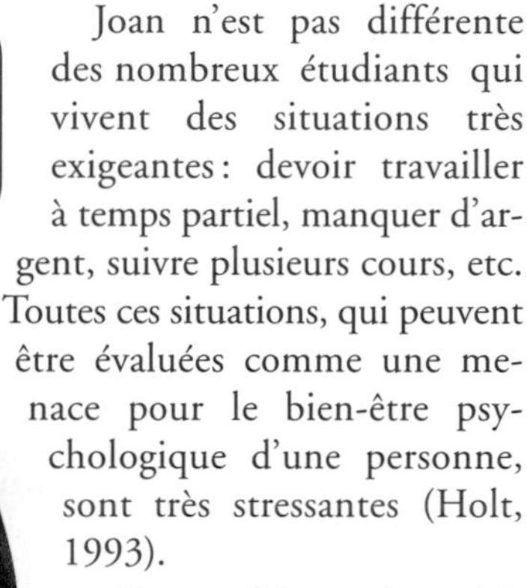

Joan n'est pas différente des nombreux étudiants qui vivent des situations très exigeantes : devoir travailler à temps partiel, manquer d'argent, suivre plusieurs cours, etc. Toutes ces situations, qui peuvent être évaluées comme une menace pour le bien-être psychologique d'une personne, sont très stressantes (Holt, 1993).

Chaque fois que Joan fait des évaluations qui engendrent du stress, elle déclenche la puissante réaction de combat ou de fuite qui stimule son corps, le préparant ainsi à l'action. Hans Selye (1956, 1993) a été l'un des premiers chercheurs à découvrir que les situations stressantes déclenchent automatiquement la réaction de combat ou de fuite. Les travaux de ce pionnier démontrent qu'un stress continu a des effets importants sur le corps, qui se manifestent par un ensemble de symptômes physiques qui décrivent les malaises psychosomatiques.

Les *malaises psychosomatiques* sont des réactions physiques réelles, souvent douloureuses, comme des maux de tête, des douleurs musculaires ou des problèmes d'estomac, causées par des facteurs psychologiques tels que l'inquiétude, le stress ou l'anxiété.

Les inquiétudes de Joan entraînaient des problèmes digestifs douloureux. Quoi qu'en pensent certaines gens, les problèmes psychosomatiques sont réels et douloureux parce qu'ils sont provoqués par des problèmes de fonctionnement ou par des dommages causés aux organes. De plus, ces problèmes sont courants, par exemple chez les étudiants dont la vie est remplie d'anxiété et de stress.

Les différents types de symptômes

Avez-vous plusieurs de ces symptômes ?

On estime que de 50 % à 80 % des patients qui consultent des médecins généralistes ont des problèmes reliés au stress (Ursin, 1997). Ainsi, une étude a montré que 56 % des patients qui se plaignent de maux d'estomac avaient des malaises psychosomatiques, puisque leurs maux n'étaient dus à aucune cause organique. Ces patients ont raconté qu'ils avaient vécu, pendant les six mois précédents, une situation très stressante — la fin d'une relation, le départ de la maison d'un membre de la famille, par exemple (Creed, 1993). Le tableau ci-dessous présente une liste de malaises psychosomatiques (Smith et Seidel, 1982). Les étudiants reconnaissent présenter habituellement au moins un de ces malaises.

Liste des malaises psychosomatiques courants

- Malaises stomacaux : sensation d'inconfort, de douleur, de tension, d'acidité et de ballonnement
- Douleurs musculaires et tension : dans le cou, le dos et aux épaules
- Fatigue : sensation d'être fatigué ou épuisé sans avoir fait d'activité physique
- Maux de tête : migraines ou maux de tête causés par la tension
- Problèmes intestinaux : constipation ou diarrhée
- Problèmes de peau : taches ou boutons très marqués et peau huileuse
- Problèmes d'appétit : besoin exagéré de manger ou perte d'appétit
- Insomnie : fréquente incapacité de s'endormir ou de rester endormi
- Asthme ou allergies : aggravation de ces problèmes
- Tension artérielle : tension artérielle élevée ou cœur qui bat très fort
- Bruxomanie : grincement des dents pendant le sommeil
- Rhume ou grippe : problèmes récurrents

L'évolution des malaises psychosomatiques

Les chercheurs croient que les malaises psychosomatiques évoluent en suivant trois étapes.

Première étape Les prédispositions génétiques et le mode de vie. Certains d'entre nous peuvent avoir des « faiblesses » génétiques qui les prédisposent à des problèmes majeurs à certains organes, notamment au cœur, aux vaisseaux sanguins ou à la couche protectrice de l'estomac. Par ailleurs, notre mode de vie (fumer, manger trop ou manquer d'exercice) peut aussi créer des habitudes nuisibles à la santé (Plomin *et al.*, 1994).

Deuxième étape Un stress prolongé. Certains sont plus susceptibles que d'autres de poser des diagnostics de menace, ce qui suscite des émotions négatives et déclenche la réaction de combat ou de fuite. L'activation continue produite par la réaction de combat ou de fuite (augmentation du rythme cardiaque, de la tension artérielle et de la sécrétion d'hormones stimulantes) exerce une pression sur les organes et sur le système immunitaire (Cohen, 1996).

Troisième étape Les malaises psychosomatiques. L'interaction de ces trois facteurs, des organes déjà affaiblis par les prédispositions génétiques, de mauvaises habitudes de vie et une activation physiologique continue, peut entraîner divers malaises psychosomatiques (Goldberger et Breznitz, 1993).

Nous verrons maintenant comment un stress continu agit sur l'organisme.

Le syndrome général d'adaptation

Du stress... aux maux d'estomac ?

L'inquiétude continuelle de Joan provoque des réactions de combat ou de fuite ; c'est pourquoi elle éprouve des malaises psychosomatiques (maux d'estomac). L'activation incessante engendrée par la réaction de combat ou de fuite provoque ce que Hans Selye (1993) a appelé le syndrome général d'adaptation.

Le *syndrome général d'adaptation* est la réaction du corps à des agents stressants ; elle se déroule en trois phases — l'alarme, la résistance et l'épuisement —, qui augmentent graduellement les chances qu'apparaissent des malaises psychosomatiques.

Voici comment le syndrome général d'adaptation permet d'expliquer les problèmes de Joan.

1 **La phase de l'alarme** Chaque fois que Joan s'inquiète des deux textes qu'elle doit remettre, elle évalue la situation comme étant une grave menace pour son bien-être, ce qui déclenche la phase d'alarme.

La *phase d'alarme* est la réaction initiale au stress qui se caractérise par le déclenchement de la réaction de combat ou de fuite qui, à son tour, provoque une activation physiologique.

On peut entrer dans la phase d'alarme et en sortir chaque fois qu'on est placé devant un agent stressant. Normalement, on n'éprouve pas de problèmes psychosomatiques pendant cette phase parce que les réactions de combat ou de fuite vont et viennent. Cependant, si le stress perdure, l'organisme entre dans la phase de résistance.

2 **La phase de résistance** À la fin du semestre, les inquiétudes de Joan au sujet de ses travaux provoquent des réactions de combat ou de fuite presque continuelles, ce qui amène son organisme à la phase de résistance.

La *phase de résistance* est la réaction du corps à un stress continu pendant lequel la plupart des réactions physiologiques redeviennent normales, mais au prix de l'utilisation d'importantes réserves d'énergie.

Pendant cette phase, l'organisme de Joan utilisera des réserves d'hormones, de minéraux et de glucose sanguin parce qu'il est presque toujours dans un état de réaction de combat ou de fuite. Joan ne se rend pas compte que cette phase engendre ses maux d'estomac. Si son stress continue, son corps atteindra la phase d'épuisement et ses symptômes augmenteront.

3 **La phase d'épuisement** Le stress continuel relié à ses travaux scolaires peut conduire Joan à la phase d'épuisement.

La *phase d'épuisement* est la réaction à long terme de l'organisme à un stress continu ; les organes internes se détériorent et le système immunitaire, qui combat les infections, s'affaiblit.

Au cours de cette phase, les maux d'estomac de Joan peuvent s'aggraver. Pendant une période de stress prolongée, des malaises psychosomatiques peuvent se manifester, comme un rhume, de l'herpès ou des allergies. Des chercheurs ont découvert que les personnes qui ont un niveau élevé et constant d'agressivité sont plus susceptibles d'avoir une tension artérielle élevée que celles dont le niveau d'agressivité est normal (Jorgensen *et al.*, 1996).

Nous examinerons maintenant de plus près l'interaction du corps et de l'esprit.

La relation corps-esprit

Pourquoi est-ce que je m'évanouis ?

Au début du chapitre, nous avons dit que la peur du sang peut être tellement grande que le fait d'en voir risque de causer un évanouissement. Voilà un bon exemple de la relation corps-esprit (Benson, 1997).

La *relation corps-esprit* consiste dans la manière dont la pensée, les croyances et les émotions peuvent produire des changements physiologiques soit au bénéfice soit au détriment de la santé et du bien-être.

La *relation corps-esprit* explique que, pour 15 % de la population américaine, des pensées menaçantes provoquent des évanouissements à la vue du sang ou d'aiguilles (Kleinknecht, 1994). De telles pensées déclenchent une réaction de combat ou de fuite, ce qui augmente énormément la tension artérielle. Immédiatement après, la tension artérielle chute trop rapidement, ce qui réduit l'afflux du sang au cerveau et entraîne l'évanouissement (Roan, 1997). La relation corps-esprit permet aussi d'expliquer pourquoi des organes se détériorent ou des malaises psychosomatiques apparaissent par suite d'une période prolongée de pensées anxieuses (Rosch, 1994).

De longues recherches menées sur les répercussions de la relation corps-esprit ont abouti à l'établissement de thérapies axées sur cette interaction (Goleman et Gurin, 1993).

Les *thérapies axées sur l'interaction corps/esprit* s'appuient sur le fait que les pensées et les émotions peuvent modifier les réactions physiologiques et immunitaires. Les méthodes thérapeutiques utilisées incluent des stratégies mentales (relaxation, méditation, biofeedback, etc.) et la participation à des groupes de soutien qui aident les gens à adopter des croyances et des émotions plus positives.

Nous parlerons plus loin de plusieurs thérapies du corps et de l'esprit, soit les thérapies de gestion du stress, qui aident les gens à reconnaître et à affronter un surcroît de stress, et donc à prévenir ou à supprimer des malaises psychosomatiques douloureux.

La relation corps-esprit n'est pas seulement la cause de l'apparition et du maintien des malaises psychosomatiques, elle permet aussi le renforcement ou l'affaiblissement du système immunitaire, notre prochain sujet.

B. Les réactions physiologiques

Le système immunitaire

Un rhume après les examens?

Combien de fois avez-vous attrapé un rhume, un mal de gorge ou une autre infection bactérienne ou virale après des examens importants? Cette situation plutôt courante où l'on « s'écroule » une fois les examens passés illustre le fait qu'une situation de stress prolongé peut réduire l'efficacité du système immunitaire.

Le *système immunitaire* est un réseau de cellules et de substances chimiques qui combattent les bactéries, les virus et les autres substances étrangères ou toxiques.

Encore récemment, les chercheurs croyaient fermement que le système immunitaire était indépendant, qu'il n'était pas guidé par le cerveau ni influencé par les pensées. Au milieu des années 1970, un psychologue et un immunologiste ont démontré l'existence d'un lien entre le corps et l'esprit, et donc que des facteurs psychologiques agissent sur le système immunitaire (Ader et Cohen, 1975).

La psycho-neuro-immunologie

Ader et Cohen (1975), qui essayaient de comprendre pourquoi certains rats de laboratoire mouraient très jeunes, ont fait par hasard une des découvertes importantes des années 1970. En effet, pendant 50 ans, les immunologistes ont cru que le système immunitaire fonctionnait indépendamment de toute influence extérieure. Pourtant, Ader et Cohen affirmaient que les facteurs psychologiques modifient le fonctionnement du système immunitaire. Aujourd'hui, plus personne ne conteste leur découverte, qui a donné naissance au domaine de la psycho-neuro-immunologie.

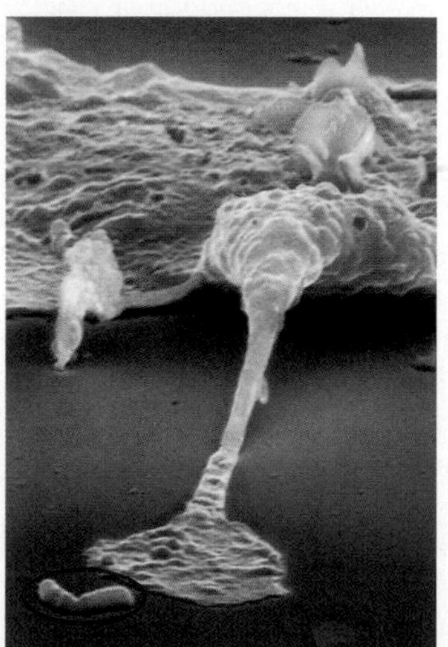

La *psycho-neuro-immunologie* est l'étude des relations entre trois types de facteurs: le système nerveux central (le cerveau et la moelle épinière), le système endocrinien (un réseau de glandes qui sécrètent des hormones), et les facteurs psychosociaux (les réactions cognitives aux agents stressants — évaluations, diagnostics —, les caractéristiques de la personnalité et les influences sociales).

L'interaction de ces trois types de facteurs peut affaiblir ou renforcer le système immunitaire, qui, à son tour, rend le corps plus ou moins vulnérable à la maladie ou à des infections (O'Leary *et al.*, 1997). Ainsi, des chercheurs ont découvert que le système immunitaire des étudiants en médecine s'affaiblissait après leurs examens (Kiecolt-Glaser et Glaser, 1989). Quand le système immunitaire n'est pas affaibli, il utilise divers moyens pour protéger la santé. Sur la photo ci-dessus, une cellule du système immunitaire envoie une extension en forme de pied pour engouffrer et détruire une bactérie (encerclée).

Comment les facteurs psychosociaux, dont les facteurs psychologiques, surtout notre interprétation des événements stressants, peuvent-ils réduire le fonctionnement du système immunitaire?

Des preuves

Pourquoi des personnes exposées à un même virus ou à une même bactérie ne sont-elles pas toutes malades? Au cours d'une recherche, on a donné la même quantité du virus du rhume à 394 sujets, qui ont été mis en quarantaine pendant une semaine. Au cours de cette période, on a observé l'apparition ou non des symptômes du rhume chez les sujets et on a pu établir une relation entre le fait d'avoir le rhume et le niveau de stress d'un sujet avant qu'il reçoive le virus. Comme le montre le graphique ci-dessous, les individus qui disaient avoir subi beaucoup de stress étaient significativement plus susceptibles d'attraper un rhume que ceux qui disaient avoir subi peu de stress (Cohen *et al.*, 1997).

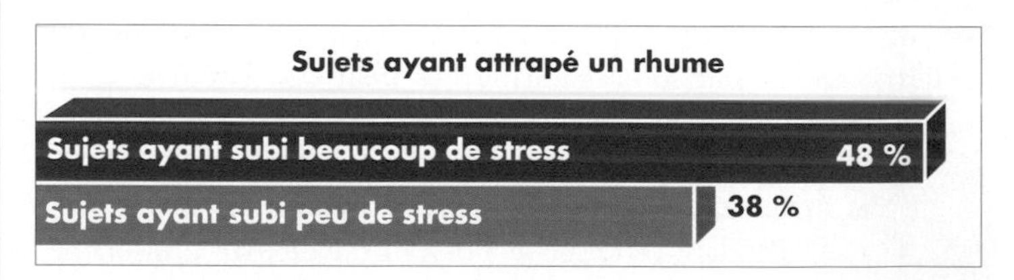

Les personnes qui avaient vécu beaucoup de stress déclaraient que leur vie était plus ou moins imprévisible, incontrôlable et difficile. Les chercheurs en ont conclu que la possibilité d'attraper un rhume s'accroît avec l'augmentation du stress vécu, pourvu qu'il y ait exposition au virus du rhume. (La croyance populaire selon laquelle on attrape un rhume à cause du froid et de l'humidité est évidemment fausse.)

La réaction de combat ou de fuite Certaines personnes sont continuellement dans un état de réaction de combat ou de fuite; cela réduit l'efficacité de leur système immunitaire et elles risquent donc davantage d'attraper le rhume. Quand cette réaction est déclenchée, le corps produit deux groupes d'hormones, les corticoïdes et les catécholamines (dont l'adrénaline) qui affaiblissent le système immunitaire; l'organisme devient alors plus vulnérable (Cohen et Williamson, 1991). Ainsi, plus on éprouve du stress, plus on déclenche une réaction de combat ou de fuite, plus cette réaction affaiblit le système immunitaire et plus on est susceptible de contracter un virus (O'Leary *et al.*, 1997). Les facteurs psychosociaux peuvent donc augmenter ou réduire l'efficacité du système immunitaire.

Des réactions immunitaires conditionnées

Une allergie aux fleurs… artificielles ?

Voici l'histoire d'une femme qui suivait une thérapie en raison d'une forte allergie. La thérapeute était intriguée par la cause de cette allergie : était-elle organique ou psychosomatique ? Un jour, la thérapeute a offert une douzaine de roses à la patiente en lui demandant ce qu'elles évoquaient pour elle. Les yeux fermés, la patiente les a prises pendant un moment, puis des réactions allergiques sont apparues : son nez coulait et elle pleurait. Elle ne savait pas que ces fleurs étaient artificielles : de toute évidence, le fait qu'elle ait une réaction prouvait que l'allergie était psychosomatique, et non organique. Ainsi, par un conditionnement classique, les fleurs étaient devenues un stimulus conditionné provoquant une réponse conditionnée, ici des réactions allergiques. En fait, au cours de la thérapie, la patiente a expliqué que son mari, qui demandait maintenant le divorce, lui offrait régulièrement des fleurs durant leur union. Les roses évoquaient pour elle ce troublant souvenir (association) et provoquaient une réaction physique.

Comme cette étude de cas s'est produite avant l'avènement de la psycho-neuro-immunologie, les chercheurs doutaient que le système immunitaire puisse être influencé par des facteurs psychologiques. Depuis lors, il a été clairement démontré que le système immunitaire des humains comme celui des animaux peut être conditionné (Maier *et al.*, 1994 ; O'Leary *et al.*, 1997). Nous expliquerons comment des chercheurs ont conditionné le système immunitaire, ce qui a prouvé qu'il existe un lien entre la pensée et le système immunitaire.

Une expérience de conditionnement classique

L'influence des facteurs psychologiques sur le système immunitaire a été brillamment démontrée dans une expérience de conditionnement classique avec des rats. Comme nous l'avons vu au chapitre 6, dans un conditionnement classique, un stimulus neutre (le clignotement d'une lumière ou le bruit d'un éventail, par exemple, peut devenir un stimulus conditionné qui provoque une réaction conditionnée. Voici comment une réaction immunitaire (allergique) a fait l'objet d'un conditionnement classique chez des rats.

Stimuli neutres clignotement de la lumière et bourdonnement de l'éventail

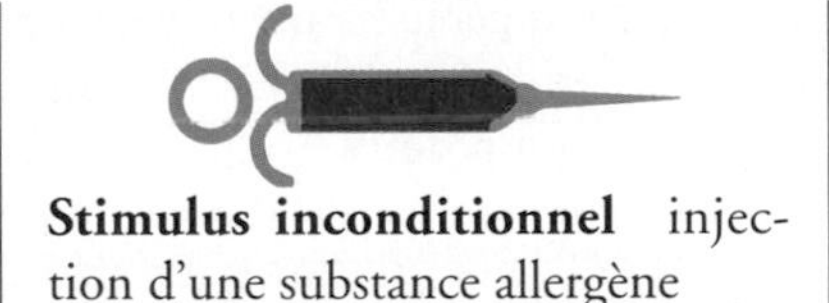

Stimulus inconditionnel injection d'une substance allergène

Réponse inconditionnelle réaction allergique provoquée par la substance injectée

1 Pendant les trois premiers essais, on a mis les rats en présence de deux stimuli neutres, une lumière clignotante et un éventail. Peu après, on a injecté aux rats une substance allergène (le stimulus inconditionnel) qui, invariablement, provoque une réaction allergique chez le rat (réponse inconditionnelle).

2 Au quatrième essai, on a divisé les rats en deux groupes : le groupe contrôle et le groupe expérimental.

Le groupe contrôle a fait l'objet d'un essai d'acquisition selon la procédure normale : la lumière clignotante et l'éventail bourdonnant, puis l'injection de la substance, qui entraîne une réaction allergique.

Le groupe expérimental a fait l'objet d'un essai d'acquisition différent : les rats ont été exposés seulement aux stimuli neutres (lumière et éventail), sans injection.

3 Chez les rats du groupe expérimental, on a observé la réponse conditionnée : la seule exposition aux stimuli auparavant neutres (lumière clignotante et éventail bourdonnant) a provoqué une réaction allergique. Les stimuli neutres étaient devenus des stimuli conditionnés entraînant, à ceux seuls, la réponse conditionnée.

4 Pendant un conditionnement classique, les animaux ou les humains « apprennent » que les stimuli neutres annoncent ce qui se passera par la suite. Ici, les rats ont « appris » que la lumière et l'éventail seraient suivis d'une injection, laquelle provoquerait une réaction allergique. En fait, au quatrième essai, les stimuli désormais conditionnés provoquaient à eux seuls une réaction allergique, la réponse conditionnée. On a conclu que des facteurs psychologiques peuvent entraîner une réaction allergique chez les animaux (MacQueen *et al.*, 1989).

5 Les réactions immunitaires peuvent donc être conditionnées ; ce fait étonnant démontre que des facteurs psychologiques ou cognitifs sont susceptibles d'influencer le système immunitaire des animaux et des humains (Maier *et al.*, 1994).

C'est ainsi qu'on peut expliquer la réaction allergique de la dame en présence des fleurs artificielles : celles-ci étant devenues un stimulus conditionné, elles pouvaient provoquer à elles seules une réponse conditionnée, des réactions allergiques comme la congestion nasale et le larmoiement.

Pendant 50 ans, les scientifiques ont eu la certitude que le système immunitaire était autonome. Les recherches d'Ader et de Cohen, au milieu des années 1970, qui portaient pourtant sur un autre sujet (la raison de la mort prématurée d'animaux) et qui leur ont permis de découvrir que le système immunitaire de certains animaux avait été affaibli à la suite d'un conditionnement classique, ont obligé le milieu scientifique à abandonner la théorie de l'« autonomie du système immunitaire » (Ader et Cohen, 1975).

Nous avons vu comment les situations stressantes provoquent la réaction de combat ou de fuite et agissent sur le système immunitaire. Nous verrons maintenant quelles situations risquent le plus de devenir stressantes.

C. Les situations stressantes

Les agents stressants

Un peu, beaucoup de stress ?

Revenons à l'exemple de la journée très chargée de Sandra, mère célibataire et étudiante (voir page 241) : c'est une journée remplie de ces « petits tracas » qui finissent par être « usants ».

Plus encore, Sandra a vécu des changements importants : elle a quitté son mari, renoncé à la drogue, entrepris une thérapie de groupe, et décidé de poursuivre ses études. Contrairement aux tracas quotidiens qui peuvent être considérés comme étant mineurs, les changements de vie que Sandra a effectués peuvent représenter des agents stressants majeurs.

Les tracas et les changements de vie risquent de devenir des expériences stressantes et d'influencer l'humeur et l'apparition de problèmes psychosomatiques.

Les tracas

Quand on vous demande comment s'est passée votre journée, vous répondez généralement en dressant une liste de tracas.

Les *tracas* sont de petits événements frustrants que l'on vit quotidiennement et que l'on évalue comme des événements stressants.

On peut mesurer le type et la quantité de tracas au moyen d'un questionnaire sur le travail, la pression imposée par le respect de délais, la santé, les amis, les relations interpersonnelles et les finances (Setterlind et Larsson, 1995). Cette mesure permet de prévoir l'humeur d'une personne dans une journée, le niveau de stress perçu et le développement de malaises psychosomatiques (Miller, 1993 ; Sorbi *et al.*, 1996). Ainsi, on a découvert qu'une augmentation du nombre de tracas dans une journée entraîne une baisse de la bonne humeur, de la santé au fil du jour et de la santé en général (Miller, 1993 ; Wu et Lam, 1993). Le contraire d'un tracas est ce qu'on appelle un bon moment.

Les *bons moments* sont de petits événements plaisants et satisfaisants qui se déroulent quotidiennement.

À l'opposé des tracas, les bons moments sont associés à des risques moins grands de dépression et à un meilleur fonctionnement en général (Kanner et Feldman, 1991). Si vous notiez chaque jour les tracas et les bons moments vécus, vous découvririez probablement que les premiers sont beaucoup plus fréquents que les seconds. Une manière efficace de réduire le stress consiste donc à être plus attentif aux bons moments pour mieux en jouir, et à tenter de réduire le nombre de tracas.

Les changements de vie

Pour la plupart des gens, le décès d'une personne proche, le divorce ou la perte d'un emploi, ou encore le mariage, un déménagement ou une grossesse, sont des événements très marquants.

Les *changements de vie* sont des événements, négatifs ou positifs, potentiellement dérangeants, troublants ou bouleversants, qui, selon l'évaluation qu'on en fait, ont des conséquences importantes dans la vie.

Devant le fait que les gens qui subissent de nombreux changements de vie vivent des niveaux croissants de stress (qui peuvent accroître les problèmes psychosomatiques), des chercheurs ont établi une mesure des changements de vie : l'*échelle d'évaluation de l'ajustement social*. L'échelle ci-contre, récemment mise à jour, constitue une version abrégée de la liste originale de 44 événements (Miller et Rahe, 1997).

En lisant cette liste, notez les changements de vie que vous avez connus depuis un an. Le chiffre de droite indique l'importance de l'effet de chaque événement ; le décès du conjoint a la valeur maximale (119). Additionnez les valeurs associées à chaque événement que vous avez vécus. Selon la plus récente version de cette échelle, des changements vécus pendant 6 mois consécutifs et associés à une valeur totale de plus de 300, et des événements vécus pendant 1 an et qui correspondent à une valeur totale excédant 500 indiquent un haut niveau de stress et un risque élevé d'éprouver des problèmes psychosomatiques (Miller et Rahe, 1997). Des chercheurs ont noté une corrélation moyenne (de + 0,20 à + 0,30) entre le nombre de changements de vie vécus et l'apparition de malaises psychosomatiques (Johnson et Roberts, 1995).

Échelle d'évaluation de l'ajustement social

Événement vécu	Valeur
Décès du conjoint	119
Divorce	98
Décès d'un membre de la famille immédiate	92
Congédiement	79
Blessure ou maladie	77
Décès d'un ami intime	70
Grossesse	66
Changement de statut financier	56
Changement de conditions de travail	51
Mariage	50
Problèmes sexuels	45
Changement de conditions de vie	42
Déménagement	41
Début ou fin de l'année scolaire	38
Réussite personnelle importante	37
Changement d'école	35
Conflit avec le patron	29
Changement d'habitudes	27
Changement d'habitudes de sommeil	26
Vacances	25
Dérogation mineure à la loi	22

L'échelle d'évaluation de l'ajustement social ne distingue cependant pas l'évaluation des changements positifs (le mariage) de celle des changements négatifs (le divorce). Des échelles plus récentes ont montré que l'évaluation des changements de vie négatifs prédit avec plus de justesse l'apparition de la maladie que celle des changements positifs (Sarason *et al.*, 1985).

Les changements de vie et les tracas sont potentiellement stressants parce que ces événements sont souvent frustrants. Nous parlerons maintenant de la frustration et de ses effets à long terme.

Les agents stressants situationnels

Pourquoi une situation est-elle stressante ?

Nous verrons ici trois situations potentiellement très stressantes, soit la frustration, l'épuisement professionnel et la violence. Ces situations suscitent des émotions négatives qui peuvent augmenter considérablement le niveau de stress vécu.

La frustration

Don Nelson (photo ci-contre), ancien entraîneur d'une équipe de basket-ball professionnelle, s'est présenté un jour à l'hôpital parce qu'il était épuisé; pour réduire son stress, il a dû prendre un mois de vacances. Le procureur du district de Los Angeles, William Hodgman, a dû prendre congé pendant le célèbre procès de O. J. Simpson il y a quelques années; il avait des douleurs à la poitrine car il travaillait 18 heures par jour (Hancock *et al.,* 1995). Ces deux exemples illustrent la difficulté d'occuper un emploi où le succès est déterminé par la victoire ou la défaite; l'échec peut alors devenir très frustrant.

La *frustration* est le sentiment qu'on éprouve quand les tentatives faites en vue d'atteindre un objectif échouent.

Divers types de facteurs peuvent compromettre l'atteinte d'un objectif:

- Les *limites personnelles:* le manque de patience, le manque d'habileté dans un domaine ou le fait de commettre une erreur bête à un examen, par exemple.
- Les *limites sociales* ou *environnementales:* le fait de devoir travailler 18 heures par jour, par exemple; la frustration naît alors du sentiment de perdre le contrôle d'une situation (Goldberger et Breznitz, 1993).

Quand on ne peut atteindre un objectif, la frustration s'installe, ce qui provoque des *émotions négatives* comme la colère, l'anxiété ou la peur. Ces émotions déclenchent une réaction de combat ou de fuite qui augmente l'activation physiologique et, par conséquent, le stress.

On vit quotidiennement des situations frustrantes; lorsqu'elles durent longtemps, les conséquences peuvent être graves.

L'épuisement professionnel

Les infirmières, les policiers, les travailleurs sociaux, les gestionnaires, les professeurs, par exemple, travaillent dans des milieux où la fréquence de l'épuisement professionnel est relativement élevé. (Pines, 1993).

L'*épuisement professionnel* est caractérisé par une profonde fatigue physique et émotionnelle liée au sentiment de ne pas réussir dans un travail où l'on s'est engagé avec beaucoup de ferveur et face à des gens qui exigent beaucoup tout en ne donnant pas suffisamment de satisfaction.

L'épuisement professionnel provoque des émotions très négatives qui déclenchent la réaction de combat ou de fuite, maintiennent le corps dans un état de grande activation et entraînent des malaises psychosomatiques comme ceux dont nous avons déjà parlé: les maux d'estomac, les rhumes à répétition, les problèmes de sommeil, la tension musculaire et la fatigue chronique (Pines, 1993).

Les individus altruistes sont les plus susceptibles de souffrir d'épuisement, alors que les individus opportunistes le sont beaucoup moins (Pines, 1993).

On a observé que l'épuisement incite souvent des étudiants à abandonner leurs études. Avant de prendre une telle décision, les étudiants devraient trouver des moyens de réduire leur charge de travail afin que les études et la vie en général soient moins lourdes (Leafgren, 1989).

La violence

Subir un acte de violence est une situation qui peut laisser des séquelles psychologiques graves et conduire au syndrome de stress post-traumatique.

Le *syndrome de stress post-traumatique* est causé par le fait de vivre une situation qui met notre vie en danger ou qui entraîne une blessure grave, ou encore une situation de danger de mort ou de blessure grave dont on est témoin ou dont on entend parler et qui touche un membre de notre famille ou une personne très proche. Ce syndrome est caractérisé par plusieurs symptômes psychologiques, comme des souvenirs récurrents et troublants, de terribles cauchemars, une peur et une anxiété intenses qui rendent impossible un fonctionnement normal (American Psychiatric Association, 1994).

Environ 32 % des femmes disent qu'elles ont souffert de stress post-traumatique après avoir été violées, de même que 15 % des soldats qui ont fait la guerre et 15 % des personnes qui ont vécu une catastrophe naturelle ou un accident d'auto grave (Foa et Meadows, 1997). Ces souvenirs horribles et ce sentiment de peur maintiennent un niveau de stress très élevé et entraînent des malaises psychosomatiques comme des problèmes de sommeil, un rythme cardiaque et une tension artérielle élevés ainsi que des maux d'estomac (Murberg, 1994).

On peut traiter le syndrome de stress post-traumatique au moyen de groupes de soutien aux victimes, où l'on tente de faciliter la lente élimination des souvenirs terrifiants en faisant ressortir les détails de la situation traumatisante de sorte que la peur puisse être remplacée graduellement par le courage de continuer à vivre (Foa et Meadows, 1997).

C. Les situations stressantes

Le conflit

Des décisions difficiles à prendre ?

Certaines situations sont stressantes car elles nous obligent à prendre des décisions difficiles. Quelles décisions prendriez-vous dans les situations suivantes ?

- Vous pouvez vous rendre à une fête ou encore sortir avec un bon ami qui n'est en ville que cette journée-là.
- Vous pouvez étudier en vue d'un examen de psychologie ou bien rédiger un texte pour le cours d'histoire.
- Vous pouvez proposer à une nouvelle connaissance d'aller manger avec vous, mais vous risquez alors d'essuyer un refus.

Ces situations vous stresseront probablement parce qu'elles vous placent devant des choix difficiles, lesquels sont sources de conflits.

Un *conflit* est vécu lorsqu'il faut faire un choix parmi deux ou plusieurs options incompatibles ou encore lorsqu'on doit concilier deux opinions opposées.

Chacune des situations décrites plus haut crée un conflit : quelle que soit la décision, elle implique de renoncer à une chose à laquelle on tient, ou d'accepter une option peu agréable. Nous décrirons trois types de conflits courants : l'approche-approche, l'évitement-évitement et l'approche-évitement.

Approche-approche Le fait d'avoir à décider d'aller à une fête ou de rencontrer un ami oblige de choisir entre deux situations agréables.

Le *conflit approche-approche* implique de choisir entre deux situations ayant des conséquences agréables.

À première vue, les conflits approche-approche semblent les moins stressants des trois types de conflits parce que, peu importe le choix, on vivra une situation agréable. Mais quand on y repense, ce type de conflit est peut-être le plus stressant parce qu'il faut renoncer à quelque chose d'agréable. Ce choix entraîne donc un déchirement.

Évitement-évitement Le choix entre étudier en vue d'un examen de psychologie et faire un travail pour le cours d'histoire comporte deux options non désirables.

Le *conflit évitement-évitement* implique de choisir entre deux situations ayant des conséquences désagréables.

Durant un conflit évitement-évitement, on peut changer d'idée et ne prendre une décision qu'à la dernière minute. On reporte la décision aussi longtemps que possible pour éviter les conséquences désagréables.

Approche-évitement Le fait de proposer à une nouvelle connaissance d'aller manger, tout en craignant de se sentir rejeté, c'est choisir de vivre une situation qui comporte un aspect indésirable.

Le *conflit approche-évitement* implique une seule situation qui présente un aspect désirable et un aspect indésirable.

Ainsi, vous aimeriez demander à cette personne d'aller manger avec vous, mais en même temps vous souhaitez éviter un refus qui vous ferait souffrir. On vit constamment des conflits approche-évitement et la décision à prendre peut alors constituer une situation très stressante.

Cinq styles de gestion de conflit

Des chercheurs ont défini cinq styles différents de faire face à un conflit (Sternberg et Soriano, 1984).

1. **Éviter (la tortue)** Certaines personnes espèrent qu'en ignorant un conflit, celui-ci disparaîtra comme par enchantement. En général, le conflit s'aggrave, et il faut pourtant finir par y faire face.

2. **S'accommoder (le nounours)** D'autres personnes préfèrent céder pour éviter l'aspect désagréable (disputes, colère...) d'un conflit. Elles cherchent avant tout à plaire aux autres et à obtenir leur approbation. Malheureusement, céder ne règle pas le conflit, et celui-ci devra être résolu à un moment donné.

3. **Dominer (le requin)** Dans des situations de conflits, certaines personnes font tout pour gagner, même si elles doivent être agressives ou manipulatrices. Toutefois, ces attitudes provoquent l'hostilité et ne permettent pas d'établir des relations saines.

4. **Transiger (le renard)** Certaines personnes reconnaissent que les autres ont des besoins différents des leurs et elles essaient de régler les conflits en faisant des compromis. Cependant, elles recourent parfois à la manipulation ou font preuve de mauvaise foi, et le compromis obtenu n'est alors pas la meilleure solution.

5. **Intégrer (la chouette)** Enfin, des personnes essaient de résoudre un conflit en recherchant une solution qui conviendra aux deux parties. Plutôt que de critiquer l'autre, elles restent ouvertes et soulignent plus les ressemblances que les différences entre les parties.

La meilleure façon de régler un conflit consiste peut-être à adopter le style chouette, car ce moyen permet d'éviter la critique et risque de satisfaire davantage les deux parties (Williams et Knight, 1994).

L'anxiété

Pourquoi est-on anxieux ?

Les situations décrites à la page 241 (donner du sang et affronter plusieurs situations nouvelles) comportent toutes deux une sorte d'anxiété.

L'*anxiété* est un état émotionnel de malaise et d'appréhension imputable à un objet, une situation ou une activité quelconque et implique un accroissement de l'activation physiologique (comme l'augmentation du rythme cardiaque et de la tension artérielle). L'anxiété est souvent caractérisée par une crainte diffuse ou un sentiment d'insécurité.

Un conditionnement classique

Pour 76 % des gens interrogés au cours d'une étude, la peur du sang est attribuable à un événement traumatisant qui a créé un conditionnement (Kleinknecht, 1994) : la vue du sang (un stimulus neutre au départ) devient un stimulus conditionné après avoir été associée à un stimulus inconditionnel (voir une personne proche se blesser et saigner, par exemple) qui déclenche automatiquement une réponse inconditionnelle, soit une anxiété qui peut être assez forte pour déclencher un évanouissement. La peur du sang est un exemple de réponse émotionnelle conditionnée.

Une *réponse émotionnelle conditionnée* survient quand une réponse, comme la peur ou l'anxiété, est provoquée par un stimulus neutre au départ, mais devenu conditionné à la suite d'un conditionnement classique.

Une réponse émotionnelle conditionnée n'offre pas seulement une très forte résistance à l'extinction (voir chapitre 6), elle peut aussi faire naître des sentiments très stressants.

Un apprentissage par observation

La situation de Sandra est différente : c'est un cas d'apprentissage par observation.

L'*apprentissage par observation,* qui est une forme d'apprentissage cognitif, résulte de l'observation et de l'imitation ; pour qu'il y ait apprentissage, l'observateur n'a pas besoin d'émettre le comportement observé (performance) dans l'immédiat ou de recevoir un renforçateur.

C'est en observant le comportement d'étudiantes plus jeunes et peut-être mieux préparées que Sandra s'est mise à craindre de ne pas répondre aux exigences tant à l'université que dans sa vie sociale. Son anxiété a passablement décru quand elle a obtenu de bonnes notes et s'est fait des amies. Albert Bandura (1986) croit que la plus grande partie de l'apprentissage humain est dû à l'apprentissage par observation (voir chapitre 6).

Un conflit inconscient

Sigmund Freud a suggéré une cause de l'anxiété très différente du conditionnement classique et de l'apprentissage par observation. Selon lui, les trois processus de la pensée — ça, moi et surmoi — s'opposent parfois quant à la manière de combler un besoin. Ce conflit interne et inconscient peut causer l'anxiété.

L'*anxiété,* selon Freud, survient lorsqu'il y a un conflit important entre les désirs du ça et les édits du surmoi pour satisfaire un besoin, le moi étant coincé entre les deux. La solution du moi est de créer un sentiment d'anxiété.

Utilisons encore l'exemple du don de sang. Selon cette théorie, l'anxiété que ressent une personne qui a peur du sang pourrait être due à un conflit entre les édits du surmoi — un bon citoyen doit donner du sang — et les désirs du ça — éviter à tout prix de donner du sang.

Quelles que soient les causes de l'anxiété, il existe différentes façons de composer avec celle-ci et d'en réduire l'intensité.

Réduire l'anxiété

Selon que l'anxiété est issue d'un conditionnement classique, de l'apprentissage par observation ou de conflits inconscients, on utilise différentes méthodes pour y faire face.

L'extinction de la réponse Si l'anxiété provient d'un conditionnement classique ou de l'apprentissage par observation, l'on peut utiliser différentes stratégies basées sur l'extinction de la réponse apprise. Ces stratégies incluent la désensibilisation systématique et la modification du comportement, qui permettent d'éliminer des réponses apprises. Les stratégies basées sur l'extinction de la réponse exigent un travail de modification des pensées, des comportements ou des réactions physiologiques associés à l'anxiété.

Les mécanismes de défense de Freud À l'opposé de ces stratégies, qui sont des stratégies conscientes axées sur la résolution de problèmes, les mécanismes de défense de Freud sont des stratégies inconscientes axées sur les émotions. En effet, ces stratégies visent à amener une personne à maîtriser ses émotions plutôt qu'à résoudre le problème qui cause l'anxiété. Comme nous l'avons vu au chapitre 10, les mécanismes de défense sont des processus qui agissent à des niveaux inconscients pour aider le moi à réduire l'anxiété provoquée en utilisant différentes formes d'autodéception, comme la négation et la rationalisation.

Selon Freud, il est normal de recourir occasionnellement aux mécanismes de défense parce qu'ils permettent de diminuer l'anxiété et ainsi de se concentrer sur les véritables causes du problème. Cependant, leur utilisation excessive peut nous empêcher de découvrir les causes de notre anxiété ou d'agir sur celles-ci.

Nous verrons maintenant comment différentes caractéristiques de la personnalité peuvent avoir des effets positifs ou négatifs sur l'anxiété et le stress.

D. Les caractéristiques de la personnalité et les facteurs sociaux

La force psychologique

Travailler 12 heures chaque jour ?

La porte s'ouvre et le docteur Michael DeBakey s'avance rapidement vers la table d'opération. Ses assistants ont déjà ouvert la poitrine du patient et retiré le cœur malade. Avec une grande précision, le chirurgien transplante chez le patient le cœur sain d'un donneur. Ce travail lui prend environ une heure. Puis il enlève ses vêtements de chirurgien, met d'autres vêtements stérilisés, entre dans une autre salle d'opération et recommence. Pendant une journée normale, le docteur DeBakey opère de 5 à 9 patients ; il passe à l'hôpital de 12 à 15 heures par jour, 7 jours par semaine, et opère en 1 mois autant de patients que la plupart des chirurgiens en 1 an. Et le docteur DeBakey a 80 ans (San Diego Tribune, 27 novembre 1987).

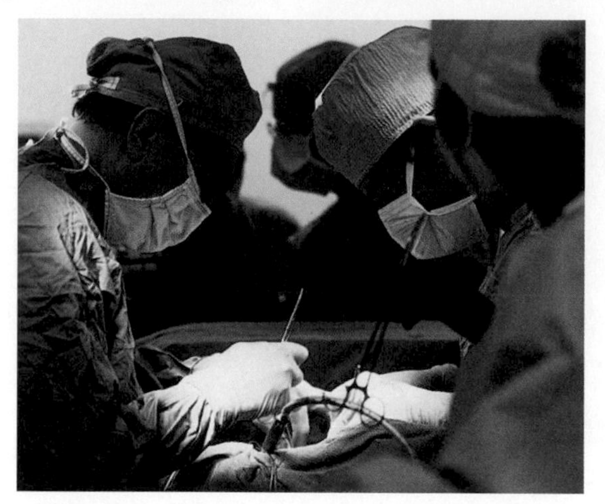

Il y a deux raisons aux succès du docteur DeBakey dans un environnement aussi stressant. La première est qu'il considère que faire des transplantations cardiaques complexes est un défi et non une menace. Ce *diagnostic de défi* lui permet de se concentrer sur la prise de décisions ou sur la résolution de problèmes, ce qui suscite des sentiments positifs — excitation, enthousiasme — et réduit le niveau de stress. Le *diagnostic de menace,* au contraire, provoque des sentiments négatifs, comme la peur et l'anxiété, ce qui augmente le stress. Quand on est occupé à faire face à une situation en tentant de maîtriser ses émotions négatives, on n'est pas motivé à considérer et à résoudre le vrai problème.

La combinaison de facteurs de sa personnalité est la deuxième raison du succès du docteur DeBakey.

Une définition

Pourquoi certaines personnes, comme le docteur DeBakey, semblent-elles supporter mieux que d'autres des situations stressantes ? Pour répondre à cette question, des chercheurs ont étudié les caractéristiques de la personnalité de dirigeants d'entreprise qui avaient subi un stress considérable pendant les trois années précédentes (Kobasa, 1982 ; Kobasa *et al.,* 1982a, b). Ils ont découvert que la personnalité de ces dirigeants, restés en bonne santé malgré ce stress, comportait trois caractéristiques qui, réunies, forment la force psychologique.

La *force psychologique* est la combinaison de trois caractéristiques de la personnalité — l'engagement, le goût du défi et le contrôle — qui réduisent les effets potentiellement nuisibles des situations stressantes de même que la possibilité d'éprouver des malaises psychosomatiques.

Sans aucun doute, le docteur DeBakey possède ces trois caractéristiques. Sa réputation internationale de chirurgien illustre son *engagement,* c'est-à-dire qu'il connaît ses objectifs et ses valeurs, et qu'il s'y tient. Son désir de faire de la chirurgie cardiaque démontre qu'il aime relever des *défis,* et donc qu'il aime faire face à des problèmes. Son rôle de chef en chirurgie indique son désir de *contrôle,* car il croit que ses actions ont des effets sur les situations.

Les gens qui ont une grande force psychologique ont un avantage prononcé pour résoudre les problèmes potentiellement stressants.

Les rôles

Quel serait votre nombre de pulsations/minute si l'on vous demandait d'écouter une conférence de quatre minutes et de la répéter à deux professeurs qui vous évalueraient ?

C'est ce qu'on a demandé à des étudiants pendant qu'on mesurait leur rythme cardiaque. Les chercheurs prévoyaient que les étudiants qui avaient une grande force psychologique (ceux qui avaient obtenu des scores élevés aux échelles d'engagement, de défi et de contrôle) évalueraient, plus souvent que les autres, la situation comme comportant un défi plutôt qu'une menace.

Sur le graphique de droite, on voit que, peu importe leur force psychologique, les sujets avaient le même pouls pendant qu'ils écoutaient la conférence (les changements du pouls sont de bons indicateurs de l'activation physiologique et du niveau de stress). Cependant, dès que les étudiants étaient placés dans une situation stressante (quand on leur demandait de répéter la conférence), le pouls des sujets ayant une moins grande force psychologique augmentait beaucoup plus que celui des autres. En outre, leur pouls restait élevé après la situation stressante, alors que celui des sujets ayant une plus grande force psychologique s'abaissait plus rapidement (Wiebe, 1991).

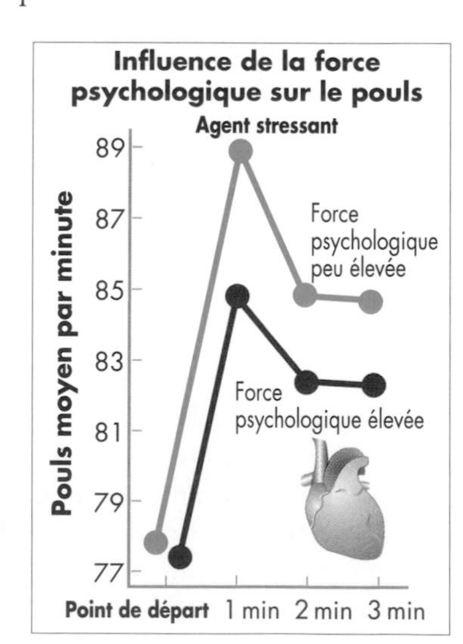

Les chercheurs ont particulièrement étudié le contrôle, parce que le sentiment d'avoir le contrôle d'une situation réduit le stress.

Le lieu de contrôle

Pourquoi est-il si stressant d'attendre ?

Tous les jours, on attend : chez le médecin, à un feu rouge, un ami en retard ou l'autobus. Attendre est stressant, parce que c'est une situation sur laquelle on n'a peu ou pas le contrôle. Le niveau de contrôle psychologique qu'on estime avoir dans une situation est une croyance personnelle appelée lieu de contrôle.

Le *lieu de contrôle* peut être représenté sur un continuum. D'un côté, on est convaincu de pouvoir influencer les événements ; cette conviction s'appelle lieu de contrôle interne. De l'autre côté, on est convaincu que le hasard détermine les événements et que notre influence est minime ; cette conviction s'appelle lieu de contrôle externe.

Le lieu de contrôle, pour chacun d'entre nous, se situe en fait quelque part sur le continuum plutôt qu'à l'une ou l'autre des extrémités (Carducci, 1998).

Le lieu de contrôle externe « Même si j'étudie beaucoup, ça ne m'aide jamais », dit une étudiante qui a un lieu de contrôle externe. Pour elle, les examens constituent une menace plutôt qu'un défi, ce qui provoque des émotions négatives (anxiété, colère) et augmente son stress.

Le lieu de contrôle interne « Si j'étudie fort, j'obtiendrai de bonnes notes », dit un étudiant qui a un lieu de contrôle interne. Cet étudiant évaluera les travaux et les examens comme des défis à relever plutôt que comme des menaces à fuir. Cette évaluation entraîne des émotions positives (excitation, enthousiasme) qui diminuent son stress (Wiebe et Smith, 1997).

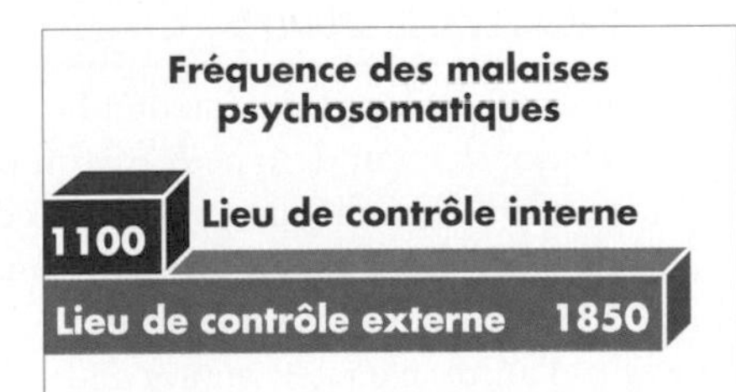

Le graphique de droite montre les résultats d'une étude sur la relation entre le lieu de contrôle et les malaises psychosomatiques. Les sujets qui ont un lieu de contrôle externe jugent que les situations sont incontrôlables, ce qui augmente le stress et les malaises psychosomatiques ressentis. Au contraire, les sujets qui ont un lieu de contrôle interne estiment que les situations sont moins stressantes et ont moins de malaises psychosomatiques (Stern *et al.*, 1982). Les nombreuses études sur le lieu de contrôle révèlent que cette caractéristique de la personnalité influence le diagnostic posé (situation plus ou moins menaçante) ce qui, en retour, augmente ou diminue le niveau de stress ressenti et la probabilité d'éprouver des malaises psychosomatiques.

Une autre caractéristique de la personnalité, qui peut agir sur le niveau de stress, est l'optimisme ou le pessimisme.

L'optimisme et le pessimisme

Pourquoi vaut-il mieux être optimiste ?

Quand on est optimiste, on a davantage de pensées positives, ce qui entraîne le diagnostic de défi plutôt que celui de menace ; en conséquence, on ressent aussi plus d'émotions positives que d'émotions négatives.

L'*optimisme* est une caractéristique de la personnalité relativement stable qui amène à croire que les situations à venir seront plutôt positives (Scheier et Carver, 1992). Le *pessimisme* est une caractéristique de la personnalité relativement stable qui amène à croire que les situations à venir seront plutôt négatives.

L'optimisme Les étudiants optimistes qui s'attendent plus à ce que les événements soient positifs ont tendance à se pencher sur les problèmes qui surgissent en utilisant leur énergie pour trouver des solutions (Scheier et Carver, 1992). Les optimistes ont aussi des niveaux de stress moins élevés et ils éprouvent des malaises psychosomatiques moins souvent (Wiebe et Smith, 1997).

Mon travail m'a rendu très pessimiste.

Le pessimisme Les étudiants pessimistes qui s'attendent plus à ce que les événements soient négatifs ont tendance à se concentrer sur leurs émotions et utilisent leur énergie pour composer avec des émotions négatives ou pour éviter les situations plutôt que de résoudre les problèmes qui engendrent leur stress (Scheier et Carver, 1992).

Les émotions négatives Le pessimisme est aussi relié aux émotions négatives (agressivité, hostilité, rage, peur, anxiété...). Plusieurs études associent pessimisme et émotions négatives à des niveaux de stress de plus en plus élevés, à un moins bon fonctionnement du système immunitaire et à divers malaises psychosomatiques comme les maux de tête, l'hypertension ou les problèmes cardiaques (Arena *et al.*, 1997 ; Gullette *et al.*, 1997 ; Wiebe et Smith, 1997).

Des chercheurs ont découvert que les hommes qui ressentent des émotions négatives intenses comme la colère ont quatre fois plus de chances de mourir subitement de problèmes cardiaques. On a aussi démontré que les cancéreux ayant une attitude pessimiste face au traitement et à la guérison risquaient davantage de mourir pendant les huit mois suivant le début du traitement que ceux ayant une attitude optimiste (Kawachi *et al.*, 1994 ; Schulz, 1994). Dans le même sens, les patients optimistes qui subissaient une greffe du cœur et qui avaient davantage de pensées positives évaluaient mieux les conséquences de l'opération que les patients pessimistes (Leedham *et al.*, 1995).

Depuis une dizaine d'années, de nombreuses caractéristiques de la personnalité comme l'optimisme et le pessimisme, le lieu de contrôle et la force psychologique ont été associées à l'augmentation ou à la diminution des niveaux de stress et aux possibilités d'éprouver des malaises psychosomatiques (Wiebe et Smith, 1997).

Nous étudierons maintenant une combinaison de caractéristiques de la personnalité que l'on appelle le comportement de type A, lequel a été associé avec l'augmentation des risques de crise cardiaque.

D. Les caractéristiques de la personnalité et les facteurs sociaux

Le comportement de type A

Qu'est-ce qui façonne un comportement de type A?

L'expression «personne de type A» est apparue pour la première fois dans un ouvrage de Friedman et Rosenman, *Type A Behaviour and Your Heart* (1974). À cette époque, on estimait que les facteurs de risque associés aux maladies cardiaques étaient une mauvaise alimentation, le manque d'exercice et la cigarette. Ce livre, qui a étonné la communauté médicale, affirmait que plusieurs caractéristiques de la personnalité pouvaient constituer un facteur psychologique de risque — le comportement de type A. Depuis, même si le terme est resté le même, la description du comportement de type A a évolué.

Le type A des années 1970: impatient, hostile et bourreau de travail

Voici la définition originale qu'ont donnée Friedman et Goodman du comportement de type A.

Le *comportement de type A* est une combinaison de caractéristiques de la personnalité comprenant un désir excessif de réussite axé sur la compétition et la combativité, une attitude hostile en situation de frustration, un perpétuel sentiment d'urgence, une élocution rapide et explosive, et des habitudes de bourreau de travail. Le *comportement de type B* correspond à une attitude calme, détendue et patiente.

Cette théorie a reçu beaucoup d'appuis dès le départ, car on a découvert que les individus de type A avaient fait deux ou trois fois plus de crises cardiaques que les individus de type B. En 1978, le comportement de type A a été reconnu par un comité du National Health Institute, aux États-Unis, comme un autre facteur de risque pour les maladies cardiaques.

Cependant, des chercheurs qui avaient du mal à reproduire les résultats de ces recherches ont contesté cette définition.

Le type A des années 1980: déprimé, colérique et combatif

Comme plusieurs recherches ne pouvaient démontrer le fait que le comportement de type A était un facteur de risque pour les problèmes cardiaques, on a conclu que la définition du type A manquait de précision. On a par exemple découvert que les problèmes cardiaques n'étaient pas associés au fait d'être impatient ou d'être un bourreau de travail; on a alors retiré ces deux caractéristiques de la définition (Booth-Kewley et Friedman, 1987; Matthews et Haynes, 1986).

Dans les années 1980, le *comportement de type A* a été défini comme le fait de réagir agressivement à la compétition, d'être déprimé, facilement frustré, anxieux ou colérique, ou par une combinaison de ces caractéristiques.

Malgré cette définition améliorée, l'analyse de 83 études pertinentes n'a permis d'établir qu'une faible relation entre ce comportement de type A et les maladies cardiaques (Booth-Kewley et Friedman, 1987; Miller *et al.*, 1991).

Le type A des années 1990: hostile et colérique

La revue d'une centaine d'études sur le comportement de type A entre 1983 et 1992 a amené un chercheur à conclure que la relation entre le comportement de type A et les maladies cardiaques était si faible que le concept de type A n'était même plus valable (Myrtek, 1995). On a alors repris la définition du concept.

La définition du *comportement de type A* des années 1990 décrit le comportement d'un individu fréquemment en colère et hostile, mais qui peut ou non exprimer ses émotions en public.

On a démontré que des cotes élevées de comportements hostiles sont relativement de bons prédicteurs de problèmes cardiaques, et que les personnes hostiles vivent plus de stress et reçoivent moins de soutien social (Helmers *et al.*, 1995; Wiebe et Smith, 1997). Il est encore trop tôt pour savoir si ces données pourront être confirmées.

Et le type A des années 2000?

Certains chercheurs croient fermement à l'existence d'une relation entre le comportement de type A (défini par l'hostilité et la colère) et les maladies cardiaques, même si cette relation n'est confirmée que par quelques études (Friedman *et al.*, 1994; Rosenthal, 1993). Selon d'autres chercheurs, le comportement de type A est lié à d'autres caractéristiques de la personnalité. Ainsi, en se basant sur des études menées sur des animaux, certains pensent que la volonté de domination sociale est un indice prédictif plus précis de troubles cardiaques (Morell, 1996). Malgré le désaccord des chercheurs, plusieurs restent convaincus qu'on découvrira des facteurs psychologiques pouvant influencer notamment l'apparition de troubles cardiaques (Wiebe et Smith, 1997).

Les études sur le comportement de type A ont donc ouvert la voie à la recherche sur les caractéristiques de la personnalité comme facteurs de risque pour certaines maladies. De nos jours, les chercheurs étudient aussi comment divers facteurs sociaux augmentent ou réduisent les effets d'événements stressants.

Le soutien social

Vous aide-t-on à affronter le stress ?

Une recherche intéressante a été menée à Roseto, une petite ville des États-Unis qui présentait une situation semblable à celle des villes voisines : problèmes d'obésité, tabagisme, manque d'exercice physique. Malgré ce mode de vie, seulement 1 homme sur 1 000 mourait par suite d'une crise cardiaque, comparativement à 3,5 dans l'ensemble du pays ; chez les femmes, la moyenne était encore plus faible. Les citoyens de Roseto avaient aussi, en moyenne, moins d'ulcères et de problèmes émotionnels que ceux du reste des États-Unis. Pourquoi ? « Un fait frappant distinguait Roseto des villes voisines », dit Stewart Wolf, l'un des auteurs de cette recherche. « Nous avons découvert que les relations familiales étaient très serrées et que tout le monde se soutenait ; ce système de soutien social s'étendait aussi aux voisins et à toute la communauté. » (Greenberg, 1978, p. 378, traduction libre)

Toutefois, à mesure que les habitants de Roseto ont prospéré, plusieurs ont emménagé dans de plus grandes maisons à la campagne. Cela s'est traduit par de moins nombreuses rencontres familiales et amicales, et par un soutien social beaucoup moins fort. Le nombre de crises cardiaques s'est mis à augmenter, surtout chez les jeunes hommes. Cette étude a été l'une des premières à démontrer que le fait de bien composer avec le stress et d'éviter les facteurs de risque pour la santé dépend aussi en grande partie du soutien social qu'on reçoit.

Trois facteurs sont à la base du *soutien social :* un réseau familial ou amical solide, la possibilité d'échanger des ressources avec la famille et les amis, et sentir ou savoir qu'on peut aider et être aidé.

Il y a 30 ans, personne n'aurait cru que la solitude ou le manque de soutien social puissent engendrer des maladies. De nos jours, nombre de recherches soulignent l'importance du soutien social pour aider les gens à utiliser leurs ressources afin de réduire les conséquences des situations stressantes (Ornish, 1998). Nous verrons comment celui-ci prévient le stress et aide à maintenir une bonne santé mentale.

Une protection contre le stress

On demande souvent de l'aide pour résoudre divers problèmes, qui vont d'une trop grande solitude au besoin d'argent. Dans ces situations difficiles, le soutien social aide à faire face au stress en redonnant confiance en soi, ce qui favorise l'adaptation psychologique.

Des chercheurs se sont par exemple demandé si le soutien qu'une personne reçoit pouvait, par exemple, aider un étudiant qui doit parler devant la classe à réduire le stress qu'occasionne cet exercice ; ils ont donc fait l'expérience. Les variations du niveau de stress étaient évaluées par la mesure de la tension artérielle (qui augmente pendant une situation stressante).

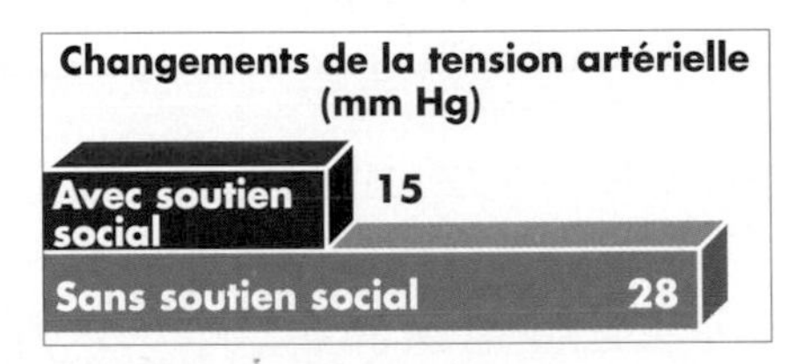

Le graphique ci-contre montre que les étudiants qui parlaient en public sans disposer d'un soutien voyaient leur tension artérielle atteindre un niveau presque deux fois plus élevé que ceux qui le faisaient avec le soutien d'une personne présente dans la classe (Lepore *et al.*, 1993). Cette recherche et d'autres semblables ont permis de conclure que le soutien social (aide, conseils, sympathie, réconfort offert par la famille ou les amis) peut réduire les effets d'événements stressants (Ornish, 1998).

Le maintien d'une bonne santé mentale

Si l'on raconte parfois à nos proches les problèmes qu'on a eus, c'est que le fait d'en parler suscite le soutien et la sympathie, et nous aide à nous sentir mieux (Kowalski, 1996). Dès lors, le soutien social pourrait-il permettre aux personnes ayant des problèmes psychiatriques mineurs comme l'anxiété ou la dépression de ne pas aggraver leur situation ? Pendant 10 ans, des chercheurs ont interviewé plusieurs fois les mêmes sujets pour voir si le soutien social qu'ils recevaient influençait leurs niveaux d'anxiété et de dépression.

Probabilité de l'apparition de symptômes psychiatriques

0,03 Soutien social fort

0,16 Soutien social faible

Le graphique ci-contre indique que les gens ayant eu un soutien social important risquaient peu d'aggraver leurs symptômes même s'ils avaient vécu six événements stressants pendant l'année précédente. Au contraire, les gens qui avaient un soutien social faible risquaient nettement plus d'aggraver leur anxiété et leur dépression. Les chercheurs ont donc conclu qu'un bon système de soutien social réduit les conséquences des événements stressants, empêche l'aggravation de l'anxiété et de la dépression, et aide par conséquent à maintenir une bonne santé mentale (Dalgard *et al.*, 1995).

Des études de ce type indiquent également que le soutien social permet d'amortir les conséquences potentiellement dangereuses d'événements stressants, en facilitant le maintien d'une bonne santé mentale et en empêchant l'apparition de maladies et de malaises psychosomatiques (Ornish, 1998).

E. Application : les programmes de gestion du stress

Définition

Faire face au stress plus efficacement ?

On entend souvent des étudiants dire qu'ils ont trop de travaux et pas assez de temps, d'argent ou d'énergie. Une solution pour faire face à ces tracas consiste à adopter un programme efficace de gestion du stress.

Un *programme de gestion du stress* fait appel à plusieurs stratégies axées sur la réduction de l'anxiété et de la peur en agissant sur les pensées (évaluations), les comportements et les réactions physiologiques.

Nous décrirons plusieurs stratégies conçues par des psychologues pour modifier ces trois aspects.

Agir sur les diagnostics

Plusieurs situations quotidiennes sont plus ou moins stressantes, selon l'évaluation qu'on en fait. Pour réduire le nombre d'événements stressants, on peut modifier de deux façons l'évaluation initiale qu'on fait de certaines situations : en posant un diagnostic de défi plutôt que de menace, et en transformant une autoévaluation négative de ses compétences en une autoévaluation positive.

Un diagnostic de défi Quand on entrevoit la possibilité de relever un défi dans une situation stressante, on provoque des émotions positives qui réduisent le stress. À l'opposé, quand on y perçoit une menace, on est susceptible de créer des émotions négatives. Ainsi, les étudiants qui évaluent les examens comme des menaces s'attendent à obtenir de mauvais résultats, ce qui entraîne des émotions négatives (Shannon, 1994). Par contre, ceux qui abordent les examens comme des défis — démontrer leurs capacités — sont susceptibles d'éprouver des émotions positives, qui les aideront à mieux se préparer, par exemple en élaborant un plan d'étude.

Une autoévaluation positive Des études ont montré que remplacer les autoévaluations négatives — source d'émotions négatives — par des autoévaluations positives est une façon d'empêcher une situation de devenir plus stressante.

Comment ? D'abord, en s'arrêtant chaque fois qu'on se « prend » à faire une autoévaluation négative. Ensuite, pour lui substituer une autoévaluation positive, il est plus efficace... d'y avoir déjà pensé : il est très utile d'avoir en tête un répertoire d'évaluations positives reliées à des situations courantes (subir un examen, faire la queue, etc.), par exemple.

Se comporter autrement

Un programme de gestion du stress commence par une ou deux semaines d'observation où l'on enregistre les comportements émis et centrés soit sur les émotions soit sur les problèmes, afin de pouvoir modifier les premiers. Un étudiant surtout préoccupé par les émotions (comme remettre le travail à plus tard, ou blâmer les autres), risque de ne pas réussir ses examens : il augmentera ses chances de réussite s'il s'attaque plutôt au problème (en organisant son temps d'étude, par exemple), en utilisant des techniques de renforcement ou de modification du comportement que nous avons vues au chapitre 6 (Granvold, 1994 ; Meichenbaum et Fitzpatrick, 1993).

Réagir d'une autre façon

Il est souvent difficile de se relaxer, étant donné que le système nerveux autonome, qui assure la relaxation, ne dépend pas habituellement de la volonté. En outre, pour pouvoir contrôler celui-ci, il faut faire passer l'esprit avant le corps, ce qui demande beaucoup d'efforts. Voici toutefois trois techniques de relaxation efficaces (Lehrer *et al.*, 1994).

Le biofeedback Le biofeedback est une façon d'apprendre à réduire la tension musculaire en facilitant la prise de conscience des tensions. On place sur le front d'une personne des senseurs reliés à une machine qui enregistre les changements de tension musculaire. Quand une pensée augmente la tension, on entend un son aigu ; quand la tension est réduite, on entend un son grave. Cette technique s'appelle biofeedback.

Le *biofeedback* est l'apprentissage du contrôle de réactions physiologiques (comme la tension musculaire) au moyen de l'enregistrement et de la prise de conscience de ces réactions.

La relaxation progressive Pour apprendre à détendre ses muscles, on peut commencer par tendre puis détendre ses orteils, et continuer ainsi avec les muscles des cuisses, du bassin, de l'estomac, des épaules, des bras, des mains, du cou, de la figure et du front. Cette technique est la relaxation progressive.

La *relaxation progressive* consiste dans la tension puis la relaxation des principaux groupes de muscles jusqu'à ce qu'on puisse détendre à volonté n'importe quel groupe de muscles.

La méditation Voici deux types d'exercices de méditation parmi les plus courants.

La *méditation transcendantale* est une forme orientale de méditation qui consiste à se placer dans une position confortable, à fermer les yeux et à se concentrer sur un son pour chasser de sa tête toutes les pensées (Benson, 1975).

La *solution relaxante*, la contrepartie occidentale, consiste à s'asseoir ou à s'étendre dans une position confortable en répétant constamment un son, en sourdine, pour se débarrasser de pensées anxieuses.

Ces différentes techniques permettent de réduire l'anxiété et de nombreux malaises psychosomatiques (Gutkin *et al.*, 1994 ; McGrady *et al.*, 1997 ; Meissner *et al.*, 1997 ; Rokicki *et al.*, 1997). Comme elles sont toutes efficaces, l'important, une fois qu'on en adopte une, c'est de la pratiquer quotidiennement. Tous les chercheurs s'entendent pour dire que l'usage continu d'une technique de relaxation est essentiel dans un programme de gestion du stress (Clay, 1997).

F. Diversité culturelle : les moines tibétains

L'interaction de l'esprit et du corps

Contrôler sa respiration ?

Il n'y a que deux réponses du système nerveux autonome — respirer et cligner des yeux — sur lesquelles on peut agir. Toutes les autres — augmenter ou réduire la tension artérielle ou le rythme cardiaque, dilater ou contracter les vaisseaux sanguins et augmenter ou réduire la consommation d'oxygène — sont involontaires et automatiques.

La branche sympathique du système nerveux autonome (voir chapitre 3) provoque l'activation physiologique en augmentant le rythme cardiaque, la respiration, la tension artérielle et la sécrétion d'hormones stimulantes ; la branche parasympathique calme et détend le corps en réduisant le niveau d'activation physiologique et en stimulant la digestion.

Si, par exemple, vous tentez de dilater volontairement les vaisseaux sanguins de vos doigts pour vous réchauffer les mains, vous n'y arriverez pas. Cependant, des chercheurs sont allés plusieurs fois en Inde pour étudier les moines tibétains qui prétendent pouvoir contrôler leur système nerveux autonome. Ils ont utilisé plusieurs instruments scientifiques pour mesurer le phénomène (Benson *et al.*, 1982, 1990).

Le contrôle de la température du corps

Tentez cette expérience : asseyez-vous, fermez les yeux et concentrez-vous sur des pensées relaxantes. Si vos pensées sont suffisamment relaxantes, elles activeront la branche parasympathique, qui dilatera vos vaisseaux sanguins. Par conséquent, vos mains se réchaufferont.

Y arrivez-vous ? Si la plupart des Occidentaux trouvent cela très ardu, c'est parce qu'ils consacrent peu de temps à des exercices de relaxation et n'ont donc pas l'habitude de se concentrer sur des pensées ou des images vraiment relaxantes. Les Occidentaux qui sont entraînés à utiliser le biofeedback ont pu augmenter la température de leurs doigts de seulement 0,1 ° C à 1 °C en moyenne (Freedman, 1991). Par comparaison, certains moines tibétains disent qu'en utilisant divers types de méditation ils peuvent réchauffer leur corps suffisamment pour sécher des serviettes mouillées sur leurs épaules. C'était ce type d'affirmation qui intriguait l'équipe de chercheurs de Benson.

Le groupe de Benson a obtenu, de trois moines d'un monastère de Daramsala, la permission de mesurer la température de leur peau pendant qu'ils méditaient. Le graphique ci-contre montre qu'un des moines a rapidement augmenté la température de ses doigts de quelque 9 °C, sans modifier son rythme cardiaque (Benson *et al.*, 1982). Les moines réussissaient en général à réchauffer leurs mains de 5 °C à 9 °C, soit au moins cinq fois plus que les Occidentaux. Les moines peuvent apprendre à contrôler leur système nerveux autonome parce qu'ils ont fait cet exercice quotidiennement pendant plusieurs années.

Explication et application

Benson explique que les moines sont capables d'augmenter la température de leurs mains en activant la branche parasympathique, qui dilate les vaisseaux sanguins près de la surface de la peau. Et voici l'explication des moines : pendant la méditation, ils rassemblent les vents éparpillés dans leur conscience et les concentrent dans un « canal central » qui génère la chaleur interne (Benson *et al.*, 1982).

Si les chercheurs se sont intéressés aux moines, c'est parce que la capacité de ces derniers de contrôler leurs réponses physiologiques a d'importantes applications pour la prévention ou la réduction de nombreux malaises psychosomatiques, comme les maux de tête, le grincement de dents (bruxomanie), les maux d'estomac et l'hypertension.

L'un des principaux thèmes de la psychologie de la santé est l'étude de l'interaction entre les pensées, les croyances et les émotions, d'une part, et le fonctionnement de l'organisme, d'autre part. Ainsi, les pensées apeurantes et stressantes peuvent déclencher une réaction de combat ou de fuite ; elles peuvent affaiblir le système immunitaire et augmenter les risques d'infection ; la pensée peut influencer le système immunitaire (réactions allergiques) grâce au conditionnement classique ; la pensée des moines peut agir sur leur système nerveux autonome. Tous ces exemples illustrent comment l'esprit et le corps interagissent, ce dont on doit toujours tenir toujours compte lorsqu'on établit un programme de gestion du stress.

DANS CE CHAPITRE…

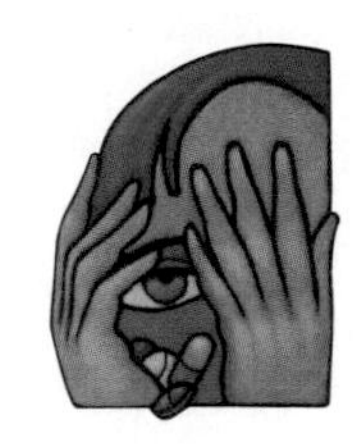

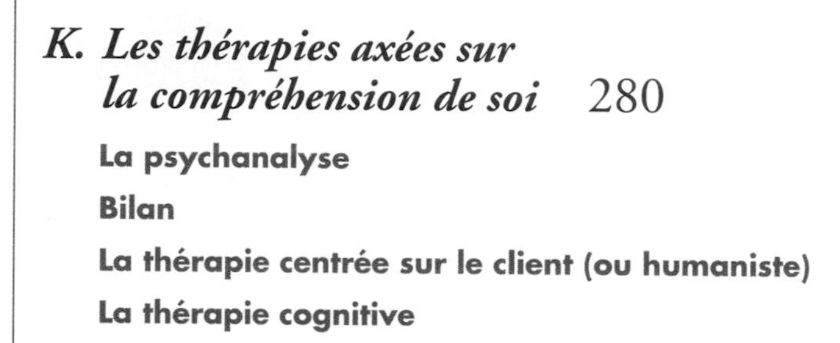

Les troubles mentaux

Un tueur qui passe inaperçu ?

Son regard noisette était placide, presque inexpressif. Son apparence n'avait rien de sinistre ni de terrifiant. Ses voisins le considéraient comme un « gars ordinaire » jusqu'au jour de son arrestation. En une période de trois ans, pourtant, Jeffrey Dahmer avait prémédité 20 meurtres et en avait perpétré 15.

Dahmer menait une double vie. Le jour, il travaillait sagement dans une fabrique de chocolat. Le soir, il invitait des jeunes hommes chez lui, les droguait, leur infligeait des sévices sexuels, les tuait, mutilait leur cadavre et, dans certains cas, dévorait des parties de leur dépouille.

Dahmer présentait le profil type du tueur fou, c'est-à-dire qui commet des meurtres en série : jeune homme, plutôt intelligent, issu d'une famille désunie et victime de violence physique ou sexuelle dans son enfance. En outre, Dahmer avait une faible estime de soi et, toute sa vie, il s'était senti seul. Selon le National Center for Analysis of Violent Crime du FBI, aux États-Unis, les tueurs fous sont des obsédés de la domination et de la manipulation qui, dans nombre de cas, recourent à des moyens détournés pour attirer leurs victimes. Plus de la moitié d'entre eux mutilent leurs victimes (Hickey, 1991).

Au tribunal, l'avocat de Dahmer a plaidé l'aliénation mentale. Les psychiatres cités à témoin par la défense ont appuyé ce plaidoyer, tandis que les psychiatres cités par la partie civile ont affirmé que l'accusé était sain d'esprit au moment des meurtres.

Au sens juridique, l'*aliénation mentale* est un état qui empêche une personne de distinguer le bien du mal.

Le jury a rejeté le plaidoyer d'aliénation mentale et a trouvé Dahmer coupable de 15 meurtres. Le 17 février 1992, un juge a condamné Dahmer, alors âgé de 31 ans, à 15 peines consécutives d'emprisonnement à perpétuité (*Newsweek,* 5 août 1992). Dahmer a été battu à mort en prison en 1994.

Lorsque les professionnels de la santé mentale se demandent si une personne est saine d'esprit, ils tentent de déceler chez elle la présence d'un trouble mental.

Un *trouble mental* est une affection prolongée ou récurrente qui entrave gravement la capacité de mener une vie personnelle satisfaisante et de fonctionner adéquatement dans la société.

Il peut être difficile de déterminer si une personne est atteinte ou non d'un trouble mental, car la définition de l'anormalité repose sur une multitude de facteurs. Vous verrez d'ailleurs dans ce chapitre qu'un comportement peut être décrit comme anormal sans que son auteur soit nécessairement atteint d'un trouble mental.

Les phobies

Avez-vous peur en avion ?

Tuer et mutiler 15 jeunes hommes constitue un comportement très anormal qui signale un trouble mental extrêmement grave. En comparaison, il semble bien anodin d'avoir peur de prendre l'avion. Pourtant, en présence de situations ou d'événements relativement courants, certaines personnes sont prises d'une vive anxiété qui découle soit de l'apprentissage, de l'observation ou d'un autre processus. Cette peur panique est appelée phobie (Kleinknecht, 1994 ; Page, 1994).

Une *phobie* est un trouble anxieux caractérisé par une peur intense et irrationnelle (sans commune mesure avec le danger réel) accompagnée d'une activation physiologique.

Kate Premo (photo ci-dessous) a la phobie de l'avion depuis que, toute petite, elle a traversé une zone de turbulences dans un appareil. Devenue adulte, Kate a été marquée par l'attaque terroriste contre le vol 103 de Pan Am, qui a fait des victimes parmi ses collègues. À compter de ce moment, Kate s'est refusé à prendre l'avion pour aller rendre visite à sa famille et à ses amis. Elle a bien tenté de se raisonner, allait même jusqu'à réserver sa place, mais annulait toujours à la dernière minute.

On estime que 25 millions d'Américains souffrent, comme Kate, d'*aérophobie.* Ils ne monteraient dans un avion pour rien au monde. Trente autres millions d'Américains disent qu'ils sont modérément ou fortement anxieux en avion (Wilhelm et Roth, 1997).

Les exemples de Jeffrey Dahmer et de Kate Premo soulèvent un bon nombre de questions à propos des troubles mentaux. Comment apparaissent-ils ? Comment fait-on pour les diagnostiquer ? Comment les traite-t-on ?

Dans ce chapitre...

Dans ce chapitre, nous présenterons trois points de vue sur les troubles mentaux. Nous verrons ensuite comment les professionnels de la santé dépistent et diagnostiquent ces affections. Nous en étudierons quelques-unes en détail, soit l'anxiété généralisée, les phobies, le trouble obsessionnel-compulsif et les troubles somatoformes. Nous décrirons enfin le traitement des phobies les plus répandues.

Penchons-nous dans un premier temps sur trois approches qui permettent de définir, d'expliquer et de traiter les comportements anormaux.

A. Trois approches

Les causes de l'anormalité

Pourquoi pendait-on les sorcières ?

L'idée qu'on se fait des troubles mentaux a radicalement changé depuis le Moyen Âge. À cette époque, on disait que le diable s'emparait de l'âme des gens et leur faisait commettre des actes aussi étranges qu'horribles. Au XVIIe siècle, on attribuait les troubles mentaux aux sorcières qui, dans la croyance populaire, communiquaient avec Satan; par exemple, en 1692, les habitants de la ville de Salem, aux États-Unis, ont pendu 14 femmes et 5 hommes accusés de sorcellerie.

Aujourd'hui, trois approches nous permettent de comprendre et de traiter les troubles mentaux. Pour les présenter, nous reprendrons l'exemple de Jeffrey Dahmer.

L'approche médicale

Attribuer le trouble mental de Dahmer principalement à des dérèglements biochimiques ou neurologiques est caractéristique de l'approche médicale.

Selon l'*approche médicale,* les troubles mentaux sont semblables aux maladies physiques en ce sens qu'ils se manifestent par des symptômes qu'il est possible de dépister et de traiter au moyen de médicaments.

L'approche médicale insiste sur le rôle que jouent le système nerveux, le bagage génétique et l'équilibre chimique dans les troubles mentaux. Par exemple, des chercheurs ont découvert que certains troubles mentaux touchent plusieurs générations d'une même famille, ce qui laisse croire à la présence de facteurs génétiques (Alanen, 1997). On a aussi décelé des particularités anatomiques et chimiques dans le cerveau de personnes atteintes de troubles mentaux, ce qui indique que les neurotransmetteurs et certaines aires du cerveau sont impliqués (Nemeroff, 1998).

Le principal écueil que rencontre l'approche médicale est celui des symptômes: plusieurs troubles mentaux se manifestent par des symptômes semblables, vagues, et dont les causes physiques ou génétiques sont inconnues. En outre, les médicaments psychotropes ne sont pas toujours efficaces et, dans certains cas, la psychothérapie se révèle aussi salutaire (Barlow et Durand, 1995).

L'approche médicale a grandement bénéficié des nouvelles techniques d'imagerie médicale décrites au chapitre 3, qui permettent d'analyser le fonctionnement de cerveaux d'êtres vivants (Rauch et Renshaw, 1995; Wilde et Cinciripini, 1994).

L'approche cognitivo-comportementale

Attribuer le trouble mental de Dahmer principalement à des croyances, à des pensées qu'il entretient et à des comportements étranges qu'il exhibe est caractéristique de l'approche cognitivo-comportementale.

Selon l'*approche cognitivo-comportementale,* les troubles mentaux sont dus à des déficits au niveau des processus cognitifs (pensées, croyances, etc.) et à des comportements (inaptitudes, incompétences).

Le volet *cognitif* de cette approche est issu de la recherche sur les raisons pour lesquelles des croyances, des attitudes et des pensées inadéquates peuvent engendrer des problèmes mentaux et comportementaux telles la dépression et l'anxiété. Le volet *comportemental,* par ailleurs, est né de recherches démontrant comment des comportements inadéquats ou déficitaires peuvent entraîner des problèmes cognitifs et comportementaux comme la timidité, la solitude et le désespoir. Cette approche est aussi étayée par les données prouvant que la thérapie cognitivo-comportementale peut être aussi efficace contre la dépression que les médicaments antidépresseurs (Antonuccio *et al.,* 1997).

La prémisse de l'approche cognitivo-comportementale étant que les troubles mentaux découlent de pensées et de comportements inadaptés, le traitement consiste à modifier ces pensées et ces comportements.

L'approche psychanalytique

Attribuer le trouble mental de Dahmer principalement à des conflits psychologiques inconscients qui datent de son enfance est caractéristique de l'approche psychanalytique.

L'*approche psychanalytique* suppose que les troubles mentaux sont dus à des conflits inconscients ayant émergé pendant un ou plusieurs des stades psychosexuels tels que décrits par Freud.

Selon Sigmund Freud, les niveaux de conscience comportent trois éléments: le ça, qui recherche le plaisir, le surmoi, qui équivaut à la conscience, et le moi, qui raisonne et assure la stabilité. Les conflits entre ces trois éléments engendrent l'anxiété. Pour la supporter, le moi recourt à divers mécanismes de défense, mais ces «stratégies» peuvent devenir problématiques à leur tour si l'on en abuse. Freud pensait en outre que divers troubles de la personnalité pouvaient découler des conflits non résolus aux stades psychosexuels de la petite enfance (voir chapitre 10), ce qui serait le cas de Dahmer (Dahmer, 1994).

Freud proposait de traiter les troubles mentaux en aidant les patients à reconnaître et à résoudre leurs conflits.

Les trois approches que nous venons de décrire sont axées sur des facteurs différents et chacune a son bien-fondé. Dans la pratique, cependant, on peut supposer que les troubles mentaux découlent de l'interaction de tous ces facteurs.

Les définitions de l'anormalité

Richard Thompson est-il anormal ?

Le cas de Jeffrey Dahmer est clair : il est indubitable que le meurtre et la mutilation sont des comportements anormaux. Pour ce qui est de Kate Premo, qui mène une vie normale, la phobie de l'avion constitue quand même une légère anormalité. Il existe cependant des cas dans lesquels il est plus difficile de se prononcer. Celui de Richard Thompson (photo ci-contre) en est un.

Évincé par les autorités de la ville de San Diego du logement qu'il occupait depuis neuf mois, Thompson a emporté tous ses biens : vêtements, chaussures, glacière, outils, chaises de jardin, cages d'oiseau, deux rats de compagnie, lit de fabrication artisanale. Il a d'abord vécu dans un égout ; ensuite, vu qu'on le lui a interdit, il a vécu dans des refuges ou des hôpitaux psychiatriques, tout en disant préférer l'intimité et le confort de l'égout (Grimaldi, 1986).

Le comportement de Richard Thompson est-il anormal ? Il existe trois critères pour le déterminer.

L'écart par rapport à la norme statistique

Même si Thompson ne nuisait à personne et ne faisait qu'enfreindre un règlement municipal, son mode de vie pourrait être considéré comme anormal selon le critère de la norme statistique.

Selon le *critère de la norme statistique,* un comportement peut être considéré comme anormal s'il est rare par rapport aux comportements de la population en général.

Vivre dans un égout est très anormal selon le critère de la norme statistique puisque seule une infime minorité des gens seulement préfère ce genre de domicile. Voilà justement le défaut de ce critère : la fréquence statistique constitue une mesure relativement précise mais pas très utile de l'anormalité. Parce qu'à ce compte, obtenir un doctorat, devenir chef d'État, entrer dans un monastère et vendre un million de disques sont des comportements anormaux ! De fait, chaque année le *Livre Guinness des records* recense des milliers d'exemples de comportements anormaux dont leurs auteurs sont néanmoins très fiers. Toutes ces personnes sont-elles atteintes de troubles mentaux ?

L'écart par rapport à la norme sociale

Le comportement de Thompson pourrait aussi être considéré comme anormal selon le critère de la norme sociale.

Selon le *critère de la norme sociale,* un comportement est considéré comme anormal s'il s'écarte considérablement des normes ou des valeurs sociales considérées acceptables.

Élire domicile dans un égout est un comportement qui s'écarte considérablement de la norme sociale en matière d'habitation. Mais le problème, avec les normes sociales, c'est qu'elles changent avec le temps. Il y a 20 ans, par exemple, aucun homme qui se respecte n'aurait porté de boucles d'oreilles ; aujourd'hui, pourtant, une foule d'hommes le font. Il y a 30 ans, on trouvait qu'une femme mince avait l'air malade et qu'elle avait besoin de soins médicaux ; aujourd'hui, la société fait pression auprès des femmes pour qu'elles soient aussi minces que les mannequins célèbres.

Il est donc hasardeux de définir l'anormalité en fonction de normes sociales en constante mutation. Aussi la plupart des professionnels de la santé mentale s'en remettent-ils au critère qui suit.

L'écart par rapport au comportement adapté

Les deux premiers critères de l'anormalité ont ceci de problématique qu'ils ne permettent pas de préciser si un comportement est psychologiquement nuisible ou inadapté.

Selon le *critère de la norme du comportement adapté,* un comportement est psychologiquement nuisible ou anormal s'il entrave la capacité de fonctionner sur les plans personnel et social (Barlow et Durand, 1995).

En ce sens, avoir peur de l'avion, entendre des voix qui dictent des actes dangereux, se sentir obligé de se laver les mains sans cesse, se priver de nourriture au point d'en mourir et dévorer les personnes qu'on vient d'assassiner sont des comportements inadaptés et anormaux.

Par contre, habiter dans un égout ne paraissait pas inadapté pour Thompson et ne portait pas non plus à conséquence pour la société. Des trois critères de l'anormalité que nous venons de présenter, le plus utile est celui de la norme du comportement adapté.

Nous n'en sommes pas pour autant au bout de nos peines, car nous verrons à la page suivante qu'il n'est pas toujours facile de déterminer si un comportement est véritablement inadapté ou non.

B. L'évaluation des troubles mentaux

L'évaluation clinique

Comment trouver le problème ?

Susan Smith et son mari David se sont fait connaître en participant à une émission de télévision américaine au cours de laquelle ils se sont adressés aux prétendus ravisseurs de leurs deux enfants, les suppliant de prendre soin d'eux, de bien les nourrir mais surtout de les leur ramener sains et saufs. Toutefois, neufs jours après l'émission, l'histoire de Susan devenait de plus en plus contradictoire, et on l'a interrogée de nouveau.

Mme Smith a alors admis avoir tué ses deux enfants, en poussant son automobile dans un lac, avec ses deux enfants attachés dans leur siège d'auto.

Cette confession a amené un bon nombre d'Américains à se poser la question suivante : « Quel est le problème de cette femme ? » Pour répondre à ce genre de question, les professionnels de la santé mentale doivent procéder à une évaluation clinique.

Faire une *évaluation clinique* d'un individu consiste à évaluer systématiquement les facteurs biologiques, psychologiques et sociaux de cet individu, ainsi qu'à établir les différents problèmes qu'il a déjà vécus ou qu'il vit, les agents stressants auxquels il fait face, et les symptômes cognitifs ou comportementaux qu'il manifeste.

Trois méthodes d'évaluation

Comment évaluer Mme Smith ?

Après son arrestation, Mme Smith a été évaluée par plusieurs psychiatres, qui ont tenté de déterminer ce qui l'avait amenée à agir comme elle l'avait fait. Pour faire ce type d'évaluation, on recourt à des tests neurologiques, à des tests psychologiques et à l'entrevue clinique.

Les tests neurologiques Afin d'éliminer l'hypothèse de causes organiques qui pourraient expliquer un comportement problématique (infection ou tumeur au cerveau par exemple), on fait d'abord subir à la personne évaluée une série de *tests neurologiques* (évaluation des réflexes, de la coordination motrice, des fonctions cérébrales).

Les tests psychologiques Pour compléter l'évaluation, suivent une batterie de *tests de personnalité.* Ces tests peuvent être tout autant des tests objectifs comme le MMPI (Minnesota Multiphasic Personnality Inventory) ou encore des tests projectifs comme le Rorschach ou le TAT.

L'entrevue clinique Pour évaluer Susan Smith, par exemple, les psychiatres l'ont rencontrée et interviewée pendant des heures. On appelle cette partie *entrevue clinique.* Elle consiste à recueillir des informations au sujet d'une personne, sur ses comportements, ses croyances, ses attitudes, ses émotions ou encore ses problèmes. Dans le cas de Mme Smith, les entrevues ont permis de mettre au jour des éléments de son passé (suicide de son père alors qu'elle avait 8 ans, dépression à 13 ans, abus sexuel) et de son présent (dépression sévère, problèmes d'alcool, échec matrimonial, fin abrupte d'une nouvelle relation amoureuse) qui éclairent l'état d'esprit dans lequel elle se trouvait au moment du meurtre de ses deux fils. L'entrevue clinique est probablement la meilleure méthode pour évaluer un comportement anormal (Barlow et Durand, 1995).

L'utilité de l'évaluation clinique

Que signifient les symptômes ?

En procédant à une évaluation clinique, les psychiatres ont découvert que les problèmes de Susan découlaient de nombreux facteurs : le suicide de son père, les agressions sexuelles de la part de son beau-père, sa dépression à l'adolescence, sa rupture récente, le retour de sa dépression et l'abus d'alcool. L'évaluation clinique a donc permis de déceler les causes possibles du drame. Pour déterminer l'utilité des évaluations cliniques, il faut cependant tenir compte de quatre considérations.

1 Les sujets sont susceptibles de *cacher* leurs symptômes, de sorte que seule l'évaluation clinique peut en révéler la nature et l'étendue. Les voisins n'étaient-ils pas sidérés d'apprendre qu'une fille aussi gentille et travaillante que Susan avait noyé ses deux enfants ? Dans son cas, l'évaluation clinique a dévoilé de longs antécédents de troubles psychologiques graves qui, apparemment, ont eu un rôle à jouer dans ses actes criminels.

2 Même après l'évaluation, il peut être encore difficile de *mesurer l'influence* des symptômes sur le comportement actuel. Chez Susan, la dépression et les conduites suicidaires semblent inconciliables avec le caractère en apparence rationnel et planifié du meurtre et du scénario d'enlèvement.

3 L'évaluation doit être la plus exacte possible, car les résultats déterminent le choix du *traitement.* Les symptômes varient selon les troubles mentaux et les traitements, de même, varient selon les troubles. La dépression, par exemple, était au nombre des principaux symptômes de Susan. Les médecins lui ont donc prescrit des antidépresseurs au cours des 10 mois pendant lesquels elle a attendu son procès.

4 La diversité et la complexité des symptômes sont telles que les professionnels de la santé mentale peuvent avoir de la difficulté à effectuer une évaluation ou à *établir un diagnostic unanime.* Les deux psychiatres qui ont examiné Susan ont diagnostiqué chez elle un certain nombre de problèmes, dont la dépression. Dans la pratique courante, cependant, les évaluations ne concordent pas toujours, de sorte qu'une même personne peut recevoir des diagnostics différents. Consciente de cette difficulté, l'American Psychiatric Association a élaboré un système uniformisé d'évaluation. C'est ce système que nous allons décrire à la page suivante.

C. Le diagnostic des troubles mentaux

Le DSM-IV

Combien y a-t-il de troubles mentaux ?

Devant le cas de Susan Smith, les gens ont eu diverses réactions : Comment une mère peut-elle noyer ses enfants ? « Elle était peut-être folle », « Peut-être qu'elle était trop déprimée pour savoir ce qu'elle faisait », « C'était peut-être une question de gènes ». Comment établir quelle est la « bonne » réponse ?

Devant un comportement anormal, les professionnels de la santé mentale procèdent à des évaluations pour formuler un diagnostic clinique.

On pose un *diagnostic clinique* quand on réussit à apparier les symptômes que présente une personne et ceux qui caractérisent un trouble mental donné.

En 1952, l'American Psychiatric Association a établi un système uniforme qui permettait enfin de poser des diagnostics cliniques en santé mentale. La plus récente version de ce système est la quatrième édition du *Manuel diagnostique et statistique des troubles mentaux,* mieux connu sous l'abréviation *DSM-IV* (American Psychiatric Association, 1994).

Le *Manuel diagnostique et statistique des troubles mentaux,* ou *DSM-IV,* est un ouvrage de référence dans lequel sont répertoriés près de 300 troubles mentaux, accompagnés de la description des pensées, des émotions et des types de comportements qui leur sont associés.

La première édition du *Manuel diagnostique et statistique des troubles mentaux* (1952) décrivait une centaine de troubles (voir figure ci-contre). La deuxième édition (1968) a fait un grand pas en avant en fournissant des descriptions des troubles fondées sur les concepts freudiens de *psychose* (trouble mental grave tel que la schizophrénie) et de *névrose* (conflit psychologique tel que l'anxiété). Ces descriptions, cependant, avaient un caractère général et reposaient sur des opinions d'experts plutôt que sur des résultats de recherche, ce qui a entraîné beaucoup de dissensions dans la formulation des diagnostics cliniques. Aussi les auteurs du *DSM-III* (1980) ont-ils abandonné la terminologie freudienne et pris le parti d'indiquer des symptômes et des critères précis pour chaque trouble mental. L'unanimité n'était pas gagnée pour autant : les critères diagnostiques étaient toujours fondés sur des avis de cliniciens. C'est l'écueil qu'évite le *DSM-IV,* établi principalement à partir de résultats de recherche (Clark *et al.*, 1995).

Troubles	
DSM-I	106
DSM-II	182
DSM-III	265
DSM-IV	297

Diagnostics : des exemples

Voici quelques exemples de troubles mentaux, avec leurs caractéristiques. Nous en verrons certains plus en détail dans les sections suivantes.

La schizophrénie La schizophrénie est caractérisée par des symptômes psychotiques (par exemple, un comportement désorganisé, des délires ou encore des hallucinations visuelles ou auditives) et par une détérioration générale du comportement datant d'au moins six mois.

Les troubles de l'humeur La caractéristique la plus importante dans le diagnostic de ce type de troubles est la perturbation de l'humeur. Le patient peut présenter ou non des symptômes psychotiques. Nous reviendrons plus loin sur les troubles de l'humeur, qui comprennent la dépression, le trouble bipolaire et le trouble dépressif saisonnier.

Les troubles anxieux Les troubles anxieux sont caractérisés par des symptômes physiologiques (par exemple des palpitations) et des sentiments de tension, d'appréhension ou de peur. L'anxiété peut être aiguë et centrée sur un objet (phobie) ou encore diffuse et continuelle (anxiété généralisée).

Les troubles somatoformes On trouve dans les troubles somatoformes une prédominance de symptômes somatiques (ou somesthésiques) qui prennent l'allure de maladies physiques. Ces symptômes ne doivent pas pouvoir être associés à un quelconque problème organique : le professionnel qui fait l'évaluation du patient doit avoir l'assurance qu'ils sont de nature psychologique. Cette catégorie comprend le trouble de somatisation et le trouble de conversion.

Les troubles dissociatifs Les troubles dissociatifs, comme l'amnésie dissociative et l'identité dissociative, comportent tous une dysfonction soudaine et temporaire de la mémoire, de la conscience, de l'identité et du comportement.

Les troubles de la personnalité Pour poser un diagnostic de trouble de la personnalité, on doit observer des traits de personnalité mésadaptés, rigides, présents depuis longtemps, qui perturbent le fonctionnement de la personne et qui lui causent un certain degré de détresse personnelle. Dans cette catégorie, on trouve la personnalité limite, la personnalité schizoïde et la personnalité antisociale.

Les avantages du DSM-IV

Le système uniformisé de classification des troubles mentaux que propose le DSM-IV comporte trois avantages. Pour les professionnels de la santé mentale, il facilite les communications et les discussions reliées aux problèmes des clients. Pour les chercheurs, il facilite l'étude et la description des troubles mentaux. Pour les thérapeutes, il facilite l'établissement d'un plan de traitement adéquat (Clark *et al.*, 1995).

Malgré son utilité, un diagnostic peut devenir une étiquette. Et une fois attribuée, une étiquette peut avoir des conséquences désastreuses sur les plans social et politique (Jensen et Hoagwood, 1997 ; Tucker, 1998).

Étiqueter une personne consiste à nommer ce qui la différencie des autres. Cet acte place la personne dans une catégorie précise et peut avoir des conséquences favorables ou nuisibles.

D. Les troubles anxieux

Est-ce courant ?

Les troubles anxieux figurent au deuxième rang de la liste des troubles mentaux les plus fréquents chez les Nord-Américains adultes (Emmelkamp et van Oppen, 1994 ; Kessler *et al.,* 1994). Ils occupent en outre la première ou la deuxième place parmi les troubles mentaux dont les enfants et les adolescents se plaignent le plus fréquemment (Strauss, 1994). Nous traiterons ici de six des formes les plus répandues de l'anxiété.

Pourcentage de la population des États-Unis souffrant de troubles anxieux

%	Trouble
25 %	Troubles anxieux quelconques
13 %	Phobies sociales
11 %	Phobies spécifiques
5 %	Anxiété généralisée
5 %	Agoraphobie
4 %	Trouble panique
3 %	Trouble obsessionnel-compulsif

L'anxiété généralisée

Au cours de sa première séance de thérapie, Fred transpirait, s'agitait et demandait sans cesse de l'eau pour étancher une soif insatiable. Au début, il parlait seulement de ses étourdissements et de son insomnie, mais il est vite apparu que Fred avait presque toujours été tendu. Il a fini par avouer qu'il éprouvait depuis longtemps de la difficulté à interagir avec les autres et que cela lui avait valu deux congédiements. Il avait constamment l'impression que toutes sortes de catastrophes allaient se produire (Davison et Neale, 1990). Fred souffrait d'anxiété généralisée.

L'*anxiété généralisée* est un trouble caractérisé par des soucis injustifiés ou excessifs à propos de presque toutes les situations, ou par un sentiment de catastrophe imminente. Ces soucis sont présents plus d'une journée sur deux pendant six mois ou plus (American Psychiatric Association, 1994).

Les symptômes L'anxiété généralisée se manifeste par des symptômes tant psychologiques que physiques. Parmi les symptômes psychologiques, on compte l'irritabilité, les difficultés de concentration et l'incapacité de maîtriser une inquiétude démesurée par rapport à la réalité. Ces symptômes engendrent une détresse importante et nuisent au fonctionnement social et professionnel (American Psychiatric Association, 1994). Les symptômes physiques comprennent la fébrilité, la fatigabilité, la transpiration, le rougissement, les palpitations, l'insomnie, les mains froides et moites, les maux de tête ainsi que la tension et les douleurs musculaires. Environ 5 % des Nord-Américains adultes disent souffrir d'anxiété généralisée (Kessler *et al.,* 1994).

Le traitement On traite l'anxiété généralisée au moyen de la psychothérapie, conjuguée dans certains cas à la médication. Les médicaments généralement prescrits dans ce cas sont des tranquillisants de la famille des benzodiazépines, comme l'alprazolam et le diazépam. En doses modérées, les benzodiazépines ne causent habituellement pas d'accoutumance physique. À doses élevées, cependant, elles entraînent une assuétude et entravent la mémorisation de l'information (Ashton, 1994).

La psychothérapie cognitivo-comportementale (voir page 286) et la médication éliminent toutes deux les symptômes après un an dans 40 % à 50 % des cas (Brown *et al.,* 1994 ; Gould *et al.,* 1997).

Le trouble panique

Alors que Karen était assise sous le séchoir, chez le coiffeur, elle a soudainement été envahie par une sensation bouleversante. Elle était certaine de devenir folle. Son cœur battait la chamade, elle avait les jambes molles et tout son corps tremblait. Submergée par une vague de peur, elle aurait voulu hurler. Les bigoudis sur la tête, Karen s'est levée, a lancé un billet de 5 $ sur le comptoir et a couru jusque chez elle (*Los Angeles Times,* 13 décembre 1981). Ces symptômes sont ceux du trouble panique.

Le *trouble panique* se caractérise par des attaques de panique récurrentes et imprévisibles. La crainte d'avoir une nouvelle attaque est telle qu'elle nuit au fonctionnement psychologique normal (American Psychiatric Association, 1994).

Environ 4 % des Nord-Américains adultes sont atteints comme Karen du trouble panique ; parmi eux, on compte deux ou trois fois plus de femmes que d'hommes (Kessler *et al.,* 1994). Ces personnes sont sujettes à l'alcoolisme, à la toxicomanie, au suicide ainsi qu'aux difficultés sociales et conjugales. Le tiers d'entre elles souffrent de dépression (Emmelkamp et van Oppen, 1994).

Les symptômes Les symptômes de l'attaque de panique que Karen a présentés sont communs à différents troubles anxieux mais constituent la caractéristique première du trouble panique.

Une *attaque de panique* est une période de crainte ou de malaise intense au cours de laquelle apparaissent au moins quatre des symptômes suivants : palpitations, transpiration, tremblements, sensations de souffle coupé ou d'étouffement, douleur thoracique, nausées, étourdissements, peur de perdre la maîtrise de soi-même ou de mourir (American Psychiatric Association, 1994).

Le traitement Le traitement habituel consiste en l'administration de benzodiazépines ou d'antidépresseurs conjuguée à la psychothérapie. Il doit durer de trois à huit mois pour porter fruit (Spiegel et Bruce, 1997). On observe cependant des rechutes après l'arrêt de la médication. L'association de la psychothérapie et de la médication viennent à bout des symptômes après un an dans 30 % à 50 % des cas (Pollack et Otto, 1997).

Les phobies

Jusqu'où peut aller la peur ?

Nous avons tous peur de quelque chose : des examens, du sang, des araignées, des injections, des souris, des endroits clos, de rencontrer des inconnus ou de prendre l'avion. Mais il arrive que les petites peurs se transforment en phobies. Les personnes phobiques essaient parfois d'éviter l'objet ou la situation en cause ; si l'évitement est impossible, une anxiété prononcée apparaît.

Puisque 75 % des personnes atteintes peuvent associer l'apparition de leur trouble à un événement traumatisant, les chercheurs pensent que la majorité des phobies s'acquièrent par conditionnement ou par observation (Kleinknecht, 1994 ; Menzies et Clarke, 1995). Mais comme ce n'est pas le cas pour les 25 % restants, il y aurait également d'autres causes.

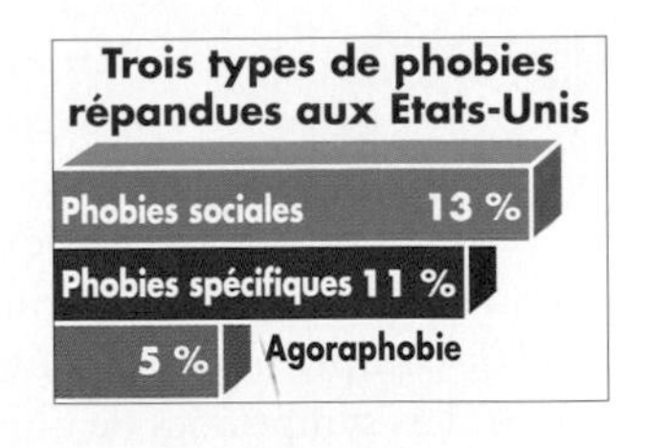

Nous traiterons ici de trois types de phobies répandus : les phobies sociales, les phobies spécifiques et l'agoraphobie (Kessler *et al.*, 1994).

Les phobies sociales

À l'école secondaire, Billy ne répondait jamais aux questions. Les enseignants savaient que Billy serait malade toute la journée si on le prévenait qu'il aurait à parler en classe. Billy se cachait même parfois dans les toilettes pour éviter d'assister à ses cours. Cette peur de prendre la parole en classe est un exemple de phobie sociale (Barlow et Durand, 1995).

Une *phobie sociale* est une peur irrationnelle, intense et persistante d'une situation dans laquelle un individu est exposé à l'observation des autres (graphique ci-contre) et dans laquelle il craint d'agir de façon humiliante ou embarrassante (American Psychiatric Association, 1994).

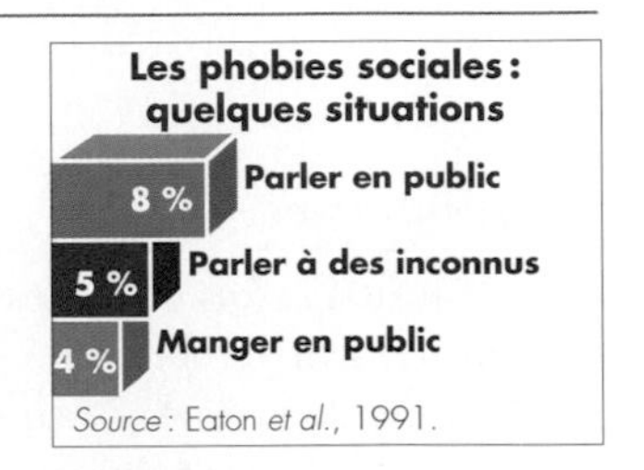

À mesure que la situation redoutée approche, l'anxiété s'accroît et peut engendrer d'importants malaises physiques tels que nausées, transpiration abondante et autres signes d'activation physiologique. La personne atteinte d'une phobie sociale sait pertinemment que sa peur est injustifiée, mais elle ne connaît qu'une façon d'y remédier : éviter la situation.

Les phobies spécifiques

Nous avons parlé, page 261, de Kate Premo et de sa peur de l'avion : c'est un exemple de phobie spécifique.

Une *phobie spécifique* est une peur irrationnelle, intense et persistante déclenchée par l'exposition, même lointaine, à un objet ou à une situation : avion, hauteurs, araignées, sang, etc. (American Psychiatric Association, 1994).

Les phobies spécifiques les plus fréquemment observées en milieu clinique (graphique ci-contre) sont la peur des animaux (zoophobie), la peur des hauteurs (acrophobie), la peur des endroits clos (claustrophobie), la peur des blessures et du sang et la peur de l'avion (Emmelkamp et van Oppen, 1994).

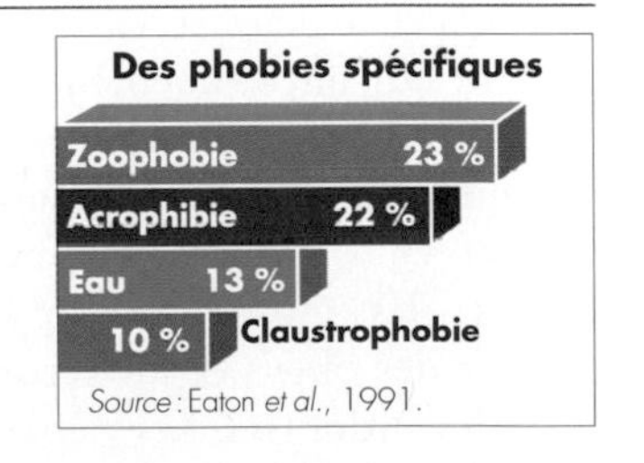

L'objet des phobies et le déclenchement de phobies spécifiques varient selon les cultures. Ainsi, la peur des esprits ou des fantômes s'observe dans plusieurs sociétés mais n'est qualifiée de phobie spécifique que si elle devient excessive et irrationnelle chez un individu (American Psychiatric Association, 1994).

L'agoraphobie

Pendant des années, paralysée par la peur, Rose n'est pas sortie de chez elle. À la seule idée d'aller faire des courses, elle étouffait, transpirait, avait des palpitations, et ses jambes se dérobaient sous elle. La terreur pouvait durer pendant des jours. Rose souffrait d'agoraphobie (*Los Angeles Times,* 19 octobre 1980).

L'*agoraphobie* est la peur de se retrouver dans des endroits ou des situations d'où il pourrait être difficile ou gênant de s'échapper si jamais survenait une attaque de panique ou des symptômes analogues (étourdissements ou diarrhée subits) (American Psychiatric Association. 1994).

L'agoraphobie découle d'une peur sous-jacente d'avoir une attaque de panique ou d'en ressentir les symptômes de manière soudaine et inattendue.

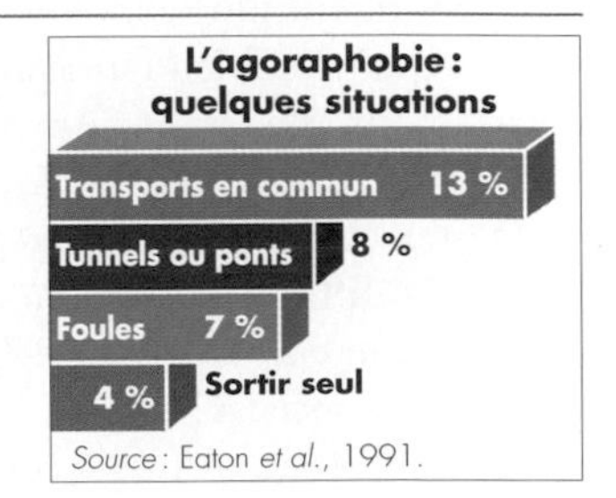

Une fois installées, les phobies que nous venons de décrire sont extrêmement persistantes et peuvent durer pendant des années faute de traitement (Gould *et al.*, 1997). Nous présenterons plus loin les traitements qui les soulagent.

D. Les troubles anxieux

Le trouble obsessionnel-compulsif (TOC)

Toujours en retard?

Shirley était une élève sociable et populaire dont les résultats étaient dans la moyenne. Elle n'avait qu'un problème : elle arrivait presque toujours en retard à l'école. Afin d'avoir l'assurance d'être parfaitement propre, elle prenait une douche de deux heures avant de partir. Ensuite, elle passait ses chaussettes, ses sous-vêtements, sa jupe et sa blouse, mais elle recommençait exactement 17 fois chacun de ces gestes. Elle se rendait compte que cela était anormal, mais elle n'y pouvait rien et n'en connaissait pas la cause (Rapoport, 1988). Les symptômes de Shirley sont ceux d'un trouble anxieux appelé trouble obsessionnel-compulsif.

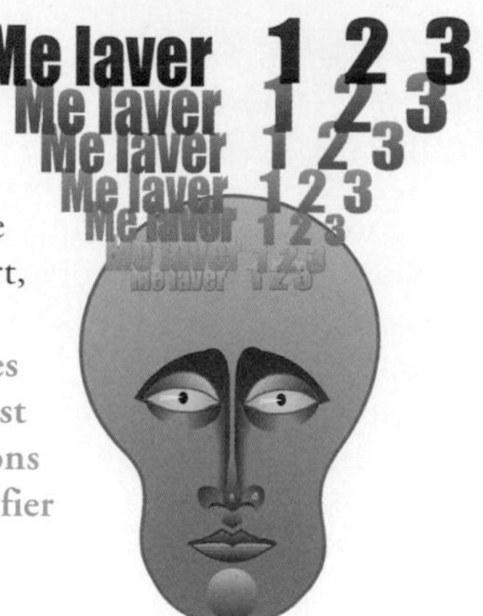

Le *trouble obsessionnel-compulsif (TOC)* consiste en l'émergence d'obsessions ou de compulsions. Les obsessions sont des pensées, des images ou des impulsions irrationnelles et récurrentes qu'un individu est incapable de réprimer et qui nuisent à son fonctionnement normal. Les compulsions sont des impulsions irrésistibles d'accomplir de façon répétitive un comportement ou un rituel inutile : se laver les mains, vérifier des objets, compter, ordonner, etc. (American Psychiatric Association, 1994).

Les symptômes

Shirley avait à la fois des obsessions (être propre et correctement vêtue) et des compulsions (prendre des douches de 2 heures et passer 17 fois exactement le même vêtement) ; certaines personnes, cependant, ont seulement des obsessions.

Les compulsions sont à l'origine d'une perte de temps considérable : si, dans l'immédiat, elles aident à atténuer l'anxiété, à la longue, elles nuisent au fonctionnement quotidien. Les compulsions les plus répandues consistent à se laver, à vérifier et à compter différentes choses ; les moins fréquentes, à acheter des objets, à les accumuler ou à les ordonner. Les personnes obsédées par la saleté ou la contamination calment leur anxiété en se lavant les mains jusqu'au sang. Les patients obsédés par l'idée de partir sans verrouiller leur porte, quant à eux, reviennent plusieurs fois pour vérifier que c'est bien fait avant de partir pour de bon (American Psychiatric Association, 1994).

De tels comportements rendent la vie très difficile : comment alors conserver un emploi ou participer à des activités sociales ?

Le TOC était autrefois considéré comme une affection relativement rare. On sait aujourd'hui qu'il atteint environ 3 % des Nord-Américains adultes (Stanley et Turner, 1995) et de 2 % à 3 % de la population mondiale (Sasson *et al.*, 1997).

Le traitement

L'American Psychiatric Association a considéré le trouble obsessionnel-compulsif comme une maladie chronique et incurable jusqu'en 1987. Depuis, cependant, la thérapie de désensibilisation systématique et les médicaments antidépresseurs apportent un soulagement considérable à environ la moitié des personnes atteintes (Abramowitz, 1997).

La thérapie de désensibilisation systématique Les comportements ritualisés constituent pour les personnes atteintes du TOC un moyen de réduire l'anxiété. La thérapie de désensibilisation systématique se révèle le traitement le plus efficace dans leur cas.

Une *thérapie de désensibilisation systématique* consiste à exposer graduellement une personne aux situations ou aux objets qui sont source d'anxiété pour elle, et ce, jusqu'à ce que l'anxiété s'atténue.

Si, par exemple, Shirley suivait une thérapie de désensibilisation systématique, le thérapeute lui présenterait des objets sales jusqu'à ce qu'ils ne produisent plus d'anxiété chez elle. Après un tel traitement, environ 85 % des patients rapportent une amélioration de leur état, et 55 % d'entre eux parlent d'une amélioration marquée (Abramowitz, 1997).

Les antidépresseurs On prescrit souvent un antidépresseur appelé clomipramine aux patients réfractaires à la thérapie de désensibilisation systématique. Shirley, par exemple, refusait de coopérer avec son thérapeute et persistait dans ses rituels. On lui a prescrit de la clomipramine et, au bout de trois semaines, ses compulsions s'étaient suffisamment atténuées pour qu'elle puisse tenter une thérapie (Rapoport, 1988). La clomipramine a cependant des effets secondaires (nausées, sécheresse de la bouche, diarrhée) que 25 % des patients jugent si désagréables qu'ils abandonnent la médication (Bisserbe *et al.*, 1997). Cependant, la clomipramine de même que des médicaments plus récents appelés inhibiteurs sélectifs du recaptage de la sérotonine sont inefficaces pour environ 50 % des personnes atteintes du TOC (McDougle, 1997).

La thérapie de désensibilisation systématique et la thérapie cognitivo-comportementale, en revanche, peuvent venir en aide à ces patients et elles ont en plus l'avantage de n'entraîner aucun effet indésirable sur le plan physique. Il semble même que ces traitements soient aussi efficaces, voire davantage, que les antidépresseurs. Par contre, dans certains cas, c'est l'association de la thérapie de désensibilisation systématique et de la médication qui apporte les meilleurs résultats (Abramowitz, 1997).

E. Les troubles somatoformes

L'hystérie collective

250 élèves malades en même temps ?

C'était soir de concert. Plus de 500 élèves venus de différentes écoles étaient rassemblés sur scène, dans le chœur ou dans l'orchestre. Quelques-uns ont commencé à se plaindre de maux de tête, d'étourdissements, de faiblesse, de douleurs abdominales et de nausées. Bientôt, plus de la moitié des élèves présentaient un ou plusieurs de ces symptômes. Était-ce une épidémie ? Les victimes étaient dans la plupart des cas des élèves qui avaient vu leurs voisins se sentir mal. Les élèves d'une même école, les jeunes filles sopranos en particulier, ont présenté le plus de symptômes. Les plus jeunes élèves déclaraient davantage de symptômes que les aînés, et les filles plus que les garçons (51 % contre 41 %). On a cru d'abord à une fuite de gaz, mais personne n'était malade dans la salle. Les symptômes des élèves étaient dus à l'hystérie collective (Small *et al.*, 1991).

L'*hystérie collective* est l'état d'un groupe de personnes qui, à la suite de la suggestion, de l'observation ou d'un autre processus psychologique, présentent une même série de peurs, d'idées délirantes, de comportements anormaux ou de malaises physiques.

Dans notre exemple, quelques-unes des filles les plus populaires et les plus en vue se sont plaintes d'étourdissements et de nausées (elles étaient restées debout pendant des heures). Quelques minutes plus tard, 200 autres élèves disaient présenter les mêmes symptômes.

L'hystérie collective s'accompagne toujours de *symptômes physiques réels* mais dont la cause est inconnue : c'est un trouble somatoforme.

Définition et exemples

Quelle est la cause des symptômes physiques ?

Les *troubles somatoformes* se caractérisent par la présence d'une série de symptômes physiques (somatiques ou somesthésiques) récurrents, marqués et durables. Ces symptômes (douleur, vomissements, paralysie, cécité, etc.) n'obéissent pas à la maîtrise volontaire, n'ont pas de cause physique connue et sont vraisemblablement engendrés par des facteurs psychologiques (American Psychiatric Association, 1994).

Les troubles somatoformes comptent parmi les problèmes de santé les plus couramment observés en médecine générale (Kirmayer *et al.*, 1994). Le *DSM-IV* en énumère sept types. Nous en étudierons ici deux, la somatisation et le trouble de conversion.

La somatisation

La somatisation est un trouble somatoforme qu'on appelait autrefois hystérie.

La *somatisation* apparaît avant l'âge de 30 ans, persiste pendant plusieurs années et se caractérise par une multitude de symptômes (gastro-intestinaux, sexuels et neurologiques, notamment) qui n'ont pas de cause physique connue et sont déclenchés par un problème psychologique (American Psychiatric Association, 1994).

Ce trouble se manifeste dans la plupart des sociétés et touche cinq fois plus de femmes que d'hommes (Gureje *et al.*, 1997). La fréquence des consultations médicales, des hospitalisations et des interventions chirurgicales est élevée chez les personnes atteintes (Wool et Barsky, 1994). Il semble que la somatisation soit souvent associée à divers troubles de la personnalité telle la paranoïa (Kirmayer *et al.*, 1994). Elle constituerait pour le patient un moyen de composer avec le stress, de manifester sa détresse ou d'obtenir de l'attention (Janca *et al.*, 1995).

Le trouble de conversion

Les élèves de notre exemple ont probablement été victimes d'un trouble somatoforme appelé trouble de conversion.

Le *trouble de conversion* correspond à la transformation de l'anxiété ou de la détresse émotionnelle en symptômes physiques — moteurs, sensoriels ou neurologiques réels (maux de tête, nausées, étourdissements, engourdissements, paralysie, etc.) — dont la cause physique ou organique ne peut être déterminée (American Psychiatric Association, 1994).

Il arrive par exemple que des gens disent avoir un membre paralysé, perdre l'équilibre, devenir aveugles ou présenter des crises convulsives alors qu'on ne décèle chez eux aucun dérèglement physique, organique ou neurologique. Les symptômes du trouble de conversion sont généralement associés à des facteurs psychologiques comme une dépression, des soucis au sujet de la santé et l'apparition d'une situation stressante. Les symptômes physiques attirent l'attention des autres sur la personne atteinte et la soustraient aux situations anxiogènes ; puisqu'il permet d'atténuer l'anxiété à court terme, le trouble de conversion devient à la longue récurrent. Dans certaines sociétés, les gens expriment leurs problèmes psychologiques en termes physiques (troubles somatoformes) plutôt qu'émotionnels (Gureje *et al.*, 1997 ; Janca *et al.*, 1995).

Attardons-nous maintenant à une autre classe d'affections psychologiques, les troubles de l'humeur.

F. Les troubles de l'humeur

Les types de troubles de l'humeur

Est-ce grave ?

Outre la célébrité, la comédienne Joan Rivers, l'écrivain William Styron et l'acteur Rod Steiger ont un point en commun : ils ont tous souffert d'un trouble de l'humeur appelé épisode dépressif majeur (Brody, 1998).

Un *trouble de l'humeur* est un état prolongé de perturbation émotionnelle qui se répercute sur la plupart des pensées et des comportements.

Les humeurs sont par définition variables, oscillant entre la dépression et l'euphorie. Or, le coup de cafard que chacun essuie de temps en temps est à l'épisode dépressif majeur ce qu'une coupure au doigt est à la chirurgie cardiaque.

L'acteur Rod Steiger a avoué qu'il avait été profondément déprimé pendant près de 10 ans. En tournage, c'était la catastrophe : malgré toutes ses années d'expérience, il n'arrivait pas à mémoriser ses répliques (Brooks, 1995a). Nous décrirons ici les 3 troubles de l'humeur les plus répandus parmi les 10 que le *DSM-IV* énumère.

L'épisode dépressif majeur

Rod Steiger (photo ci-dessous) a raconté qu'il avait perdu toute estime de soi pendant sa dépression. Il s'apitoyait sur son sort, se dévalorisait complètement et se sentait coupable. Souvent, il n'arrivait même pas à sortir du lit ni à se laver. Il se rappelle avoir songé au suicide pour échapper enfin au désespoir (Brooks, 1995b). Tels sont les symptômes de l'épisode dépressif majeur.

L'*épisode dépressif majeur* se caractérise par la présence pendant au moins deux semaines d'une humeur dépressive ainsi que d'une perte d'intérêt et de plaisir. À ces symptômes s'ajoutent au moins quatre des suivants : diminution ou augmentation de l'appétit ou du sommeil, diminution de l'aptitude à penser ou à se concentrer, indécision, perte d'énergie, idées suicidaires, sentiments d'abjection ou de culpabilité (American Psychiatric Association, 1994).

Steiger a déclaré que la dépression l'avait plongé dans un désespoir pire que celui qui suit un décès ou un divorce. Une enquête menée par Kessler et ses collègues (1994) a révélé que 17 % des adultes interrogés avaient connu un épisode dépressif majeur au cours de leur vie et que les femmes en traversaient passablement plus que les hommes (21 % contre 13 %).

Le graphique ci-contre représente trois états généraux de l'humeur. La barre rouge correspond à l'épisode maniaque, une période d'énergie et d'exaltation extraordinaires. La barre bleue correspond à l'état normal, dans lequel l'humeur et les émotions n'entravent en rien le fonctionnement psychologique. La barre grise, enfin, représente l'épisode dépressif majeur, pendant lequel une personne oscille entre la normalité et la dépression profonde.

Le trouble bipolaire

Chuck Elliott (photo ci-dessous) alterne entre les deux extrêmes de l'humeur, soit la dépression et l'état maniaque. Il est atteint du trouble bipolaire, une affection qui touche moins de 1 % de la population.

Anciennement nommé maniaco-dépression, le *trouble bipolaire* se caractérise par une alternance entre des épisodes dépressifs et des épisodes maniaques. Les *épisodes maniaques* durent une semaine ou plus et, pendant ces périodes, la personne est exaltée et expansive ; elle présente en outre au moins trois des symptômes suivants : augmentation de l'estime de soi, réduction du besoin de sommeil, désir de parler fréquemment et débit rapide, fuite des pensées, distractibilité et poursuite assidue d'activités agréables (American Psychiatric Association, 1994).

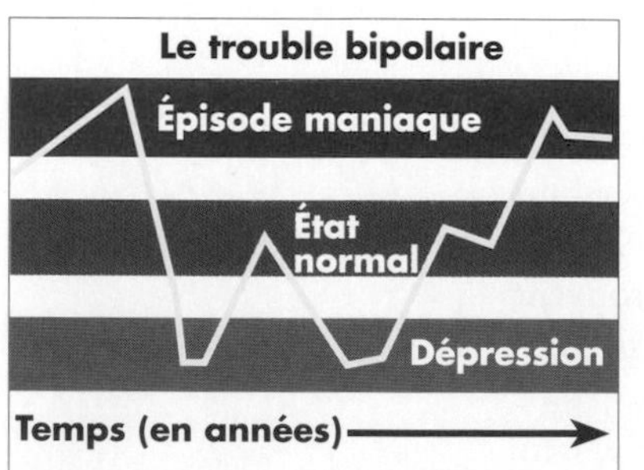

L'humeur de Chuck Elliott varie de l'épisode maniaque à la dépression en passant par l'état normal, comme l'indique le graphique.

La dysthymie

La dysthymie est un trouble de l'humeur moins grave que l'épisode dépressif majeur.

La *dysthymie* se caractérise par une humeur dépressive présente de façon chronique mais non continuelle pendant au moins deux ans. Quand une personne est atteinte, elle présente au moins deux des symptômes suivants : perte de l'appétit, insomnie, fatigue, faible estime de soi, difficultés de concentration et sentiments d'impuissance et de désespoir (American Psychiatric Association, 1994).

On dit souvent des personnes atteintes de dysthymie (c'est-à-dire environ 6 % de la population) qu'elles ont « le moral à plat ». Certaines d'entre elles s'habituent à cette humeur et disent « qu'elles ont toujours été comme ça ».

Les causes des troubles de l'humeur

Quelles sont-elles ?

La recherche a montré que les troubles de l'humeur sont causés par trois types de facteurs, qui sont complémentaires.

Les facteurs biologiques

Chez les jumeaux monozygotes, dans 80 % des cas, quand un jumeau souffre de trouble bipolaire, l'autre en souffre aussi (McGue et Christensen, 1997) ; en comparaison, le pourcentage de jumeaux dizygotes souffrant tous deux de cette maladie n'est que de 16 % (Moldin *et al.,* 1991). On peut donc conclure que des facteurs génétiques contribuent à l'apparition de cette maladie.

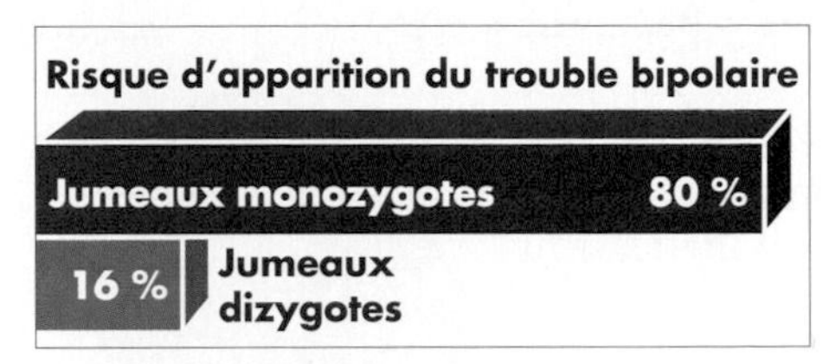

Actuellement, les chercheurs croient que c'est une combinaison de plusieurs gènes défectueux qui produit une prédisposition à éprouver un trouble bipolaire ou une dépression (Holmes et Lovestone, 1997).

Les facteurs psychologiques

Les troubles de l'humeur peuvent également être liés à des facteurs psychologiques. Ceux-ci peuvent être des facteurs de personnalité (estime de soi uniquement reliée à la réussite, ou estime de soi dépendante de l'approbation sociale), ou encore des facteurs tels qu'un manque d'habileté à gérer le stress ou un faible soutien social.

Les facteurs neurologiques

Des concentrations anormales de certains neurotransmetteurs peuvent perturber les réseaux de neurones du cerveau et, ce faisant, prédisposer aux troubles de l'humeur (Nemeroff, 1998). Ainsi, des études récentes ont montré que des niveaux anormaux de certains neurotransmetteurs appelés *monoamines* (particulièrement la sérotonine et la noradrénaline) pourraient augmenter le risque de souffrir d'un trouble de l'humeur telle la dépression (Mayberg *et.,* 1997).

Grâce aux techniques d'imagerie médicale, les chercheurs peuvent aujourd'hui étudier la structure et le fonctionnement de cerveaux vivants. Ils peuvent même comparer le cerveau de personnes déprimées à celui de sujets normaux. C'est ainsi qu'ils ont découvert qu'une région de l'aire préfrontale du cortex (photo ci contre) est de 40 % moins étendue chez les patients dont la dépression est due à des facteurs héréditaires (génétiques) (Drevets *et al.,* 1997). L'étude du tissu cérébral vivant donne à penser qu'une anomalie de la structure ou du fonctionnement du cerveau contribue à l'apparition ou à la persistance des troubles de l'humeur (Kennedy *et al.*, 1997).

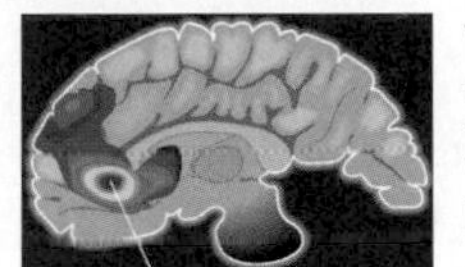

Le traitement des troubles de l'humeur

Comment s'en sortir ?

Nous présenterons ici brièvement les traitements habituellement utilisés pour soigner les troubles de l'humeur, c'est-à-dire la médication, la psychothérapie, le lithium et les électrochocs.

L'épisode dépressif majeur

Les antidépresseurs Les antidépresseurs, qui augmentent la production de sérotonine, améliorent la condition des patients. Ces médicaments (dont le célèbre Prozac) prennent entre quatre et six semaines avant de produire un effet. Dans environ 70 % des cas, les résultats sont remarquables (Rivas-Vasquez et Blais, 1997).

La psychothérapie La psychothérapie (dont nous reparlerons plus loin), utilisée avec ou sans antidépresseurs, s'est avérée efficace pour combattre la dépression, spécialement dans les cas moins sévères. Par contre, environ 70 % des personnes dépressives n'ayant eu recours qu'à la psychothérapie ont une rechute par la suite. En fait, la recherche a démontré que, surtout dans les cas d'épisodes dépressifs majeurs, le traitement le plus efficace est une combinaison psychothérapie/médication.

Le trouble bipolaire

Le lithium Le lithium, un sel minéral normalement produit par l'organisme, est utilisé pour traiter le trouble bipolaire, puisqu'il prévient la surstimulation des neurones pendant les phases de manie. Plusieurs patients (28 % selon une étude), à la recherche de l'euphorie habituellement ressentie pendant ces phases, cessent la médication et subissent une rechute (Maj *et al.,* 1997).

Les électrochocs Les électrochocs constituent un traitement de dernier recours pour ceux à qui les traitements conventionnels offrent peu ou pas d'espoir de guérison. Bien qu'ils puissent produire des effets secondaires considérables, les électrochocs se sont avérés efficaces chez 60 % à 80 % des patients. Des chercheurs suggèrent que ce traitement s'avérerait efficace en bloquant temporairement le flux sanguin dans certaines régions du cerveau.

G. Les troubles de la personnalité

Définition

Des troubles répandus ?

« L'habit ne fait pas le moine. » Le vieux dicton n'a jamais été aussi juste que dans les cas suivants.

Une camarade d'école de Joel Rifkin, qui a avoué le meurtre de 17 prostituées, a dit de lui qu'il était « tranquille, timide, le genre de gars qui ne ferait jamais rien de tel ».

Selon son patron, David Berkowitz était « calme, réservé et discret, un bon gars, tranquille et timide ». Berkowitz a été reconnu coupable de six meurtres.

Un voisin de Westley Allan Dodd, qui a kidnappé, violé et assassiné trois petits garçons, a décrit ce dernier comme « un type qui paraissait inoffensif, un bon citoyen ».

John Esposito, d'après son voisin, était « un homme tranquille, gentil et sympathique ». Esposito a été accusé d'avoir kidnappé une jeune fille et de l'avoir séquestrée dans un bunker souterrain pendant 16 jours.

Un ami de Jeffrey Dahmer (voir page 261) a déclaré que celui-ci était « un gars tranquille qui ne parlait pas beaucoup, un gars ordinaire » (*Time,* 12 juillet 1993, p. 18).

« Tranquilles », « gentils », « sympathiques ». On s'étonne qu'amis et voisins aient utilisé ces adjectifs pour décrire des tueurs sans scrupules : derrière ces apparences, tous ces individus cachaient au plus profond d'eux-mêmes un grave trouble de la personnalité (Hickey, 1991).

Un *trouble de la personnalité* est le résultat de traits de personnalité inadaptés inflexibles, présents de longue date, et qui causent une altération marquée du fonctionnement personnel et social ou une souffrance importante (American Psychiatric Association, 1994).

Les troubles de la personnalité touchent environ 12 % de la population adulte en Amérique du Nord (Weissman, 1993). Voici les plus répandus sur les 10 que décrit le *DSM-IV.*

La *personnalité paranoïaque* est une tendance à se méfier des autres et à percevoir chez eux des motifs cachés et diaboliques (de 0,5 % à 2,5 % de la population).

La *personnalité schizotypique* est caractérisée par un malaise aigu dans les relations interpersonnelles, des distorsions de la pensée et un comportement excentrique (de 3 % à 5 % de la population).

La *personnalité histrionique* est caractérisée par une réponse émotionnelle et une recherche d'attention excessive (2 % de la population).

La *personnalité obsessionnelle-compulsive* est caractérisée par une préoccupation excessive pour la perfection, l'ordre et la maîtrise des situations (4 % de la population).

La *personnalité dépendante* est caractérisée par la soumission et la dépendance issues d'un besoin excessif d'être pris en charge (2 % de la population).

La *personnalité antisociale* est une tendance à ignorer ou à enfreindre les droits des autres sans éprouver de culpabilité ni de remords (3 % de la population, des hommes principalement) (American Psychiatric Association, 1994).

Les individus atteints de troubles de la personnalité présentent souvent les caractéristiques suivantes : enfance troublée, problèmes nés pendant l'enfance et persistant à l'âge adulte, relations interpersonnelles inadéquates ou inadaptées et comportements anormaux. Les difficultés de ces personnes résultent d'une association de facteurs génétiques, psychologiques, sociaux et environnementaux (Brennan et Raine, 1997 ; Morey, 1997).

Nous nous attarderons ici à la personnalité antisociale, le trouble de la personnalité qui attire le plus l'attention des médias.

La personnalité antisociale

Qui sont les tueurs fous ?

Les cinq assassins à l'apparence inoffensive dont il a été question plus haut présentent vraisemblablement une personnalité antisociale ou encore une combinaison de plusieurs troubles de la personnalité. À une extrémité du continuum des symptômes reliés à ce trouble se trouvent les délinquants, et, à l'autre, ceux qui commettent des meurtres en série (Widiger et Costa, 1994).

Le délinquant Enfant, Tom dérobait l'argenterie de sa mère et la vendait ou l'échangeait pour se procurer ce qu'il désirait. Adolescent, il faisait l'école buissonnière, imitait la signature de son père sur les chèques, a mis le feu à des immeubles désaffectés et volé des voitures. À l'âge de 21 ans, il avait été arrêté et emprisonné près de 60 fois (Spitzer *et al.,* 1994).

Le tueur fou À l'autre extrémité du continuum, on trouve les psychopathes, des gens comme Jeffrey Dahmer, qui allait jusqu'à dépecer et manger le cadavre de ses victimes. À un journaliste qui l'interrogeait, Dahmer a déclaré : « Je pouvais ainsi dominer entièrement une personne, une personne que je trouvais physiquement attirante, et la garder avec moi aussi longtemps que possible, quitte à ce que ce soit seulement une partie d'elle. » (Gleick, 1994, p. 129)

Deux caractéristiques La première caractéristique des psychopathes est qu'ils n'ont aucun respect pour les droits ou les biens d'autrui. Ils sont capables de voler, de harceler ou de battre des gens, de les kidnapper ou de les tuer. Leur seconde caractéristique est la malhonnêteté : ils mentent aux gens, les trompent et les manipulent. Tels sont les deux traits qui rendent les psychopathes dangereux et, comme vous le verrez à la page suivante, difficiles à traiter.

Les causes et le traitement

Pourquoi le traitement est-il difficile ?

Les psychopathes — plus souvent de sexe masculin (de 2,0 % à 4,5 % des hommes contre de 0,5 % à 1,0 % des femmes) — se moquent complètement de toute responsabilité, mentent continuellement, n'éprouvent aucun remords, se conduisent de manière impulsive et téméraire, et n'apprennent jamais de l'expérience ; ils ont en général un certain nombre d'autres problèmes, tels l'alcoolisme, la toxicomanie, la dépression, l'anxiété, la déviance sexuelle et les tendances suicidaires (Black *et al.,* 1995).

Les causes

Si les psychopathes sont si déroutants et si dangereux, c'est à cause de la complexité des facteurs psychosociaux et biologiques impliqués dans leur maladie (Brennan et Raine, 1997).

Les facteurs psychosociaux Pour déceler les facteurs psychosociaux de la personnalité antisociale, des chercheurs ont suivi plus de 500 enfants présentant des problèmes de comportement (Robins *et al.,* 1991). Un grand nombre de ces enfants, devenus par la suite des psychopathes caractérisés, avaient initialement été amenés en consultation en raison de comportements agressifs et antisociaux (école buissonnière, vol, désobéissance, mensonges fréquents). Certains avaient fini par être rejetés par leurs parents, et le cercle vicieux de cette hostilité mutuelle avait aggravé leurs problèmes. L'interaction parent-enfant constitue donc l'un des facteurs psychosociaux de la personnalité antisociale (Morey, 1997).

Les mauvais traitements physiques ou sexuels subis pendant l'enfance peuvent aussi favoriser l'apparition d'une personnalité antisociale. De 59 % à 70 % des psychopathes disent en avoir été victimes (Ruegg et Frances, 1995). Cependant, il est difficile de quantifier l'influence des mauvais traitements, puisque les enfants maltraités ne deviennent pas tous psychopathes, encore qu'ils soient sujets à d'autres problèmes psychologiques.

Les facteurs biologiques Nombre de parents ont indiqué que, dès le plus jeune âge, leurs enfants avaient fait des crises de colère, ne toléraient aucune frustration, harcelaient leurs camarades, étaient indifférents aux punitions et se montraient en général réfractaires à toute discipline. La précocité et la récurrence des problèmes de comportement laissent croire à l'existence de facteurs biologiques sous-jacents, de nature génétique et neurologique.

Selon des études réalisées auprès de jumeaux et d'enfants adoptés, la part des facteurs génétiques dans la personnalité antisociale s'établit entre 30 % et 50 % (Thapar et McGuffin, 1993). Pour ce qui est des facteurs neurologiques, des études sur les neurotransmetteurs indiquent que, chez les individus atteints, on note une moins grande quantité de sérotonine que chez les sujets des groupes contrôle, soit jusqu'à 25 % de moins (Coccaro et Kavoussi, 1997).

Forts de tels résultats, les chercheurs postulent que des facteurs génétiques et neurologiques peuvent prédisposer à la personnalité antisociale et que le risque augmente en présence d'un certain nombre de facteurs psychosociaux (Brennan et Raine, 1997).

Le traitement

La psychothérapie n'est pas très efficace auprès des psychopathes, car ceux-ci ne comprennent pas que leurs comportements sont antisociaux et inadaptés, ne disent pas la vérité, n'écoutent ou ne suivent pas les conseils de leur thérapeute, qu'ils ne cessent de défier et de provoquer. La plupart des thérapeutes, par conséquent, se montrent pessimistes quant aux chances de succès de ce genre de traitement, qu'ils interviennent auprès d'adolescents ou d'adultes (Millon, 1981).

Comme on croit que les comportements impulsifs, agressifs et autodestructeurs associés aux troubles de la personnalité sont dus à un déséquilibre de la sérotonine dans le cerveau (Coccaro et Kavoussi, 1997), des cliniciens ont donc tenté d'utiliser des antidépresseurs, comme la sertraline et la fluoxétine (Prozac), qui augmentent la production de sérotonine. Comme l'indique le graphique ci-contre, les patients qui ont pris de la sertraline ont fait état d'une diminution marquée de leurs comportements agressifs en huit semaines de traitement. Les chercheurs soulignent cependant que l'agressivité peut réapparaître à la suite d'une interruption de la médication (Coccaro et Kavoussi, 1997 ; Kavoussi *et al.,* 1994).

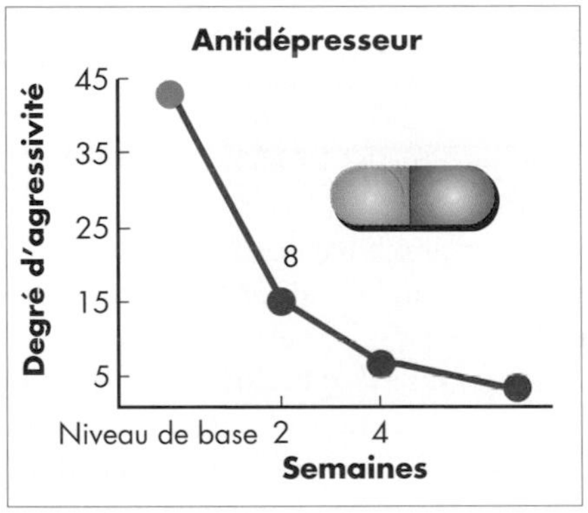

Antidépresseur
Degré d'agressivité: 45, 35, 25, 15, 5
8
Niveau de base 2 4
Semaines

L'état des psychopathes peut-il s'améliorer avec le temps ? Un groupe de chercheurs a suivi pendant 29 ans 71 hommes qui avaient été traités pour personnalité antisociale. Ils n'ont constaté d'amélioration continue que chez 31 % des sujets ; l'état des autres demeurait stable ou empirait (Black *et al.,* 1995). Les chercheurs ont conclu que, dans plus de deux tiers des cas, la personnalité antisociale est chronique, relativement stable et nécessite donc un traitement continuel.

Nous aborderons maintenant l'un des troubles mentaux les plus tragiques qui soient, la schizophrénie.

H. La schizophrénie

Définitions et types

Perdre contact avec la réalité ?

«À un moment de ma vie, je me sentais au sommet de ma forme. J'avais le sentiment d'être indépendant. J'avais 18 ans et je devenais un adulte. Et puis, tout d'un coup, j'ai eu l'impression qu'on voulait m'enlever quelque chose: pas mon âme, mais des choses physiques. Je n'arrivais pas à dormir parce que j'étais sûr que ma mère et ma sœur planifiaient de me faire du mal. Je croyais qu'une puissance supérieure, logée au dépanneur du coin, m'aidait continuellement, me redonnait ma force psychologique.» (Brooks, 1994, p. 9) Ces paroles sont celles de Michael McCabe, un schizophrène (photo ci-contre).

La *schizophrénie* est un trouble mental grave qui dure au moins six mois et qui se manifeste par au moins deux des symptômes suivants: idées délirantes, hallucinations, discours désorganisé, comportement désorganisé et diminution de l'expression des émotions. Ces symptômes perturbent le fonctionnement personnel ou social (American Psychiatric Association, 1994).

Michael présente quelques-uns des symptômes énumérés dans la liste ci-contre, dont le fait d'entretenir des idées délirantes (la présence d'une puissance supérieure chez le dépanneur), des hallucinations (il entend des voix) et d'avoir un comportement désorganisé. La schizophrénie touche de 0,2 % à 2,0 % de la population adulte en Amérique du Nord, des hommes autant que des femmes (American Psychiatric Association, 1994). La schizophrénie est à l'origine de la plus forte proportion d'hospitalisations en psychiatrie, soit environ 30 % (Robins et Regier, 1991).

Les formes de schizophrénie

Les cinq formes de schizophrénie que le *DSM-IV* décrit comportent des symptômes communs (ce qui les rend parfois difficiles à différencier), mais ont leurs propres caractéristiques. Voici les trois formes les plus courantes.

La *schizophrénie paranoïde* est caractérisée par des hallucinations auditives ou des idées délirantes. Le patient, par exemple, a des idées de grandeur ou croit faire l'objet de persécutions.

La *schizophrénie désorganisée* est caractérisée par des idées bizarres fréquemment associées au corps (le patient pense que ses os fondent), un discours confus, un comportement enfantin (le patient rit sans raison apparente, fait des grimaces aux gens), des sautes d'humeur marquées et une négligence extrême en matière d'apparence et d'hygiène personnelle.

La *schizophrénie catatonique* est caractérisée par des périodes d'excitation extrême ou d'immobilité rigide et prolongée (le patient peut conserver une même position pendant des heures).

Les schizophrènes peuvent-ils guérir ?

Les chances de guérison des schizophrènes dépendent de plusieurs facteurs, lesquels déterminent deux grands types de schizophrénie (Crow, 1985).

La *schizophrénie de type I* se caractérise par des symptômes positifs (c'est-à-dire quelque chose «en plus»), comme des hallucinations et des idées délirantes, lesquels constituent une altération des fonctions normales. Les patients atteints de ce type de schizophrénie ne présentent aucun déficit intellectuel, réagissent bien à la médication et ont donc de bonnes chances de guérir.

La *schizophrénie de type II* se caractérise par des symptômes négatifs (c'est-à-dire quelque chose «en moins»), comme l'émoussement des émotions et une faible propension à la parole, lesquels constituent une perte des fonctions normales. Les patients atteints de ce type de schizophrénie présentent un déficit intellectuel, réagissent peu à la médication et ont donc peu de chances de guérir (Andreasen *et al.*, 1994).

Les symptômes de la schizophrénie

1 **Altération de la pensée** La personne a des pensées incohérentes, invente des mots, parle de façon décousue et entretient des idées délirantes ou des croyances irrationnelles. Michael, par exemple, pensait que sa mère et sa sœur complotaient contre lui.

2 **Altération de l'attention** La personne a de la difficulté à se concentrer et à s'arrêter à un seul enchaînement de faits (par exemple, elle est incapable de regarder la télévision parce qu'elle ne peut regarder et écouter en même temps).

3 **Altération des perceptions** La personne éprouve des sensations étranges et elle a des hallucinations.

Les *hallucinations* sont des expériences perceptives qui ne sont pas provoquées par des stimuli externes.

Les hallucinations les plus fréquentes sont de type auditif (entendre des voix, par exemple). D'autres ont trait à la déformation d'une partie du corps.

4 **Altérations motrices** La personne affiche des expressions faciales étranges, est extrêmement active ou, à l'inverse, reste immobile pendant de longues périodes.

5 **Altérations affectives** La personne ne manifeste pas de réponse émotionnelle ou, si elle en manifeste, ce sont des réponses inadaptées à la situation (par exemple, éclater de rire en apprenant la mort d'un ami).

Les causes et le traitement

Comment traite-t-on ce trouble ?

Après avoir décrit les causes biologiques, neurologiques et environnementales de la schizophrénie, nous verrons les traitements utilisés aujourd'hui.

Les causes biologiques

La prédisposition génétique Des études récentes indiquent qu'il existe une prédisposition génétique à la schizophrénie : dans les cas de jumeaux monozygotes, si l'un des deux est schizophrène, l'autre l'est aussi dans 83 % des cas (Cannon *et al.,* 1998). Actuellement, on croit qu'une partie spécifique du chromosome 6 serait reliée à l'apparition de la schizophrénie (Wang *et al.,* 1995).

Les causes neurologiques

Les ventricules cérébraux Le cerveau contient quatre cavités, appelées ventricules, qui sont remplies de liquide. Ce liquide amortit les chocs et constitue une réserve de nutriments et d'hormones pour le cerveau. Or, chez certains schizophrènes, les ventricules cérébraux sont plus gros que la normale, ce qui entraîne une diminution du volume du cerveau lui-même et des anomalies dans sa structure.

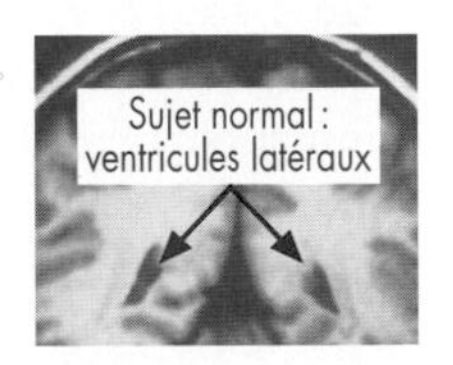

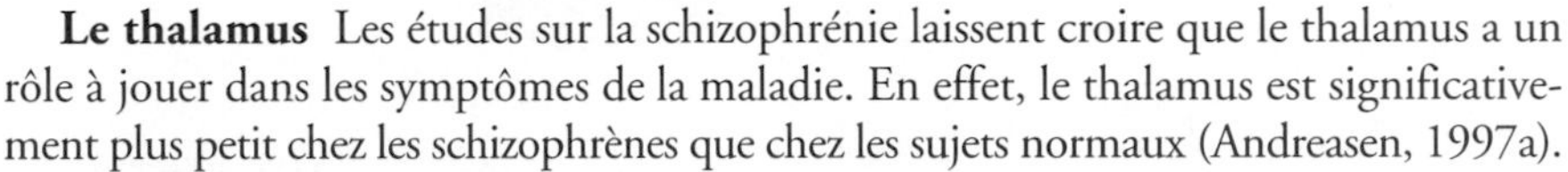

Le thalamus Les études sur la schizophrénie laissent croire que le thalamus a un rôle à jouer dans les symptômes de la maladie. En effet, le thalamus est significativement plus petit chez les schizophrènes que chez les sujets normaux (Andreasen, 1997a).

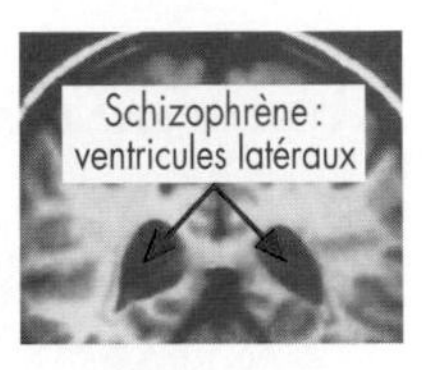

Le lobe frontal En étudiant des paires de jumeaux monozygotes dont un seul souffrait de schizophrénie, des chercheurs ont observé une diminution de l'activité dans le lobe frontal du jumeau atteint. Ce phénomène serait à l'origine de plusieurs des problèmes cognitifs (désorganisation de la pensée), émotifs (réactions émotionnelles inadaptées) et de la personnalité (paranoïa) observés chez les schizophrènes (Rajkowska *et al.,* 1997).

Les causes environnementales

Si la schizophrénie n'avait que des causes biologiques, alors le taux de concordance entre jumeaux monozygotes serait de 100 % au lieu de 83 %. Il faut donc conclure à l'existence de facteurs environnementaux tels que le stress. Michael McCabe, par exemple (photo ci-contre), est devenu schizophrène après la mort de son père, au cours de la difficile période comprise entre l'adolescence et l'âge adulte.

Certains chercheurs pensent que les facteurs de stress (comme l'hostilité des parents, l'inadéquation des relations sociales, la mort d'un être cher et les problèmes personnels ou professionnels) contribuent à l'apparition de la schizophrénie (Walker et Diforio, 1997). Ces chercheurs adhèrent à la théorie de la prédisposition.

La *théorie de la prédisposition* veut que certaines personnes aient une prédisposition génétique qui, conjuguée à des facteurs de stress, entraîne l'apparition de la schizophrénie.

Selon la théorie de la prédisposition, certains facteurs biologiques ou neurologiques créent une prédisposition qui interagit avec des facteurs environnementaux. Si ces facteurs comprennent le stress, ils peuvent faire augmenter les risques d'apparition de la maladie, déclencher un épisode ou influer sur la guérison (Benes, 1997).

Le traitement

Dans le traitement de la schizophrénie, il faut tenir compte de l'éventail des symptômes dont souffre un patient : symptômes positifs (distorsion de la pensée, hallucinations, altérations du langage) et symptômes négatifs (baisse ou perte des fonctions normales, résultant en une diminution de l'habileté à exprimer les pensées et à amorcer des comportements orientés). Deux types de médicaments sont couramment utilisés, soit les neuroleptiques typiques et atypiques.

Les neuroleptiques typiques Le premier véritable traitement de la schizophrénie, apparu au début des années 1950, repose sur l'utilisation de neuroleptiques typiques (Thorazine et Haloperidol par exemple), dont l'effet principal est de réduire la quantité de dopamine disponible (un neurotransmetteur). Ces médicaments atténuent les symptômes positifs, mais ils semblent n'avoir que très peu d'effet sur les symptômes négatifs (Miller *et al.,* 1994).

Neuroleptiques

Typiques : réduisent la quantité de dopamine	Atypiques : réduisent la quantité de sérotonine

Les neuroleptiques atypiques Les neuroleptiques atypiques (comme Clopazine), utilisés à partir des années 1990, ont pour effet de réduire la quantité de dopamine disponible, mais aussi celle d'autres neurotransmetteurs (en particulier la sérotonine). Ces médicaments soulagent les symptômes positifs et pourraient aussi agir légèrement sur les symptômes négatifs (Bonfoldi *et al.,* 1998).

L'efficacité Les deux types de neuroleptiques atténuent les symptômes positifs, mais les neuroleptiques atypiques sont plus efficaces dans certains cas puisqu'ils peuvent aussi réduire quelque peu les symptômes négatifs. Les neuroleptiques entraînent des effets secondaires : tics de la bouche et des lèvres, fatigue et indifférence émotionnelle. Le résultat le plus surprenant quant au traitement de la schizophrénie réside dans le fait qu'environ 10 % des patients traités avec de la Clopazine présentent des améliorations majeures, comme s'ils étaient soudain « réveillés » d'un long et profond sommeil (Weiden *et al.,* 1996).

I. Les troubles dissociatifs

Définition

Devenir quelqu'un d'autre ?

Avez-vous déjà été absorbé dans un rêve, une pensée ou un souvenir au point de perdre contact avec la réalité pendant un bref instant ? Quelqu'un a prononcé votre nom et vous êtes soudainement « revenu sur terre ». Tout le monde connaît de temps à autre une telle expérience dissociative, c'est-à-dire une perte de contact avec la réalité (Kihlstrom *et al.,* 1994). Les expériences dissociatives s'échelonnent le long d'un continuum : à une extrémité se trouvent les pertes de contact normales et, à l'autre, les troubles dissociatifs. Les premières sont courantes tandis que les seconds sont relativement rares.

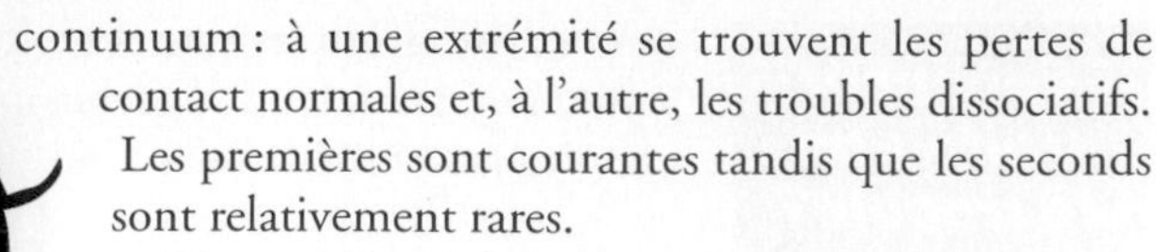

Un *trouble dissociatif* se caractérise par une rupture, une division ou une désorganisation du moi, de la conscience, de la mémoire ou de l'identité (American Psychiatric Association, 1994).

Nous traiterons ici de trois des cinq troubles dissociatifs que décrit le *DSM-IV.*

L'amnésie dissociative

Mark est amené à la salle d'urgence par des policiers. Il a l'air épuisé et il souffre d'insolation. Il se croit le 27 septembre alors qu'on est le 1er octobre. Il ne sait trop ce qui lui est arrivé. À force d'être questionné, il finit par se rappeler qu'il est parti en voilier avec des amis le 25 septembre et qu'une tempête s'est levée. Il ne se souvient de rien d'autre ; il ignore ce qui est arrivé à ses amis et au bateau. Il ne sait pas comment il a atteint la rive, où il est allé ni où il se trouve. Chaque fois qu'on lui indique qu'on est le 1er octobre et qu'il est à l'hôpital, il a l'air étonné (Spitzer *et al.,* 1994). Mark souffre d'amnésie dissociative.

L'*amnésie dissociative* se caractérise par l'incapacité de se souvenir de renseignements personnels et d'événements importants ; elle est généralement associée à des événements traumatisants. L'étendue de l'oubli est trop marquée pour qu'elle puisse s'expliquer par une simple « mauvaise mémoire » (American Psychiatric Association, 1994).

Mark aurait-il subi une blessure à la tête en affrontant le mauvais temps ? Les médecins n'ont trouvé chez lui aucun signe de traumatisme crânien ou de trouble neurologique. Pour aider Mark à se rappeler les événements survenus entre le 25 septembre et le 1er octobre, les médecins lui administrent de l'amobarbital sodique, un médicament qui aide les patients à se détendre et à se remémorer des événements traumatisants. Mark se souvient alors qu'il s'est attaché au bateau pour se protéger des vagues mais qu'une lame a emporté ses compagnons par-dessus bord. Mark souffre d'une amnésie dissociative (Spitzer *et al.,* 1994). La perte de mémoire caractéristique de ce trouble couvre quelques jours ou quelques semaines, voire quelques années (Eich *et al.,* 1997).

Il y a pire, cependant : une personne peut oublier qui elle est.

La fugue dissociative

L'homme s'est battu avec un client du restaurant où il travaillait. Il dit aux policiers qu'il s'appelle Burt Tate, mais il n'a pas de papiers d'identité sur lui. Il déclare qu'il est arrivé en ville il y a une quinzaine de jours et qu'il a pris cet emploi de cuisinier. Burt ne se rappelle pas d'où il vient ni où il a travaillé auparavant. Est-il marié ? A-t-il des enfants ? Il ne s'en souvient pas. En faisant des recherches dans le registre des personnes disparues, les policiers découvrent que Burt répond au signalement d'un certain Gene Saunders, qui a disparu un mois plus tôt d'une ville située à 280 km de là. Appelée sur les lieux, Mme Saunders identifie Burt Tate comme son mari, Gene Saunders (Spitzer *et al.,* 1994). Gene Saunders a fait une fugue dissociative.

La *fugue dissociative* est une perturbation marquée par un départ soudain et inattendu du domicile ou du lieu de travail, accompagné de l'incapacité de se souvenir de son passé. La personne peut adopter complètement ou partiellement une nouvelle identité (American Psychiatric Association, 1994).

Avant de conclure à une fugue dissociative, les médecins doivent s'assurer que la perturbation n'est due ni à la prise de drogues ou de médicaments ni à un traumatisme crânien.

Selon Mme Saunders, Gene a eu de graves problèmes professionnels au cours des 18 mois précédant sa fugue. Ses patrons lui ont reproché son piètre rendement et lui ont refusé une promotion. Cet homme charmant et sociable est devenu morose et difficile à vivre.

Comme l'illustre l'exemple de Gene, la fugue dissociative est reliée à des événements stressants ou traumatisants. Règle générale, le trouble disparaît tout d'un coup, et la personne recouvre son identité et ses souvenirs.

Le trouble dissociatif de l'identité

Avoir plusieurs personnalités ?

Le trouble dissociatif de l'identité, autrefois appelé personnalité multiple, est un trouble mental aussi renversant que controversé. Quelqu'un peut-il vraiment posséder plusieurs personnalités qui apparaissent à tour de rôle, se « connaissent » ou non, parlent et agissent différemment (Eich *et al.*, 1997) ? Nous décrirons ici un cas réel d'identité dissociative et nous étudierons les causes possibles de ce trouble.

Définition Mary se posait des questions. Chaque soir, au retour du travail, l'indicateur de niveau de carburant de sa voiture montrait que le réservoir était plein. Le matin, le réservoir était à moitié vide. Mary a donc décidé de noter le kilométrage le soir et de le comparer avec ce que le compteur indiquait le lendemain. Quelqu'un parcourait de 80 km à 160 km avec sa voiture tous les soirs. Mais qui cela pouvait-il bien être ?

Un jour que Mary subissait un traitement d'hypnose contre la douleur, le médecin s'informa à propos du mystère de la voiture. Une voix inconnue s'éleva : « Il est temps que tu fasses ma connaissance. » Cette voix, qui disait s'appeler Marian, expliqua qu'elle errait en voiture le soir afin de réfléchir à ses problèmes. Marian était aussi hostile et antipathique que Mary était gentille et sociable. Six autres personnalités apparurent au cours de la thérapie ; certaines étaient indépendantes et agressives, d'autres dépendantes et soumises. Chacune avait des souvenirs particuliers. Il arrivait que les différentes personnalités se disputent la prédominance. Enfant, Mary avait été victime de mauvais traitements physiques et sexuels de la part de son père (Spitzer *et al.*, 1994). Le médecin diagnostiqua chez elle un trouble dissociatif de l'identité.

Le *trouble dissociatif de l'identité* est l'existence chez une même personne de deux ou de plusieurs identités ou « états de personnalité » distincts, chacun ayant ses propres modalités de perception, de pensée et de relation vis-à-vis l'environnement. Au moins deux des états de personnalité prennent tour à tour le contrôle des pensées et du comportement de la personne (American Psychiatric Association, 1994).

Comme dans le cas de Mary, les personnalités sont généralement complexes et bien différenciées, et la personnalité initiale n'est pas consciente de l'existence des autres. Au bout de quatre ans de psychothérapie, Mary s'est débarrassée de quatre de ses personnalités, mais les deux qui restaient luttaient continuellement l'une contre l'autre (Spitzer *et al.*, 1994).

La fréquence et les causes Comme le montre le graphique ci-contre, le trouble dissociatif de l'identité était très rare avant 1970 ; on ne connaissait en effet que 36 cas à travers le monde. Puis, dans les années 1970 et 1980, le nombre de cas a considérablement augmenté (Fahy, 1988 ; Spanos, 1994). Différents facteurs expliquent cette « épidémie » : les erreurs de diagnostic, l'intérêt renouvelé des professionnels, la « mode » de ce trouble et l'encouragement que les thérapeutes dispensaient malgré eux aux patients (Hayes et Mitchell, 1994 ; Spanos, 1994). Quoi qu'il en soit, de 70 % à 80 % des professionnels de la santé mentale se montrent sceptiques face à l'augmentation de la fréquence du trouble (Hayes et Mitchell, 1994). Les femmes sont huit fois plus nombreuses que les hommes à recevoir un diagnostic de trouble dissociatif de l'identité. Par ailleurs, les personnes atteintes ont généralement des antécédents d'autres troubles mentaux.

L'origine du trouble Les spécialistes sont divisés quant aux causes du trouble dissociatif de l'identité. Certains pensent qu'il résulte du traumatisme associé à des mauvais traitements subis pendant l'enfance. Selon eux, l'identité se dissocierait afin de permettre à la personne de survivre à la souffrance. À l'appui de leurs dires, une étude portant sur des personnes atteintes a révélé que 89 % d'entre elles étaient des femmes et que 98 % de ces femmes avaient fait l'objet de sévices physiques et sexuels pendant leur enfance (Ellason et Ross, 1997). Un autre groupe de spécialistes postulent que le trouble dissociatif de l'identité est devenu si fréquent qu'il constitue maintenant pour les gens un moyen légitime d'exprimer leurs frustrations ou de manipuler les autres pour obtenir des bénéfices (Spanos, 1994).

Le traitement Certains patients chez qui l'on a diagnostiqué le trouble dissociatif de l'identité font face en plus à d'autres difficultés : dépression, anxiété, problèmes interpersonnels et toxicomanie. Le traitement de ce trouble consiste donc à aider la personne à éliminer ces difficultés et à intégrer ses diverses identités en une seule. La démarche peut s'étendre sur plusieurs années (Ellason et Ross, 1997).

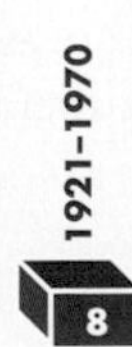

Les cas de trouble dissociatif de l'idendité dans le monde

J. Les thérapies

D'hier... à aujourd'hui

Par quoi a-t-on commencé ?

Depuis près de 60 ans, les psychologues cliniciens ont élaboré différentes approches thérapeutiques pour le traitement d'une variété de troubles mentaux.

Du XVe au XVIIe siècle, les gens qu'on dirait aujourd'hui schizophrènes étaient qualifiés d'aliénés et de lunatiques. On les enfermait dans des asiles et, souvent, on leur infligeait un traitement cruel et inhumain. On les immobilisait à l'aide d'une camisole de force, on les enchaînait à un mur de leur cellule, on les balançait d'avant en arrière jusqu'à ce qu'ils se calment, on les attachait sur une chaise (illustration ci-contre), on les menottait, on les aspergeait d'eau ou on les faisait tourner sur eux-mêmes jusqu'à ce qu'ils s'évanouissent.

Certains médecins avaient mis au point de singulières méthodes.

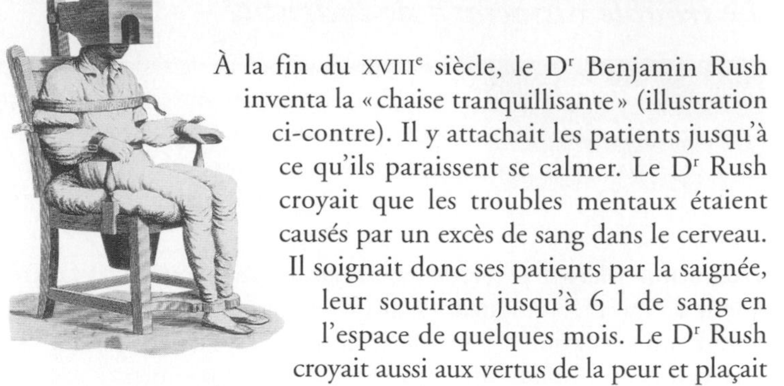

À la fin du XVIIIe siècle, le Dr Benjamin Rush inventa la « chaise tranquillisante » (illustration ci-contre). Il y attachait les patients jusqu'à ce qu'ils paraissent se calmer. Le Dr Rush croyait que les troubles mentaux étaient causés par un excès de sang dans le cerveau. Il soignait donc ses patients par la saignée, leur soutirant jusqu'à 6 l de sang en l'espace de quelques mois. Le Dr Rush croyait aussi aux vertus de la peur et plaçait ses patients dans des cercueils pour leur faire croire qu'ils étaient à l'article de la mort. En dépit de ses pratiques bizarres et, dans certains cas, inhumaines, le Dr Rush incitait son personnel à faire preuve de gentillesse et de compréhension envers les patients (Davidson et Neal, 1994).

Dès le début du XIXe siècle, heureusement, on assista aux premières réformes dans le traitement des troubles mentaux.

Les thérapies modernes

Qu'est-ce qui a changé ?

La première psychothérapie a été la psychanalyse, élaborée par Sigmund Freud au début du XXe siècle et dont la popularité a culminé dans les années 1950 (voir aussi page 280). Or, les psychoses engendraient plus d'hospitalisations de longue durée que les névroses, et la psychanalyse était plus efficace contre les secondes que contre les premières.

Les personnes atteintes de troubles mentaux graves ont donc fait l'objet de traitements inhumains jusqu'au début des années 1950. À cette époque, plus d'un demi-million de patients étaient internés aux États-Unis. Puis, au milieu des années 1950, deux événements ont modifié du tout au tout le sort réservé aux personnes atteintes de maladies mentales : la découverte des médicaments psychotropes et l'apparition des maisons de transition supervisées.

La chlorpromazine et la désinstitutionnalisation

Quelle fut la première percée ?

En 1950, cherchant un médicament propre à calmer les patients avant une opération sans pour autant les endormir complètement, le chirurgien français Henri Laborit a expérimenté une nouvelle substance sur une femme qui se trouvait être schizophrène. À la surprise de Laborit, cette substance a non seulement tranquillisé la patiente mais elle a aussi atténué les symptômes de sa schizophrénie. Ce médicament était la chlorpromazine. De la famille des phénotiazines, la chlorpromazine est utilisée depuis dans le traitement de la schizophrénie. La chlorpromazine a eu deux effets importants. Tout d'abord, cette découverte a stimulé la recherche portant sur les neurotransmetteurs et sur la médication dans le cas de troubles mentaux. De plus, comme la chlorpromazine a des effets suffisamment importants sur des symptômes sévères comme les délires ou les hallucinations pour qu'on constate une amélioration marquée des patients, l'hospitalisation, dans certains cas, n'était plus nécessaire. C'est cette réinsertion, dans la communauté, de patients psychiatriques qu'on appelle désinstitutionnalisation.

Les maisons de transition supervisées

Où se faire traiter ?

Quand les patients qui ont suffisamment amélioré leur état psychiatrique peuvent quitter le milieu hospitalier, d'autres ressources existent pour les aider à faciliter leur réinsertion dans la communauté. Dans les maisons de transition supervisées, sous la surveillance d'un personnel qualifié, les patients apprennent à organiser leur vie quotidienne (repas, soins personnels), à prendre correctement leurs médicaments, et même à chercher un emploi qui convienne à leurs capacités. Ce passage dans une maison de transition peut être d'une durée variable.

La thérapie médicale et la psychothérapie

Les choix d'approches thérapeutiques ne manquent pas pour qui veut remédier à un problème psychologique ou comportemental. Alors que la psychothérapie est axée sur la compréhension de soi et sur les facteurs psychosociaux des troubles mentaux, la thérapie médicale, pour sa part, vise à modifier les facteurs biologiques. Nous ferons ici un survol de ces différents traitements. Nous verrons plus en détail dans les prochaines sections les différentes approches offertes en psychothérapie.

La thérapie médicale

La *thérapie médicale* fait usage de médicaments psychotropes pour modifier les facteurs biologiques des troubles mentaux, telles les concentrations de neurotransmetteurs dans le cerveau.

La psychothérapie

Dans les *thérapies axées sur la compréhension de soi,* le patient parle de ses problèmes et de ses symptômes avec le thérapeute en vue d'en cerner la cause. Une fois cet objectif atteint, il peut commencer à discuter des solutions possibles avec le thérapeute.

L'exemple classique de thérapie axée sur la compréhension de soi est la psychanalyse, dont le but est d'aider le patient à voir clair dans ses problèmes. Or, la popularité de la psychanalyse a grandement diminué depuis les années 1950, car elle n'est pas à la portée de toutes les bourses vu sa durée et n'est pas plus efficace que les thérapies plus brèves.

La thérapie cognitivo-comportementale, par ailleurs, associe quelques éléments de la thérapie axée sur la compréhension de soi à une approche beaucoup plus directive.

La *thérapie cognitivo-comportementale* repose sur les principes de l'apprentissage dont il a été question au chapitre 6. Le thérapeute se concentre sur le problème du patient, détermine les pensées et les comportements à modifier et suggère des techniques propres à favoriser les changements désirés.

Alors que la psychanalyse est axée sur l'introspection et fournit peu de pistes de changement, la thérapie cognitivo-comportementale vise d'abord et avant tout à modifier les pensées et les comportements indésirables ou problématiques.

Le type de thérapie le plus en vogue à l'heure actuelle, celui que privilégient environ 68 % des thérapeutes, est l'approche éclectique (Lambert et Bergin, 1994).

L'*approche éclectique* associe les techniques et les principes de divers modèles thérapeutiques.

Un thérapeute partisan de l'approche éclectique pourrait par exemple utiliser quelques techniques non directives propres à la psychanalyse ainsi que des techniques directives caractéristiques de la thérapie cognitivo-comportementale.

Les effets de la psychothérapie

« Je vais laisser le temps passer et peut-être que ça va s'arranger tout seul. » C'est le genre de réflexion qu'on se fait parfois quand on a des problèmes. On peut donc se demander : la psychothérapie est-elle plus efficace que le temps ?

Pour répondre à cette question, les chercheurs emploient un outil complexe appelé méta-analyse.

La *méta-analyse* est un procédé statistique qui consiste à comparer les résultats d'un grand nombre d'études en vue de déterminer l'efficacité d'une variable ou d'un traitement.

On a par exemple comparé plus de 1500 études réalisées à propos des effets de la psychothérapie sur des problèmes comme la dépression, les troubles anxieux, les problèmes familiaux, les troubles alimentaires et les maux de tête (Jacobson et Christensen, 1996 ; Matt et Navarro, 1997 ; Wampold *et al.,* 1997).

La psychothérapie a soulagé une multitude de symptômes psychologiques et comportementaux chez des patients de groupes expérimentaux comparés à des patients de groupes contrôle qui étaient en attente de traitement ou qui n'ont reçu aucun traitement systématique.

Les différents types de psychothérapie atténuaient aussi efficacement les uns que les autres les symptômes psychologiques ou comportementaux. L'état de 75 % des patients s'était amélioré de façon mesurable au bout de 26 séances de psychothérapie (à raison de 1 par semaine pendant 6 mois).

Les données recueillies auprès de milliers de patients et de centaines de thérapeutes en Occident indiquent que la psychothérapie réussit à traiter de nombreux problèmes mentaux et comportementaux ; les différents types de psychothérapie étaient aussi efficaces les uns que les autres ; et l'état de 75 % des patients s'était amélioré de façon notable au bout de 26 séances de psychothérapie (à raison de 1 par semaine pendant 6 mois). Par ailleurs, on a observé que l'amélioration la plus marquée se manifeste en un laps de temps relativement court (Lambert et Bergin, 1994).

On peut donc en conclure que la psychothérapie est efficace, mais que le degré d'amélioration observé varie selon les patients (VandenBos, 1996).

Bien que plusieurs types de thérapie semblent avoir la même efficacité, certains sont mieux adaptés à des problèmes donnés. Quelques-uns, en outre, correspondent davantage à la personnalité et aux attentes des clients et des thérapeutes (Howard *et al.,* 1996). C'est ce que nous verrons dans les pages qui suivent.

K. Les thérapies axées sur la compréhension de soi

La psychanalyse

Qu'est-ce qu'une psychanalyse ?

Si Freud est presque universellement connu, c'est parce qu'il a été parmi les premiers à décrire de façon complète et captivante le développement de la personnalité, les troubles mentaux et les traitements possibles. Son œuvre est aussi monumentale que révolutionnaire. Sa célèbre théorie psychanalytique comprend deux volets. Le premier porte sur le développement de la personnalité (avec des concepts comme le ça, le moi, le surmoi et les stades psychosexuels) ; nous l'avons présenté au chapitre 10. Le second, que nous étudierons ici, traite de l'évolution et du traitement de divers troubles mentaux.

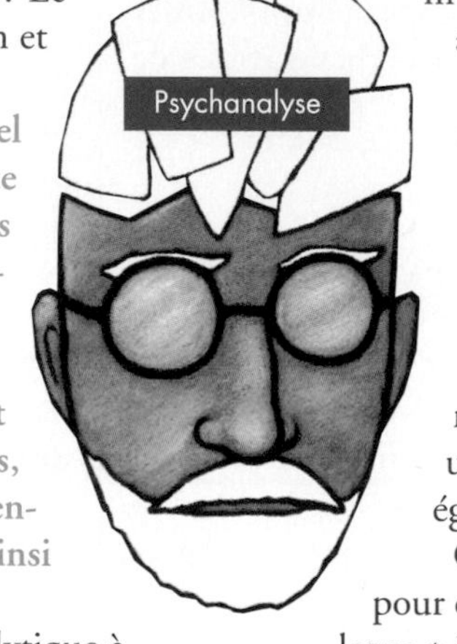

La *psychanalyse* repose sur le principe selon lequel l'esprit comprend une part inconsciente faite d'idées, de souvenirs et de pensées qui sont refoulés parce qu'ils menacent le concept de soi. Le refoulement peut se comparer à une barrière mentale qui s'érige automatiquement et qu'il est impossible d'abattre volontairement. La présence de pensées et de désirs refoulés donne naissance à des conflits, inconscients eux aussi, qui peuvent à leur tour engendrer des symptômes physiques et psychologiques ainsi que des troubles mentaux.

Freud a commencé à élaborer la théorie psychanalytique à la fin du XIXe siècle. À compter de 1902, un certain nombre de jeunes médecins et d'intellectuels se rassemblèrent autour de Freud pour apprendre les principes et les techniques de la psychanalyse. Introduite en Amérique en 1908 par Freud lui-même, la méthode atteignit le sommet de sa popularité dans les années 1950. En voici les trois piliers (Wolitzky et Eagle, 1997).

1. Selon Freud, les troubles psychologiques (comme la paranoïa) et les symptômes physiques (comme la perte de sensibilité dans une main) sont attribuables à des *conflits inconscients*. Pour se débarrasser de leurs problèmes psychologiques et physiques, les patients doivent déceler puis comprendre leurs conflits inconscients et leurs pensées refoulées.

2. Freud a mis au point *trois techniques* pour accéder aux conflits inconscients et aux pensées refoulées. Il s'agit des associations libres, de l'interprétation des rêves et de l'analyse des lapsus.

3. Freud a découvert qu'à un certain stade de la thérapie, le patient réagit au thérapeute comme s'il était une autre personne (ami, parent, conjoint, frère ou sœur, etc.). Il commence alors à projeter d'intenses émotions sur le thérapeute, un phénomène appelé *transfert*.

Freud a mis une dizaine d'années à formuler ces trois principes, à partir de ses entretiens avec des patients qui présentaient un éventail de problèmes psychologiques et de symptômes physiques.

Nous verrons dans les pages qui suivent le rôle que jouent ces principes dans le type de thérapie que Freud a baptisé psychanalyse.

Une séance de thérapie Pour vous aider à comprendre ce qui se passe pendant une psychanalyse, nous présenterons un extrait d'une séance puis nous expliquerons les interactions entre le client et le thérapeute.

Henry est un quadragénaire dont la démarche psychanalytique est avancée. Il arrive avec quelques minutes de retard chez son thérapeute, et fait une remarque en apparence anodine à ce propos.

« Vous allez dire que c'est de la résistance, lance-t-il sur un ton sarcastique, mais ça n'a rien à voir. J'ai hélé un taxi qui aurait pu m'emmener ici à temps. Mais le feu est passé au rouge juste avant que la voiture n'arrive à ma hauteur et quelqu'un d'autre est monté. J'étais si agacé que j'ai crié "Va te faire foutre" au chauffeur. »

Henry marque une brève pause puis, en riant, répète « Va te faire foutre », mais cette fois en s'adressant directement à l'analyste.

Après un autre moment de silence, l'analyste donne son interprétation : Henry lui tenait rigueur d'avoir annulé une séance antérieure. L'incident du taxi lui a fourni une occasion d'épancher la colère qu'il éprouvait à son égard.

Cette interprétation rend Henry furieux : « Qui êtes-vous pour que j'attache autant d'importance à une séance manquée ? » lance-t-il.

Henry s'interrompt et, plus calmement, laisse tomber : « Mon père, je suppose. »

Cette fois, le mot « père » donne lieu à un nouvel enchaînement de pensées.

« Mon père était distant, comme vous, dit Henry. Nous n'avons jamais eu de vraie conversation ». (adapté de Lipton, 1983)

Le rôle de l'analyste

Ce bref extrait illustre les principes fondamentaux de la méthode.

Les associations libres L'analyste incite le patient à faire des associations libres ou à verbaliser tout ce qui lui vient à l'esprit. L'analyste, pour sa part, n'émet que de rares commentaires.

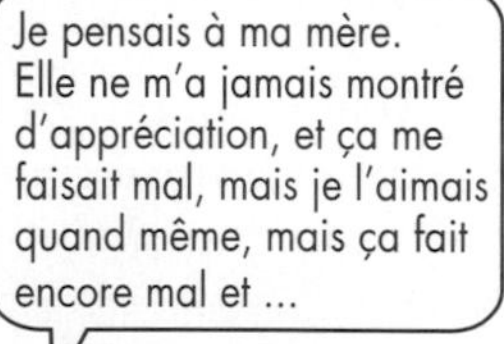

La technique des *associations libres* amène le patient à parler sans se censurer de tout ce qui lui vient à l'esprit afin de faire émerger les pensées inconscientes.

L'interprétation Les commentaires de l'analyste consistent en des interprétations ou des analyses des propos du patient. Dans l'extrait, l'analyste dégage la signification de la colère du client envers le chauffeur de taxi.

L'*interprétation des rêves* est une technique psychanalytique découlant du principe selon lequel les rêves sont l'expression symbolique des pensées et des désirs inconscients.

Les conflits inconscients En analysant les associations libres du client, l'analyste cherche à dévoiler les désirs refoulés qui ont donné naissance aux conflits inconscients et, par le fait même, aux problèmes psychologiques.

Bilan

Qu'est devenue la psychanalyse ?

En 1989, la revue *Psychoanalytic Quarterly* a marqué le 50e anniversaire de la mort de Freud en publiant une série d'articles intitulée « Is There a Future for American Psychoanalysis ? » (« La psychanalyse américaine a-t-elle un avenir ? »). L'un des auteurs souligna que la question aurait été impensable dans les années 1950, alors que la psychanalyse connaissait une immense popularité (Kirsner, 1990). À compter de cette époque et jusqu'à aujourd'hui, cependant, la psychanalyse a graduellement perdu son lustre (Henry *at al.*, 1994).

1 Le déclin

Ce n'est pas un mais plusieurs facteurs qui ont retiré à la psychanalyse la faveur populaire (Henry *et al.*, 1994 ; Kirsner, 1990).

Un bon nombre de concepts psychanalytiques, tels la recherche des conflits inconscients, l'interprétation des rêves, le transfert et l'élimination de la résistance, ont été intégrés à d'autres types de thérapie, dont la thérapie psychodynamique de courte durée et l'approche éclectique.

Plusieurs autres types de thérapie (présentés plus loin) se sont révélés tout aussi efficaces mais beaucoup plus rapides et moins coûteux. Il s'agit là d'une importante considération, puisque la majorité des régimes d'assurance-santé ne remboursent qu'une partie des traitements reçus pour des problèmes psychologiques.

La profession psychanalytique a fait preuve d'une certaine négligence en ce qui a trait à la formation de ses membres, à la recherche et au développement. Au cours des 10 dernières années, par exemple, il ne s'est publié que fort peu d'études scientifiques systématiques sur l'efficacité des techniques utilisées en psychanalyse (Henry *et al.*, 1994 ; Waldron, 1997).

Les médicaments psychotropes et les thérapies plus brèves sont très efficaces et moins coûteux ; ils ont des effets beaucoup plus rapides sur plusieurs des problèmes autrefois traités par la psychanalyse, l'anxiété et les troubles de l'humeur par exemple.

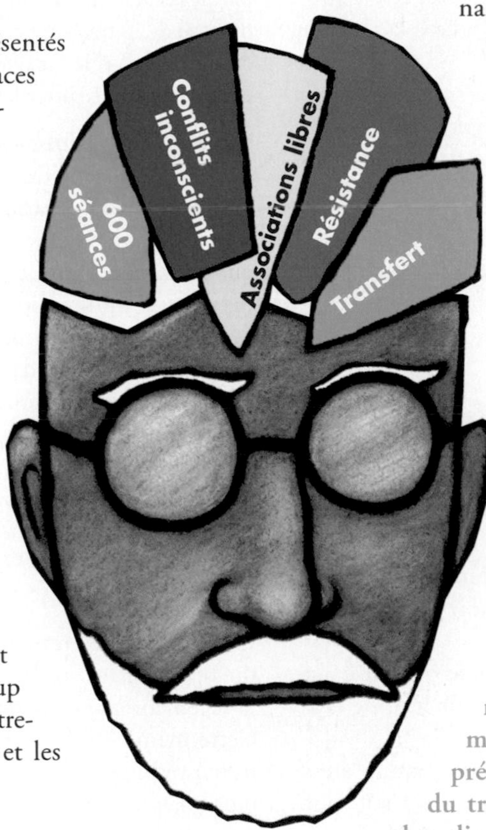

2 La thérapie psychodynamique de courte durée

La thérapie psychodynamique de courte durée constitue en quelque sorte une version abrégée de la psychanalyse (Della Selva, 1996).

La *thérapie psychodynamique* de courte durée reprend certains des concepts propres à la psychanalyse. On suppose par exemple que les symptômes sont les signes d'un problème sous-jacent, que la question du transfert doit être résolue et que les comportements du patient doivent être interprétés. L'objectif premier est de ramener à la surface les sentiments profonds du patient. Pour ce faire, le thérapeute joue un rôle plus actif et plus directif que celui du psychanalyste ; il commente les problèmes de son patient et suggère des solutions.

Alors que la psychanalyse traditionnelle nécessite en moyenne 600 séances réparties sur 2 ans, la thérapie psychodynamique de courte durée s'étend sur une trentaine de séances. Elle s'est révélée bénéfique dans le traitement des troubles reliés à l'adaptation, au stress et au deuil, de la dépression chez les personnes âgées ainsi que des troubles de l'affectivité et de la personnalité (Della Selva, 1996 ; Lambert et Bergin, 1994). La thérapie psychodynamique de courte durée compte aujourd'hui plus d'adeptes que la psychanalyse classique.

3 Les nouvelles orientations

Même si la psychanalyse classique se pratique de moins en moins, ses principes ne sont pas tombés en désuétude pour autant. Ils sont restés à l'œuvre dans la thérapie psychodynamique (Henry *et al.*, 1994).

La *thérapie psychodynamique* conserve plusieurs caractéristiques de la psychanalyse. Le thérapeute cherche notamment à commenter les sentiments du client, à surmonter ses mécanismes de défense et ses résistances, à interpréter ses comportements et à résoudre la question du transfert. Cependant, le thérapeute joue un rôle plus directif qu'en psychanalyse, ce qui a pour effet d'abréger la démarche.

Conclusion

L'engouement pour la psychanalyse freudienne classique n'est plus ce qu'il était. Coûteux, ce traitement n'est que partiellement remboursé par les compagnies d'assurance, alors qu'il existe des approches aussi efficaces mais plus brèves. En revanche, les idées de Freud sont encore à l'œuvre dans d'autres types de thérapie.

K. Les thérapies axées sur la compréhension de soi

La thérapie centrée sur le client (ou humaniste)

Quel est le rôle du thérapeute ?

Le psychologue américain Carl Rogers (1902-1987) employait au départ le type de thérapie le plus populaire en son temps, la psychanalyse freudienne. Mais, avec le temps, il s'est lassé du regard sombre et pessimiste que Freud jetait sur la nature humaine. Il refusait de croire que l'être humain répondait seulement à des pulsions biologiques (comme le sexe et l'agressivité) et que ses problèmes psychologiques naissaient de pensées et de désirs inconscients menaçants pour le soi. Rogers rejetait de même le rôle d'expert dévolu à l'analyste dans le modèle freudien ; il affirmait plutôt que le client avait la capacité ainsi que la responsabilité de changer. Le thérapeute devait donc renoncer à son rôle de spécialiste savant et devenir un guide dont les caractéristiques personnelles favoriseraient la croissance et le changement (Rogers, 1986). C'est ainsi que Rogers a créé la thérapie centrée sur le client.

La prémisse de la *thérapie centrée sur le client* (ou thérapie rogerienne) est que chaque personne possède une tendance à l'actualisation, c'est-à-dire à la pleine réalisation de soi-même. La tâche du thérapeute consiste donc à manifester au client sa compassion et son acceptation inconditionnelle afin de l'aider à réaliser son plein potentiel.

Une séance de thérapie

Voici un bref extrait d'un dialogue entre Rogers et l'une de ses clientes, qui avait de la difficulté à accepter l'indépendance de sa fille.

— J'ai beaucoup de problèmes avec ma fille. Elle a 20 ans ; elle est étudiante. J'ai beaucoup de mal à la laisser aller... Et je me sens très coupable face à elle. J'ai vraiment besoin de m'accrocher à elle. La maison est vide depuis qu'elle n'habite plus avec moi. C'est très dur.

— Son absence crée un vide, en quelque sorte.

— Oui, oui. J'aimerais être le genre de mère forte qui est capable de dire : « Vas-y, fais ta vie. » C'est très dur pour moi de faire ça.

— C'est très dur pour vous de renoncer à une chose qui a été si importante dans votre vie mais aussi, je pense, qui vous a fait souffrir, puisque vous avez parlé de culpabilité.

— Ouais... Et je suis consciente d'être en colère contre elle parce que je n'ai pas toujours ce que je veux. J'ai des besoins insatisfaits. Et, euh, j'ai l'impression que je n'ai pas le droit d'avoir ces besoins. Vous savez... c'est ma fille, pas ma mère. Bien que, parfois, j'aimerais qu'elle me materne... C'est très difficile pour moi de demander ça et de m'en donner le droit.

— Donc, c'est peut-être déraisonnable, mais quand même, elle ne répond pas à vos besoins et cela vous met en colère.

— Oui. Je deviens très fâchée, très fâchée contre elle. *(Pause.)*

— Vous ressentez aussi un peu de tension en ce moment, je pense.

— Oui, oui. Comme un conflit à l'intérieur...

— Et beaucoup de peine.

— Beaucoup de peine.

— Beaucoup de peine. Pouvez-vous m'en parler davantage ? (Adapté de Rogers, 1989, traduction libre)

Ce court extrait fait ressortir deux caractères distinctifs de la thérapie centrée sur le client. Premièrement, Rogers évite de donner des conseils ou d'exprimer de la désapprobation. Il s'attache à montrer à la cliente qu'il comprend ses sentiments. Deuxièmement, Rogers utilise pour manifester sa compréhension une technique appelée *reformulation,* qui consiste à redire dans ses propres mots les paroles et les sentiments de sa cliente. Il s'agit là d'une des techniques de base de la thérapie centrée sur le client. Un thérapeute humaniste croit que son rôle est d'aider ses clients à éliminer les obstacles qui les empêchent de réaliser leur potentiel (Greenberg et Rice, 1997).

Les caractéristiques du thérapeute

Rogers croyait que trois caractéristiques personnelles du thérapeute, l'empathie, l'acceptation inconditionnelle et l'authenticité, favorisaient le changement. L'*empathie* est la capacité de comprendre ce que le client éprouve et exprime. L'*acceptation inconditionnelle* est la capacité de communiquer de la sollicitude, du respect et de la considération au client. L'*authenticité,* enfin, est la capacité d'être soi-même, sans défense, dans les interactions avec le client.

De nombreuses études, cependant, ont montré que ces trois caractéristiques ne sont pas toujours garantes d'un résultat favorable (Greenberg *et al.,* 1994). Il semble que le succès repose plutôt sur l'établissement d'un partenariat entre le client et le thérapeute de même que sur la détermination du client à changer ou à évoluer (Greenberg et Rice, 1997).

L'efficacité

Une étude récente a montré que les personnes ayant suivi une thérapie centrée sur le client avaient vécu des changements importants en comparaison de personnes n'ayant suivi aucun traitement. Cette même étude a cependant révélé que la thérapie rogerienne n'était ni plus ni moins efficace que les autres types de thérapie. De plus, malgré l'importance accordée à l'empathie, il semble que cette attitude ne soit pas reliée aux progrès réalisés par les clients. Les études ont enfin permis de constater que les thérapeutes rogeriens qui utilisaient presque essentiellement la reformulation et qui s'abstenaient de donner des conseils obtenaient moins de succès que les thérapeutes plus directifs (Greenberg et Rice, 1997).

La thérapie centrée sur le client ne rallie plus que 6 % des psychologues aujourd'hui. Il n'en reste pas moins qu'elle a sensibilisé les thérapeutes à l'importance d'une bonne relation avec les clients (Bergin et Garfield, 1994).

La thérapie cognitive

Des pensées négatives qui rendent malades?

Aaron Beck avait étudié les techniques de la psychanalyse et les utilisait pour traiter ses clients, dont un grand nombre souffraient de dépression. En procédant à des associations libres avec eux, Beck a remarqué qu'ils exprimaient souvent des pensées négatives ou déformées à leur propre sujet: «Je suis un raté, personne ne m'aime, tout va mal.» Pire, les clients verbalisaient ces pensées presque automatiquement, sans y accorder beaucoup d'attention. Beck a alors postulé que les modes organisés de pensées erronées diminuaient l'estime de soi et intensifiaient l'autoévaluation négative; il a donc mis au point une forme de thérapie, la thérapie cognitive, pour aider ses clients à prendre conscience de ces pensées, à y mettre fin et à surmonter ainsi la dépression ou d'autres problèmes (Beck, 1976, 1991).

La prémisse de la *thérapie cognitive* est que le client a des pensées négatives automatiques qu'il se répète à lui-même sans s'en rendre compte. Ces pensées colorent et déforment ses perceptions et ses interprétations du monde, de même qu'elles influent sur son comportement et son humeur.

Une séance de thérapie

Pour vous montrer comment surgissent les modes organisés de pensées erronées, nous vous présentons un extrait d'un dialogue entre Aaron Beck et l'une de ses clientes, une étudiante de 26 ans aux prises avec des accès de dépression.

— Je déprime quand ça va mal. Quand j'échoue à un examen par exemple.

— Comment l'échec à un examen vous rend-il déprimée?

— Si j'échoue, je ne serai jamais acceptée en droit.

— Alors, êtes-vous d'accord pour dire que votre façon d'interpréter le résultat d'un examen a un effet sur vous? Vous pouvez vous sentir déprimée, avoir de la difficulté à dormir, perdre l'appétit. Dans ces moments-là, vous êtes tentée d'abandonner.

— Quand je pense que je n'y arriverai pas. Oui, je suis d'accord.

— Et alors, qu'est-ce qu'un échec signifie?

— (*en larmes*) Que je ne serai pas acceptée en droit.

— Et qu'est-ce que cela signifie pour vous?

— Que je ne suis pas assez brillante.

— C'est tout?

— Que je ne serai jamais heureuse.

— Et comment vous sentez-vous quand vous avez ces pensées?

— Très malheureuse.

— Alors c'est le sens que vous donnez au fait d'échouer un examen qui vous rend très malheureuse. Croire qu'on ne sera jamais heureux est un important facteur du désespoir. Vous vous piégez vous-même. Pour vous, ne pas être acceptée en droit signifie «je ne serai jamais heureuse». (Beck *et al.*, 1979, p. 145-146, traduction libre)

Avez-vous remarqué que la cliente a du mal à admettre que ses pensées influent sur ses sentiments? Avez-vous remarqué en outre qu'elle se déprécie avec des phrases comme «Je ne suis pas assez brillante» et «Je ne serai jamais heureuse»? Beck pense que ce genre d'énoncés se répercutent sur les pensées et les sentiments et qu'ils renforcent la dépression.

Les facteurs importants

Beck a décelé un certain nombre de types de pensées inadaptées qui favorisent l'apparition de malaises comme l'anxiété et la dépression. Ainsi, se dire «Je ne vaux rien» après un résultat médiocre à un examen constitue une *surgénéralisation,* c'est-à-dire une conclusion qui, pourtant fondée sur un incident isolé, engage toute la personne. Penser «La plupart des gens ne m'aiment pas» est un exemple de *pensée polarisée,* c'est-à-dire qui amène à classer des informations en seulement deux catégories, tout bon et tout mauvais («ou on m'aime, ou on me déteste»). Enfin, affirmer «Les gens me critiquent toujours» est une manifestation de l'*attention sélective,* qui consiste à s'attarder à un seul détail ou événement au point de négliger tous les autres (les compliments reçus, par exemple). Selon Beck, les modes organisés de pensées erronées déforment la conception qu'on a de soi et du monde et peuvent ainsi entraîner divers problèmes émotionnels. L'objectif premier de la thérapie cognitive est donc de déceler et de modifier ces modes organisés de pensées erronées.

Les techniques cognitives

En thérapie cognitive, le thérapeute enseigne aux clients que leurs modes organisés de pensées erronées et leurs croyances irrationnelles peuvent causer la dépression, l'anxiété et d'autres symptômes. Il les aide à reconnaître ces pensées, à les refréner et à leur substituer des pensées positives et rationnelles.

L'efficacité

Utilisée par environ 8 % des thérapeutes, la thérapie cognitive vient à bout d'un éventail de malaises. Elle se révèle aussi efficace que certains médicaments contre la dépression, l'anxiété généralisée, l'agoraphobie, les attaques de panique, le tabagisme et les troubles alimentaires (Beck et Fernandez, 1998; Richmond *et al.*, 1997; Scott, 1997; Spangler *et al.*, 1997). Dans certains cas, les bénéfices de la thérapie cognitive sont plus durables que ceux d'autres formes de thérapie (Hollon et Beck, 1994). La tendance est aujourd'hui à associer les techniques de la thérapie cognitive à celles du prochain type de thérapie que nous étudierons, la thérapie comportementale.

L. Les thérapies comportementales

Définition

Un héritage du petit Albert?

Déçus par la psychanalyse, Carl Rogers et Aaron Beck ont inventé de nouvelles formes de thérapie. Joseph Wolpe (1958, 1990) a parcouru le même cheminement dans les années 1950. Ce médecin d'Afrique du Sud cherchait un moyen plus rapide et plus efficace que la psychanalyse de soulager la peur et l'anxiété.

Trente ans plus tôt, Watson et Rayner avaient inculqué des réponses émotionnelles au petit Albert au moyen du conditionnement (voir chapitre 6). Wolpe a terminé ce que ces deux chercheurs avaient commencé: il a mis au point un procédé permettant de «désapprendre» les réponses émotionnelles. Ce procédé est appelé thérapie comportementale (Persons, 1997).

La *thérapie comportementale* (ou modification du comportement), fait appel aux principes du conditionnement classique et du conditionnement opérant pour modifier les comportements perturbateurs et améliorer le fonctionnement d'une personne. Elle vise à modifier des comportements précis plutôt que des phénomènes mentaux sous-jacents ou des facteurs inconscients.

L'extrait suivant vous permettra de vous familiariser avec la thérapie comportementale.

Une séance de thérapie

Le thérapeute discute avec une femme qui se plaint d'être incapable de s'affirmer.

— Le problème, au fond, c'est que j'ai tendance à laisser les gens me manger la laine sur le dos. Je ne sais pas pourquoi, mais j'ai du mal à exprimer mon opinion.

— Vous vivez toutes sortes de situations dans lesquelles vous ne réagissez pas comme vous le voudriez et vous aimeriez apprendre à vous conduire différemment.

— Oui mais, vous savez, j'ai essayé, mais on dirait que je suis incapable.

— Peut-être que vous vous en êtes trop demandé ou encore que vous ne connaissiez pas la bonne technique. Imaginez par exemple que vous êtes au bas d'un escalier et que vous voulez vous rendre en haut. Franchir toutes les marches en un seul pas de géant, c'est impossible. Il vaudrait peut-être mieux monter une marche à la fois.

— Ça a du bon sens, mais je ne suis pas certaine de comprendre comment je peux m'y prendre.

— Il existe sûrement des situations dans lesquelles vous n'auriez pas beaucoup de difficulté à vous affirmer, par exemple dire à votre patron qu'il oublie de vous payer depuis quatre semaines.

— (*en riant*) J'imagine que je dirais quelque chose dans cette situation. J'avoue que je me sentirais quand même mal à l'aise.

— Mais pas aussi mal à l'aise que si vous lui demandiez une augmentation.

— Non, certainement pas.

— Donc, la première situation se situe dans les premières marches de l'escalier, et la deuxième plus haut. Si vous appreniez à affronter les situations les plus faciles, alors les difficiles le seraient moins. Et le seul moyen d'apprendre à modifier vos réactions, c'est de vous exercer.

— Autrement dit, je n'ai pas d'autre choix que de m'obliger à donner mon opinion plus souvent, mais petit peu par petit peu?

— Exactement. Et c'est plus facile et plus rassurant de répéter certaines de ces situations ici, parce que vos erreurs ne porteront pas à conséquence. Une fois que vous aurez appris des façons d'exprimer votre opinion, vous pourrez les utiliser à l'extérieur (adapté de Goldfried et Davison, 1976, traduction libre).

Vous aurez remarqué que le thérapeute n'incite pas sa cliente à faire des associations libres (psychanalyse), qu'il ne répète pas ses paroles (thérapie centrée sur le client) et qu'il ne discute pas de sa tendance aux pensées négatives (thérapie cognitive). Il s'empresse de cerner le problème et propose à la cliente un programme de modification du comportement qui l'aidera à s'affirmer davantage.

Deux objectifs La thérapie comportementale vise deux objectifs. Le premier est de modifier les comportements indésirables et d'en enseigner de nouveaux au client. Le deuxième consiste à aider le client à atteindre des objectifs comportementaux précis au moyen d'exercices et de gratifications. Le thérapeute pourrait par exemple demander à la cliente de l'exemple de s'exercer à amorcer des conversations et à donner ses opinions. La cliente pourrait commencer dans le bureau du thérapeute et, graduellement, transposer ses apprentissages dans des situations réelles (Fishman et Franks, 1997).

Se mouiller d'un seul coup?

La journée est idéale pour la baignade. Un baigneur s'approche de la piscine, mais hésite tout à coup... Va-t-il glisser doucement dans l'eau ou plonger d'un seul coup? Dans le premier cas, il pourra s'habituer graduellement à ce changement de température corporelle. La transition sera douce, mais il devra peut-être attendre de longues minutes pour ressentir un réel rafraîchissement. S'il est plutôt de ceux qui n'hésitent pas à plonger d'un seul coup, ce baigneur sait qu'une fois élancé, il ne pourra plus arrêter le mouvement: les prochaines secondes risquent d'être pénibles compte tenu du choc des températures!

L'individu qui doit choisir une thérapie comportementale se trouve devant un dilemme semblable à celui du baigneur: choisir la thérapie de la désensibilisation systématique (se mouiller graduellement) ou la technique de l'immersion (plonger d'un seul coup). Ce sont ces deux techniques que nous verrons à présent.

La désensibilisation systématique

Surmonter la peur?

Jack était un étudiant qui voulait devenir ambulancier. Mais comment peut-on devenir ambulancier quand on perd connaissance à la vue du sang? Jack s'était évanoui une vingtaine de fois dans ses cours de sciences et de biologie. Il avait mal au cœur rien qu'à voir des accidents ou des opérations à la télévision. C'était, par ailleurs, un jeune homme heureux, jovial et sociable. Il n'avait qu'un seul problème... mais il était de taille (Yule et Fernando, 1980). Comment allait-il cacher sa phobie du sang à ses professeurs en commençant sa formation d'ambulancier?

Certaines thérapies pour les phobies durent des années. Un psychanalyste, par exemple, chercherait les conflits inconscients qui ont engendré la phobie de Jack. En thérapie comportementale, en revanche, 5 à 30 séances suffiraient. Il emploierait la technique élaborée par Wolpe (1958) dans les années 1950: la désensibilisation systématique.

La *désensibilisation systématique* est une technique de modification du comportement qui consiste à exposer graduellement le client à l'objet ou à la situation qu'il redoute tout en lui enseignant à se détendre. La désensibilisation s'effectue en trois étapes: apprendre à se détendre, établir une hiérarchie des stimuli et s'exposer graduellement à l'objet ou à la situation redoutés.

En thérapie comportementale, on présuppose que les phobies s'acquièrent à la suite d'un conditionnement et qu'on peut par conséquent les éliminer au moyen du déconditionnement. Voici comment on procède.

Les quatre étapes de la désensibilisation systématique

1 La relaxation Dans un premier temps, Jack a appris à se détendre en pratiquant la relaxation progressive. Cette méthode consiste à contracter et à relâcher les divers groupes de muscles, des pieds jusqu'à la tête. La plupart des gens apprennent la relaxation progressive en quelques semaines, à raison d'au moins 1 séance de 15 minutes par jour.

2 La hiérarchie des stimuli La deuxième étape de la désensibilisation systématique consiste à établir une hiérarchie des stimuli, c'est-à-dire à classer les stimuli du moins terrifiant au plus terrifiant (voir ci-contre). Avec l'aide de son thérapeute, Jack a ainsi énuméré les diverses situations associées au sang. Le chiffre 1 indique une peur légère, tandis que le chiffre 8 indique une peur extrême, ce qui veut dire un évanouissement dans le cas de Jack.

STRESS

8. Assister à une prise de sang
7. Voir l'un de ses doigts saigner
6. Voir quelqu'un se couper
5. Voir une aiguille s'enfoncer dans un bras
4. Regarder une opération à la télévison
3. Se faire une coupure profonde à un doigt
2. Se faire une coupure superficielle à un doigt
1. Voir le mot *sang*

3 L'exposition en imagination Après avoir franchi avec succès les deux premières étapes de la démarche, Jack était prêt pour la désensibilisation proprement dite. Il devait imaginer le stimulus anxiogène tout en se détendant.

Après avoir atteint un état de relaxation, Jack a pensé au premier élément de sa hiérarchie, voir le mot *sang*. Il a persisté jusqu'à ce qu'il ne ressente plus ni tension ni anxiété. Il est alors passé au deuxième élément et ainsi de suite jusqu'au huitième.

Jack a surmonté sa phobie du sang en cinq séances d'une heure. Un suivi réalisé cinq ans plus tard a indiqué que Jack maîtrisait toujours sa phobie, qu'il ne présentait aucun autre symptôme à la place et qu'il suivait une formation d'ambulancier (Yule et Fernando, 1980).

4 L'exposition *in vivo* Il semble que la désensibilisation systématique soit plus efficace si, au lieu d'imaginer les éléments de leur hiérarchie, les clients se prêtent à l'exposition *in vivo,* ce qui signifie à des objets ou à des situations réels (Emmelkamp et van Oppen, 1994). Kate Premo, dont nous avons parlé au début du chapitre, a eu recours à l'exposition *in vivo* pour surmonter sa peur de l'avion. Elle est montée dans un avion tout en faisant les exercices de respiration et de relaxation qu'elle avait appris auparavant.

Les cliniciens ont découvert que l'exposition *in vivo* constituait un traitement très efficace dans environ 55 % des cas de trouble obsessionnel-compulsif, une affection qu'on croyait autrefois chronique et incurable (Abramowitz, 1997). Il apparaît donc que la désensibilisation systématique, surtout lorsque associée à l'exposition *in vivo,* soulage efficacement une foule de troubles anxieux (Gould *et al.,* 1997).

L'immersion

L'immersion est une technique de modification du comportement à laquelle le client choisit de recourir. Cette technique peut bien sûr être suggérée par le thérapeute, mais le client doit être conscient des efforts importants qu'il devra déployer et être prêt à les assumer. Grâce à cette méthode, le client est directement confronté à l'objet de sa phobie, sans aucune période de transition ou d'adaptation. Il s'agit d'une technique très exigeante pour le client qui est alors en contact direct avec l'objet de sa phobie. Phobie des ascenseurs? On vous propose de monter et de descendre les étages de la Place Ville-Marie en ascenseur. Phobie des chats? On vous placera dans une pièce avec cet animal. Le thérapeute reste toujours en présence du client au cours de la session d'immersion afin de l'aider à réduire son angoisse. C'est cette technique que Kate Premo a choisi pour guérir sa phobie des avions.

M. La thérapie cognitivo-comportementale

Deux formes de thérapie réunies

Associer deux types de thérapie ?

Nous avons vu comment sont nées, dans les années 1950, les thérapies comportementale et cognitive, et en quoi elles consistent. Alors que la thérapie comportementale vise à déceler et à modifier des comportements, la thérapie cognitive vise à déceler et à modifier un mode organisé de pensées erronées ou inadaptées. Au début des années 1990, des chercheurs et des cliniciens ont associé ces deux formes de thérapie pour créer la thérapie cognitivo-comportementale (Wilson *et al.*, 1997).

La *thérapie cognitivo-comportementale* est une fusion des techniques de la thérapie cognitive et de la thérapie comportementale. Autrement dit, elle consiste à modifier les pensées négatives, malsaines ou déformées ainsi que les comportements inadaptés ou perturbateurs tout en inculquant au client des habiletés qui favoriseront son fonctionnement.

À l'heure actuelle, la frontière est en voie de s'effacer entre thérapie cognitive et thérapie comportementale (Ellis, 1997 ; Hollon et Beck, 1994).

Les techniques En thérapie cognitivo-comportementale, les clients acquièrent un certain nombre de techniques qui les aident à mieux fonctionner. Ils apprennent à observer leurs pensées et leurs comportements, à discerner ceux qui devraient être modifiés, à se fixer des objectifs précis de difficulté croissante, à se récompenser lorsqu'ils en atteignent un, à imiter des comportements, à substituer des pensées positives aux pensées négatives et à s'exercer dans un environnement rassurant avant d'affronter les situations réelles (Larkin et Edens, 1994). Ces techniques se retrouvent à la base de presque tous les programmes d'autothérapie, c'est-à-dire les démarches qu'on peut accomplir sans l'aide d'un thérapeute. Il convient cependant de noter que les programmes d'autothérapie ne remplacent pas le thérapeute auprès des personnes ayant des problèmes graves ou nécessitant un soutien constant.

Application : le cas de Kate Premo

Revenons au cas de Kate Premo (voir page 261). Sa peur de l'avion, intense et irrationnelle, a été nourrie à la fois par un mode organisé de pensées erronées et par un niveau élevé d'activation physiologique. La thérapie cognitivo-comportementale est indiquée dans cette situation.

Les modes organisés de pensées erronées Avec le temps, Kate a appris à associer un danger à tous les bruits normaux qu'on entend en avion, que ce soit au décollage, en vol ou à l'atterrissage. Pour modifier ces idées génératrices de peur intense, Kate a rencontré un pilote de ligne qui lui a indiqué la source des différents bruits. Cela a amené Kate à substituer à ses pensées catastrophiques (« ce bruit signifie que l'avion va s'écraser ») des constatations plus réalistes (« ce bruit est celui du train d'atterrissage qui se déploie »).

Les comportements Comme Kate devenait très nerveuse et extrêmement anxieuse en avion, le thérapeute lui a appris à ralentir sa respiration, à utiliser des techniques de relaxation et à utiliser l'imagerie mentale pour remplacer les images catastrophiques par des stimuli agréables (se voir déjà sur la plage, par exemple). Toutes ces techniques ont permis à Kate d'utiliser ses pensées pour contrôler son comportement et les réactions physiologiques qui y sont associées.

Des recherches ont montré que la thérapie cognitivo-comportementale est efficace pour le traitement de diverses phobies (Gould *et al.*, 1997).

L'immersion Dans le cas de Kate, il s'agissait d'effectuer un vol à bord d'un avion bien réel ; pour cela, il y a également toute une préparation psychologique à faire. Quand une personne phobique réussit à se retrouver face à l'objet de sa phobie, quoique l'expérience implique un niveau élevé d'anxiété, le résultat est assez surprenant. Sous supervision constante de son thérapeute, Kate a réussi à prendre l'avion, ce qui lui aurait été impossible avant sa thérapie.

L'efficacité La thérapie cognitivo-comportementale est utilisée pour traiter plusieurs problèmes, dont les troubles de l'alimentation, les phobies, les problèmes conjugaux, l'anxiété ou certaines dysfonctions sexuelles et connaît un taux de réussite élevé. Dans certains cas, la thérapie cognitivo-comportementale s'est avérée aussi efficace que l'utilisation de médicaments dans le traitement de certaines formes d'anxiété, de phobies, de dépression ou d'insomnie (Abramowitz, 1997 ; Gould *et al.*, 1997 ; Thase *et al.*, 1997).

N. Diversité culturelle : troubles mentaux et sociétés

Un trouble propre à une culture ?

L'anxiété est un problème très courant. Il s'agit du troisième plus important problème de santé mentale aux États-Unis et dans différents pays asiatiques, notamment le Japon, deux régions du globe ayant pourtant des cultures très différentes. Il existe cependant des phénomènes reliés aux troubles mentaux qu'on n'observe que dans certaines cultures. Nous en verrons ici deux exemples. La santé mentale est aussi grandement influencée par le fait d'être un homme ou une femme. Nous aborderons également cet aspect.

Le TKS (taijin kyofusho)

Il existe une phobie sociale propre aux pays asiatiques, appelée *taijin kyofusho,* qui se caractérise par une peur intense et irrationnelle d'offenser quelqu'un par le fait de rougir, d'émettre des odeurs corporelles désagréables ou encore de fixer du regard son interlocuteur. Les gens souffrant de TKS (principalement des Japonais) essaient désespérément de contrôler ces symptômes, sans succès d'ailleurs, ce qui les amène à fuir les interactions sociales. D'ailleurs, les termes « taijin kyofusho » signifient « peur des relations interpersonnelles ».

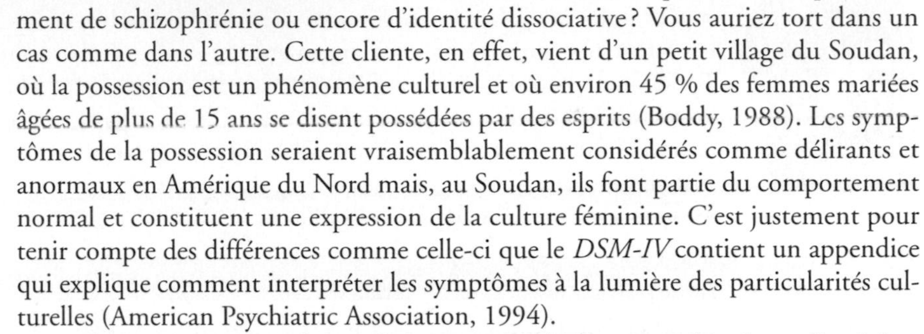

Le TKS est plus fréquent chez les hommes que chez les femmes et touche une proportion importante des adolescents et des jeunes adultes japonais, soit 20 % d'entre eux. Cette phobie sociale est tellement courante qu'il y a presque autant de cliniques spécialisées dans le traitement du TKS que de « cliniques minceur » aux États-Unis.

Le symptôme principal du TKS est la peur du contact visuel (Yamashita, 1993). Dans la culture nord-américaine, le contact visuel est très recherché : un manque de contact visuel dans une interaction sociale y est interprété comme de la timidité ou un grave manque d'habiletés sociales.

La possession

Vous êtes clinicien et une femme vous décrit comme suit ses symptômes : « Il arrive qu'un esprit envahisse ma tête et mon corps et me fasse dire et faire des choses dont je ne me souviens pas toujours. L'esprit est très puissant et je ne sais jamais à quel moment il me dominera. Il est apparu pour la première fois quand j'avais 16 ans et il ne m'a pas quittée depuis. »

En bon clinicien, vous procéderez certainement à une entrevue clinique approfondie avec la cliente et vous lui ferez subir une batterie de tests psychologiques. En vous basant sur les symptômes qu'elle décrit, conclurez-vous qu'elle a des idées délirantes et des hallucinations et qu'elle souffre probablement de schizophrénie ou encore d'identité dissociative ? Vous auriez tort dans un cas comme dans l'autre. Cette cliente, en effet, vient d'un petit village du Soudan, où la possession est un phénomène culturel et où environ 45 % des femmes mariées âgées de plus de 15 ans se disent possédées par des esprits (Boddy, 1988). Les symptômes de la possession seraient vraisemblablement considérés comme délirants et anormaux en Amérique du Nord mais, au Soudan, ils font partie du comportement normal et constituent une expression de la culture féminine. C'est justement pour tenir compte des différences comme celle-ci que le *DSM-IV* contient un appendice qui explique comment interpréter les symptômes à la lumière des particularités culturelles (American Psychiatric Association, 1994).

Le TKS et la possession sont deux exemples de situations dans lesquelles il faut tenir compte de facteurs culturels pour déterminer si les symptômes manifestés sont normaux ou anormaux. Les recherches récentes montrent d'ailleurs que certains facteurs culturels pourraient influer sur l'apparition d'autres maladies mentales telles que les troubles de l'humeur (Kleinman et Cohen, 1997).

La culture et les rôles sexuels

En Amérique du Nord, de nombreux troubles mentaux, tels le trouble bipolaire et la schizophrénie, touchent autant d'hommes que de femmes. Certaines maladies mentales, par ailleurs, dont l'épisode dépressif majeur et la dysthymie, font beaucoup plus de victimes parmi les femmes que parmi les hommes (voir le graphique ci-dessous), que ce soit en Amérique du Nord ou dans des pays comme le Chili, la Chine, Taïwan et l'Ouganda (Kleinman et Cohen, 1997).

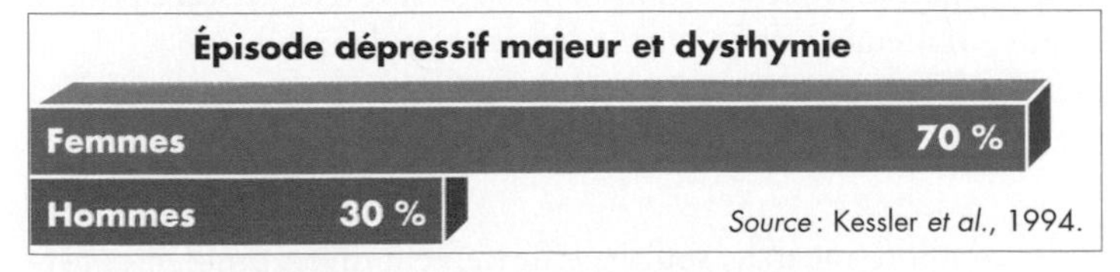

Source : Kessler *et al.*, 1994.

Selon un chercheur, la différence serait attribuable aux rôles sexuels. Les mentalités ont évolué, certes, mais le stéréotype veut encore que les hommes soient indépendants, affirmés et dominateurs, des caractéristiques qui ont tendance à réduire le degré de stress. À l'opposé, le stéréotype demande aux femmes d'être dépendantes, passives et altruistes. Le sentiment d'impuissance ainsi créé impose un stress accru aux femmes et les prédispose à des troubles émotionnels comme la dépression (Barlow et Durand, 1995; Kleinman et Cohen, 1997).

Nous ferons maintenant une synthèse de ce dont nous avons discuté dans ce chapitre.

O. Les types de psychothérapie : synthèse

Fondements, méthodes et techniques

Nous avons présenté cinq formes de psychothérapie dans ce chapitre, soit la psychanalyse, la thérapie centrée sur le client, la thérapie cognitive, la thérapie comportementale et la thérapie cognitivo-comportementale. Nous en ferons ici une synthèse.

La psychanalyse

Origine Créée par Sigmund Freud au début du XXe siècle, la psychanalyse a marqué les débuts de la psychothérapie. Freud a élaboré sa méthode en traitant des patients qui présentaient des troubles divers. Ses hypothèses reposent donc sur des études de cas plutôt que sur des données expérimentales.

Fondement Selon Freud, l'esprit refoule les pensées inacceptables ou menaçantes et les soustrait au champ de conscience. Le refoulement engendre des conflits qui produisent à leur tour de l'anxiété ainsi qu'un éventail de problèmes psychologiques et émotionnels.

Techniques Freud a mis au point deux techniques pour révéler les pensées inconscientes : les associations libres et l'interprétation des rêves. Il a été le premier à discerner l'importance du transfert et de la résistance en thérapie. Il pensait que la guérison reposait sur la mise au jour et la résolution des conflits inconscients.

La thérapie centrée sur le client (ou humaniste)

Origine Au début des années 1950, Carl Rogers a rejeté le rôle d'expert que la psychanalyse attribuait au thérapeute et mis au point la thérapie centrée sur le client afin de mettre le patient aux commandes du changement.

Fondement Selon Rogers, le client a la capacité de s'actualiser et d'exploiter pleinement son potentiel. C'est le client, et non le thérapeute, qui est responsable du changement. Néanmoins, certaines caractéristiques du thérapeute aident le client à réaliser le changement voulu.

Techniques Le thérapeute rogerien utilise la technique de la reformulation (répéter dans ses mots les paroles et les sentiments exprimés par le client) pour témoigner son intérêt et sa compréhension au client. Selon Rogers, l'empathie, l'acceptation inconditionnelle et l'authenticité du thérapeute contribuent à créer une ambiance chaleureuse et rassurante propice à la résolution des problèmes du client.

La thérapie cognitive

Origine Au début des années 1970, Aaron Beck a rejeté le présupposé de la psychanalyse selon lequel les conflits inconscients constituaient la cause principale des problèmes psychologiques. À force de discuter avec des patients, il a remarqué qu'un grand nombre d'entre eux répétaient une série d'énoncés négatifs les concernant, souvent sans s'en rendre compte. Beck croyait que cela jouait un rôle important dans les problèmes émotionnels.

Fondement Selon Beck, les pensées et les croyances automatiques et négatives peuvent teinter les sentiments et les actions, déformer les perceptions et engendrer divers problèmes psychologiques et émotionnels. Il faut donc les modifier.

Techniques En thérapie cognitive, le thérapeute aide le client à discerner ses modes organisés de pensées erronées et négatives et à les remplacer par des pensées positives et rationnelles.

La thérapie comportementale

Origine Mise au point dans les années 1950, la thérapie comportementale s'inspire des principes du conditionnement classique et du conditionnement opérant. Elle a été créée en réaction à la psychanalyse, qui mettait l'accent sur les conflits inconscients sans appuyer ses principes sur la démarche scientifique.

Fondement La prémisse de la thérapie comportementale est qu'on peut éliminer des réactions émotionnelles au moyen des mêmes méthodes de conditionnement qui permettent de les acquérir.

Techniques En thérapie comportementale, le thérapeute détermine les comportements à modifier et suggère des méthodes au client pour l'aider à réaliser les changements. Les techniques de modification du comportement sont l'auto-observation, l'autogratification, l'imitation de modèle et le jeu de rôles. L'association de la désensibilisation systématique et de l'immersion s'est révélée efficace pour le traitement de l'anxiété, des peurs et des phobies.

La thérapie cognitivo-comportementale

La thérapie cognitivo-comportementale, une synthèse des thérapies cognitive et comportementale, soulage efficacement divers problèmes psychologiques et elle est couramment utilisée dans les programmes d'autothérapie. La thérapie comportementale est axée sur des comportements observables, tandis que la thérapie cognitivo-comportementale s'attache en plus à modifier les modalités de la pensée.

L'efficacité de la psychothérapie

La psychothérapie est-elle utile ?

Imaginez que vous voulez consulter un professionnel pour un problème psychologique qui nuit à votre vie quotidienne. Il peut s'agir de la peur des lieux publics, de la dépression ou encore de la difficulté à établir ou à maintenir des relations intimes. Vous avez le choix entre six grandes catégories (graphique ci-contre) et des dizaines de sous-catégories (Singer et Lalich, 1997). Deux questions se posent : vaudrait-il mieux attendre que le problème disparaisse de lui-même ? Y a-t-il une psychothérapie plus efficace que les autres ?

Attendre que le problème disparaisse de lui-même donne de bons résultats pour 10 % à 20 % des personnes ayant des problèmes psychologiques. Les cliniciens, cependant, n'ont aucun moyen d'établir à l'avance si une personne ayant un problème donné ne peut qu'attendre qu'il passe (Eysenck, 1994). Pour le reste des personnes ayant des problèmes psychologiques, la patience est inefficace, voire nuisible, car les difficultés persistent ou empirent avec le temps. Ces personnes ont tout intérêt à consulter un professionnel de la santé.

Des chercheurs ont analysé plus de 1500 études qui traitaient des effets de la psychothérapie sur des problèmes aussi divers que la dépression, différentes formes d'anxiété, les difficultés familiales, les difficultés interpersonnelles et les troubles alimentaires. Ils ont découvert que la psychothérapie soulageait un éventail de problèmes psychologiques et comportementaux plus efficacement que les procédés appliqués aux sujets de groupes témoins (des gens en attente d'une thérapie ou qui ne recevront aucun traitement). De plus, le gros de l'amélioration se produit en un laps de temps relativement court, soit en 25 à 40 séances (Jacobson et Christensen, 1996 ; Lowry et Ross, 1997 ; Matt et Navarro, 1997).

Sachant que la psychothérapie vient à bout des problèmes, nous pouvons tenter de déterminer quelle est celle qui est la plus efficace.

Les thérapies les plus utilisées

Thérapie	%
Éclectique	36 %
Psychanalytique ou psychodynamique	24 %
Autres	16 %
Comportementale	11 %
Cognitive	8 %
Humaniste ou centrée sur le client	6 %

Source : Smith, 1982

Les facteurs communs

Quel type est le plus efficace ?

Puisque les types de psychothérapie les plus répandus ont des fondements, des méthodes et des techniques différents, on peut se demander s'ils ont aussi des degrés d'efficacité différents. Les chercheurs font la même constatation depuis 20 ans : l'efficacité des différentes thérapies varie très peu, si tant est qu'elle varie (DeRubeis et Crits-Christoph, 1998 ; Howard *et al.*, 1997 ; Wampold *et al.*, 1997). Cependant, les thérapies comportementale, cognitive et cognitivo-comportementale se révèlent plus efficaces que les thérapies traditionnelles comme la thérapie psychodynamique pour un petit nombre de troubles psychologiques, telles les attaques de panique, les phobies, les compulsions et la dépression (Lambert et Bergin, 1994).

Une psychothérapie, oui : mais de quel type ?

Comment des types de thérapie si différents peuvent-ils être aussi efficaces les uns que les autres ? À cause de leurs facteurs communs, c'est-à-dire l'ensemble des procédés et des expériences de base qu'on retrouve dans tous les types de thérapie (Arkowitz, 1997 ; Weinberger, 1995). Il s'agit notamment de l'établissement d'une relation d'aide et de confiance entre le thérapeute et le client ainsi que de la création d'une atmosphère d'acceptation dans laquelle le client est enclin à admettre ses problèmes et motivé à les résoudre.

L'établissement d'une relation empreinte de chaleur, de confiance et d'acceptation entre le thérapeute et le client joue un rôle primordial dans la solution du problème et la modification du comportement (Lambert et Bergin, 1994). Aussi les chercheurs conseillent-ils aux gens de choisir un thérapeute avec lequel ils ont des atomes crochus (Dawes, 1994).

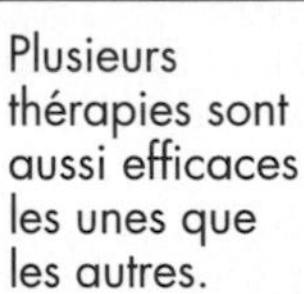

De plus en plus de gens recourent à la psychothérapie. Aux États-Unis, en 1994, plus de sept millions de personnes (soit 3 % de la population) l'avaient fait et, dans la plupart des cas, durant 20 visites ou plus. Ces personnes ont ainsi dépensé plus de quatre milliards de dollars (Docherty et Streeter, 1995). Le consommateur qui sommeille en tout client sera rassuré d'apprendre que la psychothérapie est généralement efficace et que (sauf s'il souffre de troubles anxieux ou de dépression) le type de thérapie qu'il choisit revêt moins d'importance que les facteurs communs que nous avons mentionnés plus haut.

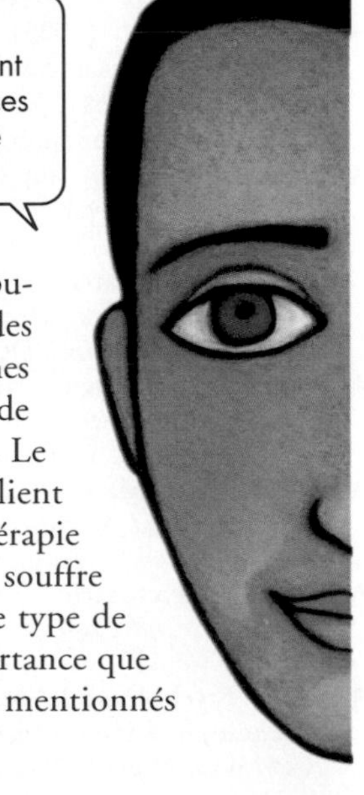

Bibliographie

Abernethy, B., Neal, R. J., et Koning, P. (1994). « Visual-Perceptual and Cognitive Differences Between Expert, Intermediate, and Novice Snooker Players ». *Applied Cognitive Psychology,* 8, p. 185-211.

Abramowitz, J. S. (1997). « Effectiveness of Psychological and Pharmacological Treatments for Obsessive-Compulsive Disorder : A Quantitative Review ». *Journal of Consulting and Clinical Psychology,* 65, p. 44-52.

Adan, A. (1992). « The Influence of Age, Work Schedule and Personality on Morningness Dimensions ». *International Journal of Psychophysiology,* 12, p. 95-99.

Adelmann, P. K., et Zajonc, R. B. (1989). « Facial Efference and the Experience of Emotion ». *Annual Review of Psychology,* 40, p. 249-280.

Ader, R., et Cohen, N. (1975). « Behaviorally Conditioned Immunosuppression ». *Psychosomatic Medicine,* 37, p. 333-340.

Alanen, P. P. (1997). « A Critical Review of Genetic Studies of Schizophrenia. I. Epidemiological and Brain Studies ». *Acta Psychiatrica Scandinavica,* 95, p. 1-5.

Alexander, G. E., Furey, M. L., Grady, C. L., Pietrini, P., Brady, D. R., Mentis, M. J., et Schapiro, M. B. (1997). « Association of Premorbid Intellectual Function with Cerebral Metabolism in Alzheimer's Disease : Implications for the Cognitive Reserve Hypothesis ». *American Journal of Psychiatry,* 154, p. 165-172.

Ali, S. I., et Begum, S. (1994). « Fabric Softeners and Softness Perception ». *Ergonomics,* 37, p. 801-806.

Allen, R. P., et Mirabile, J. (18 juin 1997). Cité dans E. Woo, « How to Get A's, not Zzzz ». *Los Angeles Times.*

Althof, S. E. (1995). « Pharmacologic Treatment of Rapid Ejaculation ». *The Psychiatric Clinics of North America,* 18, p. 85-94.

Altman, L. K. (19 janvier 1997). « With AIDS Advance, More Disappointment ». *New York Times.*

Amabile, T. M. (1985). « Motivation and Creativity : Effects of Motivational Orientation on Creative Writers ». *Journal of Personality and Social Psychology,* 48, p. 393-399.

American Association on Mental Retardation (1993). *Mental Retardation* (9e éd.). Annapolis Junction, MD : AAMR Publications.

American Psychiatric Association (1952). *Diagnostic and Statistical Manual of Mental Disorders.* Washington, DC : Author.

American Psychiatric Association (1968). *Diagnostic and Statistical Manual of Mental Disorders* (2e éd.). Washington, DC : Author.

American Psychiatric Association (1980). *Diagnostic and Statistical Manual of Mental Disorders* (3e éd.). Washington, DC : Author.

American Psychiatric Association (1994). *Diagnostic and Statistical Manual of Mental Disorders* (4e éd.). Washington, DC : Author.

American Psychological Association, Division of Psychological Hypnosis (1993). « Hypnosis ». *Psychologial Hypnosis* 2(3).

Anastasi, A., et Urbina, S. (1997). *Psychological Testing.* Upper Saddle River, NJ : Prentice Hall.

Anderson, K. J. (1994). « Impulsivity, Caffeine, and Task Difficulty : A Within-Subjects Test of the Yerkes-Dodson Law ». *Personality and Individual Differences,* 16, p. 813-819.

Andreasen, N. C. (1997a). « The Role of the Thalamus in Schizophrenia ». *Canadian Journal of Psychiatry,* 42, p. 27-33.

Andreasen, N. C. (1997b). « Linking Mind and Brain in the Study of Mental Illnesses : A Project for a Scientific Psychopathology ». *Science,* 275, p. 1586-1593.

Andreasen, N. C., Nopoulos, P., Schultz, S., Miller, D., Gupta, S., Swayze, V., et Flaum, M. (1994). « Positive and Negative Symptoms of Schizophrenia : Past, Present, and future ». *Acta Psychiatrica Scandinavica,* 90, p. 510-519.

Angelo, B. (4 novembre 1991). « Life at the End of the Rainbow ». *Time.*

Antonuccio, D. O., Thomas, M., et Danton, W. G. (1997). « A Cost-Effective Analysis of Cognitive Behavior Therapy and Fluoxetine (Prozac) in the Treatment of Depression ». *Behavior Therapy,* 28, p. 187-210.

Archer, J. (1997). « On the Origins of Sex Differences in Social Behavior : Darwinian and Non-Darwinian Accounts ». *American Psychologist,* 52, p. 1383-1384.

Arena, J. G., Bruno, G. M., et Rozantine, G. S. (1997). « A Comparison of Tension Headache Sufferers and Nonpain Controls on the State-Trait Anger Expression Inventory : An Exploratory Study with Implications for Applied Psychophysiologists ». *Applied Psychophysiology and Biofeedback,* 22, p. 209-214.

Arendt, J., et Deacon, S. (1997). « Treatment of Circadian Rhythm Disorders–Melatonin ». *Chronobiology International,* 14, p. 185-204.

Arkowitz, H. (1997). « Integrative Theories of Therapy ». Dans P. L. Wachtel et S. B. Messer, (Éd.), *Theories of Psychotherapy : Origins and Evolution.* Washington, DC : American Psychological Association.

Aserinsky, E., et Kleitman, N. (1953). « Regularly Occurring Periods of Eye Motility, and Concomitant Phenomena During Sleep ». *Science,* 118, p. 273-274.

Ashton, H. (1994). « The Treatment of Benzodiazepine Dependence ». *Addiction,* 89, p. 1535-1541.

Atkinson, J. W. (1964). *An Introduction to Motivation.* Princeton, NJ : Van Nostrand Reinhold.

Atkinson, J. W. (Éd.) (1958). *Motives in Fantasy, Action and Society.* Princeton, NJ : Van Nostrand Reinhold.

Atkinson, J. W., et Birch, D. (1978). *Introduction to Motivation.* New York : Van Nostrand.

Atkinson, J. W., et Raynor, J. O. (Éd.) (1974). *Motivation and Achievement.* Washington, DC : V. H. Winston.

Atkinson, R. C., et Shiffrin, R. M. (1968). « Human Memory : A Proposed System and its Control Processes ». Dans K. W. Spence et J. T. Spence (Éd.), *The Psychology of Learning and Motivation : Advances in Research and Theory* (Vol. 2). New York : Academic Press.

Atkinson, R. C., et Shiffrin, R. M. (1971). « The Control of Short Term Memory ». *Scientific American,* 225, p. 82-90.

Attias, J., Gordon, C., Ribak, J., Binah, O., et Arnon, R. (1987). « Efficacy of Transdermal Scopolamine against Seasickness : A 3-Day Study at Sea ». *Aviation, Space and Environmental Medicine,* 58, p. 60-62.

Audrain, J. E., Klesges, R. C., et Klesges, L. M. (1995). « Relationship Between Obesity and the Metabolic Effects of Smoking in Women ». *Health Psychology,* 14, p. 116-123.

Azar, B. (octobre 1994). « Scientists Eye Complexities of Aggression ». *APA Monitor.*

Azar, B. (novembre 1994). « Mixed Messages Fuel Dieting Dilemmas ». *APA Monitor.*

Baddeley, A. (1994). « The Magical Number Seven : Still Magic after all these Years ? ». *Psychological Review,* 101, p. 353-356.

Bahrick, H. P., Bahrick, P. O., et Wittlinger, R. P. (1975). « Fifty Years of Memory for Names and Faces ». *Journal of Experimental Psychology : General,* 104, p. 54-75.

Bahrick, H. P., Hall, L. K., Berger, S. A. (1996). « Accuracy and Distortion in Memory for High School Girls ». *Psychological Science,* 7, p. 265-271.

Bailey, J. M., et Zucker, H. J. (1995). « Childhood Sex-Typed Behavior and Sexual Orientation : A Conceptual Analysis and Quantitative Review ». *Developmental Psychology,* 31, p. 43-55.

Baldwin, J. D., et Baldwin, J. I. (1997). « Gender Differences in Sexual Interest ». *Archives of Sexual Behavior,* 26, p. 181-210.

Ball, E. M. (1997). « Sleep Disorders in Primary Care ». *Comprehensive Therapy,* 23, p. 25-30.

Balzar, J. (8 mars 1997). « A Passion for Canines, Cold Winds ». *Los Angeles Times.*

Bandura, A. (1965). « Influence of Models' Reinforcement Contingencies on the Acquisition of Imitative Responses ». *Journal of Personality and Social Psychology,* 1, p. 589-596.

Bandura, A. (1986). *Social Foundations of Thought and Action : A Social Cognitive Theory.* Englewood Cliffs, NJ : Prentice-Hall.

Bandura, A. (1989a). « Human Agency in Social Cognitive Theory ». *American Psychologist,* 44, p. 1175-1184.

Bandura, A. (1989b). « Social Cognitive Theory ». Dans R. Vasta (Éd.), *Annals of Child development* (Vol. 6). Greenwich, CT : JAI Press.

Bandura, A. (Éd.) 1995. *Self-Efficacy in Changing Societies.* New York : Cambridge University Press.

Bandura, A., Blanchard, E. B., et Ritter, B. (1969). « Relative Efficacy of Desensitization and Modeling Approaches for Inducing Behavioral, Affective and Attitudinal Changes ». *Journal of Personality and Social Psychology,* 13, p. 173-179.

Barinaga, M. (1992). « The Brain Remaps its Own Contours ». *Science,* 258, p. 216-218.

Barinaga, M. (1997). « A Mitochondrial Alzheimer's Gene ? » *Science,* 276, p. 682.

Barkley, R. (18 juillet 1994). Cité dans C. Wallis, « Life in Overdrive ». *Time.*

Barkley, R. A. (1997). « Behavioral Inhibition, Sustained Attention, and Executive Functions: Constructing a Unifying Theory of ADHD ». *Psychological Bulletin,* 121, p. 65-94.

Barling, J., Kelloway, E. K., et Cheung, D. (1996). « Time Management and Achievement Striving to Predict Car Sales Performance ». *Journal of Applied Psychology,* 81, p. 821-826.

Barlow, D. H., et Durand, V. M. (1995). *Abnormal Psychology: An Integrative Approach.* Pacific Grove, CA: Brooks/Cole.

Barrett, S. (janvier-février 1995). « The Dark Side of Linus Pauling's Legacy ». *Skeptical Inquirer.*

Bartoshuk, L. M. (1997). Cité dans K. Fackelmann, « The Bitter Truth ». *Science News,* 152, p. 24-25.

Bartoshuk, L. M., et Beauchamp, G. K. (1994). « Chemical Senses ». *Annual Review of Psychology,* 45, p. 419-449.

Basil, R. (1989). « Graphology and Personality: Let the Buyer Beware ». *Skeptical Inquirer,* 13, p. 241-248.

Bates, B. L. (1994). « Individual Differences in Response to Hypnosis ». Dans J. W. Rhue, S. J. Lynn, et I. Kirsch (Éd.), *Handbook of Clinical Hypnosis.* Washington, DC: American Psychological Association.

Bateson, P. (1991). « Is Imprinting such a Special Case? ». Dans J. R. Krebs et G. Horn (Éd.), *Behavioural and Neural Aspects of Learning and Memory*. Oxford: Oxford University Press.

Bauer, P. J. (1996). « What do Infants Recall of their Lives? ». *American Psychologist,* 51, p. 29-41.

Baumeister, R. F., et Leary, M. R. (1995). « The Need to Belong: Desire for Interpersonal Attachments as a Fundamental Human Motivation ». *Psychological Bulletin,* 117, p. 497-529.

Baumrind, D. (1995). « Commentary on Sexual Orientation: Research and Social Policy Implications ». *Developmental Psychology,* 31, p. 130-136.

Bear, M. F., Connors, B. W., et Paradiso, M. A. (1996). *Neuroscience: Exploring the Brain.* Baltimore: Williams & Wilkins.

Beardsley, T. (août 1997). « The Machinery of Thought ». *Scientific American,* p. 78-83.

Bechara, A., Damasio, H., Tranel, D., Damasio, A. R. (1997). « Deciding Advantageously before Knowing the Advantageous Strategy ». *Science,* 275, p. 1293-1295.

Bechara, A., Tranel, D., Damasio, H., Adolphs, R., Rockland, C., et Damasio, A. R. (1995). « Double Dissociation of Conditioning and Declarative Knowledge Relative to the Amygdala and Hippocampus in Humans ». *Science,* 269, p. 1115-1120.

Beck, A. T. (1976). *Cognitive Therapy and the Emotional Disorders.* New York: International Universities Press.

Beck, A. T. (1991). « Cognitive Therapy: A 30-Year Retrospective ». *American Psychologist,* 46, p. 368-375.

Beck, A. T., Rush, A. J., Shaw, B. F., et Emery, G. (1979). *Cognitive Therapy of Depression.* New York: Guilford Press.

Beck, R., et Fernandez, E. (1998). « Cognitive-Behavioral Therapy in the Treatment of Anger: A Meta-Analysis ». *Cognitive Therapy and Research,* 22, p. 63-74.

Becker, J. V., et Kaplan, M. S. (1994). « Sexual Disorders ». Dans V. B. Van Hasselt et M. Mersen (Éd.), *Advanced Abnormal Psychology*. New York: Plenum Press.

Bednekoff, P. A., Kamil, A. C., Balda, R. P. (1997). « Clark's Nutcracker (Aves: Corvidae) Spatial Memory; Interference Effects on Cache Recovery Performance? ». *Ethology,* 103, p. 554-565.

Begley, S. (29 août 1994). « Why Johnny and Joanie Can't Read ». *Newsweek.*

Begley, S. (24 février 1997). « Mammogram War ». *Newsweek.*

Bell, A. P., Weinberg, M. S., et Hammersmith, S. K. (1981). *Sexual Preference: Its Development in Men and Women.* Bloomington: Indiana University Press.

Bell, S. M., McCallum, R. S., Bryles, J., Driesler, K., McDonald, J., Park, S. H., et Williams, A. (1994). « Attributions for Academic Success and Failure: An Individual Difference Investigation of Academic Achievement and Gender ». *Journal of Psychoeducational Assessment,* 13, p. 4-13.

Benes, F. M. (1997). « The Role of Stress and Dopamine — GABA Interactions in the Vulnerability for Schizophrenia ». *Journal of Psychiatric Research,* 31, p. 57–275.

Ben-Shakhar, G., Bar-Hillel, M., Bilu, Y., Ben-Abba, E., et Flug, A. (1986). « Can Graphology Predict Occupational Success? Two Empirical Studies and some Methodological Ruminations ». *Journal of Applied Psychology,* 71, p. 645-653.

Benson, H. (1975). *The Relaxation Response.* New York: Morrow.

Benson, H. (1997). Cité dans W. Roush, Herbert Benson, « Mind-Body Maverick Pushes the Envelope ». *Science,* 276, p. 357-359.

Benson, H., Lehmann, J. W., Malhotra, M. S., Goldman, R. F., Hopkins, P. J., et Epstein, M. D. (1982). « Body Temperature Changes During the Practice of G Tum-Mo Yoga ». *Nature,* 295, p. 234-235.

Benson, H., Malhotra, M. S., Goldman, R. F., Jacobs, G. D., et Hopkins, P. J. (1990). « Three Case Reports of the Metabolic and Electroencephalographic Changes during Advanced Buddhist Meditation Techniques ». *Behavioral Medicine,* 16, p. 90-95.

Berger, J., et Cunningham, C. (1994). « Active Intervention and Conservation: Africa's Pachyderm Problem ». *Science,* 263, p. 1241-1242.

Bergin, A. E., et Garfield, S. L. (1994). « Overview, Trends, and Future Issues ». Dans A. E. Bergin et S. L. Garfield (Éd.). *Handbook of psychotherapy and behavior change* (4e éd.). New York: Wiley.

Berglas, S. (1989). « Self-Handicapping Behavior and the Self-Defeating Personality Disorder ». Dans R. C. Curtis (Éd.), *Self-Defeating Behaviors: Experimental Research, Clinical Impressions, and Practical Implications.* New York: Plenum Press.

Berk, L. B., et Patrick, C. F. (1990). « Epidemiologic Aspects of Toilet Training ». *Clinical Pediatrics,* 29, p. 278-282.

Bermond, B., Nieuwenhuyse, B., Fasotti, L., et Schuerman, J. (1991). « Spinal Cord Lesions, Peripheral Feedback, and Intensities of Emotional Feelings ». *Cognition and Emotion,* 5, p. 201-220.

Bernstein, D. A. (mars 1993). *Excuses, Excuses.* APS Observer.

Betancourt, H., et Lopez, S. R. (1993). « The Study of Culture, Ethnicity, and Race in American Psychology ». *American Psychologist,* 48, p. 629-637.

Biederman, J., Faraone, S., Milberger, S., Guite, J., Mick, E., Chen, L., Mennin, D., Marrs, A., Ouellette, C., Moore, P., Spencer, T., Norman, D., Wilens, T., Kraus, I., et Perrin, J. (1996). « A Prospective 4-Year Follow-Up Study of Attention-Deficit Hyperactivity and Related Disorders ». *Archives of General Psychiatry,* 53, p. 437-446.

Biehl, M., Matsumoto, D., Ekman, P., Hearn, V., Heider, K., Kudoh, T., et Ton, V. (1997). « Matsumoto and Ekman's Japanese and Caucasian Facial Expressions of Emotion (JACFEE): Reliability Data and Cross-National Differences ». *Journal of Nonverbal Behavior,* 21, p. 3-21.

Binet, A., et Simon, T. (1905). « Méthodes nouvelles pour le diagnostic du niveau intellectuel des anormaux ». *L'Année Psychologique,* 11, p. 191-244.

Bisserbe, J. C., Lane, R. M., Flament, M. R., et Franco-Belgian OCD Study Group (1997). « A Double-Blind Comparison of Sertraline and Clomipramine in Outpatients with Obsessive-Compulsive Disorder ». *European Psychiatry,* 12, p. 82-93.

Black, D. W., Baumgard, C. H., et Bell, S. E. (1995). « A 16- to 45-Year Follow-Up of 71 Men with Antisocial Personality Disorder ». *Comprehensive Psychiatry,* 36, p. 130-140.

Blakely, M. R. (15 mai 1994). « A Place of Belonging ». *Los Angeles Times Magazine.*

Bliwise, D. L. (1997). « Sleep and Aging ». Dans M. R. Pressman et W. C. Orr (Éd.), *Understanding Sleep: The Evaluation and Treatment of Sleep Disorders.* Washington, DC: American Psychological Association.

Block, R. I. (1996). « Does Heavy Marijuana Use Impair Human Cognition and Brain Functioning? » *Journal of the American Medical Association,* 275, p. 560-561.

Boddy, J. (1988). « Spirits and Selves in Northern Sudan: The Cultural Therapeutics of Possession and Trance ». *American Ethnologist,* 15, p. 4-27.

Boden, M. A. (1994). « Précis of the Creative Mind: Myths and Mechanisms ». *Behavioral and Brain Sciences,* 17, p. 519-570.

Boivin, D. B., Czeisler, C. A., Kijk, D. J., Duffy, J. F., Folkard, S., Minors, D. S., Totterdell, P., et Waterhouse, J. M. (1997). « Complex Interaction of Sleep-Wake Cycle and Circadian Phase Modulates Mood in Healthy Subjects ». *Archives of General Psychiatry,* 54, p. 145-152.

Bibliographie

Bondolfi, G., Dufour, H., Patris, M., May, J. P., Billeter, U., Eap, C. B., Baumann, P. (1998). « Risperidone Versus Clozapine in Treatment-Resistant Chronic Schizophrenia : A Randomized Double-Blind Study ». *American Journal of Psychiatry,* 155, p. 499-504.

Bonebakker, A. E., Jelicic, M., Passchier, J., et Bonke, B. (1996). « Memory During General Anesthesia : Practical and Methodological Aspects ». *Consciousness and Cognition,* 5, p. 542-561.

Booth-Kewley, S., et Friedman, H. S. (1987). « Psychological Predictions of Heart Disease : A Quantitative Review ». *Psychological Bulletin,* 101, p. 343-362.

Bootzin, R. R., et Rider, S. P. (1997). « Behavioral Techniques and Biofeedback for Insomnia ». Dans M. R. Pressman et W. C. Roo (Éd.), *Understanding Sleep : The Evaluation and Treatment of Sleep Disorders.* Washington, DC : American Psychological Association.

Born, J., Lange, T., Hansen, K., Molle, M., et Fehm, H. L. (1997). « Effects of Sleep and Circadian Rhythm on Human Circulating Immune Cells ». *Journal of Immunology,* 158, p. 4454-4464.

Bouchard, T. J., Jr. (1997). « IQ Similarity in Twins Reared Apart : Findings and Responses to Critics ». Dans R. J. Sternberg et E. Grigorenko (Éd.), *Intelligence, Heredity, and Environment.* New York : Cambridge University Press.

Bouchard, T. J., Jr., Lykken, D. T., McGue, M., Segal, N. L., et Tellegen, A. (1990). « Sources of Human Psychological Differences : The Minnesota Study of Twins Reared Apart ». *Science,* 250, p. 223-228.

Bower, B. (1991). « Oedipus Wrecked ». *Science News,* 140, p. 248-250.

Bower, F. (1997). « The Power of Limited Thinking ». *Science News,* 152, p. 334-335.

Bowers, K., et Farvolden, P. (1996). « Revisiting a Century-Old Freudian Slip–From Suggestion Disavowed to the Truth Repressed ». *Psychological Bulletin,* 119, p. 335-380.

Boykin, A. W. (août 1996). « The Case of African-American Inner-City Schools ». Dans R. Serpell et B. Nsamenang, *Basic Education for the Modern World : Alternatives to Western Cultural Hegemony*. Québec : International Society for the Study of Behavioral Development.

Bradley, S. J., et Zucker, K. J. (1997). « Gender Identity Disorder : A Review of the Past 10 Years ». *Journal of the American Academy of Child Adolescence Psychiatry,* 36, p. 87-880.

Brainerd, C. J., et Poole, D. A. (1997). « Long-Term Survival of Children's False Memories : A Review ». *Learning and Individual Differences,* 9, p. 125-151.

Brecher, E. M. (1972). *Licit and Illicit Drugs.* Boston : Little, Brown.

Brennan, J. (28 septembre 1997). « This 1,800-Pound Bear is no 800-Pound Gorilla ». *Los Angeles Times/Calendar.*

Brennan, P. A., et Raine, A. (1997). « Biosocial Bases of Antisocial Behavior : Psychophysiological, Neurological, and Cognitive Factors ». *Clinical Psychology Review,* 17, p. 589-604.

Brickman, P., Coates, D., et Janoff-Bulman, R. (1978). « Lottery Winners and Accident Victims : Is Happiness Relative ? ». *Journal of Personality and Social Psychology,* 36, p. 917-927.

Briere, J., et Conte, J. (1993). « Self-Reported Amnesia for Abuse in Adults Molested as Children ». *Journal of Traumatic Stress,* 6, p. 21-31.

Bristol, M. M., Cohen, D. J., Costello, E. J., Denckla, M., Eckberg, T. H., Kallen, R., Kraemer, H. C., Lord, C., Maurer, R., McIlvane, W. J., Minskew, N., Sigman, M., et Spence, M. A. (1996). « State of the Science in Autism : Report to the National Institute of Health ». *Journal of Autism and Developmental Disorders,* 26, p. 121-154.

Brody, J. E. (6 janvier 1998). « Depression : 2 Famous Men Tell their Stories ». *San Diego Union-Tribune.*

Brody, N. (1992). *Intelligence.* New York : Academic Press.

Brody, N. (1997). « Intelligence, Schooling, and Society ». *American Psychologist,* 52, p. 1046-1050.

Brooks, C. (27 février 1994). « Breakdown into the Shadows of Mental Illness Special Report ». *San Diego Union-Tribune.*

Brooks, C. (1995a, 5 juin). « Rod Steiger Is Powerful Voice for Mentally Ill ». *San Diego Union-Tribune.*

Brooks, C. (1995b, 27 février). « Shadowlands : Three Profiled in Mental Illness Series Are Striving to Improve their Conditions ». *San Diego Union-Tribune.*

Brown, A. S. (1991). « A Review of the Tip-of-the-Tongue Experience ». *Psychological Bulletin,* 109, p. 204-223.

Brown, S. L. (décembre 1994). « Animals at play ». *National Geographic.*

Brown, T. A., Barlow, D. H., et Liebowitz, M. R. (1994). « The Empirical Basis of Generalized Anxiety Disorder ». *American Journal of Psychiatry,* 151, p. 1271-1280.

Brownell, K. D., et Rodin, J. (1994). « The Dieting Maelstrom ». *American Psychologist,* 49, p. 781-791.

Brownlee, S. (3 février 1997). « The Case for Frivolity ». *U.S. News & World Report.*

Brzezinski, A. (1997). « Melatonin in Humans ». *New England Journal of Medicine,* 336, p. 186-195.

Buckout, R. (1980). « Nearly 2,000 Witnesses Can Be Wrong ». *Bulletin of the Psychonomic Society,* 16, p. 307-310.

Buitelaar, J. K., Jan van der Gaag, R., Swaab-Barneveld, H., et Kuiper, M. (1996). « Pindolol and Methlphenidate in Children with Attention-Deficit Hyperactivity Disorder. Clinical Efficacy and Side Effects ». *Journal of Child Psychology and Psychiatry,* 37, p. 587-595.

Buonomano, D. V., et Merzenich, M. M. (1995). « Temporal Information Transformed into a Spatial Code by a Neural Network with Realistic Properties ». *Science,* 267, p. 1028-1030.

Buss, D. (août 1996). Cité dans B. Azar, « Modern Mating : Attraction or Survival ? ». *APA Monitor,* p. 31-32.

Buss, D. M. (1994). « Mate Preferences in 37 Cultures ». Dans W. J. Lonner et R. Malpass (Éd.), *Psychology and Culture.* Boston : Allyn et Bacon.

Buss, D. M. (1995). « Psychological Sex Differences ». *American Psychologist,* 50, p. 164-168.

Buss, D. M., Abbott, M., Angleitner, A., Asherian, A., Biaggio, A., Blanco-VillaSenor, A., Bruchon-Schweitzer, M., Ch'u, H. Y., Czapinski, J., DeRaad, B., Ekehammar, B., Fioravanti, M., Georgas, J., Gjerde, P., Guttman, R., Hazan, F., Iwawaki, S., Janakiramaiah, H., Khosroshani, F., Kreitler, S., Lachenicht, L., Lee, M., Liik, K., Little, B., Lohamy, N., Makun, S., Mika, S., Moadel-Shahid, M., Moane, G., Montero, M., Mundy-Casde, A. C., Niit, T., Nsenduluka, E., Peltzer, K., Pienkowski, R., Pirttila-Backman, A., Ponce De Leon, J., Rousseau, J., Runco, M. A., Safir, M. P., Samuels, C., Sanitioso, R., Schweitzer, B., Serpell, R., Smid, N., Spencer, C., Tadinac, M., Todorova, E. N., Troland, K., Van den Brande, L., Van Heck, G., Van Langenhove, L., et Yang, K. S. (1990). « International Preferences in Selecting Mates ». *Journal of Cross-Cultural Psychology,* 21, p. 5-47.

Buss, D. M., et Schmitt, D. P. (1993). « Sexual Strategies Theory : An Evolutionary Perspective on Human Mating ». *Psychological Review,* 100, p. 204-232.

Byne, W. (1994). « The Biological Evidence Challenged ». *Scientific American,* 270, p. 50-55.

Byne, W. (1997). « Why We Cannot Conclude that Sexual Orientation Is Primarily a Biological Phenomenon ». *Journal of Homosexuality,* 34, p. 73-80.

Cabeza, R., et Nyberg, L. (1997). « Imaging Cognition : An Empirical Review of PET Studies with Normal Subjects ». *Journal of Cognitive Neuroscience,* 9, p. 1-26.

Cacioppo, J. T., Klein, D. J., Berntson, G. G., et Hatfield, E. (1993). « The Psychophysiology of Emotion ». Dans M. Lewis et J. M. Haviland (Éd.), *Handbook of Emotions.* New York : Guilford Press.

Cacioppo, J. T., Petty, R. E., Feinstein, J. A., et Jarvis, W. B. G. (1996). « Dispositional Differences in Cognitive Motivation : The Life and Times of Individuals Varying in Need for Cognition ». *Psychological Bulletin,* 119, p. 197-253.

Calvo, M. G., et Carreiras, M. (1993). « Selective Influence of Test Anxiety on Reading Processes ». *British Journal of Psychology,* 84, p. 375-388.

Camp, G. C. (1994). « A Longitudinal Study of Correlates of Creativity ». *Creativity Research Journal,* 7, p. 125-144.

Cannon, T. D., Kaprio, J., Lonnqvist, J., Huttunen, M., et Koskenvuo, M. (1998).

« The Genetic Epidemiology of Schizophrenia in a Finnish Twin Cohort ». *Archives of General Psychiatry,* 55, p. 67-74.

Caplan, N., Choy, M. H., et Whitmore, J. K. (1992). « Indochinese Refugee Families and Academic Achievement ». *Scientific American,* 266, p. 36-42.

Carducci, B. J. (1998). « The Psychology of Personality ». Pacific Grove, CA : Brooks/Cole. *Psychology Today,* p. 34-40.

Carey, K. B., et Correia, C. J. (1997). « Drinking Motives Predict Alcohol-Related Problems in College Students ». *Journal of Studies on Alcohol,* 58, p. 100-185.

Carlin, A. S., Hofman, H. G. et Weghorst, S. (1997). « Virtual Reality and Tactile Augmentation in the Treatment of Spider Phobia : A Case Report ». *Behavior Research and Therapy,* 35, p. 153-158.

Carlson, N. R. (1998). *Physiology of Behavior* (6e éd.). Boston : Allyn et Bacon.

Carskadon, M. A., et Taylor, J. F. (1997). « Public Policy and Sleep Disorders ». Dans M. R. Pressman et W. C. Orr (Éd.), *Understanding Sleep : The Evaluation and Treatment of Sleep Disorders.* Washington, DC : American Psychological Association.

Cartwright, R. (juillet-août 1988). Cité dans *Psychology Today.*

Cartwright, R. D. (1993). « Who Needs Their Dreams ? The Usefulness of Dreams in Psychotherapy ». *Journal of the American Academy of Psychoanalysis,* 21, p. 539-547.

Ceci, S. J., Rosenblum, T., de Bruyn, E., et Lee, D. Y. (1997). « A Bio-Ecological Model of Intellectual Development : Moving beyond h2 ». Dans R. J. Sternberg et E. Grigorenko (Éd.), *Intelligence, Heredity, and Environment.* New York : Cambridge University Press.

Centers for Disease Control and Prevention (1997). « Update : Trends in AIDS Incidence, Deaths, and Prevalence » — United States, 1996. *Journal of the American Medical Association,* 277, p. 874-875.

Centre canadien de lutte contre l'alcoolisme et les toxicomanies (2001). Site web : http://www.ccsa.ca/horiz94f.htm (8 février 2001).

Cerone, D. (22 octobre 1989). « How to Train an 1,800-Pound Star ». *Los Angeles Times/Calendar.*

Chalmers, D. J. (décembre 1995). « The Puzzle of Conscious Experience ». *Scientific American,* 80-86.

Chaves, J. F. (1994). « Hypnosis in Pain Management ». Dans J. W. Rhue, S. J. Lynn, et I. Kirsch (Éd.), *Handbook of Clinical Hypnosis.* Washington, DC : American Psychological Association.

Chavez, S. (3 janvier 1994). « Tough Stand on Attendance Pays off at South Gate High ». *Los Angeles Times.*

Chellappah, N. K., Viegnehas, H., Milgrom, P., et Lo, B. L. (1990). « Prevalence of Dental Anxiety and Fear in Children in Singapore ». *Community Dentistry Oral Epidemiology,* 18, p. 269-271.

Chen, J., Chang, S., Duncan, S. A., Okano, H. J., Fishell, G., et Aderem, A. (1996). « Disruption of the MacMARCKS Gene Prevents Cranial Neural Tube Closure and Results in Anencephaly ». *Proceedings of the National Academy of Sciences,* 93, p. 6275-6279.

Chwalisz, K., Diener, E., et Gallagher, D. (1988). « Autonomic Arousal Feedback and Emotional Experience : Evidence from the Spinal Cord Injury ». *Journal of Personality and Social Psychology,* 54, p. 820-828.

Cimons, M. (19 septembre 1997). « New AIDS Cases Show Decline in U.S. ». *Los Angeles Times,* A12.

Cirelli, C., Pompeiano, M., et Tononi, G. (1996). « Neuronal Gene Expression in the Waking State : A Role for Locus Coeruleus ». *Science,* 274, p. 1211-1215.

Clark, L. A., Watson, D., et Reynolds, S. (1995). « Diagnosis and Classification of Psychopathology : Challenges to the Current System and Future Directions ». *Annual Review of Psychology,* 46, p. 121-153.

Clay, R. A. (septembre 1997). « Meditation is Becoming more Mainstream ». *APA Monitor.*

Coccaro, E. F., et Kavoussi, R. J. (1997). « Fluoxetine and Impulsive Aggressive Behavior in Personality-Disordered Subjects ». *Archives of General Psychiatry,* 54, p. 1081-1088.

Coe, W. C. (1994). « Expectations and Hypnotherapy ». Dans J. W. Rhue, S. J. Lynn, et I. Kirsch (Éd.), *Handbook of Clinical Hypnosis.* Washington, DC : American Psychological Association.

Cohen, B., et Murphy, G. L. (1984). « Models of Concepts ». *Cognitive Science,* 8, p. 27-58.

Cohen, D. B. (1979). *Sleep and Dreaming : Origins, Nature and Functions.* New York : Pergamon Press.

Cohen, J. (1994). « New Fight over Fetal Tissue Grafts ». *Science,* 263, p. 600-601.

Cohen, N. J. (1984). « Preserved Learning Capacity in Amnesia : Evidence for Multiple Memory Systems ». Dans L. R. Squire, et N. Butters (Éd.), *Neuropsychology of Memory.* New York : Guilford Press.

Cohen, S. (1996). « Psychological Stress Immunity, and Upper Respiratory Infections ». *Current Directions in Psychological Science,* 5, p. 86-89.

Cohen, S., Tyrrell, D. A. J., et Smith, A. P. (1997). « Psychological Stress in Humans and Susceptibility to the Common Cold ». Dans T. W. Miller (Éd.), *Clinical Disorders and Stressful Life Events.* Madison, CT : International Universities Press.

Cohen, S., et Williamson, G. M. (1991). « Stress and Infectious Disease in Humans ». *Psychological Bulletin,* 109, p. 5-24.

Colapinto, J. (30 mai 1996). « Rock & Roll Heroin ». *Rolling Stone.*

Colangelo, N. (1997). « The "Termites" Grow up and Grow Old ». *Contemporary Psychology,* 42, p. 208-209.

Cole, K. C. (28 avril 1997). « Upsetting our Sense of Self ». *Los Angeles Times.*

Collings, S., et King, M. (1994). « Ten-Year Follow-Up of 50 Patients with Bulimia Nervosa ». *British Journal of Psychiatry,* 164, p. 80-87.

Collins, A. M., et Quillian, M. R. (1969). « Retrieval Time from Semantic Memory ». *Journal of Verbal Learning and Verbal Behavior,* 8, p. 240-247.

Cook, E., Courchesne, R., Lord, C., Cox, N. J., Lincoln, A., Haas, R., Courchesne, E., et Leventhal, B. L. (1997). « Evidence of Linkage between the Serotonin Transporter and Autistic Disorder ». *Molecular Psychiatry,* 2, p. 247-250.

Cork, L. C., Clarkson, T. B., Jacoby, R. O., Gaertner, D. J., Leary, S. L., Linn, J. M., Pakes, S. P., Ringler, D. H., Strandberg, J. D., et Swindle, D. (1997). « The Costs of Animal Research : Origins and Options ». *Science,* 276, p. 758-759.

Cosmides, L., et Tooby, J. (1994). Cité dans B. Bower, « Roots of Reason ». *Science News,* 145, p. 72-75.

Costa, P. T., Jr., et McCrae, R. R. (1997). « Longitudinal Stability of Adult Personality ». Dans R. Hogan, J. Johnson, et S. Briggs (Éd.), *Handbook of Personality Psychology.* New York : Academic Press.

Courchesne, E., Townsend, J., Akshoomoff, N. A., Saiton, O., Yeung-Courchesne, R., et Lincoln, A. J., James, H. E., Haas, R. I. T., Schrcibman, L., et Lau, L. (1994). « Impairment in Shifting Attention in Autistic and Cerebellar Patients ». *Behavioral Neuroscience,* 108, p. 848-865.

Cowley, G., Miller, S., Crandall, R., et Hager, M. (février 1995). « RoboDocs and Mousecalls ». *Newsweek.*

Craik, F. I. M., et Lockhart, R. S. (1972). « Levels of Processing : A Framework for Memory Research ». *Journal of Verbal Learning and Verbal Behavior,* 11, p. 671-684.

Craik, F. I. M., et Tulving, E. (1975). « Depth of Processing and the Retention of Words in Episodic Memory ». *Journal of Experimental Psychology : General,* 104, p. 268-294.

Cravatt, B. F., Prospero-Garcia, O., Siuzdak, G., Gilula, N. B., Henriksen, S. J., Boger, D. L., and Lerner, R. A. (1995). « Chemical Characterization of a Family of Brain Lipids that Induce Sleep ». *Science,* 268, p. 1506-1509.

Crawford, H. J., Gur, R. C., Skolnick, B., Gur, R. E., et Benson, D. M. (1993). « Effects of Hypnosis on Regional Cerebral Blood Flow During Ischemic Pain with and without Suggested Hypnotic Analgesia ». *International Journal of Psychophysiology,* 15, p. 181-195.

Creed, F. (1993). « Stress and Psychosomatic Disorders ». Dans L. Goldberger et S. Breznitz (Éd.), *Handbook of Stress : Theoretical and Clinical Aspects* (2e éd.). New York : Free Press.

Crews, F. (1996). « The Verdict on Freud ». *Psychological Science,* 7, p. 63-68.

Crick, F. (1994). *The astonishing hypothesis.* New York : Scribner's.

Crick, F., et Koch, C. (1997). « The Problem of Consciousness ». *Scientific American, Special Issue,* p. 19-26.

Crick, F. et Mitchison, G. (1983). « The Function of Dream Sleep ». *Nature,* 304, p. 111–114.

Bibliographie

Crisp, A. H. (1997). « Anorexia Nervosa as Flight from Growth : Assessment and Treatment Based on the Model ». Dans D. M. Garner et P. E. Garfinkel (Éd.) (1997), *Handbook of Treatment for Eating Disorders* (2e éd.) ». New York : Guilford Press.

Cromer, A. (1993). *Uncommon Sense : The Heretical Nature of Science.* New York : Oxford University Press.

Crow, T. J. (1985). « The Two Syndrome Concept : Origins and Current Status ». *Schizophrenia Bulletin,* 11, p. 471-486.

Crowder, R. G. (1992). « Eidetic Imagery ». Dans L. R. Squire (Éd.), *Encyclopedia of Learning and Memory*. New York : Macmillan.

Cull, W. L., et Zechmeister, E. B. (1994). « The Learning Ability Paradox in Adult Metamemory Research : Where Are the Metamemory Differences between Good and Poor Learners ? ». *Memory & Cognition,* 22, p. 249-257.

Culp, R. E., Culp, A. M., Osofsky, J. D., et Osofsky, H. J. (1991). « Adolescent and Older Mothers' Interaction Patterns with their Six-Month-Old Infants ». *Journal of Adolescence,* 14, p. 195-200.

Czeisler, C. A. (1994). Cité dans R. Nowak, « Chronobiologists out of Sync over Light Therapy Patents ». *Science,* 263, p. 1217-1218.

Czeisler, C. A., Shanahan, T. L., Klerman, E. B., Martens, H., Brotman, D. J., Emens, J. S., Klein, T., et Rizzo, J. F. (1995). « Suppression of Melatonin Secretion in some Blind Patients by Exposure to Bright Light ». *New England Journal of Medicine,* 332, p. 6-11.

Dadds, M. R., Bovbjerg, D. H., Redd, W. H., et Cutmore, T. R. H. (1997). « Imagery in Human Classical Conditioning ». *Psychological Bulletin,* 122, p. 80-103.

Dahmer, L. (1994). *A father's Story.* New York : Morrow.

Dalgard, O. S., Bjork, S., Tambs, K. (1995). « Social Support, Negative Life Events and Mental Health ». *British Journal of Psychiatry,* 166, p. 29-34.

Damasio, H., Brabowski, T., Frank, R., Galaburda, A. M., et Damasio, A. R. (1994). « The Return of Phineas Gage : Clues about the Brain from the Skull of a Famous Patient ». *Science,* 264, p. 1102-1105.

Dandoy, A. C., et Goldstein, A. G. (1990). « The Use of Cognitive Appraisal to Reduce Stress Reactions : A Replication ». *Journal of Social Behavior and Personality,* 5, p. 275-285.

Daniel, M. H. (1997). « Intelligence Testing ». *American Psychologist,* 52, p. 1038-1045.

Darling, J. (29 mars 1996). « Drug War Appears to Make Little Dent in Supply ». *Los Angeles Times.*

Darwin, C. (1859). *The Origin of Species by Means of Natural Selection or the Preservation of Favored Races in the Struggle for Life.* London : John Murray.

Darwin, C. (1872 ; rééd. 1965). *The Expression of the Emotions in Man and Animals.* Chicago : University of Chicago Press.

Davies, I. R. L., et Corbett, G. G. (1997). « A Cross-Cultural Study of Colour Grouping : Evidence for Weak Linguistic Relativity ». *British Journal of Psychology,* 88, p. 493-517.

Davison, G. C., et Neale, J. M. (1990). *Abnormal Psychology* (3e éd.). New York : Wiley.

Dawes, R. M. (1994). *House of Cards.* New York : Free Press.

Deaconson, R. F., O'Hair, D. P., Levy, M. R., Lee, M. B. F., Schuenerman, A. L., et Condon, R. E. (1988). « Sleep Deprivation and Resident Performance ». *Journal of the American Medical Association,* 260, p. 1721-1727.

DeAngelis, T. (février 1994). « People's Drug of Choice Offers Potent Side Effects. » *APA Monitor.*

DeCarvalho, R. J. (1990). « A History of the "Third Force" in Psychology ». *Journal of Humanistic Psychology,* 30, p. 22-44.

DeCharms, R. (1980). « The Origins of Competence and Achievement Motivation in Personal Causation ». Dans L. J. Fyans, Jr. (Éd.), *Achievement Motivation.* New York : Plenum Press.

Deci, E. L., et Ryan, R. M. (1985). *Intrinsic Motivation and Self-Determination in Human Behavior*. New York : Plenum Press.

DeCurtis, A. (2 juin 1994). « Kurt Cobain, 1967-1994 ». *Rolling Stone.*

Della Selva, P.C. (1996). *Intensive Short-Term Dynamic Psychotherapy : Theory and Technique.* New York : Wiley.

Dement, W. C., et Kleitman, N. (1957). « The Relation of Eye Movements during Sleep to Dream Activity : An Objective Method for the Study of Dreaming ». *Journal of Experimental Psychology,* 53, p. 339-346.

DeRubeis, R. J., et Crits-Christoph, P. (1998). « Empirically Supported Individual and Group Psychological Treatments for Adult Mental Disorders ». *Journal of Consulting and Clinical Psychology,* 66, p. 37-52.

Detterman, D. K., et Thompson, L. A. (1997). « What Is so Special about Special Education ? ». *American Psychologist,* 52, p. 1082-1090.

Deutsch, G., et Halsey, J. H., Jr. (1991). « Cortical Blood Flow Indicates Frontal Asymmetries Dominate in Males but not in Females during Task Performance ». *Journal of Cerebral Blood Flow and Metabolism,* 11, S787.

Diener, E., et Diener, C. (1996). « Most People Are Happy ». *Psychological Science,* 7, p. 181-185.

Dimberg, U., et Ohman, A. (1996). « Behold the Wrath : Psychophysiologial Responses to Facial Stimuli ». *Motivation and Emotion,* 20, p. 149-182.

Docherty, J. P., et Streeter, M. J. (1995). « Advances in Psychotherapy Research ». *Current Opinion in Psychiatry,* 8, p. 145-149.

Dodes, J. E. (janvier-février 1997). « The Mysterious Placebo ». *Skeptical Inquirer.*

Dolan, M. (11 février 1995). « When the Mind's Eye Blinks ». *Los Angeles Times.*

Domino, G. (1994). Assessment of Creativity with the ACL : An Empirical Comparison of Four Scales ». *Creativity Research Journal,* 7, p. 21-33.

Domjan, M. (1998). *The Principles of Learning and Behavior* (4e éd.). Pacific Grove, CA : Brooks/Cole.

Domjan, M., et Purdy, J. E. (1995). « Animal Research in Psychology ». *American Psychologist,* 50, p. 496-503.

Doupe, A. J. (1996). « Plasticity of a Different Feather ». *Science,* 274, p. 1851-1853.

Dowd, E. T. (1994). « Cognitive-Developmental Hypnotherapy ». Dans J. W. Rhue, S. J. Lynn, et I. Kirsch (Éd.), *Handbook of Clinical Hypnosis.* Washington, DC : American Psychological Association.

Drevets, W.C., Price, J. L., Simpson, J. R. Jr, Todd, R. D., Reich, T., Vannier, M., et Raiche, M. E. (1997). « Subgenual Prefrontal Cortex Abnormalities in Mood Disorders. » *Nature,* 386, p. 824–827.

Drewnowski, A. (1997). Cité dans K. Fackelmann, « The Bitter Truth ». *Science News,* 152, p. 24-25.

Driver, J., et Baylis, G. C. (1996). « Edge-Assignment and Figure-Ground Segmentation in Short-Term Visual Matching ». *Cognitive Psychology,* 31, p. 248-306.

Dubost, M., Scheider, W. L. (2000). *La nutrition,* Montréal, Chenelière/McGraw-Hill.

DuPaul, G. J., et Eckert, T. L. (1997). « The Effects of School-Based Interventions for Attention Deficit Hyperactivity Disorder : A Meta-Analysis ». *School Psychology Review,* 26, p. 5-27.

Durso, F. T., Rea, C. B., et Dayton, T. (1994). « Graph-Theoretic Confirmation of Restructuring during Insight ». *Psychological Science,* 5, p. 94-98.

Eagly, A. H. (1995). « The Science and Politics of Comparing Women and Men ». *American Psychologist,* 50, p. 145-158.

Eagly, A. H. (1997). « Sex Differences in Social Behavior : Comparing Social Role Theory and Evolutionary Psychology ». *American Psychologist,* 52, p. 1303-1382.

Eagly, A. H., Ashmore, R. D., Makhijani, M. G., et Longo, C. C. (1991). « What Is Beautiful Is Good, but... : A Meta-Analytic Review of Research on the Physical Attractiveness Stereotype ». *Psychological Bulletin,* 110, p. 109-128.

Eaves, L., Silberg, J., Hewitt, J. K., Meyer, J., Rutter, M., Simonoff, E., Neale, M., et Pickles, A. (1993). « Genes, Personality, and Psychopathology : A Latent Class Analysis of Liability to Symptoms of Attention-Deficit Hyperactivity Disorder in Twins ». Dans R. Pomin et G. E. McClearn (Éd.), *Nature, Nurture and Psychology.* Washington, DC : American Psychological Association.

Ebbinghaus, H. (1885 ; rééd. 1913). *Memory : A Contribution to Experimental Psychology* (H. A. Ruger et C. E. Bussenius, trad.). New York : Teachers College Press.

Edwards, R. (janvier 1995). « Is Hyperactivity Label Applied Too Frequently ? ». *APA Monitor.*

Egan, T. (14 juin 1998). « From Adolescent Angst to Shooting up Schools ». *New York Times.*

Eibl-Eibesfeldt, I. (1973). « The Expressive Behavior of the Deaf-And-Blind-Born ». Dans M. von Cranach et I. Vine (Éd.), *Social Communication and Movement.* San Diego, CA : Academic Press.

Eich, E. (1995). « Searching for Mood-Dependent Memory ». *Psychological Science,* 6, p. 67-75.

Eich, E., Macaulay, D., Loewenstein, R. J., et Dihle, P. H. (1997). « Memory, Amnesia, and Dissociative Identity Disorder ». *Psychological Science,* 8, p. 417-422.

Eichenbaum, H. (1993). « Thinking about Brain Cell Assemblies ? ». *Science,* 261, p. 993-994.

Eichenbaum, H. (1997a). « Declarative Memory : Insights from Cognitive Neurobiology ». *Annual Review of Psychology,* 48, p. 547-572.

Eichenbaum, H. (1997b). « How Does the Brain Organize Memories ? ». *Science,* 277, p. 330-332.

Eisen, M. R. (1994). « Psychoanalytic and Psychodynamic Models of Hypnoanalysis ». Dans J. W. Rhue, S. J. Lynn, et I. Kirsch (Éd.), *Handbook of Clinical Hypnosis.* Washington, DC : American Psychological Association.

Ekman, P. (1993). « Facial Expression and Emotion ». *American Psychologist,* 48, p. 384-392.

Ekman, P. (1994). « Strong Evidence for Universals in Facial Expressions : A Reply to Russell's Mistaken Critique ». *Psychological Bulletin,* 115, p. 268-287.

Ekman, P., et Davidson, R. J. (1993). « Voluntary Smiling Changes Regional Brain Activity ». *Psychological Science,* 4, p. 342-345.

Ellason, J. W., et Ross, C. A. (1997). « Two-Year Follow-Up of Inpatients with Dissociative Identity Disorder ». *American Journal of Psychiatry,* 154, p. 832-839.

Elliott, D. (20 mars 1995). « The Fat of the Land ». *Newsweek.*

Ellis, A. (1997). « Extending the Goals of Behavior Therapy and of Cognitive Behavior Therapy ». *Behavior Therapy,* 28, p. 333-339.

Ellsworth, P. C. (1994a). « William James and Emotion : Is a Century of Fame Worth a Century of Misunderstanding ? ». *Psychological Review,* 101, p. 222-229.

Ellsworth, P. C. (1994b). « Sense, Culture, and Sensibility ». Dans S. Kitayama et H. R. Markus (Éd.), *Emotion and Culture.* Washington, DC : American Psychological Association.

Elmer-Dewitt, P. (6 janvier 1997). « Turning the Tide ». *Time.*

Emmelkamp, P. M. G., et van Oppen, P. (1994). « Anxiety Disorders ». Dans V. B. Van Hasselt et M. Hersen (Éd.), *Advanced Abnormal Psychology*. New York : Plenum Press.

Endler, N. S., Kantor, L., et Parker, J. D. A. (1994). « State-Trait Coping, State-Trait Anxiety and Academic Performance ». *Personality and Individual Differences,* 16, p. 663-670.

Epstein, L. H., Valoski, A. M., Vara, L. S., McCurley, J., Wisniewski, L., Kalarchian, M. A., Klein, K. R., et Shrager, L. R. (1995). « Effects of Decreasing Sedentary Behavior and Increasing Activity on Weight Change in Obese Children ». *Health Psychology,* 14, p. 109-115.

Erickson, J. S. (1994). « The Use of Hypnosis in Anesthesia : A Master Class Commentary ». *International Journal of Clinical and Experimental Hypnosis,* 42, p. 8-12.

Erickson, M. H. (1980 et 1941). « Hypnosis : A General Review ». Dans E. L. Rossie (Éd.), *The Collected Papers of Milton H. Erickson on Hypnosis* (Vol. 30). New York : Irvington.

Erikson, E. H. (1963). *Childhood and society.* New York : Norton.

Erikson, E. H. (1982). *The life cycle completed : Review.* New York : Norton.

Evans, J. (1993). « The Cognitive Psychology of Reasoning : An Introduction ». *Quarterly Journal of Experimental Psychology,* 46A, p. 561-567.

Everson, C. A. (1997). « Sleep Deprivation and the Immune System ». Dans M. R. Pressman et W. C. Orr (Éd.), *Understanding Sleep : The Evaluation and Treatment of Sleep Disorders.* Washington, DC : American Psychological Association.

Everson, H. T., Smodlaka, I., et Tobias, S. (1994). « Exploring the Relationship of Test Anxiety and Meta-Cognition on Reading Test Performance : A Cognitive Analysis ». *Anxiety, Stress, and Coping,* 7, p. 85-96.

Eysenck, H. J. (1994). « The Outcome Problem in Psychotherapy : What Have We Learned ? ». *Behaviour Research and Therapy,* 32, p. 477-495.

Fackelmann, K. A. (1993). « Marijuana and the Brain ». *Science News,* 143, p. 88-94.

Fackelmann, K. A. (1997). « The Bitter Truth ». *Science News,* 152, p. 24-25.

Fahy, T. A. (1988). « The Diagnosis of Multiple Personality Disorder : A Critical Review ». *British Journal of Psychiatry,* 153, p. 597-606.

Fairburn, C. G., Welch, S. L., Doll, H. A., Davies, B. A., et O'Connor, M. E. (1997). « Risk Factors for Bulimia Nervosa ». *Archives of General Psychiatry,* 54, p. 509-517.

Farb, P., et Armelagos, G. (1980). *Consuming Passions.* Boston : Houghton Mifflin.

Favell, J. E., Azrin, N. H., Baumeister, A. A., Carr, E. G., Dorsey, M. F., Forehand, R., Foxx, R. M., Lovaas, O. I., Rincover, A., Risley, T. R., Romanczyk, R. G., Russo, D. C., Schroeder, S. R., et Solnick, J. V. (1982). « The Treatment of Self-Injurious Behavior ». *Behavior Therapy,* 13, p. 529-554.

Fechner, G. T. (1860). *Elemente Der Psychophysik* (Vol. 1). Leipzig : Brietkopf and Marterl. H. E. Alder, D. H. Howes, et E. G. Boring (trad.). New York : Holt, Rinehart et Winston.

Feder, L. (1987). « The Cold Reading of Writing ». *Skeptical Inquirer,* 11, p. 346-348.

Federman, D. D. (1994). « Life without Estrogen ». *New England Journal of Medicine,* 331, p. 1088-1089.

Feingold, B. R. (1975). « Hyperkinesis and Learning Disabilities Linked to Artificial Food Flavors and Colors ». *American Journal of Nursing,* 75, p. 797-803.

Ferrari, J. R. (1994). « Dysfunctional Procrastination and its Relationship with Self-Esteem, Interpersonal Dependency, and Self-Defeating Behaviors ». *Personality and Individual Differences,* 17, p. 673-679.

Ferrari, J. R., McCown, W., et Johnson, J. (1997). *Procrastination and Task Avoidance : Theory, Research, and Treatment.* New York : Plenum.

Ferster, D., et Spruston, N. (1995). « Cracking the Neuronal Code ». *Science,* 270, p. 756-757.

Fiez, J. A., et Petersen, S. E. (1993). « PET as Part of an Interdisciplinary Approach to Understanding Processes Involved in Reading ». *Psychological Science,* 4, p. 287-293.

Fineman, M., et Pyes, C. (6 juin 1996). « Cocaine Traffic to U.S. Finds Holes in Hightech "fence" » *Los Angeles Times.*

Finke, R. A. (1993). « Mental Imagery and Creative Discovery ». Dans B. Roskos-Ewoldsen, M. J. Intons-Peterson, et R. E. Anderson (Éd.), *Imagery, Creativity, and Discovery : A Cognitive Perspective.* Amsterdam : North Holland.

Finn, J. D., et Rock, D. A. (1997). « Academic Success among Students at Risk for School Failure ». *Journal of Applied Psychology,* 82, p. 221-234.

Firestein, S., Breer, H., et Greer, C. A. (1996). « Olfaction : What's New in the Nose ». *Journal of Neurobiology,* 30, p. 1-2.

Fischbach, G. D. (1992). « Mind and Brain ». *Scientific American,* 267, p. 48-57.

Fisher, C. B., et Fryberg, D. (1994). « Participant Partners ». *American Psychologist,* 49, p. 417-427.

Fishman, D. B., et Franks, C. M. (1997). « The Conceptual Evolution of Behavior Therapy ». Dans P. L. Wachtel et S. B. Messer (Éd.), *Theories of Psychotherapy : Origins and Evolution.* Washington, DC : American Psychological Association.

Fisk, J. E., et Pidgeon, N. (1997). « The Conjunction Fallacy : The Case for the Existence of Competing Heuristic Strategies ». *British Journal of Psychology,* 88, p. 1-27.

Foa, E. B., et Meadows, E. A. (1997). « Psychosocial Treatments for Posttraumatic Stress Disorder : A Critical Review ». *Annual Review of Psychology,* 48, p. 449-480.

Ford, J. G. (1991). « Rogers's Theory of Personality : Review and Perspectives ». *Journal of Social Behavior and Personality,* 6, p. 19-44.

Foster, G. D., Wadden, T. A., Vogt, R. A., et Brewer, G. (1997). « What is Reasonable Weight Loss ? Patients' Expectations and Evaluations of Obesity Treatment Outcomes ». *Journal of Consulting and Clinical Psychology,* 65, p. 79-85.

Foulks, E. G. (1992). « Reflections on Dream Material from Arctic Native People ». *Journal of the American Academy of Psychoanalysis,* 20, p. 193-203.

Fowers, B. J., et Richardson, F. C. (1996). « Why Is Multiculturalism Good ? ». *American Psychologist,* 51, p. 609-621.

Fox, C. (décembre 1997). « Starved out ». *Life.*

Foxx, R. M. (1996). « Twenty Years of Applied Behavior Analysis in Treating the Most Severe Problem Behavior : Lessons Learned ». *Behavior Analyst,* 19, p. 225-235.

Franklin, A. (juin 1995). Cité dans E. Burnette, « Black Males Retrieve a Noble Heritage ». *APA Monitor.*

Freedman, R. R. (1991). « Physiological Mechanisms of Temperature Biofeedback ». *Biofeedback and Self-Regulation,* 16, p. 95-115.

Bibliographie

Freiberg, P. (février 1998). « We Know how to Stop the Spread of AIDS : So Why Can't We ? » *APA Monitor*, 32.

Freud, S. (1891 ; rééd. 1966). « Hypnosis ». Dans J. Strachey (Éd. et trad.), *The Standard Edition of the Complete Psychological Works of Sigmund Freud* (Vol. 1). London : Hogarth.

Freud, S. (1900 ; rééd. 1980). *The Interpretation of Dreams* (J. Strachey, éd. et trad.). New York : Avon.

Freud, S. (1901 ; rééd. 1960). « The Psychopathology of Everyday Life ». Dans J. Strachey (Éd. et trad.), *The Standard Edition of the Complete Psychological Works of Sigmund Freud* (Vol. 6). London : Hogarth.

Freud, S. (1905 ; rééd. 1953). « Three Essays on the Theory of Sexuality ». Dans J. Strachey (Éd. et trad.), *The Standard Edition of the Complete Psychological Works of Sigmund Freud* (Vol. 7). London : Hogarth.

Freud, S. (1924). *A General Introduction to Psychoanalysis.* New York : Boni et Liveright.

Freud, S. (1940 ; rééd. 1961). « An Outline of Psychoanalysis ». Dans J. Strachey (Éd. et trad.), *The Standard Edition of the Complete Psychological Works of Sigmund Freud* (Vol. 23). London : Hogarth.

Freyd, J. J. (1994). « Circling creativity ». *Psychological Science*, 5, p. 122-126.

Fricke, D. (2 juin 1994). « Heart-Shaped Noise : The Music and the Legacy ». *Rolling Stone.*

Friedman, H. S., Hawley, P. H., et Tucker, J. S. (1994). « Personality, Health and Longevity ». *Current Directions in Psychological Science*, 3, p. 37-41.

Friedman, M., et Rosenman, R. (1974). *Type A Behavior and Your Heart*. New York : Knopf.

Friend, T. (9 décembre 1997). « The Race to Save the Wild Tiger from Extinction ». *USA Today.*

Frijda, N. H. (1986). *The Emotions.* Cambridge, England : Cambridge University Press.

Frijda, N. H., et Mesquita, B. (1994). « The Social Roles and Functions of Emotions ». Dans S. Kitayama et H. R. Markus (Éd.), *Emotion and Culture.* Washington, DC : American Psychological Association.

Friman, P. C., Allen, K. D., Kerwin, L. E., et Larzelere, R. (1993). « Changes in Modern Psychology ». *American Psychologist*, 48, p. 658-644.

Fucci, D., Harris, D., Petrosino, L., et Banks, M. (1993). « Effects of Preference for Rock Music on Magnitude-Production Scaling Behavior in Young Adults : A Validation ». *Perceptual and Motor Skills*, 77, p. 811-815.

Gabrieli, J. D. E., Brewer, J. B., Desmond, J. E., et Glover, G. H. (1997). « Separate Neural Bases of Two Fundamental Memory Processes in the Human Medial Temporal Lobe ». *Science*, 276, p. 264-266.

Gabrieli, J. D. E., Fleischman, D. A., Keane, M. M., Reminger, S. L., et Morrell, F. (1995). « Double Dissociation between Memory Systems Underlying Explicit and Implicit Memory in the Human Brain ». *Psychological Science*, 6, p. 76-82.

Gannon, R. (mars 1995). « Why We Throw Up ». *Popular Science*, p. 97-101.

Garcia, J., Ervin, F. R., et Koelling, R. A. (1966). « Learning with Prolonged Delay of Reinforcement ». *Psychonomic Science*, 5, p. 121-122.

Gardner, H. (1993). *Creating Minds.* New York : Basic Books.

Gardner, H. (novembre 1995). *Reflections on Multiple Intelligences.* Phi Delta Kappan.

Gardner, H. (1997). « Six Afterthoughts : Comments on « Varieties of Intellectual Talent ». *Journal of Creative Behavior*, 31, p. 120-124.

Gardner, M. (novembre-décembre 1995). « Waking Up from Freud's Theory of Dreams ». *Skeptical Inquirer*, p. 10-12.

Gardner, M. (janvier-février 1996). « Post-Freudian Dream Theory ». *Skeptical Inquirer*, p. 7-9.

Garfinkel, P. E., et Walsh, B. T. (1997). « Drug Therapies ». Dans D. M. Garner et P. E. Garfinkel (Éd.), *Handbook of Treatment for Eating Disorders* (2e éd.). New York : Guilford Press.

Garner, D. M., et Garfinkel, P. E. (Éd.) (1997). *Handbook of Treatment for Eating Disorders* (2e éd.). New York : Guilford Press.

Gazzaniga, M. S. (1983). « Right Hemisphere Language Following Brain Bisection ». *American Psychologist*, 39, p. 525-537.

Gazzaniga, M. S. (1994). *Nature's Mind.* New York : Basic Books.

Gazzaniga, M. S. (1996). Cité dans B. Bower, « Whole-Brain Interpreter ». *Science News*, 149, p. 124-125.

Gazzaniga, M. S. (1997). « Brain, Drugs, and Society ». *Science*, 275, p. 459.

Gazzaniga, M. S., Bogen, J. E., et Sperry, R. W. (1962). « Some Functional Effects of Sectioning the Cerebral Commissures in Man ». *Proceedings of the National Academy of Science*, 48, p. 1765-1769.

Geller, L. (1982). « The Failure of Self-Actualization Theory : A Critique of Carl Rogers and Abraham Maslow ». *Journal of Humanistic Psychology*, 22, p. 56-73.

George, M. S., Ketter, T. A., Parekh, P. T., Herscovitch, P., and Post, R. M. (1996). « Gender Differences in Regional Cerebral Bloodflow during Transient Self-Induced Sadness or Happiness ». *Biological Psychiatry*, 40, p. 859-871.

Gerber, L. (22 juin 1996). « After 16 years, He's Cleared ». *San Diego Union-Tribune.*

Gergen, K. J., Gulerce, A., Lock, A., et Girishwar, M. (1996). « Psychological Science in Cultural Context ». *American Psychologist*, 51, p. 496-503.

Gershoff-Stowe, L., Thal, J. J., Smith, L. B., et Namy, L. L. (1997). « Categorization and its Developmental Relation to Early Language ». *Child Development*, 68, p. 843-859.

Gibbon, J. (1996). Cité dans V. Morell, « Setting a Biological Stopwatch ». *Science*, 271, p. 905-906.

Gibbs, W. W. (août 1996). « Gaining on Fat ». *Scientific American*, p. 88-94.

Giedd, J. N., Castellanos, F. X., Casey, B. J., Kozuch, P., King, A. C., Hamburger, S. D., et Rapoport, J. L. (1994). « Quantitative Morphology of the Corpus Callosum in Attention Deficit Hyperactivity Disorder ». *American Journal of Psychiatry*, 151, p. 665-669.

Giedd, J. N., Castellanos, F. X., Rapoport, J. L. (1995). « Corpus Callosum Morphology in ADHD : Dr. Giedd and Colleagues Reply ». *American Journal of Psychiatry*, 152, p. 1105-1106.

Gladue, B. A. (1994). « The Biopsychology of Sexual Orientation ». *Current Directions in Psychological Science*, 3, p. 150-154.

Glanzer, M., et Cunitz, A. R. (1966). « Two Storage Mechanisms in Free Recall ». *Journal of Verbal Learning and Verbal Behavior*, 5, p. 351-360.

Gleick, E., Alexander, B., Eskin, L., Pick, G., Skolnik, S., Dodd, J., et Sugden, J. (12 décembre 1994). « The Final Victim ». *People.*

Glenberg, A. M., Sanocki, T., Epstein, W., et Morris, C. (1987). « Enhancing Calibration of Comprehension ». *Journal of Experimental Psychology : General*, 116, p. 119-136.

Goldberger, L., et Breznitz, S. (Éd.) (1993). *Handbook of Stress : Theoretical and Clinical Aspects* (2e éd.). New York : Free Press.

Goldfried, M. R., et Davison, G. C. (1976). *Clinical Behavior Therapy*. New York : Holt, Rinehart et Winston.

Goldman, D. (1996). « High anxiety ». *Science*, 274, p. 1483.

Goleman, D. (16 juillet 1996). « Forget Money ; Nothing Can Buy Happiness, Some Researchers Say ». *New York Times.*

Goleman, D., et Gurin, J. (1993). *Mind/Body Medicine : How to Use Your Mind for Better Health.* New York : Consumer Reports.

Gore, R. (février 1997). « The First Steps ». *National Geographic*, p. 72-99.

Gottesman, I. I. (1997). « Twins : En Route to QTLs for Cognition ». *Science*, 276, p. 1522-1523.

Gould, L. (23 avril 1995). « Ticket to Trouble ». *New York Times Magazine.*

Gould, R. A., Otto, M. W., Pollack, M. H., et Yap, L. (1997). « Cognitive Behavioral and Pharmacological Treatment of Generalized Anxiety Disorder : A Preliminary Meta-Analysis ». *Behavior Therapy*, 28, p. 285-305.

Gould, S. J. (1996). *The Mismeasure of Man.* (Révisé et augmenté). New York : W. W. Norton.

Grabowska, A., et Nowicka, A. (1996). « Visual-Spatial Frequency Model of Cerebral Asymmetry : A Critical Survey of Behavioral and Electrophysiological Studies ». *Psychological Bulletin*, 120, p. 434-449.

Granvold, D. K. (Éd.) (1994). *Cognitive and Behavioral Treatment.* Pacific Grove, CA : Brooks/Cole.

Greenberg, J. (1978). « The Americanization of Roseto ». *Science News*, 113, p. 378-382.

Greenberg, L., Elliott, R., et Lietaer, G. (1994). « Research on Experiential Psychotherapies ». Dans A. E. Bergin et S. L. Garfield (Éd.), *Handbook of Psychotherapy and Behavior Change* (4e éd.). New York : Wiley.

Greenberg, L. S., et Rice, L. N. (1997). « Humanistic Approaches to Psychotherapy ». Dans P. L. Wachtel et S. B. Messer (Éd.), *Theories of*

Psychotherapy: Origins and Evolution. Washington, DC : American Psychological Association.
Greene, B., et Winfrey, O. (1996). *Make the Connection.* New York : Hyperion.
Greenfield, P. M. (1997). « You Can't Take It with You ». *American Psychologist,* 52, p. 1115-1124.
Greeno, J. G. (1989). « A Perspective on Thinking ». *American Psychologist,* 44, p. 134-141.
Greenwald, A. G., Draine, S. C., et Abrams, R. L. (1996). « Three Cognitive Markers of Unconscious Semantic Activation ». *Science,* 273, p. 1699-1702.
Greenwald, A. G., Spangenberg, E. R., Pratkanis, A. R., et Eskenazi, J. (1991). « Double-Blind Tests of Subliminal Self-Help Audiotapes ». *Psychological Science,* 2, p. 119-122.
Gregory, R. L. (1974). « Recovery from Blindness : A Case Study ». Dans R. L. Gregory (Éd.), *Concepts and Mechanisms of Perception.* London : Gerald Duckworth.
Grimaldi, J. V. (16 avril 1986). « "The mole" Evicted from Sewer ». *San Diego Tribune.*
Grinspoon, L., Bakalar, J. B., Zimmer, L., et **Morgan, J. P.** (1997). « Marijuana Addiction ». *Science,* 277 p. 751-752.
Grunbaum, A. (1993). *Validation in the Clinical Theory of Psychoanalysis.* Madison, CT : International Universities Press.
Guida, F. V., et Ludlow, L. H. (1989). « A Cross-Cultural Study of Test Anxiety ». *Journal of Cross-Cultural Psychology,* 20, p. 178-190.
Guilford, J. P. (1967). *The Nature of Human Intelligence.* New York : McGraw-Hill.
Gullette, E. C. D., Blumenthal, J. A., Babyak, M., Jiang, W., Waugh, R. B., Frid, D. J., O'Connor, C. M., Morris, J. J., et Krantz, D. S. (1997). « Effects of Mental Stress on Myocardial Ischemia during Daily Life ». *Journal of American Medical Association,* 277, p. 1521-1526.
Gur, R. C., Mozley, L. H., Mozley, P. D., Risnick, S. M., Karp, J. S., Alavi, A., Arnold, S. E., et Gur, R. E. (1995). « Sex Differences in Regional Cerebral Glucose Metabolism during a Resting State ». *Science,* 267, p. 528-531.
Gura, T. (1997). « Obesity Sheds its Secrets ». *Science,* 275, p. 751-753.
Gureje, O., Simon, G. E., Ustun, T. B., et Goldberg, D. P. (1997). « Somatization in Cross-Cultural Perspective : A World Health Organization Study in Primary Care ». *American Journal of Psychiatry,* 154, p. 989-995.
Gurman, E. B. (1994). « Debriefing for All Concerned : Ethical Treatment of Human Subjects ». *Psychological Science,* 5, p. 139.
Guthrie, J. P., Ash, R. A., et Bendapudi, V. (1995). « Additional Validity Evidence for a Measure of Morningness ». *Journal of Applied Psychology,* 80, p. 186-190.
Gutkin, A. J., Holborn, S. W., Walker, J. R., et Anderson, B. A. (1994). « Cost-Effectiveness of Home Relaxation Training for Tension Headaches ». *Journal of Behavior Therapy and Experimental Psychiatry,* 25, p. 69-74.
Haber, N. R. (novembre 1980). « Eidetic Images Are not Just Imaginary. *Psychology Today*.
Hager, M. (24 février 1997). « Beyond the Mammogram ». *Newsweek.*
Haidt, J., McCauley, C., et Rozin, P. (1994). « Individual Differences in Sensitivity to Disgust : A Scale Sampling Seven Domains of Disgust Elicitors ». *Personality and Individual Differences,* 16, p. 701-713.
Haier, R. (17 octobre 1996). Cité dans J. Marquis, « A Real Brain Teaser ». *Los Angeles Times.*
Haier, R. J., Chueh, D., Touchette, P., Lott, I., Buchsbaum, M. S., MacMillan, D., Sandman, C., LaCasse, L., et Sosa, E. (1995). « Brain Size and Glucose Metabolic Rate in Mental Retardation and Down Syndrom ». *Intelligence,* 20, p. 199-210.
Hall, C. I. (1997). « Cultural Malpractice ». *American Psychologist,* 52, p. 642-651.
Halpern, D. F. (1992). *Sex Differences in Cognitive Abilities* (2e éd.). Hillsdale, NJ : Lawrence Erlbaum.
Halpern, D. F. (1998). « Teaching Critical Thinking for Transfer Across Domains ». *American Psychologist,* 53, p. 449-455.
Hamer, D. H., Hu, S., Maagnuson, V. L., Hu, H., et Pattatucci, A. M. L. (1993). « Male Sexual Orientation and Genetic Evidence : Response ». *Science,* 262, p. 2,065.
Hammer, D. (1995). Cité dans C. Holden, « More on Genes and Homosexuality ». *Science,* 268, p. 1571.
Hammer, R. P., Egilmez, Y., et Emmett-Oglesby, M. W. (1997) « Neutral Mechanisms of Tolerance to the Effects of Cocaine ». *Behavioural Brain Research,* 84, p. 225-239.
Hancock, L. (18 mars 1996). « Mother's Little Helper ». *Newsweek.*
Hancock, L. Rosenberg, D., Springen, K., King, P., Rogers, P., Brant, M., Kalb, C., et Gegax, T. T. (6 mars 1995). « Breaking point ». *Newsweek.*
Hanson, G., et Venturelli, P. J. (1998). *Drugs and Society* (5e éd.). Boston : Jones and Bartlett.
Happé, F. et Frith, U. (1996). « The Neuropsychology of Autism ». *Brain,* 119, p. 1377-1400.
Hardin, C., et Banaji, M. R. (1993). « The Influence of Language on Thought ». *Social Cognition,* 11, p. 277-308.
Hardy, J. B., Welcher, D. W., Mellits, E. D., et Kagan, J. (1976). « Pitfalls in the Measurement of Intelligence : Are Standardized Intelligence Tests Valid for Measuring the Intellectual Potential of Urban Children ? ». *Journal of Psychology,* 94, p. 43-51.
Harmon, A. (1[er] octobre 1995). « Hightech Hidden Persuaders ». *Los Angeles Times.*
Harris, B. (1979). « Whatever Happened to Little Albert ? ». *American Psychologist,* 34, p. 151-160.
Harris, G., Thomas, A., et Booth, D. A. (1990). « Development of Salt Taste in Infancy ». *Developmental Psychology,* 26, p. 534-538.
Hayes, J. A., et Mitchell, J. C. (1994). « Mental Health Professionals' Skepticism about Multiple Personality Disorder ». *Professional Psychology : Research and Practice,* 25, p. 410-425.
Hayes, K. J., et Hayes, C. H. (1951). « The Intellectual Development of a Home-Raised Chimpanzee ». *Proceedings of the American Philosophical Society,* 95, p. 105-109.
Hayes, S. C., Munt, E. D., Korn, Z., Wulfert, E., Rosenfarb, I., et Zettle, R. D. (1986). « The Effect of Feedback and Self-Reinforcement Instructions on Studying Performance ». *Psychological Record,* 36, p. 27-37.
Heatherton, T. F., Mahamedi, F., Striepe, M., Gield, A. E., et Keel, P. (1997). « A 10-Year Longitudinal Study of Body Weight, Dieting, and Eating Disorder Symptoms ». *Journal of Abnormal Psychology,* 106, p. 117-125.
Hellige, J. B. (1993). « Unity of Thought and Action : Varieties of Interaction between the Left and Right Cerebral Hemispheres ». *Current Directions in Psychological Science,* 2, p. 21-30.
Helmers, K. H., Krantz, D. S., Merz, C. N. B., Klein, J., Kop, W. J., Gottdiener, J. S., et Rozanski, A. (1995). « Defensive Hostility : Relationship to Multiple Markers of Cardiac Ischemia in Patients with Coronary Disease ». *Health Psychology,* 14, p. 202-209.
Helson, R. (1996). « In Search of the Creative Personality ». *Creativity Research Journal,* 9, p. 295-306.
Helzer, J. E., et Canino, G. J. (Éd.) (1992). *Alcoholism in North America, Europe, and Asia.* New York : Oxford University Press.
Hendy, H. (1984). « Effects of Pets on the Sociability and Health Activities of Nursing Home Residents ». Dans R. K. Anderson, B. J. Hart, et L. A. Hart (Éd.), *The Pet Connection.* Minneapolis : Center to Study Human-Animal Relationships and Environments, University of Minnesota.
Henker, B., et Whalen, C. K. (1989). « Hyperactivity and Attention Deficits ». *American Psychologist,* 44, p. 216-233.
Henry, W. A., III. (27 juin 1994). « Pride and Prejudice ». *Time.*
Henry, W. P., Strupp, H. H., Schacht, T. E., et Gaston, L. (1994). « Psychodynamic Approaches ». dans A. E. Bergin et S. L. Garfield (éd.), *Handbook of Psychotherapy and Behavior Change* (4e éd.). New York : Wiley.
Herkenham, M. (16 décembre 1996). Cité dans D. Ferrell, « Scientists Unlocking Secrets of Marijuana's Effects ». *Los Angeles Times.*
Herman, W. E. (1990). « Fear of Failure as a Distinctive Personality Trait Measure of Test Anxiety ». *Journal of Research and Development in Education,* 23, p. 180-185.
Hernstein, R. J., et Murray, C. (1994). *The Bell Curve.* New York : Free Press.
Herzog, H. (1993). « Animal Rights and Wrongs ». *Science,* 262, p. 1906-1908.
Hewitt, J. K. (1997). « The Genetics of Obesity : What Have Genetic Studies Told Us about the Environment ? ». *Behavior Genetics,* 27, p. 353-358.
Hickey, E. W. (1991). *Serial Murderers and their Victims.* Pacific Grove, CA : Brooks/Cole.
Higgins, E. T. (1997). « Beyond Pleasure and Pain ». *American Psychologist,* 52, p. 1280-1300.
Hilgard, E. R. (1977). *Divided Consciousness : Multiple Controls in Human Thought and Action.* New York : Wiley.
Hilgard, E. R. (1979). « Divided Consciousness in Hypnosis : The Implications of the Hidden

Bibliographie

Observer. Dans E. Fromm et R. E. Shor (Éd.), *Hypnosis: Developments in Research and New Perspectives* (2e éd.). New York : Aldine.

Hill, C. E., Diemer, R. A., et Heaton, K. J. (1997). « Dream Interpretation Sessions : Who Volunteers, Who Benefits, and what Volunteer Clients View as Most and Least Helpful ». *Journal of Counseling Psychology,* 44, p. 53-62.

Hill, P. (juin 1995). Cité dans E. Burnette, « Black Males Retrieve a Noble Heritage ». *APA Monitor*.

Hilts, P. H. (1995). *Memory's Ghost: The Strange Tale of Mr. M and the Nature of Memory*. New York : Simon et Schuster.

Hirshkowitz, M., Moore, C. A., et Minhoto, G. (1997). « The Basics of Sleep ». Dans M. R. Pressman et W. C. Orr (Éd.), *Understanding Sleep: The Evaluation and Treatment of Sleep Disorders.* Washington, DC : American Psychological Association.

Hoch, T. A., Babbitt, R. L., Coe, D. A., Krell, D. M., et Hackbert, L. (1994). « Contingency Contacting ». *Behavior Modification,* 18, p. 106-128.

Hoffman, C., Lau, I., et Johnson, D. R. (1986). « The Linguistic Relativity of Person Cognition : An English-Chinese Comparison ». *Journal of Personality and Social Psychology,* 51, p. 1097-1105.

Holahan, C. K., et Sears, R. R. (1995). *The Gifted Group in Later Maturity*. Stanford, CA : Stanford University Press.

Hollis, K. L. (1997). « Contemporary Research on Pavlovian Conditioning ». *American Psychologist,* 52, p. 956-965.

Hollon, S. D., et Beck, A. T. (1994). « Cognitive and Cognitive Behavioral Therapies ». Dans A. E. Bergin et S. L. Garfield (Éd.), *Handbook of Psychotherapy and Behavior Change* (4e éd.). New York : Wiley.

Holmes, C., et Lovestone, S. (1997). « The Molecular Genetics on Mood Disorders ». *Current Opinion in Psychiatry,* 10, p. 79-83.

Holt, R. R. (1993). « Occupational Stress ». Dans L. Goldberger et S. Breznitz (Éd.), *Handbook of Stress: Theoretical and Clinical Aspects* (2e éd.). New York : Free Press.

Hoptman, M. J., et Davidson, R. J. (1994). « How and Why Do the Two Cerebral Hemispheres Interact ? ». *Psychological Bulletin,* 116, p. 195-219.

Horgan, J. (décembre 1996). « Why Freud Isn't Dead ». *Scientific American,* p. 106-111.

Howard, K. I., Krause, M. S., Saunders, S. M., et Kopta, S. M. (1997). « Trials and Tribulations in the Meta-Analysis of Treatment Differences : Comment on Wampold et al. (1997) ». *Psychological Bulletin,* 122, p. 221-225.

Howard, K. I., Moras, K., Brill, P. L., Martinovich, Z., et Lutz, W. (1996). « Evaluation of Psychotherapy : Efficacy, Effectiveness, and Patient Progress ». *American Psychologist,* 51, p. 1059-1064.

Howe, M. L., et Courage, M. L. (1997). « The Emergence and Early Development of Autobiographical Memory ». *Psychological Review,* 104, p. 499-525.

Howlin, P. (1997). « Prognosis in Autism : Do Specialist Treatments Affect Long-Term Outcome ? ». *European Child & Adolescent Psychiatry,* 6, p. 55-72.

Hughes, J., Smith, T. W., Kosterlitz, H. W., Fothergill, L. A., Morgan, B. A., et Morris, H. R. (1975). « Identification of Two Related Pentapeptides from the Brain with Potent Opiate Agonist Activity ». *Nature,* 258, p. 577-579.

Hughes, R. J., et Badia, P. (1997). « Sleep-Promoting and Hypothermic Effects of Daytime Melatonin Administration in Humans ». *Sleep,* 20, p. 124-131.

Hull, C. L. (1952). *A Behavior System: An Introduction to Behavior Theory Concerning the Individual Organism.* New Haven, CT : Yale University Press.

Hultquist, C. M., Meyers, A. W., Whelan, J. P., Klesges, R. C., Preacher-Ryan, H., et DeBon, M. W. (1995). « The Effect of Smoking and Light Activity on Metabolism in Men ». *Health Psychology,* 14, p. 124-131.

Hunt, M. (1993). *The Story of Psychology*. New York : Doubleday.

Hyde, J. S., et Plant, E. A. (1995). « The Magnitude of Psychological Gender Differences : Another Side to the Story ». *American Psychologist,* 50, p. 159-161.

Irwin, M., Mascovich, A., Gillin, J. C., Willoughby, R., Pike, J., et Smith, T. L. (1994). « Partial Sleep Deprivation Reduces Natural Killer Cell Activity in Humans ». *Psychosomatic Medicine,* 56, p. 493-498.

Ito, T. A., Miller, N., et Pollock, V. E. (1996). « Alcohol and Aggression : A Meta-Analysis on the Moderating Effects of Inhibitory Cues, Triggering Events, and Self-Focused Attention ». *Psychological Bulletin,* 120, p. 60-82.

Iwata, B. A., Pace, G. M., Dorsey, M. F., Zarcone, J. R., Vollmer, T. R., Smith, R. G., Rodgers, T. A., Lerman, D. C., Shore, B. A., Mazaleski, J. L., Goh, H. L., Cowdery, G. E., Kalsher, M. J., McCosh, K. C., et Kimberly, D. W. (1994). « The Functions of Self-Injurious Behavior : An Experimental-Epidemiological Analysis ». *Journal of Applied Behavior Analysis,* 27, p. 215-240.

Izard, C. E. (1990). « Facial Expressions and the Regulation of Emotions ». *Journal of Personality and Social Psychology,* 58, p. 487-498.

Izard, C. E. (1993). « Four Systems for Emotion Activation : Cognitive and Noncognitive Processes ». *Psychological Review,* 100, p. 68-90.

Izard, C. E. (1994). « Innate and Universal Facial Expressions : Evidence from Developmental and Cross-Cultural Research ». *Psychological Bulletin,* 115, p. 288-299.

Izquierdo, I., et Medina, J. H. (1997). « The Biochemistry of Memory Formation and its Regulation by Hormones and Neuromodulators ». *Psychobiology,* 25, p. 1-9.

Jacobs, B. (19 janvier 1993). Dans M. Elias, « Brain Power a Case of " Use It or Lose It. " » *USA Today.*

Jacobson, N. S., et Christensen, A. (1996). « Studying the Effectiveness of Psychotherapy : How Well Can Clinical Trials Do the Job ? ». *American Psychologist,* 51, p. 1031-1039.

James, W. (1884 ; rééd. 1969). « What is an Emotion ? » Dans *William James: Collected Essays and Reviews.* New York : Russell & Russell.

James, W. (1890). *The Principles of Psychology*. New York : Dover.

Jamison, K. R. (1995). « Manic-Depressive Illness and Creativity ». *Scientific American,* 272, p. 62-67.

Jan, J. E., Espezel, H., et Appelton, R. E. (1994). « The Treatment of Sleep Disorders with Melatonin ». *Developmental Medicine and Child Neurology,* 36, p. 97-107.

Janca, A., Isaac, M., Bennett, L. A., et Tacchini, G. (1995). « Somatoform Disorders in Different Cultures : A Mail Questionnaire Survey ». *Social Psychiatry and Psychiatric Epidemiology,* 30, p. 44-48.

Jansen, A. S. P., Nguyen, X. V., Karpitskiy, V., Mettenleiter, T. C., et Loewy, A. D. (1995). « Central Command Neurons of the Sympathetic Nervous System : Basis of the Fight-or-Flight Response ». *Science,* 270, p. 644-646.

Jensen, P. S., et Hoagwood, K. (1997). « The Book of Names : DSM-IV in context ». *Development and Psychopathology,* 9, 231–249.

Johnson, C. R., Hunt, F. M., et Siebert, J. J. (1994). « Discrimination Training in the Treatment of Pica and Food Scavenging ». *Behavior Modification,* 18, p. 214-229.

Johnson, L. C., Slye, E. S., et Dement, W. (1965). « Electroencephalographic and Autonomic during and after Prolonged Sleep Deprivation ». *Psychosomatic Medicine,* 27, p. 415-423.

Johnson, S. L., et Roberts, J. E. (1995). « Life Events and Bipolar Disorder : Implications from Biological Theories ». *Psychological Bulletin,* 117, p. 434-449.

Johnston, D. (1997). « A Missing Link ? LTP and Learning ». *Science,* 278, p. 401-403.

Jones, D. R., Levy, R. A., Gardner, L., Marsh, R. W., et Patterson, J. C. (1985). « Self-Control of Psychophysiologic Response to Motion Stress : Using Biofeedback to Treat Airsickness ». *Aviation, Space and Environmental Medicine,* 56, p. 1152-1157.

Jones, E. (1953). *The Life and Work of Sigmund Freud* (3 vol.). New York : Basic Books.

Jones, E., et Berglas, S. (1978). « Control of Attributions about the Self Through Self-Handicapping Strategies : The Appeal of Alcohol and the Role of Underachievement ». *Personality and Social Psychology Bulletin,* 4, p. 200-206.

Jorgensen, R. S., Johnson, B. T., Kolodziej, M. E., et Schreer, G. D. (1996). « Elevated Blood Pressure and Personality : A Meta-Analytic Review ». *Psychological Bulletin,* 120, p. 293-320.

Kagan, J. (1998). « Biology and the Child ». Dans W. Damon et R. M. Lerner (Éd.), *Handbook of Child Psychology* (Vol. 1). New York : John Wiley et Sons.

Kandel, E., et Abel, T. (1995). « Neuropeptides, Adenylyl Cyclase, and Memory Storage ». *Science,* 268, p. 825-826.

Kanner, A. D., et Feldman, S. S. (1991). « Control over Uplifts and Hassles and its Relationship to Adaptational Outcomes ». *Journal of Behavioral Medicine,* 14, p. 187-201.

Kaplan, P. S. (1998). *The Human Odyssey: Life-Span Development* (3e éd.). Pacific Grove, CA: Brooks/Cole.

Kaplan, R. M., et Saccuzzo, D. P. (1997). *Psychological Testing: Principles, Applications, and Issues* (4e éd.). Pacific Grove, CA: Brooks/Cole.

Kaufman, A. S., Reynolds, C. R., et McLean, J. E. (1989). « Age and WAIS-R Intelligence in a National Sample of Adults in the 20 to 74 Age Range: A Cross-Sectional Analysis with Educational Level Controlled ». *Intelligence,* 13, p. 235-253.

Kavoussi, R. J., Liu, J., et Coccaro, E. F. (1994). « An Open Trial of Sertraline in Personality Disordered Patients with Impulsive Aggression ». *Journal of Clinical Psychiatry,* 55, p. 137-141.

Kawachi, I., Sparrow, D., Vokonas, P. S., et Weiss, S. T. (1994). « Symptoms of Anxiety and Risk of Coronary Heart Disease ». *Circulation,* 90, p. 2225-2229.

Kay, S. A. (1997). « PAS, Present, and Future: Clues to the Origins of Circadian Clocks ». *Science,* 276, p. 753-754.

Keiser, R. E., et Prather, E. N. (1990). « What Is the TAT? A Review of Ten Years of Research ». *Journal of Personality Assessment,* 55, p. 800-803.

Kennedy, S. H., Javanmard, M., et Vaccarino, F. J. (1997). « A Review of Functional Neuroimaging in Mood Disorders: Positron Emission Tomography and Depression ». *Canadian Journal of Psychiatry,* 42, p. 467-475.

Kessler, R. C., McGonagle, K. A., Zhao, S., Nelson, C. B., Higher, M., Eshleman, S., Wittchen, H., et Kendler, K. S. (1994). « Lifetime and 12-Month Prevalence of DSM-III-R Psychiatric Disorders in the United States ». *Archives of General Psychiatry,* 51, p. 8-19.

Kiecolt-Glaser, J. K., et Glaser, R. (1989). « Psychoneuroimmunology: Past, Present, and Future ». *Health Psychology,* 8, p. 677-682.

Kihlstrom, J. F. (1993). « The Continuum of Consciousness ». *Consciousness and Cognition,* 2, p. 334-354.

Kihlstrom, J. F., Glisky, M. L., et Angiulo, M. J. (1994). « Dissociative Tendencies and Dissociative Disorders ». *Journal of Abnormal Psychology,* 103, p. 117-124.

Kihlstrom, J. R. (1996). « Perception without Awareness of What Is Perceived, Learning without Awareness of What Is Learned ». Dans M. Velmans (Éd.), *The science of consciousness.* New York: Routledge.

King, A. (1992). « Comparison of Self-Questioning, Summarizing, and Notetaking-Review as Strategies for Learning from Lectures ». *American Educational Research Journal,* 29, p. 303-323.

King, D. P., Zhao, Y., Sangoram, A. M., Wilsbacher, L. D., Tanaka, M., Antoch, M. P., Steeves, T. D. L., Vitaterna, M. H., Kornhauser, J. M., Lowrey, P. L., Turek, F. W., Takahashi, J. S. (1997). « Positional Cloning of the Mouse Circadian Clock Gene ». *Cell,* 89, p. 641-653.

King, F. A., Yarbrough, C. J., Anderson, D. C., Gordon, T. P., et Gould, K. G. (1988). « Primates ». *Science,* 240, p. 1475-1482.

Kinsbourne, M. (1994). « Sugar and the Hyperactive Child ». *New England Journal of Medicine,* 330, p. 355-356.

Kinsey, A. C., Pomeroy, W. B., et Martin, C. E. (1948). *Sexual Behavior in the Human Male.* Philadelphia: Saunders.

Kirk, M. S. (mars 1972). « Head-Hunters in Today's World ». *National Geographic.*

Kirmayer, L. J., Robbins, J. M., et Paris, J. (1994). « Somatoform Disorders: Personality and Social Matrix of Somatic Distress ». *Journal of Abnormal Psychology,* 103, p. 125-136.

Kirsch, I. (1994). « Cognitive-Behavioral Hypnotherapy ». Dans J. W. Rhue, S. J. Lynn, et I. Kirsch (Éd.), *Handbook of Clinical Hypnosis.* Washington, DC: American Psychological Association.

Kirsch, I. (1997). « Suggestibility or Hypnosis: What Do our Scales Really Measure ». *International Journal of Clinical and Experimental Hypnosis,* 45, p. 212-225.

Kirsch, I., et Lynn, S. J. (1995). « The Altered State of Hypnosis ». *American Psychologist,* 50, p. 846-858.

Kirsner, D. (1990). « Is There a Future for American Psychoanalysis? ». *Psychoanalytic Review,* 77, p. 175–200.

Kitayama, S., et Markus, H. R. (Éd.) (1994). *Emotion and Culture.* Washington, DC: American Psychological Association.

Kitto, J., Lok, D., et Rudowicz, E. (1994). « Measuring Creative Thinking: An Activity-Based Approach ». *Creativity Research Journal,* 7, p. 59-69.

Kleijn, W. C., van der Ploeg, H. M., et Topman, R. M. (1994). « Cognition, Study Habits, Test Anxiety, and Academic Performance ». *Psychological Reports,* 75, p. 1219-1226.

Kleinknecht, R. A. (1994). « Acquisition of Blood, Injury, and Needle Fears and Phobias ». *Behavior Research and Therapy,* 32, p. 817-823.

Kleinman, A., et Cohen, A. (mars 1997). « Psychiatry's Global Challenge ». *Scientific American,* p. 86-89.

Klingberg, G., et Hwang, C. P. (1994). « Children's Dental Fear Picture Test (CDFP): A Projective Test for the Assessment of Child Dental Fear ». *Journal of Dentistry for Children,* 62, p. 89-96.

Klinger, E. (octobre 1987). « The Power of Daydreams ». *Psychology Today.*

Knowlton, B. J., Mangels, J. A., et Squire, L. R. (1996). « A Neostriatal Habit Learning System in Humans ». *Science,* 273, p. 1399-1402.

Kobasa, S. C. (1982). « Commitment and Coping in Stress Resistance among Lawyers ». *Journal of Personality and Social Psychology,* 42, p. 707-717.

Kobasa, S. C., Maddi, S. R., et Kahn, S. (1982a). « Hardiness and Health: A Prospective Study ». *Journal of Personality and Social Psychology,* 42, p. 168-177.

Kobasa, S. C., Maddi, S. R., et Puccetti, M. C. (1982b). « Personality and Exercise as Buffers in the Stress-Illness Relationship ». *Journal of Behavioral Medicine,* 5, p. 391-404.

Koegel, L. K., Valdez-Menchacha, M. C., et Koegel, R. L. (1994). « Autism: Social Communication Difficulties and Related Behaviors ». Dans V. B. Van Hasselt et M. Hersen (Éd.), *Advanced abnormal psychology.* New York: Plenum.

Kohler, T., et Troester, U. (1991). « Changes in the Palmar Sweat Index During Mental Arithmetic ». *Biological Psychology,* 32, p. 143-154.

Köhler, W. (1917; rééd. 1925). *The Mentality of Apes* (E. Winter, trad.). New York: Harcourt Brace et World.

Kohyama, J., Shimohira, M., et Iwakawa, Y. (1997). « Maturation of Motility and Motor Inhibition in Rapid-Eye-Movement Sleep ». *Journal of Pediatrics,* 130, p. 117-122.

Kondo, D. S. (1997). »Strategies for Coping with Test Anxiety ». *Anxiety, Stress, and Coping,* 10, p. 203-215.

Koopman, J. M. (20 février 1995). Cité dans M. Cimons et T. H. Maugh, II, « New Strategies Fuel Optimism in AIDS fight ». *Los Angeles Times.*

Kowalski, R. M. (1996). « Complaints and Complaining: Functions, Antecedents, and Consequences ». *Psychological Bulletin,* 119, p. 179-196.

Kubovy, M., et Wagemans, J. (1995). « Grouping by Proximity and Multistability in Dot Lattices: A Quantitative Gestalt Theory ». *Psychological Science,* 6, p. 225-234.

Kuch, K., Cox, B. J., Evans, R., et Shulman, I. (1994). « Phobias, Panic, and Pain in 55 Survivors of Road Vehicle Accidents ». *Journal of Anxiety Disorders,* 8, p. 181-187.

Kurahashi, T., et Menini, A. (1997). « Mechanism of Odorant Adaptation in the Olfactory Receptor Cell ». *Nature,* 385, p. 725-729.

Kurten, B. (1993). *Our Earliest Ancestors.* New York: Columbia University Press.

LaBar, K. S., et LeDoux, J. E. (1996). « Partial Disruption of Fear Conditioning in Rats with Unilateral Amygdala Damage: Correspondence with Unilateral Temporal Lobectomy in Humans ». *Behavioral Neuroscience,* 110, p. 991-997.

Laird, J. D. (1974). « Self-Attribution of Emotion: The Effects of Expressive Behavior on the Quality of Emotional Experience ». *Journal of Personality and Social Psychology,* 29, p. 475-486.

Lambert, M. J., et Bergin, A. E. (1994). « The Effectiveness of Psychotherapy ». Dans A. E. Bergin et S. L. Garfield (Éd.), *Handbook of Psychotherapy and Behavior Change* (4e éd.). New York: Wiley.

Lane, R. D., Reiman, E. M., Ahern, G. L., Schwartz, G. E., et Davidson, R. J. (1997). « Neuroanatomical Correlates of Happiness, Sadness, and Disgust ». *American Journal of Psychiatry,* 154, p. 926-933.

Bibliographie

Lang, P. J. (1995). « The Emotion Probe ». *American Psychologist,* 50, p. 372-385.

Lanzetta, J. T., Cartwright-Smith, J., et Kleck, R. E. (1976). « Effects of Nonverbal Discrimination on Emotional Experience and Autonomic Arousal ». *Journal of Personality and Social Psychology,* 33, p. 354-370.

Larkin, K. T., et Edens, J. L. (1994). « Behavior Therapy ». Dans V. B. Van Hasselt et M. Hersen (Éd.), *Advanced Abnormal Psychology*. New York : Plenum Press.

Laumann, E., Michael, R. T., Gagnon, J. H., et Kolata, G. (1994). *The Social Organization of Sexuality*. Chicago : University of Chicago Press.

Lazarus, R. S. (1990). « Psychological Stress in the Workplace ». *Journal of Social Behavior and Personality,* 6, p. 1-13.

Lazarus, R. S. (1991). « Cognition and Motivation in Emotion ». *American Psychologist,* 46, p. 352-367.

Lazarus, R. S. (1993). « Why We Should Think of Stress as a Subset of Emotion ». Dans L. Goldberger et S. Breznitz (Éd.), *Handbook of Stress : Theoretical and Clinical Aspects* (2e éd.). New York : Free Press.

Leafgren, A. (1989). « Health and Wellness Programs ». Dans M. L. Upcraft et J. N. Gardner (Éd.), *The Freshman Year Experience.* San Francisco : Jossey-Bass.

Leavy, J. (18 mars 1996). « With Ritalin, The Son also Rises ». *Newsweek.*

LeDoux, J. (1996). *The Emotional Brain : The Mysterious Underpinnings of Emotional Life.* New York : Simon et Schuster.

Leedham, B., Meyerowitz, B. E., Muirhead, J., et Frist, W. H. (1995). « Positive Expectations Predict Health after Heart Transplantation ». *Health Psychology,* 14, p. 74-79.

Lehrer, P. M., Carr, R., Sargunaraj, D., et Woolfolk, R. L. (1994). « Stress Management Techniques : Are They All Equivalent, or Do They Have Specific Effects ? ». *Biofeedback and Self-Regulation,* 19, p. 353-401.

Leibel, R. L., Rosenbaum, M., et Hirsch, J. (1995). « Changes in Energy Expenditure Resulting from Altered Body Weight ». *New England Journal of Medicine,* 332, p. 621-628.

Leland, J. (14 février 1994). « Homophobia ». *Newsweek.*

Lendon, C. L., Ashall, F., et Goate, A. M. (1997). « Exploring the Etiology of Alzheimer Disease Using Molecular Genetics ». *Journal of the American Medical Association,* 277, p. 825-831.

Lepore, S. J., Mata Allen, K. A., et Evans, G. W. (1993). « Social Support Lowers Cardiovascular Reactivity to an Acute Stressor ». *Psychosomatic Medicine,* 55, p. 518-524.

Leung, P. W. L., Luk, S. L., Ho, T. P., Taylor, E., Mak, R. L., et Bacon-Shone, J. (1996). « The Diagnosis and Prevalence of Hyperactivity in Chinese Schoolboys ». *British Journal of Psychiatry,* 168, p. 486-496.

LeVay, S., et Hamer, D. H. (1994). « Evidence for a Biological Influence in Male Homosexuality ». *Scientific American,* 270, p. 44-49.

Levin, R. (1994). « Sleep and Dreaming Characteristics of Frequent Nightmare Subjects in a University Population ». *Dreaming,* 4, p. 127-137.

Levitt, S., et Wagner, J. (21 janvier 1994). « Weight and See ». *People.*

Levy, D. (1997). « Tools of Critical Thinking ». New York : Allyn et Bacon.

Levy, J. (mai 1985). « Right Brain, Left Brain : Fact and Fiction ». *Psychology Today*.

Levy, J., et Trevarthen, C. (1976). « Metacontrol of Hemispheric Function in Human Split-Brain Patients ». *Journal of Experimental Psychology : Human Perception and Performance,* 2, p. 299-312.

Levy, J., Trevarthen, C., et Sperry, R. W. (1972). « Perception of Bilateral Chimeric Figures Following Hemispheric Deconnection ». *Brain,* 95, p. 61-68.

Lewin, R. (1993). *The Origin of Modern Humans.* New York : Scientific American Library.

Liebert, R. M., et Spiegler, M. D. (1994). *Personality : Strategies and Issues* (7e éd.). Pacific Grove : Brooks/Cole.

Lief, H. I. et Fetkewicz, J. (1995). « Retractors of False Memories : The Evolution of Pseudo-Memories ». *Journal of Psychiatry & Law,* 23, p. 411-436.

Lilly, J. C. (1972). *The Center of the Cyclone.* New York : Bantam.

Lipton, S. D. (1983). « A Critique of So-Called Standard Psychoanalytic Technique ». *Contemporary Psychoanalysis,* 19, p. 35–52.

Locke, E. A., Latham, G. P. (1994). « Goal Setting Theory ». Dans H. F. O'Neil Jr., et M. Drillings (Éd.), *Motivation : Theory and Research.* Hillsdale, NJ : Lawrence Erlbaum.

Loftus, E. F. (1997a). « Creating False Memories ». *Scientific American,* septembre, p. 70-75.

Loftus, E. F. (1997b). « Repressed Memory Accusations : Devastated Families and Devastated Patients ». *Applied Cognitive Psychology,* 11, p. 25-30.

Logue, A. W., Ophir, I., et Strauss, K. E. (1981). « The Acquisition of Taste Aversions in Humans ». Behavior *Research and Therapy,* 19, p. 319-335.

Long, J. D., Gaynor, P., Erwin, A., Williams, R. L. (1994). « The Relationship of Self-Management to Academic Motivation, Study Efficiency, Academic Satisfaction, and Grade Point Average among Prospective Education Majors ». *Psychology, A Journal of Human Behavior,* 31, p. 22-30.

Lorenz, K. (1952). *King Solomon's Ring*. New York : Crowell.

Lowry, J. L., et Ross, M. J. (1997). « Expectations of Psychotherapy Duration : How Long Should Psychotherapy Last ? ». *Psychotherapy,* 34, p. 272-277.

Lubart, T. I. (1994). « Creativity ». Dans R. J. Sternberg (Éd.), *Thinking and Problem Solving.* San Diego, CA : Academic Press.

Ludwig, A. M. (1995). *The Price of Greatness : Resolving the Creative and Madness Controversy.* New York : Guilford Press.

Luna, T. D., French, J., et Mitcha, J. I. (1997). « A Study of USAF Air Traffic Controller Shiftwork : Sleep, Fatigue, Activity, and Mood Analyses ». *Aviation, Space, and Environmental Medicine,* 68, p. 18-23.

Luo, L., et Shih, J. B. (1997). « Sources of Happiness : A Qualitative Approach ». *Journal of Social Psychology,* 137, p. 181-187.

Lutz, J., Means, L. W., et Long, T. E. (1994). « Where Did I Park ? A Naturalistic Study of Spatial Memory ». *Applied Cognitive Psychology,* 8, p. 439-451.

Lykken, D. et Tellegen, A. (1996). « Happiness Is a Stochastic Phenomenon ». *Psychological Science,* 7, p. 186-189.

Lynn, S. J. (1997). « Automaticity and Hypnosis : A Sociocognitive Account ». *International Journal of Clinical and Experimental Hypnosis,* 45, p. 239-250.

MacCoun, R. J. (1993). « Drugs and the Law : A Psychological Analysis of Drug Prohibition ». *Psychological Bulletin,* 113, p. 497-512.

Macmillan, M. (1997). *Freud Evaluated.* Cambridge, MA : MIT Press.

MacQueen, G., Marshall, J., Perdue, M., Siegel, S., et Biennenstock, J. (1989). « Pavlovian Conditioning of Rat Mucosal Mast Cells to Secrete Rat Mast Cell Protease II ». *Science,* 243, p. 83-85.

Madon, S., Jussim, L., et Eccles, J. (1997). « In Search of the Powerful Self-Fulfilling Prophecy ». *Journal of Personality and Social Psychology,* 72, p. 791-809.

Madsen, K. B. (1973). « Theories of Motivation ». Dans B. B. Wollman (Éd.), *Handbook of General Psychology*. Englewood Cliffs, NJ : Prentice-Hall.

Mah, Z., et Bryant, H. E. (1997). « The Role of Past Mammography and Future Intentions in Screening Mammography Usage ». *International Society for Preventive Oncology,* 21, p. 213-220.

Maier, S. R., Watkins, L. R., et Fleshner, M. (1994). « Psychoneuroimmunology ». *American Psychologist,* 49, p. 1004-1007.

Maj, M., Pirozzi, R., Magliano, L., et Bartoli, L. (1997). « Long-Term Outcome of Lithium Prophylaxis in Bipolar Disorder : A 5-Year Prospective Study of 402 Patients at a Lithium Clinic ». *American Journal of Psychiatry,* 155, p. 30-55.

Maldonado, P. E., Godecke, I., Gray, C. M., et Bonhoffer, T. (1997). « Orientation Selectivity in Pinwheel Centers in Cat Straite Cortex ». *Science,* 276, p. 1551-1555.

Manning, A. (17 septembre 1996). « Caught Dirty-Handed : Many Fail to Wash when They Should ». *USA Today.*

Maquet, P. (1997). « Positron Emission Tomography Studies of Sleep and Sleep Disorders ». *Journal of Neurology,* 244 (supplement 1), p. S23-S28.

Maratsos, M., et Matheny, L. (1994). « Language Specificity and Elasticity : Brain and Clinical Syndrome Studies ». *Annual Review of Psychology,* 45, p. 487-516.

Marecek, J. (1995). « Gender, Politics, and Psychology's Ways of Knowing ». *American Psychologist,* 50, p. 162-163.

Martin, A., Wiggs, C. L., Ungerfelder, L. G., et Haxby, J. V. (1996). « Neural Correlates of Category-Specific Knowledge ». *Nature,* 379, p. 649-652.

Martin, L. (1986). « Eskimo Words for Snow : A Case Study in the Genesis and Decay of an Anthropological Example ». *American Anthropologist,* 88, p. 418-423.

Masling, J. M. (1997). « On the Nature and Utility of Projective Tests and Objective Tests ». *Journal of Personality Assessment,* 69, p. 357-370.

Maslow, A. H. (1968). *Toward a Psychology of Being* (2e éd.). New York : Van Nostrand.

Maslow, A. H. (1970). *Motivation and Personality*. New York : Harper et Row.

Maslow, A. H. (1971). *The Farther Reaches of Human Nature.* New York : Viking Press.

Masters, W. H., et Johnson, V. E. (1966). *Human Sexual Response.* Boston : Little, Brown.

Masters, W. H., et Johnson, V. E. (1970). *Human Sexual Inadequacy*. Boston : Little, Brown.

Mathews, R. C. (1997). « Commentaries ». *Psychonomic Bulletin & Review,* 4, p. 38-42.

Matson, J. L., et Ollendick, T. H. (1977). « Issues in Toilet Training Normal Children ». *Behavior Therapy,* 8, p. 549-553.

Matt, G. E., et Navarro, A. M. (1997). « What Meta-Analyses Have and Have Not Taught Us about Psychotherapy Effects : A Review of Future Directions ». *Clinical Psychology Review,* 17, p. 1-32.

Matthews, K. A., et Haynes, S. G. (1986). « Type A Behavior Pattern and Coronary Disease Risk ». *American Journal of Epidemiology,* 123, p. 923-960.

Mayberg, H. S., Mahurin, R. K., et Brannan, S. K. (1997). « Neuropsychiatric Aspects of Mood and Affective Disorders ». Dans S. C. Yudofsky et R. E. Hales (Éd.), *American Psychiatric Press Textbook of Neuropsychiatry* (3e éd.). Washington, DC : American Psychiatric Press.

Mayes, A. R., et Downes, J. J. (1997). « What Do Theories of the Functional Deficit(s) Underlying Amnesia Have to Explain ? ». *Memory,* 5, p. 3-36.

Mays, V. M., Rubin, J., Sabourin, M., et Walker, L. (1996). « Moving toward a Global Psychology ». *American Psychologist,* 51, p. 485-487.

Mazzoni, G., et Cornoldi, C. (1993). « Strategies in Study Time Allocation : Why Is Study Time Sometimes not Effective ? ». *Journal of Experimental Psychology : General,* 122, p. 47-60.

McCall, R. B. (1994). « Academic Underachievers ». Current Directions in Psychological *Science,* 3, p. 15-19.

McClearn, G. E., Johansson, B., Berg, S., Pedersen, N. L., Ahern, F., Petrill, S. A., et Plomin, R. (1997). « Substantial Genetic Influence on Cognitive Abilities in Twins 80 or More Years Old ». *Science,* 276, p. 1560-1563.

McClelland, D. C. (1985). « Human Motivation ». Glenview, IL : Scott, Foresman.

McClelland, D. C., Atkinson, J. W., Clark, R. W., et Lowell, E. L. (1953). *The Achievement Motive.* New York : Appleton-Century-Crofts.

McConnell, J. V., Cutler, R. L., et McNeil, E. B. (1958). « Subliminal Stimulation : An Overview ». *American Psychologist,* 13, p. 229-242.

McDaniel, M. A., et Einstein, G. O. (1986). « Bizarre Imagery as an Effective Memory Aid : The Importance of Distinctiveness ». *Journal of Experimental Psychology : Learning, Memory and Cognition,* 12, p. 54-65.

McDonald, H. E., et Hirt, E. R. (1997). « When Expectancy Meets Desire : Motivational Effects in Reconstructive Memory ». *Journal of Personality and Social Psychology,* 72, p. 5-23.

McDougall, W. (1908). *Social psychology*. New York : Putnam.

McDougle, C. J. (1997). « Update on Pharmacologic Management of OCD : Agents and Augmentation ». *Journal of Clinical Psychiatry,* 58 (supplement 12), p. 11-17.

McGrady, A. V., Bush, E. G., et Grubb, B. P. (1997). « Outcome of Biofeedback-Assisted Relaxation for Neurocardiogenic Syncope and Headache : A Clinical Replication Series ». *Applied Psychophysiology and Biofeedback,* 22, p. 63-72.

McGue, M., et Christensen, K. (1997). « Genetic and Environmental Contributions to Depression Symptomatology : Evidence from Danish Twins 75 Years of Age and Older ». *Journal of Abnormal Psychology,* 106, p. 439-448.

McIntosh, D. N. (1996). « Facial Feedback Hypothesis : Evidence, Implications, and Directions ». *Motivation and Emotion,* 20, p. 121-147.

Meck, W. (1996). Cité dans V. Morell, « Setting a Biological Stopwatch ». *Science,* 271, p. 905-906.

Megargee (1997). « Internal Inhibitions and Controls ». Dans R. Hogan, J. Johnson, et S. Briggs (Éd.), *Handbook of Personality Psychology*. New York : Academic Press.

Meichenbaum, D., et Fitzpatrick, D. (1993). « A Constructivist Narrative Perspective on Stress and Coping : Stress Inoculation Applications ». Dans L. Goldberger et S. Breznitz (Éd.), *Handbook of Stress : Theoretical and Clinical Aspects* (2e éd.). New York : Free Press.

Meissner, J. S., Blanchard, E. B., Malamood, H. S. (1997). « Comparison of Treatment Outcome Measures for Irritable Bowel Syndrome ». *Applied Psychophysiology and Biofeedback,* 22, p. 55-62.

Menzies, R. G., et Clarke, J. C. (1995). « The Etiology of Phobias : A Nonassociative Account ». *Clinical Psychology Review,* 15, p. 23-48.

Mesirow, K. H. (1984). « Report on Animal Research Survey ». Rapport présenté à l'*American Psychological Association,* Toronto.

Mignot, E. (1997). « Behavioral Genetics '97 : Genetics of Narcolepsy and Other Sleep Disorders ». *American Journal of Human Genetics,* 60, p. 1289-1302.

Miles, D. R., et Carey, G. (1997). « Genetic and Environmental Architecture of Human Aggression ». *Journal of Personality and Social Psychology,* 72, p. 207-217.

Milgram, N. A., Dangour, W., et Raviv, A. (1992). « Situational and Personal Determinants of Academic Procrastination ». *Journal of General Psychology,* 119, p. 123-133.

Milgrom, P., Mancl, L., Kng, B., et Weinstein, P. (1995). « Origins of Childhood Dental Fear ». *Behaviour Research and Therapy,* 33, p. 313-319.

Milgrom, P., Quang, J. Z., et Tay, K. M. (1994). « Cross-Cultural Validity of a Parent's Version of the Dental Fear Survey Schedule for Children in Chinese ». *Behavior Research and Therapy,* 32, p. 131-135.

Milgrom, P., Vigehesa, H., et Weinstein, P. (1992). « Adolescent Dental Fear and Control : Prevalence and Theoretical Implications ». *Behavior Research and Therapy,* 30, p. 367-373.

Miller, F. G., Quill, T. E., Brody, H., Fletcher, J. C., Gostin, L. O., et Meier, D. E. (1994). « Regulating Physician-Assisted Death ». *New England Journal of Medicine,* 331, p. 119-122.

Miller, G. (1956). « The Magical Number Seven, Plus or Minus Two : Some Limits on our Capacity for Information Processing ». *Psychological Review,* 48, p. 337-442.

Miller, M. A., et Rahe, R. H. (1997). « Life Changes Scaling for the 1990s ». *Journal of Psychosomatic Research,* 43, p. 279-292.

Miller, N. S., et Gold, M. S. (1994). « LSD and Ecstasy : Pharmacology, Phenomenology, and Treatment». *Pshychiatric Annals,* 24, p. 131-133.

Miller, P. H. (1993). *Theories of Developmental Psychology* (3e éd.). New York : Freeman.

Miller, T. Q., Turner, C. W., Tindale, R. S., Posavac, E. J., et Dugoni, B. L. (1991). « Reasons for the Trend toward Null Findings in Research on Type A Behavior ». *Psychological Bulletin,* 110, p. 469-485.

Millon, T. (1981). *Disorders of Personality*. New York : Wiley.

Milstein, M. (27 octobre 1993). « A Dizzying Dilemma ». *San Diego Union-Tribune.*

Miltner, W., Matjek, M., Braun, C., Diekmann, H., et Brody, S. (1994). « Emotional Qualities of Odors and their Influence on the Startle Reflex in Humans ». *Psychophysiology,* 31, p. 107-110.

Mindell, J. A. (1997). « Children and Sleep ». Dans M. R. Pressman et W. C. Orr (Éd.), *Understanding sleep : The Evaluation and Treatment of Sleep Disorders.* Washington, DC : American Psychological Association.

Minshew, N. J., Goldstein, G., et Siegel, D. J. (1995). « Speech and Language in High-Functioning Autistic Individuals ». *Neuropsychology,* 9, p. 255-261.

Miyashita, Y. (1995). « How the Brain Creates Imagery : Projection to Primary Visual Cortex ». *Science,* 268, p. 1719-1720.

Mizes, J. S. (1994). « Eating Disorders ». Dans V. B. Van Hasselt et M. Hersen (Éd.), *Advanced Abnormal Psychology*. New York : Plenum Press.

Bibliographie

Moldin, S. O., Reich, T., et Rice, J. P. (1991). « Current Perspectives on the Genetics of Unipolar Depression ». *Behavior Genetics,* 21, p. 211-242.

Money, J. (1987). « Sin, Sickness or Status ? ». *American Psychologist,* 42, p. 384-399.

Montgomery, G., et Kirsch, I. (1996). « Mechanisms of Placebo Pain Reduction : An Empirical Investigation ». *Psychological Science,* 7, p. 174-176.

Moore, R. Y. (1997). « Circadian Rhythms : Basic Neurobiology and Clinical Applications ». *Annual Review of Medicine,* 48, p. 253-266.

Morell, V. (1996). « Life at the Top : Animals Pay the High Price for Dominance ». *Science,* 271, p. 292.

Morey, L. C. (1997). « Personality Diagnosis and Personality Disorders ». Dans R. Hogan, J. Johnson, S. Briggs (Éd.), *Handbook of Personality Psychology*. New York : Academic Press.

Morgan, M. (1985). « Self-Monitoring of Attained Subgoals in Private Study ». *Journal of Educational Psychology,* 77, p. 623-630.

Morrison, A. (1993). Cité dans H. Herzog, « Animal Rights and Wrongs ». *Science,* 262, p. 1906-1908.

Moscovitch, M. (1997). Cité dans C. Holden, « A Special Place for Faces in the Brain ». *Science,* 278, p. 41.

Mullen, B., Anthony, T., Salas, E., et Driskell, J. E. (1994). « Group Cohesiveness and Quality of Decision Making : An Integration of Tests of the Groupthink Hypothesis ». *Small Group Research,* 25, p. 189-204.

Mundy, C. (2 juin 1994). « The Lost Boy ». *Rolling Stone.*

Munk, M. H. J., Roelfsema, P. R., Konig, P., Engel, A. K., et Singer, W. (1996). « Role of Reticular Activation in the Modulation of Intracortical Synchronization ». *Science,* 272, p. 271-277.

Murberg, M. (Éd.) (1994). *Catecholamine Function in Post-Traumatic Stress Disorder : Emerging Data on Child Sexual Abuse.* Beverly Hills, CA : Sage.

Murphy, G. G., et Glanzman, D. L. (1997). « Mediation of Classical Conditioning in Aplysia Californica by Long-Term Potentiation of Sensorimotor Synapses ». *Science,* 278, p. 467-471.

Murray, H. (1938). *Explorations in Personality*. New York : Oxford University Press.

Murray, H. (1943). *Thematic Apperception Test Manual.* Cambridge, MA : Harvard University Press.

Musto, D. F. (1991). « Opium, Cocaine and Marijuana in American History ». *Scientific American,* 265, p. 40-47.

Myers, D. G., et Diener, E. (mai 1996). « The Pursuit of Happiness ». *Scientific American,* p. 70-72.

Myrtek, M. (1995). « Type A Behavior Pattern, Personality Factors, Disease, and Physiological Reactivity : A Meta-Analytic Update ». *Personality and Individual Differences,* 18, p. 491-502.

Nagarahole, E. L. (28 mars 1994). « Tigers on the Brink ». *Time.*

NAMHC (National Advisory Mental Health Council) (1996). « Basic Behavioral Science Research for Mental Health : Perception, Attention, Learning, and Memory ». *American Psychologist,* 51, p. 133-142.

Nash, J. M. (3 février 1997). « Fertile minds ». *Time.*

National Advisory Mental Health Council (1995). « Basic Behavioral Science Research for Mental Health : A National Investment ». *American Psychologist,* 50, p. 838-845.

National Center for Health Statistics (1997). « Update : Prevalence of Overweight among Children, Adolescents, and Adults — United States, 1988-1994 ». *Journal of the American Medical Association,* 277, p. 1111.

National Task Force on the Prevention and Treatment of Obesity (1994). « Weight Cycling ». *Journal of the American Medical Association,* 272, p. 1196-1202.

NCSDR (National Commission on Sleep Disorders Research) (1993). *Wake up America : A National Sleep Alert.* Washington, DC : Department of Health and Human Services.

Neath, I. (1998). *Human Memory.* Pacific Grove, CA : Brooks/Cole.

Neher, A. (1991). « Maslow's Theory of Motivation : A Critique ». *Journal of Humanistic Psychology,* 31, p. 89-112.

Neisser, U., Boodoo, G., Bourchard, T. J. Jr., Boykin, A. W., Brody N., Ceci, S. J., Halpern, D. R., Loehlin, J. C., Perloff, R., Sternberg, R. J., et Urbina, S. (1996). « Intelligence : Knowns and Unknowns ». *American Psychologist,* 51, p. 77-101.

Nelson, R. J., Demas, G. E., Huang, P. L., Fishman, M. C., Dawson, V. L., Dawson, T. M., et Snyder, S. H. (1995). « Behavioural Abnormalities in Male Mice Lacking Neuronal Nitric Oxide Synthase ». *Nature,* 378, p. 383-386.

Nelson, T. O. (1993). « Judgments of Learning and the Allocation of Study Time ». *Journal of Experimental Psychology : General,* 122, p. 269-273.

Nelson, T. O. (1996). « Consciousness and Metacognition ». *American Psychologist,* 51, p. 102-116.

Nemeroff, C. B. (juin 1998). « The Neurobiology of Depression ». *Scientific American,* p. 42-49.

Neverlien, P. O., et Johnsen, T. B. (1991). « Optimism-Pessimism Dimension and Dental Anxiety in Children Aged 10-12 ». *Community Dentistry Oral Epidemiology,* 19, p. 342-346.

Newman, L. S., Duff, K. J., et Baumeister, R. F. (1997). « A New Look at Defensive Projection : Through Suppression, Accessibility, and Biased Person Perception ». *Journal of Personality and Social Psychology,* 72, p. 980-1001.

Nichelli, P., Grafman, J., Pietrini, P., Alway, D., Carton, J. C., et Miletich (1994). « Brain Activity in Chess Playing ». *Nature,* 369, p. 191.

Niedenthal, P. M. (1992). « Affect and Social Perception : On the Psychological Validity of Rose-Colored Glasses ». Dans R. Bornstein et T. Pittman (Éd.), *Perception without Awareness.* New York : Guilford.

Niedenthal, P. M., et Setterlund, M. C. (1994). « Emotion Congruence in Perception ». *Personality and Social Psychology Bulletin,* 20, p. 401-411.

Noah, T. (3 mars 1997). « OK, OK, Cigarettes Do Kill ». *U.S. News & World Report.*

Norman, D. A. (1982). *Learning and Memory*. New York : Freeman.

Nottebohm, F. (1989). « From Bird Song to Neurogenesis ». *Scientific American,* 260, p. 74-79.

Nowak, R. (1994). « Chronobiologists out of Sync over Light Therapy Patents ». *Science,* 263, p. 1217-1218.

Oakes, L. M., Coppage, D. J., et Dingel, A. (1997). « By Land or by Sea : The Role of Perceptual Similarity in Infant's Categorization of Animals ». *Developmental Psychology,* 33, p. 396-407.

Ojemann, J. G., Buckner, R. L., Corbetta, M., et Raichle, M. E. (1997). « Imaging Studies of Memory and Attention ». *Neurosurgery Clinics of North America,* 8, p. 307-319.

O'Leary, A., Brown, S., et Suarez-Al-Adam, M. (1997). « Stress and Immune Function ». Dans T. W. Miller (Éd.), *Clinical Disorders and Stressful Life Events.* Madison, CT : International Universities Press.

Olmos, D. R. (7 janvier 1997). « Seeing the Light ». *Los Angeles Times.*

Olson, L., Cheng, H., et Cao, Y. (janvier 1997). Cité dans J. Goldberg, « Mending Spinal Cords ». *Discover*.

Orne, M. T., et Evans, F. J. (1965). « Social Control in the Psychological Experiment : Antisocial Behavior and Hypnosis ». *Journal of Personality and Social Psychology,* 1, p. 189-200.

Ornish, D. (1998). *Love & Survival.* New York : HarperCollins.

Ortony, A., Clore, G., et Collins, A. (1988). *The Cognitive Structure of Emotions.* New York : Cambridge University Press.

Ost, L., Helstrom, K., et Kaver, A. (1992). « One Versus Five Sessions of Exposure in the Treatment of Injection Phobia ». *Behavior Therapy,* 23, p. 263-282.

Page, A. C. (1994). « Blood-Injury Phobia ». *Clinical Psychology Review,* 14, p. 443-461.

Parks, G. (1997). *Half Past Autumn.* New York : Bulfinch Press & Little, Brown & Company.

Paulesu, E., Frith, C. D., et Frackowiak, R. S. J. (1993). « The Neural Correlates of the Verbal Component of Working Memory ». *Nature,* 362, p. 342-345.

Paulhus, D. L., Fridhandler, B., et Hayes, S. (1997). « Psychological Defense ». Dans R. Hogan, J. Johnson, et S. Briggs (Éd.), *Handbook of Personality Psychology*. New York : Academic Press.

Peele, S. (1997). « Utilizing Culture and Behaviour in Epidemiological Models of Alcohol Consumption and Consequences of Western Nations ». *Alcohol & Alcoholism,* 32, p. 51-64.

Pelham, W. E., Bender, M. E., Caddell, J., Booth, S., et Moorer, S. H. (1985). « Methylphenidate and Children with Attention Deficit Disorder ». *Archives of General Psychiatry,* 42, p. 948-952.

Pennebaker, J. W., et Memon, A. (1996). « Recovered Memories in Context : Thoughts and Elaborations on Bowers and Farvolden ». *Psychological Bulletin,* 119, p. 381-385.

Perry, C. (1997). « Admissibility and Perse Exclusion of Hypnotically Elicited Recall in American Courts of Law ». *International Journal of Clinical and Experimental Hypnosis,* 45, p. 266-279.

Persons, J. B. (1997). « Dissemination of Effective Methods : Behavior Therapy's Next Challenge ». *Behavior Therapy,* 28, p. 465-471.

Peters, J. (12 mai 1997). « After Sudden Defeat, It's Kasparov Who's Blue ». *Los Angeles Times.*

Peterson, K. S. (22 juillet 1997). « Helping Procrastinators Get to It ». *USA Today.*

Peterson, L. R., et Peterson, M. J. (1950). « Short-Term Retention of Individual Verbal Terms ». *Journal of Experimental Psychology,* 58, p. 193-198.

Peterson, M. A., et Gibson, B. S. (1994). « Must Figure-Ground Organization Precede Object Recognition ? ». *Psychological Science,* 5, p. 253-259.

Pillard, R. C., et Bailey, M. J. (1995). « A Biologic Perspective on Sexual Orientation ». *The Psychiatric Clinics of North America,* 18, p. 71-84.

Pines, A. M. (1993). « Burnout ». Dans L. Goldberger et S. Breznitz (Éd.), *Handbook of Stress : Theoretical and Clinical Aspects* (2e éd.). New York : Free Press.

Pinker, S. (1994). *The Language Instinct.* New York : William Morrow.

Pinker, S. (1995). « Introduction ». Dans M. S. Gazzaniga (Éd.), *The Cognitive Neurosciences.* Cambridge, MA : MIT Press.

Plazzi, B., Corsini, R., Provini, R., Pierangeli, G., Martinelli, P., Montagna, P., Lugaresi, E., et Cortelli, P. (1997). « REM Sleep Behavior Disorders in Multiple System Atrophy ». *Neurology,* 48, p. 1094-1097.

Plomin, R., Owen, M. J., et McGuffin, P. (1994). « The Genetic Basis of Complex Human Behaviors ». *Science,* 264, p. 1733-1739.

Plomin, R., et Petrill, S. A. (1997). « Genetics and Intelligence : What's New ? ». *Intelligence,* 24, p. 53-77.

Plug, C., et Ross, H. E. (1994). « The Natural Mood Illusion : A Multifactor Angular Account ». *Perception,* 23, p. 321-333.

Plutchik, R. (1993). « Emotions and their Vicissitudes : Emotions and Psychopathology ». Dans M. Lewis et J. M. HaViland (Éd.), *Handbook of Emotions.* New York : Guilford Press.

Pollack, M. H., et Otto, M. W. (1997). « Long-Term Course and Outcome of Panic Disorder ». *Journal of Clinical Psychiatry,* 58 (supplement 2), p. 57-60.

Porkka-Heiskanen, T., Strecker, R. E., Thakkar, M., Bjorkum, A. A., Greene, R. W., McCarley, R. W. (1997). « Adenosine : A Mediator of the Sleep-Inducing Effects of Prolonged Wakefulness ». *Science,* 276, p. 1265-1268.

Portillo, E., Jr. (17 juin 1994). « Minority Graduates Choose to Succeed ». *San Diego Union-Tribune.*

Portin, P., et Alanen, Y. O. (1997). « A Critical Review of Genetic Studies of Schizophrenia. II. Molecular Genetic Studies ». *Acta Psychiatrica Scandinavica,* 95, p. 73-80.

Posner, M. I. (1997). « Introduction : Neuroimaging of Cognitive Processes ». *Cognitive Psychology,* 33, p. 2-4.

Posner, M. I., et Dehaene, S. (1994). « Attentional Networks ». *Trends in Neuroscience,* 17, p. 75-79.

Post, R. (1994). « Creativity and Psychopathology : A study of 291 World-Famous Men ». *British Journal of Psychiatry,* 165, p. 22-34.

Poulton, R., Thomson, W. M., Davies, S., Kruger E., Brown, R. H., et Silva, P. (1997). « Good Teeth, Bad Teeth, and Fear of the Dentist ». *Behaviour Research and Therapy,* 35, p. 327-334.

Pratkanis, A. R. (1992). « The Cargo Cult Science of Subliminal Persuasion ». *Skeptical Inquirer,* 16, p. 260-286.

Pressley, M., Yokoi, L., van Meter, P., Van Etten, S., et Freebern, G. (1997). « Some of the Reasons Why Preparing for Exams Is So Hard : What Can Be Done to Make It Easier ? ». *Educational Psychology Review,* 9, p. 1-38.

Pressman, M. R., et Orr, W. C. (Éd.) (1997). *Understanding Sleep : The Evaluation and Treatment of Sleep Disorders.* Washington, DC : American Psychological Association.

Priest, R. G., Terzano, M. G., et Boyer, P. (1997). « Efficacy of Zolpidem in Insomnia ». *European Psychiatry,* 12 (Supplement), p. 5s-14s.

Prince, A., et Smolensky, P. (1997). « Optimality : From Neural Networks to Universal Grammar ». *Science,* 75, p. 1604-1610.

Pullum, G. K. (1991). *The Great Eskimo Vocabulary Hoax.* Chicago : University of Chicago Press.

Rabkin, J. G., et Ferrando, S. (1997). « A " second life " agenda ». *Archives of General Psychiatry,* 54, p. 1049-1053.

Rabkin, S. W., Boyko, E., Shane, F., et Kaufert, J. (1984). « A Randomized Trial Comparing Smoking Cessation Programs Utilizing Behavior Modification, Health Education or Hypnosis ». *Addictive Behaviors,* 9, p. 157-173.

Raichle, M. E. (1994). « Visualizing the Mind ». *Scientific American,* 270, p. 58-64.

Rainville, P., Duncan, G. H., Price, D. D., Carrier, B., et Bushnell, M. C. (1997). « Pain Affect Encoded in Human Anterior Cingulate but not Somatosensory Cortex ». *Science,* 277, p. 968-971.

Rajkowska, G., Selemon, L. D., et Goldman-Rakic, P. S. (1997). « Neuronal and Glial Somal Size in the Prefrontal Cortex ». *Archives of General Psychiatry,* 55, p. 215-224.

Rakic, P. (1985). « Limits of Neurogenesis in Primates ». *Science,* 227, p. 1054-1055.

Ralph, M. R., Foster, R. G., Davis, F. C., et Menaker, M. (1990). « Transplanted Suprachiasmatic Nucleus Determines Circadian Period ». *Science,* 247, p. 975-978.

Rao, S. C., Rainer, G., et Miller, E. K. (1997). « Integration of What and Where in the Primate Prefrontal Cortex ». *Science,* 276, p. 821-824.

Rapoport, J. L. (1988). « The Neurobiology of Obsessive-Compulsive Disorder ». *Journal of the American Medical Association,* 260, p. 2888-2890.

Rapoport, J. L., Buchsbaum, M. S., Weingartner, H., Zahn, T. P., Ludlow, C., et Mikkelsen, E. J. (1980). « Dextroamphetamine : Its Cognitive and Behavioral Effects in Normal and Hyperactive Boys and Normal Men ». *Archives of General Psychiatry,* 37, p. 933-942.

Rapport, M. D. (1994). « Attention-Deficit Hyperactivity Disorder ». Dans V. B. Van Hasselt et M. Hersen (Éd.), *Advanced Abnormal Psychology*. New York : Plenum Press.

Rapport, M. D., Denney, C., DuPaul, G. J., et Bardner, M. J. (1994). « Attention Deficit Disorder and Methylphenidate ; Normalization Rates, Clinical Effectiveness, and Response Prediction in 76 Children ». *Journal of the American Academy of Child and Adolescent Psychiatry,* 33, p. 882-893.

Rauch, S. L., et Renshaw, P. F. (1995). « Clinical Neuroimaging in Psychiatry ». *Harvard Review of Psychiatry,* 2, p. 297-312.

Ray, W. J. (1997). « EEG Concomitants of Hypnotic Susceptibility ». *International Journal of Clinical and Experimental Hypnosis,* 45, p. 301-313.

Rechtschaffen, A. (août 1997). Cité dans T. Geier, « What Is Sleep For ? ». *U.S. News & World Report.*

Redelmeier, D. A., et Tibshirani, R. J. (1997). « Association between Cellular-Telephone Calls and Motor Vehicle Collisions ». *New England Journal of Medicine,* 336, p. 453-458.

Reed, C. F. (1996). « The Immediacy of the Moon Illusion ». *Perception,* 25, p. 1295-1300.

Reed, S., et Free, C. (16 octobre 1995). « The Big Payoff ». *People.*

Register, A. C., Beckham, J. C., May, J. G., et Gustafson, D. J. (1991). « Stress Inoculation Bibliotherapy in the Treatment of Test Anxiety ». *Journal of Counseling Psychology,* 38, p. 115-119.

Reiman, E. M., Lane, R. D., Ahern, G. L., Schwartz, G. E., Davidson, R. J., Friston, K. J., Yun, L. S., et Cen, K. (1997). « Neuroanatomical Correlates of Externally and Internally Generated Human Emotion ». *American Journal of Psychiatry,* 154, p. 918-925.

Relman, A. S. (éd.) (1982). *Marijuana and Health.* Washington, DC : Natioanal Academy Press.

Rescorla, R. A. (1966). « Predictability and Number of Pairings in Pavlovian Fear Conditioning ». *Psychonomic Science,* 4, p. 383-384.

Rescorla, R. A. (1987). « A Pavlovian Analysis of Goal-Directed Behavior ». *American Psychologist,* 42, p. 119-129.

Rescorla, R. A. (1988). « Pavlovian Conditioning ». *American Psychologist,* 43, p. 151-160.

Bibliographie

Rey, G. (1983). « Concepts and Stereotypes ». *Cognition,* 15, p. 237-262.

Reyneri, A. (1984). « The Nose Knows, but Science Doesn't ». *Science.*

Rhue, J. W., Lynn, S. J., et Kirsch, I. (Éd.) (1994). *Handbook of Clinical Hypnosis.* Washington, DC : American Psychological Association.

Richmond, R. L., Kehoe, L., et de Almeida Neto, A. C. (1997). « Effectiveness of a 24-Hour Transdermal Nicotine Patch in Conjunction with a Cognitive Behavioural Programme : One Year Outcome ». *Addiction,* 92, p. 27-31.

Risold, P. Y., et Swanson, L. W. (1996). « Structural Evidence for Functional Domains in the Rat Hippocampus ». *Science,* 272, p. 1484-1486.

Rivas-Vazquez, R. A., et Blais, M. A. (1997). « Selective Serotonin Reuptake Inhibitors and Atypical Antidepressants : A Review and Update for Psychologists ». *Professional Psychology : Research and Practice,* 28, p. 526-536.

Roan, S. (26 mars 1997). « Faint Chances ». *Los Angeles Times.*

Roberts, S. B. (1997). Cité dans J. Raloff, « Getting Older — and a Little Rounder ? ». *Science News,* 152, p. 282.

Robins, L. N., et Regier, D. A. (Éd.) (1991). *Psychiatric Disorders in America.* New York : Free Press.

Robins, L. N., Tipp, J., Przybeck, T. (1991). « Antisocial Personality ». Dans L. N. Robins, et D. A. Regier (Éd.), *Psychiatric Disorders in America.* New York : Free Press.

Robinson, R. G. (1995). « Mapping Brain Activity Associated with Emotion ». *American Journal of Psychiatry,* 152, p. 327-329.

Robinson-Riegler, B., et McDaniel, M. A. (1994). « Further Constraints on the Bizarreness Effect : Elaboration at Encoding ». *Memory and Cognition,* 22, p. 702-712.

Rock, I., et Palmer, S. (1990). « The Legacy of Gestalt Psychology ». *Scientific American,* 263, p. 84-90.

Rogers, C. R. (1980). *A Way of Being.* Boston : Houghton Mifflin.

Rogers, C. R. (1986). « Client-Centered Therapy ». Dans I. L. Kutash et A. Wolf (Éd.), *Psychotherapists' Casebook.* San Francisco : Jossey-Bass.

Rogers, C. R. (1989). Cité dans N. J. Raskin et C. R. Rogers, « Person-Centered Therapy ». Dans R. J. Corsini et D. Wedding (Éd.), *Current Psychotherapies* (4e éd.). Itasca, IL : F. E. Peacock.

Rogoff, B., et Chavajay, P. (1995). « What's Become of Research on the Cultural Basis of Cognitive Development ? ». *American Psychologist,* 50, p. 859-877.

Rokicki, L. A., Holroyd, K. A., France, C. R., Lipchik, G. L., France, J. L., et Kvaal, S. A. (1997). « Change Mechanisms Associated with Combined Relaxation/EMG Biofeedback Training for Chronic Tension Headache ». *Applied Psychophysiology and Biofeedback,* 22, p. 21-41.

Rorer, L. G. (1990). « Personality assessment : A Conceptual Survey ». Dans L. A. Pervin (Éd.), *Handbook of Personality : Theory and Research.* New York : Guilford Press.

Rorschach, R. (1921 ; rééd. 1942). *Psychodiagnostics.* Bern : Hans Huber.

Rosch, E. (1978). « Principles of Categorization ». Dans E. Rosch et B. B. Lloyd (Éd.), *Cognition and Categorization.* Hillsdale, NJ : Lawrence Erlbaum.

Rosch, P. J. (1994). « Does Stress Cause Hypertension ? ». *Stress Medicine,* 10, p. 141-143.

Rose, F. D., Attree, E. A., et Johnson, D. A. (1996). « Virtual Reality : An Assistive Technology in Neurological Rehabilitation ». *Current Opinion in Neurology,* 9, p. 461-467.

Rosenberg, K. P. (1994). « Notes and Comments : Biology and Homosexuality ». *Journal of Sex and Marital Therapy,* 20, p. 147-150.

Rosenfeld, J. V. (1996). « Minimally Invasive Neurosurgery ». *Australian Journal of Surgery,* 66, p. 553-559.

Rosenthal, M. S. (1994). The 1993 Distinguished Lecturer in Substance Abuse ». *Journal of Substance Abuse Treatment,* 11, p. 3-7.

Rosenthal, R. H. (1993). « Relationships of the Type A Behavior Pattern with Coronary Heart Disease ». Dans L. Goldberger et S. Breznitz (Éd.), *Handbook of Stress : Theoretical and Clinical Aspects* (2e éd.). New York : Free Press.

Rosenthal, R. (1994). « Science and Ethics in Conducting, Analyzing, and Reporting Psychological Research ». *Psychological Science,* 5, p. 127-134.

Ross, B. M., et Millsom, C. (1970). « Repeated Memory of Oral Prose in Ghana and New York ». *International Journal of Psychology,* 5, p. 173-181.

Rostan, S. M. (1994). « Problem Finding, Problem Solving, and Cognitive Controls : An Empirical Investigation of Critically Acclaimed Productivity ». *Creativity Research Journal,* 7, p. 79-110.

Rothenberg, S. A. (1997). « Introduction to Sleep Disorders ». Dans M. R. Pressman et W. C. Orr (Éd.), *Understanding Sleep : The Evaluation and Treatment of Sleep Disorders.* Washington, DC : American Psychological Association.

Rozin, P. (1986). « One-Trial Acquired Likes and Dislikes in Humans : Disgust as a U.S. Food Predominance, and Negative Learning Predominance ». *Learning and Motivation,* 17, p. 180-189.

Ruegg, R., et Frances, A. (1995). « New Research in Personality Disorders ». *Journal of Personality Disorders,* 9, p. 1-48.

Sacks, O. (1995). *An Anthropologist on Mars.* New York : Alfred A. Knopf.

Samelson, F. (1980). « J. B. Watson's Little Albert, Cyril Burt's Twins, and the Need for a Critical Science ». *American Psychologist,* 35, p. 619-625.

Samuel, D. (1996). Cité dans N. Williams, « How the Ancient Egyptians Brewed Beer ». *Science,* 273, p. 432.

Sands, R., Tricker, J., Sherman, C., Armatas, C., et Maschette, W. (1997). « Disordered Eating Patterns, Body Image, Self-Esteem, and Physical Activity in Preadolescent School Children ». *International Journal of Eating Disorders,* 21, p. 159-166.

Santé Canada (2001). Site web du Bureau du cancer : http://www.hc-sc-gc.ca/hpb/lcdc/bc (31 janvier 2001).

Sapolsky, R. M. (1992). *Stress : The Aging Brain and the Mechanism of Neuron Death.* Cambridge, MA : MIT Press.

Sapp, M. (1994). « The Effects of Guided Imagery on Reducing the Worry and Emotionality Components of Test Anxiety ». *Journal of Mental Imagery,* 18, p. 165-180.

Sarason, I. G., Sarason, B. R., et Johnson, J. H. (1985). « Stressful Life Events' Measurement, Moderators and Adaptation ». Dans S. R. Burchfield (Éd.), Stress : *Psychological and Physiological Interactions.* New York : Hemisphere.

Sarwer, D. B., et Durlak, J. A. (1997). « A Field Trial of the Effectiveness of Behavioral Treatment for Sexual Dysfunctions ». *Journal of Sex et Marital Therapy,* 23, p. 87-97.

Saskin, P. (1997). « Obstructive Sleep Apnea : Treatment Options, Efficacy, and Effects ». Dans M. R. Pressman et W. C. Orr (Éd.), *Understanding sleep : The Evaluation and Treatment of Sleep Disorders.* Washington, DC : American Psychological Association.

Sasson, Y., Zohar, J., Chopra, M., Lustig, M., Iancu, I., et Hendler, T. (1997). « Epidemiology of Obsessive-Compulsive Disorder : A World View ». *Journal of Clinical Psychiatry,* 58 (supplement 12), p. 7-10.

Saudino, K. J., et Plomin, R. (1997). « Cognitive and Temperamental Mediators of Genetic Contributions to the Home Environment during Infancy ». *Merrill-Palmer Quarterly,* 43, p. 1-23.

Savage, D. G. (13 septembre 1996). « Calls for Legalization Remain as Dole's Anti-Drug Rhetoric Rises ». *Los Angeles Times.*

Scanlon, M., et Mauro, J. (novembre-décembre 1992). « The Lowdown on Handwriting Analysis ». *Psychology Today.*

Scarr, S., et Weinberg, R. A. (1976). « IQ Test Performance of Black Children Adopted by White Families ». *American Psychologist,* 31, p. 726-739.

Schachter, S., et Singer, J. (1962). « Cognitive, Social and Physiological Determinants of Emotional State ». *Psychological Review,* 69, p. 379-399.

Schacter, D. L. (1996). *Searching for Memory.* New York : Basic Books.

Schacter, D. L. (octobre 1997). Cité dans E. Yoffe, « How Quickly We Forget ». *U.S. News & World Report.*

Schacter, D. L., et Tulving, E. (Éd.), *Memory Systems 1994.* Cambridge, MA : MIT Press.

Scheier, M. F., et Carver, C. S. (1992). « Effects of Optimism on Psychological and Physical Well-Being : Theoretical Overview and Empirical Update ». *Cognitive Therapy and Research,* 16, p. 201-228.

Schiavi, R. C., et Segraves, R. T. (1995). « The Biology of Sexual Function ». *Clinical Sexuality,* 18, p. 7-23.

Schiff, M., Duyme, M., Dumaret, A., et Tomkiewicz, S. (1982). « How Much Could We Boost Scholastic Achievement and IQ Scores ? A Direct Answer from a French Adoption Study ». *Cognition,* 12, p. 165-196.

Schneider, G. E. (1995). Cité dans C. Holden, « Why Neurons Won't Regenerate ». *Science,* 269, p. 925.

Schneider, K., et Pinnow, M. (1994). « Olfactory and Gustatory Stimuli in Food-Aversion Learning in Rats ». *Journal of General Psychology,* 12, p. 169-183.

Schuckit, M. A. (août 1990). « Are There Dangers to Marijuana ? ». *Drug Abuse and Alcoholism Newsletter.* Vista Hill Foundation.

Schuckit, M. A. (1994). « Can Marijuana Cause a Long-Lasting Psychosis ? » *Vista Hills Foundation Newsletter,* 23, p. 1-4.

Schuh, K.J. et **Griffiths, R.R.** (1997). « Caffeine Reinforcement: the Role of Withdrawal ». *Psychopharmacology,* 130, p. 320-326.

Schulz, R. (18 avril 1994). Cité dans M. Elias, « Pessimism takes toll on the Ill ». *USA Today.*

Schwartz, B., et Reisberg, D. (1991). *Learning and Memory.* New York : Norton.

Schwartz, G. J. (1996). Cité dans J. Raloff, « How the Brain Knows When Eating Must Stop ». *Science News,* 150, p. 343.

Schwartz, R.H. (1991). « Heavy Marijuana Use and Recent Memory Impairment ». *Psychiatric Annals,* 21, p. 80-82.

Scott, J. (1997). « Advance in Cognitive Therapy ». *Current Opinion in Psychiatry,* 10, p. 256-260.

Scott, K. S., Young, A. W., Calder, A. J., Hellawell, D. J., Aggleton, J. P., et Johnson, M. (1997). « Impaired Auditory Recognition of Fear and Anger following Bilateral Amygdala Lesions ». *Nature,* 385, p. 254-257.

Scribner, S. (1986). « Thinking in Action : Some Characteristics of Practical Thought ». Dans R. J. Sternberg et R. K. Wagner (Éd.), *Practical Intelligence : Nature and Origins of Competence in the Every Day World.* Cambridge, England : Cambridge University Press.

Seeley, R. J., et Schwartz, M. W. (1997). « The Regulation of Energy Balance : Peripheral Hormonal Signals and Hypothalamic Neuropeptides ». *Current Directions in Psychological Science,* 6, p. 39-44.

Seligman, M. E. P. (1970). « On the Generality of the Laws of Learning ». *Psychological Review,* 77, p. 406-418.

Selye, H. (1956). *The Stress of Life.* New York : McGraw-Hill.

Selye, H. (1993). « History of the Stress Concept ». Dans L. Goldberger et S. Breznitz (Éd.), *Handbook of Stress : Theoretical and Clinical Aspects* (2e ed.). New York : Free Press.

Semin, G. R., et De Poot, C. J. (1997). « The Question-Answer Paradigm : You Might Regret not Noticing how a Question Is Worded ». *Journal of Personality and Social Psychology,* 73, p. 472-480.

Senden, M. von (1960). *Space and Sight : The Perception of Space and Shape in the Congenitally Blind Before and After Operation* (P. Heath, trad.). New York : Free Press.

Senécal, C., Koestner, R., et Vallerand, R. J. (1995). « Self-Regulation and Academic Procrastination ». *Journal of Social Psychology,* 135, p. 607-619.

Setterlind, S., et Larsson, G. (1995). « The Stress Profile : A Psychological Approach to Measuring Stress ». *Stress Medicine,* 11, p. 85-92.

Shannon, C. (1994). « Stress Management ». Dans D. K. Granvold (Éd.), *Cognitive and Behavioral Treatment.* Pacific Grove, CA : Brooks/Cole.

Shapiro, C. M. (1981). « Growth Hormone Sleep Interaction : A Review ». *Research Communications in Psychology, Psychiatry and Behavior,* 6, p. 115-131.

Shapiro, J. P., Loeb, P., Bowermaster, D., Wright, A., Headden, S., et Toch, T. (13 décembre 1993). « Special Report ». *U.S. News & World Report.*

Shaywitz, B. A., Sullivan, C. M., Anderson, G. M., Gillespie, S. M., Sullivan, B., et Shaywitz, S. E. (1994). « Aspartame, Behavior, and Cognitive Function in Children with Attention Deficit Disorder ». *Pediatrics,* 93, p. 70-75.

Sherin, J. E., Shiromani, P. J., McCarley, R. W., et Saper, C. B. (1996). « Activation of Ventrolateral Preoptic Neurons during Sleep ». *Science,* 271, p. 216-219.

Shettleworth, S. J. (1993). « Where Is the Comparison in Comparative Cognition ? ». *Psychological Science,* 4, p. 179-184.

Shevrin, H., Bond, J. A., Brakel, A. W., Hertel, R. K., et Williams, W. J. (1996). *Conscious and Unconscious Processes.* New York : Guilford Press.

Shiffrin, R. M., et Nosofsky, R. M. (1994). « Seven Plus or Minus Two : A Commentary on Capacity Limitations ». *Psychological Review,* 101, p. 357-361.

Shimaya, A. (1997). « Perception of Complex Line Drawings ». *Journal of Experimental Psychology : Human Perception and Performance,* 23, p. 25-50.

Shipley, M. T., et Ennis, M. (1996). « Functional Organization of Olfactory System ». *Journal of Neurobiology,* 30, p. 123-176.

Sidtis, J. J., Volpe, B. T., Wilson, D. H., Rayport, M., et Gazzaniga, M. S. (1981). « Variability in Right Hemisphere Language Function after Callosal Section : Evidence for a Continuum of Generative Capacity ». *Journal of Neuroscience,* 1, p. 323-331.

Siegel, R. K. (1989). *Intoxication.* New York : Dutton.

Siliciano, R. (1997). Cité dans M. Balter, « HIV Survives Drug Onslaught by Hiding out in T Cells ». *Science,* 278, p. 1227.

Silver, W. (8 juillet 1997). Cité dans S. L. Jones, « High Schoolers Learn that Smell Is a Matter of Taste ». *San Diego Union-Tribune.*

Simonton, D. K. (1994). *Greatness.* New York : Guilford Press.

Sinclair, R. C., Hoffman, C., Mark, M. J., Martin, L. L., et Pickering, T. L. (1994). « Construct Accessibility and the Isattribution of Arousal : Schachter and Singer Revisited ». *Psychological Science,* 5, p. 15-25.

Singer, M. T., et Lalich, J. (1997). *Crazy Therapies : What Are They ? Do They Work ?* San Francisco : Jossey-Bass.

Skaar, K. L., Tsho, J. Y., McClure, J.B., Cinciripini, P.M., Friedman, K., Wetter, D. W., et **Gritz, E.R.** (1997). « Smoking Cessation 1 : An Overview of Research ». *Behavioral Medicine,* 23, p. 5-13.

Skerrett, P. J. (octobre 1994). « Turning Back the Clock ». *Popular Science.*

Skinner, B. F. (1938). *The Behavior of Organisms.* New York : Appleton-Century-Crofts.

Skinner, B. F. (1953). *Science and Human Behavior.* New York : Macmillan.

Skinner, B. F. (1989). « The Origin of Cognitive Thought ». *American Psychologist,* 44, p. 13-18.

Sloan, R. P., Shapiro, P. A., Bagiella, E., Boni, S. M., Paik, M., Bigger, J. T., Jr., Steinman, R. C., et Gorman, J. M. (1994). « Effect of Mental Stress Throughout the Day on Cardiac Autonomic Control ». *Biological Psychology,* 37, p. 89-99.

Slutske, W. S., Heath, A. C., Dinwiddie, S. H., Madden, P. A. F., Bucholz, K. K., Dunne, M. P., Statham, D. J., et Martin, N. G. (1997). « Modeling Genetic and Environmental Influences in the Etiology of Conduct Disorder : A Study of 2,682 Adult Twin Pairs ». *Journal of Abnormal Psychology,* 106, p. 266-279.

Small, G. W., Propper, M. W., Randolph, E. T., et Spencer, E. (1991). « Mass Hysteria among Student Performers : Social Relationship as a Symptom Predictor ». *American Journal of Psychiatry,* 148, p. 1200-1205.

Smith, C. A., et Ellsworth, P. C. (1985). « Patterns of Cognitive Appraisal in Emotion ». *Journal of Personality and Social Psychology,* 48, p. 813-838.

Smith, D. (1982). « Trends in Counseling and Psychotherapy ». *American Psychologist,* 37, p. 802-809.

Smith, E. E., et Jonides, J. (1997). « Working Memory : A View from Neuroimaging ». *Cognitive Psychology,* 33, p. 5-42.

Smith, J. C., et Seidel, J. M. (1982). « The Factor Structure of Self-Reported Physical Stress Reactions ». *Biofeedback and Self-Regulation,* 7, p. 35-47.

Smith, L. (13 juillet 1993). « Men in the Making ». *Los Angeles Times.*

Snow, R. E., et Jackson, D. N., III. (1994). « Individual Differences in Conation : Selected Constructs and Measures ». Dans H. F. O'Neil, Jr., et M. Drillings (Éd.), *Motivation : Theory and Research.* Hillsdale, NJ : Lawrence Erlbaum.

Société Alzheimer Canada (2000). Site web : http://www.alzheimer.ca (septembre 2000).

Somers, V. K., Phil, D., Dyken, M. E., Mark, A. L., et Abboud, F. M. (1993). « Sympathetic-Nerve Activity during Sleep in Normal

Subjects ». *New England Journal of Medicine,* 328, p. 303-307.

Sorbi, M. J., Maassen, G. H., et Spierings, E. L. H. (1996). « A Time Series Analysis of Daily Hassles and Mood Changes in the 3 Days before the Migraine Attack ». *Behavioral Medicine,* 22, p. 103-113.

Sozzi, G., Veronese, M. L., Negrini, M. J., Baffa, R., Cohicelli, M. G., Inoue, H., Tornielli, S., Pilotti, S., DeGregorio, L., et Pastorino, U. (1996). « The FHIT Gene 3p14.2 Is Abnormal in Lung Cancer ». *Cell,* p. 17-26.

Spangler, D. L., Simons, A. D., Monroe, S. M., et Thase, M. E. (1997). « Response to Cognitive-Behavioral Therapy in Depression : Effects on Pretreatment Cognitive Dysfunction and Life Stress ». *Journal of Consulting and Clinical Psychology,* 65, p. 568-575.

Spanos, N. P. (1994). « Multiple Identity Enactments and Multiple Personality Disorder : A Sociocognitive Perspective ». *Psychological Bulletin,* 116, p. 143-165.

Spanos, N. P. (1996). *Multiple Identities and False Memories : A Sociocognitive Perspective.* Washington, DC : American Psychological Association.

Spearman, C. (1904). « "General Intelligence" Objectively Determined and Measured ». *American Journal of Psychology,* 15, p. 201-293.

Spelke, E. S., Breinlinger, K., Jacobson, K., et Phillips, A. (1993). « Gestalt Relations and Object Perception : A Developmental Study ». *Perception,* 22, p. 1483-1501.

Sperling, G. A. (1960). « The Information Available in Brief Visual Presentations ». *Psychological Monographs,* 74 (Nº 498 intégral).

Sperry, R. W. (1974). « Lateral Specialization in the Surgically Separated Hemisphere ». Dans R. O. Schmitt, et F. G. Worden (Éd.), *The Neurosciences : Third Study Program.* Cambridge, MA : MIT Press.

Sperry, R. W. (août 1993). Cité dans T. Deangelis, « Sperry Plumbs Science for Values and Solutions ». *APA Monitor*.

Spiegel, D. A., et Bruce, T. J. (1997). « Benzodiazepines and Exposure-Based Cognitive Behavior Therapies for Panic Disorder : Conclusions from Combined Treatment Trials ». *American Journal of Psychiatry,* 154, p. 773-781.

Spitzer, R. L., Gibbon, M., Skodol, A. E., Williams, J. B. W., et First, M. B. (Éd.) (1994). *DSM-IV casebook.* Washington, DC : American Psychiatric Association.

Springer, S. P., et Deutsch, G. (1997). *Left Brain, Right Brain* (5e éd.). New York : W. H. Freeman.

Squire, L. R. (1994). « Declarative and Nondeclarative Memory : Multiple Brain Systems Supporting Learning and Memory ». Dans D. L. Schachter et E. Tulving (Éd.), *Memory Systems 1994.* Cambridge, MA : MIT Press.

Squire, L. R., et Knowlton, B. J. (1995). « Memory, Hippocampus, and Brain Systems ». Dans M. S. Gazzaniga (Éd.), *The Cognitive Neurosciences.* Cambridge, MA : MIT Press.

Squire, L. R., et Zola-Morgan, S. (1991). « The Medial Temporal Lobe Memory System ». *Science,* 253, p. 1380-1386.

Stahl, S. M. (1996). *Essential Psychopharmacology.* New York : Cambridge University Press.

Stanley, M. A., et Turner, S. M. (1995). « Current Status of Pharmacological and Behavioral Treatment of Obsessive-Compulsive Disorder ». *Behavior Therapy,* 26, p. 163-186.

Stanton, M. D., et Shadish, W. R. (1997). « Outcome, Attrition, and Family-Couples Treatment for Drug Abuse : A Meta-Analysis and Review of the Controlled, Comparative Studies ». *Psychological Bulletin,* 122, p. 170-191.

Steele, C. (11 décembre 1995). Cité dans E. Woo, « Can Racial Stereotypes Psych out Students ? » *Los Angeles Times,* A1.

Stein, J. (12 mars 1997). « A Child's Heavy Burden ». *Los Angeles Times.*

Stein, N. L., Ornstein, P. A., Tversky, B., et Brainerd, C. (Éd.) (1997). *Memory for Everyday and Emotional Events.* Mahwah, NJ : Lawrence Erlbaum.

Stern, G. S., McCants, T. R., et Pettine, P. W. (1982). « Stress and Illness : Controllable and Uncontrollable Life Events' Relative Contributions ». *Personality and Social Psychology Bulletin,* 8, p. 140-143.

Stern, R. M., et Koch, K. L. (1966). « Motion Sickness and Differential Susceptibility ». *Current Directions in Psychological Science,* 5, p. 115-119.

Sternberg, R. J. (1985). « Human Intelligence : The Model is the Message ». *Science,* 230, p. 1111-1118.

Sternberg, R. J. (1997a). « The Concept of Intelligence and Its Role in Lifelong Learning and Success ». *American Psychologist,* 52, p. 1030-1037.

Sternberg, R. J. (1997b). « Intelligence and Lifelong Learning ». *American Psychologist,* 52, p. 1034-1039.

Sternberg, R. J., et Grigorenko, E. (Éd.) (1997). *Intelligence, Heredity, and Environment.* New York : Cambridge.

Sternberg, R. J., et Lubart, T. I. (1996). « Investing in Creativity ». *American Psychologist,* 51, p. 677-688.

Sternberg, R. J., et Soriano, L. J. (1984). « Styles of Conflict Resolution ». *Journal of Personality and Social Psychology,* 47, p. 115-126.

Sternberg, R. J., et Wagner, R. K. (1993). « The Geocentric View of Intelligence and Job Performance Is Wrong ». *Current Directions in Psychological Science,* 2, p. 1-5.

Stolberg, S. (29 août 1994). « Study Shows Drug Abuse Programs Are Cost-Effective ». *Los Angeles Times.*

Stone, B. (2 juin 1997). « Zapping the Eye ». *Newsweek,* p. 80-81.

Strain, E.C., Mumford, G.K., Silverman, K., et **Griffiths, R. R.** (1994). « Caffeine Dependence Syndrome ». *Journal of the American Medical Association,* 272, p. 1043-1048.

Strauss, C. C. (1994). « Anxiety Disorders ». Dans V. B. Van Hasselt et M. Hersen (Éd.), *Advanced Abnormal Psychology*. New York : Plenum Press.

Strauss, N. (2 juin 1994). « Kurt Cobain 1967-1994 ». *Rolling Stone.*

Stritzke, W. G. K., Lang, A. R., et Patrick, C. J. (1996). « Beyond Stress and Arousal : A Reconceptualization of Alcohol — Emotion Relations with Reference to Psychophysiological Methods ». *Psychological Bulletin,* 120, p. 376-395.

Stumpf, D. A., Cranford, R. E., Elias, S., Fost, N. C., McQuillen, M. P., Myer, E., Poland, R., et Queenam, J. T. (1990). « The Infant with Anencephaly ». *New England Journal of Medicine,* 322, p. 669-674.

Suzuki, L. A., et Valencia, R. R. (1997). « Race — Ethnicity and Measured Intelligence : Educational Implications ». *American Psychologist,* 5, p. 1103-1114.

Swayze, V. W., II. (1995). « Frontal Leukotomy and Related Psychosurgical Procedures in the Era before Antipsychotics (1935-1954) : A Historical Overview ». *American Journal of Psychiatry,* 152, p. 505-515.

Tankova, I., Adan, A., et Buela-Casal, G. (1994). « Circadian Typology and Individual Differences. A review ». *Personality and Individual Differences,* 16, p. 671-684.

Tanofsky, M. B., Wilfley, D. E., Spurrell, E. B., Welch, R., et Brownell, K. D. (1997). « Comparison of Men and Women with Binge Eating Disorder ». *International Journal of Eating Disorders,* 21, p. 49-54.

Tanouye, E. (7 juillet 1997). « Got a Big Public Speaking Phobia ? ». *San Diego Union-Tribune.*

Tashkin, D. (16 décembre 1996). Cité dans D. Ferrell, « Scientists Unlocking Secrets of Marijuana's Effects ». *Los Angeles Times.*

Taubes, G. (décembre 1994). « Surgery in Cyberspace ». *Discover*.

Taubes, G. (1997). « The Breast-Screening Brawl ». *Science,* 275, p. 1056-1059.

Taubman, B. (1997). « Toilet Training and Toileting Refusal for Stool Only : A Prospective Study ». *Pediatrics,* 99, p. 54-58.

Terman, L. M. (1916). *The Measurement of Intelligence.* Boston : Houghton Mifflin.

Terman, L. M., et Oden, M. H. (1959). *The Gifted Group at Mid-Life* (Vol. 5). Stanford, CA : Stanford University Press.

Thapar, A., et McGuffin, P. (1993). « Is Personality Disorder Inherited ? An Overview of the Evidence ». *Journal of Psychopathology and Behavioral Assessment,* 15, p. 325-345.

Thase, M. E., Greenhouse, J. B., Frank, E., Reynolds, C. F., Pilkonis, P. A., Hurley, K., Grochorinski, V., et Kupfer, D. J. (1997). « Treatment of Major Depression with Psychotherapy or Psychotherapy-Pharmacotherapy Combinations ». *Archives of General Psychiatry,* 54, p. 1009-1015.

Thombs, D. L. (1995). « Problem Behavior and Academic Achievement among First-Semester College Freshmen ». *Journal of College Student Development,* 36, p. 280-288.

Thompson, C., Cowan, T., et Frieman, J. (1993). *Memory Search by a Memorist.* Hillsdale, NJ : Lawrence Erlbaum.

Thorndike, E. L. (1898). « Animal Intelligence : An Experimental Study of the Associative Process in Animals ». *Psychological Review Monograph Supplement,* 2(8).

Thurfjell, E. (1994). « Mammography Screening. One versus Two Views and Independent Double Reading ». *Acta Radiology,* 35, p. 345-350.

Tice, D. M., et Baumeister, R. F. (1997). « Longitudinal Study of Procrastination, Performance, Stress, and Health : The Costs and Benefits of Dawdling ». *Psychological Science,* 8, p. 454-458.

Tiefer, L., et Kring, B. (1995). « Gender and the Organization of Sexual Behavior ». *Clinical Sexuality,* 18, p. 25-37.

Timimi, S., Douglas, J., et Taiftsopoulou, K. (1997). « Selective Eaters : A Retrospective Study ». *Child : Care, Health and Development,* 23, p. 265-278.

Tolman, E. C. (1948). « Cognitive Maps in Rats and Men ». *Psychological Review,* 55, p. 189-208.

Tomaka, J., Blascovich, J., Kibler, J., et Ernst, J. M. (1997). « Cognitive and Physiological Antecedents of Threat and Challenge Appraisal ». *Journal of Personality and Social Psychology,* 73, p. 63-72.

Tonegawa, S., et Wilson, M. (1997). Cité dans W. Roush, « New Knockout Mice Point to Molecular Basis of Memory ». *Science,* 275, p. 32-33.

Toshio, I., Witter, M. P., Ichikawa, M., Tominaga, T., Kajiwara, R., et Matsumoto, G. (1996). « Entorhinal-Hippocampal Interactions Revealed by Real-Time Imaging ». *Science,* 272, p. 1176-1179.

Travis, J. (1994). « Glia : The Brain's Other Cells ». *Science,* 266, p. 970-972.

Tresniowski, A., et Bell, B. (9 septembre 1996). « Oprah Buff ». *People,* p. 81.

Triandis, H. C. (1996). « The Psychological Measurement of Cultural Syndromes ». *American Psychologist,* 51, p. 407-415.

Troiano, R. (7 mars 1997). Cité dans Associated Press et Reuters, « Americans Keep Getting Fatter ; Soft Living Is Cited as Reason ». *San Diego Union-Tribune.*

Tsai, G., Gastfriend, D. R., et Coyle, J. T. (1995). « The Glutamatergic Basis of Human Alcoholism ». *American Journal of Psychiatry,* 152, p. 332-340.

Tucker, G.J. (1998). « Putting DSM-IV in Perspective». *American Journal of Psychiatry,* 155, p. 159–161.

Tully, T. (mai 1997). Cité dans B. Azar, « Research in Fruit Flies Sheds Light on Behavior ». *APA Monitor.*

Turner, S., et Scherman, A. (1996). « Big Brothers : Impact on Little Brothers' Self-Concepts and Behaviors ». *Adolescence,* 31, p. 875-882.

Tversky, A., et Kahneman, D. (1983). « Extensional versus Intuitive Reasoning : The Conjunction Fallacy in Probability Judgment ». *Psychological Review,* 90, p. 293-315.

Unger, R. H. (1997). Cité dans J. Travis, « Hormone May Directly Trim Fat from Cells ». *Science News,* 151, p. 271.

Ursin, H. (1997). « Sensitization, Somatization, and Subjective Health Complaints ». *International Journal of Behavioral Medicine,* 4, p. 105-116.

Valenstein, E. S. (1986). *Great and Desperate Cures.* New York : Basic Books.

Van de Castle, R. L. (1994). *Our Dreaming Mind.* New York : Ballantine.

Van Derbur Atler, D. (juin 1991). « The Darkest Secret ». *People.*

Van Essen, D. (13 janvier 1997). Cité dans S. Brownlee et T. Watson, « The Senses ». *U.S. News & World Report,* p. 51-59.

Van Essen, D. C., Anderson, C. H., et Felleman, D. J. (1992). « Information Processing in the Primate Visual System : An Integrated Systems Perspective ». *Science,* 255, p. 419-423.

VandenBos, G. R. (1996). « Outcome Assessment of Psychotherapy ». *American Psychologist,* 51, p. 1005-1006.

Vander Wall, S. B. (1982). « An Experimental Analysis of Cache Recovery in Clark's Nutcracker ». *Animal Behavior,* 30, p. 84-94.

Vargas, J. S. (1991). « B. F. Skinner : The Last Few Days ». *Journal of the Experimental Analysis of Behavior,* 55, p. 1-2.

Vargha-Khadem, F., Gadian, D. G., Watkins, K. E., Connelly, A., Van Paesschen, W., Mishkin, M. (1997). « Differential Effects of Early Hippocampal Pathology on Episodic and Semantic Memory ». *Science,* 227, p. 376-380.

Viglione, D. J., Jr. (1997). « Problems in Rorschach Research and What to Do About Them ». *Journal of Personality Assessment,* 68, p. 590-599.

Waldron, S., Jr. (1997). « How Can we Study the Efficacy of Psychoanalysis ». *Psychoanalytic Quarterly,* 66, p. 283–321.

Walker, E. G., et Diforio, D. (1997). «Schizophrenia : A Neural Diathesis-Stress Model». *Psychological Bulletin,* 104, p. 667–685.

Walsh, J. K., et Lindblom, S. S. (1997). « Psychophysiology of Sleep Deprivation and Disruption ». Dans M. R. Pressman et W. C. Orr (Éd.), *Understanding Sleep : The Evaluation and Treatment of Sleep Disorders.* Washington, DC : American Psychological Association.

Walters, E. E., et Kendler, K. S. (1995). « Anorexia Nervosa and Anorexic-Like Syndromes in a Population-Based Female Twin Sample ». *American Journal of Psychiatry,* 152, p. 64-71.

Wampold, B. E., Mondin, G. W., Moody, M., Stich, F., Benson, K., et Ahn, H. (1997). « A Meta-Analysis of Outcome Studies Comparing Bona Fide Psychotherapies : Empirically, " All Must Have Prizes " ». *Psychological Bulletin,* 122, p. 203-215.

Wang, S., Sun, C., Walczak, C. A., Ziegle, J. S., Kipps, B. R., Goldin, L. R., et Diehl, S. (1995). « Evidence for a Susceptibility Locus for Schizophrenia on Chromosome ». *Nature Genetics,* 10, p. 41-46.

Warden, C. H. (1997). Cité dans J. Travis, « Gene Heats Up Obesity Research ». *Science News,* 151, p. 142.

Waterhouse, L., Fein, D., et Modahl, C. (1996). « Neurofunctional Mechanisms in Autism ». *Psychological Review,* 103, p. 457-489.

Watson, J. B. (1924). *Behaviorism.* Chicago : University of Chicago Press.

Watson, J. B., et Rayner, R. (1920). « Conditioned Emotional Reactions ». *Journal of Experimental Psychology,* 3, p. 1-14.

Watson, J. B., et Watson, R. R. (1920). « Studies in Infant Psychology ». *Scientific Monthly,* 13, p. 492-515.

Watson, T., et Wu, C. (8 janvier 1996). « Are You Too Fat ? ». *U.S. News & World Report,* p. 52-61.

Webb, W. B. (1983). « Theories in Modern Sleep Research ». Dans A. Mayes (Éd.), *Sleep Mechanisms and Functions.* Wokingham, England : Van Nostrand Reinhold.

Weber, E. H. (1834). *De Pulsu, Resorptione, Auditu et Tactu : Annotationes Anatomical et Physiological.* Leipzig : Koehler.

Weiden, P., Aquila, R., et Standard, J. (1996). « A Typical Antipsychotic Drugs and Long-Term Outcome in Schizophrenia ». *Journal of Clinical Psychiatry,* 57, (supplement 11), p. 53-60.

Weinberg, R. A., Scarr, S., et Waldman, I. D. (1992). « The Minnesota Transracial Adoption Study : A Follow-Up of IQ Test Performance at Adolescence ». *Intelligence,* 16, p. 117-135.

Weinberger, D. R., Goldberg, T. E., et Tamminga, C. A. (1995). « Prefrontal Leukotomy ». *American Journal of Psychiatry,* 152, p. 330-331.

Weinberger, J. (1995). Common Factors Aren't so Common : The Common Factors Dilemma ». *Clinical Psychology : Science and Practice,* 2, p. 45-69.

Weiner, B. (1986). *An Attributional Theory of Motivation and Emotion.* New York : Springer-Verlag.

Weiner, B. (1991). « Metaphors in Motivation and Attribution ». *American Psychologist,* 46, p. 921-930.

Weiner, I. R. (1997). « Current Status of the Rorschach Inkblot Method ». *Journal of Personality Assessment,* 68, p. 5-19.

Weiner, M. F. (1997). « Alzheimer's Disease : Diagnosis and Treatment ». *Harvard Review of Psychiatry,* 4, p. 206-316.

Weisberg, R. W. (1993). *Creativity : Beyond the Myth of Genius.* New York : Freeman.

Weissman, M. M. (printemps 1993). « The Epidemiology of Personality Disorders. A 1990 Update ». *Journal of Personality Disorders, Supplement,* p. 44-62.

Welling, H. (1994). « Prime Number Identification in Idiots Savants : Can They Calculate Them ? ». *Journal of Autism and Developmental Disorders,* 24, p. 199-207.

Werle, M. A., Murphy, T. B., et Budd, K. S. (1993). « Treating Chronic Food Refusal in Young Children : Home-Based Parent Training. *Journal of Applied Behavior Analysis,* 26, p. 421-433.

Bibliographie

Werner, E. E. (1995). « Resilience in Development ». *Current Directions in Psychological Science,* 4, p. 81-85.

Wertz, F. J. (1998). « The Role of the Humanistic Movement in the History of Psychology ». *Journal of Humanistic Psychology,* 38, p. 42-70.

West, R. L. (1996). « An Application of Prefrontal Cortex Function Theory to Cognitive Aging ». *Psychological Bulletin,* 120, p. 272-292.

Westen, D. (1990). « Psychoanalytic Approaches to Personality ». Dans L. A. Previn (Éd.), *Handbook of Personality*. New York : Guilford Press.

Westen, D. (1998). « Unconscious Thought, Feeling, and Motivation : The End of a Century-Long Debate ». Dans R. F. Bornstein et J. M. Masling (Éd.), *Empirical Perspectives on the Psychoanalytic Unconscious.* Washington, DC : American Psychological Association.

Wheeler, M. A., Stuss, D. T., et Tulving, E. (1997). « Toward a Theory of Episodic Memory : The Frontal Lobes and Autonoetic Consciousness ». *Psychological Bulletin,* 121, p. 331-354.

Whorf, B. L. (1940). Dans J. B. Carroll (Éd.), *Language, Thought, and Reality : Selected Writing of Benjamin Lee Whorf.* Cambridge, MA : MIT Press.

Whorf, B. L. (1956). *Language, Thought, and Reality*. New York : Wiley.

Wickelgren, I. (1997). « Getting a Grasp on Working Memory ». *Science,* 275, p. 1580-1582.

Wickett, J. C., Vernon, P. A., Lee, D. H. (1994). « In Vivo Brain Size, Head Perimeter, and Intelligence in a Sample of Healthy Adult Females ». *Personality and Individual Differences,* 16, p. 831-838.

Widiger, T. A., et Costa, P. T., Jr. (1994). « Personality and Personality Disorders ». *Journal of Abnormal Psychology,* 103, p. 78-91.

Wiebe, D. J. (1991). « Hardiness and Stress Moderation : A Test of Proposed Mechanisms ». *Journal of Personality and Social Psychology,* 60, p. 89-99.

Wiebe, D. J., et Smith, T. W. (1997). « Personality and Health : Progress and Problems in Psychosomatics ». Dans R. Hogan, J. Johnson, et S. Briggs (Éd.), *Handbook of Personal Psychology*. New York : Academic Press.

Wilcoxon, H. C., Dragoin, W. B., et Kral, P. A. (1971). « Illness-Induced Aversions in Rat and Quail : Relative Salience of Visual and Gustatory Cues ». *Science,* 171, p. 826-828.

Wilde, M. C., et Cinciripini, P. M. (1994). « Biological model ». Dans V. B. Van Hasselt et M. Hersen (Éd.), *Advanced abnormal psychology*. New York : Plenum Press.

Wilfley, D. E., et Cohen, L. R. (1997). « Psychological Treatment of Bulimia Nervosa and Binge Eating Disorder ». *Psychopharmacology Bulletin,* 33, p. 437-454.

Wilhelm, F. H., et Roth, W. T. (1997). « Clinical Characteristics of Flight Phobia ». *Journal of Anxiety Disorders,* 11, p. 241-261.

Willett, W. C. (1994). « Diet and Health : What Should We Eat ? ». *Science,* 264, p. 532-537.

Williams, B. K., et Knight, S. M. (1994). *Healthy for Life.* Pacific Grove, CA : Brooks/Cole.

Williams, D. (1992). *Nobody Nowhere.* New York : Times Books.

Williams, D. (1994). *Somebody Somewhere.* New York : Times Books.

Williams, D. E., Kirkpatrick-Sanchez, S., et Iwata, B. A. (1993). « A Comparison of Shock Intensity in the Treatment of Longstanding and Severe Self-Injurious Behavior ». *Research in Development Disabilities,* 14, p. 207-219.

Williams, J. (10 février 1994). « Survival of the Sweetest ». *San Diego Union-Tribune.*

Wilson, G. T. (1994). « Behavioral Treatment of Obesity : Thirty Years and Counting ». *Advances in Behavior, Research and Therapy,* 16, p. 31-75.

Wilson, K. G., Hayes, S. C., et Gifford, E. V. (1997). « Cognition in Behavior Therapy : Agreements and Differences ». *Journal of Behavior Therapy and Experimental Psychiatry,* 28, p. 53-63.

Wincze, J. P., et Carey, M. P. (1991). *Sexual Dysfunction : A Guide for Assessment and Treatment*. New York : Guilford Press.

Winkler, J., Suhr, S. T., Gage, F. H., Thai, L. J., et Fisher, L. J. (1995). « Essential Role of Neocortical Acetylcholine in Spatial Memory ». *Nature,* 375, p. 484-487.

Winn, P. (1995). « The Lateral Hypothalamus and Motivated Behavior : An Old Syndrome Reassessed and a New Perspective Gained ». *Current Directions in Psychological Science,* 4, p. 182-187.

Winner, E. (1997). « Exceptionally High Intelligence and Schooling ». *American Psychologist,* 52, p. 1070-1081.

Winograd, E., et Soloway, R. M. (1986). On Forgetting the Locations of Things Stored in Special Places ». *Journal of Experimental Psychology : General,* 115, p. 366-372.

Wolf, T. H. (1973). *Alfred Binet*. Chicago : University of Chicago Press.

Wolitzky, D. L., et Eagle, M. N. (1997). « Psychoanalytic Theories of Psychotherapy », dans P. L. Wachtel et S. B. Messer (éd.), *Theories of psychotherapy : Origins and evolution.* Washington, DC : American Psychological Association.

Wolpe, J. (1958). *Psychotherapy by Reciprocal Inhibition.* Stanford, CA : Stanford University Press.

Wolpe, J. (1990). *The Practice of Behavior Therapy* (4e éd.). London : Pergamon Press.

Wong, J. (26 février 1994). « Obesity Weighing in as Life-Style for Modern Chinese ». *San Diego Union-Tribune.*

Woody, E. Z. (1997). « Have the Hypnotic Susceptibility Scales Outlived their Usefulness ? ». *International Journal of Clinical and Experimental Hypnosis,* 45, p. 226-238.

Wool, C. A., et Barsky, A. J. (1994). « So Women Somatize More than Men ? ». *Psychosomatics,* 35, p. 445-452.

Wu, K. K., et Lam, D. J. (1993). « The Relationship between Daily Stress and Health : Replicating and Extending Previous Findings ». *Psychology and Health,* 8, p. 329-344.

Yamashita, I. (1993). *Taijin-Kyofu or Delusional Social Phobia.* Sapporo, Japan : Hokkaido University Press.

Yerkes, R. M. (1921). « Psychological Examining in the United States Army ». Washington, DC : (Memoir No. 15). *National Academy of Sciences,* No. 15.

Young, N. K. (1997). « Effects of Alcohol and other Drugs on Children ». *Journal of Psychoactive Drugs,* 29, p. 23-42.

Yule, W., et Fernando, P. (1980). « Blood Phobia : Beware ». *Behavior Research and Therapy,* 18, p. 587-590.

Zajonc, R. B. (1984). « On the Primacy of Affect ». *American Psychologist,* 39, p. 117-123.

Zane, J. P. (15 avril 1996). « Time Wasted, Money Lost ». *San Diego Union-Tribune.*

Zeiler, M. D. (1996). « On Books : Whither Behaviorism ? ». *Behavior Analyst,* 19, p. 301-309.

Zeki, S. (1993). *A Vision of the Brain.* Cambridge, MA : Blackwell Scientific.

Zener, K. (1937). « The Significance of Behavior Accompanying Conditioned Salivary Secretion for Theories of the Conditioned Response ». *American Journal of Psychology,* 50, p. 384-403.

Zucker, K. J. (1990). « Gender Identity Disorders in Children : Clinical Descriptions and Natural History ». Dans R. Blanchard et B. W. Steiner (Éd.), *Clinical Management of Gender Identity Disorders in Children and Adults.* Washington, DC : American Psychiatric Press.

Zuckerman, M., Klorman, R., Larrance, D. T., et Speigel, N. H. (1981). « Facial, Autonomic, and Subjective Components of Emotion : The Facial Feedback Hypothesis versus the Externalizer-Internalizer Distinction ». *Journal of Personality and Social Psychology,* 41, p. 929-944.

Sources des photographies

Sources pour les illustrations de l'ensemble de l'ouvrage: Phillip Dvorak, Bill Ogden/PC and F inc.

Chapitre 1

2: (à gauche A) Courtoisie de Doubleday/AB/Times Books/Random House, avec l'autorisation de Donna Williams; **2:** (à gauche B) Courtoisie de Eric Courchesne et Rachel Yeung Courchesne, Children's Hospital Research Center, San Diego; **2:** (à droite D) Corbis – Bettmann; **2:** (à droite E) © Cesar Paredes/The Stock Market; **2:** (à droite F) © Lori Adamski Peek/Tony Stone Images; **2:** (à droite G) © Hangarter/The Picture Cube; **4:** Courtoisie de Doubleday/AB/Times Books/Random House, avec l'autorisation de Donna Williams; **5:** (à gauche 1) Courtoisie de Eric Courchesne et Rachel Yeung Courchesne, Children's Hospital Research Center, San Diego; **5:** (à droite 5) Reproduit avec l'autorisation de Times Books; **6:** Courtoisie de Eric Courchesne et Rachel Yeung Courchesne, Children's Hospital Research Center, San Diego; **10:** Courtoisie de Doubleday/AB/Times Books/Random House, avec l'autorisation de Donna Williams; **11:** (en haut) © Ira Wyman/Sygma; **12:** © Peter Welmann/Animals, Animals; **13:** (au centre à gauche) © Tony Freeman/Photo Edit; **13:** (en haut à gauche) Archives of the History of American Psychology, University of Akron, Akron, Ohio; **13:** (en bas à gauche) ITP; **14:** Corbis-Bettmann; **15:** © Cesar Paredes/The Stock Market; **16:** (à gauche) © Tony Freeman/Photo Edit; **16:** (au centre) © Lori Adamski Peek/Tony Stone Images; **16:** (à droite) © Doug Menuez/Saba Press Photos Inc.; **17:** (à droite) © 1988 Joel Gordon; **18:** (en bas) © Hangarter/The Picture Cube.

Chapitre 2

20: (à gauche A) © Jose Azel/Aurora Quanta Productions; **20:** (à droite H) Craig McClain; **21:** (en haut) © Jose Azel/Aurora Quanta Productions; **21:** (en bas) © Joe McDonald/Animals, Animals; **22:** (en bas et au centre) © Jose Azel/Aurora Quanta Productions; **25:** (à gauche) © Joe McDonald/Animals, Animals; **25:** (au centre, plus à gauche) © Peter Weimann/ Animals, Animals; **25:** (au centre, plus à droite) © Belinda Wright/DRK Photo; **27:** © Edward Thomas/Leo DeWys; **28:** (en haut) © Jose Azel/Aurora Quanta Productions; **30:** (en bas à gauche) People Weekly © 1995/Alan S. Weiner; **31:** © Michael McLoughlin; **32:** Craig McClain; **33:** Courtoisie de Foundation for Biomedical Research.

Chapitre 3

34: (à gauche C) People Weekly © 1992 Taro Yamasaki; **34:** (à gauche G) © G.I. Bernard/ Animals, Animals/Earth Sciences; **34:** (à droite J) David Stewart/Tony Stone Images; **34:** (à droite L) © CNRI/Phototake NYC; **35:** © Melchior Digiacomo; **39:** People Weekly © 1992 Taro Yamasaki; **43:** (en bas) Courtoisie de Johns Hopkins University, Office of Public Affairs; **43:** (en haut) Courtoisie de Miles Herkenham, Ph.D., Section of Functional Neuroanatomy, NIMH; **45:** (à droite) © Borys Malkin/Anthro-Photo; **45:** (en bas) © G.I. Bernard/Animals, Animals/Earth Sciences; **46:** Courtoisie de Cynthia de Gruchy; **47:** (au centre plus à droite) Craig McClain; **47:** (en haut) © Kevin O'Farrell Concepts; **48:** (en bas à gauche) Digital Stock Corporation; **48:** (au centre à droite) Craig McClain; **48:** (en bas à droite) Digital Stock Corporation; **49:** (en haut à droite) Courtoisie du Dr Marcus Raichle, University of Washington; **49:** (en bas à droite) Digital Stock Corporation; **50:** (en bas à gauche) © Dana Fineman/Sygma; **50:** (en bas à droite) © David Stewart/Tony Stone Images; **51:** (en haut à droite) © David Stewart/ Tony Stone Images. **53:** (en haut à gauche) © Paul Berger/Tony Stone Images **53:** (à droite) © Topham/OB/The Image Works; **54:** (en haut à gauche) Patrick Farrell/Miami Herald photo; **54:** (en bas à gauche) © CNRI/Phototake NYC; **55:** (à gauche) Courtoisie du Dr Hanna Damasio, Human Neuroanatomy and Neuroimaging Laboratory, Neurology, University of Iowa College of Medicine. Publié dans *Science* (1994), 160, p. 904. Copyright © 1994, American Association for the Advancement in Science. Reproduit avec l'autorisation de l'auteur et de l'éditeur; **56** et **57:** (en bas) Courtoisie de J. A. Fiez, Neurology, Washington University School of Medicine; **61:** (au centre) *People Weekly* © 1995/Alan S.Weiner.

Chapitre 4

64: (à gauche E) © 1986 Steven Green – Armytage/The Stock Market; **64:** (à droite K) Robert P. Comport/Animals, Animals/Earth Sciences; **64:** (à droite M) © Burt Glinn/Magnum Photos; **65:** (en bas à gauche) © Howard Shochurek/The Stock Market; **66:** (à droite) © Howard Sochurek/The Stock Market; **67:** (à gauche) © Al Francekevich/The Stock Market; **67:** (en bas) © Pat Bruno/Positive Images; **74:** (à gauche) © David Hamilton/The Image Bank; **75:** (en haut) © 1986 Steven Green-Armytage/The Stock Market; **76:** (à gauche) PhotoDisc, Inc.; **77:** (en bas) © 1989 Jonathan Levine; **78:** (en bas à gauche) Custom Medical Stock Photo; **80:** Toile de Richard Haas, photo © Bill Horsman; **82:** (à droite) © Pat Bruno/Positive Images; **83:** (à droite) Random House, photo de Charlotte Green; **84:** (en haut 1) © Peter Turner/The Image Bank; **84:** (en haut 3) Courtoisie de Nikon Inc., photography © Jerry Friedman; **84:** (en bas 2) © Bob Daemmrich/Stock, Boston; **85:** (en haut 4) © Stephen Firsch/Stock, Boston; **85:** (en bas 5) © Garry Gay/The Image Bank; **85:** (en haut 6) © Gamma Press Images/Gamma-Liaison Network; **85:** (en bas 7) Jackie Estrada; **86:** (à gauche) © Robert P. Comport/Animals, Animals/Earth Sciences; **86:** (à droite) © John Elk/Stock, Boston; **87:** (en haut à gauche) © Baron Wolman/Woodfin Camp and Associates; **87:** (au centre à droite) Craig McClain; **88:** (en haut) PhotoDisc Inc.; **89:** (au centre de gauche à droite) Marilyn Monroe © Doc Alain/Retna, Inc., Julia Roberts © Bill Davila/ Retna, Inc., Howard Stern © Allen Tannenbaum/ Sygma. Photos modifiées par Doug Stern, U.S. News and World Report. Reproduction autorisée; **88:** (en haut) © Rick Friedman/Black Star; **90:** (au centre à droite) © Danielle Pellegrini/Photo Researchers Inc.; **90:** (en haut) © Burt Glinn/ Magnum Photos; **90:** (au centre à gauche) © Malcolm S. Kirk; **90:** (au centre) © Guy Mary-Rousseliere; **90:** (en bas) © Malcolm S. Kirk.

Chapitre 5

92: (à gauche A) © Tony Freeman/Photo Edit; **92:** (à droite H) Craig McClain; **92:** (à droite J) © Pat Bruno/Positive Images; **93:** (à gauche) © Murrae Haynes/Mercury Pictures; **93:** (à droite) © Alan Hobson/Science Source/Photo Researchers; **94:** (à droite) © David Stewart/Tony Stone Images; **94:** (à gauche) © Allsport; **94:** (au centre à gauche) © Tony Freeman/Photo Edit; **94:** (au centre à droite) Craig McClain; **95:** (à gauche) © Robert E. Daemmrich/Tony Stone Images; **95:** (au centre) © Cesar Paredes/The Stock Market; **95:** (à droite) Neil Leifer/Sports Illustrated, © Time Warner; **96:** (en haut) © Tom Ives; **99:** (à gauche) © Alan Hobson/Science Source/Photo Researchers; **104:** (en haut) © Linda Troeller; **105:** (en bas) Craig McClain; **106:** (à gauche) © Carol Ford/Tony Stone Images; **106:** (au centre) Paul Buddle; **107:** (à droite) © Dan McCoy/Rainbow; **107:** (au centre) © Louis Psihoyos/Matrix; **108:** (au centre) Craig McClain; **109:** Craig McClain; **110:** (au centre à l'extrême droite) © Michael Salas/The Image Bank; **110:** (au centre à droite) © Myrleen Ferguson/Photo Edit; **111:** Rainbow Babies and Children's Hospital, University Hospitals of Cleveland, Dr Howard Hall. Photo © Joe Glick; **112:** (en haut) © James Porto; **114:** (au centre à gauche et en bas à droite) Craig McClain; **115:** (au centre à gauche) © James M. Kubus, Greens burg, P. A.; **116:** (à gauche) © Richard Kalvar/Magnum Photos; **116:** (en haut) © Pat Bruno/Positive Images.

Chapitre 6

118: (à gauche D) Janice Fullman/The Picture Cube; **118:** (à droite M) Mitsuaki Iwago/National Geographic Society; **119:** (à gauche) George Frey; **119:** (à droite) Photodisc Inc.; **124:** (en bas à gauche) © Janice Fullman/The Picture Cube; **124:** (à droite) PhotoDisc Inc.; **125:** (au centre à gauche) © Runk/Schoenberger/Grant Heilman Photography; **125:** (en bas à gauche) © Michael Stuckey/ Comstock; **125:** (au centre à droite) Wurlitzer; **125:** (en haut à droite) © Fred Chase/Impact Visuals; **125:** (en bas à droite) © Tony Freemann/Photo Edit; **126:** PhotoDisc Inc.; **127:** (araignée) Photo Disc Inc.; **127:** (enfant) Digital Stock Corporation; **127:** (rat) PhotoDisc Inc.; **127:** (lapin) PhotoDisc Inc. **128:** (à droite) PhotoDisc Inc.; **130:** (à gauche) © Peter Southwick/Stock, Boston; **131:** (ours) © George Frey; **131:** (enfant) Digital Stock Corporation; **131:** (rat) PhotoDisc Inc.; **131:** (pomme) PhotoDisc Inc.; **132:** (à droite) PhotoDisc Inc.; **132:** (à droite) © Hangarter/The Picture Cube; **133:** (à gauche) PhotoDisc Inc.; **134:** (en haut)

Sources des photographies

© 1971 Time Inc. Reproduction autorisée; **135:** (en haut à gauche) © Andy Sacks/Tony Stone Images; **135:** (en haut à droite) © Michael P. Gadomski/ Photo Researchers, Inc.; **135:** (en bas à gauche) © Vince Cavataio/Allsport Photographic Ltd./USA; **135:** (en bas à droite) © Norman Mosallem/Tony Stone Images; **136:** (à gauche) © Stephen Kraseman/DRK Photo; **136:** (au centre et en haut à droite) © George Frey; **136:** (au centre à droite) PhotoDisc Inc.; **137:** (en haut) © Schmid-Langsfeld/The Image Bank; **138:** (en haut) Vince Compagnore/Los Angeles Times Photo; **138:** (araignée) PhotoDisc Inc.; **138:** (rat) PhotoDisc, Inc.; **139:** (enfant) Digital Stock Corporation; **139:** (poupée) Craig McClain; **140:** (à gauche) © Barry Lewis/Network/Saba; **140:** (en haut) Photodisc Inc.; **141:** (à gauche) Mentality of Apes, Wolfgang Koehler, Routledge & Kegan Paul. Reproduit avec l'autorisation de International Thomason Publishing Services Ltd; **141:** (arme) Craig McClain; **141:** (verre) PhotoDisc Inc.; **142:** (à droite) Photo de Ron Garrison, © Zoological Society of San Diego; **142:** (en haut) Mitsuaki Iwago/National Geographic Society; **142:** (à gauche) PhotoDisc Inc.; **143:** (à gauche) Arthur C. Smith, III/Grant Heilman Photography; **143:** (en haut à droite) Kennan Ward Photography/Corbis Collection.

Chapitre 7

144: (à gauche A) Photodisc Inc.; **144:** (à gauche D) Courtoisie de Ralph Norman Haber; **144:** (à droite H) Bob Carey/Los Angeles Times Photo; **145:** Chris Assaf/© The Washington Post; **146:** (à gauche) PhotoDisc Inc.; **147:** (au centre) © Marshall Cavendish Picture Library; **148:** (en haut) PhotoDisc Inc.; **149:** Chris Assaf/© The Washington Post; **150:** (à gauche) AP/Wide World Photos; **150:** (à droite) Courtoisie de Ralph Norman Haber; **151:** (à droite) PhotoDisc Inc.; **151:** (à gauche en haut) PhotoDisc Inc.; **151:** (à gauche au centre) PhotoDisc Inc.; **151:** (à gauche en bas) PhotoDisc Inc.; **152:** (trois photos) PhotoDisc Inc.; **153:** (au centre à gauche) Digital Stock Corporation; **153:** (au centre à droite) PhotoDisc Inc.; **156:** Bob Carey/Los Angeles Times Photo; **160:** © Laura Dwight; **161:** (en haut et en bas à droite) PhotoDisc Inc.; **163:** (en bas) © Topham/OB/The Image Works; **163:** (au centre à gauche) PhotoDisc Inc.; **164:** (en bas à droite et au centre à gauche) PhotoDisc Inc; **165:** (en haut à droite) © Gary MacDonald; **165:** (au centre) PhotoDisc, Inc.

Chapitre 8

168: (à gauche B et C) PhotoDisc Inc.; **168:** (à droite E) © Myrleen Ferguson/Photo Edit; **168:** (à droite F) Corbis-UPI/Bettmann; **168:** (à droite I) © Richard Pohle/Sipa Press; **169:** (à droite) © Myrleen Ferguson/Photo Edit; **169:** (à gauche) © Michael Nichols/Magnum Photos; **169:** (à gauche en bas) Courtoisie de Language Research Center, Georgia State University © 1991 Public Sphere; **170:** (en bas à l'extrême gauche) Gracieuseté de Quebecor; **170:** (en bas au centre) AP Photo/R. Edmonds; **171:** (trois photos) PhotoDisc Inc.; **173:** (en haut) Corbis-Bettmann; **173:** (en bas à droite et à gauche) PhotoDisc Inc.; **174:** (à gauche) Courtoisie du John Fitzgerald Kennedy Library/ Museum, # C171-51-63; **174:** (à droite) Deborah Feingold, courtoisie de *Parade Magazine* et Marilyn vos Savant; **174:** (au centre) Corbis-UPI/Bettmann; **176:** (à gauche) Courtoisie de Marian Burke; **176:** (à droite) Deborah Feingold, courtoisie de *Parade Magazine* et Marilyn vos Savant; **177:** (en haut à droite et à gauche) PhotoDisc Inc.; **177:** (en bas) Deborah Feingold, courtoisie de *Parade Magazine* et Marilyn vos Savant; **179:** (au centre) © Rick Smolan/Stock, Boston; **179:** (en bas) PhotoDisc Inc.; **180:** (à gauche) © Martin Simon/SABA Press Photo; **180:** (à droite) © Rob Nelson; **180:** (au centre) © Myrleen Ferguson/Photo Edit; **181:** (en haut) © Anne Rippy/The Image Bank; **181:** (en bas à gauche et à droite) PhotoDisc Inc.; **182:** (en bas) Courtoisie du Dr Richard Haier, University of California, Irvine; **182:** Corbis-UPI/Bettmann; **183:** (en haut) Courtoisie de J.A. Fiez, Dept. of Neurology, Washington University School of Medicine; **184:** (colonne de gauche) PhotoDisc Inc; **184:** (à droite 1,2,3) PhotoDisc Inc.; **184:** (à droite 4) © Animals, Animals; **185:** (en haut) PhotoDisc Inc.; **185:** (trois photos au centre) PhotoDisc Inc.; **186:** (en bas) © Bill Gillette/ Gamma Liaison Network; **186:** (en haut) © Richard Pohle/Sipa Press; **187:** (au centre) Craig McClain; **188:** (à gauche) © 1994 Paul Morse, *Los Angeles Times.* Reproduction autorisée; **188:** (à droite) © 1994 Gordon Parks; **189:** (à gauche) Avec l'autorisation de John Johnson Ltd., courtoisie de Steven Wilshire; **190:** PhotoDisc Inc.; **191:** (à gauche) © P H Cornut/Tony Stone Images; **191:** (à droite) PhotoDisc, Inc.

Chapitre 9

192: (à gauche A) © Michael Melford/The Image Bank; **192:** (à gauche C) © Les Stone/Sygma; **192:** (à droite H et K) PhotoDisc Inc.; **192:** (à droite J) Digital Stock Corporation; **193:** (à gauche) © Jay Mather/Sygma; **193:** (à droite) Idaho Statesman/© Tom Shanahan; **194:** (à gauche) John Dominis, *LIFE Magazine* © Time Inc.; **194:** (à droite) © Michael Melford/The Image Bank; **195:** (à gauche) © Richard Sjoberg; **195:** (à droite) © Mike Malyszko/Stock, Boston; **196:** (en haut) William Campbell/ *Time Magazine;* **196:** (au centre à gauche) PhotoDisc Inc.; **196:** (en bas) Bettman/Corbis/Magma; **197:** PhotoDisc Inc.; **198:** (au centre) © Les Stone/Sygma; **198:** (en haut) PhotoDisc Inc.; **199:** (en haut) © Kim Newton/Woodfin Camp & Associates; **200:** (en bas) Courtoisie de Jeffrey M. Friedman, Rockefeller University; **200:** (en haut) © Bob Sacha; **201:** (deux photos) © FoodPix; **202:** (à gauche) © George B. Shaller/Bruce Coleman Inc.; **204:** (à gauche) © Tony Freeman/Photo Edit; **204:** (à droite) PhotoDisc Inc.; **205:** (à gauche) PhotoDisc Inc.; **206:** PhotoDisc Inc.; **207:** Red Morgan/ *Time Magazine;* **209:** (en haut) © Dave Black; **210:** (en haut) Union-Tribune/John McCutchen; **210:** (en bas à droite) © Dave Black; **210:** (en bas à gauche) Avec l'autorisation de l'éditeur de *The Thematic Apperception Test,* Henry A. Murray, Cambridge, Mass.: Harvard University Press © 1971 Henry A. Murray; **212:** (en haut à droite et à gauche) Corbis-UPI/Bettmann; **212:** (en bas à gauche) AP/Wide World Photos; **212:** (en bas à droite) © L. Schwartzwald/Sygma; **213:** (en haut) © Jim McHugh/Outline Press Syndicate; **213:** (en bas) Nina Berman/Sipa Press Photos; **214:** (en bas) PhotoDisc Inc.; **215:** (en haut et en bas) PhotoDisc Inc.; **216**:: (homme et femme) PhotoDisc Inc.; **217:** PhotoDisc Inc.; **218:** (quatre photos) Digital Stock Corporation; **219:** (au centre) © Topham/OB/The Image Works; **219:** (en haut) Digital Stock Corporation; **220:** (en haut et au centre) Idaho Statesman/© Tom Shanahan; **220:** (en bas) PhotoDisc Inc.

Chapitre 10

222: (à gauche A) Mary Evans/Explorer/Publiphoto; **222:** (à droite E) © Fox/Shooting Star; **222:** (à droite F) © Robert Durell; **222:** (à droite G) Mike Hashimoto/NGI/LGI Photo Agency; **223:** (à droite) © Fox/Shooting Star; **223:** (à gauche) © Sin/ Doralba Picerno/LGI Photo Agency; **224:** Mary Evans/Explorer/Publiphoto; **228:** © Mike Hashimoto/NGI/LGI Photo Agency; **230:** (au centre) Courtoisie de Adler School of Professional Psychology. Reproduction autorisée par Kurt Adler; **230:** (à gauche) National Library of Medicine, Bethesda, MD; **230:** (à droite) Courtoisie de Association for the Advancement of Psychoanalysis; **232:** (en haut) © Fox/Shooting Star; **232:** (en bas) © Photo 3045 Pool: J. O. Alber/Gamma Liaison Network; **233:** (en bas) © Bob Adelman/Magnum Photos; **234:** (en bas) © Francois Lochon/Gamma-Liaison Network; **234:** (au centre) © Nancy Moran/ Sygma; **234:** (en haut) © Laura Dwight/Corbis-Bettmann; **235:** (en bas) © Harry Benson; **235:** (au centre) © David Michael Kennedy; **235:** (en haut) © Jose Azel/Woodfin Camp and Associates; **236:** © Robert Durell; **237:** © Jason Goltz; **238:** (en haut) © Mike Hashimoto/NGI/LGI Photo Agency; **238:** (en bas à droite) Avec l'autorisation de l'éditeur de *The Thematic Apperception Test,* Henry A. Murray, Cambridge, Mass.: Harvard University Press © 1971, Henry A. Murray; **239:** (à droite) Avec l'autorisation de l'éditeur de *The Thematic Apperception Test,* Henry A. Murray, Cambridge, Mass: Harvard University Press © 1971, Henry A. Murray.

Chapitre 11

240: (à gauche A et B) PhotoDisc Inc.; **240:** (à gauche C) © 1991 David Turnley, Detroit Free Press/ Black Star; **240:** (à droite D) © Chuck Fishman/ Contact Press Images; **240:** (à droite F) Photo du Dr John W. Lehman, courtoisie du Dr Herbert Bensen, Mind/Body Medical Institute; **241:** (à droite) Arlene Gottfried, *Life Magazine* © Time Inc.; **241:** © Craig McClain; **242:** (trois photos) PhotoDisc Inc.; **243:** PhotoDisc Inc.; **244:** (à droite) © Paul Berger/Tony Stone Images; **244:** (en haut et au centre) PhotoDisc Inc. ; **246** et **247 :** PhotoDisc Inc; **248 :** (à gauche) © Lennart Nilsson, The Incredible Machine, National Geographic Society ; **248 :** (en haut) Digital Stock Corporation ; **250 :** (en haut) Arlene Gottfried, *Life Magazine* © Time Inc. ; **251 :** (en haut) © David Liam Kyle/ Sportslight ; **251 :** (en bas) © 1991 David Turnley, Detroit Free Press/Black Star ; **253 :** (au centre) Arlene Gottfried, *Life Magazine* © Time Inc. ; **253 :** (en haut) PhotoDisc Inc. ; **254 :** (en haut) © Chuck Fishman/Contact Press Images ; **255 :** PhotoDisc Inc. ; **259 :** Photo du Dr John W. Lehman, courtoisie du Dr Herbert Bensen, Mind/Body Medical Institute.

Chapitre 12

260 : (à gauche A) Henrik Drescher ; **260 :** (à gauche G) Reuters/Corbis-Bettmann ; **260 :** (à droite J) © Bernard Gotfryd/Woodfin ; **260 :** (à droite M) © David Young-Wolff/Photo Edit ; **261 :** (à gauche) Reuters/Corbis-Bettmann ; **261 :** (à droite) © Elizabeth Roll ; **262 :** (en haut et au centre) © Henrik Drescher ; **263 :** (au centre et à droite) © Henrik Drescher ; **263 :** (en haut et au centre) San Diego Union Tribune/Rick McCarthy ; **264 :** (à droite) William Cambell/ *Time Magazine* ; **264 :** (à gauche) © Tim Kimzey/Union Daily Times/Sipa Press ; **265 :** Tim Kimzey/AP/Wide World Photos ; **267 :** (au centre à gauche) © Elizabeth Roll ; **270 :** (au centre) San Diego Union-Tribune/Robert Gauthier ; **270 :** (à gauche) San Diego Union-Tribune/John Gastaldo ; **272 :** (en haut) San Diego Union-Tribune/Robert Gauthier ; **272 :** (en bas) Reuters/Corbis-Bettmann ; **274 :** San Diego Union-Tribune/Robert Gauthier ; **275 :** (au centre) Courtoisie des Drs E. Fuller Torrey et Daniel R. Weinberger, NIMH, Neuroscience Center, Washington DC ; **277 :** Craig McClain ; **278 :** (deux photos en haut) National Library of Medicine ; **278 :** © Bernard Gotfryd/Woodfin Camp & Associates ; **284 :** (enfant) Digital Stock Corporation ; **284 :** (rat) PhotoDisc Inc. ; **285 :** © Elizabeth Roll ; **286 :** © David Young Wolff/Photo Edit ; **287 :** © David Young Wolff/Photo Edit.

Sources des graphiques ou autres

Chapitre 1

6 : « Changes in the Palmar Sweat Index During Mental Arithmetic », T. Kohler et U. Troester, 1991, *Biological Psychology,* 32, p.143-154 ; **7 :** « Isolating Gender Differences in Test Anxiety: A Confirmatory Factor Analysis of the Test Anxiety Inventory », Howard T. Everson, Roger E. Millsap, et Caroline M. Rodriguez, 1991, *Educational and Psychological Measurement,* 51, p. 247 ; **8 :** « The Relationship of Self-Management to Academic Motivation, Study Efficiency, Academic Satisfaction, and Grade Point Average Among Prospective Education Majors », J. D. Long, P. Gaynor, A. Erwin et R. L. Williams, 1994, *Psychology : A Journal of Human Behavior,* 31, p. 22-30 ; **14 :** (figure en bas à droite) Adapté de « International Preferences in Selecting Mates », D. M. Buss, M. Abbott, A. Angleitner, A. Asherian, A. Biaggio, A. Blanoco-Villasenor, A. Bruchon-Scwietzer, H. Y. Ch'U, J. Czapinski, B. Deraad, B. Ekehammar, N. E. Lohamy, M. Fioravanti, J. Georgas, P. Gjerde, R. Guttmann, E. Hazan, S. Iwawaki, H. Jankiramaiah, F. Khosroshani, D. Kreitler, L. Lachenicht, M. Lee, K. Kiik, B. Little, S. Mika, M. Moadel-Shahid, G. Moane, M. Montero, A. C. Mundy-Castle, T. Niit, E. Nsenduluka, R. Pienkowski, A. M. Pirttila-Backman, J. P. De Leon, J. Rousseau, M. A. Runco, M. P. Safir, C. Samuels, R. Sanitioso, R. Serpell, N. Smid, C. Spencer, M. Tadinac, E. N. Tordorova, Z. K. Troland, L. Van Den Brande, G. Van Heck, L. Van Langenhove et K. S. Yang, 1990, *Journal of Cross-Cultural Personality,* 21, p. 5-47 ; **14 :** (figures au centre) Adapté de « Mate Preferences in 37 Cultures », D. M. Buss, 1994. dans W. J. Lonner et R. Malpass (Éd.), *Psychology and Culture.* Allyn and Bacon ; **15 :** Ordre des psychologues du Québec ; **19 :** Liste d'excuses adaptée de *Excuses, Excuses,* D. A. Bernstein, 1993, APS Observer, March, 1993 p. 4. Copyright © 1993 American Psychological Society. Reproduction autorisée par l'auteur.

Chapitre 2

24 : « Aspartame, Behavior, and Cognitive Function in Children with Attention Deficit Disorder », B.A Shaywitz, C. M. Sullivan, G. Anderson, S. M. Gillespie, B. Sullivan et S. E. Shaywitz, *Pediatrics,* 93, p. 70-5; **27 :** Long Beach, California Unified School District (1993-1994 versus 1994-1995) ; **27:** Santé Canada, 2001 ; **29 :** « Methylphenidate and Children with Attention Deficit Disorder », W. E. Pelham, M. E. Bender, J. Caddell, S. Booth, et S. H. Moorer, 1985, *Archives of General Psychiatry,* 42, p. 948-52.

Chapitre 3

35 : Société d'Alzheimer du Canada ; **46 :** Chromosome (à droite) Redessiné avec autorisation. Michael Goodman, « DNA's New Twists », John Rennie, *Scientific American,* mars, 1993, Copyright © 1993 Scientific American Inc. Droits réservés ; **59 :** « Language Specificity and Elasticity : Brain and Clinical Syndrome Studies », M. Maratsos et L. Matheny, 1994, *Annual Review of Psychology,* 45, 246-516.

Chapitre 4

« Emotion Congruence in Perception », P. M. Niedenthal et M. C. Sutterlund, *Personality and Social Psychology,* 20, p. 401-411.

Chapitre 5

93 : Adapté d'un article du *Newsweek,* 5 juin 1989 ; **97 :** National Highway Traffic Administration, 1992 ; **101 :** (au centre) Adapté de *Wide Awake at 3 am by Choice or Chance?,* R. M. Coleman. Copyright © 1986, Richard M. Coleman. Reproduction autorisée par W. H. Freeman and Company ; **101 :** (en haut) Adapté de « Circadian Typology and Individual Differences », I. Tankova, A. Adan et G. Buela-Casal, 1994, *Personality and Individual Differences,* 16, p. 671-684 ; **108 :** « Individual Differences in Response to Hypnosis », by B. L. Bates, 1994. Dans J. W. Rhue, S. J. Lynn et I. Kirsch (Éd.), *Handbook of Clinical Hypnosis.* American Psychological Association ; **111 :** (à gauche) Adapté de « Effects of Hypnosis on Regional Cerebral Blood Flow During Ischemic Pain with and without Suggested Hypnotic Analgesia », H. J. Crawford, R. C. Gur, B. Skolnick, R. E. Gur et D. M. Benson, International Journal of Psychophysiology, 15, p. 181-195 ; **111 :** (à droite) Adapté de « A Randomized Trial Comparing Smoking Cessation Programs Utilizing Behavior Modification, Health, Education or Hypnosis », S. W. Rabkin, E. Boyko, F. Shane et J. Kaufert, 1984, Addictive Behaviors, 9, p. 157-173 ; **113 :** National Institute on Drug Abuse, 1993.

Chapitre 6

120 : Adapté de Anrep, 1920 ; **128 :** (à droite) *Behavior of Organisms,* B. F. Skinner, 1938. Appleton-Century-Crofts ; **129 :** (Boîte de Skinner) *Introduction to Psychology,* E. Bruce Goldstein. Copyright © 1995, Brooks/Cole Publishing Company ; **130 :** Adapté de « Treating Chronic Food Refusal in Young Children: Home-Based Parent Training », M. A. Werle, T. B. Murphy et K. S. Budd, 1993, *Journal of Applied Behavior Analysis,* 26, p. 421, 223. Adapté avec l'autorisation de l'auteur ; **133 :** (à droite) « A Comparison of Shock Intensity in the Treatment of Longstanding and Severe Self-Injurious Behaviors », D. E. Williams, S. Kirkpatrick-Sanchez & B. A. Iwata, 1993, *Research in Development Disabilities,* 14, p. 207, 133 ; **134 :** (en bas à gauche) *Psychology : Themes and Variations,* Wayne Weiten, 2e éd., figure 6.13. Copyright © 1992, Wadsworth, Inc. Reproduction autorisée ; **134 :** (Boîte de Skinner), *Introduction to Psychology,* E. Bruce Goldstein. Copyright © 1995, Brooks/Cole Publishing Company ; **138 :** (Boîte de Skinner), *Introduction to Psychology,* E. Bruce Goldstein. Copyright © 1995, Brooks/Cole Publishing Company ; **139 :** « Influence of Models' Reinforcement Contingenices on the Acquisition of Imitative Responses », A. Bandura, 1965, *Journal of Personality and Social Psychology,* 1, p. 589-596 ; **140 :** « Relative Efficacy of Densensitization and Modeling Approaches for Inducing Behavior, Affective and Attitudinal Changes », A. Bandura, E. B. Blanchard et B. Ritter, 1969, *Journal of Personality and Social Psychology,* 13, p. 173-179.

Chapitre 7

147 : « The Information Available in Brief Visual Presentations », G. A. Sperling, 1960, *Psychological Monographs,* 74 (N° 498) ; **148 :** « Short-Term Retention of Individual Verbal Items », L. R. Peterson and M. J. Peterson, 1950, *Journal of Experimental Psychology,* 58, p. 193-198 ; **151 :** « Two Storage Mechanisms in Free Recall ». M. Glanzer et A. R. Cunitz, 1966, *Journal of Verbal Learning and Verbal Behavior,* 5, p. 213-214 ; **152 :** Données tirées de « Accuracy and Distortion in Memory for High School Girls », H. P. Bahrick, L. K. Hall et S. A. Berger, 1996, *Psychological Science,* 7, p. 161-271 ; **155 :** « Depth of Processing and the Retention of Words in Episodic Memory », E. I. M. Craik et E. Tulving, 1975, *Journal of Experimental Psychology : General,* 104, p. 164-294 ; *Excerpt from Remembering : A Study in Experimental and Social Psychology,* F. C. Bartlett, p. 65, 1932. Cambridge University Press. Copyright © 1932. Avec la permission de Cambridge University Press ; **156 :** « Repeated Memory of Oral Prose in Ghana and New York », B. M. Ross and C. Millson, 1970, *International Journal of Psychology,* 5, p. 173-181 ; **157 :** « Adapté de « Nearly 2,000 Witnesses Can Be Wrong », R. Buckout, 1980, *Bulletin of the Psychonomic Society,* 16, p. 185-188 ; **158 :** Inspiré de *Learning and Memory,* D. A. Norman, 1982. W. H. Freeman & Company ; **159 :** Inspiré de « Retrieval Time from Semantic Memory », A. M. Collins et M. R. Quillian, 1969, *Verbal Learning and Verbal Behavior,* 8, p. 146-247 ; **160 :** (en bas) « Fifty Years of Memory for Names and Faces », H. P. Bahrick, P. O. Bahrick et R. P. Wittlinger, 1975, *Journal of Experimental Psychology : General,* 104, p. 54-75.

Chapitre 8

175 : Adapté de « Age and WAIS-R A Cross-Sectional Analysis with Educational Level Controlled », A. S. Kaufman, C. R. Reynolds et J. E. McLean, 1989, *Intelligence,* 13, p. 152, 247. Copyright © 1989, Ablex Publishing Company. Adaptation autorisée; **180 :** Adapté de Bouchard et McGue, 1981; Plomin et Petrill, 1997; **187** et **188 :** Adapté de *Conceptional Blockbusting : A Guide to Better Ideas,* James L. Adams, p. 17-18. Copyright © 1974, James L. Adams. Utilisation autorisée par W. H. Freeman et Co., éditeurs; **189 :** « Creativity and Psychopathology : A Study of 179 World-

Famous Men », F. Post, 1994, *British Journal of Psychiatry,* 165, p. 22-34.

Chapitre 9

206 : *The Social Organization of Sexuality,* E. Laumann, R. T. Michael, J. H. Gagnon et G. Kolata, 1994. University of Chicago Press ; **207 :** Kinsey *et al.* 1948. Laumann *et al.*, 1994 ; **209 :** Centres for Disease Control and Prevention, 1997 ; **221 :** « Brain Activity During Transient Sadness and Happiness in Healthy Women », M. S. George, T. A. Ketter, P. P. Parekh, B. Horwitz, P. Herscovitch et R. M. Post, 1995, *American Journal of Psychiatry,* 152, p. 205-357.

Chapitre 11

240 : Texte portant sur Sandra Sullivan, adapté d'un article de Sasha Nyary, *Life Magazine,* avril 1992, p. 62-65 ; **243 :** « The Use of Cognitive Appraisal to Reduce Stress Reactions : A Replication », A. C. Dandoy and A. G. Goldstein, 1990, *Journal of Social Behavior and Personality,* 5, p. 272, 173 ; **243 :** (Tableau Situation), *USA Today,* 19 août 1987, p. 4D ; **246 :** Adapté de « The Factor Structure of Self-Reported Physical Stress Reactions », J. C. Smith et J. M. Seidel, 1982, *Biofeedback and Self-Regulation,* 7, p. 35-47 ; **248 :** « Psychological Stress and Susceptibility to the Common Cold », S. Cohen, D. A. J. Tyrrell et A. P. Smith, *New England Journal of Medicine,* 325, p. 606-612 ; **250 :** Échelle, avec la permission du *Journal of Psychosomatic Research,* 11, p. 213, 132, T. H. Holmes et R. H. Rahe dans « The Social Readjustment Rating Scale », 1967, Pergamon Press, Ltd., Oxford, London ; **250 :** Texte portant sur Sandra Sullivan, adapté d'un article de Sasha Nyary, *Life Magazine,* avril 1992, p. 62-65 ; **254 :** Adapté de « Hardiness and Stress Moderation: A Test of Proposed Mechanisms », D. J. Wiebe, 1991, *Journal of Personality and Social Psychology,* 60, p. 89-99, p. 94. American Psychological Association ; **255 :** « Stress and Illness: Controllable and Uncontrollable Life Events' Relative Contributions », G. S. Stern, T. R. McCants et P. W. Pettine, *Personality and Social Psychology Bulletin,* 8, p. 140-143 ; **257 :** (en bas) « Social Support, Negative Life Events and Mental Health », O. S. Dalgard, S. Bjork et K. Tambs, 1995, *British Journal of Psychiatry,* 166, p. 29-34 ; **257 :** (au centre) « Social Support Lowers Cardiovascular Reactivity to an Acute Stressor », S. J. Lepore, K. A. Mata Allen et G. W. Evans, 1993, *Psychosomatic Medicine,* 55, p. 266-286 ; **259 :** « Body Temperature Changes During the Practice of g Tum-mo-Yoga », H. Bensen, J. W. Lehmann, M. S. Malhotra, R. F. Goldman, P. J. Hopkins et M. D. Epstein, 1982, *Nature,* 295, p. 234-235.

Chapitre 12

265 : Inspiré de *Diagnostic and Statistical Manual of Mental Disorders,* 4e éd. Copyright © 1994 American Psychiatric Association/*DSM-IV,* American Psychiatric Association, 1994 ; **266 :** « Panic and Phobia », W. W. Eaton, A. Dryman et M. M. Weissman, 1991, dans L. N. Robins et D. A. Regier (Éd.), *Psychiatric Disorders in America : The Epidemiological Catchment Area Study.* Free Press ; **267 :** « Current Status of Pharmacological and Behavioral Treatment of Obesseive-Cumpulsive Disorder », G. B. Stanley et S. M. Turner, 1995, *Behavior Therapy,* 26, p. 163-186 ; **271 :** « Current Perspectives on the Genetics of Unipolar Depression », S. O. Moldin, T. Reich et J. P. Rice, 1991, *Behavior Genetics,* 21, p. 211-242 ; **273 :** « An Open Trial of Sertraline in Personality Disordered Patients with Impulsive Aggression », R. J. Kavoussi, J. Liu et E. F. Caccaro, 1994, *Journal of Clinical Psychiatry,* 55, p. 137-141 ; **277 :** « The Diagnosis of Multiple Personality Disorder : A Critical Review », T. A. Fahy, 1988, *British Journal of Psychiatry,* 153, p. 597-606, et « Multiple Identity Enactments and Multiple Personality Disorder : A Sociocognitive Perspective », N. P. Spanos, 1994, *Psychological Bulletin,* 116, p. 1434-1465 ; **281 :** Adapté de « Trends in Counseling and Psychotherapy », D. Smith, 1982, *American Psychologist,* 37, p. 802-809. Copyright © 1982, American Psychological Association. Adaptation autorisée ; **288 :** « Lifetime and 12-month Prevalence of DSM-III-R Psychiatric Disorders in the United States », R. C. Kessler, K. A. McGonagle, S. Zhao, C. B. Nelson, M. Higher, S. Eshleman, H. Wittchen et K. S. Kendler, 1994, *Archives of General Psychiatry,* 51, p. 8-19 ; **289 :** Adapté de « Trends in Counseling and Psychotherapy », D. Smith, 1982, *American Psychologist,* 37, p. 802-809. Copyright © 1982, American Psychological Association. Adaptation autorisée.

Index des noms propres

E

F

G

H

I

Index des noms propres

Index des noms propres

Index des noms communs

Index des noms communs

D

E

F

Index des noms communs

Index des noms communs

Q

R

Index des noms communs

Index des noms communs